■2025年度中学受験用

浦和明の星女子中学校

4年間(＋3年間HP掲載)スーパー過去問

●収録内容一覧

入試問題と解説・解答の収録内容

2024年度　1回	算数・社会・理科・国語	実物解答用紙DL
2024年度　2回	算数・社会・理科・国語	実物解答用紙DL
2023年度　1回	算数・社会・理科・国語	実物解答用紙DL
2023年度　2回	算数・社会・理科・国語	実物解答用紙DL
2022年度　1回	算数・社会・理科・国語	実物解答用紙DL
2022年度　2回	算数・社会・理科・国語	実物解答用紙DL
2021年度　1回	算数・社会・理科・国語	
2021年度　2回	算数・社会・理科・国語	
2020～2018年度(HP掲載)	問題・解答用紙・解説解答DL	

「カコ過去問」
(ユーザー名) koe
(パスワード) w8ga5a1o

◇著作権の都合により国語と一部の問題を削除しております。
◇一部解答のみ（解説なし）となります。
◇９月下旬までに全校アップロード予定です。
◇掲載期限以降は予告なく削除される場合があります。

～本書ご利用上の注意～　以下の点について，あらかじめご了承ください。

★別冊解答用紙は巻末にございます。実物解答用紙は，弊社サイトの各校商品情報ページより，一部または全部をダウンロードできます。
★編集の都合上，学校実施のすべての試験を掲載していない場合がございます。
★当問題集のバックナンバーは，弊社には在庫がございません（ネット書店などに一部在庫あり）。

合格を勝ち取るための『スーパー過去問』の使い方

本書に掲載されている過去問をご覧になって,「難しそう」と感じたかもしれません。でも,多くの受験生が同じように感じているはずです。なぜなら,中学入試で出題される問題は,小学校で習う内容よりも高度なものが多く,たくさんの知識や解き方のコツを身につけることも必要だからです。ですから,初めて本書に取り組むさいには,点数を気にしすぎないようにしましょう。本番でしっかり点数を取れることが大事なのです。

過去問で重要なのは「まちがえること」です。自分の弱点を知るために,過去問に取り組むのです。当然,まちがえた問題をそのままにしておいては意味がありません。

本書には,長年にわたって中学入試にたずさわっているスタッフによるていねいな解説がついています。まちがえた問題はしっかりと解説を読み,できるようになるまで何度も解き直しをしてください。理解できていないと感じた分野については,参考書や資料集などを活用し,改めて整理しておきましょう。

このページも参考にしてみましょう！

◆どの年度から解こうかな 「入試問題と解説・解答の収録内容一覧」

本書のはじめには収録内容が掲載されていますので,収録年度や収録されている入試回などを確認できます。

※著作権上の都合によって掲載できない問題が収録されている場合は,最新年度の問題の前に,ピンク色の紙を差しこんでご案内しています。

◆学校の情報を知ろう‼ 「学校紹介ページ」

このページのあとに,各学校の基本情報などを掲載しています。問題を解くのに疲れたら息ぬきに読んで,志望校合格への気持ちを新たにし,再び過去問に挑戦してみるのもよいでしょう。なお,最新の情報につきましては,学校のホームページなどでご確認ください。

◆入試に向けてどんな対策をしよう？「出題傾向＆対策」

「学校紹介ページ」に続いて,「出題傾向＆対策」ページがあります。過去にどのような分野の問題が出題され,どのように対策すればよいかをアドバイスしていますので,参考にしてください。

◇別冊「入試問題解答用紙編」

本書の巻末には,ぬき取って使える別冊の解答用紙が収録してあります。解答用紙が非公表の場合などを除き,(注)が記載されたページの指定倍率にしたがって拡大コピーをとれば,実際の入試問題とほぼ同じ解答欄の大きさで,何度でも過去問に取り組むことができます。このように,入試本番に近い条件で練習できるのも,本書の強みです。また,データが公表されている学校は別冊の１ページ目に過去の「入試結果表」を掲載しています。合格に必要な得点の目安として活用してください。

本書がみなさんの志望校合格の助けとなることを,心より願っています。

株式会社　声の教育社　編集部

浦和明の星女子中学校

所在地	〒336-0926 埼玉県さいたま市緑区東浦和6-4-19
電　話	048-873-1160
ホームページ	https://www.urawa-akenohoshi.ed.jp/
交通案内	JR武蔵野線「東浦和駅」より徒歩8分

トピックス

★2021年度入試より，WEB出願になりました。
★2018年に，校舎の建て替えがすべて完了しました。

創立年 平成15年　女子校　高校募集 なし

応募状況

年度	募集数	応募数	受験数	合格数	倍率
2024	①120名	1980名	1935名	1058名	1.8倍
	② 40名	324名	284名	44名	6.5倍
2023	①120名	1987名	1949名	1047名	1.9倍
	② 40名	335名	305名	69名	4.4倍
2022	①120名	2036名	2001名	1022名	2.0倍
	② 40名	314名	293名	73名	4.0倍
2021	①120名	1977名	1925名	974名	2.0倍
	② 40名	346名	306名	51名	6.0倍

入試情報（参考：昨年度）

・第１回試験
出願期間：2023年12月14日～2024年１月６日
〔出願はWEB〕
試 験 日：2024年１月14日
試験科目：国語・算数・理科・社会

・第２回試験
出願期間：2024年１月22日～2024年２月３日
〔出願はWEB〕
試 験 日：2024年２月４日
試験科目：国語・算数・理科・社会

本校の教育

・ほんとうの私として（正しく）：キリスト教の人間観に基づき，一人ひとりが，本物の自分として生きていくことができるよう，完全中高一貫の女子教育を行っています。お互いを「かけがえのない人間」として尊重し合う校風があります。

・ありのままの私として（浄く）：自分のありのままをうけとめることが大切だと考えています。そうすることにより，ほんとうに自由な人間として，ほんとうの自分に向かう正しい行動を選んでいくことができるようになっていきます。

・互いに助け合って（和やかに）：自己実現とは，自分ひとりで歩むことではなく，喜びをもってまわりの人とかかわり，互いに助け合いながらめざしていくことです。このことが，本校の和やかな雰囲気を作っています。

2023年度の主な大学合格実績

＜国立大学・大学校＞
東京大，東京工業大，一橋大，東北大，北海道大，筑波大，東京医科歯科大，千葉大，横浜国立大，東京農工大，お茶の水女子大，九州大，金沢大，富山大，防衛医科大，防衛大

＜私立大学＞
慶應義塾大，早稲田大，上智大，国際基督教大，東京理科大，明治大，青山学院大，立教大，中央大，法政大，学習院大，津田塾大，東京女子大，日本女子大，東京慈恵会医科大，順天堂大，昭和大，東京医科大，日本医科大，星薬科大

編集部注一本書の内容は2024年2月現在のものであり，変更されている場合があります。正確な情報は，学校のホームページ等で必ずご確認ください。

出題傾向＆対策

◆基本データ（2024年度１回）

試験時間／満点	50分／100点
問題構成	・大問数…５題 計算・応用小問１題（８問）／応用問題４題 ・小問数…19問
解答形式	解答のみを記入する形式となっている。必要な単位などは解答用紙に印刷されている。作図問題は見られない。
実際の問題用紙	Ａ４サイズ，小冊子形式
実際の解答用紙	Ｂ４サイズ

◆過去４年間の出題率トップ５

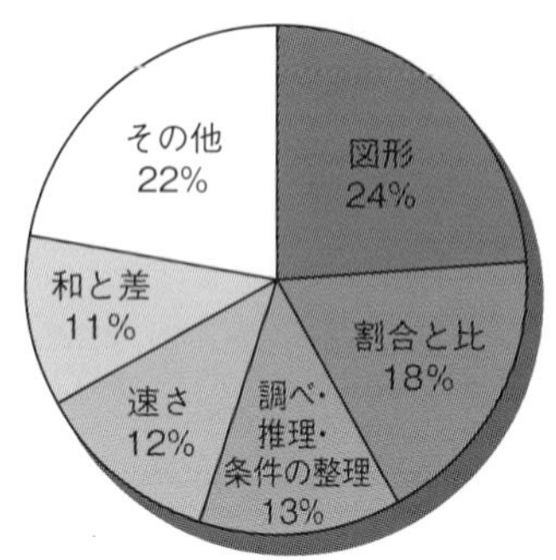

※　配点(推定ふくむ)をもとに算出

◆近年の出題内容

【 2024年度１回 】			【 2023年度１回 】		
大問	1	四則計算，比の性質，相当算，濃度，角度，条件の整理，面積	大問	1	四則計算，濃度，分配算，分数の性質，面積，水の深さと体積
	2	旅人算		2	グラフ－流水算，つるかめ算
	3	立体図形－構成，体積		3	規則性
	4	平面図形－図形上の点の移動，角度，構成		4	差集め算，和差算
	5	条件の整理		5	条件の整理，整数の性質

◆出題傾向と内容

全体を見わたすと，いわゆる超難問のたぐいは出題されませんが，**推理的な思考力を必要とするものや，公式をあてはめるだけでは解けないものが多く見られます**。また，それぞれの問題を手ぎわよく処理していく力も求められます。

●計算・応用小問…計算問題は，分数や小数のまじった複雑な四則計算です。応用小問では，数の性質，差集め算，旅人算と比，相似の利用，割合と比，図形の対称，面積，図形上の点の移動などが，はば広く取り上げられています。標準レベルの内容が多いですが，とりわけ図形に関する問題には豊かな発想力を要求するものもあります。

●応用問題…数の性質や規則性に関する設問が多いことが特ちょうとしてあげられます。そのほかに，食塩水の濃度，水の深さとグラフ，図形上の点の移動と旅人算，推理算なども出題されています。また，本校独自の問題として，推理算をからめた融合問題や，長い問題文の穴埋めをしながら解き進める，条件の整理をあつかった出題などが出されることもあります。いずれも標準からやや難しいレベルの設問といえます。

◆対策～合格点を取るには？～

本校の入試対策としては，計算力の養成と応用小問の攻略があげられます。まず，正確ですばやい計算力を毎日の計算練習でモノにしましょう。また，文章題は例題にあたって解法を身につけ，問題集で練習して解法を確認しましょう。

算数の学力を一朝一夕でつけることはできません。毎日コツコツと学習するのが大切です。そのさい留意したいのは，**ノートを最大限に活用すること**です。ふだんからノートに自分の考え方，線分図，式をしっかりとかく習慣をつけておきましょう。答え合わせをしてマルやバツをつけるだけではなかなか進歩しません。解説を読んで解き方を確認し，**自分の弱点をそのつど発見する**ように心がけましょう。

出題分野分析表

分野 ＼ 年度		2024		2023		2022		2021	
		1回	2回	1回	2回	1回	2回	1回	2回
計算	四則計算・逆算	○		○	○	○	○	○	○
	計算のくふう		○						
	単位の計算								
和と差	和差算・分配算			◎			○		○
	消去算								
	つるかめ算			○	◎	○	◎		
	平均とのべ		○						◎
	過不足算・差集め算		○	○			○	○	
	集まり								
	年齢算								
割合と比	割合と比					○			
	正比例と反比例								
	還元算・相当算	○	○						○
	比の性質	○			◎	○		○	
	倍数算								
	売買損益		○		○				
	濃度	○	○	○				○	○
	仕事算		○		○	○		○	
	ニュートン算						○		
速さ	速さ				○				○
	旅人算	○			○	○	○		○
	通過算							○	
	流水算			○				○	
	時計算								
	速さと比					○	○	◎	
図形	角度・面積・長さ	●	○	○	○	●	○	○	◎
	辺の比と面積の比・相似						○		
	体積・表面積	○	○		○				
	水の深さと体積		○	○		○	○	○	
	展開図								○
	構成・分割	◎				○		○	
	図形・点の移動	○			○	◎			
表とグラフ			○	○	○				
数の性質	約数と倍数								
	N進数								
	約束記号・文字式								○
	整数・小数・分数の性質		○	◎			○		○
規則性	植木算		○					○	
	周期算		●	○	○				
	数列								
	方陣算								
	図形と規則								
場合の数						○	○		
調べ・推理・条件の整理		◎	◎	○	○	○	○	◎	◎
その他									

※ ○印はその分野の問題が１題，◎印は２題，●印は３題以上出題されたことをしめします。

出題傾向＆対策

◆基本データ（2024年度１回）

試験時間／満点	理科と合わせて50分／50点
問題構成	・大問数…２題 ・小問数…33問
解答形式	すべて記号選択式となっており，用語の記入や記述問題などは見られない。記号選択式は，誤っているものや正しい組み合わせを選ぶものもある。
実際の問題用紙	Ａ４サイズ，小冊子形式
実際の解答用紙	Ｂ４サイズ

◆過去４年間の分野別出題率

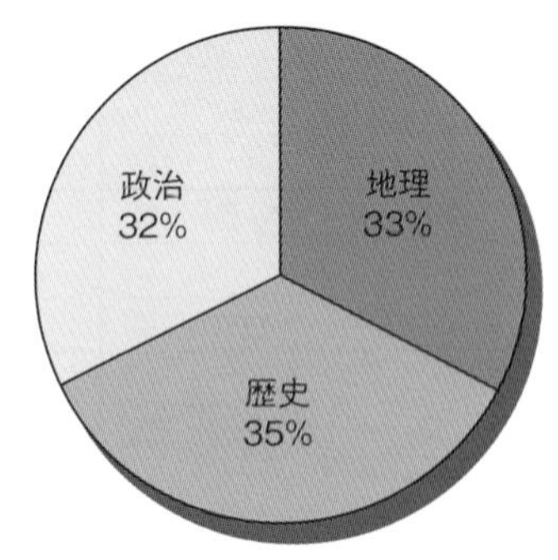

※　配点（推定ふくむ）をもとに算出

◆近年の出題内容

【　2024年度１回　】			【　2023年度１回　】		
大問	Ⅰ	〔**総合**〕森と私たちの暮らしのかかわりを題材とした問題	大問	Ⅰ	〔**総合**〕九州の地理を中心とした問題
	Ⅱ	〔**総合**〕2023年のできごとを題材とした問題		Ⅱ	〔**歴史**〕各時代の歴史的なことがら
				Ⅲ	〔**総合**〕2022年のできごとを題材とした問題

◆出題傾向と内容

本校の社会は，各分野からまんべんなく出題されています。**各分野のはば広いことがらを問う総合問題形式**になっていますが，それぞれの分野についての正確な知識が要求されています。

●**地理**…地形図の読み取り，農水産物の生産と輸入，日本の国土と産業，各地域ごとの地勢と産業などが出題されています。

●**歴史**…世界遺産に関係した歴史，海外から伝わった文化や宗教の歴史，日本の歴史を大きく変えたできごと（大化の改新，応仁の乱，島原の乱など），朝鮮半島との関係史，江戸時代の政治などが取り上げられています。

●**政治**…憲法と三権分立，国内外の政治・経済の情勢などのほか，時事をテーマにした総合問題が出されています。

◆対策～合格点を取るには？～

全分野に共通することとして，形式面では，**①基礎的知識としての数字にかかわる問題**（地理では，国土の面積，歴史では，重要なできごとが起こった年，政治では，重要事項を規定した憲法の条文の番号など），**②地名，人名，憲法上の用語などを漢字で書く問題**，**③基本的な資料の空所を補充させる問題**などに慣れておくことが必要です。内容面では，基本的事項はもちろんのこと，時事とからめたものや，わが国と諸外国との関係まで視野を広げ，整理しておきましょう。

地理分野については，ふだんから地図に親しんでおき，学習した地名は必ず地図で確認し，白地図の上に主な平野，山脈，火山帯，川，都市などをかきこめるようにしておきましょう。農業や工業，貿易などの統計資料と，国名や地名を結びつけておくことも大切です。

歴史分野については，歴史の流れを大まかにとらえる姿勢が大切です。そのためには，つねに年表を見ながら勉強する態度を，日ごろから身につけておくべきです。重要な事件が起こった年の前後の流れを理解するなど，単純に暗記するだけでなく，くふうして覚えていきましょう。

政治分野では，日本国憲法が中心になります。主権，戦争の放棄，基本的人権，三権分立などの各事項を理解するほか，憲法の条文を確認しておきましょう。時事的なことがらが地理や歴史とからめて出題されることもあるので，テレビのニュースや新聞に目を通しておくことも効果的です。

社会 出題分野分析表

分野		年度	2024		2023		2022		2021	
			1回	2回	1回	2回	1回	2回	1回	2回
日本の地理		地図の見方		○	○					○
		国土・自然・気候	○	○	○	○	○	○		○
		資源			○					
		農林水産業	○	○	○	○	○	○	○	○
		工業	○		○		○	○	○	○
		交通・通信・貿易	○	○	○	○	○	○	○	○
		人口・生活・文化	○				○	○		○
		各地方の特色	○	○		○	○	○	○	
		地理総合								
世界の地理			○		○		○		○	○
日本の歴史	時代	原始～古代	○	○	○	○	○	○	○	○
		中世～近世	○	○	○	○	○	○	○	○
		近代～現代	○	○	○	○	○	○	○	○
	テーマ	政治・法律史								
		産業・経済史								
		文化・宗教史								
		外交・戦争史								
		歴史総合		★	★					
世界の歴史						○				
政治		憲法				○	○	○	○	
		国会・内閣・裁判所	○	○	○	○	○	○	★	○
		地方自治	○	○			○			
		経済	○	○		○	○			
		生活と福祉		○		○				
		国際関係・国際政治	○	○	○	○	○			○
		政治総合		★		★		★		
環境問題			○	○		○				
時事問題			○	○			○	○		★
世界遺産			○	○	○					
複数分野総合			★	★	★	★	★	★	★	★

※　原始～古代…平安時代以前，中世～近世…鎌倉時代～江戸時代，近代～現代…明治時代以降

※　★印は大問の中心となる分野をしめします。

理科 出題傾向＆対策

◆基本データ(2024年度１回)

試験時間／満点	社会と合わせて50分／50点
問題構成	・大問数…４題 ・小問数…15問
解答形式	記号選択式と用語・計算結果の記入がほとんどとなっている。記号選択式は，択一式だけでなく複数選ぶものもある。記述問題や作図，グラフの完成などは見られない。
実際の問題用紙	Ａ４サイズ，小冊子形式
実際の解答用紙	Ｂ４サイズ

◆過去４年間の分野別出題率

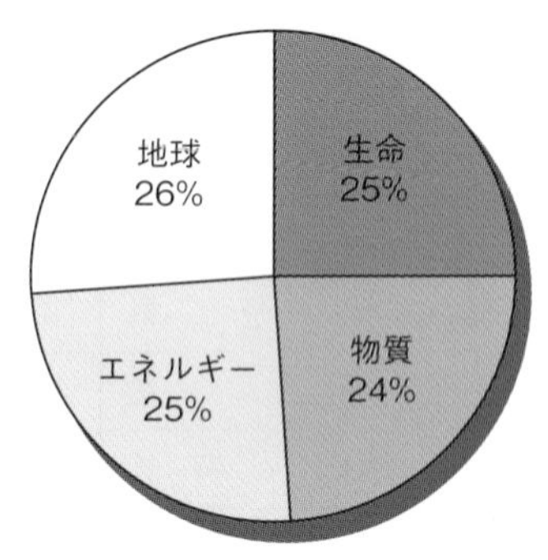

※　配点(推定ふくむ)をもとに算出

◆近年の出題内容

【 2024年度１回 】			【 2023年度１回 】		
大問	①	〔エネルギー〕LEDの回路	大問	①	〔エネルギー〕棒や板のつりあい
	②	〔物質〕化学変化と物質の重さ・体積		②	〔物質〕水の状態変化
	③	〔生命〕ヒトや植物の呼吸		③	〔生命〕ウキクサ
	④	〔地球〕地層		④	〔地球〕太陽や月，星の見え方

◆出題傾向と内容

問題量は標準的で，内容的にはどれも**基本的なことがらを問うものがほとんど**です。また，「生命」「物質」「エネルギー」「地球」の各分野から**バランスよく出題**されています。

●生命…人体，植物のはたらき，こん虫の特ちょうと分類，こん虫の行動，セキツイ動物のあしのつき方，だ液のはたらきなどが取り上げられています。

●物質…気体の発生，水のすがたの変化(水溶液の濃度などもふくむ)，ものの溶け方などが出題されています。総合的な問題が出されることもあります。

●エネルギー…てこのつりあい，手回し発電機と発光ダイオード，豆電球の回路，ふりこの運動，ものの温まり方(金属のぼう張)などが出されています。

●地球…流れる水のはたらき(川のようす)，地層，天体の動きと見え方，雲と天気の移り変わりなどが出題されています。

◆対策～合格点を取るには？～

本校の理科は実験・観察をもとにした問題が大部分なので，**細かい知識を覚えるよりも，教科書・参考書の内容をしっかり身につける**ことや，**資料**(グラフや表，実験や観察の結果)**をもとにして考える訓練を積んでおく**ことが大切です。そのために，次のことを実行してみてはいかがでしょうか。①教科書や標準的な受験参考書を中心とした学習をする。難問はさけて基本的なことがらの理解につとめること。グラフや表の見方に慣れるだけでなく，その意味やそこからわかることなども確認しておく。②学校で行う実験や観察には積極的に参加し，目的，方法，経過，結果，実験器具の使用方法などをノートに整理する。わからないことがあれば，図鑑などで調べる。自分でできる範囲で実験・観察を行うのもよい。③科学ニュースにも目を向ける。新聞や雑誌の記事，テレビのニュース番組や科学番組などをできるだけ関心を持って見るようにして，はば広い知識を身につける。④ある程度の理解が得られたら，標準的でよくまとまったうすめの問題集で確認する。⑤「物質」「エネルギー」からは，濃度や力のつり合いなどの計算問題が出されやすいので，計算ミスをしないように日ごろからよく練習しておく。

理科 出題分野分析表

分野 ＼ 年度		2024		2023		2022		2021	
		1回	2回	1回	2回	1回	2回	1回	2回
生命	植物	○		★	★		★		
	動物	○	★						○
	人体								★
	生物と環境					★		★	
	季節と生物								
	生命総合	★							
物質	物質のすがた			★					
	気体の性質				★				
	水溶液の性質					★			
	ものの溶け方							★	
	金属の性質								
	ものの燃え方				○				
	物質総合	★	★				★		
エネルギー	てこ・滑車・輪軸			★					
	ばねののび方								
	ふりこ・物体の運動				★				
	浮力と密度・圧力								★
	光の進み方								
	ものの温まり方					★		○	★
	音の伝わり方								
	電気回路	★	★				★	★	
	磁石・電磁石								
	エネルギー総合								
地球	地球・月・太陽系			★		★			
	星と星座				★			★	
	風・雲と天候						★		
	気温・地温・湿度								
	流水のはたらき・地層と岩石	★	★						★
	火山・地震								
	地球総合								
実験器具									
観察									
環境問題									
時事問題									
複数分野総合									

※　★印は大問の中心となる分野をしめします。

出題傾向＆対策

◆基本データ(2024年度１回)

試験時間／満点	50分／100点
問題構成	・大問数…２題 文章読解題２題 ・小問数…19問
解答形式	記号選択，文章中のことばの書きぬき，適語の記入など，バラエティーに富んでいる。記述問題はごく短いものが出題されている。
実際の問題用紙	Ａ４サイズ，小冊子形式
実際の解答用紙	Ｂ４サイズ

◆過去４年間の分野別出題率

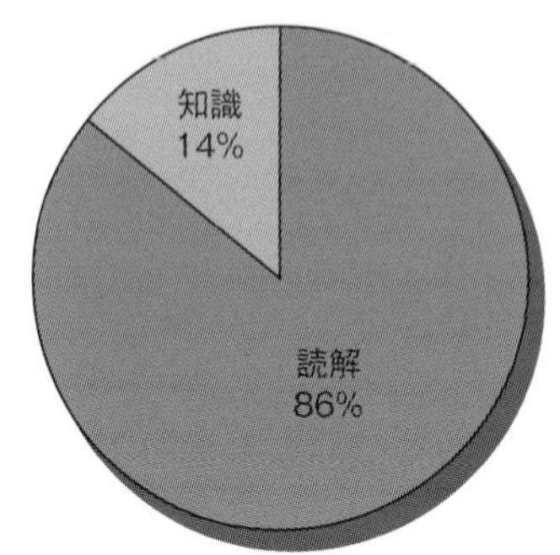

※　配点(推定ふくむ)をもとに算出

◆近年の出題内容

【 2024年度１回 】			【 2023年度１回 】		
大問	一	〔説明文〕谷川嘉浩『スマホ時代の哲学―失われた孤独をめぐる冒険』(約4300字)	大問	一	〔説明文〕伊勢武史『2050年の地球を予測する ―科学でわかる環境の未来』(約5000字)
	二	〔小説〕櫻いいよ『世界は「　」で沈んでいく』(約7800字)		二	〔小説〕寺地はるな『タイムマシンに乗れないぼくたち』(約7000字)

◆出題傾向と内容

本校の国語は，**文章の内容が的確に読み取れるかどうかを，表現力も試しながらあわせて見ようとする問題**だといえます。

●**文章読解題**…取り上げられる文章のジャンルは，説明文・論説文，小説・物語文が中心です。受験生にとって比較的読みやすい文体・内容のものが選ばれており，取り組みやすくなっていますが，文章が長いので時間配分には注意が必要です。設問を見ると，文章の細部について考えさせるだけでなく，全体の流れをしっかりとらえているかどうかを試す，よく練られた設問構成になっています。

●**知識問題**…文章読解題の設問として，漢字の読みと書き取り，語句の知識，慣用句・ことわざなどが出されています。

◆対策～合格点を取るには？～

本校の国語は，読解力と表現力を見る問題がバランスよく出題されていますから，**読解力をつけ，そのうえで表現力を養う**ことをおすすめします。

まず，物語文，随筆文，説明文など，ジャンルは何でもよいですから精力的に読書をし，的確な読解力を養いましょう。特に国語の苦手な人は，短編から入るのもよいでしょう。新聞のコラムや社説を毎日読むようにするのも，よい訓練になります。

そして，書く力をつけるために，感想文を書いたり，あらすじをまとめたりするとよいでしょう。ただし，本校の場合はつっこんだ設問が多いので，適切に答えるには相当な表現力が求められます。まず文脈や心情の流れをしっかりつかみ，次に自分の考えや感想をふまえて全体を整理し，そのうえで文章を書くことが大切です。うまく書く必要はありませんが，自分の頭でまとめたことがらを文章で正確に表現することを意識しましょう。

なお，ことばのきまり・知識に関しては，参考書を１冊仕上げるとよいでしょう。漢字や熟語については，読み書きはもちろん，同音(訓)異義語，その意味についても辞書で調べ，ノートなどにまとめておきましょう。

国語 出題分野分析表

分野 ＼ 年度			2024		2023		2022		2021	
			1回	2回	1回	2回	1回	2回	1回	2回
読解	文章の種類	説明文・論説文	★	★	★	★	★	★	★	★
		小説・物語・伝記	★	★	★	★	★	★	★	★
		随筆・紀行・日記								
		会話・戯曲								
		詩								
		短歌・俳句								
	内容の分類	主題・要旨	○	○	○	○		○		
		内容理解	○	○	○	○	○	○	○	○
		文脈・段落構成								
		指示語・接続語					○		○	
		その他	○	○	○	○	○	○	○	○
知識	漢字	漢字の読み	○	○	○	○	○	○	○	○
		漢字の書き取り	○	○	○	○	○	○		
		部首・画数・筆順								
	語句	語句の意味	○	○	○	○	○	○	○	
		かなづかい								
		熟語						○		
		慣用句・ことわざ			○	○		○		○
	文法	文の組み立て								
		品詞・用法								
		敬語								
	形式・技法									
	文学作品の知識									
	その他			○			○			
	知識総合									
表現	作文									
	短文記述									
	その他									
放送問題										

※　★印は大問の中心となる分野をしめします。

2024年度 浦和明の星女子中学校

【算　数】〈第１回試験〉(50分)〈満点：100点〉

注意　コンパス，定規，分度器，計算機は使用しないこと。

1　次の各問いに答えなさい。

(1)　$1-0.52\div3\frac{5}{7}+0.72\div\frac{2}{9}-\left(3-1\frac{1}{20}\right)$ を計算しなさい。

(2)　空の水そうがあります。この水そうに，毎分10Ｌの割合で水を入れると，毎分８Ｌの割合で水を入れたときよりも，６分早く満水になります。この水そうの容積は何Ｌですか。

(3)　お父さんは，親戚(しんせき)からもらったお年玉を，２人の姉妹に分けて渡(わた)すことにしました。妹に，全体の $\frac{4}{9}$ より100円多い金額を渡したところ，姉には全体の $\frac{3}{5}$ より500円少ない金額が渡りました。お父さんが親戚からもらったお年玉の金額を答えなさい。

(4)　３％の食塩水400ｇに７％の食塩水をいくらか混ぜて，ある濃さの食塩水を作る予定でしたが，あやまって混ぜる予定であった食塩水と同じ重さの水を加えてしまったため，1.2％の食塩水ができました。作る予定であった食塩水の濃さは何％でしたか。

(5)　右の図のように，点Ｏを中心とした半円と直線を組み合わせた図形があります。ア，イの角度をそれぞれ求めなさい。

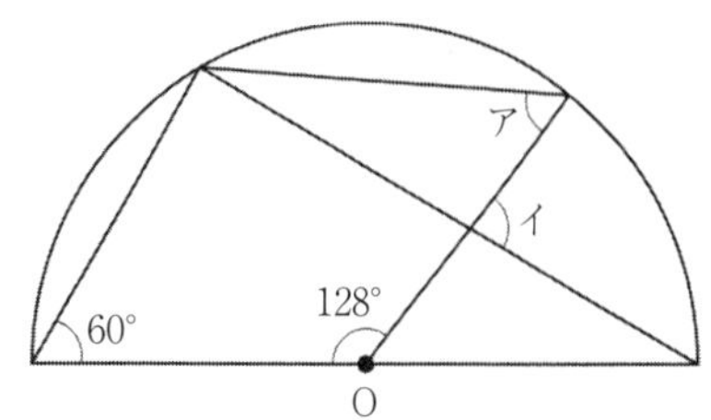

(6)　次の筆算にあるA，B，C，Dの４つの文字は，それぞれ異なる０から９のいずれかの数字を表し，$ABCD$は４桁(けた)の数を表しています。A，B，C，Dに当てはまる数字をそれぞれ答えなさい。

$$\begin{array}{r} A\ B\ C\ D \\ \times\qquad\ 9 \\ \hline D\ C\ B\ A \end{array}$$

(7)　100円玉と50円玉を合わせて80枚持っていました。50円玉の何枚かを100円玉に両替(りょうがえ)したところ，100円玉と50円玉は合わせて72枚になりました。また，両替した後の100円玉の合計金額と50円玉の合計金額の比は10：3になりました。はじめに持っていた100円玉と50円玉の枚数をそれぞれ答えなさい。

(8)　右の図のような半径３cm の円があります。その円周を12等分する点を打ち，それらの点をつないで正十二角形を作ります。円の面積と正十二角形の面積の差を求めなさい。ただし，円周率は3.14とします。

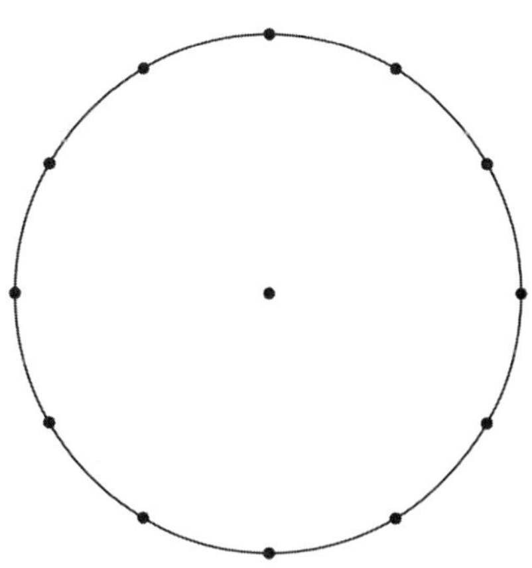

2　A駅とB駅はまっすぐな線路で結ばれており，２つの駅は3.6km離（はな）れています。太郎さんは自転車でA駅を９時ちょうどに出発し，線路に沿った道をB駅に向かって分速150mで進みました。すると，９時４分に，B駅を９時ちょうどに出発した電車の先頭とすれ違（ちが）いました。その後，太郎さんはすぐに速さを変えて進み，９時10分に，次にB駅から来た電車の先頭とすれ違いました。太郎さんはそのままの速さで進み，９時16分にB駅に到着しました。

２本の電車は同じ速さで進むものとしたとき，次の問いに答えなさい。

(1)　電車の速さは分速何mですか。

(2)　太郎さんが９時４分に電車の先頭とすれ違った後の，自転車の速さは分速何mですか。

(3)　太郎さんが９時10分にすれ違った電車は，９時何分にB駅を出発しましたか。

3　１辺が１cmの立方体を125個すきまなくぴったりと貼（は）り合わせて，１辺が５cmの立方体を作りました。この立方体について，次の問いに答えなさい。

(1)　１辺が５cmの立方体から，下の図１にある色の塗（ぬ）られた部分を，それぞれ反対側の面までまっすぐくり抜（ぬ）きます。このとき，くり抜かれた後に残る立体の体積を求めなさい。

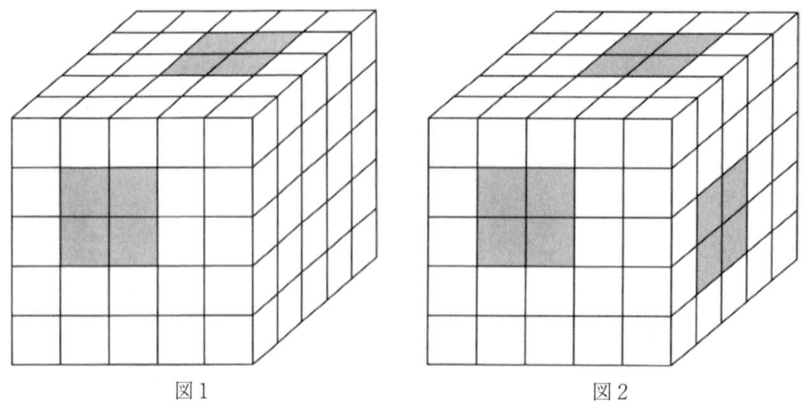

図１　　　　　図２

(2)　１辺が５cmの立方体から，上の図２にある色の塗られた部分を，それぞれ反対側の面までまっすぐくり抜きます。このとき，くり抜かれた後に残る立体の体積を求めなさい。

4　図のような，点Oを中心としABを直径とする円の周上を，点Pは時計回りに，点Qは反時計回りにそれぞれ一定の速さで動きます。２つの点はAを同時に出発し，点Pは点Qの４倍の速さで進みます。図の㋐は，点QがAから動いたときの，円の半径OAとOQの間の角を表します。㋐の大きさは，０度から360度までを考えるものとして，次の問いに答えなさい。

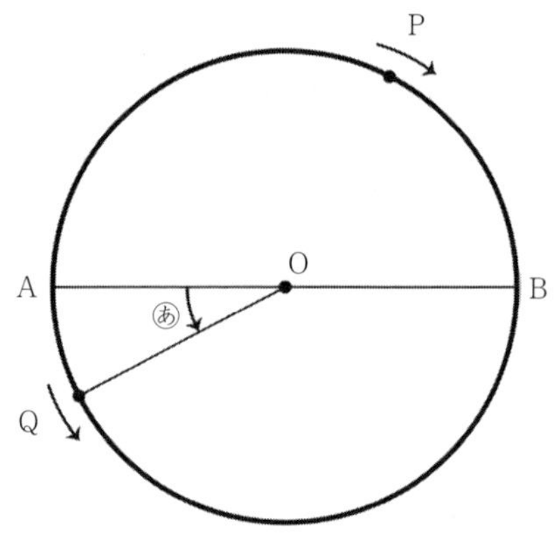

(1)　次の空欄（くうらん）［ア］，［イ］に入る数を答えなさい。

２点P，QがAを同時に出発した後で，１回目に重なったときの㋐の大きさは［　ア　］度です。その後，２点が何回か重なった後，初めてAで重なるのは，２点が［　イ　］回目に重なったときでした。

(2)　２点がAを同時に出発した後，初めてAで重なるまでに，点Pと点Qを結んでできる直線が，円の直径 AB と平行になるときが２回あります。このときの㋐の大きさを小さい順に答えなさい。ただし，直線 PQ が直径 AB と重なるときは平行ではないとします。

(3)　２点がＡを同時に出発した後，初めてＡで重なるまでに，点Ｐと点Ｑを結んでできる直線が，円の直径 AB と垂直になるときが２回あります。このときの㋐の大きさを小さい順に答えなさい。

(4)　Ａと(2)で求めた２か所の点Ｑの位置を結んでできる三角形の面積と，Ａと(3)で求めた２か所の点Ｑの位置を結んでできる三角形の面積の比を最も簡単な整数の比で答えなさい。

5　同じ大きさの正方形の形をした，赤色と青色のタイルが手元にたくさんあります。これらのタイルを敷(し)き詰(つ)めて大きな正方形を作ろうとしました。

(1)　タイルの色を気にせずに，すべてのタイルを敷き詰めて正方形を作ろうとしたところ，タイルが１枚足りませんでした。そこで，今度は手元にある枚数のタイルで，できるだけ大きな正方形を作ったところ，タイルは36枚余りました。はじめに手元にあったタイルは全部で何枚ですか。

(2)　タイルをすべて手元に戻(もど)して，今度は右の図のように，同じ色のタイルが上下左右に並ばないように敷き詰めていくことにしました。青色のタイルをすべて使い切ると，ちょうどある大きさの正方形ができ，赤色のタイルだけが手元に104枚残りました。

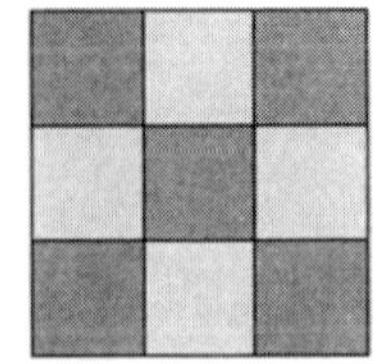

そこで，青色のタイルだけを追加して，さらにこの正方形に同じようにタイルを敷き詰めて，できるだけ大きな正方形を作りました。このとき，赤色のタイルは何枚か残りますが，青色のタイルをこれ以上追加しても，これより大きい正方形は作れません。

追加して並べた青色のタイルは何枚ですか。考えられる枚数をすべて答えなさい。ただし，解答欄(らん)はすべて使うとは限りません。

【社　会】〈第１回試験〉（理科と合わせて50分）〈満点：50点〉

Ⅰ　次の先生と星子さんの会話について，あとの問いに答えなさい。

先生：今日は，森と私たちの暮らしのかかわりについて考えてみましょう。森というと，どのような風景を思い浮かべますか。

星子：新緑の季節に，いろいろな木の新芽の緑の印象が強いです。緑の色も，それぞれの木の種類によって微妙な色の違いがあり，とても美しかったです。

先生：そうですね。それだけ多様な樹木があるということですね。①『日本書紀』には，②スサノオノミコトが自分の髭をぬいて放つとスギになり，眉毛はクスになったという話があります。スサノオノミコトはスギとクスは船に使うように諭したという内容です。日本人は，古代から木をそれぞれの特性に応じて使い分けていたのでしょう。

星子：このあいだ，③東北地方の④青森県にある縄文時代の遺跡を写真でみました。大木を使った大きい建物がありました。

先生：その大木はクリの木でしょう。クリの木は水や湿気に強いので，家や大きな建物の土台に使われることが多かったと考えられています。

星子：木の性質を上手に使ったのですね。

先生：そうですね。「適材適所」という言葉がありますが，これは⑤大工仕事における材料の使い方から生まれた言葉なのですよ。クリの木は土台に使うとか，木目の美しいケヤキは大黒柱に使うとか。日本の伝統的な⑥木造建築は，釘などの金属類は使わないで，⑦木材に凹凸をつくって木材同士を組み込んで固定していました。傷んだ部材を交換して修繕できる良い点があります。

星子：夏休みに，富山県にある⑧世界遺産の五箇山に家族旅行にいったのですが，茅葺屋根の伝統的な家屋がいくつもあって，とても立派でした。

先生：屋根の材料も，茅のほかにもヒノキを使った檜皮葺，スギの皮や板を使ったものなど，豊富にあり，気候風土にあったものが地方ごとに使われてきました。

星子：人びとが暮らす家だけでなく，⑨平城京や平安京など都の建設などにも，大量の木材が使われますよね。

先生：そうですね。平城京や平安京の建設には，切り出した木で筏を組んで河川を使って都まで運んだそうです。戦国時代になると，戦国大名たちは支配地にある木材の確保をとても重要視していました。とくに⑩織田信長や豊臣秀吉は，良質な木材を大量に集めるように指示しました。なぜだかわかりますか？

星子：もしかしたら，城の建設ですか。安土城や⑪大坂城とか。

先生：よくわかりましたね。安土城や大坂城はとても大きな城であったのと，他の戦国大名に自分の力を誇示するため，とても贅沢につくられたと考えられています。また，江戸幕府を開いた徳川家康は，江戸城だけでなく，莫大な費用をかけて⑫江戸のまちづくりに取り組みました。まちづくりには大量の木材が必要となり，また，例えば⑬天竜川のような，木材を運ぶ流通経路の開発も必要になりました。木材の取引で大きな利益を上げた⑭商人の話が，よく伝えられていますよね。

星子：そんなに木材を使ったら，森林はなくなってしまうのではないですか。

先生：いい質問ですね。江戸時代，幕府や各藩の藩主たちは，森林資源を守るために，伐採に制限をかけたり，植林をさせたりしているのですよ。

星子：なるほど。そういえば，2021年に開かれた⑮東京オリンピックの会場となった⑯国立競技場は，木材を多く使ったことが話題になりましたね。

先生：よく知っていますね。国立競技場の外観のひさしにあたる部分には，47都道府県から集められたスギやカラマツなどが使用されているのですよ。⑰千葉県や東京都など関東地方の木材はスタジアムの北東側，高知県など⑱四国地方は南東側，中部地方(北信越地方)は北西側と，各地方をそれぞれスタジアムの東西南北に分けて木材が使われました。

星子：知らなかったです。今度家族と⑲サッカー観戦したとき，よくみてみたいです。

先生：森の木は，建築資材として利用しただけではないですよ。⑳紙などの生活道具の素材になるものの多くも，すべて森の中から得ていたのです。桶(おけ)や樽(たる)，お椀やわっぱなど，今でも使われているものもありますよ。中には，漆(うるし)をぬった高級品が郷土の㉑工芸品として有名なものもあります。

星子：「わっぱ」って何ですか。

先生：わっぱとは，輪の形をしたもの，という意味です。うすい板をお湯でゆでたり，高温の蒸気にあてたりして木をやわらかくして曲げてつくった容器のことです。㉒弥生時代の遺跡からも出土しているので，木を曲げる技術はかなり古くからあったと考えられています。室町時代に桶が普及(ふきゅう)するまで，液体を入れる容器といえば，まげものでした。今でもお弁当箱とかで使われていますね。

星子：私たちの生活は，古代から数え切れないほど多くのものを森林に頼(たよ)って暮らしてきたのですね。私たちは森を大切にしなければいけませんね。

先生：そうですね。近年では㉓輸入木材に頼ることが多く，林業に携(たずさ)わる人が少なくなりました。日本の歴史を振り返って，森や木と私たちの暮らしの関係を深く考えることが大切ですね。

問１　下線部①について。『日本書紀』がつくられたころの社会のようすについて述べた説明文として正しいものを，次の(ア)～(エ)から一つ選び，記号で答えなさい。

(ア)　浅間山の噴(ふん)火や冷害などで全国的な大飢饉(ききん)が発生し，各地で百姓一揆や打ちこわしがおきた。

(イ)　全国の田畑を測量し，耕作者の名前を検地帳に記録したことから，武士と農民の分離が進んだ。

(ウ)　田畑の面積に応じて課(か)せられた調や庸の税や兵役など，農民たちの負担は重いものであった。

(エ)　荘園の持ち主は，税をまぬがれる不輸(ふゆ)の権や役人の立ち入りを拒否する不入(ふにゅう)の権を認めさせた。

編集部注…学校より，Ｉの問１については「選択肢の中に正解に該当するものがなかったため，受験生全員を正解にした」とのコメントがありました。

問２　下線部②について。スサノオノミコトとは，日本の神話の中に出てきます。宗教や思想について述べた説明文として誤っているものを，次の(ア)～(エ)から一つ選び，記号で答えなさい。

(ア)　釈迦(しゃか)によってひらかれた仏教は，６世紀のなかばまでに日本に伝わったと考えられている。

(イ)　イエスの教えは，キリスト教とよばれ，イエスの弟子たちによって世界に広まっていった。

(ウ)　日本の神話は，５世紀はじめにつくられた『古事記』にまとめられている。

(エ)　『論語』は，孔子の言葉や行動を弟子たちがまとめたものである。

問３　下線部③について。次の文は，東北地方のある県でおこなわれている伝統行事について述べたものです。この行事がおこなわれている県について述べた説明文として正しいものを，下の(ア)～(エ)から一つ選び，記号で答えなさい。

> この行事は，東北地方で最も米の生産量が多い県でおこなわれ，長い竹に米俵に見立てた提灯をぶら下げて練り歩くものである。

(ア)　県内には東北地方で唯一の政令指定都市があり，東北地方の行政の中心的役割を担っている。

(イ)　白神山地から発する岩木川が流れ，中流域ではリンゴの栽培が盛んである。

(ウ)　県の中央を出羽山地が南北に縦断し，県の南東部に横手盆地が広がる。

(エ)　県西部を流れる阿賀川(阿賀野川)周辺には，多くの水力発電所が集中している。

問４　下線部④について。青森県の縄文時代の遺跡について述べた説明文として正しいものを，次の(ア)～(エ)から一つ選び，記号で答えなさい。

(ア)　三内丸山遺跡は，1500年以上続いたとされる，大規模な集落の遺跡である。

(イ)　宗教的な権威をもった女王が人びとを支配していたことが，纒向遺跡からわかった。

(ウ)　吉野ヶ里遺跡から発見された二重の堀は，外敵の攻撃から集落を守る役割を果たしていた。

(エ)　大森貝塚の中心地には，土を丘のように盛り上げて築いた，大きな埋葬施設があった。

問５　下線部⑤について。大工などの職人について述べた説明文として誤っているものを，次の(ア)～(エ)から一つ選び，記号で答えなさい。

(ア)　古墳時代では，養蚕・機織りなどの知識や技術をもった渡来人が，大和政権につかえていた。

(イ)　室町時代には，大工だけでなく，紙すきや酒づくりなど多くの職人たちが活動していた。

(ウ)　豊臣秀吉の時代に，朝鮮半島の職人の高度な技術でつくられた陶器が日本に伝わった。

(エ)　江戸時代の職人は，職種ごとに住む場所が指定され，農民より重い税が課せられた。

問６　下線部⑥について。木造建築について述べた説明文として誤っているものを，次の(ア)～(エ)から一つ選び，記号で答えなさい。

(ア)　法隆寺の五重塔は，現存する最古の木造の塔であると考えられている。

(イ)　平氏に焼かれた東大寺は，豪放な力強さを特色とする，中国の宋の新しい様式を用いて再建された。

(ウ)　正倉院は，木材を隙間なく組み上げた，校倉造とよばれる建築方法で建てられている。

(エ)　平安時代の貴族の屋敷には，書院造りとよばれる畳や障子が用いられる建築様式が多くみられた。

問７　下線部⑦について。木材を組み込んでつくる方法は，建物だけでなく，大きな仏像彫刻などにもみられる手法で，寄木造といいます。この手法でつくられた像として正しいものを，次の(ア)～(エ)から一つ選び，記号で答えなさい。

(ア)　法隆寺金堂釈迦三尊像　　(イ)　東大寺南大門金剛力士像

(ウ) 長崎平和祈念像　　(エ) 興福寺仏頭

問8 下線部⑧について。次の文章は，日本国内の世界遺産の歴史について述べたものです。この世界遺産は何ですか。正しいものを，下の(ア)～(エ)から一つ選び，記号で答えなさい。

> 19世紀ごろ，欧米から鯨漁の船が多く来ており，船に水や食料を供給するために住みついた欧米人たちが最初の定住者となった。太平洋戦争中は防衛施設がつくられて激戦地となり，戦後はアメリカ軍の統治下におかれたが，1968年に日本に返還された。

(ア) 知床　(イ) 小笠原諸島

(ウ) 屋久島　(エ) 「神宿る島」宗像・沖ノ島と関連遺産群

問9 下線部⑨について。平城京は現在の奈良県にあります。奈良県には東経136度の経線が通っています。次の府県の並びは，東経136度が通る府県を北から順に並べたものです。(A)と(B)に入る県の組合せとして正しいものを，下の(ア)～(エ)から一つ選び，記号で答えなさい。

(A)県→(B)県→京都府→奈良県

(ア) A 兵庫 B 三重　(イ) A 滋賀 B 三重

(ウ) A 福井 B 滋賀　(エ) A 福井 B 兵庫

問10 下線部⑩について。織田信長について述べた説明文として誤っているものを，次の(ア)～(エ)から一つ選び，記号で答えなさい。

(ア) 長篠の合戦では，武田氏の軍勢に対して足軽鉄砲隊を使った集団戦術を用いた。

(イ) 海外貿易で栄えていた堺を支配下に置き，堺の住民の自治を制限した。

(ウ) 北陸地方の一向一揆を弾圧し，仏教勢力を抑えるため，キリスト教を保護した。

(エ) 茶道を通じて礼儀作法を整え，天下統一を実現しようと考えて，わび茶を考案した。

問11 下線部⑪について。大坂城について述べた説明文として正しいものを，次の(ア)～(エ)から一つ選び，記号で答えなさい。

(ア) 豊臣秀吉が全国統一の根拠地として，石山本願寺の跡地に築いた城である。

(イ) 豊臣秀吉が全国の食材を集めたことから，「天下の台所」とよばれた。

(ウ) 白漆喰が外壁に多く使われた城の姿から，白鷺城ともよばれた。

(エ) アジア太平洋戦争の終戦後，日本を占領したGHQによって再建された。

問12 下線部⑫について。江戸のまちづくりについて述べた説明文として正しいものを，次の(ア)～(エ)から一つ選び，記号で答えなさい。

(ア) 江戸のまちづくりに要した費用は，幕府が独占した朱印船貿易の利益でまかなわれた。

(イ) 江戸で暮らす人びとは，井戸だけでなく，芦ノ湖から木製の樋によってひかれた水も利用した。

(ウ) 木造家屋が密集していた江戸の町は，火事が多かったので，幕府は夜間の火の使用を禁止した。

(エ) 藩主や藩士が江戸で滞在するための藩の屋敷は，監視のため江戸城の敷地の中にすべて建てられた。

問13 下線部⑬について。天竜川流域にある市町村について述べた説明文として正しいものを，次の(ア)～(エ)から一つ選び，記号で答えなさい。

(ア) 市内からは東側に飛騨山脈がみえ，日本で最も面積が広い市として知られている。

(イ)　市街地は旧北陸街道を中心に形成され，眼鏡や繊維産業が盛んである。

(ウ)　村の南側には浅間山がそびえ，高冷地の気候を利用したキャベツ栽培が盛んである。

(エ)　東に南アルプス，西に中央アルプスという二つのアルプスに囲まれ，高遠城址公園などの観光資源がある。

問14　下線部⑭について。江戸時代の商人について述べた説明文として正しいものを，次の(ア)〜(エ)から一つ選び，記号で答えなさい。

(ア)　紀伊国屋文左衛門は，「現金掛け値なし」の新しい商法で木材を取引し，莫大な資産を築いた。

(イ)　下総の商人であった間宮林蔵は，全国の沿岸を測量し，正確な日本地図を作製した。

(ウ)　京都の商人であったと考えられている俵屋宗達は，「風神雷神図屏風」を描いた。

(エ)　河村瑞賢は，幕府の命令で江戸日本橋を拠点とする五街道の整備に取り組んだ。

問15　下線部⑮について。日本で最初のオリンピックは1940年に予定されていましたが，当時の国際情勢や日本の国内情勢によって中止されました。日本でオリンピックがはじめて開かれたのは1964年です。1940年と1964年の国際情勢と日本の国内情勢の組合せとして正しいものを，下の(ア)〜(カ)から一つ選び，記号で答えなさい。

A：1940年　　B：1964年

＜国際情勢＞

あ：アメリカで株式の大暴落がおこり，世界恐慌がはじまった。

い：ヒトラーが政権をにぎっていたドイツは，イタリアと日本の間に三国同盟を結んだ。

う：イスラエルとアラブ諸国の間で第四次中東戦争がおこった。

＜日本の国内情勢＞

a：国家総動員法が制定された。

b：日韓基本条約が締結された。

c：近衛文麿がふたたび首相になった。

(ア)　A―あ―a　　(イ)　A―い―c

(ウ)　A―う―b　　(エ)　B―あ―b

(オ)　B―い―a　　(カ)　B―う―c

問16　下線部⑯について。国立競技場は，アジア太平洋戦争以前は明治神宮外苑競技場とよばれていました。国立競技場および明治神宮外苑競技場について述べた説明文として正しいものを，次の(ア)〜(エ)から一つ選び，記号で答えなさい。

(ア)　戦争の激化で大学生が徴兵されるようになると，明治神宮外苑競技場は出陣する大学生の壮行会の会場となった。

(イ)　1970年の大阪万博では，国立競技場に太陽の塔がつくられて万博を盛り上げた。

(ウ)　国立競技場と東海道新幹線は，ともに1958年に完成した。

(エ)　明治政府は，近代化政策の一つとして，皇居の敷地の一部を利用して明治神宮外苑競技場を建設した。

問17　下線部⑰について。次の表は千葉県，東京都，大阪府，北海道の航空輸送量を，国内線と国際線別にあらわしたものです。千葉県にあてはまるものとして正しいものを，次の(ア)〜(エ)から一つ選び，記号で答えなさい。

	国内線（2021年）		国際線（2021年）	
	旅客（千人）	貨物（トン）	旅客（千人）	貨物（トン）
(ア)	12,102	113,373	0	13,074
(イ)	4,127	1,466	1,745	2,609,321
(ウ)	10,861	86,790	269	822,302
(エ)	29,152	401,576	831	419,178

（『データでみる県勢 2023』より作成）

問18　下線部⑱について。

(1)　次の表は，生産上位に四国地方の県がみられる農作物生産上位県をあらわしたものです。表中の空欄Ａ～Ｄにあてはまる農作物の組合せとして正しいものを，下の(ア)～(カ)から一つ選び，記号で答えなさい。

A		B		C		D	
高知	39,300	徳島	4,156	茨城	25,500	長崎	876
熊本	33,300	高知	32	佐賀	6,450	千葉	444
群馬	27,400	愛媛	9	徳島	4,850	香川	229

（単位はトン。『データでみる県勢 2023』より作成）

(ア)　Ａ　なす　Ｂ　れんこん　Ｃ　スダチ　Ｄ　びわ
(イ)　Ａ　なす　Ｂ　スダチ　Ｃ　れんこん　Ｄ　びわ
(ウ)　Ａ　れんこん　Ｂ　びわ　Ｃ　スダチ　Ｄ　なす
(エ)　Ａ　れんこん　Ｂ　スダチ　Ｃ　びわ　Ｄ　なす
(オ)　Ａ　びわ　Ｂ　なす　Ｃ　れんこん　Ｄ　スダチ
(カ)　Ａ　びわ　Ｂ　れんこん　Ｃ　なす　Ｄ　スダチ

(2)　四国地方の県と，その県にあるものの組合せとして誤っているものを，次の(ア)～(エ)から一つ選び，記号で答えなさい。

(ア)　香川県・満濃池（まんのういけ）　(イ)　愛媛県・道後温泉
(ウ)　徳島県・石見銀山　(エ)　高知県・四万十川

問19　下線部⑲について。2022年にカタールでサッカーのワールドカップが開催（かいさい）されました。カタールと接している国として正しいものを，次の(ア)～(エ)から一つ選び，記号で答えなさい。

(ア)　サウジアラビア　(イ)　エジプト　(ウ)　インド　(エ)　フィリピン

問20　下線部⑳について。次の文章は，パルプや紙，紙加工品の出荷額が国内１位の県について述べたものです。この県として正しいものを，下の(ア)～(エ)から一つ選び，記号で答えなさい。

> この県では，豊かな水や広い土地を利用した製紙（せいし）・パルプ工業が発達した。また，県外から運ばれる木材を加工する技術を生かした楽器の生産も盛んであり，ピアノは国内の出荷額100％を占（し）める。こうした，紙製品や楽器が生産される工場が集まる地域は，東海工業地域とよばれている。

(ア)　三重県　(イ)　岐阜県　(ウ)　愛知県　(エ)　静岡県

問21　下線部㉑について。日本各地の伝統的工芸品について述べた説明文として正しいものを，次の(ア)～(エ)から一つ選び，記号で答えなさい。

(ア)　有田焼は佐賀県の九谷港から輸出されたことから，九谷焼ともよばれる。
(イ)　かつて南海とよばれた紀伊半島でつくられる鉄器を，南部鉄器という。
(ウ)　江戸時代に大坂(大阪)や博多でつくられた切子は，現在では江戸切子とよばれる。
(エ)　徳島県では，楮などを原料とする阿波和紙がつくられている。

問22　下線部㉒について。弥生時代の遺跡からわかることについて述べた説明文として誤っているものを，次の(ア)～(エ)から一つ選び，記号で答えなさい。
(ア)　静岡県の登呂遺跡から発見された田下駄は，水田で足が土にもぐるのを防ぐために使われたと考えられている。
(イ)　埼玉県の稲荷山古墳から大量に発見された木簡によって，弥生時代の人びとが納めていた税の内容が解明された。
(ウ)　東京の弥生町から発見された土器の特徴が，それまでの縄文土器と違うことから，発見された地名からとって弥生土器と名付けられた。
(エ)　奈良県の遺跡から発見された土器のかけらに，建物の絵が描かれていたことから，この地域には大きな力を持った勢力があったと考えられている。

問23　下線部㉓について。次の表は，木材をはじめとする日本の輸入品の，輸入相手国と金額による割合をまとめたものです。（Ａ）と（Ｂ）にあてはまる国の組合せとして正しいものを，下の(ア)～(カ)から一つ選び，記号で答えなさい。

木材		牛肉		小麦		綿花	
（Ａ）	29.8	（Ｂ）	42.2	（Ｂ）	45.1	（Ｂ）	37.7
（Ｂ）	17.0	オーストラリア	40.5	（Ａ）	35.5	オーストラリア	11.9
ロシア	13.1	（Ａ）	6.9	オーストラリア	19.2	ギリシャ	10.1

（単位はパーセント。『データブック オブ・ザ・ワールド 2023』より作成）

(ア)　Ａ　中国　Ｂ　アメリカ　　(イ)　Ａ　中国　Ｂ　カナダ
(ウ)　Ａ　アメリカ　Ｂ　中国　　(エ)　Ａ　アメリカ　Ｂ　カナダ
(オ)　Ａ　カナダ　Ｂ　中国　　(カ)　Ａ　カナダ　Ｂ　アメリカ

Ⅱ　2023年をふりかえった以下の文章を読み，あとの問いにそれぞれ答えなさい。

１月

日本が６年ぶり，12度目の国際連合の安全保障理事会の非常任理事国となった。

問１　国際連合の常任理事国として誤っているものを，次の(ア)～(エ)から一つ選び，記号で答えなさい。
(ア)　アメリカ合衆国　　(イ)　中華人民共和国　　(ウ)　ドイツ　　(エ)　ロシア

２月

円・ドル変動相場制に移行してから50年となった。

問２　日本の経済について述べた説明文として正しいものを，次の(ア)～(エ)から一つ選び，記号で答えなさい。
(ア)　東日本大震災の結果，バブル経済が崩壊し，金融機関が不良債権をかかえることになった。
(イ)　日本銀行は，景気をよくするために，国債の発行を決定することができる。

(ウ)　現在の国の税収のうち，７割以上の割合を占めるのは，法人税である。

(エ)　2024年に発行される新札では，一万円に渋沢栄一，五千円に津田梅子，千円に北里柴三郎の肖像(しょうぞう)が使われる。

3月

文部科学省の外局にあたる［①］庁が，東京から京都に移転した。

問３　空欄［①］にあてはまる語句として正しいものを，次の(ア)～(エ)から一つ選び，記号で答えなさい。

(ア)　観光　　(イ)　こども家庭　　(ウ)　デジタル　　(エ)　文化

4月

第20回統一地方選挙や国会議員の補欠選挙がおこなわれた。

問４　地方選挙や地方自治について述べた説明文として正しいものを，次の(ア)～(エ)から一つ選び，記号で答えなさい。

(ア)　北海道・大阪府・東京都では，新しい知事が今回の統一地方選挙で選ばれた。

(イ)「民主主義の学校」とよばれる地方自治の考え方から，市長選や市議選の無投票当選は認められていない。

(ウ)　地方公共団体の首長は，地方議会が地方議員の中から指名する。

(エ)　地方自治では，首長や地方議会議員の解職を求める直接請求権が，住民に認められている。

5月

主要７カ国首脳会議（Ｇ７サミット）が，広島で開催された。

問５　Ｇ７サミットの参加国の説明文として誤っているものを，次の(ア)～(エ)から一つ選び，記号で答えなさい。

(ア)　アメリカ合衆国には，50の州が存在している。

(イ)　カナダはロシアに次(つ)ぐ，世界第二位の面積をもつ国である。

(ウ)　第二次世界大戦後，ドイツは東西に分裂していた時期があった。

(エ)　フランス出身の有名な画家として，ゴッホ，ミケランジェロ，ルノワールがいる。

6月

経済財政運営と改革の基本方針2023（骨太方針(ほねぶと)2023）が，閣議決定された。

問６「骨太方針2023」の内容として誤っているものを，次の(ア)～(エ)から一つ選び，記号で答えなさい。

(ア)　こども子育て対策の抜本強化

(イ)　投資の拡大と経済社会改革の実行

(ウ)　構造的賃上げの実施

(エ)　マイナンバーカードの2023年度内の廃止

7月

TPP（環太平洋パートナーシップ協定）参加国の閣僚級会議が開かれ，イギリスの加入が正式決定された。

問７　TPP加盟国として誤っているものを，次の(ア)～(エ)から一つ選び，記号で答えなさい。

(ア)　インド　　(イ)　オーストラリア　　(ウ)　カナダ　　(エ)　シンガポール

8月

宮沢喜一内閣が総辞職し，［　②　］を首相とする８党派の連立内閣が成立して，30年がたった。

問８　空欄［②］にあてはまる語句として正しいものを，次の(ア)～(エ)から一つ選び，記号で答えなさい。

(ア)　佐藤栄作　　(イ)　鳩山一郎　　(ウ)　細川護熙（もりひろ）　　(エ)　吉田茂

10月

消費税の税率や税額を，正確に把握（はあく）するための新しい経理方式［　③　］(適格請求書（てきかくせいきゅうしょ）)制度がはじまった。

問９　空欄［③］にあてはまる語句として正しいものを，次の(ア)～(エ)から一つ選び，記号で答えなさい。

(ア)　インサイダー　　(イ)　インバウンド　　(ウ)　インフラ　　(エ)　インボイス

12月

UAE(アラブ首長国連邦)の［　④　］でおこなわれていた，国連気候変動枠（わく）組み条約第28回締約（ていやく）国会議(COP28（コップ）)が，閉幕した。

問10　空欄［④］にあてはまる語句として正しいものを，次の(ア)～(エ)から一つ選び，記号で答えなさい。

(ア)　カイロ　　(イ)　テヘラン　　(ウ)　ドバイ　　(エ)　ハノイ

【理　科】〈第１回試験〉（社会と合わせて50分）〈満点：50点〉

1　星子さんは，電池に発光ダイオード(LED)をつないだとき，LEDが光る場合と光らない場合があることに気づきました。そこで，どのようなつなぎ方をしたときにLEDが光るのかを調べる〔**実験１**〕～〔**実験６**〕を行いました。これに関する各問いに答えなさい。ただし，回路図において電池の記号は ⊣⊢ ，LEDの記号は ⊣◁⊢ とします。

〔**実験１**〕

①　１個～３個の電池と１個～３個のLEDを，それぞれ同じ向きに直列につないで回路を作った。

②　LEDが光るのかを調べた(**表１**)。ただし，○はすべてのLEDが光ったことを，×はLEDが１つも光らなかったことを表す。

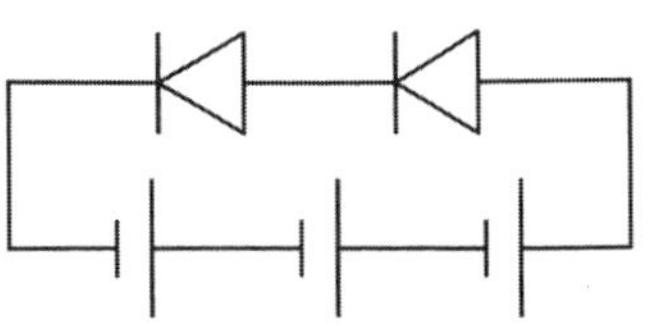

図１　３個の電池と２個のLEDをそれぞれ同じ向きに直列につないだようす

表１

LEDの数 ＼ 電池の数	1	2	3
1	×	×	×
2	○	×	×
3	○	○	×

〔**実験２**〕

①　１個～３個の電池を〔**実験１**〕と同じ向きに直列につなぎ，１個～３個のLEDを，〔**実験１**〕と逆向きに直列につないで回路を作った。

②　LEDが光るのかを調べた(**表２**)。ただし，○はすべてのLEDが光ったことを，×はLEDが１つも光らなかったことを表す。

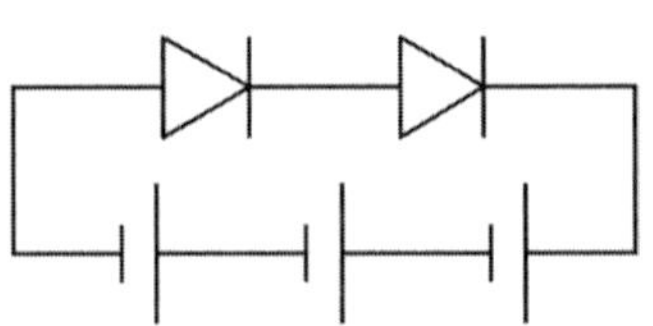

図２　３個の電池と２個のLEDをそれぞれ同じ向きに直列につないだようす

表２

LEDの数 ＼ 電池の数	1	2	3
1	×	×	×
2	×	×	×
3	×	×	×

〔**実験３**〕

① １個～３個の電池を同じ向きに直列につなぎ，１個～３個のLEDを，同じ向きに並列につないで回路を作った。

② LEDが光るのかを調べた(**表３**)。ただし，○はすべてのLEDが光ったことを，×はLEDが１つも光らなかったことを表す。

表３

電池の数＼LEDの数	1	2	3
1	×	×	×
2	○	○	○
3	○	○	○

図３　２個の電池を同じ向きに直列につなぎ，３個のLEDを同じ向きに並列につないだようす

〔**実験４**〕

① １個～３個の電池を〔**実験３**〕と同じ向きに直列につなぎ，１個～３個のLEDを，〔**実験３**〕とは逆向きに並列につないで回路を作った。

② LEDが光るのかを調べた(**表４**)。ただし，○はすべてのLEDが光ったことを，×はLEDが１つも光らなかったことを表す。

表４

電池の数＼LEDの数	1	2	3
1	×	×	×
2	×	×	×
3	×	×	×

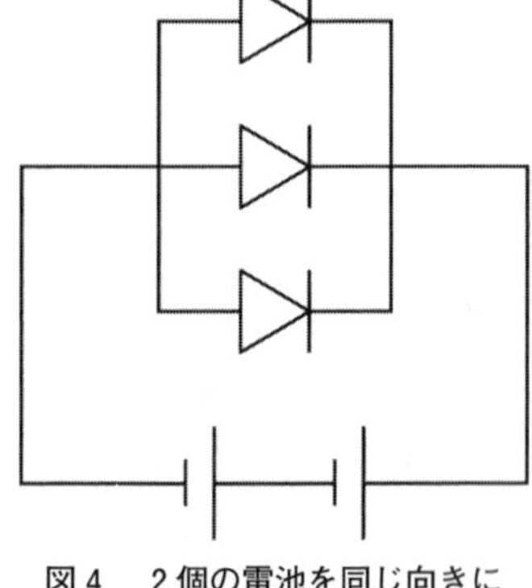

図４　２個の電池を同じ向きに直列につなぎ，３個のLEDを同じ向きに並列につないだようす

〔**実験５**〕

① 〔**実験１**〕と同じように１個～３個の電池と１個～３個のLEDを，それぞれ同じ向きに直列につないで回路を作った。

② １個のLEDを逆向きにつなぎ変えた。

③ LEDが光るのかを調べた(**表５**)。ただし，○はすべてのLEDが光ったことを，×はLEDが１つも光らなかったことを表す。

表５

電池の数＼LEDの数	1	2	3
1	×	×	×
2	×	×	×
3	×	×	×

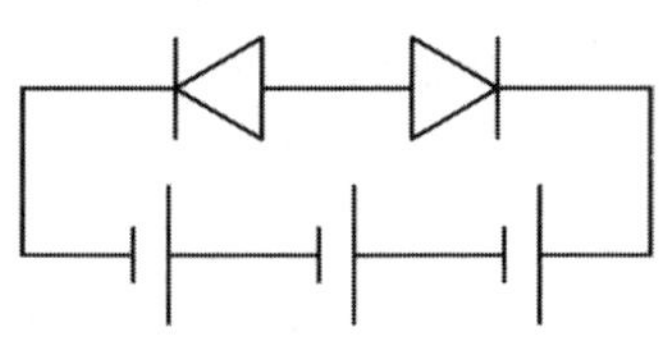

図５　３個の電池と２個のLEDをそれぞれ直列につないだ後，１個のLEDを逆向きにつなぎ変えたようす

〔**実験６**〕

① １個～３個の電池を同じ向きに直列につなぎ，１個～３個のLEDを同じ向きに並列につないで回路を作った。

② １個のLEDを逆向きにつなぎ変えた。

③ LEDが光るのかを調べた(**表６**)。ただし，数字は光ったLEDの数を，×はLEDが１つも光らなかったことを表す。

表６

電池の数＼LEDの数	1	2	3
1	×	×	×
2	×	1	2
3	×	1	2

問１ 電池が電流を流そうとするはたらきを電圧といいます。〔**実験１**〕でLEDの数を変えずに電池の数を増やすとLED１個あたりにはたらく電圧はどのようになりますか。もっとも適当なものを選び，**ア**～**ウ**で答えなさい。

ア．大きくなる　　**イ**．小さくなる　　**ウ**．変わらない

問２ 電池１個あたりの電圧は1.5V(ボルト)という大きさです。LEDは1.6V以上の電圧がはたらかなければ光りません。電池を同じ向きに直列に17個つないだとき，LEDは何個まで同じ向きに直列につないで光らせることができると考えられますか。

問３ 〔**実験６**〕で２個の電池と３個のLEDをつないだときの回路図はどれですか。もっとも適当なものを選び，**ア**～**ク**で答えなさい。

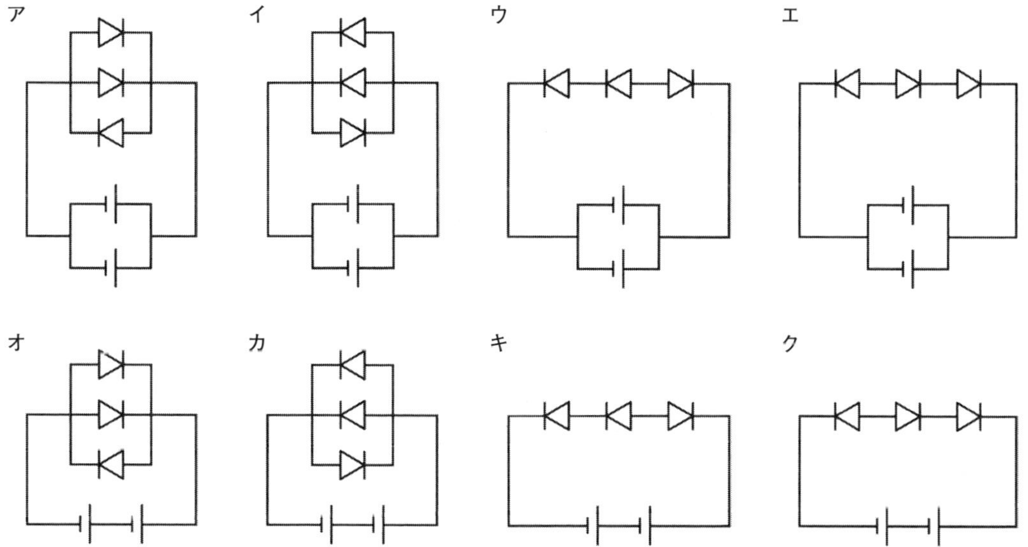

問４　**ア〜カ**のように電池とLEDをつなぎました。(a), (b)に答えなさい。

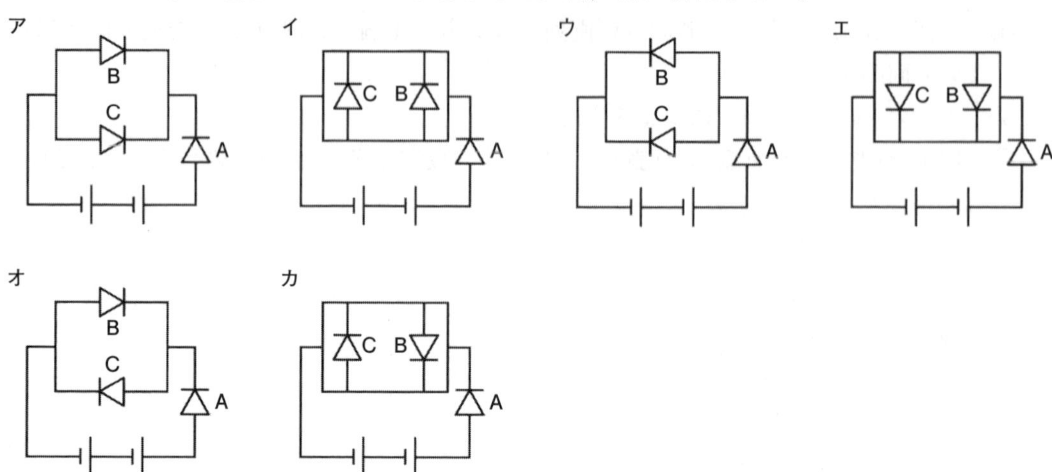

(a)　**A**のLEDが光るのはどれですか。すべて選び，**ア〜カ**で答えなさい。ただし，LEDが光るものがない場合は解答らんに×を書きなさい。

(b)　**ア〜カ**の電池を２個のときと同じ向きに３個直列につないだとき，**B**または**C**のLEDが少なくとも１個が光るのはどれですか。すべて選び，**ア〜カ**で答えなさい。ただし，LEDが光るものがない場合は解答らんに×を書きなさい。

2　私たちの身のまわりに存在するすべてのものは，小さな粒(つぶ)からできています。この粒を「原子」といいます。原子は100種類以上が知られており，その組合せによって，すべてのものができています。原子には，次の３つの特徴(ちょう)があります。これに関する各問いに答えなさい。

〔特徴〕①　原子はそれ以上分けることや，細かくすることはできない。
②　原子はなくなることや新しくできること，他の種類の原子に変わることはない。
③　原子には，その種類ごとに決まった重さがある。

問１　炭は「炭素」という原子(炭素原子)だけでできています。また酸素は「酸素」という原子(酸素原子)が２個くっついてできています。炭を酸素がたくさんあるところで燃やすと，二酸化炭素ができます。二酸化炭素は炭素原子１個と酸素原子２個がくっついてできています。炭が燃えて二酸化炭素になるような，もとのものと違(ちが)うものができる変化を化学変化といいます。この化学変化は，●を炭素原子，○を酸素原子とすると，**図１**のように表すことができます。(a), (b)に答えなさい。

図１　炭と酸素から二酸化炭素ができる化学変化

(a)　炭12ｇと酸素32ｇから二酸化炭素は44ｇできます。二酸化炭素が60ｇできるためには，炭は何ｇ必要ですか。四捨五入して，小数第一位で答えなさい。

(b)　酸素がたくさんあるところで炭22ｇを燃やしました。二酸化炭素が55ｇできたところで火を消しました。燃え残っている炭は何ｇですか。

問２　気体Ａ1.5Ｌと気体Ｂ0.5Ｌから気体Ｃが１Ｌできました。この化学変化は，□を0.5Ｌとすると，**図２**のように表すことができます。気体Ａ５Ｌと気体Ｂ３Ｌを反応させたところ，気体Ｂの50％が気体Ｃになりました。化学変化の後の気体Ａ，気体Ｂ，気体Ｃの体積の和は何Ｌですか。

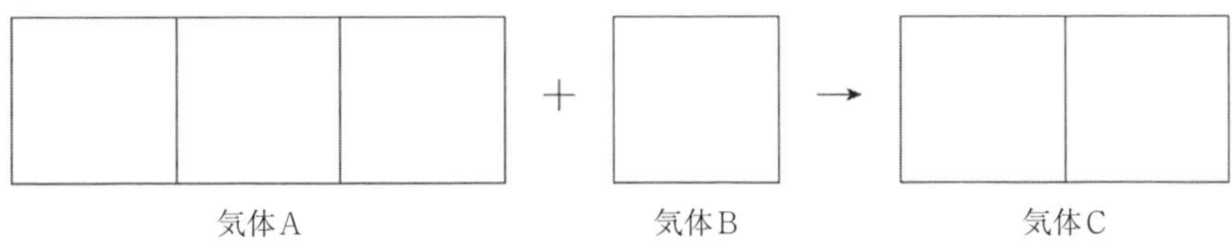

図２　気体Ａ1.5Ｌと気体Ｂ0.5Ｌから気体Ｃが１Ｌできる化学変化

問３　気体Ａは◎で表される原子が２個くっついてできています。気体Ｂは●で表される原子が２個くっついてできています。気体の中にはいくつかの原子がくっついてできたもの(原子のかたまり)がたくさん存在しています。仮に0.5Ｌの中に１個の原子のかたまりが入っているとすると，**図２**の化学変化は，**図３**のように表すことができます。今，気体Ａを酸素がたくさんあるところで燃やす化学変化を考えます。気体Ａ１Ｌと酸素0.5Ｌから気体Ｄ１Ｌができます。Ａの原子を◎，酸素原子を○とすると，気体Ｄはどのような原子のかたまりで表すことができますか。もっとも適当なものを選び，**ア～サ**で答えなさい。ただし，原子のかたまりは，実際の形と異なっているものもあります。

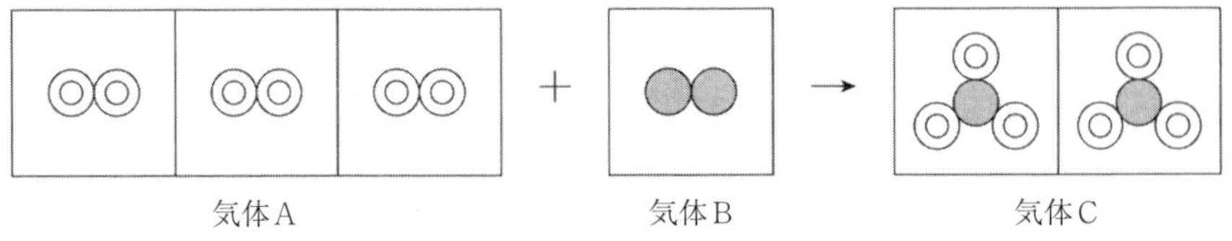

図３　気体Ａと気体Ｂから気体Ｃができる化学変化

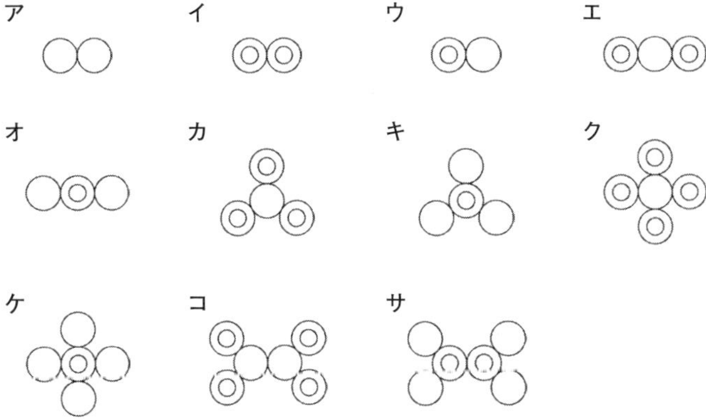

問４　気体Ａ６ｇと酸素48ｇから気体Ｄは54ｇできます。Ａの原子１個の重さと炭素原子１個の重さの比をもっとも簡単な整数比で答えなさい。ただし，炭素原子１個の重さと酸素原子１個の重さの比を３：４とします。

3 ヒトは動いているときも静かにしているときも呼吸をしています。これに関する各問いに答えなさい。

問１ **表１**は，静かにしているときの吸う息とはく息にふくまれる気体の体積の割合です。ある小学生の１分間の呼吸数は25回で，１回の呼吸で出入りする空気の量は250cm^{3}でした。呼吸によって体内にとりこまれた酸素は，１分間あたり何cm^{3}ですか。ただし，ふくまれる水じょう気は考えないものとします。

表１　吸う息とはく息にふくまれる気体の体積の割合(％)

	吸う息	はく息
酸素	20.94	16.44
二酸化炭素	0.04	4.54
そのほかの気体	79.02	79.02

問２ 呼吸につかわれる肺は，胃や小腸などと異なり筋肉がないため，自らふくらんだり縮んだりすることができません。(a)～(c)に答えなさい。

(a) ろっ骨の間にはうすい筋肉があります。また肺の下には横隔膜（おうかくまく）という筋肉があります。肺はこれらの筋肉にかこまれた空間に収まっています（**図１**）。呼吸をするときには，ろっ骨の間の筋肉や横隔膜のはたらきによって，肺が収まる空間の大きさが変わります。空気を吸うときのろっ骨や横隔膜の動きとして，正しいものはどれですか。もっとも適当なものを選び，**ア**～**ク**で答えなさい。

ア．ろっ骨が上側と内側に動き，横隔膜は上がる。
イ．ろっ骨が上側と内側に動き，横隔膜は下がる。
ウ．ろっ骨が上側と外側に動き，横隔膜は上がる。
エ．ろっ骨が上側と外側に動き，横隔膜は下がる。
オ．ろっ骨が下側と内側に動き，横隔膜は上がる。
カ．ろっ骨が下側と内側に動き，横隔膜は下がる。
キ．ろっ骨が下側と外側に動き，横隔膜は上がる。
ク．ろっ骨が下側と外側に動き，横隔膜は下がる。

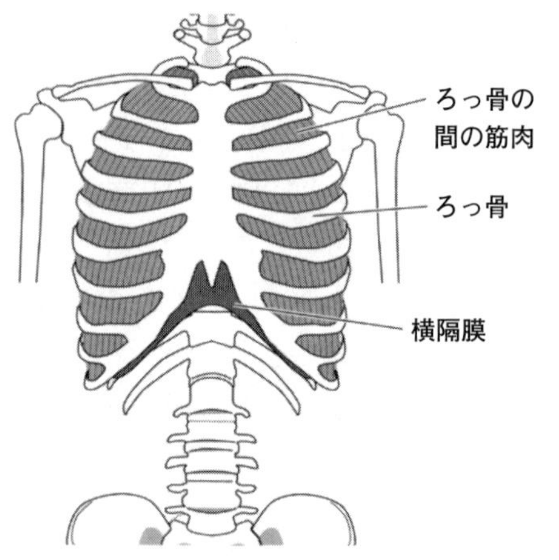

図１　肺のまわりにあるつくり

(b) 意識せずに筋肉が急にはげしく収縮する発作をけいれんといいます。横隔膜がけいれんすると呼吸がうまくできなくなります。これを何といいますか。ひらがな５文字で答えなさい。

(c) 肺に穴が開き，肺がしぼんでしまう病気を気胸（ききょう）といいます。この穴がふさがるまで，ある治りょうが行われることがあります。どのような治りょうが行われると考えられますか。もっとも適当なものを選び，**ア**～**オ**で答えなさい。

ア．人工呼吸器を取りつけ，肺に空気を送り続ける。
イ．後ろから抱きかかえ，みぞおちを強く押し続ける。
ウ．肺が収まる空間に細い管をさし，肺からもれた空気をとり除き続ける。
エ．体内から血液を抜き出し，酸素を除去するとともに二酸化炭素をたくさんとかして体内に再び戻すことをくり返す。
オ．電極パッドをあてて弱い電流を流し，横隔膜を上下に動かし続ける。

問３　ヒトと同じように植物も呼吸をしています。これを確かめるために，〔**実験**〕を行いました。(**a**)，(**b**)に答えなさい。

〔**実験**〕

①　三角フラスコを２つ用意し，それぞれに小さなビーカーを入れた。

②　一方の三角フラスコの小さなビーカーには水を入れ，もう一方の三角フラスコの小さなビーカーには二酸化炭素を吸収する薬品を入れた。

③　小さなビーカーの横に，発芽したダイズの種子20個をガーゼに包んだものを置いた。

④　それぞれの三角フラスコの口に細いガラス管をつないだゴムせんでしっかりとふたをした。細いガラス管には長さ７mm くらいの水を入れ，その水の右はしに10cm のめもりがくるように，ものさしをとりつけた(**図２**)。

⑤　④を光のあたらないあたたかい場所に置いた。そして，小さなビーカーに水を入れたものを**A**，二酸化炭素を吸収する薬品を入れたものを**B**として，５分ごとにガラス管に入れた水の位置を調べた(**表２**)。

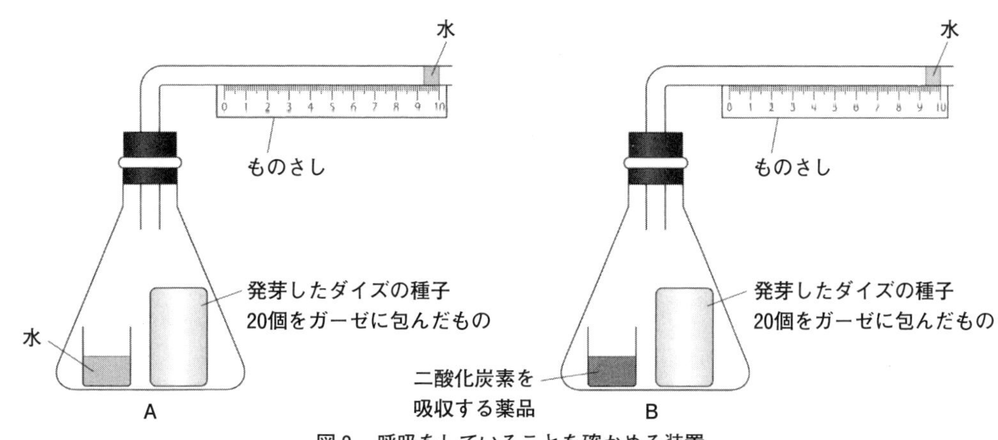

図２　呼吸をしていることを確かめる装置

表２　５分ごとのガラス管に入れた水の位置

測定をはじめてからの時間(分)	0	5	10	15	20	25	30
A (cm)	10	10	10	10	10	10	10
B (cm)	10	9.3	8.6	7.9	7.2	6.5	5.8

(**a**)　**図２**の**A**について，ガラス管に入れた水の移動量が表しているものは何ですか。もっとも適当なものを選び，**ア**～**カ**で答えなさい。

ア．ダイズの種子の二酸化炭素の放出量

イ．ダイズの種子の二酸化炭素の吸収量

ウ．ダイズの種子の酸素の放出量

エ．ダイズの種子の酸素の吸収量

オ．ダイズの種子の二酸化炭素の放出量と酸素の吸収量の差

カ．ダイズの種子の二酸化炭素の吸収量と酸素の放出量の差

(**b**)　ダイズの種子20個の１分間あたりの二酸化炭素の放出量は何cm^3ですか。ただし，三角フラスコ内の気体が１cm^3変化すると，めもりが0.8cm 変化するものとします。

4　ある場所で地層の調査を行いました(**図１**)。**図１**の実線は等高線です。地点**A**は標高80m，地点**B**と地点**C**は標高75m，地点**D**と地点**E**は標高70m，地点**F**は標高65mです。**図２**は，地点**A**～**C**の地層のようすをまとめたもので，柱状図といいます。これに関する各問いに答えなさい。ただし，この地層の調査を行った場所では断層や地層の曲がり(しゅう曲)はなく，地層はある一定の方向に傾(かたむ)いていることがわかっています。

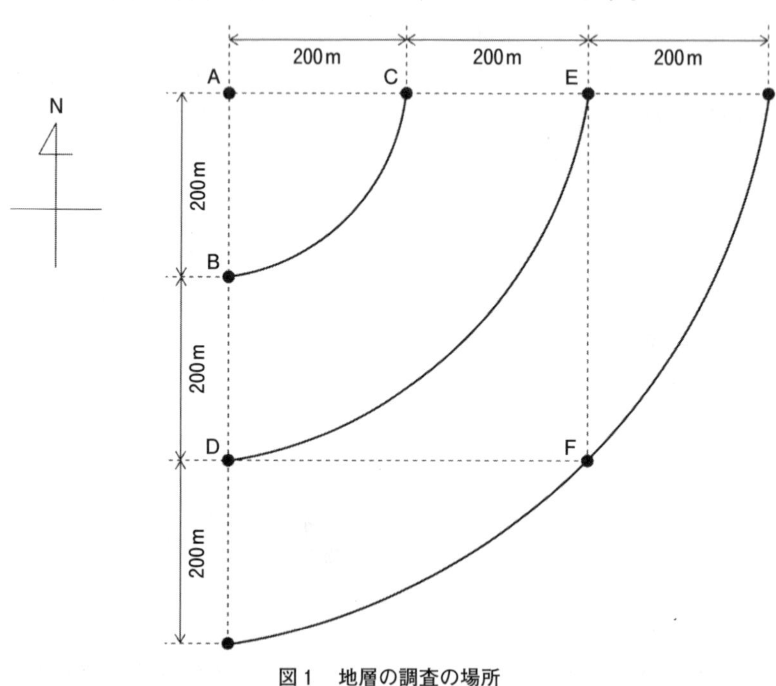

図１　地層の調査の場所

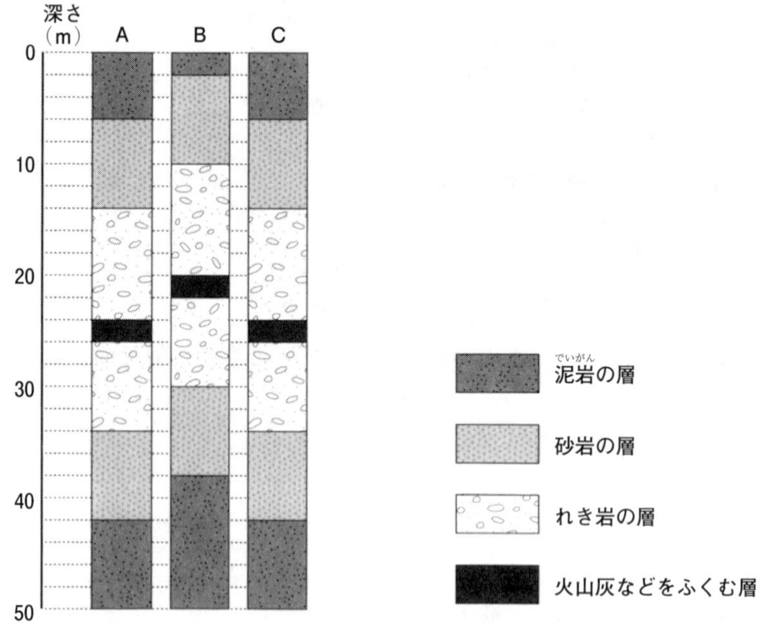

図２　地点A～Cの柱状図

問１　この地層は，海の中で土砂がたい積してできました。この地層ができるまでのようすを正しく表しているものはどれですか。もっとも適当なものを選び，**ア～エ**で答えなさい。

ア．海はだんだん深くなり，火山がふん火した。その後しだいに海は深くなった。

イ．海はだんだん深くなり，火山がふん火した。その後しだいに海は浅くなった。

ウ．海はだんだん浅くなり，火山がふん火した。その後しだいに海は浅くなった。

エ．海はだんだん浅くなり，火山がふん火した。その後しだいに海は深くなった。

問２　地点**Ｄ**と地点**Ｅ**の柱状図はどれですか。もっとも適当なものをそれぞれ選び，**ア～ク**で答えなさい。

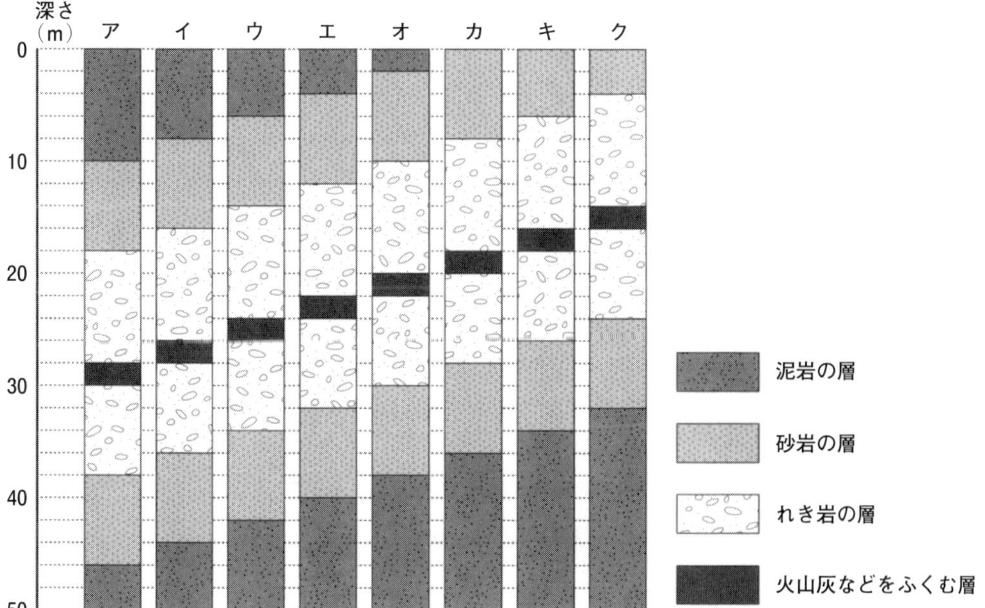

問３　**図１**の地層の傾きはどのようになっていると考えられますか。適当なものを２つ選び，**ア～カ**で答えなさい。

ア．東から西に向かって低くなっている。

イ．西から東に向かって低くなっている。

ウ．東西方向は傾いていない。

エ．南から北に向かって低くなっている。

オ．北から南に向かって低くなっている。

カ．南北方向は傾いていない。

問４　地点**Ｆ**の表面には，何の層が見られますか。もっとも適当なものを選び，**ア～エ**で答えなさい。また，何m掘(ほ)るとその下の層が見られますか。

ア．泥岩の層　　**イ**．砂岩の層

ウ．れき岩の層　　**エ**．火山灰などをふくむ層

エ　友だちがいない状況に耐(た)えることができる

(2)　空欄Ｂ・Ｃに入る最も適切な表現を**中略４以降**の本文中からそれぞれ抜き出し、答えなさい。ただし、Ｂは八字、Ｃは十二字で答えること。

(3)　空欄Ｄに入る言葉を十〜十五字で考え、答えなさい。

ウ　新しい学校では友だちを作ろうとがんばったが、みんなが当たり前にできていることが自分にはできず余計に孤独感を覚えている。

エ　自分はいつも学校で友だち付き合いがうまくいかないので、新しい学校でもすぐに友だちを作ることができる爽子に嫉妬(しっと)している。

問６　空欄Ａに入る言葉として最も適切なものを次から選び、記号で答えなさい。

ア　重い　　イ　硬(かた)い　　ウ　黒い　　エ　冷たい

問７　傍線部⑤「廊下で足をすくめて立っていた」ときの凛子の様子として最も適切なものを次から選び、記号で答えなさい。

ア　ひとりでいることを自分で選んでいるつもりだったが、そうではなく友達が作れないからひとりなのだということを妹の言葉で初めて自覚し、ぼう然としている。

イ　自分がひとりで過ごしているのを妹に知られていると分かり、一番知られたくなかった母親もそれをウワサで聞いているかもしれないと思い、ショックを受けている。

ウ　ウソをついていたことに怒っていながらも自らの感情を抑えるような話し方をする妹の迫力に圧倒され、まだ他にも何か知られているかもしれないと恐怖を感じている。

エ　ひとりで過ごしているという秘密が実は妹に知られていたことに驚き、これまでずっと隠し通せていると思っていたことが恥ずかしくなり、姉として情けなく思っている。

問８　次は、傍線部⑥「きれいに巻いて整えられていたものが、崩れていく」について説明した文章です。空欄に入る最も適切な表現を、Ⅰは本文中から抜き出して答え、Ⅱは後のア〜エから選んで記号で答えなさい。

傍線部⑥では、凛子が手にしていた毛糸玉の描写を通して凛子の気持ちを表現していると考えられる。凛子は家族に対して「［　Ⅰ　］」と言うことで、きれいに巻かれた毛糸玉のように自分は［　Ⅱ　］と取り繕ってきた。しかし、家族には隠していた話を母親から聞かされることにより、凛子は自分のついてきたウソのほころびを感じて動揺(よう)しているのである。

ア　この町に来て自分らしく落ち着いて過ごせている

イ　周囲からウワサを流されないように生活している

ウ　爽子とのわだかまりが解消され仲良く暮らせている

エ　孤立せず友だちを作って周囲になじんで過ごしている

問９　次は、傍線部⑦中の「お互いの気持ち」について説明した文章です。後の問いに答えなさい。

爽子は、凛子を［　Ａ　］という点で強いと感じていた。それに対して自分は凛子のようにはなれず、両親が引っ越しを決めたことや、その原因となった凛子を恨(うら)んでいた。実際は、凛子は［　Ｂ　］のであって、［　Ａ　］わけではないのだと知り、これまでの姉に対する認識の誤りを悟(さと)った。

一方凛子は、［　Ｃ　］ことを恨んで爽子が自分にきつい態度を取っていると思っていた。そして、明るい性格のためすぐに友だちができる爽子をうらやましく感じていた。しかし、爽子に友だちがすぐできるのは［　Ｄ　］の裏返しであり、必死の努力があってのことだったと初めて知った。

(1)　空欄Ａ(二か所)に入る最も適切な表現を次から選び、記号で答えなさい。

ア　友だちを作る気になればいつでも作れる

イ　友だちに合わせた行動をとることはない

ウ　友だちを作れるのに自ら一人を選んでいる

でも同じように仲のいい友だちができるかは、わからない。そんなの当たり前だ。

知っているひとのいない場所に放り出されて、爽子はずっと心細さを抱いていたのだろう。

編み物を練習しはじめたのも、この町の友だちともっと親しくなるためだ。

新しい環境でも、爽子にはすぐに友だちができたんだと思っていた。それは、爽子が明るい性格だからだと思っていた。

それは違った。爽子が、友だちを作ろうと、行動していたからだ。

「爽子は弱くない。弱くないよ。すごく、強いよ」

ひとりでいたくないから、友だちを作った爽子の、どこが弱いの。

爽子をぎゅっと抱きしめる。

顔を上げると、お母さんが静かに頬(ほお)をぬらしていた。

家の中にいる三人が、みんなそれぞれ、泣いている。

耐えていたものをせき止められなくなった今この瞬間までずっと、⑦私も、爽子も――そしてお母さんもお父さんも、みんな、お互いの気持ちを理解していなかった。

それに気づくと、涙腺(るいせん)が崩壊(ほうかい)して、声を出して泣いた。

（櫻　いいよ 著『世界は「　」で沈んでいく』より）

問１　太線部**a**「上辺」・**b**「目頭」の読みをひらがなで答えなさい。

問２　傍線部①「誰もいなくなると、自分の居場所がなくなってしまった」と凛子が感じる理由として最も適切なものを次から選び、記号で答えなさい。

ア　周囲の人に孤立していると思われるのが恥ずかしいから。

イ　それまでは一緒にいる人が昼食場所を探してくれていたから。

ウ　単独行動をしていることを誰かに心配されるのを避(さ)けたいから。

エ　今では交友関係のために誰かと無理に一緒にいる必要はないから。

問３　傍線部②「手持ち［　　］」とは「することがなくて退屈なこと」という意味の表現です。空欄に入る言葉をひらがな三字で答えなさい。

問４　傍線部③「最近は晩ご飯にもあまり魚は出なくなった」理由として最も適切なものを次から選び、記号で答えなさい。

ア　本当は魚をきらいではないのに、うそをついてきらいだと言い続ける爽子にあきれた母親が、彼女の言葉通りに魚を出さないようにしているから。

イ　魚がきらいだと言う爽子の言葉の裏に、この町に引っ越してきたことへの不満があると感じた母親が、気を遣って魚を出さないようにしているから。

ウ　子どもに人気のない魚がお弁当に入っていると、爽子が友人にからかわれるかもしれないと思った母親が、家でも魚を出さないようにしているから。

エ　晩ご飯に魚を出すと、それをきっかけに爽子が凛子に引っ越しの文句を言いだすと感じた母親が、けんかの種になる魚を出さないようにしているから。

問５　傍線部④「沈んでいく」における凛子の心情を説明したものとして**当てはまらないもの**を次から一つ選び、記号で答えなさい。

ア　友人がいないことを心配して気を回す両親に対し、ありがたく思うと同時に自分のことを理解してくれていないと感じている。

イ　クラスメイトと自分との間で意見や感じ方が違うことを初めて意識し、それによって生じるやり場のない気持ちに戸惑(まど)っている。

ら、そのせいであたしまで引っ越しすることになったから、だから！」
爽子の声に耳を傾け、そしてやっと私の視界が開けてきた。目の前に、爽子の足がある。
そして、ぽたんと床に雨が降ってきた。
いや、雨が降るはずがない。今わたしがいるのは、屋根のある家の中だ。
「……っだって、あたしはお姉ちゃんみたいに、強くないんだもん」
ぽたんぽたんと、苦しそうな声とともに雫(しずく)が床に落ちて小さな小さな水たまりを作る。
ゆっくりと顔を上げると、爽子が涙を流しながら私を見下ろしていた。
「あたしは、ひとりでいたくない」
ぎゅうっと服をつかんでいる爽子の手に、自分の手をのばす。妹の私よりも小さな手は、石のようにかたかった。
「友だちがいない学校なんて、いやだ。こわい、無理、絶対やだ。あたしはお姉ちゃんと違って、弱いんだもん」
爽子にはいつも友だちがいた。
私と違って、楽しそうにたくさんの子と笑っている姿を見たことがある。習い事に行ってもすぐに友だちを作り、どこに出かけるのも楽しそうにしていた。
「なんで、爽子がそんなふうに、思うの」
「だってあたしは友だちがいないと不安なんだもん。お姉ちゃんみたいに強くなりたいけど、あたしには無理なんだもん」
私は、私にできないことを簡単にできてしまう爽子が羨(うらや)ましかった。
爽子のようになれたらいいのに、と何度も思った。そうであれば、こんなにお母さんやお父さんに心配をかけることもなかった。ウソをつく必要もなかった。
なのに爽子はどうして、私みたいになりたいだなんて言うの。
爽子は瞳(ひとみ)いっぱいに涙を溜(た)めて声を絞(しぼ)り出している。
「友だちがいないなんて、こわい」
引っ越ししたことを、爽子は怒っていた。それを私は当然だと思っていた。
でも、私は〝友だちと離ればなれになる〟から怒っていたとばかり思っていた。
「誰とも仲良くなれなかったら、あたし、ひとりぼっちになっちゃう」
そうじゃなかった。
友だちと離れて〝ひとりになる〟ことに、不安を感じていたんだ。
お母さんも私と同じ気持ちだったのか、目を丸くして驚いてから、みるみるうちに顔を歪(ゆが)ませる。
爽子ならすぐに友だちができると、そう思っていた。
友だちができるまで、爽子が不安を怒りで隠していたことに、私もお母さんも気づかなかった。
爽子の手を両手で包み込むと、妹は私に引かれるように床に膝(ひざ)をつく。ほんの少しの力で、へなへなと崩れるみたいに爽子が私の肩(かた)に頭をのせた。
「なんでお姉ちゃんは、そんなに強くいられるの……」
頭上から、大きな岩が降ってきたみたいな衝撃に、脳がぐわんぐわんと揺(ゆ)れる。
私は、今まで爽子のことを、どう思っていた？
爽子の気持ちを、どう解釈していた？
爽子は――ずっと、我慢(まん)していたんだ。
泣きたいほど不安な気持ちを、怒ることで隠していたんだ。
いくら今まですぐに誰とでも仲良くなったとはいえ、引っ越した先この町はきらいじゃない。海を見るのは好きだし、潮風も、ちょっとべとつくし寒いけれど心地がいい。友だちを作ろうとして失敗したけれど、自己嫌悪にも陥るけれど、でも、私はけっして苦しくもなければ悲しくもない。

「私は本当に、大丈夫なんだよ」

それを、何度も言わなくちゃいけないことが、苦しい。

「友だちがいなくても――いいんだよ、私」

どうして信じてくれないのだろう。

〈中略４〉

「お姉ちゃん……」

頭上から、爽子の声が聞こえてきたけれど、涙でぐちゃぐちゃになった顔を上げることができなかった。止めどなくあふれる涙のせいで、目を開けることすらできない。

そういえば、家族の前で泣いたのはいつぶりだろう。

「お姉ちゃんは、友だちなんかいらないんじゃないの？」

爽子の声が震えている。

きっと、どうしようもない姉だと思っているだろう。怒りとはどこか違う低い爽子の声には、戸惑いが含まれていた。

洟をすすってから、言われた言葉を反芻する。

――『友だちなんか、いらないんじゃないの？』

いらない、と思う。

それは、友だちが作れないから、だ。

もし、私が爽子のように明るく社交的で、誰に対しても物怖じせず接することができていたら、私に簡単に友だちが作れたならば……私は友だちと過ごしていたはずだ。

「いらない、じゃない」

小さく頭を振る。

「できないから、あきらめた、だけ」

友だちと一緒にいるのが楽しいと感じることができる性格ならば、無理することなく仲良くなれる性格だったら、あきらめたりはしなかった。

「そんなの、あたし知らない！」

爽子が声を荒らげると、すぐにお母さんが「やめなさい」と爽子を諫める。

お母さんのその声は、私のウソに安堵したときのものより、胸に突き刺さった。

爽子の言おうとしている言葉が私を傷つけることだと、そう思われていることが、恥ずかしかった。

「あたし、知らなかったんだもん！　お母さんだって、お父さんだって！」

「いいから、そんなことはどうでもいいの」

瞼をぎゅっと閉じて、ふたりの声を聞く。

爽子が怒るのは当然だ。

今まで私は、大丈夫、としか答えていなかった。できないことを隠していた。

ひとりでいるのは平気だ。これはウソじゃない。

でも、私はひとりでいること〝しか〟できないのだと、知られたくなかったんだ。

「あたしは、お姉ちゃんは自分でひとりを選んでるんだって、今までずっと、そう思ってたんだもん！」

叫び声が、リビングに響く。

びりびりと空気が震えて、涙がびっくりしたかのように止まった。

「友だちを作ろうと思えば作れるくせにって。なのにひとりでいるか冷や汗が流れる。
だめだ、と直感が働く。この場をはやく立ち去らなくちゃいけない。
「凛子、学校楽しい？」
楽しいよ。
そう答えたいのに、うまく言葉が喉を通らなかった。だから「うん」と言葉ではなく喉で返事をして、笑みを顔に貼りつける。
――なんで私は、笑っているのだろう。
脳裏に和久井くんが現れる。笑っている。けれど、傷ついている。楽しいの？　と私は和久井くんに聞いた。楽しくないのになんで笑うのかと、そう言った気がする。
じゃあ、今の私は？
「さっき、海の近くにいたわよね、凛子」
不安そうな顔つきで問いかけられ、背中が凍りつく。氷の壁に押しつけられたみたいに背筋が伸びてしまう。
阪城くんたちと一緒にいたのを見られたのだろうか。スーパーに行ったときに、近くを通り過ぎたのかもしれない。ちっとも気づかなかった。
「近所のひとが、最近凛子がいつも海でひとりでいるって、言ってたんだけど。ときどき、派手な男の子と一緒にって」
誰が見ていたのか、なんで知られているのか。
この町のウワサは私の想像以上だ。どこかから誰かが見ているのだろう。かといって、私はやましいことをしたことはない。
ただ、海を見つめていただけ。ひとりで過ごす場所を探していただけ。ただ、となりに和久井くんがいて、ぽつぽつと他愛のない会話をしただけ。
それだけなのに、どうしてお母さんはそんなふうに心配そうな顔をするのだろう。

「海を眺めるのが好きなだけだよ。それに、派手な子はただの、クラスメイトだよ」
生唾を呑み込み、ゆっくりと言葉を吐き出した。声が出なかったらどうしようかと思っていたからか、やたらとはっきりとしゃべってしまった気がする。
「だから、大丈夫だよ」
なにが大丈夫なのか。
自分で自分に問いかけるけれど、答えは出てこない。
「凛子はいつも大丈夫って言うけど、本当なの？」
お母さんは眉を下げる。
「大丈夫」
口にするたびに、声が震えていく。
視界が滲んでいく。
なにも、見えなくなる。
真っ暗な視界の先に、明るい髪の毛の和久井くんの笑顔が眩しく蘇った。
手をのばしたい。近づきたい。私は、ここから踏み出したい。
彼のようになりたいわけじゃない。ただ、気持ちがずっと立ち止まっているから、私の気持ちがこの場所から動けないから、苦しい。
「り、凛子」
笑いながら泣く私に、お母さんがオロオロしながら私の名前を呼んだ。
毛糸を強く握りしめていたらしく、ほろりと糸がほどけた。⑥きれいに巻いて整えられていたものが、崩れていく。
まるで、私みたいに。
なにが大丈夫なのか。
違う、私は大丈夫なんだ。

もしかして――ウワサも耳にしているかもしれない。

ウソがばれてしまった後ろめたさと恥ずかしさで、顔が赤くなる。

「なんでお姉ちゃんは、誰とも仲良くならないの？　なれないの？」

べしっと額に烙印を押されたような衝撃に、体がふらつきそうになる。

〝誰とも仲良くなれない〟

友だちがいないというのは、そういうことなんだ。

「お姉ちゃんは平気かもしれないけど……」

爽子は唇を噛んで、言葉を呑み込むように黙る。そして、それ以上なにも言わず目をそらして私の横を通り過ぎた。自分の部屋に入り、普段よりも大きな音をたててドアを閉める。

私は、⑤<u>廊下で足をすくめて立っていた。</u>

どのくらいのあいだそのままでいたのかわからないけれど、しばらくしてからふらりとおぼつかない足取りで自室に入る。

ドアにもたれかかり、は、と息を吐き出す。ずるずると体が重力に逆らえず下がってしまい、ぺたりと床に座り込む。

じっと床を見つめていると、b<u>目頭</u>が熱くなってきた。

視界がじわりとかすんでくる。

――どうして私は、爽子のように誰かと親しい関係を築けないのだろう。

誰かが私を攻撃してくれたら、もっとわかりやすく、私は傷つくことができた。

友だちがいないことを誰かに悪しざまに責められたら泣けたかもしれない。友だちだと思った人にいじめられたら、周囲に救いを求めることもできただろう。

でも、どちらでもない。

それは、とても幸運なことだとわかっている。今現在、そういう立場で苦しんでいる人たちがいるのもわかっている。

私の悩みは贅沢で、ワガママで、自分勝手だ。

だって、誰も悪くない。

今のクラスメイトたちはみんな、転入してきた私にやさしく接してくれた。両親はいつだって私を心配してくれている。妹は、私の被害者で、けれどここでも自分の居場所を作ろうと毎日を過ごしている。

噛み合わない。私ひとりが、上手に生きられない。

耳を塞いで、ぎゅっと瞼を閉じる。

唇に歯を立てて、鼻で息をする。

こうしていれば、自分が守られるような気がした。

〈中略３　凛子が家に帰ると、爽子は友だちとおそろいのマフラーを編もうとして母親に教わりながら練習をしていた。〉

「せっかくだし凛子もなにか編む？」

なんとなしに袋に入っていた毛糸を一玉手に取って見ていると、お母さんに聞かれた。

「……え、あー、いや、いいかな、私は」

へらりと笑って断ると、お母さんが眉を下げる。

前にも見た、神妙な顔つきだ。

「凛子の友だちは、編み物やってたりしないの？」

「え、あーどうかな」

「お姉ちゃんみたいな中学生はこんなのしないんじゃない？」

言葉を濁していると、爽子が素っ気なく言う。助けてくれたのだろう。

「うん、そうだと思う」

同意してこくこくと首を上下に振るけれど、お母さんの表情はかわらなかった。

この世に私ひとりしか存在しないみたいに思えてしまう。

そのほうがいいと思っていたはずなのに。私以外誰もいなければいいのにと考えるときもあったのに。

④沈(しず)んでいく。気持ちが、私が——世界が。

こんな気持ち、この町に来るまで知らなかった。

ひとりに慣れていたから気にしたこともなかった。みんなの笑い声に違和感を抱いたこともなかったし、誰かに自分の意見をぶつけ、怒らせたこともなかった。

友だちを作ろうとしなければ、こんなモヤモヤした気持ちは知らないままでいられたのに。

そして同時に、自分がいかにひとと接することに向いていないのかがわかった。

だからもう、友だちなんかいらない。

私はこれからずっと、ひとりでいい。

口の中にあるご飯から、味が消えていく。

〈中略２〉

「爽子も凛子も、この町でたくさん友だちができてよかった」

お母さんがしみじみと呟(つぶや)いた。そして視線を私に向けて微笑(ほほえ)む。

心臓がえぐれるような痛みを隠(かく)して、口角を必死に持ち上げた。

夕食の時間、ずっと自分をウソでコーティングしていたから、どっと疲(つか)れてしまった。居心地も悪いから、ご飯の味なんてちっともわからない。

食器を流しに運び、部屋に戻るため階段をあがる。

ああ、体が鉛(なまり)みたいに［Ａ］。

ここ最近、学校よりも家にいるほうが疲(ひ)労する。今までは学校で自分を取り繕(つくろ)っていたけれど、今は家族の前で取り繕わなくてはいけないからだろう。

隠さないといけないほど、私は悪いことをしているのかな。

体内にチリのようななにかが蓄(ちく)積されていく。

「お姉ちゃん」

階段をのぼったところで、うしろにいた爽子が私を呼ぶ。

爽子に声をかけられるのはいつぶりだろう。

「どうしたの」

と振り返ると、爽子の鋭(するど)い視線に体がきゅっと萎(い)縮した。

感情表現が豊かな爽子は、怒っているときもまっすぐに私を見つめてくる。私よりも年下で、身長も私よりも低い。まだ小学生で、ランドセルを背負っている姿は子どもでしかない。

なのに、圧倒(あっとう)されるほどの恐怖を感じる。

「もう、やめてよね」

「……なに、が？」

「お姉ちゃんのせいであたしまで引っ越しするハメになって、友だちとも別れることになったんだよ。いい加減、ちゃんとしてよ」

ぐっと声を抑(おさ)えた言い方だったけれど、怒鳴られているくらいの迫(はく)力があった。

「最近、またひとりでいるでしょ」

いつの間にか俯(うつむ)いていたけれど、思わず弾(はじ)かれたように顔を上げてしまう。

「な、なんで」

「あたしだって友だちとこの辺で遊んでるんだから。お姉ちゃんがひとりでぶらぶらしてるとこくらい何度も見かけるもん」

私が爽子を見かけたように、爽子も私を見かけていた。考えれば当然のことだ。

いつ、どんな姿を見られたのだろう。

されて、いらぬウワサが駆け巡ってしまうかもしれない。

どうしたらいいかと悩んだ末にたどり着いたのが、和久井くんに教えてもらったこの場所だった。まさか、こんな形で役立つことになるとは思っていなかった。

外に面しているこの階段は、十月も終わろうかという今の季節、日があまり当たらないこともあり、寒い。

真冬になったら耐えられないだろう。それまでに別の場所を探しておかなくちゃなあ。屋内で誰にも見つからないところなんてあるのだろうか。

いつも誰かと一緒にいたときは、こんな悩みは一度も抱かなかった。①誰もいなくなると、自分の居場所がなくなってしまった。

それでも、ひとりでいることはやっぱり、楽だと思う。

朝、決まった時間に家を出なくちゃ、と妙に焦ることもないし、興味のない音楽やドラマを調べる必要がない。放課後は好きな本を読んで、好きな映画を観ることができる。

誰かに合わせることがない。

自分の時間を、自由に使うことができている。

ただ、少しだけ②手持ち［　　］な感覚を抱くのは、突然日常が変化したからだ。いつもそばにいた誰かがいないことに、ちょっと違和感を覚えるだけのこと。

〈**中略１**〉

お母さんはいつも、お弁当に私や爽子の好きなものを入れてくれる。

この町に引っ越してくる前は仕事をしていたから、作り置きしていたおかずがよく入っていたけれど、今は毎朝キッチンで作ってくれているのを知っている。最近クリーニング店でパートの仕事をはじめたけれど、以前よりも楽だから、と料理に凝り出すようになった。

魚料理を滅多にお弁当に使わないのは、爽子のためだ。③最近は晩ご飯にもあまり魚は出なくなった。爽子が魚がきらいだと言ったから。本当はきらいじゃないと知っているのに。

お母さんは、なにを思って私たちのためのお弁当を作ってくれているのだろう。

きっと、この町でできた友だちと一緒にいる私たちの姿を想像しているに違いない。

爽子はおそらく、誰かと一緒だろう。

けれど、私はここでもひとりでいる。

まさか、こんな人目を避けた日も当たらない場所でこのお弁当を食べているとは思っていないはずだ。

知ったらきっと、ショックを受けるだろうなあ。

私のために、爽子がいやがるのもわかったうえで引っ越しを決断したのに、私は同じことを繰り返している。

だから――私は両親に、友だちがいるフリをしなくちゃいけない。

でも、今の私が、本来の私だ。

ひとりでいることを、私が選んだ。

勝手に心配して、気を遣ってくる両親にやるせない気持ちになったこともある。友だちを作るために無理をしている私に気づかないどころか、笑っているａ上辺だけの私を見て安堵する姿に、怒りを覚えたことだってあった。

それなのに、どうしてこんなに申し訳ない気持ちになるんだろう。

今ここにいる私の視界には、誰の姿も映らない。

それは、誰の視界にも私の姿は映っていないということだ。

いないのと、おなじ。

なんで私は、ここに、この町に、いるんだろう。

このむなしさは、疎外感は、なんなんだろう。

では、〜」で始まる段落以降の本文中から抜き出し、**Ｘ・Ｙ**は自分で考え、それぞれ指定の字数で答えなさい。

明子　私にとってスマホはあるのが当たり前だから、スマホという［**Ⅰ（2字）**］によって便利になっただけじゃなく考え方まで変わったなんて驚いたな。

星子　本当ね。身近だからかもしれないけど、電車内で友達同士並んで座ってても会話をせずにそれぞれスマホをいじってるのを見ると、友達ってなんだろうって考えさせられるわ。

明子　それって、本文でいっていた「人間関係の希薄さ」の具体例だよね。一人でいることに耐えられずスマホや友達に依存してしまうけど、それでは十分なコミュニケーションが取れないから満足できなくて、でも他に手段がないから依存することが止められない。**【Ｘ（ひらがな4字）】**巡りね。

星子　夢中になれるものがスマホしかないのがまずいんだよね。そこから抜けられる方法ってないのかな。

明子　そうね。それは〈孤立〉を取り戻すってことかしら。物理的に離れているだけじゃなくて、目には見えない［**Ⅱ（4字）**］も断ち切る必要があるよね。

星子　つまり、それって他のことに気を散らさずに一人で没頭できる**【Ｙ（ひらがな3字）】**を持てってことなのかな。

二　次の文章を読み、後の問いに答えなさい。なお、設問の都合上、本文を変更している部分があります。

凛子は中学二年の夏、両親と妹の爽子と海の近くの町に引っ越してきた。転入した学校では必死に新たな友人関係を築こうとしていたが、クラスでは誰かをからかって楽しむような雰囲気があり、それに凛子は違和感をおぼえていた。自分に気を遣ってくれていた和久井くんとの仲をクラスメイトにからかわれ、凛子は思わず「人をバカにしてそんなに楽しい？」という言葉を放ち、周囲から距離を置かれてしまう。

あきらめてしまえば、思った以上に私の日々は穏やかになった。

しばらくのあいだ、美緒ちゃんたちは気を遣って声をかけてくれた。けれど、休み時間や昼休みに距離を置くようにしたら、あっという間にみんな必要以上に話しかけてこなくなった。

タイミングもよかったと思う。すぐにテスト期間に突入し、三時間目が終われば帰宅だ。そのおかげで、ひとりでお弁当を食べる気まずさを感じなくて済んだ。

ひとりで学校に行き、テストを受けて、帰る。

そして、平常運転に戻っても、なんとなく私はひとりでいることが当たり前になった。

転入してきてから、必死になってみんなと仲良くしなければ、この関係を維持しなければ、と気を張って振る舞っていた。最初に話をするようになったのが文乃ちゃんたちだった、というのはただのラッキーだったけれど、私なりに努力はしたつもりだ。

でも、その日々は、たった一日ですべて無駄になった。

手に入れるのは難しいのに、失うのは一瞬だ。

けれどそのかわりに、私が望んでいた、静かな毎日が訪れた。

「寒いのだけが問題だなあ……」

肩をすくめてお弁当を広げる。

さすがに、教室でお昼を食べるのは気が引けた。

教室で私がひとりきりでいると、クラスのみんなに気を遣わせてしまう。それに、他のクラスの誰かに、転入生が孤立していると勘違い感情を繊細に読み取る必要がなくなり、それらに鈍感になった。

ウ　人との交流の場でかつては非常識と認識されていた行動も、便利な道具が発達したことで、当たり前に行われるようになった。

エ　かつては手作業で行っていたり作られたりしていたものが、機械によって大量生産され、伝統的な手法が忘れ去られていった。

問６　空欄**B**・**C**に入る語として最も適切なものを選択肢からそれぞれ選び、記号で答えなさい。

B…ア　意識的　イ　反射的　ウ　一方的　エ　間接的

C…ア　客観的　イ　表面的　ウ　具体的　エ　個別的

問７　次は、傍線部④「ただし、〈孤独〉〜留意する必要があります」と作者が述べる理由について説明した文です。空欄に入る最も適切な表現を、**Ⅰ**・**Ⅱ**は**傍線部④以降**の本文中から指定の字数で抜き出して答え、**Ⅲ**は後のア〜エから選んで記号で答えなさい。

「自分自身と過ごすこと」とは、［Ⅰ（４字）］をすることであり、［Ⅱ（11字）］状態を必要とするが、その状態を「孤独」と言い換えてしまうと、「【　Ⅲ　】から自分一人だけで過ごす」という否定的なニュアンスでとらえがちになるから。

ア　一緒にいたい人がいない

イ　誰もそばにいない方がいい

ウ　一緒にいてくれる人がいない

エ　誰がそばにいても変わらない

問８　次の１〜４の状況について、傍線部⑤における「孤立」であるなら**A**、「孤独」であるなら**B**、「寂しさ」であるなら**C**をそれぞれ答えなさい。

１　夏休みに友達と一緒に図書館へ行ったが、自習室のブースで解散し、それぞれ自分の課題に静かに取り組んだ。

２　友人たちと服を買いに来たが、自分だけ好みが違うため遠慮して行きたいお店を言い出せず、好みが同じ友人のＳＮＳをスマホで眺めていた。

３　放課後に教室で小説を読んでいたが、主人公の気持ちが分からず、一度本を置いて自分の経験と照らし合わせながらよく考えてみた。

４　好きな漫画を原作とした映画を観に行こうと友人に誘われたが、じっくりと観たかったので、誘いを断って一人で映画館へ行った。

問９　傍線部⑥「常時接続が可能になった〜〈寂しさ〉が加速してしまう」理由として最も適切なものを次から選び、記号で答えなさい。

ア　スマホを使うことによって他者との関係を断つことが難しくなると、本来自分がしたかったことに没入することができなくなり、一人でいることへの心細さが生まれてしまうから。

イ　スマホを用いて常に誰かと連絡を取り続けることで、それらの多くの他者の存在によって自分が守られていることを実感し、その居心地の良さから抜け出せなくなってしまうから。

ウ　スマホは「つながりたい」という欲求を満たし退屈を紛らわしてくれるが、与えられた多量の刺激によって感覚が正常でなくなり、いつしか自分の行動に意味を見出せなくなるから。

エ　スマホによって刺激が与えられ続けて注意が分散されてしまうと、一つひとつのことを心静かに思考することができなくなり、何に対してもつながりが薄いことを実感してしまうから。

問10　次は、本文を読んだ明子さんと星子さんの会話です。空欄に入る最も適切な表現を答えなさい。ただし、**Ⅰ**・**Ⅱ**は「**メディア論**

す。コミュニケーションも娯楽もその他の刺激も流し込み、自己対話を止めて感覚刺激の渦に巻き込んでくれるマルチタスキングは、つながりへの欲望も、退屈や不安も覆い隠してくれます。

しかし、〈寂しさ〉からくるマルチタスキングは、いろいろな刺激のbダンペンを矢継ぎ早に与えるものなので、一つ一つのタスクへの没頭がありません。そうすると、ふとした瞬間に立ち止まったとき、「あれは何だったんだ」と虚しくなったり、つながりの希薄さ（つながっていても一人ぼっち）を実感したりすることになります。

⑥常時接続が可能になったスマホ時代において、〈孤立〉は腐食し、それゆえに〈孤独〉も奪われる一方で、〈寂しさ〉が加速してしまうにもかかわらず、私たちはそうした存在の仕方の危うさに気づいていないように思えます。これまで論じてきた問題点に、スマホというメディアの特性を重ねると、〈寂しさ〉という問題が前景化してくるということです。

（谷川嘉浩 著『スマホ時代の哲学
——失われた孤独をめぐる冒険』より）

問１　太線部a「ジュンジ」・b「ダンペン」のカタカナを漢字に直しなさい。

問２　傍線部①中の「並行処理すべきタスクの一つとして、現実の会話を捉える習慣」の説明として最も適切なものを次から選び、記号で答えなさい。

ア　目の前の相手との会話や活動を保留して通話やゲームをすることは、通話やゲームを中断して目の前の相手との会話や活動を優先することと同じくらい気軽なものだと考えること。

イ　複数の人と対面して会話や活動をする際、優先順位をつけずに同時に対応することは、現代人のコミュニケーションには欠かせない能力になっていると思われているということ。

ウ　現実に対面している相手とのコミュニケーションも仕事の一つであり、効率を上げるためにスマホを用いる他の作業と同時に行うべきだと考えるようになったということ。

エ　目の前の相手と会話をすることは、誰かにテキストを送ったり、通話をしたり、ゲームをしたりするのと同時に行うことのできる作業であると考えているということ。

問３　傍線部②「物理的に～別のところにいる」の具体例として適切なものを次から二つ選び、記号で答えなさい。

ア　信号待ちをしているときに、信号が変わるまでの時間が待ちきれなくて、スマホで動画を観る。

イ　スーパーで買い物をしているときに、リゾート気分を味わいたくて、モバイル端末で音楽を聴く。

ウ　会議のときに、必要な資料を印刷し忘れ、パソコンでデータを探してその場のメンバーに送信する。

エ　家で映画を観ているときに、出演している俳優や撮影場所の情報が気になり、スマホで検索する。

問４　空欄Aに入る表現として最も適切なものを次から選び、記号で答えなさい。

ア　一つのことに没頭できない私

イ　つながっていても一人ぼっち

ウ　帰る場所がなくなった余所者

エ　他者から切り離された私たち

問５　傍線部③「人の感覚がテクノロジーによって書き換えられていく」例として最も適切なものを次から選び、記号で答えなさい。

ア　簡単に最新の情報を得られる機器を用いて、常に必要な情報を更新しながら生活できるようになり、変化に敏感になった。

イ　スマホの登場により、表現や言葉の調子から目の前の相手の

④ただし、〈孤独〉といっても、これは「自分自身と過ごすこと」をフラットに指す言葉なので、否定的な含みがないことに留意する必要があります。そうはいっても、悪い印象を持ってしまう人も多いでしょう。その疑問を払拭するためにも、どうして〈孤独〉が必要なのかという問いに、ハンナ・アーレントという哲学者の想像力を借りて迫ってみたいと思います。

アーレントは、「一人であること」を三つの様式に分けています。それが、⑤〈孤立(isolation)〉、〈孤独(solitude)〉、〈寂しさ(loneliness)〉です。この補助線を引けば、多少見通しがよくなり、〈孤独〉と〈孤立〉の関係も見えてきます。順に見ていきましょう。

アーレントは、他の人とのつながりが断たれた状態を〈孤立〉と呼びました。言い換えると、〈孤立〉は、何らかのことを成し遂げるために必要な、誰にも邪魔されずにいる状態を指しています。創造的・生産的なことでなくても、何かに集中して取り組むためには誰かが介在してはなりません。例えば「何かを学んだり、一冊の書物を読んだりする」ときなどに、「他の人の存在から守られていることが必要になる」ように。

要するに、何かに集中して取り組むために、一定程度以上求められるのが、この物理的な隔絶状態です。この意味で、〈孤立〉は、何かに集中的に注意を向けるための条件になっていることがわかります。

それに対して〈孤独〉は「沈黙の内に自らとともにあるという存在のあり方」だと説明されます。ちょっとおしゃれな言い方でニュアンスを酌みにくいと思いますが、〈孤独〉にあるときの私たちは、心静かに自分自身と対話するように「思考」しているということです。〈孤独〉とは、私が自分自身と過ごしながら、「自分に起こるすべてのことについて、自らと対話する」という「思考」を実現するものなのです。葬式の最中にデジタルデバイスを触りたがる老女は、悲しみを受け止める場を退屈に感じ、「沈黙の内に自らとともにある」ことができていなかったのです。

しかし、人から話しかけられたり、余計な刺激が入ったりすると、自己との対話（＝思考）は中断されてしまいます。この意味で〈孤立〉は、〈孤独〉とそれに伴う自己対話のための必要条件にほかなりません。〈孤立〉抜きに〈孤独〉は得られないということです。

より興味深いのは、「一人であること」の三様式の残りの一つである〈寂しさ〉です。アーレントは、〈孤独〉と〈寂しさ〉を区別するとき、〈孤独〉が〈孤立〉（＝一人でいること）を必要とするのに対して、〈寂しさ〉は、「他の人々と一緒にいるときに最もはっきりあらわれてくる」と述べています。

〈寂しさ〉は、いろいろな人に囲まれているはずなのに、自分はたった一人だと感じていて、そんな自分を抱えきれずに他者を依存的に求めてしまう状態です。どうにも不安で、仕事が虚しくて、友人や家族とうまくいかないのが苦しくて、誰にも理解されない感覚があって、退屈を抱えきれなくて他者や刺激を求めてしまう。これに心当たりがない人は恐らくいませんよね。

実際、〈寂しさ〉は旧来的な共同体が崩壊した都市社会に生きる現代人に、宿業（避けては通れないこと）のようにのしかかるものだとアーレントは考えていました。私たちはみな、どこにいてもアットホームな気持ちになれない余所者（故郷喪失者）のような心理になる素質を持っており、その気持ちを忘れるために、何かや誰かと一緒にいたいと望む寂しがり屋なのです。

スマホという新しいメディアは、〈寂しさ〉からくる「つながりたい」「退屈を埋めたい」などというニーズにうまく応答してくれます。スマホは、いつでもどこでも使えるだけでなく、スマホを含む様々な情報技術が、私たちのタスクを複数化し、並行処理を可能にしていまなるのだと。スマホの先にある「本当に重要なもの」とは何でしょうか。

常時接続の世界で失われたもの。いろいろな論者の見解を私なりに整理して総合するなら、それは二つの観点から説明できます。それは、〈孤立〉と〈孤独〉です。それぞれについて言い換えれば、他者から切り離されて何かに集中している状態と、自分自身と対話している状態のことです。

常時接続の世界の行動について立ち止まって考えればわかることですが、私たちは、［B］なコミュニケーションを積み重ねています。いろいろなものを保留しながら、短いテキストやアクションで［C］な返答をaジュンジしていく。

例えば、こんな光景はありふれたものでしょう。対面で誰かと話しているときに、スタンプと短いテキストで４人にLINEを返し、フリマアプリが表示してくるお知らせをスルーして、早送り機能でソシャゲ〔ゲームの一種〕のストーリーを進め、Twitterでいくつかの記事を熟読せずにリツイートし、Instagramで気に入ったインフルエンサーの薦める服を保存しておく。

ここで失われているのが〈孤立〉です。何か一つのことに取り組み、それに集中するにはあまりに気が散っていて、いろいろなコミュニケーションや感覚刺激の多様性が、一つのことに没頭することを妨げてしまっています。

〈中略〉

いろいろな事柄や相手に注意が分散しているわけですから、対面での会話が作業するようにこなされてしまうのは当然です。反射的なコミュニケーションで自分を取り巻くことは、相手の人格や心理状態を想像しないようにと日夜練習を積み重ねているようなものです。マルチタスク化した生活がもたらす〈孤立〉の喪失は、なかなか問題がありそうです。

常時接続の世界では、〈孤立〉だけでなく〈孤独〉もまた失われつつあるという話でした。〈孤立〉は、注意を分散させず、一つのことに集中する力に関係するのに対して、〈孤独〉は、自分自身と対話する力に関わっています。

やはりタークルが、印象深い事例を挙げているので、これを手がかりにしましょう。

> 先日、仲がよかった友人の追悼式に出席したとき、プログラムが書かれたクリーム色のカードが用意されていた。そこには弔辞を述べる人の名前、音楽を演奏する人の名前や曲名、そして若く美しかったころの友人の写真が載っていた。私のまわりの何人かは、そのプログラムで携帯電話を隠し、式のあいだにテキストを送っていた。
>
> その中の１人、60代後半とおぼしき女性が、式のあと私のそばに来て、当たり前のような口調で「あんな長い時間、電話なしで座っているなんて無理ね」と言った。式の目的は、時間をとってその人に思いをはせることではないのか。この女性は、手にして10年にも満たないテクノロジーのせいで、それができなくなっているのだ。

〈中略〉

ここで失われ(かけてい)たものが、〈孤独〉です。退屈に耐えきれず、何か刺激やコミュニケーションを求めてしまう。自分自身と過ごすことができないということです。〈孤独〉という言葉を通して、刺激を求めたり他者への反応を優先したりすることなく、自分一人で時間を過ごすことの重要性が語られているわけですね。

2024年度

浦和明の星女子中学校

【国　語】〈第一回試験〉（五〇分）〈満点：一〇〇点〉

注意　字数制限のある場合は、句読点も一字と数えて答えること。

一　次の文章を読み、後の問いに答えなさい。〔　〕内の表現は、直前の語の意味です。なお、設問の都合上、本文を変更している部分があります。

私がとても好きな研究者に、シェリー・タークルというＭＩＴ（マサチューセッツ工科大学）の心理学者がいるのですが、彼女は２０１１年に出された本で興味深いエピソードを紹介しています。

〈中略〉

携帯電話が急速に普及した当時、対面での会話を保留して、モバイル端末で「ここにいない人間」の対応を優先することに当時の人は驚愕し、戸惑っていたということです。もうすっかり忘れて久しい感覚かもしれません。

タークルが警戒心を示すのは、画面の向こう側のやりとりや刺激を優先して、対面の関係性や会話を保留するという新しい行動様式をモバイル端末が可能にしたことです。家で映画を観ていても、誰かと会ったり話したりしていても、テキストや電話、動画やスタンプ、ゲームやその他の様々な何かで中断してしまう。

つまり、複数のタスク（マルチタスク）と並行して、対面でのやりとりや行動を処理することに現代人は慣れてしまったのです。あるいは、対面・現実の活動も、「マルチタスキング」の一つとして組み込まれてしまうと言うべきでしょうか。①並行処理すべきタスクの一つとして、現実の会話を捉える習慣がここにはあります。

②物理的にある場所にいても、実際には別のところにいることは珍しくありません。信号待ちをしたり、スーパーのレジを待ったり、会議に出席していたりするとき、興味を惹くものがなくて退屈するなら、私たちはスマホを焦ったように取り出して、音楽を聴き、ＳＮＳを開き、誰かにテキストを送り、動画や記事をシェアしています。

〈中略〉

持ち歩けるデバイスを使って、ここではないどこかで別の情報を得たり、別のコミュニケーションに参加したりすることが可能になった状況を、タークルは「常時接続の世界」と呼びました。スマホ時代の哲学のキーワードは、「常時接続」です。常時接続の世界において生活をマルチタスクで取り囲んだ結果、何一つ集中していない希薄な状態について、特に人間関係の希薄さを念頭に「　Ａ　」と彼女は表現しています。

メディア論では、「③人の感覚がテクノロジーによって書き換えられていく」という考え方をすることがよくあります。「技術は中立的なものだ」と語る人がたまにいますが、これは実状に反しています。実際には、新たなテクノロジーは普及するにつれて、行動様式、感じ方や捉え方、ものの見方を具体的に変えていくのです。

技術が感性のあり方を左右していくのだとすれば、スマホを手にした私たちはどう変わってしまったのでしょうか。問題点について考えるわけなので、この変化によって失われたものにフォーカスしてみましょう。技術について考える中で、私たちは原理的な問い、平たく言えば「そもそも論」に巻き込まれていくとタークルは言います。「私たちは本当に重要なものは何かという疑問に立ち返っていく」ことに

2024年度 浦和明の星女子中学校 ▶解説と解答

算 数 <第１回試験>（50分）<満点：100点>

解 答

[1] (1) $2\frac{3}{20}$　(2) 240L　(3) 9000円　(4) 5.4％　(5) **ア**…56度，**イ**…82度　(6) ***A*** 1　***B*** 0　***C*** 8　***D*** 9　(7) **100円玉**…37枚，**50円玉**…43枚　(8) 1.26 cm^2　[2] (1) 分速750m　(2) 分速250m　(3) 9時8分　[3] (1) 89cm^3　(2) 76cm^3　[4] (1) **ア** 72　**イ** 5　(2) 60度，300度　(3) 120度，240度　(4) 1：3　[5] (1) 360枚　(2) 92枚，93枚

解 説

[1] 四則計算，比の性質，相当算，濃度（のうど），角度，条件の整理，面積

(1) $1-0.52\div3\frac{5}{7}+0.72\div\frac{2}{9}-\left(3-1\frac{1}{20}\right)=1-\frac{52}{100}\div\frac{26}{7}+\frac{72}{100}\times\frac{9}{2}-\left(\frac{60}{20}-\frac{21}{20}\right)=1-\frac{13}{25}\times\frac{7}{26}+\frac{81}{25}-\frac{39}{20}=1-\frac{7}{50}+\frac{81}{25}-\frac{39}{20}=\frac{100}{100}-\frac{14}{100}+\frac{324}{100}-\frac{195}{100}=\frac{215}{100}=\frac{43}{20}=2\frac{3}{20}$

(2) 毎分10Lの割合で入れるときと毎分８Lの割合で入れるときにかかる時間の比は，$\frac{1}{10}:\frac{1}{8}=4:5$であり，これらの時間の差が６分だから，比の１にあたる時間は，$6\div(5-4)=6$（分）となる。よって，毎分10Lの割合で入れるときにかかる時間は，$6\times4=24$（分）なので，この水そうの容積は，$10\times24=240$（L）である。

(3) お年玉全体の金額を１として図に表すと，右の図１のようになる（太線部分が妹で，残りが姉）。図１で，$\frac{4}{9}-\left(1-\frac{3}{5}\right)=\frac{2}{45}$にあたる金額が，$500-100=400$（円）だから，お年玉全体の金額は，$400\div\frac{2}{45}=9000$（円）とわかる。

図１

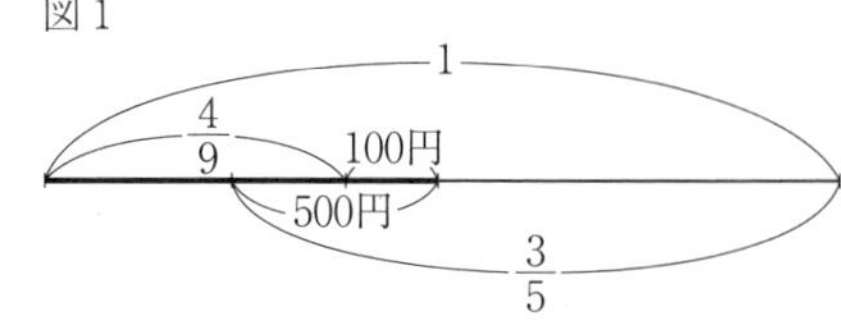

(4) ３％の食塩水400ｇに含（ふく）まれている食塩の重さは，$400\times0.03=12$（ｇ）であり，食塩水に水を加えても食塩の重さは変わらないので，水を加えてできた1.2％の食塩水にも12ｇの食塩が含まれている。よって，この食塩水の重さは，$12\div0.012=1000$（ｇ）だから，加えた水の重さは，$1000-400=600$（ｇ）とわかる。つまり，３％の食塩水400ｇと７％の食塩水600ｇを混ぜて，1000ｇの食塩水を作る予定だったことになる。このとき，食塩の重さの合計は，$12+600\times0.07=54$（ｇ）なので，この食塩水の濃度は，$54\div1000\times100=5.4$（％）と求められる。

(5) 右の図２で，OA＝OCより，三角形OCAは二等辺三角形となるから，角OCA＝角OAC＝60度となり，角AOC＝$180-60\times2=60$（度），角COD＝$128-60=68$（度）とわかる。また，OD＝OCより，三角形ODCは二等辺三角形となるので，アの角度と角OCDの角度はどちらも，$(180-68)\div2=56$（度）と求

図２

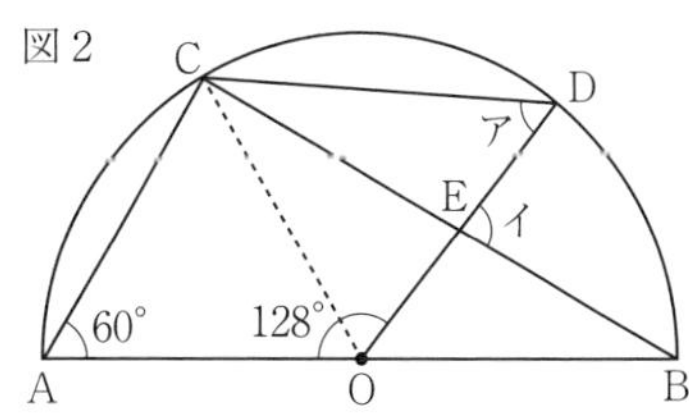

められる。さらに，OB＝OCより，三角形OBCは二等辺三角形となり，三角形の外角はそれととなり合わない２つの内角の和に等しいから，角OCB＝角OBC＝60÷２＝30(度)とわかる。したがって，角ECD＝56－30＝26(度)だから，イの角度は，56＋26＝82(度)と求められる。

(6)　問題文中の図で，Aが２以上だとすると積($DCBA$)が４桁にならないから，A＝１であり，右の図３のようになる。すると，D×９の一の位が１なので，D＝９とわかり，右上の図４のようになる。次に，Bが２以上だとすると積($9CB1$)が４桁にならないから，Bは０か１である。そのうち１はすでに使われているので，B＝０と決まり，左上の図５のようになる。図５で，C×９＋８の一の位が０だから，C×９の一の位は２であり，C＝８とわかる。よって，右上の図６のようになるので，A＝１，B＝０，C＝８，D＝９である。

図３	図４	図５	図６
$1BCD$	$1BC9$	$10C9$	1089
× 9	× 9	× 9	× 9
$DCB1$	$9CB1$	$9C01$	9801

(7)　50円玉２枚を100円玉１枚に両替すると合計枚数は１枚減り，全体では，80－72＝８(枚)減ったから，この両替によって100円玉は，１×８＝８(枚)増え，50円玉は，２×８＝16(枚)減っている。次に，両替した後の100円玉と50円玉の合計金額の比が10：３なので，両替した後の100円玉と50円玉の枚数の比は，$\frac{10}{100}:\frac{3}{50}$＝５：３である。この和が72枚だから，両替した後の100円玉の枚数は，$72\times\frac{5}{5+3}$＝45(枚)，50円玉の枚数は，72－45＝27(枚)とわかる。よって，はじめに持っていた100円玉の枚数は，45－８＝37(枚)，50円玉の枚数は，27＋16＝43(枚)である。

(8)　右の図７のかげの部分の面積を求めて，それを12倍にすればよい。角AOBの大きさは，360÷12＝30(度)だから，ＡからOBと直角に交わる線ACを引くと，三角形AOCは正三角形を半分にした形の三角形になる。すると，ACの長さは，３÷２＝1.5(cm)になるので，三角形AOBの面積は，３×1.5÷２＝2.25(cm^2)とわかる。また，おうぎ形AOBの面積は，$3\times3\times3.14\times\frac{30}{360}$＝2.355($cm^2$)である。よって，かげの部分の面積は，2.355－2.25＝0.105(cm^2)だから，これを12倍にすると，0.105×12＝1.26(cm^2)となる。

図７

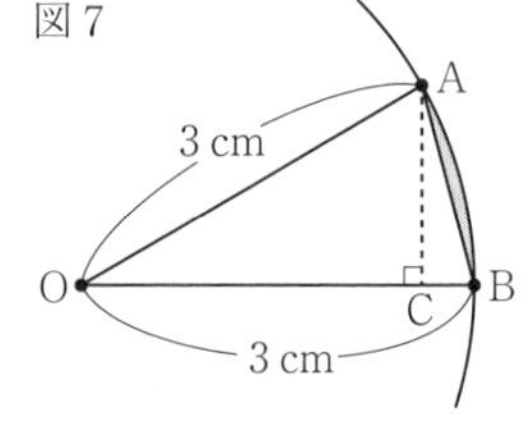

2　旅人算

(1)　太郎さんと電車の進行のようすをグラフに表すと，右のようになる。９時ちょうどから９時４分までに太郎さんは，150×４＝600(m)進んだので，電車の速さは分速，(3600－600)÷４＝3000÷４＝750(m)とわかる。

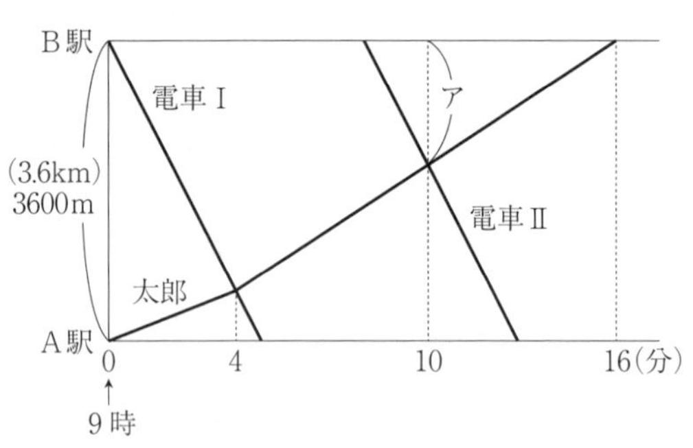

(2)　太郎さんは９時４分に電車Ⅰとすれ違った後，16－４＝12(分)で3000m進んだから，このときの自転車の速さは分速，3000÷12＝250(m)と求められる。

(3)　グラフのアは，250×(16－10)＝1500(m)なので，電車Ⅱは９時10分の，1500÷750＝２(分)前，つまり，９時10分－２分＝９時８分にＢ駅を出発している。

3　立体図形―構成，体積

(1)　下の図①のように，段ごとに調べる。真上の面からくり抜（ぬ）くことによって，斜線（しゃせん）部分の立方体がくり抜かれる。また，手前の面からくり抜くことによって，上から２段目と３段目の↑の位置にあるかげをつけた立方体がくり抜かれる。このとき，斜線部分の立方体の個数は，４×５＝20(個)，かげをつけた立方体の個数は，10×２＝20(個)であり，両方に共通な立方体の個数は，２×２＝４(個)である。よって，くり抜かれる立方体の個数は，20＋20－４＝36(個)なので，残りの立方体の個数は，125－36＝89(個)となり，くり抜かれた後に残る立体の体積は，１×１×１×89＝89(cm^3)と求められる。

図①

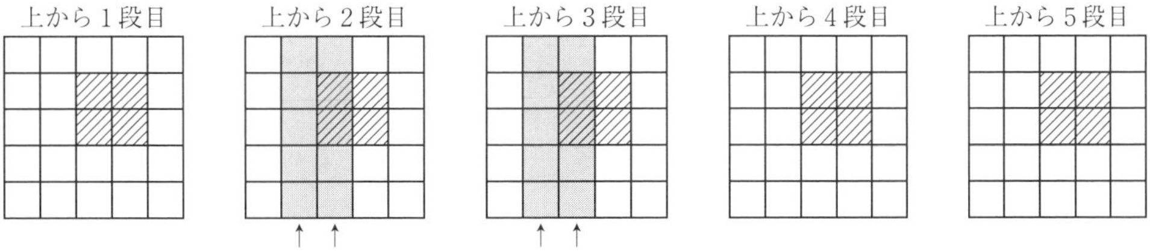

上から１段目　上から２段目　上から３段目　上から４段目　上から５段目

(2)　下の図②のように，さらに右横の面からくり抜くことによって，上から３段目と４段目の←の位置にある太線で囲んだ立方体がくり抜かれる。このとき，新しくくり抜かれる立方体は，３段目が５個，４段目が８個なので，残りの立方体の個数は，89－(５＋８)＝76(個)とわかる。よって，くり抜かれた後に残る立体の体積は，１×１×１×76＝76(cm^3)である。

図②

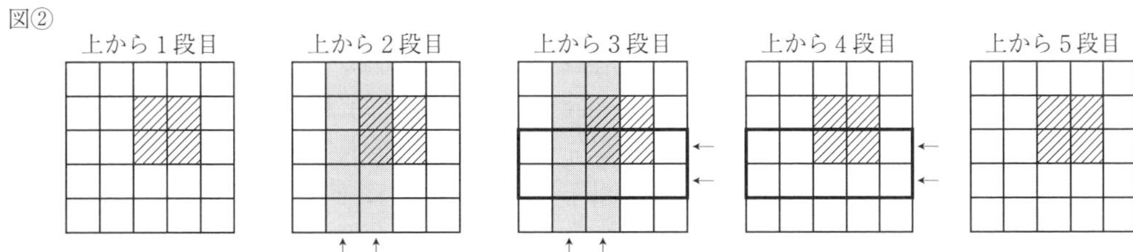

４　平面図形―図形上の点の移動，角度，構成

(1)　Ｐが動いたあとを実線，Ｑが動いたあとを点線で表すことにすると，１回目に２点が重なるのは，右の図１のように動いたときである。図１で，Ｑが動いた角とＰが動いた角の大きさの比は１：４であり，この和が360度だから，Ｑが動いた角(あ)の大きさは，$360\times\frac{1}{1+4}$＝72(度)(…ア)となる。また，この後もＱが72度動くごとに２点が重なるので，２点が初めてＡで重なるのは，360÷72＝５(回目)(…イ)に重なったときである。

図１

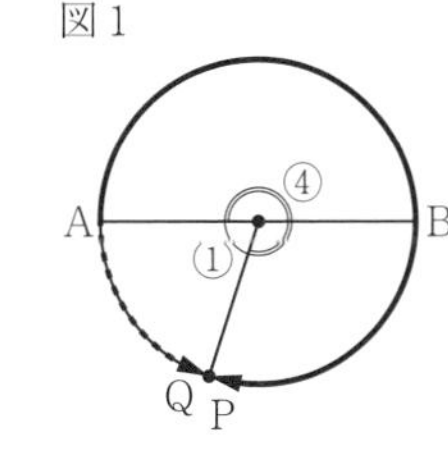

(2)　１回目は，２点が右の図２のように動いたときである。図２で，ABとPQは平行だから，○印をつけた角の大きさは等しくなり，④－①＝③にあたる大きさが180度とわかる。よって，①＝180÷３＝60(度)なので，１回目は，Ｑが60度，Ｐが，60×４＝240(度)動いたときである。次に，２点が初めてＡで重なるまでに，PQがABと平行になるときが２回あるので，２点が初めてＡで重なったときの状態からさかのぼって考える。つまり，２回目は，右上の図３のように，Ｑが時計回りに60度，Ｐが反時計回りに

図２　図３

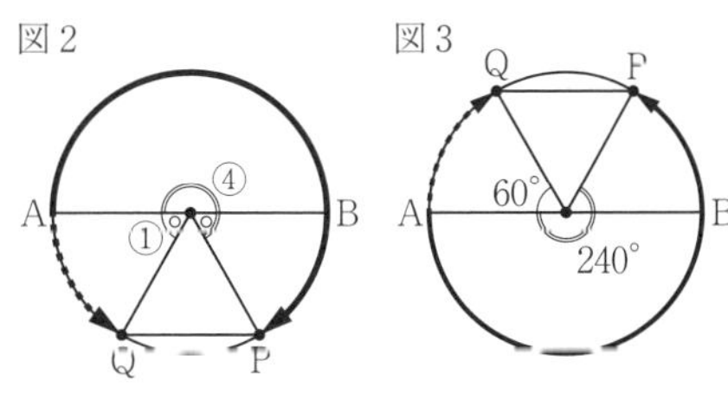

240度さかのぼったときなので，Qが，360－60＝300(度)動いたときとなる。

(3)　１回目は，２点が右の図４のように動いたときである。このときまでに，Pは１周と①だけ動いているので，360＋①＝④より，①＝360÷(４－１)＝120(度)とわかる。また，(2)と同様に，２点が初めてAで重なった状態からさかのぼって考えると，２回目はQが120度さかのぼったときなので，Qが，360－120＝240(度)動いたときとなる。

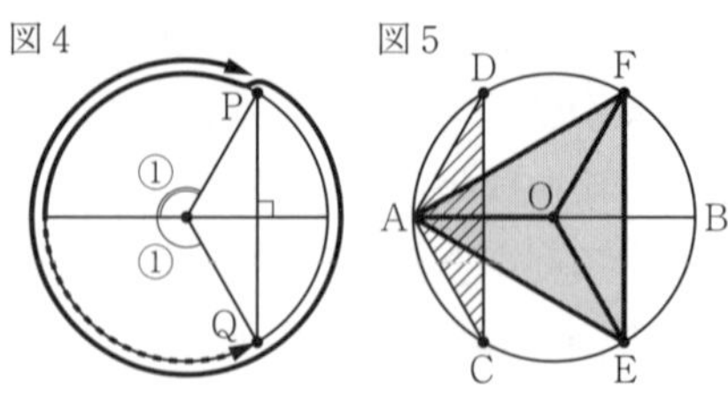

(4)　右上の図５で，斜線をつけた三角形ACDと，かげをつけた三角形AEFの面積の比を求めればよい。角DAC＝角FOE＝120度より，三角形ACD，三角形OEF，三角形OFA，三角形OAEはすべて合同な二等辺三角形だから，求める比は１：３とわかる。

5　条件の整理

(1)　右の図１で，はじめに作ろうとしたのは太線部分の正方形であり，実際に作ったのはかげをつけた部分の正方形である。よって，斜線部分の枚数が36枚だから，アは，36÷２＝18(枚)である。したがって，実際に作った正方形に使ったタイルの枚数は，18×18＝324(枚)なので，手元にあったタイルの枚数は，324＋36＝360(枚)と求められる。

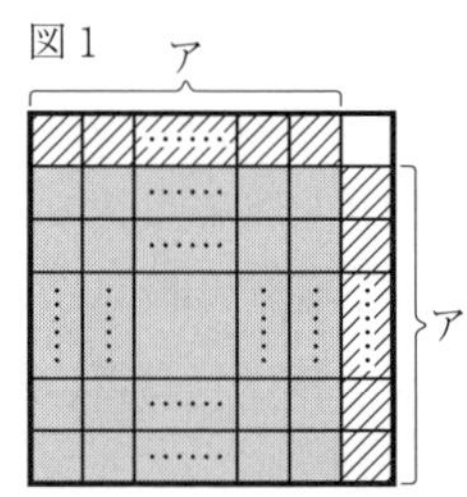

(2)　交互(こうご)に並べるとき，１辺の枚数が偶数(ぐうすう)枚の場合は赤色と青色の枚数が等しくなり，１辺の枚数が奇数(きすう)枚の場合は赤色と青色の枚数の差が１枚になる。また，赤色だけが104枚残ったから，はじめに並べた枚数は全部で，360－104＝256(枚)であり，赤色と青色を，256÷２＝128(枚)ずつ並べたことがわかる。よって，はじめの枚数は，青色が128枚，赤色が，128＋104＝232(枚)である。次に，256＝16×16より，はじめに作った正方形の１辺の枚数は16枚とわかるから，１辺の枚数が16枚以上の場合について必要なタイルの枚数を調べると，右の図２のようになる。図２より，できるだけ大きな正方形を作って赤色のタイルが何枚か残るのは，１辺の枚数が21枚の場合とわかる。このとき，並べた青色の枚数は220枚または221枚なので，追加して並べた青色の枚数は，220－128＝92(枚)，または，221－128＝93(枚)である。

図２

１辺の枚数	16	17	18	19	20	21	22	…
全体の枚数	256	289	324	361	400	441	484	…
赤または青の枚数	128	144	162	180	200	220	242	…
	128	145	162	181	200	221	242	…

社　会　＜第１回試験＞（理科と合わせて50分）＜満点：50点＞

解　答

Ⅰ　問１　省略　問２　(ウ)　問３　(ウ)　問４　(ア)　問５　(エ)　問６　(エ)　問７　(イ)　問８　(イ)　問９　(ウ)　問10　(エ)　問11　(ア)　問12　(ウ)　問13　(エ)　問14　(ウ)　問15　(イ)　問16　(ア)　問17　(イ)　問18　(1)　(イ)　(2)　(ウ)　問19　(ア)　問20　(エ)　問21　(エ)　問22　(イ)　問23　(カ)　Ⅱ　問１　(ウ)　問２　(エ)　問３　(エ)　問４　(エ)　問５　(エ)　問６　(エ)　問７　(ア)　問８　(ウ)　問９　(エ)　問10　(ウ)

解　説

Ⅰ　各時代の歴史的なことがらを題材とした問題

問１　省略

問２　(ウ)の『古事記』がまとめられたのは712年なので，「５世紀」(古墳時代)ではなく「８世紀」(奈良時代)が正しい。

問３　示されている文は，秋田市で毎年８月初めに行われる秋田竿燈まつりについて述べたものである。秋田県は米の生産量が多いことで知られ，米の収穫量全国第１位～第３位は新潟県(8.2％)，北海道(7.6％)，秋田県(6.6％)の順となっている(2021年)。また，秋田県の中央部には出羽山地が南北に走り，雄物川中流域には横手盆地が広がっている((ウ)…○)。なお，(ア)は宮城県，(イ)は青森県，(エ)は福島県の説明文である。

問４　青森県で発見された三内丸山遺跡は，日本最大級の縄文時代前～中期の遺跡である。最大で500人前後が住んでいたと考えられている集落跡で，大型掘立柱建物跡や大型竪穴住居跡などが発掘されているほか，クリやマメなどを栽培していたことが確認されている((ア)…○)。なお，(イ)の纒向遺跡(奈良県)は弥生時代末期から古墳時代前期にかけての遺跡で，そのうちの箸墓古墳は卑弥呼の墓とする説もある。(ウ)の吉野ヶ里遺跡(佐賀県)は弥生時代中～後期の環濠集落跡である。(エ)の大森貝塚(東京都)は明治時代初めに，アメリカ人動物学者のモースが発見したことで知られる縄文時代中期の遺跡である。多数の貝殻のほか，土器や石器，動物の骨，人骨なども見つかっているが，大型の埋葬施設があったわけではない。

問５　江戸時代の職人は商人とともに町人と呼ばれ，一般に税の負担は農民よりも軽かったから，(エ)が誤っている。なお，町人は職種ごとに住む場所が指定される場合もあった。

問６　平安時代の貴族の屋敷に多く用いられた建築様式は寝殿造である。書院造は室町時代に生まれ，現代の和風建築のもととなった建築様式なので，(エ)が誤っている。なお，寝殿造は寝殿と呼ばれる中心の建物と，対屋や釣殿など周囲の建物を廊下でつないだ建築様式で，寝殿の南側には池のある庭園が設けられた。

問７　木製の仏像彫刻の製造方式のうち，主要部分が複数の木材を継ぎ合わせてつくられているものを寄木造という。平安時代中期以降にさかんに用いられるようになった方式で，それまで主流であった一木造(一本の木材によって主要部分をつくる方式)に比べ，重量が軽くなる，像を大きくできる，分業できるなどの利点がある。東大寺(奈良県)の南大門に安置されている金剛力士像は，運慶・快慶ら慶派一門の分業による，鎌倉時代の寄木造の代表的な作品である((イ)…○)。なお，(ア)の法隆寺金堂釈迦三尊像は金銅(銅製の像の表面に金のめっきをしたり金箔を貼ったりしたもの)の像である。(ウ)の長崎平和祈念像は鉄骨の芯をもとにつくられた青銅の像で，表面は純白の石膏で覆われている。(エ)の興福寺仏頭は金銅でつくられた仏像の頭部だが，現在表面の金はすべてはげ落ちている。

問８　文章中に「1968年に日本に返還された」とあることから，小笠原諸島(東京都)とわかる((イ)…○)。「太平洋戦争中は防衛施設がつくられて激戦地となり」は，硫黄島の戦い(1945年２～３月)について述べている。なお，(ア)の知床は北海道，(ウ)の屋久島は鹿児島県，(エ)の宗像・沖ノ島は福岡県に属する。

問９　東経136度の経線は，福井県の若狭湾東部(Ａ)，滋賀県の琵琶湖西岸付近(Ｂ)，京都府南東部，奈良県中央部などを通過し，和歌山県と三重県の県境付近で太平洋に出る((ウ)…○)。日本の標準時子午線である東経135度の経線が，京都府北西部や兵庫県の明石市，淡路島などを通っていることが参考になる。

問10　安土桃山時代に茶の湯を茶道(わび茶)として大成したのは，堺(大阪府)の商人出身の千利休なので，(エ)が誤っている。なお，利休は織田信長や豊臣秀吉に仕え，多くの大名を弟子としたが，晩年は秀吉の怒りを買い，切腹させられた。

問11　石山本願寺は15世紀末に建てられた浄土真宗(一向宗)の寺院で，のちに一向一揆の本拠地ともなっていた。長く続いた信長との争いにやぶれた後に焼失し，豊臣秀吉が跡地に大坂城を築いて天下統一の根拠地とした((ア)…○)。なお，大坂が「天下の台所」と呼ばれるようになったのは江戸時代からである((イ)…×)。また，(ウ)は姫路城(兵庫県)について述べた文であり，(エ)にあてはまるような城は存在しない。

問12　(ア)　朱印船貿易は，江戸幕府が発行した朱印状という外国渡航許可証を持った武士や商人らが，東南アジアなどに渡って行った貿易である。江戸幕府が利益を独占していたわけではないので，この文は誤っている。　(イ)　芦ノ湖は神奈川県西部の箱根町に位置し，ここから江戸に水はひかれていないので，この文は誤っている。なお，江戸には井の頭池(東京都武蔵野市・三鷹市)を水源とする神田上水や，多摩川中流から水をひき入れて江戸まで送る玉川上水がつくられた。江戸の町内では石製や木製の樋が地下に埋めこまれ，これらの上水をすみずみまで分配していた。また，芦ノ湖については，駿河国(静岡県東部)に引かれた深良用水(箱根用水)が知られている。　(ウ)　江戸は火事が多く，江戸城の天守閣が焼失した明暦の大火(1657年)のような大きな火事もしばしば発生した。そのため，幕府は火消という消防組織を整備したり，延焼を防ぐため道路の幅を広げたりするなど，さまざまな対策を進めた。その中には，火の使用を制限するため夜間の蕎麦の屋台や風呂屋の営業を禁止するといったものもあったので，この文は正しい。　(エ)　各藩の江戸屋敷が設けられたのは江戸城の周辺地域であり，江戸城の敷地内ではないので，この文は誤っている。

問13　諏訪湖(長野県)を水源とする天竜川は，木曽山脈(中央アルプス)と赤石山脈(南アルプス)にはさまれた伊那盆地(伊那谷)を南に流れ，静岡県西部を南下して遠州灘(太平洋)に注ぐので，(エ)と判断できる。なお，(ア)は高山市(岐阜県)で，飛驒山脈(北アルプス)の西に位置する。(イ)は眼鏡や繊維産業がさかんなことから鯖江市(福井県)であるとわかる。(ウ)は浅間山(群馬県・長野県境)の北側のふもとに位置し，夏でも涼しい高原の気候を利用した抑制栽培(高冷地農業)をしていることから嬬恋村(群馬県)のことである。

問14　(ア)　「現金掛け値なし」は，越後屋呉服店(現在の日本橋三越や三井住友銀行の前身)を開いた三井高利が始めた商法である。当時の買い物は月末などに代金を回収する「後払い」が多く，その場合，代金は正札(定価)よりも高い値段(掛け値)になった。これに対して高利は，その場で代金を支払う「現金払い」をするかわりに正札通りに販売する「現金掛け値なし」の商法で，大成功を収めた。なお，紀伊国屋文左衛門は木材やみかんの販売で財をなした商人である。　(イ)　「間宮林蔵」ではなく「伊能忠敬」が正しい。間宮林蔵は，蝦夷地(北海道)などを探検し，樺太(サハリン)が島であることを発見したことで知られる幕府の役人である。　(ウ)　江戸時代初期に活躍し，『風神雷神図屏風』などの作品を残した俵屋宗達は，俵屋という絵屋(絵画商)を営んでいたと考えられているので，この文は正しい。　(エ)　河村瑞賢は，幕府の命令で東廻り航路・西廻り航路を整備したことなどで知られる江戸の商人なので，この文は誤っている。なお，五街道は徳川家康が幕府を開くさいに整備した。

問15　〈国際情勢〉の「あ」の世界恐慌は1929年，「い」の三国同盟は1940年，「う」の第四次中東戦争は1973年，〈日本の国内情勢〉のａの国家総動員法は1938年，ｂの日韓基本条約は1965年，ｃの近衛文麿（このえふみまろ）が二度目の首相になったのは1940年のできごとである。よって，1940年についての組み合わせとして(イ)が正しいが，1964年についての組み合わせとして正しいものはない。

問16　(ア)　太平洋戦争(1941～45年)中の1943年10月，学徒出陣(学徒動員)により戦場に向かう大学生の壮行会が明治神宮外苑（がいえん）競技場で開かれたので，この文は正しい。学徒出陣は，戦局の悪化を受け，それまで徴兵（ちょうへい）が猶予（ゆうよ）されていた大学生(文系の学生のみ)を徴兵の対象とするようになった政策である。　(イ)　太陽の塔は1970年，大阪府吹田（すいた）市で日本初の国際博覧会である日本万国博覧会(大阪万博)が開催された際にシンボルとして会場につくられたもので，現在も千里丘陵（きゅうりょう）の「万博記念公園」にあるので誤っている。また，2025年には，再び大阪で万博が開催される予定である。　(ウ)　国立競技場は1958年に完成した。一方，東海道新幹線は1964年，東京オリンピック開催に合わせて東京駅—新大阪駅間で開業した。　(エ)　皇居は東京都千代田区にあり，明治神宮外苑のある渋谷区からは離れているので皇居の敷地内ではない。

問17　千葉県に位置する成田国際空港(成田空港)は港・空港別の貿易額で全国第１位が続いているので，国際線の貨物の航空輸送量が最も多い(イ)が選べる。なお，(ア)は北海道，(ウ)は大阪府，(エ)は東京都である。

問18　(1)　高知県が第１位であるＡはなす，徳島県がほかを大きく引き離しての第１位であるＢはスダチ，茨城県がほかを大きく引き離しての第１位であるＣはれんこん，長崎県が第１位であるＤはびわと判断できる(イ…○)(2021年)。スダチは徳島県が特産地となっている柑橘（かんきつ）類で，果実は未成熟の緑色のものが酢（す）を得るために用いられる。　(2)　石見（いわみ）銀山は徳島県ではなく島根県の中部に位置するので誤っている。

問19　カタールは，アラビア半島東部のペルシャ湾に突き出たカタール半島を占（し）める国で，国土の南部がサウジアラビアに接している((ア)…○)。なお，サウジアラビアはアラビア半島の大部分を占める国で，紅海をはさんで(イ)のエジプト(アフリカ大陸の北東部)に面している。(ウ)のインドは南アジア中央部，(エ)のフィリピンは東南アジアに位置している。

問20　文章中に「東海工業地域」とあることから，(エ)の静岡県が選べる。同県の富士市や富士宮市などでは製紙・パルプ工業，浜松市とその周辺では楽器の生産がさかんである。

問21　(ア)　「九谷（くたに）」ではなく「伊万里（いまり）」が正しい。なお，九谷焼は有田焼の技術を導入して久谷村(石川県)で生産が始まったとされ，石川県を代表する伝統的工芸品となっている。　(イ)　南部鉄器はかつて南部藩があった岩手県の伝統的工芸品である。　(ウ)　江戸切子（きりこ）は江戸時代末期から江戸でつくられてきたガラス工芸品で，東京都の伝統的工芸品となっている。　(エ)　「阿波（あわ）」は徳島県の旧国名で，阿波和紙は楮（こうぞ）やみつまたなどの植物が原料とされる。よって，正しい。

問22　稲荷山（いなりやま）古墳(埼玉県)から出土したのは「ワカタケル大王」と刻まれた鉄剣（てっけん）なので，(イ)が誤っている。木簡（もっかん）は文字を墨（すみ）書きした木札のことで，奈良時代ころに紙のかわりとして，役所間の事務連絡や都へ送られる税の荷札などに用いられた。なお，(エ)にあてはまるのは唐古（からこ）・鍵（かぎ）遺跡で，奈良県にある弥生時代の代表的な遺跡として知られる。

問23　木材の輸入先第１位はカナダ(A)，牛肉，小麦，綿花の輸入先第１位はアメリカ合衆国(B)である((カ)…○)。特に小麦については，アメリカ，カナダ，オーストラリアの３国で輸入量のほぼ100％を占める(2021年)。

Ⅱ　2023年の出来事を題材とした問題

問１　国際連合の安全保障理事会の常任理事国は，アメリカ合衆国，ロシア，イギリス，フランス，中国(中華人民共和国)の５か国である。よって，(ウ)が誤っている。ドイツは第二次世界大戦の敗戦国でもあったため，当初は国際連合に加盟できなかった。

問２　(ア)　東日本大震災は2011年，バブル景気の崩壊(ほうかい)は1990年代初めの出来事である。　(イ)　国債(こくさい)とは国の借金のことで，税収だけでは歳入が足りない場合，国が発行を決定し，日本銀行は発行に関する事務を行っている((イ)…×)。　(ウ)　近年のわが国の税収において大きな割合を占めるのは，消費税，所得税，法人税の３つである。2023年度予算の歳入額のうち，それぞれが占める割合は消費税20.4％，所得税18.4％，法人税12.8％となっている。　(エ)　2024年７月から紙幣(しへい)の肖像(しょうぞう)画は，一万円札は福沢諭吉から渋沢栄一，五千円札は樋口一葉から津田梅子，千円札は野口英世から北里柴三郎(しばさぶろう)へ変更になるので正しい。

問３　2023年，文部科学省の外局にあたる文化庁が，東京都から京都府に移転した((エ)…○)。なお，(ア)の観光庁は国土交通省の外局，(イ)のこども家庭庁は内閣府の外局，(ウ)のデジタル庁は内閣総理大臣直属の行政機関である。

問４　(ア)　統一地方選挙は４年ごとに都道府県や市区町村の首長選挙や，地方議会議員選挙を全国でいっせいに行う地方選挙で，前回は2023年４月に行われた。このうち，北海道と大阪府では知事選挙が行われたが，東京都では2012年，2014年，2016年と現職知事の辞職にともなう選挙が続いた関係で，前回の選挙は2020年だった。　(イ)　無投票当選を認めないとする法的根拠はなく，地方の市町村では，首長選挙などにおいて候補者が１名のため，無投票で当選となる事例がしばしばみられる。　(ウ)　地方公共団体の首長は，その地域の住民による直接選挙によって選出される。(エ)　地方公共団体の住民には，一定数の署名を集めることでさまざまな請求(せいきゅう)を行う権利が認められている。これを直接請求権という。このうち，首長や議員の解職についての請求はリコールとも呼ばれ，請求が成立した場合には住民投票が行われ，解職に賛成する票が過半数に達すれば解職となる。よって，正しい。

問５　ルノワールは19世紀のフランスの画家であるが，ゴッホは19世紀のオランダの画家であり，ミケランジェロは15～16世紀のイタリアの彫刻家・画家なので，(エ)が誤っている。

問６　マイナンバーカードとは個人番号(12桁(けた)の数字)が記載されたICカードであり，政府はその普及(ふきゅう)を推進しているので，(エ)が誤っている。

問７　TPP(環太平洋パートナーシップ協定)には，環太平洋地域に属する(イ)のオーストラリア，(ウ)のカナダ，(エ)のシンガポールなどが加盟している。(ア)のインドは，環太平洋地域に属しておらず，TPPにも加盟していない。

問８　1993年，衆議院議員総選挙で自由民主党(自民党)が敗北すると，日本新党代表の細川護熙(もりひろ)を首相とする「非自民非共産」の８党派からなる連立政権が発足した((ウ)…○)。なお，(ア)の佐藤栄作は「非核三原則」の提唱(1967年)，(イ)の鳩山(はとやま)一郎は日ソ共同宣言の調印(1956年)，(エ)の吉田茂(しげる)はサンフランシスコ平和条約や日米安全保障条約の調印(1951年)などで知られる首相で，いずれも自由民主党出身である。

問９　2023年，消費税についての新しい経理方式である適格請求書(インボイス)制度がはじまった((エ)…○)。なお，(ア)のインサイダーは「部内者」という意味の英語で，証券の不公正取引である「インサイダー取引」などの語で使われる。(イ)のインバウンドは「外から入ってくる」という意味で，旅行業界や観光業界では訪日外国人観光(客)を意味する用語として使用される。(ウ)のインフラは英語のinfrastructure(インフラストラクチャー)を略した語で，人々が日常生活を送るための基盤となる設備や施設(道路，鉄道，港湾，空港，通信網(もう)，上下水道，電気，ガス，病院など)を表す。

問10　ドバイはUAE(アラブ首長国連邦)の首長国のひとつなので，(ウ)が選べる。なお，(ア)のカイロはエジプト，(イ)のテヘランはイラン，(エ)のハノイはベトナムの首都である。

※　学校より，Ⅰの問１については「選択肢の中に正解に該当するものがなかったため，受験生全員を正解にした」とのコメントがありました。

理　科　<第１回試験>（社会と合わせて50分）<満点：50点>

解　答

1　**問１**　ア　**問２**　15個まで　**問３**　カ　**問４**　(a)　イ，エ，カ　(b)　オ　**2**　**問１**　(a)　16.4ｇ　(b)　７ｇ　**問２**　５Ｌ　**問３**　エ　**問４**　１：12　**3**　**問１**　281.25cm^3　**問２**　(a)　エ　(b)　しゃっくり　(c)　ウ　**問３**　(a)　オ　(b)　0.175cm^3　**4**　**問１**　エ　**問２**　地点Ｄ…キ　地点Ｅ…ウ　**問３**　イ，オ　**問４**　ア，３ｍ

解　説

1　**LEDのつき方と回路についての問題**

問１　電池を直列につないだ部分の全体の電圧は，電池の数に比例して大きくなる。そのため，実験１でLEDの数を変えずに電池の数を増やすと，LED１個あたりにはたらく電圧も大きくなる。

問２　電池を直列につないだ部分の全体の電圧は，1.5×17＝25.5(Ｖ)なので，25.5÷1.6＝15.9375より，LEDは15個まで同じ向きに直列につないで光らせることができると考えられる。

問３　実験１～実験６より，電池に対するLEDの向きが右の図①のようになっているときには電流が流れるが，右の図②のようになっているときには電流が流れないことがわかる。すると，電池を直列につなぎ，LEDを並列につないでいるのはオとカであり，オは一番下のLEDだけが光り，カは一番上とまん中のLEDが光る。表６で，電池を２個，LEDを３個つないだ回路ではLEDが２個光っているので，カが選べる。

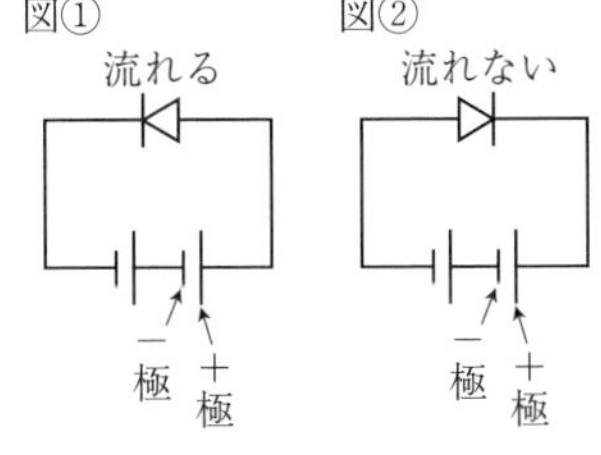

問４　(a)　ア　ＢのLED，ＣのLEDのどちらにも電流が流れないので，ＡのLEDにも電流が流れない。つまり，どのLEDも光らない。　イ，エ，カ　ＢのLED，ＣのLEDは導線でできた長方形の枠(わく)の中に入っており，電池の＋極から出た電流はＡのLED，長方形の枠を通って，電池の－極に入る。ＡのLEDは，両はしにかかる電圧が，1.5×２＝３(Ｖ)なので，光る。ＢのLED，Ｃの

LEDには電流が流れないので，光らない。　ウ　豆電球の場合と同様に考えると，ＢのLED，ＣのLEDの並列つなぎの部分と，ＡのLEDの抵抗(電流の流れにくさ)の比は１：２なので，ＢのLED，ＣのLEDにかかる電圧は，$3\times\frac{1}{1+2}=1$(Ｖ)，ＡのLEDにかかる電圧は，$3-1=2$(Ｖ)となる。よって，ＢのLED，ＣのLEDにはたらく電圧が1.6Ｖ未満なので，電流が流れず光らない。すると，ＡのLEDにも電流が流れないので，ＡのLEDも光らない。　オ　ＢのLEDは逆向きにつけられているので光らない。また，実験１の結果から，電池が２個直列でLEDが２個直列につながった回路ではLEDが１つも光らないため，ＡのLEDとＣのLEDについても光らないとわかる。　(b)　(a)より，ア～カの電池を２個のときと同じ向きに３個直列につないだときに光る可能性があるのは，ウのＢのLED，ＣのLED，オのＣのLEDである。電池を３個にしたとき，ウのＢのLED，ＣのLEDにはたらく電圧が，$1\times\frac{3}{2}=1.5$(Ｖ)になるので光らないが，オのＣのLEDにはたらく電圧が，$1.5\times\frac{3}{2}=2.25$(Ｖ)になるので光る。

２　化学変化と物質の重さや体積についての問題

問１　(a)　炭12ｇから二酸化炭素が44ｇできるので，$12\times\frac{60}{44}=16.36\cdots$より，二酸化炭素が60ｇできるためには炭が16.4ｇ必要である。　(b)　燃えた炭は，$12\times\frac{55}{44}=15$(ｇ)なので，燃え残っている炭は，$22-15=7$(ｇ)である。

問２　気体Ｂ３Ｌのうち，$3\times\frac{50}{100}=1.5$(Ｌ)が反応して，$3-1.5=1.5$(Ｌ)が反応せずに残る。このとき，気体Ａ５Ｌのうち，$1.5\times\frac{1.5}{0.5}=4.5$(Ｌ)が反応して気体Ｃが，$1\times\frac{1.5}{0.5}=3$(Ｌ)でき，気体Ａが，$5-4.5=0.5$(Ｌ)反応せずに残る。よって，化学変化の後の気体Ａ，気体Ｂ，気体Ｃの体積の和は，$0.5+1.5+3=5$(Ｌ)と求められる。

問３　気体Ａ１Ｌと酸素0.5Ｌから気体Ｄ１Ｌができると述べられているので，反応の前後で気体Ａや酸素の粒の個数がそれぞれ変化しないことに注意すると，右の図のように表すことができる。したがって，エが選べる。

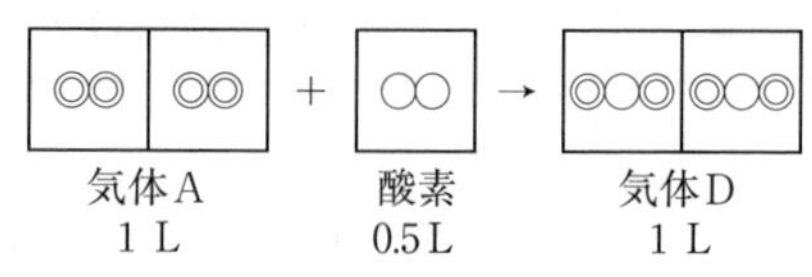

問４　問３より，気体Ａの原子１個の重さと酸素原子１個の重さの比は，$\frac{6}{4}:\frac{48}{2}=1:16$とわかる。また，炭素原子１個の重さと酸素原子１個の重さの比は３：４であると述べられている。よって，気体Ａの原子１個の重さと炭素原子１個の重さの比は，$1:\left(16\times\frac{3}{4}\right)=1:12$と求められる。

３　ヒトや植物の呼吸についての問題

問１　１回の呼吸で体内にとりこまれる酸素は，$250\times\frac{20.94-16.44}{100}=11.25$($cm^3$)で，１分間に25回呼吸するので，呼吸によって体内にとりこまれた酸素は，１分間あたり，$11.25\times25=281.25$(cm^3)とわかる。

問２　(a)　空気を吸うときは，肺が収まっている空間が広がって内部の圧力が下がり，外から気管を通って肺の中に空気が入ってくる。このとき，ろっ骨は上側と外側に動き，横隔膜は下がる。

(b)　横隔膜がけいれんすると，呼吸がうまくできなくなり，急に空気をくり返し吸いこんで，ヒックヒックというような音が出ることがある。このような症状をしゃっくり(きつぎゃく)という。

(c)　肺に穴が開くと，肺を収めている胸の空間に空気がもれ出て肺がしぼんだ状態になり，血液中の酸素と二酸化炭素の交換がうまく行われなくなる。このような病気を気胸といい，あまり症状が重くない場合には，胸の空間に細い管を通し，肺からもれ出た空気をとり除き続けて肺がしぼみすぎないように保ちながら，穴がふさがるのを待つ。

問３ (a) 図２のＡでは，ダイズの種子が呼吸により，三角フラスコ内の酸素を吸収して二酸化炭素を放出する。そのため，ガラス管に入れた水の移動量は，ダイズの種子の二酸化炭素の放出量と酸素の吸収量の差を表す。　(b) 表２で，Ａではガラス管に入れた水の移動が見られなかったので，ダイズの種子の１分間あたりの二酸化炭素の放出量と酸素の吸収量が等しいことがわかる。一方，Ｂではガラス管に入れた水が５分間あたり，10－9.3＝0.7(cm)，１分間では，0.7÷５＝0.14(cm)ずつ左向きに移動している。これは，ダイズの種子が呼吸で放出した二酸化炭素が薬品にすべて吸収されたためなので，ダイズの種子20個の１分間あたりの二酸化炭素の放出量は，$1\times\frac{0.14}{0.8}=0.175$($cm^3$)と求められる。

4 地層についての問題

問１ 河川の水によって海まで運ばれてきた土砂は粒の大きいものほど速く沈(しず)むので，れき(小石)は河口近くにたい積し，粒が小さくなるにつれて砂はそれより遠い場所，泥(どろ)はさらに遠い場所にたい積する。また，この地層の調査を行った場所では断層や地層の曲がり(しゅう曲)はないと述べられているので，表面(地表)から深いところにある地層ほど古い。図２の地点Ａ～地点Ｃの柱状図はいずれも下から泥岩(でいがん)，砂岩，れき岩，火山灰などをふくむ層，れき岩，砂岩，泥岩の順となっているので，エが選べる。

問２ **地点Ｄ**…火山灰などをふくむ層の上面の標高が，地点Ａでは，80－24＝56(m)，地点Ｂでは，75－20＝55(m)となっているので，図１の地層は南に200m行くごとに，56－55＝１(m)ずつ低くなっている。よって，地点Ｄでは，火山灰などをふくむ層の上面の標高が，55－１＝54(m)とわかり，これは地点Ｄの表面から，70－54＝16(m)の深さなので，キがふさわしい。　**地点Ｅ**…火山灰などをふくむ層の上面の標高が，地点Ａでは56m，地点Ｃでは，75－24＝51(m)となっているので，図１の地層は東に200m行くごとに，56－51＝５(m)ずつ低くなっている。よって，地点Ｅでは，火山灰などをふくむ層の上面の標高が，51－５＝46(m)となり，これは地点Ｅの表面から，70－46＝24(m)の深さなので，ウがふさわしい。

問３ 問２で述べたことより，イとオが選べる。

問４ 地点Ｆは地点Ｅから南に400mの位置にあるので，火山灰などをふくむ層の上面の標高は，$46-1\times\frac{400}{200}=44$(m)となる。また，図２より，火山灰などをふくむ層の上側の地層について，れき岩の層と砂岩の層の境界は標高，44＋10＝54(m)，砂岩の層と泥岩の層の境界は標高，54＋８＝62(m)とわかり，これよりも標高が高いところは泥岩となる。したがって，標高65mの地点Ｆの表面には泥岩の層が見られる。また，地点Ｆの表面から，65－62＝３(m)掘(ほ)ると，その下の砂岩の層が見られる。

国　語　<第１回試験>（50分）<満点：100点>

解　答

一 **問１** 下記を参照のこと。　**問２** エ　**問３** ア，イ　**問４** イ　**問５** ウ　**問６** **Ｂ** イ　**Ｃ** イ　**問７** Ⅰ 自己対話　Ⅱ 誰にも邪魔されずにいる　Ⅲ ウ問８　１　A　２　C　３　B　４　A　問９　エ　問10　Ⅰ　技術　Ⅱ　つながり　X　どうどう　Y　しゅみ　二　問１　a　うわべ　b　めがしら　問２　ウ　問３　ぶさた　問４　イ　問５　エ　問６　ア　問７　ア　問８　Ⅰ　大丈夫　Ⅱ　エ　問９　(1)　ウ　(2)　B　友だちが作れない　C　友だちと離ればなれになる　(3)　(例)　ひとりぼっちになることへの不安

●漢字の書き取り

一　問１　a　順次　b　断片

解　説

一　**出典：谷川嘉浩『スマホ時代の哲学―失われた孤独をめぐる冒険』**。スマホという便利な技術を手に入れたことで，行動様式，感じ方や捉え方，ものの見方が具体的に変化したと述べ，常時接続が可能となったスマホ時代において〈孤立〉，〈孤独〉，〈寂しさ〉の観点から問題点について解説している。

問１　**a**　順を追ってものごとを次々に進めていくこと。　**b**　あるまとまったものの一部分。

問２　直前の一文の「マルチタスキング」の例として，直前の段落で「テキストや電話，動画やスタンプ，ゲームやその他の様々な何か」があげられている。傍線部①は，「現実の会話」を特別視せず，ほかの行為と同様にマルチタスキングの一つと捉える習慣について述べたものなので，「目の前の相手と会話をすること」をほかの行為と「同時に行うことのできる作業であると考えている」とあるエがふさわしい。

問３　「別のところにいる」は“心が別のところにいる”という意味で，直後の一文の「興味を惹くものがなくて退屈する」ことにあたるので，アとイが選べる。なお，ウは仕事上で必要な行動，エは興味を惹かれたための行動なので，どちらもふさわしくない。

問４　空欄Aをふくむ一文に「常時接続の世界」，「特に人間関係の希薄さを念頭に」とあるので，「つながっていても一人ぼっち」が合う。最後から二つ目の段落で「つながりの希薄さ(つながっていても一人ぼっち)」とくり返されていることも参考になる。

問５　最初の〈中略〉の直後の段落の「携帯電話が急速に普及した当時～もうすっかり忘れて久しい感覚かもしれません」は，傍線部③の例であり，ウで述べられている内容にあてはまる。

問６　**B**　直後の一文に「短いテキストやアクションで」，「返答」とあるので，“ある刺激を受けたとたんに無意識のうちに反応するさま”を表す「反射的」が合う。少し後に「反射的なコミュニケーションで自分を取り巻くことは，相手の人格や心理状態を想像しないようにと日夜練習を積み重ねているようなものです」とあることも参考になる。　**C**　「相手の人格や心理状態を想像しないよう」な状態なので，“うわべだけで内容がともなわないようす”を表す「表面的」が入る。

問７　Ⅰ　「自分自身と過ごすこと」は，後の部分で「心静かに自分自身と対話するように『思考』しているということ」，「自己との対話(＝思考)」，「自己対話」と言いかえられている。よって，「自己対話」が抜き出せる。　Ⅱ　空欄Ⅱの直後に「状態を必要とする」とあり，傍線部④の二つ後の段落に「〈孤立〉は，何らかのことを成し遂げるために必要な，誰にも邪魔されずにいる状態を指しています」とあるので，「誰にも邪魔されずにいる」が抜き出せる。また，後の部分に「人から話しかけられたり～中断されてしまいます」，「〈孤立〉抜きに〈孤独〉は得られない」とあることも参考になる。　Ⅲ　「否定的なニュアンス」とは〈寂しさ〉のことなので，「一緒にいてくれる人がいないから自分一人だけで過ごす」とするのが合う。

問８　Ａの〈孤立〉は，「物理的な隔絶状態」なので，自分を他者から物理的に隔絶している１，４があてはまる。Ｂの〈孤独〉は，「心静かに自分自身と対話するように『思考』しているということ」なので，「自分の経験と照らし合わせながらよく考えてみた」とある３が合う。Ｃの〈寂しさ〉は，「いろいろな人に囲まれているはずなのに，自分はたった一人だと感じていて，そんな自分を抱えきれずに他者を依存的に求めてしまう状態」なので，この状態の具体例となっている２があてはまる。

問９　エは，直前の段落の内容をまとめたものなので，傍線部⑥の理由としてふさわしい。

問10　Ⅰ　筆者は「技術が感性のあり方を左右していく」と述べており，空欄Ⅰの後に「考え方まで変わった」とあるので，空欄Ⅰには「技術」が入る。　Ⅱ　筆者は「アーレントは，他の人とのつながりが断たれた状態を〈孤立〉と呼びました」と述べており，空欄Ⅱの前後に「〈孤立〉を取り戻す」，「断ち切る」とあるので，「つながり」が抜き出せる。　**X**　「堂々巡り」は，“同じことをいつまでもくり返して，いっこうに進展がない”という意味。　**Y**　空欄Ｙの直前に「他のことに気を散らさずに一人で没頭できる」とあるので，“個人が楽しみとして愛好していること”を表す「趣味」がよい。

二　**出典：櫻いいよ『世界は「　」で沈んでいく』**。引っ越しをしても新しい学校で友だちをつくることができないことに悩む凛子の姿が描かれている。

問１　**a**　ここでは，実際とは異なる見せかけのようすや事情。　**b**　目の，鼻に近いほうの端。

問２　傍線部①は，凛子がクラスのみんなから距離を置かれたため，教室での居場所がなくなったということを示している。少し前に「教室で私がひとりきりでいると，クラスのみんなに気を遣わせてしまう。それに，他のクラスの誰かに，転入生が孤立していると勘違いされて，いらぬウワサが駆け巡ってしまうかもしれない」とあるので，「誰かに心配されるのを避けたい」とあるウがふさわしい。

問３　「手持ちぶさた(無沙汰)」は，“することがなくて退屈なこと”“これといってすることがなく，暇を持て余すこと”を表す。

問４　続く部分に「爽子が魚がきらいだと言ったから。本当はきらいじゃないと知っているのに」，「私のために，爽子がいやがるのもわかったうえで引っ越しを決断した」とあるので，爽子に「気を遣って」いると説明しているイがあてはまる。なお，エについて，「引っ越しの文句」を爽子が凛子に言ったのは〈中略２〉以降の場面が初めてだと考えられるので，ふさわしくない。

問５　後のほうに「妹は，私の被害者で」とあるので，「爽子に嫉妬している」とあるエは合わない。なお，最後のほうに「私は，私にできないことを簡単にできてしまう爽子が羨ましかった」とあるが，「羨まし」さには「嫉妬」のような妬んだり憎んだりする感情はふくまれないので，注意する。

問６　「鉛みたいに重い」で，“体調が悪い”“気分がすぐれない”などの意味を表す。鉛は重い青灰色の金属で，心身の不調や曇った空の色などを表現するときに用いられることがある。なお，空欄Ａの直後の一文に「疲労する」とあることも参考になる。

問７　凛子は，クラスのみんなから距離を置かれるようになった後，「ひとりでいることはやっぱり，楽だと思う」，「今の私が，本来の私だ。／ひとりでいることを，私が選んだ」と思っていた。しかし，その現状は凛子が「誰とも仲良くなれない」ために生じたものだという爽子の指摘に「衝撃」を受け，傍線部⑤のようになっている。よって，以上のいきさつをまとめているアがよい。

問８　凛子は，家族の前ではいかにも友だちがいるようにふるまっていたが，母親から「最近凛子がいつも海でひとりでいる」という話を聞いたと言われて動揺している。　Ⅰ　凛子は，母親に対しても自分に対しても「大丈夫」という言葉をくり返して，自分自身を保とうとしている。
Ⅱ　凛子は「ひとりでいる」ことを家族に隠そうとしていたのだから，「孤立せず」とあるエが選べる。

問９　⑴　爽子は「あたしは，お姉ちゃんは自分でひとりを選んでるんだって，今までずっと，そう思ってた」，「友だちを作ろうと思えば作れるくせにって」と言っているので，ウがあてはまる。
⑵　**B**　「友だちなんかいらないんじゃないの？」という爽子の問いかけに対して，凛子は「友だちなんか，いらない」と思うのは「友だちが作れないから，だ」と考え，「できないから，あきらめた，だけ」と答えている。　**C**　「引っ越ししたことを，爽子は怒っていた」，「でも，私は“友だちと離ればなれになる”から怒っていたとばかり思っていた」とあるので，「友だちと離ればなれになる」が抜き出せる。　⑶　凛子は爽子に対して「友だちと離れて“ひとりになる”ことに，不安を感じていたんだ」と気づいているので，これをふまえ，「ひとりになることへの不安」のようにまとめる。

2024年度 浦和明の星女子中学校

【算　数】〈第２回試験〉(50分)〈満点：100点〉

注意　コンパス，定規，分度器，計算機は使用しないこと。

1　次の各問いに答えなさい。

(1)　$1\frac{1}{8}\div0.6\times5\div0.375\times(97\times97-95\times99)$ を計算しなさい。

(2)　○●●○○●●○●○○●●○●○○●●…のように，白と黒の碁石(ごいし)が規則的に並んでいます。●だけを左から数えたとき，140番目の●は，碁石全体の何番目になりますか。

(3)　ある商品の仕入れ値に利益を見込(みこ)んで定価をつけました。定価の１割引で販売(はんばい)すると，640円の利益となりますが，定価の２割引で販売すると，320円の損失となります。この商品の仕入れ値はいくらですか。

(4)　24人のクラスで国語と算数のテストを行ったところ，算数の平均点は国語の平均点より0.5点高くなりました。右の表はその結果をまとめたものです。

　表中の＊の欄(らん)は，国語が２点，算数が５点の人が３人いたことを表しています。アとイに当てはまる数をそれぞれ答えなさい。

		算数の点数					
		0	1	2	3	4	5
国語の点数	0						
	1		2			2	
	2		4	ア	1		*3
	3			イ	1	3	
	4						2
	5				1	1	

(5)　右の図は，直方体を組み合わせてできた立体です。この立体の表面全体の面積が145cm²のとき，アの長さは何cmですか。

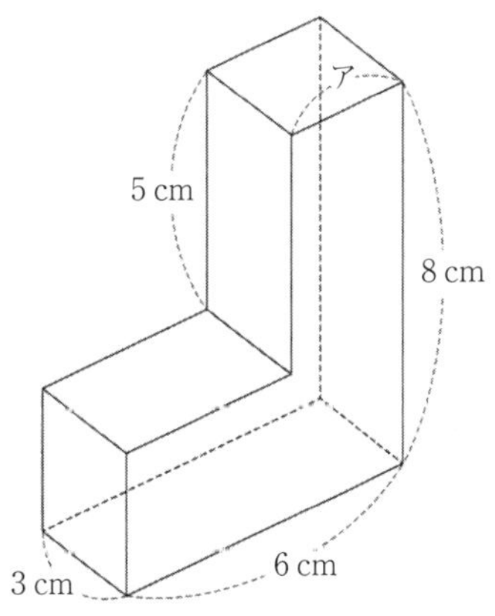

(6)　２つの容器ＡとＢには水が入っていて，容器Ａに入っている水の重さは容器Ｂに入っている水の重さの $\frac{1}{6}$ でした。この容器ＡとＢにそれぞれ５ｇの食塩を入れて混ぜたところ，容器Ａの食塩水の濃度(のうど)が容器Ｂの食塩水の濃度の５倍となりました。はじめに容器Ａに入っていた水の重さは何ｇでしたか。

(7) 右の図のような形をした畑があり，AF と EF，ED と DC はそれぞれ同じ長さです。６つの角Ａ，Ｂ，Ｃ，Ｄ，Ｅ，Ｆには必ずくいを打つことにして，この畑のまわりにくいを打つことになりました。すべての区間において１mの間隔(かんかく)で打っていくと，くいは144本必要になります。また，AF，EF の区間だけを２mの間隔で，他の区間は１mの間隔で打っていくと，必要なくいは136本になります。

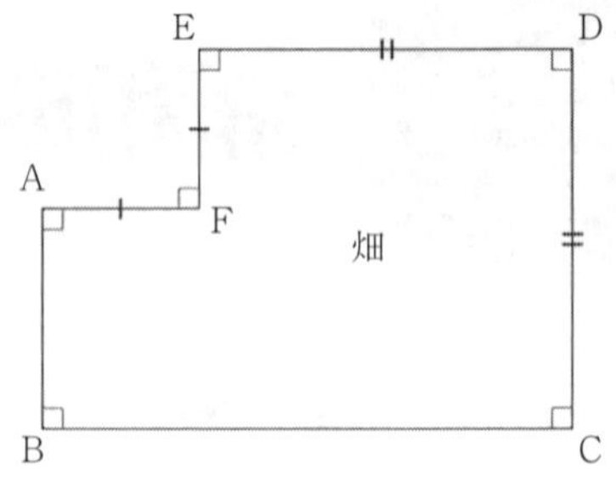

① AF は何mですか。

② 畑の面積は何m^2ですか。

2 ある仕事を終えるのに，明子さんのお母さんが１人ですると16日かかります。この仕事を最初から最後まで明子さんも手伝って２人ですると，12日で終えることができます。また，最初から最後までお父さんも含(ふく)めた３人ですると，６日で終えることができます。以下の問いに答えなさい。

(1) この仕事をお父さんが１人ですると，終えるのに何日かかりますか。

(2) この仕事を，１日目はお母さんと明子さん，２日目はお母さんとお父さん，３日目はお母さんと明子さん，４日目はお母さんとお父さんのように，お母さんはずっと，明子さんとお父さんは毎日交代しながらやっていきます。仕事が終わったとき，明子さんは何日手伝ったことになりますか。

3 図のような底が階段状になっている直方体の形をした水槽(すいそう)があります。この水槽に毎分12Ｌの割合で水を入れていきました。グラフは，水槽に水を入れ始めてからの時間と水の深さとの関係を表したものです。以下の問いに答えなさい。

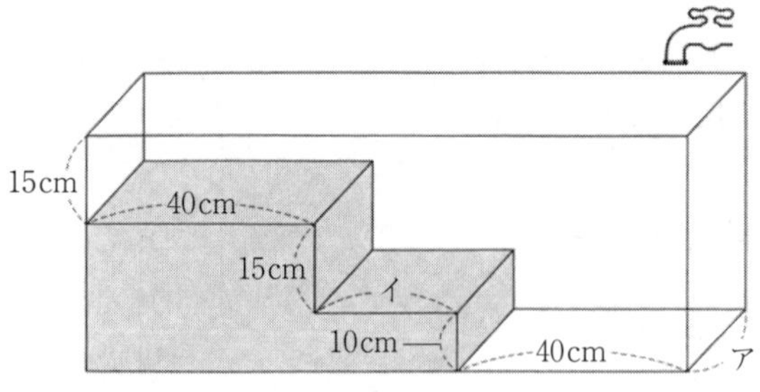

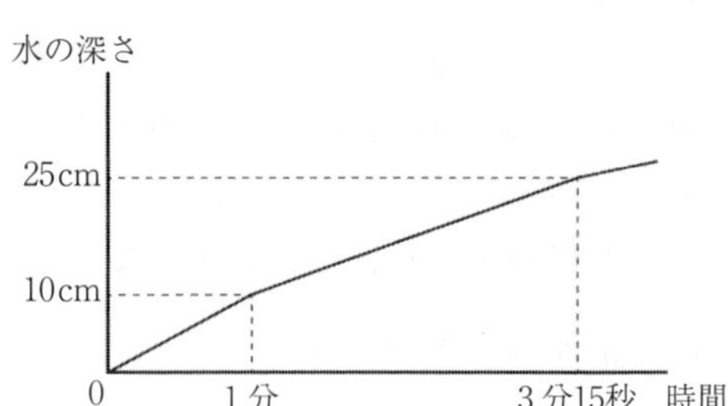

(1) ア，イの長さは何cmですか。

(2) 水の深さが25cmをこえてしばらくしてから，水槽に入れる水の量を毎分８Ｌの割合に変えました。このとき，水を入れ始めてからちょうど８分後に水槽が満水になりました。毎分８Ｌの割合に変えたのは水を入れ始めてから何分後であったか答えなさい。

4　太郎さんは，ケーキを作る工場で働いています。太郎さんの今日の作業は，丸いケーキを８等分に切り分けて，切り分けたケーキを３個ずつ箱につめていくことです。

今日は，大きな冷蔵庫Ａに15個の丸いケーキがありました。これらを１つずつ冷蔵庫から取り出し，切り分けたケーキを３個つめた箱が１つできるごとに別の冷蔵庫Ｂに保管します。

また，途中(とちゅう)で個数がわからなくならないように，冷蔵庫Ａにある丸いケーキの個数が１つ減ったり，冷蔵庫Ｂの箱の個数が１つ増えたりするごとに，冷蔵庫Ａにある丸いケーキの個数と冷蔵庫Ｂにある箱の個数を，この順で(　，　)の形で記録していきます。

最初，冷蔵庫Ａにある15個の丸いケーキから１つ取り出し，(14，０)と記録します。これが１つ目の記録です。次に，３個入りの箱を１つ作り冷蔵庫Ｂに入れ，(14，１)と記録します。この後は，手元に切り分けたケーキが５個残っているので，また３個入りの箱を１つ作り冷蔵庫Ｂに入れ，(14，２)と記録します。そして，切り分けたケーキが２個になってしまったので，冷蔵庫Ａから丸いケーキを１つ取り出し，(13，２)と記録します。このとき，手元に切り分けたケーキ10個分があります。

このように，太郎さんが記録をとりながら作業を続けるとき，以下の問いに答えなさい。

(1)　９つ目の記録と，そのときの手元にある切り分けたケーキの個数を答えなさい。

(2)　すべての丸いケーキを切り分け，冷蔵庫Ｂに入れ終わりました。最後にとった記録は，何個目の記録ですか。

(3)　(４，27)は，何個目の記録ですか。

5　１周が50mの円形の道があります。Ａ君とＢ君の２人は，この道をＰ地点から時計回りに進みながら，石を置いたり拾ったりしていきます。

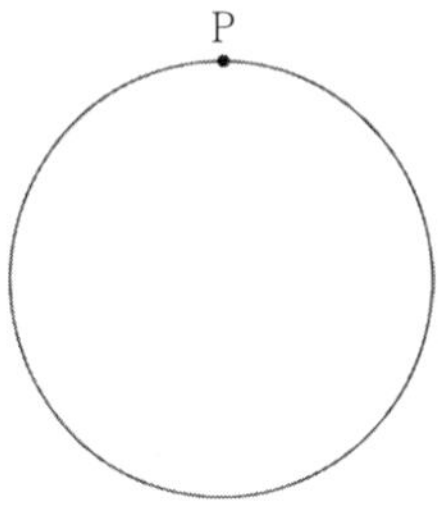

Ａ君は分速60mで歩き，出発してから３m歩くごとに立ち止まり，そこに石が無ければ置き，あればその石を拾います。

一方，Ｂ君は分速75mで歩き，出発してから５m歩くごとに立ち止まり，そこに石が無ければ置き，あればその石を拾います。

Ａ君，Ｂ君が石を置くとき，拾うときにかかる時間は，ともに２秒です。

次の各問いはすべて，はじめこの道に石は一つも置かれていなかったものとして答えなさい。

(1)　もし，Ａ君が１人でＰ地点を出発したとすると，出発してから３分後，Ａ君はＰ地点から時計回りに何mのところにいますか。また，この道には何個の石が置かれていますか。

(2)　Ａ君とＢ君の２人が同時にＰ地点を出発し，Ａ君が１周するまでに，Ａ君が石を置くのではなく拾ったのは何回ありましたか。

(3)　Ａ君とＢ君の２人が同時にＰ地点を出発してから３分後，この道には何個の石が置かれていますか。

【社　会】〈第２回試験〉（理科と合わせて50分）〈満点：50点〉

Ⅰ　次の文章を読み，あとの問いに答えなさい。

あ

人びとの生活の歴史に，馬は多く登場しますが，①邪馬台国には牛や馬はいないと『魏志』倭人伝に書かれています。日本列島で本格的に馬が飼育(しいく)されるようになったのは，朝鮮半島から騎馬(きば)技術が伝わってからだと考えられており，②５世紀の古墳からは，馬具(ばぐ)も出土しています。

③平安時代になると，④東国で馬の生産がさかんになりました。駒牽(こまひき)という，天皇が馬をみる儀式がおこなわれ，その馬を飼(か)う牧場(まきば)は，信濃国，甲斐国，武蔵国などに設(もう)けられていました。

武士が活躍する時代になると，馬は武士にとって重要な動物になりました。馬は武士の日常の訓練のために使用されており，武士の家では，馬は大切に扱(あつか)われていました。⑤室町時代にも馬はさまざまな場面で利用され，戦国時代には騎馬隊が活躍しています。江戸時代には，五街道の宿駅(しゅくえき)に，決められた数の馬を用意することがさだめられました。アジア太平洋戦争においても，馬は，人や物を運ぶために使われ，⑥沖縄戦では多くの馬が犠牲(ぎせい)になったことがわかっています。

問１　下線部①について。邪馬台国について述べた説明文として正しいものを，次の(ア)～(エ)から一つ選び，記号で答えなさい。

(ア)　邪馬台国の女王は，中国の皇帝に使いを送り，皇帝から銅鏡などをさずかった。
(イ)　邪馬台国の女王の名が記された鉄剣が，大仙陵(大山)古墳から出土した。
(ウ)　邪馬台国の女王が中国の皇帝からさずかった金印が，福岡県で出土した。
(エ)　邪馬台国の女王は，自(みずか)らの権威(けんい)の象徴(しょうちょう)として寺院を建てた。

問２　下線部②について。５世紀の古墳から出土するものとして最も適切なものを，次の(ア)～(エ)から一つ選び，記号で答えなさい。

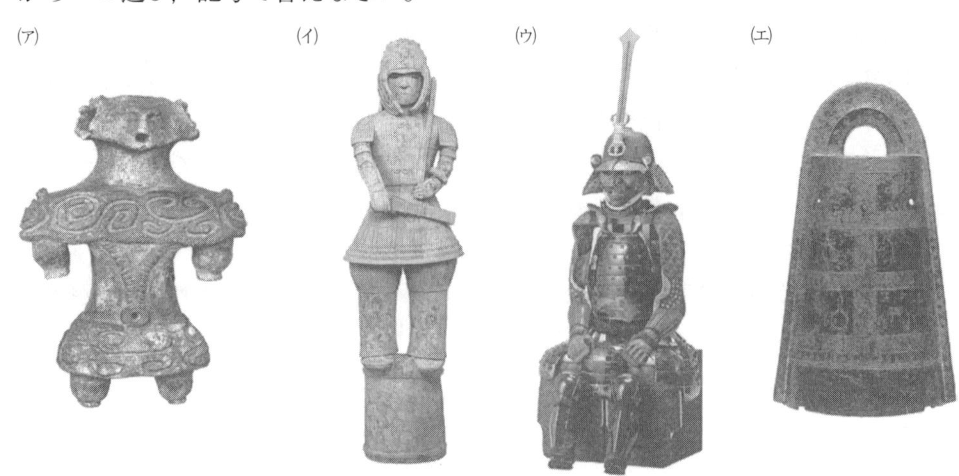

問３　下線部③について。平安時代のできごとを，時代の古い順に並べたものとして正しいものを，次の(ア)～(エ)から一つ選び，記号で答えなさい。

(ア)　平将門の乱がおこった　　　　　　→藤原道長が摂政となった
→坂上田村麻呂が征夷大将軍になった→院政がはじまった

(イ)　坂上田村麻呂が征夷大将軍になった→藤原道長が摂政となった
→院政がはじまった　　　　　　　　→平将門の乱がおこった

(ウ)　平将門の乱がおこった　　　　　　→坂上田村麻呂が征夷大将軍になった
→院政がはじまった　　　　　　　　→藤原道長が摂政となった

(エ)　坂上田村麻呂が征夷大将軍になった→平将門の乱がおこった
→藤原道長が摂政となった　　　　　→院政がはじまった

問４　下線部④について。馬や金などの産物を使って，東北地方で勢力をのばした人物がいます。その人物について述べた説明文として正しいものを，次の(ア)～(エ)から一つ選び，記号で答えなさい。

(ア)　右大臣だったが，藤原氏によって大宰府へ追放された。

(イ)　後三年の役(後三年合戦(かっせん))の後，中尊寺金色堂を建てた。

(ウ)　娘を天皇の后(きさき)とし，その子が天皇として即位すると，摂政や関白として権勢(けんせい)をふるった。

(エ)　対馬を支配し，中国やヨーロッパの国ぐにとさかんに貿易をおこなった。

問５　下線部⑤について。室町時代の馬について述べた説明文として正しいものを，次の(ア)～(エ)から一つ選び，記号で答えなさい。

(ア)　飛脚は，馬を積極的に駆使(くし)して都市間を移動した。

(イ)　馬は，庸の一つとして地方から都へ運ばれた。

(ウ)　馬は，日明貿易において，日本から最も多く輸出された。

(エ)　馬を使用した運送業者を馬借といい，流通で大きな役割を果たした。

問６　下線部⑥について。沖縄は1972年に日本に復帰しました。沖縄の日本復帰と，その後の沖縄について述べた説明文として正しいものを，次の(ア)～(エ)から一つ選び，記号で答えなさい。

(ア)　日本に復帰した後，琉球処分がおこなわれ，尚巴志(しょうはし)が県知事となった。

(イ)　日本に復帰した後も，沖縄県にあるアメリカ軍の軍事基地は日本に返還されなかった。

(ウ)　日本に復帰する直前に沖縄県は，アメリカ・イギリスなどの連合国によって分割統治されていた。

(エ)　日本に復帰すると沖縄県では工業化が進み，1974年には沖縄県の県民所得は全国平均を上回った。

い

８世紀ころまでには，牛の飼育は一般化したとされています。平安時代には，牛に車を引かせた牛車(ぎっしゃ)が皇族や貴族の乗り物としてさかんに使用されていました。⑦鎌倉時代になると，牛に犂(すき)を引かせて田を耕したりすることもありました。馬と比べると，牛はそれほど積極的に戦(いくさ)に利用されてはいませんでしたが，源義仲は，（　⑧　）の戦いで，牛の角(つの)に松明(たいまつ)をつけて，平氏軍と戦ったことが伝えられています。

平安時代には，牛の乳を煮詰めてつくった「蘇(そ)」という食べ物が税として朝廷におさめられていました。しかし，この時代にはまだ牛乳を飲む習慣は一般的ではなかったと考えられています。江戸時代に，長崎の⑨出島にオランダ商館が築かれると，オランダ商館員のために，バターやチーズ，家畜としての牛が持ち込まれましたが，当時の日本人はほとんど乳製品を口にすることはありませんでした。牛乳は，明治時代に入ると日本でさかんに製造・販売されるようになりました。牛乳の消費量はどんどん増加し，⑩1966年には201万キロリットルだったものが，1996年には505万キロリットルにもなりました。しかし，牛乳の消費量は，人びとの食生活の変化にともない，1996年を境に少なくなりつつあります。

問７　下線部⑦について。鎌倉時代について述べた説明文として正しいものを，次の(ア)～(エ)から一つ選び，記号で答えなさい。

(ア)　兼好法師(吉田兼好)が，『徒然草』を著した。

(イ)　執権北条時宗は，「御成敗式目(貞永式目)」を制定した。

(ウ)　承久の乱をおこした後醍醐天皇は，隠岐(おき)に流された。

(エ)　源義経は征夷大将軍に任命され，鎌倉幕府を開いた。

問８　空欄(⑧)にあてはまる語句を，次の(ア)～(エ)から一つ選び，記号で答えなさい。

(ア)　壇ノ浦(だんのうら)　(イ)　川中島(かわなかじま)　(ウ)　五稜郭(ごりょうかく)　(エ)　倶利伽羅峠(くりからとうげ)(砺波山(となみやま))

問９　下線部⑨について。日本とオランダの貿易で，日本がオランダから輸入した品物として誤っているものを，次の(ア)～(エ)から一つ選び，記号で答えなさい。

(ア)　生糸　(イ)　茶　(ウ)　砂糖　(エ)　絹織物

問10　下線部⑩について。1966年から1996年までの日本のできごととして誤っているものを，次の(ア)～(エ)から一つ選び，記号で答えなさい。

(ア)　ロッキード事件が問題化した。　(イ)　極東国際軍事裁判がはじまった。

(ウ)　バブル景気がはじまった。　(エ)　３％の消費税が導入された。

う

牛・馬以外にも，十二支(じゅうにし)に登場する生き物として犬や猿などがあります。犬は現在でも飼われていることも多く身近(みぢか)な存在ですが，(⑪)年に完成した『日本書記』にも，人に飼われていた犬についての話があります。⑫江戸時代の将軍(⑬)は，生類憐(あわれ)みの令を発し，野犬(やけん)を収容する犬小屋をつくらせました。

今年(2024年)は⑭辰(たつ)年ですが，十二支の中で唯一(ゆいいつ)実在しないのが龍(竜・辰)です。しかし，長野県の戸隠(とがくし)神社の中には「九頭竜(くずりゅう)」をまつる神社があり，京都府の八坂神社の池には青竜がすんでいるといわれるなど，龍(竜・辰)は人びとの信仰とも関わりが深い生き物です。また，⑮1872(明治５)年に明治政府が発行した５円札の表面には龍が描かれていました。

問11　空欄(⑪)にあてはまる数字を，次の(ア)～(エ)から一つ選び，記号で答えなさい。

(ア)　710　(イ)　720

(ウ)　794　(エ)　804

問12　下線部⑫について。江戸時代について述べた説明文として正しいものを，次の(ア)～(エ)から一つ選び，記号で答えなさい。

(ア)　大名は将軍との関係で親藩・譜代・外様と区別され，重要地には外様大名が配置された。

(イ)　ききん対策のために，幕府は平賀源内や杉田玄白に，さつまいも栽培の研究をおこなわせた。

(ウ)　幕府は農民を統制するために五人組をつくらせて，年貢の納入などに連帯責任を負わせた。

(エ)　江戸時代を通じて，新たに田畑を開発することを幕府は制限した。

問13　空欄(⑬)にあてはまる人物名を，次の(ア)～(エ)から一つ選び，記号で答えなさい。

(ア)　徳川吉宗　　(イ)　徳川綱吉　　(ウ)　徳川家光　　(エ)　徳川秀忠

問14　下線部⑭について。辰年のできごととして正しいものを，次の(ア)～(エ)から一つ選び，記号で答えなさい。

(ア)　満州や朝鮮半島の支配をめぐり対立を深めたロシアと日本との間に戦争がはじまった。

(イ)　日本はポツダム宣言を受諾(じゅだく)し，連合国に対して無条件降伏を受け入れた。

(ウ)　東日本大震災により，東北地方を中心に大きな被害がもたらされた。

(エ)　中国の北京で冬季オリンピックが開かれた。

問15　下線部⑮について。明治政府が，1872年までにおこなったこととして正しいものを，次の(ア)～(エ)から一つ選び，記号で答えなさい。

(ア)　ソビエト連邦と国交を樹立した。　　(イ)　普通選挙法を制定した。

(ウ)　日米和親条約を締結した。　　(エ)　岩倉使節団を派遣した。

Ⅱ　ＪＲ(ジェイアール)武蔵野線について，次の文章を読み，あとの問いに答えなさい。

浦和明の星女子中学校の最寄り駅はJR武蔵野線①東浦和駅です。府中本町(ふちゅうほんまち)～新松戸の区間は②1973年に開通し，JR武蔵野線は2023年で開通50周年となりました。現在のJR武蔵野線(府中本町～西船橋)の路線図は以下の通りです。

府中本町―北府中―西国分寺―新小平―新秋津―東所沢―③新座―④北朝霞―西浦和―武蔵浦和―南浦和―東浦和―東川口―南越谷―越谷レイクタウン―吉川―吉川美南―新三郷―三郷―南流山―新松戸―新八柱―⑤東松戸―市川大野―船橋法典―⑥西船橋

路線図をみても分かるように，武蔵野線の範囲は⑦東京都，埼玉県，千葉県と広くなっています。それぞれの地域に注目して調べることでさまざまなことが分かってきます。地域に興味・関心をもって調べてみてはいかがでしょうか。新しい発見があるはずです。

問１　下線部①について。東浦和駅の近くには見沼代用水(みぬまだいようすい)があります。見沼代用水は世界かんがい施設遺産に登録されており，利根川から取水(しゅすい)しています。

(1)　次は世界かんがい施設遺産に登録された施設と位置する県の組合せをあらわしたものです。組合せとして誤っているものを，次の(ア)～(エ)から一つ選び，記号で答えなさい。

(ア)　明治用水・愛知県　　(イ)　豊川用水・香川県

(ウ)　安積疏水(あさかそすい)・福島県　　(エ)　那須(なす)疏水・栃木県

(2)　利根川は関東地方の複数の県を流れています。利根川が流れる県を上流から順にあげたものとして正しいものを，次の(ア)〜(エ)から一つ選び，記号で答えなさい。(ただし，流れる県をすべてあらわしているわけではありません。)

(ア)　埼玉県→東京都→神奈川県

(イ)　栃木県→茨城県→埼玉県

(ウ)　茨城県→埼玉県→東京都

(エ)　群馬県→埼玉県→千葉県

(3)　見沼代用水は，江戸時代に将軍徳川吉宗が，吉宗自身の出身である［ X ］藩から連れてきた井澤弥惣兵衛為永(いざわやそべえためなが)によりつくられました。そのため，見沼代用水は井澤の出身地から［ X ］流(りゅう)とよばれます。［ X ］にあてはまる地名を，次の(ア)〜(エ)から一つ選び，記号で答えなさい。

(ア)　尾張　　(イ)　加賀　　(ウ)　紀州　　(エ)　水戸

問２　下線部②について。1973年から2023年にかけておきたできごとを述べた説明文として正しいものを，次の(ア)〜(エ)から一つ選び，記号で答えなさい。

(ア)　1973年に，２度目の石油危機が発生し，日本ではトイレットペーパーなどの日常品の価格に影響を与えた。

(イ)　1993年に，ヨーロッパにおいて，EC(ヨーロッパ共同体)が成立し，共通通貨であるユーロが導入された。

(ウ)　2003年に，さいたま市が政令指定都市となった。ひらがな表記の政令指定都市は2023年時点でさいたま市のみである。

(エ)　2013年に，「富士山—信仰の対象と芸術の源泉—」が，世界自然遺産と世界文化遺産とを兼ね備えた複合(ふくごう)遺産に指定された。

問３　下線部③について。新座には新座貨物ターミナル駅があり，コンテナによる輸送の拠点となっています。コンテナは海上輸送でも利用されています。コンテナ船について述べた説明文として正しいものを，次の(ア)〜(エ)から一つ選び，記号で答えなさい。

(ア)　鉄鉱石や石炭などを梱包(こんぽう)せずに，そのまま大量に輸送する。

(イ)　天然ガスなどを超低温輸送するための特殊な材質のタンクを搭載(とうさい)している。

(ウ)　自動車や自転車など動く貨物を専門に輸送する。

(エ)　多様な荷物を運ぶことができ，荷役(にやく)の迅速(じんそく)化をはかっている。

問４　下線部④について。武蔵野線北朝霞駅から「むさしの号」を利用することで大宮に向かうことができます。次は大宮周辺の地形図です。地形図をみて，あとの問いに答えなさい。

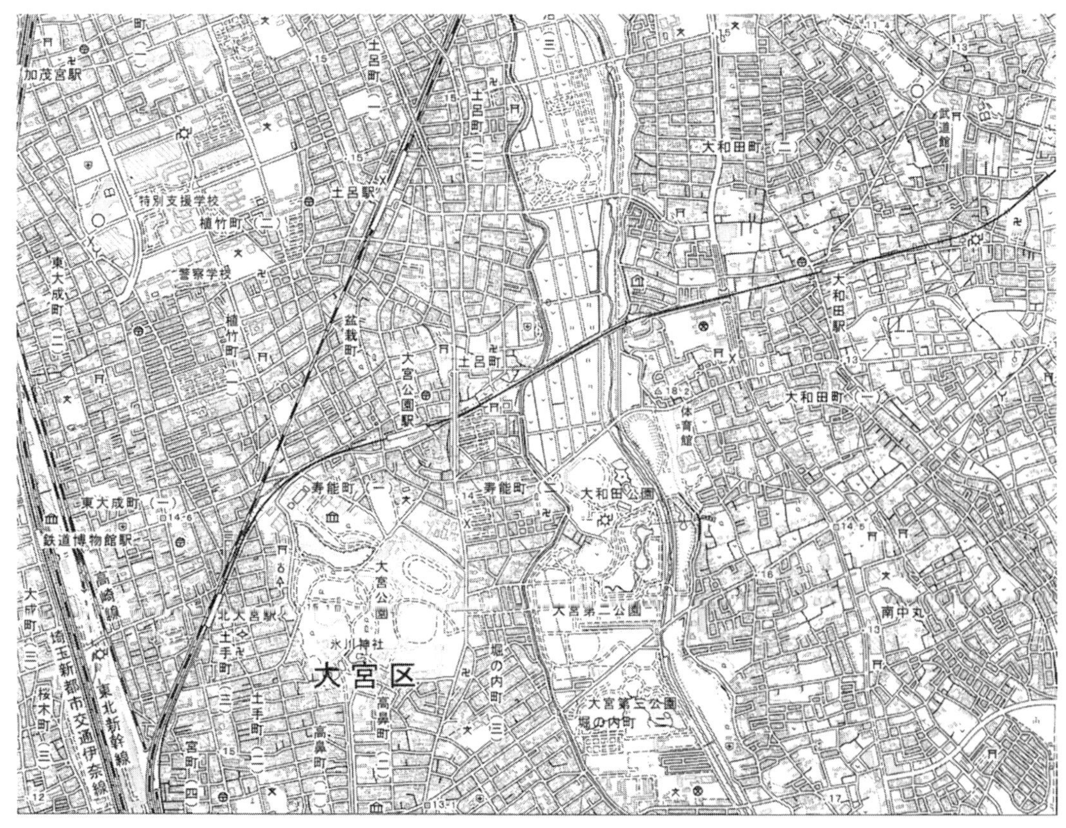

(国土地理院　令和元年発行　1：25,000　地形図『岩槻』を一部改変)
〈編集部注：編集上の都合により原図の90％に縮小してあります。〉

(1)　地形図中の盆栽町（ぼんさいちょう）は，1923年９月に発生したある災害の影響で，新鮮な水と空気があり，盆栽の栽培に適した広い土地へ東京から移り住んだ人びとによりつくられたといわれています。ある災害とは何ですか。**漢字５字**で答えなさい。

(2)　この地形図について述べた説明文のうち，正しいものを次の(ア)～(エ)から一つ選び，記号で答えなさい。

(ア)　大宮第二公園付近には河川の氾濫（はんらん）に対応する調整池がみられる。

(イ)　大宮の地名の由来となる氷川神社があるため，付近に寺院はみられない。

(ウ)　大和田公園の北部には見沼田んぼが広がっており，すべての土地利用が水田である。

(エ)　地形図中で最も標高が高い地点は寿能町（じゅのうちょう）の14mである。

(3)　国土地理院は，2023年２月に，あるものの数が14125であると発表しました。これまでは海上保安庁が1987年に発表していた6852であるとされていました。あるものとは何ですか，正しいものを次の(ア)～(エ)から一つ選び，記号で答えなさい。

(ア)　山　　(イ)　川　　(ウ)　島　　(エ)　湖

問５　下線部⑤について。東松戸駅からは，成田国際空港へ向かう電車に乗り換えることができます。成田国際空港における生鮮貨物輸入額のなかで，魚介類は半分以上を占めています。次の表は，日本の魚介類の品目別輸入および輸入先をあらわしたものです。「えび」にあてはまる組合せを下の(ア)〜(エ)から一つ選び，記号で答えなさい。

日本の魚介類の品目別輸入

2021	億円	千トン
さけ・ます	2200	245.3
まぐろ	1824	175.0
A	1784	158.7
かに	673	22.0
いか	570	104.4
にしん	338	78.1
たこ	318	26.4
B	212	10.7
うなぎ	151	7.0
かずのこ	61	4.1
合計	11925	1536.6

輸入先Ｘ

2021	億円	%
カナダ	1212	29.8
アメリカ	691	17.0
ロシア	534	13.1
スウェーデン	373	9.2
フィンランド	324	8.0
中国	175	4.3
オーストリア	119	2.9
ニュージーランド	80	2.0
インドネシア	79	1.9
チリ	76	1.9
合計(その他共)	4067	100.0

輸入先Ｙ

2021	億円	%
インド	398	22.3
ベトナム	346	19.4
インドネシア	293	16.5
アルゼンチン	186	10.4
タイ	99	5.6
カナダ	71	4.0
中国	56	3.1
ロシア	54	3.0
ミャンマー	40	2.2
エクアドル	35	2.0
世界計	1784	100.0

(『データブック オブ・ザ・ワールド 2023』より作成)

(ア)　A・X　　(イ)　A・Y　　(ウ)　B・X　　(エ)　B・Y

問６　下線部⑥について。船橋市には三番瀬(さんばんぜ)とよばれる干潟・浅海域がみられ，隣接する習志野市には谷津(やつ)干潟とよばれる，ラムサール条約指定の干潟がみられます。ラムサール条約に指定されていないものを，次の(ア)〜(エ)から一つ選び，記号で答えなさい。

(ア)　尾瀬　　(イ)　霞ヶ浦　　(ウ)　釧路湿原　　(エ)　琵琶湖

問７　下線部⑦について。

(1)　次の表は東京都・千葉県・埼玉県および福井県における，発電方式別発電電力量をあらわしたものです。千葉県にあてはまるものを，次の(ア)〜(エ)から一つ選び，記号で答えなさい。

	水力	火力	原子力	太陽光
(ア)	0	83,902	—	814
(イ)	222	298	—	86
(ウ)	158	6,407	—	22
(エ)	1,713	9,248	33,553	37

(単位は百万 kWh。『データでみる県勢 2023』より作成)

(2) 次の表は東京都・千葉県・埼玉県および神奈川県における，果実や野菜の生産量をあらわしたものです。埼玉県にあてはまるものを，次の(ア)～(エ)から一つ選び，記号で答えなさい。

	日本なし	ぶどう	だいこん	みかん
(ア)	18,200	490	148,100	905
(イ)	6,200	1,120	23,900	143
(ウ)	3,530	515	73,600	14,800
(エ)	1,560	252	8,440	66

（単位はトン。『データでみる県勢 2022』より作成）

問８ 次の文章は，JR 武蔵野線沿線の府中市，所沢市，川口市，流山市について，それぞれ述べたものです。流山市について述べた説明文として正しいものを，次の(ア)～(エ)から一つ選び，記号で答えなさい。

(ア) 市内にあるいくつかの駅から園児を保育園や認定こども園までバスで送迎するサービスを導入しており，通勤する保護者の利便性を高めている。

(イ) 古くから武蔵国の政治・文化・経済の中心であり，鎌倉時代には分倍河原（ぶばいがわら）で幕府軍と反幕府軍の戦いがおこった。

(ウ) 荒川を隔（へだ）てて東京都と接しており，かつては江戸への植木や草花の供給地，鋳物の産地として栄えた。

(エ) 日本初の飛行場とよばれた場所の一部は現在航空公園となっている。狭山湖など自然にも恵まれている。

Ⅲ 次の問いに答えなさい。

問１ 内閣のしくみについて述べた説明文として正しいものを，次の(ア)～(エ)から一つ選び，記号で答えなさい。

(ア) 内閣のもとには現在１府21省庁の行政機関が置かれ，法律をつくる仕事をしている。

(イ) 国務大臣は内閣総理大臣が任命し，その全員が国会議員でなければならない。

(ウ) 内閣不信任案が衆議院で可決された場合は，衆議院は必ず解散することになる。

(エ) 内閣の意思を決定する会議を閣議といい，閣議は内閣総理大臣が主宰（しゅさい）する。

問２ 日本の裁判には，民事裁判と刑事裁判の２種類があり，それぞれ裁判のしくみが異なっています。２種類の裁判について述べた説明文として正しいものを，次の(ア)～(エ)から一つ選び，記号で答えなさい。

(ア) 民事裁判・刑事裁判に共通するのは，被害を受けた原告が被害をうったえることにより裁判がはじまる，という点である。

(イ) 任意（にんい）に選ばれた裁判員が裁判に参加する裁判員制度が，民事裁判において導入された。

(ウ) 民事裁判は，裁判を慎重・公正に進めるため，高等裁判所もしくは最高裁判所でのみおこなわれる。

(エ) 刑事裁判は，殺人や盗みなど，刑法で犯罪とさだめられた行為を犯した者を裁くための裁判である。

問３　現在の日本の国政選挙の課題の一つに「一票の格差」があげられます。「一票の格差」について述べた説明文として誤っているものを，次の(ア)〜(エ)から一つ選び，記号で答えなさい。

(ア)　「一票の格差」とは，納めている税金に応じて一人が持つ票数が変わることである。

(イ)　衆議院議員選挙より参議院議員選挙の方が「一票の格差」がとくに大きい傾向がある。

(ウ)　「一票の格差」は，とりわけ都市部と地方の間に大きくあらわれる傾向がある。

(エ)　「一票の格差」が大きい場合，法の下(もと)の平等に反するため，違憲(いけん)状態とする判決が出ている。

問４　2023年８月に，埼玉県では県知事選挙がおこなわれました。県知事について述べた説明文として正しいものを，次の(ア)〜(エ)から一つ選び，記号で答えなさい。

(ア)　県知事の被選挙権は，参議院議員と同じく，25歳以上である。

(イ)　県知事のような，地方公共団体の行政の責任者を首長という。

(ウ)　県知事選挙は，その県で働く20歳以上の者による直接選挙によっておこなわれる。

(エ)　県知事は，県内に公布される政令の制定や改廃をおこなう権限を持つ。

問５　次の文章を読み，空欄［①］〜［③］にあてはまる語句の〈組合せ〉として正しいものを，下の(ア)〜(エ)から一つ選び，記号で答えなさい。

日本の社会保障制度は，社会保険，公衆衛生，社会福祉，公的扶助(こうてきふじょ)の４つの柱からなっています。社会保険はあらかじめ保険料を支払い，病気や働けなくなったときなどに給付(きゅうふ)を受けるもので，医療保険や年金保険がその代表例です。［①］はさまざまな理由で収入が少なく，最低限度の生活が送ることができない人に対して，生活費などを給付するしくみです。［②］は高齢，障がい，母子など，自立して生活を営むことが困難な人に対して支援をおこなうしくみです。そして，国民の健康増進(ぞうしん)を図り，病気の予防などに取り組むしくみを［③］といいます。

〈組合せ〉

(ア)　①　公的扶助　②　公衆衛生　③　社会福祉

(イ)　①　社会福祉　②　公的扶助　③　公衆衛生

(ウ)　①　公衆衛生　②　社会福祉　③　公的扶助

(エ)　①　公的扶助　②　社会福祉　③　公衆衛生

問６　日本では現在，多くの外国人労働者が働いています。日本で働く外国人労働者について述べた説明文として正しいものを，次の(ア)〜(エ)から一つ選び，記号で答えなさい。

(ア)　日本には，外国人が母国で学ぶことが難しい技能を習得し，母国に持ち帰るために日本で働く制度がある。

(イ)　日本で働く外国人は出身国にかかわらず，日本国憲法に基づいて日本人と同じ権利がすべて保障されている。

(ウ)　外国人は，同じ内容の仕事をしていても日本人の最低基準より低い賃金で働くことができるため，雇用(こよう)する人から重宝(ちょうほう)されることがある。

(エ)　日本では働き手が増え続けており，日本にいる外国人労働者を帰国させる取り組みがはじまっている。

問7　次の図について，あとの問いに答えなさい。

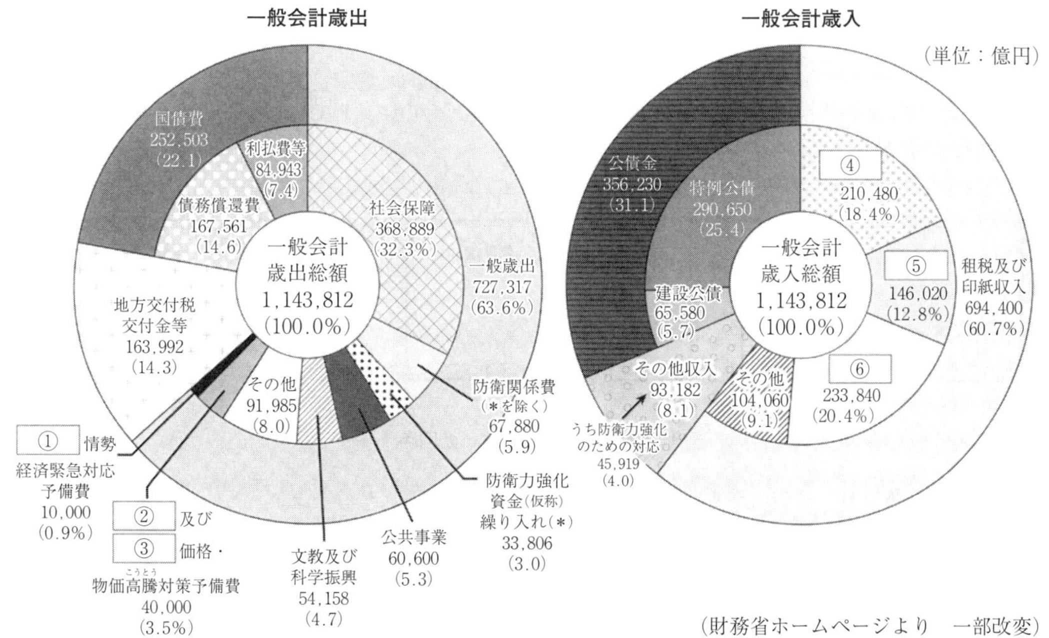

(財務省ホームページより　一部改変)

(1)　空欄 ① ～ ③ にあてはまる語句の〈組合せ〉として正しいものを，次の(ア)～(エ)から一つ選び，記号で答えなさい。

〈組合せ〉

(ア)　①　トルコ　②　水害復興支援　③　原油

(イ)　①　ウクライナ　②　新型コロナ　③　原油

(ウ)　①　トルコ　②　新型コロナ　③　石炭

(エ)　①　ウクライナ　②　水害復興支援　③　石炭

(2)　空欄 ④ ～ ⑥ にあてはまる語句の〈組合せ〉として正しいものを，次の(ア)～(エ)から一つ選び，記号で答えなさい。

〈組合せ〉

(ア)　④　消費税　⑤　法人税　⑥　所得税　　(イ)　④　消費税　⑤　所得税　⑥　法人税

(ウ)　④　所得税　⑤　法人税　⑥　消費税　　(エ)　④　所得税　⑤　消費税　⑥　法人税

問8　2023年2月に，「GX(グリーントランスフォーメーション)実現に向けた基本方針」が閣議決定されました。これは，環境問題に対する今後の日本のエネルギー方針をさだめたものですが，この時さだめられた方針および環境問題について述べた説明文として誤っているものを，次の(ア)～(エ)から一つ選び，記号で答えなさい。

(ア)　日本は今後，より一層の「脱炭素」を目指していく方針であることが示された。

(イ)　日本は今後，原子力発電を増やしていく方針であることが示された。

(ウ)　日本で用いられる再生可能エネルギーの原料は，おもに天然ガスである。

(エ)　地球温暖化に対する国際的な取り組みであるパリ協定に，日本も署名している。

問9　おもに発展途上国や紛争地域などで苦しむ子どもに，食料や医療品などを提供し，子どもの基本的人権の実現を目指す活動をしている，国際連合の機関の名前を**カタカナ4字**で答えなさい。

【理　科】〈第２回試験〉（社会と合わせて50分）〈満点：50点〉

1　電池と豆電球で３つの回路(**図１**)を作りました。そして豆電球Ａ～Ｃのようすと豆電球に流れる電流の大きさを調べました。**表１**は豆電球Ａと比べたときの豆電球Ｂ，Ｃについてまとめたものです。これに関する各問いに答えなさい。ただし，回路図において電池の記号は ─┤├─ ，豆電球の記号は ─⊗─ とします。

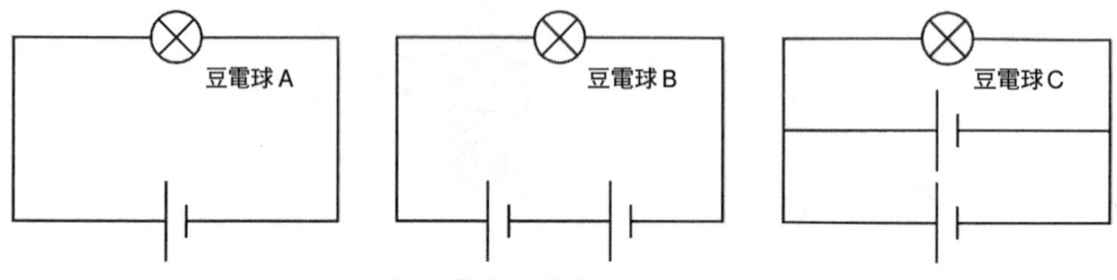

図１　電池と豆電球で作った回路

表１　豆電球Ｂ，Ｃのようすと流れる電流の大きさ

豆電球	豆電球のようす	流れる電流の大きさ
Ｂ	Ａより明るく点いた	Ａよりも大きい
Ｃ	Ａと同じ明るさで点いた	Ａと同じ

問１　２つの回路(**図２**)を作り，豆電球Ｄ，Ｆに流れる電流の大きさを調べました。その結果，Ｄに流れる電流の大きさはＡよりも小さく，Ｆに流れる電流の大きさはＡと同じであることがわかりました。豆電球ＤとＦのようすはどのようになりますか。もっとも適当なものをそれぞれ選び，**ア**～**ウ**で答えなさい。

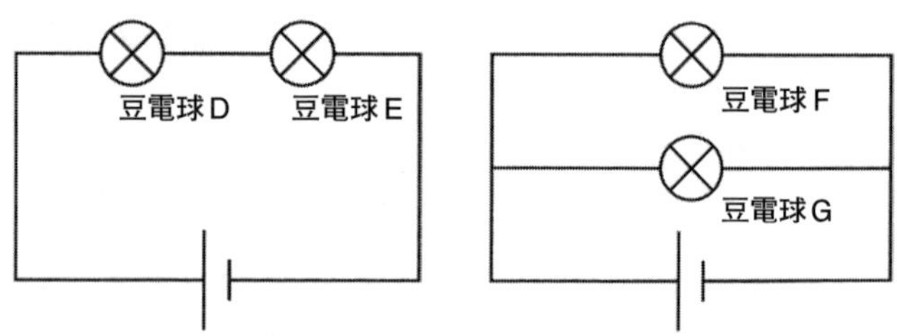

図２　電池１個と豆電球２個で作った回路

ア．Ａと同じ明るさで点く
イ．Ａよりも明るく点く
ウ．Ａよりも暗く点く

問２　三角柱の形の木でできた箱に端子(たん)①～③と豆電球Ｘを取り付けました(**図３**)。また箱の中には電池１個が入っており，豆電球Ｘと電池は，端子①～③と**図４**のようにつながっています。次に豆電球Ｙを用意し，端子①～③のいずれか２つとつなぎました。豆電球Ｙが豆電球Ａよりも暗く点くのは，どの端子とどの端子につないだ場合ですか。例のように答えなさい。

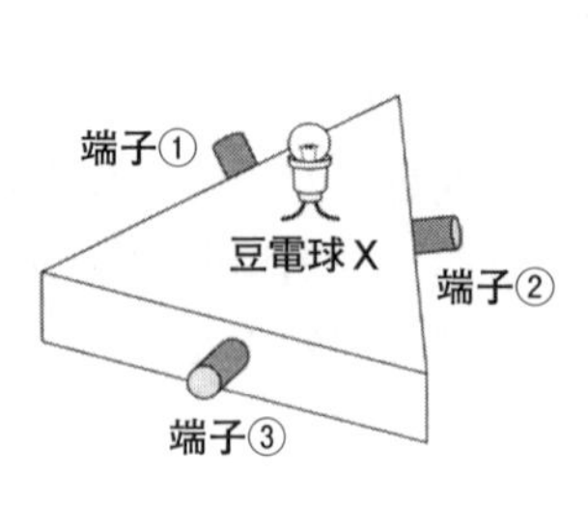

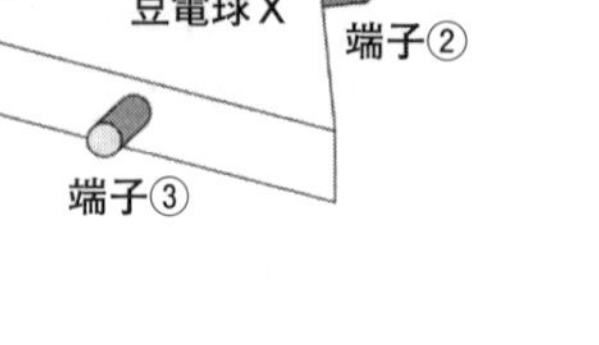

図３　端子①～③と豆電球Ｘを取り付けた三角柱の箱

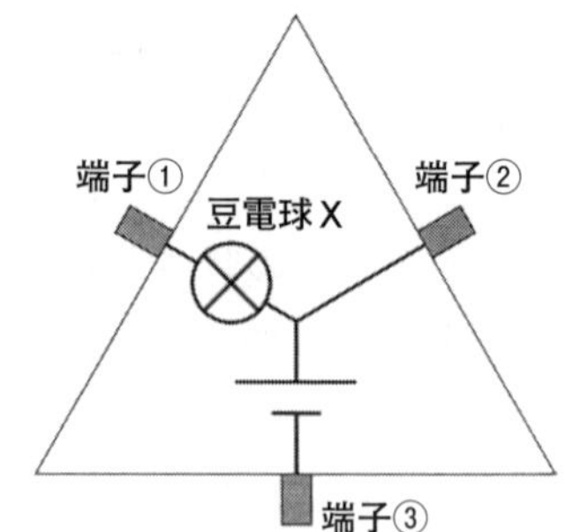

図４　豆電球と電池と端子①～③のつながり方

（例）　①と②

問３　直方体の形の木でできた箱に端子①～④と豆電球Ｘを取り付けました（**図５**）。また箱の中には電池２個が入っており，豆電球Ｘと電池は，端子①～④のいずれかとつながっています。(a)，(b)に答えなさい。

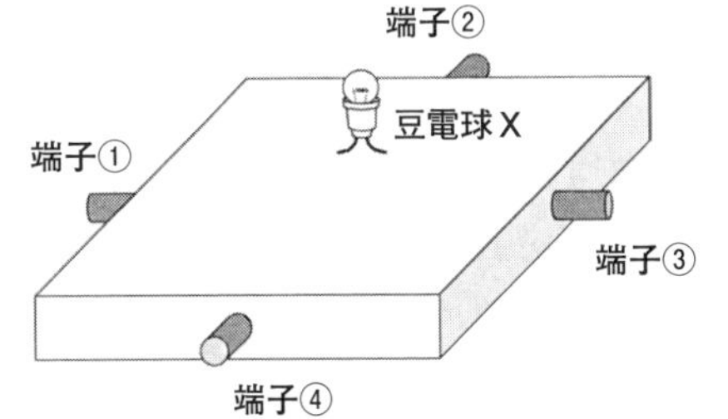

図５　端子①～④と豆電球Ｘを取り付けた直方体の箱

(a)　豆電球Ｙを端子①と端子②～④のいずれかとつなぎました。**表２**は豆電球Ｘ，Ｙのようすです。箱の中は，どのようにつながっていると考えられますか。もっとも適当なものを選び，**ア～カ**で答えなさい。ただし，┼ は２本の導線がつながっていることを，⌒ は２本の導線がつながっていないことを表しています。

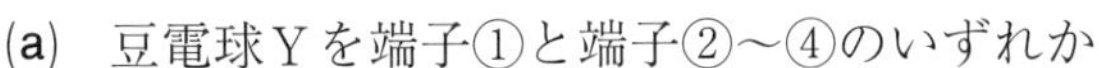

表２　豆電球Ｘ，Ｙのようす

豆電球Ｙをつないだ端子	豆電球Ｘのようす	豆電球Ｙのようす
端子①と②	Ａよりも暗く点いた	Ａよりも暗く点いた
端子①と③	点かなかった	Ａよりも明るく点いた
端子①と④	点かなかった	点かなかった

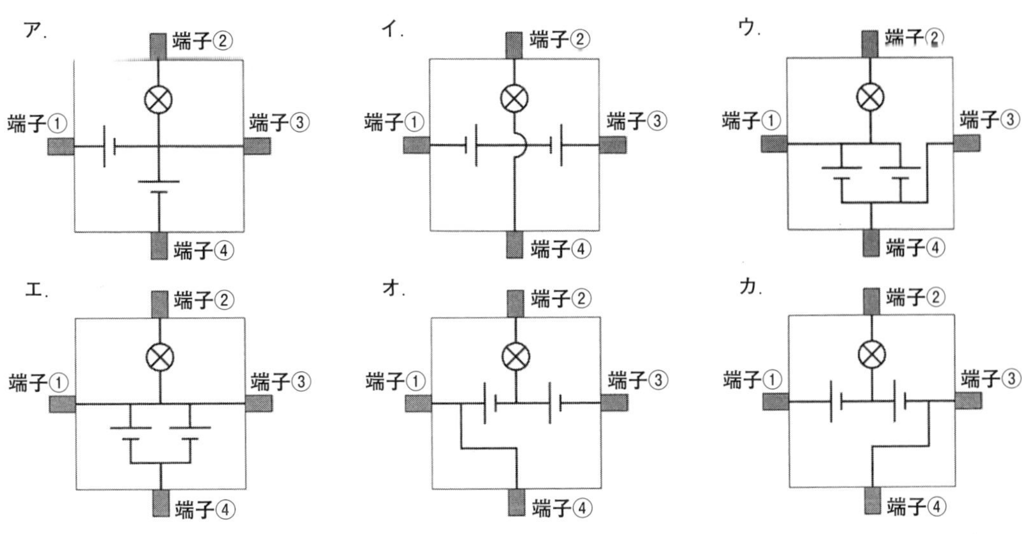

(b)　豆電球Ｙを端子②～④のいずれか２つとつなぎました。**表３**は豆電球Ｘ，Ｙのようすです。**あ～う**に入る豆電球のようすは，どのようになると考えられますか。もっとも適当なものをそれぞれ選び，**ア～エ**で答えなさい。

表３　豆電球Ｘ，Ｙのようす

豆電球Ｙをつないだ端子	豆電球Ｘのようす	豆電球Ｙのようす
端子②と③	Ａよりも暗く点いた	**あ**
端子②と④	**い**	Ａよりも暗く点いた
端子③と④	点かなかった	**う**

ア．Ａと同じ明るさで点いた
イ．Ａよりも明るく点いた
ウ．Ａよりも暗く点いた
エ．点かなかった

2 酸素は，私たちが生きていくうえで必要な気体です。しかし，酸素によって食品に含(ふく)まれるものが変化してしまうことがあります。例えば，たけのこにはチロシンというものが含まれています。チロシンは，酸素によってホモゲンチジン酸に変化します。ホモゲンチジン酸は，たけのこを食べたときに感じるえぐみの原因となるものです。このような酸素によって起こる変化を防ぐために使われるものが酸化防止剤(ざい)です。代表的な酸化防止剤には，でんぷんを材料としてつくられるビタミンＣがあります。ビタミンＣは水にとけやすい性質があるため，飲料やジャムなどに加えられています。これに関する各問いに答えなさい。

問１ 酸素に関する説明として，適当でないものはどれですか。すべて選び，**ア～オ**で答えなさい。

ア．空気に含まれる体積の割合は約78％である。
イ．無色でにおいのない気体である。
ウ．ものを燃やすはたらきがある。
エ．石灰水を白くにごらせるはたらきがある。
オ．肺で血液中に取り入れられる気体である。

問２ 下線部について，**表１**はチロシンの重さと，その重さのチロシンから酸素によって変化してできるホモゲンチジン酸の重さについてまとめたものです。チロシン５ｇがすべてホモゲンチジン酸に変化した場合，何ｇのホモゲンチジン酸ができますか。小数第３位を四捨五入し，小数第２位で答えなさい。

表１　チロシンの重さと，その重さのチロシンから酸素によって変化してできるホモゲンチジン酸の重さ

チロシン(ｇ)	3.62	4.525	5.43	6.335	7.24	8.145
ホモゲンチジン酸(ｇ)	3.36	4.2	5.04	5.88	6.72	7.56

問３ 水100ｇにビタミンＣ0.2ｇをとかした水溶(よう)液を用いて，〔**実験１**〕，〔**実験２**〕を行いました。下の**ア～オ**の水溶液で〔**実験１**〕と〔**実験２**〕を行ったとき，ビタミンＣ0.2ｇをとかした水溶液を用いた場合と，同じ結果になるものはどれですか。もっとも適当なものを選び，**ア～オ**で答えなさい。

〔**実験１**〕 赤色リトマス紙をつけ，赤色リトマス紙の色の変化を観察した。
〔**実験２**〕 青色リトマス紙をつけ，青色リトマス紙の色の変化を観察した。
〔**実験１**の結果〕 変化はなかった。
〔**実験２**の結果〕 赤色に変化した。

ア．水酸化ナトリウム水溶液
イ．アンモニア水
ウ．塩酸
エ．石灰水
オ．食塩水

問４ 次のページの**表２**は，でんぷんの重さと，その重さのでんぷんからつくることができるビタミンＣの重さについてまとめたものです。また次のページの**表３**は，酸素の体積と，その体積の酸素によって起こる変化を防ぐために必要なビタミンＣの重さについてまとめたものです。(a)，(b)に答えなさい。

表２　でんぷんの重さと，その重さのでんぷんからつくることができるビタミンＣの重さ

でんぷん(g)	7.29	8.1	8.91	9.72	10.53	11.34
ビタミンＣ(g)	7.92	8.8	9.68	10.56	11.44	12.32

表３　酸素の体積と，その体積の酸素によって起こる変化を防ぐために必要なビタミンＣの重さ

酸素(cm^3)	504	560	616	672	728	784
ビタミンＣ(g)	7.92	8.8	9.68	10.56	11.44	12.32

(a)　でんぷん8.7ｇからつくることができるビタミンＣは何ｇですか。小数第３位を四捨五入し，小数第２位で答えなさい。

(b)　酸素600cm^3によって起こる変化を防ぐために必要な重さのビタミンＣをつくることを考えます。この重さのビタミンＣをつくるために必要なでんぷんは何ｇですか。小数第３位を四捨五入し，小数第２位で答えなさい。

3　動物園では，動物のいきいきとした姿を来園者に見せるために工夫をこらしています。これに関する各問いに答えなさい。

問１　ホッキョクグマは海や氷の上を移動しながら，餌(えさ)であるアザラシを追いかけたり，海の中からうかび上がってくるアザラシを待ちぶせしたりして生活しています。北海道(ほっかいどう)にある旭山(あさひやま)動物園は，動物本来の習性や行動を見せる「行動展示」を日本ではじめて取り入れた動物園として知られています。旭山動物園の「ほっきょくぐま館」では，ホッキョクグマを下からのぞくことのできるカプセルがあり(**写真１**)，来園者がカプセルの下からのぞくと，ホッキョクグマが近寄ってきます。ほっきょくぐま館のカプセルは，ホッキョクグマのどのような行動を見せるための工夫だと考えられますか。「～行動」と続くように，10字以内で答えなさい。

写真１　ほっきょくぐま館のようす
(今津秀邦 写真・著『ガイドブック旭山動物園』(エムジー・コーポレーション，2007年)より一部改変)

問２　動物園で動物本来の習性や行動を見せるためには，その動物が生息する野生の環境(かん)を再現することも大切です。(a)，(b)に答えなさい。

(a)　東京都(とうきょうと)にある上野(うえの)動物園は，天然記念物であるニホンカモシカ(次のページの**写真２**)が暮らしており，赤石(あかいし)山脈(南アルプス)(次のページの**図１**)で見られるような地形が再現されています。上野動物園では，どのような環境が再現されていると考えられますか。もっとも適当なものを選び，**ア**～**エ**で答えなさい。

ア．平地の草原　　**イ**．なだらかな丘(おか)
ウ．急斜(しゃ)面や崖(がけ)　　**エ**．砂地の海岸

写真２　ニホンカモシカ
（環境省HPより一部改変）

図１　赤石山脈の場所

(b)　山口県にあるときわ動物園には，たくさんのサルの仲間が暮らしています。園内に暮らすシロテテナガザル（**写真３**）は，その長い手を上手く利用して生活しています。野生のシロテテナガザルは，インドネシアのスマトラ島などに生息しています。スマトラ島は１年を通して高温多湿の熱帯地域にある島です。この島の環境は，シロテテナガザルをはじめとするサル以外にも，多種多様な動物に生活場所を提供しています。ときわ動物園では，どのような環境が再現されていると考えられますか。もっとも適当なものを選び，**ア～オ**で答えなさい。

写真３　シロテテナガザル
（ときわ動物園HPより一部改変）

ア．植物がほとんど見られない荒地　　**イ**．樹木がほとんど見られない草原
ウ．一種類の背の高い樹木からなる森　　**エ**．さまざまな背の高さの樹木からなる森
オ．冬に葉を落とす樹木ばかりの森

問３　以前，動物園で暮らすニシゴリラには「吐き戻し」と呼ばれる行動がよく見られました。「吐き戻し」とは，与えられた食べ物を一気に口の中におしこんで飲みこみ，すぐに吐き出し，吐き出したものをまた口に入れ，再び吐き出す…というような，食べては吐き出すことをくり返す行動です。野生のニシゴリラには「吐き戻し」が見られないことから，ニシゴリラの食事を野生の状態に近づける試みが行われました。「吐き戻し」は，決められた時間に，エネルギーを多く含む果物や野菜を一度にまとめて与えることが原因と考えられています。野生ではエネルギーを多く含む食べ物がなかなか手に入らないことから考えると，「吐き戻し」を防ぐためには，どのような対策が考えられますか。適当なものをすべて選び，**ア～エ**で答えなさい。

ア．ゴリラの暮らす空間にわらを敷き，食べ物を見つけにくい状態にする。
イ．ゴリラの暮らす空間を見通し良くし，食べ物を見つけやすい状態にする。
ウ．よりエネルギーを多く含む食べ物を，まとめて１日１回与える。
エ．あまりエネルギーを含まない，牧草なども与える。

問４　次の文章は，動物の繁殖に関する特徴と，動物園で行われている取り組みです。〔動物の繁殖に関する特徴〕と〔動物園で行われている取り組み〕を組合せたとき，対応がない取り組みはどれですか。もっとも適当なものを選び，**ア**～**オ**で答えなさい。

〔動物の繁殖に関する特徴〕

① ゾウは妊娠(にんしん)したことが分かりにくい。

② ジャイアントパンダはしばしばふたごを出産するが，野生では2頭同時に育つことは少ない。

③ 動物には交尾(び)可能な時期(発情期)があるものが多い。

④ 家族間での交尾では病気の子が生まれやすくなる。

〔動物園で行われている取り組み〕

ア．他の動物園と動物を貸し借りする。

イ．与える食事を時期によって変更する。

ウ．生まれた子を保育器で飼育することと，母親に飼育させることを交互に行う。

エ．普段は別々の場所でオスとメスを飼育する。

オ．検査がスムーズにできるよう，トレーニングを行う。

問5 動物園は，動物を見て楽しんでもらう場としての役割以外にも，さまざまな役割があります。**問1**～**問4**から考えると，動物園が持つ役割として適当ではないものはどれですか。すべて選び，**ア**～**オ**で答えなさい。

ア．動物の生き方を調べる研究の場

イ．動物を売り買いする商売の場

ウ．動物の生き方を学ぶ教育の場

エ．動物を保護し，保全する場

オ．海外の動物を日本の自然で暮らせるようにする場

4 川の流れの速さ，川底や川岸のようすは，川の流れ方によって異なります。次の**図1**は，川が上流の山の中から海まで流れるようすを表したものです。これに関する各問いに答えなさい。

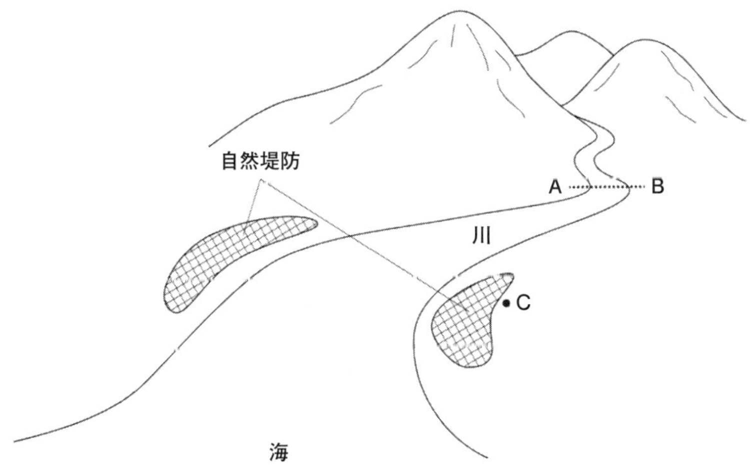

図1　川が上流の山の中から海まで流れるようす

問１　川が上流の山の中から急に平地に出る所には，どのように土地がつくられますか。適当なものをすべて選び，**ア～カ**で答えなさい。

ア．川の流れの速さが急激に速くなることでつくられる。

イ．川の流れの速さが急激に遅くなることでつくられる。

ウ．川の流れの速さが変わらないことでつくられる。

エ．川の流れによって運ばれてきたものが川をうめることによってつくられる。

オ．風によって運ばれてきたものが川をうめることによってつくられる。

カ．潮の流れによって運ばれてきたものが川をうめることによってつくられる。

問２　川の石の大きさや形は，場所によって異なります。**図２**は上流の川原でよく見られる石です。下流では，どのような石がよく見られますか。もっとも適当なものを選び，**ア～オ**で答えなさい。

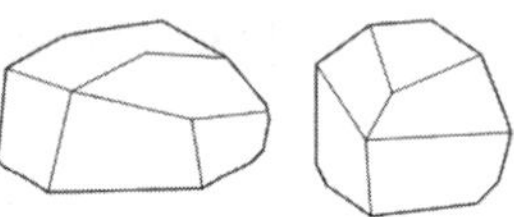

図２　上流の川原でよく見られる石

ア．石と石がぶつかり合って合体するため，大きく丸い石が見られる。

イ．石と石がぶつかり合って合体するため，大きく角張った石が見られる。

ウ．石と石がぶつかり合って角がとれ，こすれ合うため小さく丸い石が見られる。

エ．石と石がぶつかり合ってくだけるため，小さく角張った石が見られる。

オ．上流で見られる石と同じ大きさ，同じ形をした石が見られる。

問３　川を**Ａ** ……… **Ｂ**で切った断面を下流側から観察しました。川の断面の形と川底にある石の大きさはどのようになりますか。もっとも適当なものを選び，**ア～カ**で答えなさい。ただし，石の形は考えないものとします。

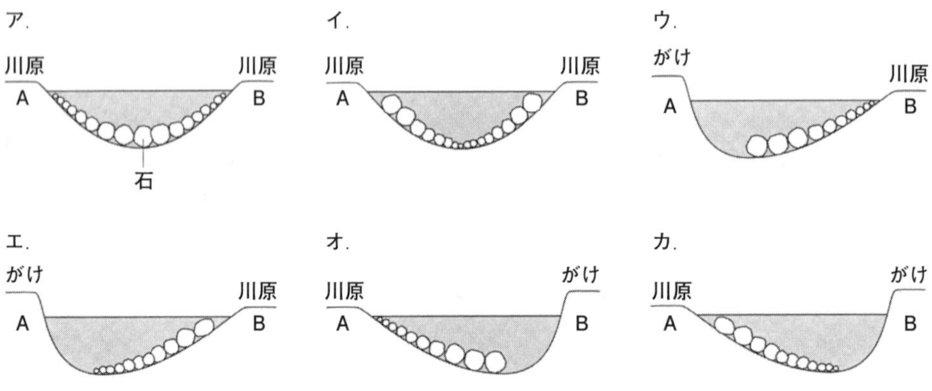

問4　川の形は，洪水がくり返し起きることで変わることがあります。**図3**から**図4**の形になる過程で見られる川の形はどれですか。もっとも適当なものを選び，**ア～カ**で答えなさい。ただし，点線は**図3**の形を表しています。

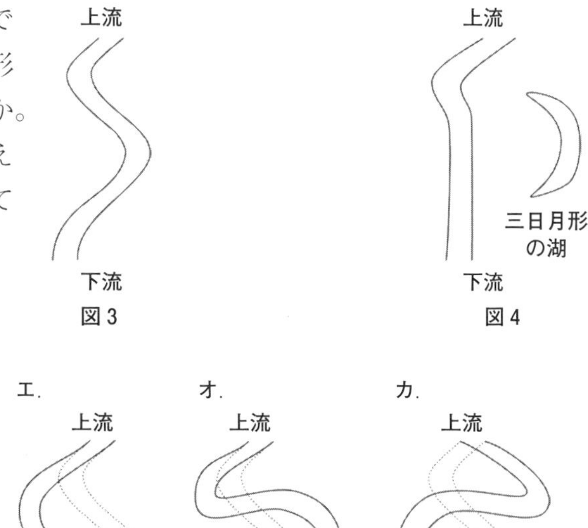

図3　　図4

ア.　イ.　ウ.　エ.　オ.　カ.

上流　上流　上流　上流　上流　上流

下流　下流　下流　下流　下流　下流

問5　自然堤防とは，川岸に見られる小高い丘のことです。自然堤防は，洪水によって川からあふれた土砂がたい積することでつくられます。次の文は，自然堤防の背後の土地(地点**C**)についてまとめたものです。**あ～う**にあてはまる言葉の組合せとして，もっとも適当なものはどれですか。**問1～問4**を参考にして選び，**ア～ク**で答えなさい。

文：地点**C**には，自然堤防を形作る土砂の粒よりも(**あ**)粒の土砂がたい積しており，水はけが(**い**)。そのため，(**う**)に利用されることが多い。

	あ	い	う
ア	大きい	良い	水田
イ	大きい	良い	畑
ウ	大きい	悪い	水田
エ	大きい	悪い	畑
オ	小さい	良い	水田
カ	小さい	良い	畑
キ	小さい	悪い	水田
ク	小さい	悪い	畑

問９　次は、傍線部⑧「その笑顔に心がごとんと音を立てた」時の美雨の心情を説明した文です。空欄に入る最も適切な表現を、「**棚には、先の欠けたしょうゆさしや～**」で始まる段落から「**園田さんが例のくしゃっとした笑顔で～**」で始まる段落までの本文中から六字で抜き出して答えなさい。

これまで美雨は家の中で［　　　　］を見つけ出せずにいたが、大也の笑顔を見て、はじめて「この家にきてよかった」と思えた。

問10　二重傍線部「花瓶は美雨に、強烈なメッセージを伝えてくれていた」とありますが、ここに至るまでの美雨の気持ちの変化を、「金継ぎ」と「呼び継ぎ」のそれぞれの特徴に触れながら、わかりやすく記しなさい。

問１　太線部ａ「コウシ」・ｂ「納得」・ｃ「キショク」・ｄ「補(う)」のカタカナは漢字に直し、漢字はその読みをひらがなで答えなさい。

問２　傍線部①「ああ、びっくりした」とありますが、その理由として最も適切なものを次から選び、記号で答えなさい。

ア　「月光」が自分の呼びかけにこたえたと思ったから。
イ　「月光」にため息を吸い込まれたように感じたから。
ウ　「月光」の光を見て心を癒(いや)された自分に気づいたから。
エ　「月光」に気を取られて自転車とぶつかりそうになったから。

問３　傍線部②「地団太をふんだ」という表現が示す感情として最も適切なものを次から選び、記号で答えなさい。

ア　驚き　　イ　喜び　　ウ　焦(あせ)り　　エ　怒り

問４　空欄Ｘに入る表現として最も適切なものを次から選び、記号で答えなさい。

ア　自分がいて　　イ　泣いてしまって
ウ　心配かけて　　エ　手間をかけさせて

問５　傍線部③「美雨の胸がことんと音を立てた」とありますが、この時の美雨についての説明として最も適切なものを次から選び、記号で答えなさい。

ア　塚本さんの湯飲みを金継ぎで修復することで、以前よりも高い価値を持たせ、家族の生活を楽にしてあげたいと思った。
イ　大切にしていた塚本さんの湯飲みを自分が金継ぎで修復することで、母の心を癒してあげられるかもしれないと気がついた。
ウ　塚本さんの湯飲みの修復を依頼することで、工房に出入りする機会が増えて自分の居場所を見つけられるかもしれないと思いついた。
エ　母が大事にしていた塚本さんの湯飲みが割れたことを受け入れられなかったが、修復できるとわかったことで、割れた事実と向き合えた。

問６　傍線部④「ふきだまり」の意味として最も適切なものを次から選び、記号で答えなさい。

ア　生活が厳しい人たちが自然と集う場所
イ　道に迷った人たちが自然と集まる場所
ウ　行き場のない人たちが自然と集まる場所
エ　人間関係に悩む人たちが自然と集う場所

問７　次は、傍線部⑤「傷ついたからこそ生まれるものってあるんだ」について説明した文です。空欄ｉ・ⅱに入る最も適切な表現を、「**棚には、先の欠けたしょうゆさしや～**」で始まる段落から「**遠慮がちなノックの音に～**」で始まる段落までの本文中からそれぞれ四字で抜き出して答えなさい。

傍線部の表現は、「傷ついたからこそ」本当に［　ｉ　］ことと出会え、新たな［　ⅱ　］を得られたのだと、美雨が気づいたことを表したものである。

問８　傍線部⑥「ソース取って」・⑦「ついでに麦茶も」から大也のどのような様子が読み取れますか。最も適切なものを次から選び、記号で答えなさい。

ア　美雨を隔(へだ)てなく受け入れ、実の妹のように自然体で接している様子。
イ　美雨は妹だから、兄の世話をするのが当たり前だと思っている様子。
ウ　美雨に親しみを覚えてもらうため、意識してぞんざいに接する様子。
エ　美雨が自分よりも年下であるため、つとめて年上らしく振る舞う様子。

おっかぶせるように、こたえていた。それをきいて安心したのか、大也は見ているこっちがほっとするような晴れやかな笑顔を見せた。

⑧その笑顔に心がごとんと音を立てた。

はじめて美雨は、この家にきてよかったと思った。

〈中略〉

年が明けた。

松の内が過ぎると、すぐに鹿児島へ出発した大也を追って、両親も新婚旅行に出かけてしまった。「ひとりで大丈夫」と豪語したものの、誰もいない家の中の空気は冷えきっていて、町をうろついていたあのころより、もっと居心地悪く感じた。

——そうだ。ひさしぶりに梶木さん〔骨董屋の主人〕に会いに行こう。

京都の冬は底冷えがする。ダウンコートを着こんで自転車に飛び乗った。

カラカラカラ。引き戸が軽やかな音を立てた。

「こんにちは」

声をはり上げる必要もなかった。小上がりにぽつねんと、ひとり梶木さんが座っていた。

「おう、美雨ちゃん。ひさしぶりやなあ」

退屈していたのか、cキショク満面で迎えてくれた。

「あんたに見せたいもんがあって、待っとったんや」

と、そそくさと立ち上がると、いそいそと奥から高さ三、四十センチほどの花瓶を抱えて出てきた。

「これ見てみ。すごいやろ?」

畳に置かれたその花瓶は、全身に不思議なオーラをまとっていた。一目見た瞬間は落ちつかない気持ちにさせられるのに、そのあと、なぜか目が離せなくなる。すぼんだ口もとからすっとふくらんだ、女性の上半身のようなラインが美しいのだが、よく見るとその形状はいくつもの違うピースの寄せ集めででき上がっていた。

——呼び継ぎだ!

天平堂〔衣川さんが働く工房〕で衣川さんに呼び継ぎしたお茶碗を見せてもらったことがあったけれど、これほど大きなものは、はじめて見る。

呼び継ぎは修復の技法の中でも、とくにむずかしい。欠けたところをよく似たほかのかけらでd補うのだけれど、なかなかぴったり合うものは見つかりにくいし、継ぐのも大変だ。それになにより美しくないといけない。

なのにこの花瓶ときたら、もともとは無地の花瓶だったらしいのに、真ん中あたりにでんと大胆な花模様の絵つけの破片がはめこまれている。それでいて違和感がないどころか、より強烈な個性を発散している。

「……すごい」

声をなくしている美雨に、

「そやろ。そうゆう思たわ」

梶木さんがドヤ顔をする。

「交換会でこれ見つけたときは、こりゃゼッタイあんたがよろこぶ思たで」

「なんか、これ、すごすぎます」

「それよ。ようこんなバラバラなかけらを呼び集めて、こんなすごいもんつくるもんや。そんじょそこらの完品より、よっぽど魅力的や」

梶木さんが話し続けるあいだも、美雨の目は吸いついたように花瓶から離れなかった。まばたきするのも惜しいくらいだ。

花瓶は美雨に、強烈なメッセージを伝えてくれていた。

(八束澄子 著『ぼくたちはまだ出逢っていない』より)

蔵庫から出した麦茶を注ぎながら、
「このあいだは、ありがと」
ずっと気になっていた言葉をやっと口にすることができた。すると大也は、
「このあいだって？」
と不思議そうにお茶碗から顔を上げた。
「あ、あのさがしてくれて……」
言葉をにごすと、
「ああ、あれ。……家族やったらフツウちゃうん？」
と逆に問いかえされ、目が泳いだ。
「そ、そうなのかな？」
「お礼なんて、いわんかてええよ」
きっぱりとした口調でいわれた。
「……うん」
そのあと椅子を鳴らして美雨が立ち上がると、大也はジャーから山盛りのごはんをおかわりするところだった。思わず、
「まだ食べるん？」
ときくと、
「明日は大事な試合やからな、エネルギーチャージしとかんと」
と不敵に笑ってみせた。
「試合前はしっかり食べてしっかり寝る。これ、アスリートの鉄則やろ」
塚本さんのいうとおりだ。大也はまっすぐにサッカーとむき合っている。真剣なのだ。

〈中略　帰宅後、大也がスポーツ推薦で高校に合格していたことがわかり、美雨も大也の合格を素直に喜ぶことができた。〉

トントン。
遠慮がちなノックの音にハッと我にかえった。ドアをあけると、大也が立っていた。
「これ、いる？」
直径二十センチほどの地球儀を差し出された。
「え、どうして？」
ときくと、
「おれはもういらんけど、もったいないし」
といわれた。
「うん。もらっとく」
というと、ほっとしたように大也はきびすをかえした。もうちょっとなにかいうべきかなと、あわててその背に言葉をかけた。
「オリエンテーション、いつから？」
「年が明けたらすぐ」
「がんばってね」
「ありがと。……あ、それから」
応援してるからの言葉は、胸の中でつぶやいた。
ふりむいた大也が、ためらいがちに口をひらいた。
「……おやじをよろしく。ああ見えてあの人、さびしがりやから」
いっている大也のほうが、よっぽどさびしそうに見える。大きな背がすぼまっていた。そこで鈍い美雨もようやく気がついた。そうか。大也の鹿児島行きは、塚本さん親子にとっては、はじめての別れを意味する。続けて大也は、
「おれ、もし自分らがきてくれてへんかったら、おやじひとり残して、よう家出んかったかもしれん」
と、しぼり出すような声でつぶやいた。あせった美雨は、
「大丈夫だよ。お母さんがいるもん」

らす仕事って、どうよ?」って思ったんだそうだ。もっと手ごたえのある生き方がしたい。
「その気持ちをおさえきれなくなって会社をすっぱりやめて、だけど、行くあてもやりたいことも見つからなくて京都をうろついているうちに、いつのまにか、ここにたどりついていたってわけ」
「あたしと同じです!」
思わず美雨は大きな声を上げた。
「あたしも町をうろついていたら、いつのまにか、ここにきてた」
「あっはっは。ここは④ふきだまりかっつうの。だけどよかったねえ。おかげでわたしたち、出会えたもの」
園田さんが例のくしゃっとした笑顔で、美雨にむかって両手を上げた。反射的に手を上げ、ハイタッチを交わした。
——本当だ。ここにきたから園田さんと出会えた。
笑っている園田さんの弓張り月みたいなやさしい目を見ていると、美雨の心はやわらかくほぐれていく。衣川さんのいったとおりだ。⑤傷ついたからこそ生まれるものってあるんだ。
「ところで、美雨ちゃん。まだかぶれる?」
「ううん。最近はかぶれない」
「わたしも最初はかぶれたけど、そのうちかぶれなくなった。あ、でも、磨くとき漆の粉が散るから、水で湿らせてからサンドペーパーを使ってね」
さっきの注意はそういうことだったんだと、美雨はb納得した。
「今でもときどき、体調が悪いときなんかはかぶれるもんね。漆って、昔は魔除けとしても使われたっていうから、やっぱり強烈なんだね」
サンドペーパーを持つ指に力がこもる。先週塗ったさび漆の表面のでこぼこがなくなるまでていねいに磨いていく。いつも思うけれど、最初に漆の利用法を考えた昔の人ってすごい。それが何千年ものあいだ、人から人へと伝わっているっていうのもすごいことだ。今、自分もその長いつながりの端っこに連なってると思うと、美雨の胸は誇らしさでいっぱいになる。
「園田さん、ちょっとお願いします」
今日はいつもよりおけいこの人が多い。他の生徒さんに呼ばれて、園田さんは席を立って行った。
美雨が繕っているマグカップには、「小菅」と書かれた紙テープが貼られていた。きっと膝を悪くしてお休みしているという人の名前だ。お孫さん思いのその人にかわってやらせてもらってるんだから、きれいに仕上げなきゃ。カップに顔をくっつけるようにして、美雨は作業に集中した。
手作業に熱中していると、思いは時空を飛んでいく。
ゆうべ、のどが渇いたので台所におりていったら、大也がひとりで遅い夕飯を食べていた。
「……お帰り」
ぎこちなくはあったけれど、とっさに口にできて、ほっとした。
「うっす」
口いっぱいにトンカツをほおばった大也が細い目を上げた。箸を動かすスピードは変わらない。すごい勢いでごはんをかきこみ、味噌汁をすする。その旺盛な食欲に見とれて、つい麦茶のコップを片手に食卓に腰をおろしていた。大也といると緊張するけど、ひとりで食事する人をほうっておくのもなんだか気が引けたのだ。
「⑥ソース取って」
いわれて手渡すと、
「⑦ついでに麦茶も」
人使いが荒いなあと苦笑しつつ、悪い気はしなかった。コップに冷のつぶやき。
(接着剤かなんかでくっつかないかなあ)
――いつかあれを直してあげたい。
「やってみたいです」
気がつくといっていた。新しいことへの挑戦に胸が高鳴った。
「じゃあまずは、割れたところをくっつけましょう」
園田さんはくっつける箇所の周囲を鉛筆でなぞり、鉄製のやすりを取り出した。
「鉛筆で書いた線のところまでうわぐすりを削り取ってほしいの。うわぐすりがついたままだと漆がのらないから」
手渡されたやすりは、どっしりとした重みがあった。
「手をテーブルにつけてやると安定するよ。小刻みに動かしたほうがやりやすいと思うよ」
そうはいっても慣れない作業に手間取った。力を入れ過ぎるとやすりはすべって逃げていくし、ようやくなんとかコツをつかんだころには、美雨は首筋にうっすら汗をかいていた。
シャカ、シャカ、シャカ。
うわぐすりの削られる音が静かな店内に響く。
美雨は作業に没頭した。
指で触ると削られた表面の感触が伝わってくる。それを確認しながらやすりを動かし続けた。もともと細かい作業はきらいではない。保育園のころ折り紙に熱中したのを思い出した。
となりで作業するシルビアさんと園田さんの会話がはずんでいた。ときどき笑い声も上がる。
それをかたわらできながらの作業は、不思議な心地よさを運んできた。落ちつくのだ。そばに人がいて、やることがある。これってサイコー。

手作業は物思いへと心を誘う。いつのまにか美雨の脳裏に京都をさまよい歩く自分の姿が浮かんでは消えていた。
あのころ感じていた寄る辺なさを思い出すと、胸がつまる。なんであんなにさびしかったんだろう。以前みたいに母親をひとりじめしたいのか？　それもあるかもしれないけれど、一方で美雨は母親に幸せになってほしいとも思っている。じゃあなぜ？
それはたぶん美雨の心の問題だ。自分の居場所だって思えないからだ。その瞬間、
――ここが好きだ。
唐突に思った。
自転車でほんの数十分走ったところに、こんな世界が広がっているなんて思いもしなかった。
――ずっとここにきたい。
高ぶった心が叫んでいた。

〈中略　一週間後、美雨は作業の続きをするために金継ぎ教室に向かった。〉

園田さんはとても魅力的な女性だ。美雨がいままで会ったことのないタイプ。いつも風にふかれているように自然で、人に対するときも、とても柔軟だ。でも、しっかりとした芯を感じさせるから、いっしょにいて安心する。
「職人さんってかっこいいですよね。あこがれます」
といったら、
「実態のない世界に嫌気がさしてね」
と表情を曇らせた。もとは外資系の証券会社に勤めていた園田さんは、パソコンとにらめっこで毎日何億というお金を動かしていたんだそうだ。ところがあるとき突然、「人のお金を動かすだけに神経をすり減

「一一〇番すんの、生まれてはじめてや。見てんか、この手汗」
そこか？　というようなことをいって、塚本さんは美雨の前で両手を広げて見せた。びっしりと汗のつぶが浮いていた。
「……ごめんなさい」
美雨はつぶやいた。ごめんなさいの理由は、今度ははっきりしていた。［　X　］ごめんなさいだ。素直にそう思った。
「おまえ、はきもん」
美雨の頭越しに大也が足もとを指さした。
「あっらまあ」
すっとんきょうな大声を上げた母親が、
「ばっかみたい。はっはっはっは」
はじかれたように笑い出した。
「ほんまや。ようそれで歩けたもんや。こんな長いこと」
塚本さんは感心したようにいった。恥ずかしさに美雨は耳まで赤くなる。
見上げると、大也まで笑っていた。よっぽどあちこち走りまわったのか、おでこに汗のつぶがびっしり浮いていた。においもきつい。いつもは毛ぎらいしているそのにおいが、今はそんなにいやではなかった。部活で疲れてるはずなのに、心配してさがしまわってくれた。そのやさしさが身にしみた。
——大也ってこんな顔して笑うんだ。
ついまじまじと見つめてしまった。ほっぺたの深いえくぼが、笑っちゃうほど塚本さんにそっくりだった。

〈中略　骨董屋に通い続けるうちに、美雨は寂しさが薄らいでいくのを感じる。骨董屋通いが縁で出会った修復師の衣川さんの紹介で、美雨は園田さんという女性がやっている金継ぎ教室へ見学に行くことにした。〉

「えーと、まだ自己紹介してなかったよね。わたしは園田桃子。衣川のアシスタントをしています」
化粧もしていないのに陶器みたいに肌が白い。大きな瞳で見つめられ、美雨はあわてて、
「つ、塚本美雨。鳳中学二年です」
と自己紹介した。やっぱり苗字でつかえてしまった。
「じゃあ、美雨ちゃんて呼ばせてもらうね。美雨ちゃんもやってみる？」
いわれて小躍りしそうになったけれど、自制した。
「あ、あの、あたし、見学だけなので」
「いいの、いいの。先生からなんでも教えてあげてっていわれてるから」
園田さんは「じゃあ、これを繕ってもらおうかな」といいながら、つくりつけの壁の棚からトナカイの絵柄のマグカップを取り出した。テープで簡単に留めてあるけれど、大きくふたつに割れている。
「教室にこられてる方が、お孫さんに頼まれたってはりきってらしたんだけど、膝を悪くされてこられなくなったの。直しを頼まれたんだけど、美雨ちゃんが手伝ってくれたらうれしいわ」
棚には、先の欠けたしょうゆさしや使いこまれた湯飲みなど、どこからどう見ても生活雑貨としか思えないものも並んでいた。そうか、ここに集まってくるのは、骨董や有名な作家の作品ばかりじゃないんだ。誰かにとっての大切なもの、思いのこもったものたちが繕ってもらえるのを待っているんだ。
そのとき③美雨の胸がことんと音を立てた。テーブルから落ちて散らばった塚本さんの湯飲み。悲しそうにかけらを集めていたお母さん

「月光」はこたえない。あたりまえだ、茶碗だもの。だがそう思ったとたん、「月光」の月がピカリと光った。

「え？」

驚いてふりかえると、ちょうどライトをつけた自転車が美雨の背後を走りぬけるところだった。

――①ああ、びっくりした。

何百年ものあいだ、多くの人に愛され、手から手へと伝えられてきたという「月光」。どれだけの人の嘆きやため息を、そのざらりとした地肌に吸い取ってきたことだろう。それがそのまま「月光」の存在感となり、なんともいえないオーラをまとって、今ここにある。

――すごいねえ、月光。

あらためて美雨は、「月光」に対する尊敬心がふつふつとわき上がってくるのを感じた。「月光」だって、いったんは欠けた身だ。捨てられる危機に瀕したことだってあったかもしれない。身をよじるような屈辱も。それが、誰かの手によって美しく金繕いをほどこされ、新たな命をふきこまれて、長い年月多くの人の心を癒してきた。それってすごいことだ。

モノに癒される。そういうことがあるのを美雨は身をもって実感した。だけど、フツウの茶碗にそんなことができるとは思えない。「月光」は特別だ。じゃあその違いはなんだろう。芸術性？　人の想い？　歴史？　いくら考えてもわからなかった。

ネコの鳴き声ひとつしない路地で、ひとり「月光」と対峙していると、突然、美雨の脳裏にひとつのイメージが浮かび上がった。

欠けてしまった茶碗を前に、何事かじっと考えこんでいるひとりの人物。やがてその繊細な指先が動き、茶碗は少しずつ形を取りもどしていく。そして最後に姿をあらわしたのは、幽玄な光を放つ月。

「月光」を前にあれこれ想像をめぐらせているうちに、美雨はいつのまにかふわふわ浮いているようだった自分の足が地面にしっかりとついているのを感じた。

そして足もとに目をやってようやく気がついた。あれ？　右と左、違うはきものはいてる。右は母親の赤いサンダルで、左は男物のサンダル。どうりで歩きにくかったわけだ。なんだかおかしくなってクスリと笑った。その瞬間、こわばっていた体から力がぬけた。

――帰ろう……。

美雨は、すっかり高くなった本物の月明かりの下、左右違うはきものをつっかけた足を家の方角にむかってふみ出した。かくかくして、ものすごく歩き心地が悪かった。

路地を入ったところで、自転車の大也とぶつかりそうになった。

「帰ったでー」

大也の大声に玄関から飛び出してきた母親が、

「美雨！」

と指が食いこむほどきつく美雨の両腕をつかんだ。

「心配させて、もう！」

泣きべそをかきながら②地団太をふんだ。

「あっ、今、帰ってきましたわ。すんません。おさわがせしました。はい、はい。つい心配してしもて。すんません、すんません」

玄関で、携帯電話片手の塚本さんがぺこぺこ頭を下げていた。どうやら相手は警察らしい。体から血の気が引いた。

――こんな大さわぎになってたなんて……。

美雨の全身から冷たい汗がふき出した。

「あー、助かったぁ」

塚本さんは携帯をにぎりしめて上がり框に座りこんだ。塚本家では、塚本さんだけいまだにガラケーなのだ。

だったからこそ、あんなにへたくそな字の手紙に、今でも「　b　」ということなんだね。

(1) 空欄**ア**・**イ**に入る最も適切な表現を、**ア**は九字、**イ**は五字で本文中からそれぞれ抜き出して答えなさい。

(2) 空欄**a**・**b**に入る最も適切な表現を、**a**は五字、**b**は八字で《**資料**》中からそれぞれ抜き出して答えなさい。

二　次の本文を読み、後の問いに答えなさい。〔　〕内の表現は、直前の語の意味です。なお、設問の都合上、本文を変更している部分があります。

中学二年生の美雨は、一年前に母親が再婚したことから、塚本さんと、その連れ子である一つ年上の大也と共に京都で暮らすようになった。しかし、未だに新しい家族になじめず、母親が塚本さんや大也を優先していると感じていた。そんな中、町をあてどなく歩いていた美雨は、近所の骨董屋に飾られた茶碗の「月光」に出会い、心ひかれるようになった。「月光」は、「金継ぎ」という技法の修復が施された茶碗であった。ある日、母親と塚本さんが、大也の鹿児島の高校への進学をめぐって言い合いをしている際、塚本さんの手が湯飲みにあたってしまった。

ガチャン！

床に落ちた湯飲みは大きな音を立てて割れた。

「あー」

床にはいつくばった母親が、割れてしまった湯飲みのかけらを手に悲しそうにつぶやいた。

「せっかくおそろいで買ったのに……」

それを耳にしたとたん、美雨のまぶたがふくらんだ。

ポトッ。

しみだらけのテーブルにまた新しいしみがついた。

ハッとしたように母親が顔を上げた。

「……美雨」

テーブルのむかい側の塚本さんの顔がゆがんだ。

「美雨ちゃん」

「ごめんなさい！」

大きな音を立てて、美雨は椅子から立ち上がった。席を立ってごめんなさいなのか、涙をこぼしてごめんなさいなのか、あたしのせいでごめんなさいなのか、そのいずれでもないのか、それともいずれでもあるのか、自分でもさっぱりわからなかった。ただただ、身の置きどころに困って、そのまま玄関から家を飛び出していた。

「美雨！」

「美雨ちゃん！」

閉まりかけたドアのむこうから母親と塚本さんの声が追いかけてきた。

自分の存在自体がごめんなさいの気がする。涙が止まらない。このまま消えてしまいたかった。美雨は雲の上を歩いているようにふわふわした足取りで、あてどなく歩を進めた。

いつのまにか、骨董屋の店先に立っていた。<u>a コウシ</u>戸にはカーテンが引かれ、店は閉まっていた。街灯の薄明かりのもと、飾り窓の中では「月光」が静かに鎮座していた。

「月光」

つい声に出して呼びかけていた。

「あんたはいいね。いつも静かで。……人間はややこしすぎるよ」

ることが求められるもの。

ウ　ツイッターのように少ない文字数で書き上げることができるネットの情報とは異なり、何万字もの長文でなければ価値がないと判断されてしまうもの。

エ　世の中の流れを汲み、多くの意見を反映させた上で書くものであるネットの記事に対して、他からの影響を受けずに自分だけの考えを明確に書くもの。

問９　次は、傍線部⑥中の「機械翻訳」について述べた文章です。ただし、空欄Ⅰ・Ⅱに入る最も適切な表現をそれぞれ答えなさい。ただし、Ⅰは本文中から十四字で抜き出して最初の五字を答え、Ⅱは自分で考えて漢字三字で答えること。

日本語の文章を英語に機械翻訳し、その文章をまた日本語に機械翻訳すると、［　Ⅰ　］ことになってしまう。たとえば、「［Ⅱ］」という語を二度機械翻訳すると、「クッション」に変わる。

問10　次は、本文と《資料》を読んだ、明子と星子の会話です。これを読み、後の問いに答えなさい。

《資料》

人間の認知は非常に複雑で入り組んでいる。文学を読んでいるとき、芸術を鑑賞しているとき、音楽を聴いているとき、映像を観ているとき、人間は目の前の作品そのものだけを見ているのではない。どういう作家がつくったのか。何年につくられたのか。出演している俳優が、その後どんなふうに活躍していったか。そういった膨大な情報と文脈を全部ひっくるめて芸術や文化を味わっている。

つまり、人間の消費行動のなかには「誰がやった／つくった／歌った／演じた……のか」を重視する分野が存在する。その「誰か」は〝生身の人間〟であることが前提になっていることが多い。将来、アンドロイドのアイドルグループが誕生したとして、果たして人間のアイドルのような熱心なファンがどれだけ定着するだろうか。いないとは言わない。しかし、多くの人は、アンドロイドが踊ったり歌ったりするのを見て「すごい機械だ」と思うことはあっても、心が揺さぶられるとは考えられない。

人間は「誰がやったのか」「人間の手によるのか」を気にしつづける生き物だ。私たちが想像するよりもずっと「人間は人間が大好き」なのだ。

（東　浩紀 著「ＡＩがどんなに発達しても、よくも悪くも人間は変わらない。」より）

明子　私が保育園の頃にあげた手紙を、お母さんが自分の机の前にずっと貼ってるんだよね。本文に書いてある筆者と娘とのエピソードを読んで、そのわけが少しだけど分かった気がしたな。

星子　どんな手紙？

明子　「おかあさんいつもありがとう」って書いてあるだけ。あんなへたくそな字の手紙をいつまでも飾らなくてもいいのにって思ってたんだ。

星子　明子のお母さんがずっと飾り続けてるのは、きっと「［ア］」からなんだろうね。その手紙の「［イ］」は見るたびに変わっても、明子のお母さんにとってその手紙はずっと価値があるんだろうな。

明子　そうだね。手紙を書いたのが私という「［ａ］」

風呂場の文字の価値は、とても儚い。しかし、これからの僕の人生において、大変長く続くのかもしれない。この矛盾(むじゅん)する価値が、すなわち、文字の恐ろしい可能性である。

僕は娘に、鏡になんと描いたのかを聞きに、ゆっくりと風呂を出た。

（橋本幸士 著「物理学者のすごい日常」より）

問１　太線部**ａ**「気性」・**ｂ**「本望」の読みをそれぞれひらがなで答えなさい。

問２　二重傍線部**ⅰ**「ランダム」と**ⅱ**「ナンセンス」は、それぞれ次のように言い換えられます。空欄に共通して入る漢字一字を答えなさい。

ランダム…□作為　　ナンセンス…□意味

問３　傍線部①について、筆者は「物理学者」をどのような人だと考えていますか。最も適切なものを次から選び、記号で答えなさい。

ア　自分の頭脳の優秀さを世の中のために役立てる人。

イ　探求心が強すぎて、一つのことしか目に入らない人。

ウ　未解明の物事に興味を持ち、意欲的に解明に取り組める人。

エ　多くの人とは異なる行動をとれる自分に満足感を覚える人。

問４　次は、傍線部②「結露の上に文字を描いてしまう理由」を説明した文です。空欄**Ａ**・**Ｂ**に入る最も適切な表現を、**冒頭から「ズレとは、情報の基準が～」で始まる段落まで**の本文中からそれぞれ指定の字数で抜き出して答えなさい。

大人になってから考えると、「僕」が子供の頃に結露の上に文字を描いていたのは、文字情報の価値といえる［Ａ（四字）］の長さが例外的に短い点に情報の基準の［Ｂ（二字）］を感じ、そこに面白さを見出したからだといえる。

問５　傍線部③「情報の～価値を持つ」の具体例として最も適切なものを次から選び、記号で答えなさい。

ア　大雨のあと美しい大きな虹(にじ)がかかったので、クラス全員が窓からその景色を見て楽しんだ。

イ　新聞の朝刊記事の誤りが夕刊では訂正され、以降は正確な情報のみが記載(さい)されるようになった。

ウ　テレビで天気予報を見てから家を出ることを心がけていたので、夕立(ゆうだち)にもあわてずに対応することができた。

エ　洞窟(どうくつ)の壁画が傷(いた)んできていることが報道され、間もなく見られなくなると考えた観光客が押し寄せるようになった。

問６　空欄**Ｘ**に入る表現として最も適切なものを次から選び、記号で答えなさい。

ア　自分の誤解を修正する　　イ　自分の気持ちを整理する

ウ　自分の記憶力を高める　　エ　自分の思考をひけらかす

問７　次は、傍線部④「自分の中での１文字の価値が、二桁も三桁も下がってしまっている」背景について述べた文です。空欄**ⅰ**～**ⅲ**に入る最も適切な表現を、**傍線部④以前**の本文中からそれぞれ指定の字数で抜き出して答えなさい。

現代では、［ⅰ（十一字）］が登場したことで、以前ほど多くの［ⅱ（五字）］を必要とせずに［ⅲ（十字）］を流通させることができるようになったということ。

問８　傍線部⑤「物理学者として～文字の価値を区別している」とありますが、本文において筆者は研究論文をどのようなものだと考えていますか。最も適切なものを次から選び、記号で答えなさい。

ア　気楽に書いて発信することができるネットの情報とは異なり、長く残ることを意識しながら、緊張感を持ち時間をかけて丁寧(ねい)に完成を目指すもの。

イ　他者の表現を無断で引用することが認められているネットの記事に対して、他者の表現を用いる時には引用元を明らかにす価値は、初めて論文を書いた日におよそ定まっており、その価値は下がっていないつもりである。

〈中略〉

先日、研究室で⑥機械翻訳に関する面白い議論があった。博士論文の執筆の際の利用に関しての是非である。そもそも博士論文は、自分自身の研究をもとに執筆する。しかし科学論文であるから盗用をしてはいけない。すでに出版された論文に掲載されている文章をそのまま、引用したと言わずに使うのは盗用である。では、自分が著者として出版した過去の論文から、引用したと言わずに使うのは、盗用だろうか？

「盗用」問題が世間で叫ばれた結果、このように不毛な議論をしなくてはならないのが悲しい。科学論文の価値を、ほかの論文とどのくらい文章表現が似ているかで決めるのは、ⅱナンセンスである。しかし、盗用ルールを厳密に適用すると、自分が出版した論文の文章ですら、博士論文の内容には使えないことになってしまう恐れがある。

そこで、機械翻訳を使うトリックがありうるのだ。まず、過去に自分が出版した英語論文を機械翻訳で日本語にする。そしてその文章をまた機械翻訳で英語にするのだ。そうすると、元の文章とは若干表現が違った文章が生成される。この方法で、内容は変えずに表現だけを変えることができるのだ。

例えば、本稿の冒頭の文章：

「風呂の湯船でゆっくりくつろいでいたら、風呂場の鏡に字のようなものが描かれていることに気がついた。」

を一度英語に機械翻訳し、そしてそれをまた日本語に機械翻訳してみよう。すると結果はこうなる。「浴槽でくつろいでいると、浴室の鏡に文字のようなものが描かれているのに気づきました。」

内容は同等で、見事に表現だけが変わっていることがわかる。このように文章「変換」をすると、科学論文で自動的に盗用を見つけるソフトウェアをすり抜けることができるというのだ。もちろんこれは冗談の話であり、実際にそれをやった人は聞いたことがない。

しかし、この方法の結果が示唆することは大変興味深い。翻訳とは文化観念の共通項でしか行えないので、その言語特有の文化背景が失われる。先の例でも、「湯船」が「浴槽」に変換されていたり、ということが見受けられる。つまり、ポジティブに捉えれば、日本語でしか伝わらないニュアンスはこの方法で消去できるのだ。

『吾輩は猫である』を英訳し、また日本語に翻訳すれば、「私は猫です」となる。「私」を表す多様な表現がある日本語の特徴を、機械翻訳は一瞬で消すことができるのだ。機械翻訳が、自分という個人が書いた文章の個性を消し去ることが、容易にわかる。

〈中略〉

小学生の娘が風呂場の鏡に残した文字を眺めていて、ふと、もう大学生になったもう一人の娘が、小さい頃に僕に渡してくれた手紙を思い出した。ひらがなが間違っているが、一所懸命に書いてくれたものだ。その文字が書かれたのは20年近く前のことになるし、手紙自体、もう残ってはいない。しかしその文字の情感は、自分の心にずっと残っている。

この文字の情感は、明らかに、その手紙をもらった当時の情感とは異なっている。現在では、娘のその後の人生が思い返されて、それと重なり、全く異なる情感を生み出している。文字に人生が重なる、その時に、文字は力を持つ。

としてなんらかの文字のような形を残せるが、その形は数秒で消えてしまう。それは情報としては持続時間が短すぎ、つまり儚すぎて、新たな情報の価値を生まないだろう。

ただ時々、虚空に数式を書く科学者がドラマに登場したりするが、あれは本当の話である。僕の知っている物理学者でも、考えるときに勝手に虚空を手が動いて、まるで見えない文字を書いているような仕草をする人がいる。僕自身がそういう動きをしているかどうかは、自分だからよくわからないが、少なくともそういう物理学者を何回か目撃したことがある。もちろんこれは、情報を残そうとしたり他人に伝えようとしているのではない。書くという動作を自分だけのために繰り返すことで、自分の思考の筋道を確認しようとしているだけである。

だから、風呂場の湯気に情報を残すことはできないし、湯気に描かれた情報の価値は、自分の脳の強化学習以上のものがない、つまり、[X]以上の効果がない。それは情報ではなく、情報を発信する以前の段階で必要なことである。

風呂の鏡面の文字情報、そして湯気に描こうとした文字情報が教えてくれることは、文字というビジュアル情報にはその存続時間という価値が伴う、ということだ。思い起こせば、インターネットとSNSが生まれる前までは、あらゆる個人が発する情報というものは、およそ恒久的な文字情報と、瞬間的に消滅する音声情報の二つしかなかった。この分担が、文字情報に恒久性という価値を押し付けていたのかもしれない。

風呂場の鏡面に描かれた文字は、その意味で特異であり、僕が子供の頃にそれに勤しんでいた理由も察せられるというものだ。

現在、1文字の価値は飛躍的に低くなっている。インターネット以前に、自分の書いた文字を流通させるためにどれほどの金額と労力がかかっていたかを想像するだけで、1文字の価値が相当に下がったことが分かる。いまや、ツイッターのタイムラインを眺めるだけで、個人が発し流通した文字情報が洪水のように流れては消えるのが観察される。

僕が学部生の頃には、一生で1冊、本が書ければ b本望だと思っていた。本1冊の文字数がおよそ10万字とすれば、一方で人間の人生はおよそ3万日であるから、平均すれば1日に3文字書くということになる。人に読んでもらう文章を1日3文字書く、これは、非常に難しいだろう、自分の人生で達成できるかどうかはわからない、そう思っていた。

ところが、である。今現在もこうして文章を書いている僕は、この連載だけでも、3カ月で9千字、つまり1日あたり百文字も書いてしまっているのだ。これには、文章を書いて人に読んでもらうことへの心理的障壁が、僕の中で非常に下がったことが反映している。その理由は、インターネットとSNSだ。

２０００年頃から、僕はネット上でブログを始めた。ブログには自分の気持ちを綴り、それが多くの人の目に留まる。個人の発する文字情報の価値が僕の中で大きく変わった瞬間だった。２０１０年からはツイッターを使うようになり、現在まで2万4千ツイート、これは一日で平均5ツイート。つまり一日あたり七百文字も、不特定多数に伝わる自分の考えを書いてしまっているのだ。④自分の中での1文字の価値が、二桁も三桁も下がってしまっているということだろう。

ただし、これを僕は悲しがっていたりはしない。自分の1文字の価値を、世の中の流れに沿って変えていっても良いと考えている理由がある。それは、⑤物理学者として書く研究論文の文字の価値と、日常に書く文字の価値を区別しているからである。

科学者は論文を書いてなんぼ、だ。僕は20年ほど物理学者をやって、ようやく１００編ほどの論文を書いた。自分の中での論文の1文字の

2024年度

浦和明の星女子中学校

【国語】〈第二回試験〉（五〇分）〈満点：一〇〇点〉

注意　字数制限のある場合は、句読点も一字と数えて答えること。

一　次の文章を読み、後の問いに答えなさい。〔　〕内の表現は、直前の語の意味です。なお、設問の都合上、本文を変更している部分があります。

風呂の湯船でゆっくりくつろいでいたら、風呂場の鏡に字のようなものが描かれていることに気がついた。湯気でくもった鏡面に現れた文字列は読み取りにくく、かえってそれを読みたいという気持ちを増強した。しかし、一部消えていたり、くもり方も一様でないため読めないのだ。

たぶん、小学生の娘が遊びで、鏡に指で何か字を描いたのだろう。風呂を出て娘に聞けば、その内容はすぐにわかるはずだ。しかし、読めそうで読めないところがクイズのようで、すぐに娘に尋ねてしまうのは僕のプライドに関わる問題だ。①僕は物理学者だから、クイズが与えられたときに、その答えが載っているページをすぐに見るような a 気性ではない、むしろ逆の行動をとってしまう。風呂という閉じ込められた環境で、それしか眺める部分がないように仕組まれた僕には、もうそのクイズを解くしか、チョイスはないのだ。

かくいう僕も、子供の頃には風呂場の鏡によく絵を描いていたものだ。ほかにも、冬に結露してしまった窓など、家でも学校でも電車でも、落書きをしていた。雪が降った日に、誰も踏み荒らしていない雪の場所を好んで歩くのと同じ感覚で、結露の上には自分の痕跡を残してやろうという義務を感じていた。なぜだろうか？

思うに、②結露の上に文字を描いてしまう理由は、まずは指で文字を描けるという手軽さがあったろうが、それに加えて、描かれた文字の儚さを楽しんでいたのではないか。

結露はすぐに消える運命にある。空気が乾燥したり陽が当たると水は相転移〔物質の状態が変化〕して気体になり蒸発してしまうだろうし、また逆に結露が続けば水滴が大きくなりやがてダラダラと流れて文字をかき消してしまう。結露はいずれにしても儚いのだ。

一方、人間の書く文字は情報だ。情報はおよそ、ほかの個人に伝えるため、記録のために存在している。すなわち情報の価値は、その存在期間が長いほど大きいだろう。すぐに消えてしまう情報は、たいした情報ではないのだ。

だから、文字はそもそも、儚いものではない。それなのに、結露の上に描かれた文字は儚い。そのズレを、僕は楽しんでいたのではないか。

ズレとは、情報の基準が揺らぐときのことだ。基準が揺らげば、そこに新たな価値が生まれる可能性がある。文字が消えてしまう前に、誰かがたまたま見るかもしれない。誰も見ないかもしれない。ここに、新しい可能性があるのだ。クラスでたった一人の人だけがそれを見たとしたら？　通りがかりの見知らぬ人が一人だけそれを見たとしたら？　③情報の持続時間が限られるからこそ、その情報が違った価値を持つということもありうる、その i ランダムさと儚さを僕は楽しんでいた。

結露の上の文字は、残るのが長くてもおよそ数時間であるから、儚さとしてちょうど良いだろう。人間の運動や密度を考えれば、数時間は、数名の人間がその場を通過する可能性のある時間だ。

一方例えば、風呂の湯気の中で手をぐるぐる動かせば、湯気の痕跡

2024年度

浦和明の星女子中学校 ▶解説と解答

算　数　<第２回試験>（50分）<満点：100点>

解　答

1 (1) 100　(2) 281番目　(3) 8000円　(4) ア　2　イ　2　(5) 2.5cm　(6) 20ｇ　(7) ①　8ｍ　②　1216m^2　**2** (1) 12日　(2) ５日　**3** (1) ア　30cm　イ　20cm　(2) ５分後　**4** (1) (12，６)，６個　(2) 55個目　(3) 38個目　**5** (1) ８ｍ，36個　(2) ３回　(3) 32個

解　説

1 計算のくふう，周期算，売買損益，相当算，平均とのべ，差集め算，表面積，濃度（のうど），植木算，面積

(1) 97×97－95×99＝97×97－95×(97＋２)＝97×97－95×97－95×２＝(97－95)×97－95×２＝２×97－95×２＝２×(97－95)＝２×２＝４より，$1\frac{1}{8}$÷0.6×５÷0.375×(97×97－95×99)＝$\frac{9}{8}$÷$\frac{3}{5}$×５÷$\frac{3}{8}$×４＝$\frac{9}{8}$×$\frac{5}{3}$×$\frac{5}{1}$×$\frac{8}{3}$×$\frac{4}{1}$＝100

(2) {○●○○●●}の６個の碁石（ごいし）がくり返し並んでいる。これを周期とすると，１つの周期の中に●は３個あるので，140÷３＝46余り２より，140番目の●は，46＋１＝47(番目)の周期の中の２個目の●，つまり，47番目の周期の中の５番目の碁石とわかる。これは，碁石全体の，６×46＋５＝281(番目)である。

(3) 定価を１として図に表すと，右の図１のようになる。図１より，定価の，0.2－0.1＝0.1にあたる金額が，640＋320＝960(円)とわかる。よって，(定価)×0.1＝960(円)より，定価は，960÷0.1＝9600(円)と求められる。すると，定価の１割引は，9600×(１－0.1)＝8640(円)となるから，仕入れ値は，8640－640＝8000(円)と求められる。

図１

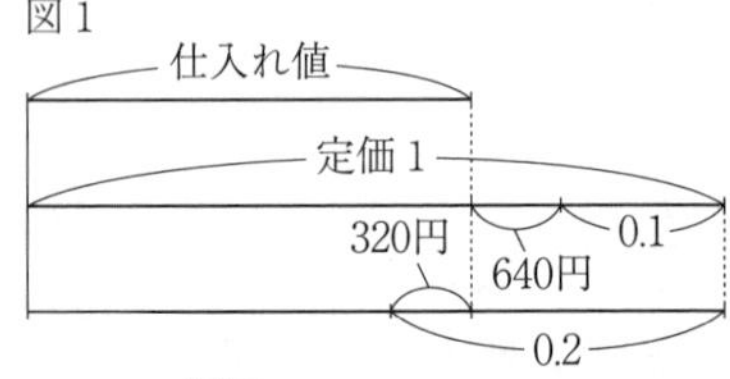

(4) 問題文中の表について，国語と算数の点数ごとの人数の合計(アとイを除く)を求めると，右の図２のようになる。図２で，アとイを除いた20人の合計点は，国語が，１×４＋２×８＋３×４＋４×２＋５×２＝50(点)，算数が，１×６＋３×３＋４×６＋５×５＝64(点)だから，算数の方が，64－50＝14(点)高い。また，クラス全員(24人)の算数と国語の平均点の差が0.5点なので，クラス全員の算数と国語の合計点の差は，0.5×24＝12(点)である。ここで，アとイの人数の合計は，24－20＝４(人)であり，アとイの部分の差(国語の合計点が算数の合計点よりもどれだけ高いか)を調べると，右の図３のように

図２

		算数の点数						
		0	1	2	3	4	5	計
国語の点数	0							
	1		2			2		4
	2		4	ア	1		3	8
	3			イ	1	3		4
	4						2	2
	5				1	1		2
	計		6		3	6	5	20

図３

ア(人)	0	1	2	3	4
イ(人)	4	3	2	1	0
差(点)	4	3	2	1	0

なる。よって，アとイの部分の差が，14−12＝2（点）となるのは，アが2，イが2のときとわかる。

⑸　右の図４のように，かげをつけた部分を立体の底面と考えると，高さは３cmになる。また，底面のまわりの長さは，長方形ABCDのまわりの長さと等しく，（８＋６）×２＝28(cm)である。よって，立体の側面積は，３×28＝84(cm^2)だから，かげをつけた部分の面積は，(145−84)÷２＝30.5(cm^2)とわかる。さらに，長方形ABCDの面積は，８×６＝48(cm^2)である。したがって，長方形AEFGの面積は，48−30.5＝17.5(cm^2)なので，AGの長さは，17.5÷５＝3.5(cm)，アの長さは，６−3.5＝2.5(cm)と求められる。

図４
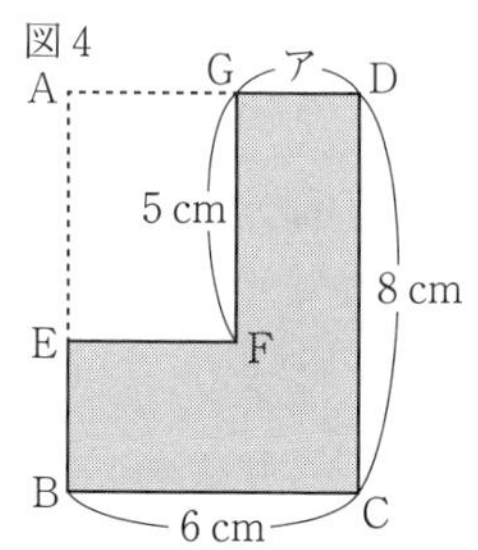

⑹　はじめにBに入っていた水の重さを⑥とすると，はじめにAに入っていた水の重さは①となる。また，食塩の重さが同じで濃度が５倍になるとき，食塩水の重さは$\frac{1}{5}$である。そこで，右の図５のように，Bにできた食塩水の重さを[5]とすると，Aにできた食塩水の重さは[1]になる。図５より，⑥−①＝⑤と，[5]−[1]＝[4]が同じ重さだから，①：[1]＝$\frac{1}{5}$：$\frac{1}{4}$＝４：５とわかる。よって，①＝４，[1]＝５とすると，食塩の重さ（５ｇ）は，５−４＝１になり，はじめにAに入っていた水の重さは４だから，５×４＝20(ｇ)と求められる。

図５
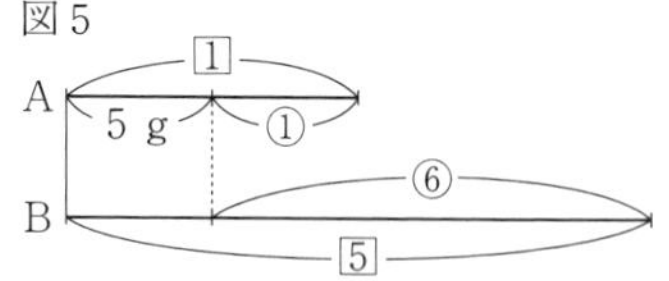

⑺　①　AF，EFの区間だけを２ｍ間隔（かんかく），他の区間を１ｍ間隔で打った後，AF，EFの区間も１ｍ間隔になるように打つには，くいが，144−136＝８（本）必要である。また，AF，EFは同じ長さである。よって，AFの区間には２ｍ間隔の部分が，８÷２＝４（か所）あるので，AFの長さは，２×４＝８（ｍ）と求められる。　②　畑のまわりの長さは，１×144＝144(ｍ)だから，BCとDCの長さの和は，144÷２＝72(ｍ)である。また，EDとDCは同じ長さであり，①よりBCとDCの長さの差は８ｍである。よって，DCの長さは，(72−８)÷２＝32(ｍ)，BCの長さは，32＋８＝40(ｍ)とわかるので，畑の面積は，32×40−８×８＝1216(m^2)と求められる。

2　仕事算，周期算

⑴　仕事全体の量を16と12と６の最小公倍数の48とすると，お母さんと明子さんが１日にする仕事の量の和は，48÷12＝４，お父さんも含（ふく）めた３人が１日にする仕事の量の和は，48÷６＝８だから，お父さんが１日にする仕事の量は，８−４＝４とわかる。よって，お父さんが１人ですると，終えるのに，48÷４＝12(日)かかる。

⑵　お母さんが１日にする仕事の量は，48÷16＝３なので，お母さんとお父さんが１日にする仕事の量の和は，３＋４＝７となる。よって，１日目は４，２日目は７，３日目は４，４日目は７，…のように，２日間で，４＋７＝11の仕事をすることをくり返すから，48÷11＝４余り４より，これを４回くり返し，さらに１日仕事をすると終わる。したがって，明子さんは，４＋１＝５（日）手伝ったことになる。

3　グラフ―水の深さと体積

⑴　右の図１の①→②→③の順に水が入る。問題文中のグラフより，①の部分に水を入れた時間が１分とわかるから，①の部分の容積は，12×１＝12(Ｌ)，つまり，12×1000＝

図１
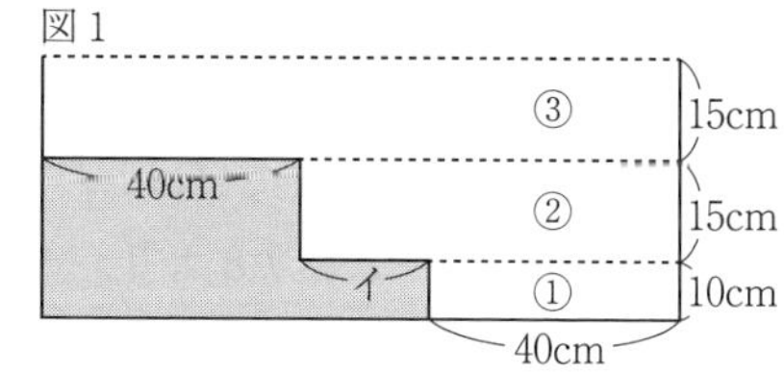

12000(cm³)となる。よって，ア×40×10＝12000(cm³)と表すことができるので，ア＝12000÷10÷40＝30(cm)と求められる。また，②の部分に水を入れた時間が，3分15秒－1分＝2分15秒だから，②の部分の容積は，$12\times2\frac{15}{60}$＝27(L)，つまり，27×1000＝27000(cm³)となる。したがって，②の部分の底面積は，27000÷15＝1800(cm²)なので，②の部分の横の長さは，1800÷30＝60(cm)となり，イ＝60－40＝20(cm)と求められる。

(2) (1)より，③の部分の容積は，30×(40＋20＋40)×15＝45000(cm³)，つまり，45000÷1000＝45(L)とわかる。また，③の部分に水を入れた時間は，8分－3分15秒＝4分45秒だから，③の部分の水の入れ方をまとめると，右の図2のようになる。毎分8Lの割合で4分45秒入れたとすると，$8\times4\frac{45}{60}$＝38(L)しか入らないので，実際よりも，45－38＝7(L)少なくなる。そこで，毎分8Lのかわりに毎分12Lの割合で入れると，1分あたり，12－8＝4(L)多く入れることができるから，毎分12Lの割合で入れた時間は，$7\div4=1\frac{3}{4}$(分)と求められる。よって，毎分8Lの割合に変えたのは，水を入れ始めてから，$3\frac{15}{60}+1\frac{3}{4}=5$(分後)である。

図2

毎分12L ⎫ 合わせて
毎分8L ⎭ 4分45秒で45L

4 条件の整理，周期算

(1) 順番に調べると下の図1のようになり，9個目の記録は(12，6)，そのとき手元にある切り分けたケーキは6個とわかる。

(2) 図1の続きを調べると下の図2のようになり，記録を11個とるたびに，Aの3個の丸いケーキをすべて切り分けて，Bに8箱を入れることがわかる。よって，図2の続きを調べると下の図3のようになり，最後にとった記録は，11×(15÷3)＝55(個目)となる。

(3) 図3より，(4，27)は33個目の記録と44個目の記録の間とわかる。そこで，34個目の記録から順に調べると，㉞(5，24)…手元8個，㉟(5，25)…手元5個，㊱(5，26)…手元2個，㊲(4，26)…手元10個，㊳(4，27)…手元7個となるので，(4，27)は38個目の記録である。

図1

	A	B	手元のケーキ	
①	(14，	0)	8	
				－3
②	(14，	1)	5	
				－3
③	(14，	2)	2	
				＋8
④	(13，	2)	10	
				－3
⑤	(13，	3)	7	
				－3
⑥	(13，	4)	4	
				－3
⑦	(13，	5)	1	
				＋8
⑧	(12，	5)	9	
				－3
⑨	(12，	6)	6	

図2

	A	B	手元のケーキ	
⑨	(12，	6)	6	
				－3
⑩	(12，	7)	3	
				－3
⑪	(12，	8)	0	

図3

	A	B	手元のケーキ
⑪	(12，	8)	0
⋮		－3)＋8	
㉒	(9，	16)	0
⋮		－3)＋8	
㉝	(6，	24)	0
⋮		－3)＋8	
㊹	(3，	32)	0
⋮		－3)＋8	
㊺	(0，	40)	0

5 条件の整理，整数の性質

(1) A君が歩く速さは秒速，60÷60＝1(m)だから，A君が3m歩くのにかかる時間は，3÷1＝3(秒)であり，A君は，3＋2＝5(秒)で3m進むことをくり返す。また，3分は，60×3＝180(秒)なので，3分後までにはこれを，180÷5＝36(回)くり返し，A君は全部で，3×36＝108(m)歩く。108÷50＝2余り8より，これは2周と8mとわかるので，3分後にA君はP地点から時計回りに8mのところにいる。次に，A君はP地点から時計回りに3m，3×2＝6(m)，3×3＝

９(m)，…，３×16＝48(m)，３×17＝51(m)(＝１周と１m)，…，３×33＝99(m)，３×34＝102(m)(＝２周と２m)，３×35＝105(m)，108mの地点で立ち止まっている(つまり，同じ地点で２回以上立ち止まっていない)。したがって，置かれている石の個数はＡ君が立ち止まった回数と等しく36個となる。

(2)　Ｂ君は５mごと，Ａ君は３mごとに立ち止まり，Ｂ君が歩く速さはＡ君よりも速いから，Ａ君は５と３の最小公倍数の15m歩くごとに，Ｂ君が置いた石を拾う。よって，Ａ君が１周するまでに石を拾うのは，Ｐ地点から時計回りに15m，15×２＝30(m)，15×３＝45(m)の地点の３回ある。

(3)　Ｂ君が歩く速さは秒速，75÷60＝1.25(m)なので，Ｂ君が５m歩くのにかかる時間は，５÷1.25＝４(秒)であり，Ｂ君は，４＋２＝６(秒)で５m進むことをくり返す。３分後までにはこれを，180÷６＝30(回)くり返すから，Ｂ君は全部で，５×30＝150(m)，つまり，150÷50＝３(周)歩く。また，Ｂ君は５mごとに立ち止まるので，Ｐ地点から時計回りに５m，10m，…，45m，50mの地点で３回ずつ立ち止まる。一方，Ａ君は15mごとにＢ君と同じ地点で立ち止まり，全部で２周と８m歩くから，Ｂ君が立ち止まる地点のうちＡ君も立ち止まるのは，右の図の○印をつけた７か所である。よって，Ｂ君が立ち止まる10か所の地点のうち，７か所は２人合わせて４回立ち止まり，３か所はＢ君だけが３回立ち止まるので，この中で石が置かれているのは３か所である。次に，Ａ君は全部で36か所で立ち止まるが，そのうちの７か所には石が置かれていないから，Ａ君が立ち止まる地点で石が置かれているのは，36－７＝29(か所)である。したがって，石は全部で，３＋29＝32(個)置かれている。

Ｐからの長さ	５m	10m	15m	20m	25m	30m	35m	40m	45m	50m
１周目			○			○			○	
２周目		○			○			○		
３周目	○									

社　会　＜第２回試験＞（理科と合わせて50分）＜満点：50点＞

解　答

Ⅰ　**問１**　(ア)　**問２**　(イ)　**問３**　(エ)　**問４**　(イ)　**問５**　(エ)　**問６**　(イ)　**問７**　(ア)　**問８**　(エ)　**問９**　(イ)　**問10**　(イ)　**問11**　(イ)　**問12**　(ウ)　**問13**　(イ)　**問14**　(ア)　**問15**　(エ)　Ⅱ　**問１**　(1)　(イ)　(2)　(エ)　(3)　(ウ)　**問２**　(ウ)　**問３**　(エ)　**問４**　(1)　関東大震災　(2)　(ア)　(3)　(ウ)　**問５**　(イ)　**問６**　(イ)　**問７**　(1)　(ア)　(2)　(イ)　**問８**　(ア)　Ⅲ　**問１**　(エ)　**問２**　(エ)　**問３**　(ア)　**問４**　(イ)　**問５**　(エ)　**問６**　(ア)　**問７**　(1)　(イ)　(2)　(ウ)　**問８**　(ウ)　**問９**　ユニセフ

解　説

Ⅰ　馬を題材とした問題

問１　(ア)　中国の歴史書『魏志(ぎし)』倭人伝(わじんでん)には，３世紀前半の倭(日本)に邪馬台国(やまたいこく)という国があり，女王の卑弥呼が30余りの小国を従えていたことや，卑弥呼が魏(中国)に使いを送り，皇帝から「親魏倭王」の称号や金印，銅鏡などを授(さず)けられたことなどが記されている。よって，正しい。

(イ)　大仙陵(大山)古墳は仁徳(にんとく)天皇の墓と伝えられているので，誤っている。なお，同古墳は５世紀ごろにつくられた前方後円墳で大阪府堺市に位置しており，日本最大の古墳として知られている。

(ウ)　卑弥呼が魏の皇帝から授けられたものと考えられる金印は見つかっていないので，誤っている。なお，江戸時代に志賀島(福岡県)で発見された金印は，「漢委奴国王」と刻まれており，57年に奴国の王が漢(後漢，中国)の皇帝から授けられたものと考えられている。　(エ)　仏教が日本に伝わったのは６世紀ごろであり，寺院が建てられるようになったのもそれ以降なので，誤っている。

問２　３世紀末から７世紀までを古墳時代と呼び，このころ日本の古代国家が成立した。古墳から出土するのは(イ)のはにわである。はにわは人や動物，住居などをかたどった素焼きの土製品で，古墳やその周囲などから出土する。なお，(ア)は縄文時代の遺物である土偶，(ウ)は戦国時代につくられた甲冑，(エ)は弥生時代の遺物である銅鐸である。

問３　坂上田村麻呂が征夷大将軍に任じられたのは797年，平将門の乱が起きたのは935年，藤原道長が摂政になったのは1016年，白河上皇により院政が始められたのは1086年なので，(エ)が正しい。

問４　奥州藤原氏の祖である藤原清衡は，馬や金などの産物を使って東北地方で勢力をのばし，後三年の役(1083～87年)の後，平泉(岩手県)に中尊寺を建てて金色堂をつくった。よって，(イ)があてはまる。なお，(ア)の大宰府に追放されたのは菅原道真，(ウ)の摂政や関白になって権勢をふるったというのは藤原氏の一族について述べた説明文である。また，(エ)について，戦国時代に対馬(長崎県)を支配した宗氏は朝鮮と貿易を行っていたが，中国やヨーロッパの国ぐにとは貿易を行っていない。

問５　(ア)　飛脚が発達したのは江戸時代なので，誤っている。　(イ)　庸は律令制度のもとでの税であり，都での労役のかわりに麻布などを運んで納めるものだったので，誤っている。　(ウ)　日明貿易において馬が輸出品となったことはないので，誤っている。　(エ)　室町時代には，馬を用いた馬借や，荷車を用いた車借などの運送業者が活躍した。よって，正しい。

問６　(ア)　「琉球処分」は，明治時代初期に行われた琉球王国の日本への編入(琉球藩や沖縄県の設置)のことである。また，「尚巴志」は，15世紀前半に琉球の３王国を統一し，琉球王国を建国した人物である。よって，誤っている。　(イ)　1972年に沖縄が日本に復帰した後も，沖縄のアメリカ軍基地は返還されず，現在も広大な基地が存在しているので，正しい。　(ウ)　第二次世界大戦(1939～45年)後，沖縄はアメリカ軍の統治下に置かれており，分割統治はされていなかったので，誤っている。　(エ)　沖縄県は工業生産額があまり高くないこともあり，県民所得が全国平均を上回ったことはないので，誤っている。

問７　(ア)　『徒然草』は鎌倉時代末期に兼好法師(吉田兼好)が著した随筆なので，正しい。　(イ)　御成敗式目(貞永式目)を制定したのは鎌倉幕府第３代執権北条泰時で，北条時宗は元寇を切り抜けた第８代執権なので，誤っている。　(ウ)　承久の乱を起こしたのは「後醍醐天皇」ではなく，「後鳥羽上皇」が正しい。なお，後醍醐天皇が倒幕計画に失敗した出来事は元弘の変と呼ばれ，天皇は後に隠岐(島根県)に流された。　(エ)　鎌倉幕府を開いたのは「義経」ではなく「頼朝」が正しい。義経は頼朝の弟である。

問８　倶利伽羅峠の戦いは，越中国(富山県)と加賀国(石川県)の境にある砺波山で起こった戦いで，源義仲が平氏の軍勢を破った。なお，(ア)の壇ノ浦(山口県)は1185年に源義経が平氏をほろぼした場所，(イ)の川中島(長野県)は戦国時代に甲斐国(山梨県)の武田信玄と，越後国(新潟県)の上杉謙信が５度にわたって戦った場所である。また，(ウ)の五稜郭は箱館(函館，北海道)にある星型の西洋式の城郭で，戊辰戦争(1868～69年)の最後の戦いが行われた場所として知られる。

問９　長崎の出島で行われたオランダとの貿易では，(ア)の生糸や(エ)の絹織物は中国産のもの，(ウ)の砂糖は東南アジアなどで生産されたものがさかんに輸入された。(イ)の茶は，江戸時代末期の開国後，日本からさかんに輸出されるようになったものなので，誤っている。

問10　(イ)の極東国際軍事裁判（東京裁判）は，第二次世界大戦での日本の戦争責任を明らかにするため，連合国が戦後（1946～48年）に行ったものなので，誤っている。なお，(ア)のロッキード事件は1976年，(ウ)のバブル景気は1980年代後半，(エ)の消費税の導入は1989年の出来事である。

問11　『日本書紀』は奈良時代の720年に完成した歴史書で，舎人(とねり)親王や太安万侶(おおのやすまろ)らによって編さんされ，元正天皇に献上(けんじょう)された。なお，(ア)の710年は元明天皇が平城京（奈良県）に都を移した年，(ウ)の794年は桓武(かんむ)天皇が平安京（京都府）に都を移した年である。また，(エ)の804年は平安時代の初期にあたり，最澄(さいちょう)と空海が唐（中国）に渡った年として知られる。

問12　(ア)　重要地に置かれたのは親藩や譜代大名なので，誤っている。なお，外様大名は江戸から遠い場所に配置され，たがいに監視させられた。　(イ)　江戸幕府第８代将軍徳川吉宗がさつまいもの栽培を研究させたのは青木昆陽(こんよう)なので，誤っている。なお，杉田玄白(げんぱく)はオランダ語の医学解剖(かいぼう)書『ターヘル＝アナトミア』を翻訳(ほんやく)し，『解体新書』として出版した蘭学(らんがく)者，平賀源内(ひらがげんない)は長崎で蘭学を学び，エレキテルと呼ばれる摩擦(まさつ)起電機をつくったことなどで知られる人物である。　(ウ)　江戸時代，幕府や藩は農家数軒ごとに五人組をつくらせ，年貢の納入や犯罪防止などに共同責任を負わせた。よって，正しい。　(エ)　幕府や藩は年貢による収入を増やすために新田開発を奨励(しょうれい)したので，誤っている。

問13　生類憐(しょうるいあわれ)みの令を出したのは，第５代将軍徳川綱吉である。

問14　(ア)は1904年（日露戦争の開始）で120年前，(イ)は1945年（日本の連合国に対する無条件降伏(こうふく)）で79年前，(ウ)は2011年（東日本大震災）で13年前，(エ)は2022年（中国の北京(ペキン)での冬季オリンピック）で２年前の出来事である。辰年(たつどし)は12年に１度，巡(めぐ)ってくるので，120年前の(ア)があてはまる。

問15　(ア)のソビエト連邦との国交の樹立と(イ)の普通選挙法の制定はともに1925年，(ウ)の日米和親条約の締結(ていけつ)は1854年，(エ)の岩倉使節団の派遣は1871年の出来事なので，(エ)が正しい。なお，ソビエト連邦は，1917年のロシア革命を経て1922年に成立した国である。

Ⅱ　JR武蔵野(むさしの)線沿線の自然環境(かんきょう)と産業を中心とした問題

問１　(1)　豊川用水は愛知県にあるので，(イ)が誤っている。同用水は天竜(てんりゅう)川の水を，豊川を経て渥美(あつみ)半島に引いている。なお，香川県にある用水としては，讃岐(さぬき)平野を流れる香川用水が知られている。　(2)　利根(とね)川の本流は，群馬県から埼玉県，茨城県，千葉県の順に流れ，太平洋に注いでいる。したがって，(エ)が正しい。なお，関東地方の都県のうち，利根川の本流や支流が流れていないのは神奈川県だけである。　(3)　徳川氏の一門である親藩のうち，紀伊藩（和歌山県），尾張藩（愛知県西部），水戸藩は「御三家」と呼ばれて特に重視された。徳川吉宗はそのうちの１つである紀伊藩の藩主から将軍となった。

問２　(ア)　1973年に起こったのは第一次石油危機なので，誤っている。この石油危機は，第四次中東戦争をきっかけとして発生した。なお，第二次石油危機はイラン革命をきっかけとして1979年ごろに起こった。　(イ)　1993年に成立したのはEU（ヨーロッパ連合）なので，誤っている。なお，EC（ヨーロッパ共同体）はEUの前身で，1967年に成立した。　(ウ)　さいたま市の説明として正しい。なお，同市は2001年に浦和市，大宮市，与野市が合併(がっぺい)して成立した。　(エ)　「富士山―信仰の対象と芸術の源泉」はユネスコ(国連教育科学文化機関)の世界文化遺産としてのみ登録されているので，誤っている。なお，日本の世界遺産のうち，複合遺産に指定されているものはない。

問３　コンテナは荷物を収納する大型の箱型の容器で，多様な荷物を収納できるうえ，そのままトラックや鉄道などに積みかえられるので，輸送を効率的に行える。したがって，(エ)が正しい。なお，鉄鉱石，石炭，液化天然ガス(LNG)，自動車は，それぞれ専用船で運ばれることが多い。

問４　(1)「1923年９月に発生した」とあるので，関東大震災と判断できる。なお，さいたま市大宮区盆栽町は，関東大震災の後，東京都文京区周辺の盆栽業者たちが移り住んだことをきっかけに発展し，現在も風情のある街並みが広がっている。　(2)　(ア)「大宮第二公園」や「大和田公園」は河川にはさまれた地域にあり，付近にある池は河川の氾濫に備えるための調整池と考えられるので，正しい。　(イ)「大宮公園」内の「氷川神社」の付近には神社(⛩)だけでなく寺院(卍)も見られるので，誤っている。　(ウ)「大和田公園」の北には水田(〻)だけでなく畑(∨)も広がっているので，誤っている。なお，見沼は旧大宮市や旧浦和市，川口市などにわたって存在した巨大な沼で，江戸時代に干拓されて新田が開発され，見沼田んぼと呼ばれるようになった。　(エ)「大和田公園」の北に標高18.2mの三角点(△)が見られるので，誤っている。　(3)　2023年２月，国土地理院が日本の島の数は14125であると発表した。これまで日本の島の数は昭和62年に海上保安庁の公表した6852(海岸線0.1km以上のもの)とされてきたが，「電子国土基本図」をもとにコンピュータを使って計測し直したところ，倍以上となった。

問５　日本が輸入している魚介類はさけ・ます類が13.4％，かつお・まぐろ類が11.6％，えびが11.1％の順で上位を占めている(A…えび)。また，えびの輸入先はインド，ベトナム，インドネシアなどアジアの熱帯地域が中心(Y)なので，組合わせは(イ)である。なお，Bはうに，輸入先Xは木材のものである(2021年)。

問６　ラムサール条約(正式名称は「特に水鳥の生息地として国際的に重要な湿地に関する条約」)は，多様な生態系を持つ湿地や干潟などを保護するための条約である。谷津干潟(千葉県)のほか，(ア)の尾瀬(福島県・群馬県・新潟県)，(ウ)の釧路湿原(北海道)，(エ)の琵琶湖(滋賀県)などが登録地となっており，(イ)の霞ヶ浦(茨城県)は登録を目指している。

問７　(1)　日本の水力発電所は，ダムがある山間部に建設されることが多い。また，千葉県には高い山がないので，水力発電の発電量が０となっている(ア)が千葉県と判断できる。なお，(エ)は原子力発電の発電量が多いことから，若狭湾沿岸に多くの原子力発電所が建設されている福井県とわかる。残った(イ)，(ウ)のうち，(ウ)は火力発電の発電量が多いことから，東京湾沿岸に多くの火力発電所が建設されている東京都となり，もう一方の(イ)は埼玉県となる。　(2)　日本なしとだいこんの生産量が非常に多い(ア)は千葉県，だいこんとみかんの生産量が多い(ウ)は神奈川県，生産量が全体的に少ない(エ)は東京都，残る(イ)が埼玉県と判断できる。

問８　流山市(千葉県)について述べた説明文は(ア)である。なお，(イ)は府中市(東京都)，(ウ)は川口市(埼玉県)，(エ)は所沢市(埼玉県)に当てはまる。

Ⅲ　日本の政治・経済・社会についての問題

問１　(ア)「１府21省庁」ではなく「１府14省庁」であり(2024年２月現在)，法律をつくるのは国会なので誤っている。　(イ)　日本国憲法第68条では，「内閣総理大臣は，国務大臣を任命する。但し，その過半数は，国会議員の中から選ばれなければならない」と定められている。よって，誤っている。　(ウ)　日本国憲法第69条では，「内閣は，衆議院で不信任の決議案を可決し，又(また)は信任の決議案を否決したときは，10日以内に衆議院が解散されない限り，総辞職をしなければならない」と定められている。よって，誤っている。　(エ)　閣議の説明として正しい。なお，閣議は原則として非公開で行われ，その決定は全員一致により行われる。

問２　(ア)　民事裁判は，原告が被告を訴(うった)えることで始まる。一方，刑事裁判は，警察が逮捕した容疑者(被疑者)を検察官が取り調べ，容疑が固まった場合に起訴(きそ)することで始まる。よって，誤っている。　(イ)　裁判員制度が導入されたのは，「民事裁判」ではなく「刑事事件」である。なお，裁判員裁判は，殺人などの重大な刑事事件の第一審(地方裁判所)を対象としている。　(ウ)　民事裁判・刑事裁判ともに，裁判は原則として３回まで行うことができる。よって，誤っている。(エ)　刑事裁判の説明として正しい。なお，民事裁判は個人，あるいは企業の間における権利や義務をめぐる争いを裁く裁判である。

問３　「一票の格差」とは，選挙区の人口によって議員１人あたりが当選するのに必要な得票数に大きな開きがあるという問題なので，(ア)が誤っている。

問４　(ア)　都道府県知事の被選挙権は，参議院議員と同じく満30歳以上なので，誤っている。(イ)　地方公共団体の行政の責任者を首長といい，都道府県知事と市町村長がこれにあたる。よって，正しい。　(ウ)　首長選挙は，その地方公共団体に住む満18歳以上の者による直接選挙によって行われるので，誤っている。　(エ)　政令は，法律の施行(しこう)のために内閣が定める細目である。地方公共団体の中で適用されるきまりは条例であり，その制定や改廃を行う権限は，その地方公共団体の議会にある。よって，誤っている。

問５　①は「最低限度の生活が送ることができない人に対して」とあることから，公的扶助(ふじょ)であり，生活保護という形で援助が行われる。②は「自立して生活を営むことが困難な人に対して」とあることから，社会福祉(ふくし)であり，さまざまな施設の建設や就労援助などが行われる。③は「国民の健康増進」や「病気の予防などに取り組む」とあることから，公衆衛生であり，感染症(しょう)対策に代表されるような保健所の仕事が中心となる。

問６　(ア)　技能実習制度の説明として正しい。なお，この制度には問題点も多いことから2024年２月現在，見直しが検討されている。　(イ)　外国人は参政権などは保障されていないので，誤っている。　(ウ)　雇用(こよう)形態(正規・非正規)や国籍を問わず，全ての労働者の給与の最低水準は最低賃金法などの法律で定められているので，誤っている。なお，実際には外国人労働者を日本人の最低基準より低い賃金で働かせるような事例がしばしば起きていたことから，外国人労働者を保護するための「技能実習法」が2017年に制定された。　(エ)　日本では働き手が減り続けており，外国人労働者を帰国させる取り組みも行われていないので，誤っている。

問７　(1)　一般会計における「予備費」とは，予定外の支出や当初予算では不足する事態に備えてあらかじめ計上される費用のことである。使いみちを決めずに設けられるのが原則であるが，2023年度一般会計においては，前年度に引き続き「新型コロナ対策」のための費用が設けられた(②)ほか，「ウクライナ情勢」の対応(①)のためや「原油価格・物価高騰(こうとう)対策」のための費用(③)などが予備費として当初予算に計上された。よって，組合せは(イ)である。　(2)　国税収入の中心となるのは，長い間所得税と法人税の２つであったが，2010年代以降，消費税の占(し)める割合が急増しており，近年は税収の中で最も大きな割合を占めるようになっている。よって，(ウ)が選べる。

問８　天然ガスは化石燃料の一種であり，再生可能エネルギーではないので，(ウ)が誤っている。なお，環境問題に対する今後の日本のエネルギー方針について定めた「GX(グリーントランスフォーメーション)実現に向けた基本方針」では，カーボンニュートラルおよび脱炭素の実現に向けていっそう努力することや，2030年度の電源構成について，再生可能エネルギーの比率36～38％の達成をめざすこと，さらに原子力発電についても，二酸化炭素を排出せず，出力が安定しているエネルギー源としてこれを活用し，2030年度の電源構成において20～22％を達成することなどが示されているので，(ア)と(イ)はともに正しい。また，パリ協定は2015年にフランスの首都パリで開かれた気候変動枠(わく)組(ぐ)み条約第21回締約(ていやく)国会議(COP21(コップ))で結ばれたもので，日本も署名しているので，(エ)も正しい。

問９　1964年，国連児童基金は第二次世界大戦で被災した子どもたちを支援するために設立された。略称をユニセフ(UNICEF)といい，主に発展途上国や紛争地域などの子どもを援助し，その基本的人権の実現をめざす活動をしている。

理　科　＜第２回試験＞（社会と合わせて50分）＜満点：50点＞

解　答

1　問１　D　ウ　F　ア　問２　①と③　問３　(a)　オ　(b)　あ　ウ　い　ウ　う　イ　2　問１　ア，エ　問２　4.64g　問３　ウ　問４　(a)　9.45g　(b)　8.68g　3　問１　(例)　アザラシをつかまえる(行動)　問２　(a)　ウ　(b)　エ　問３　ア，エ　問４　イ　問５　イ，オ　4　問１　イ，エ　問２　ウ　問３　オ　問４　オ　問５　キ

解　説

1　豆電球のつなぎ方と明るさについての問題

問１　表１より，豆電球に流れる電流の大きさが豆電球Aよりも大きいときには，豆電球Aよりも明るく点き，豆電球に流れる電流の大きさが豆電球Aと同じときには，豆電球Aと同じ明るさで点く。したがって，流れる電流が豆電球Aより小さい豆電球Dは，豆電球Aよりも暗く点き，流れる電流が豆電球Aと同じである豆電球Fは，豆電球Aと同じ明るさで点く。

問２　端子(たんし)①と端子③に豆電球Yをつなぐと，豆電球Xと豆電球Yが，図２の豆電球Dと豆電球Eのように直列につながり，流れる電流が豆電球Aより小さくなるので，豆電球Yが豆電球Aよりも暗く点く。

問３　(a)　表２より，端子①と端子②に豆電球Yをつないだときに，豆電球Xと豆電球Yは直列つなぎになって電池１個に(または並列つなぎの電池２個に)つながっていることがわかる。これに適する回路はア，オ，カである。これらのうち，端子①と端子③に豆電球Yをつないだときに，豆電球Yだけが豆電球Aよりも明るく点くのは，豆電球Yだけが直列つなぎの２個の電池につながる回路で，適するのはオとカである。オとカのうち，端子①と端子④に豆電球Yをつないだときに，どちらも点かないのは，オである。　(b)　端子②と端子③に豆電球Yをつないだときは，豆電球Xと豆電球Yが直列つなぎとなり１個の電池につながるので，豆電球Xと豆電球Yは豆電球Aよりも

暗く点く。同様に，端子②と端子④に豆電球Ｙをつないだときも，豆電球Ｘと豆電球Ｙが直列つなぎとなり１個の電池につながるので，豆電球Ｘと豆電球Ｙは豆電球Ａよりも暗く点く。また，端子③と端子④に豆電球Ｙをつないだときは，直列つなぎになった２個の電池に豆電球Ｙだけがつながるので，豆電球Ｘは点かず，豆電球Ｙは豆電球Ａよりも明るく点く。

2 酸素の作用とビタミンＣのはたらきなどについての問題

問１　酸素は大気(空気)の体積の約21％をしめており，においや色はなく，自分自身は燃えないが，ものを燃やすはたらき(助燃性)がある。また，肺で血液中に取り入れられる。なお，大気の体積の約78％をしめているのは窒素(ちっそ)，石灰水を白くにごらせるのは二酸化炭素である。

問２　表１から，チロシン５ｇがすべてホモゲンチジン酸に変化した場合，$3.36\times\frac{5}{3.62}=4.640\cdots$より，4.64ｇのホモゲンチジン酸ができるとわかる。

問３　実験１，実験２の結果より，ビタミンＣの水溶液(すいようえき)は酸性であることがわかる。同じ酸性の水溶液はウの塩酸である。なお，アの水酸化ナトリウム水溶液，イのアンモニア水，エの石灰水(水酸化カルシウム水溶液)はアルカリ性の水溶液なので，実験１では青色に変化し，実験２では変化なしという結果になる。オの食塩水は中性の水溶液なので，どちらの実験の結果も変化なしとなる。

問４　(a)　表２から，でんぷん8.7ｇからつくることができるビタミンＣは，$7.92\times\frac{8.7}{7.29}=9.451\cdots$より，9.45ｇと求められる。　(b)　表３から，酸素600cm^{3}によって起こる変化を防ぐために必要なビタミンＣは，$7.92\times\frac{600}{504}=9.428\cdots$より，9.43ｇとわかる。よって，表２から，この重さのビタミンＣをつくるために必要なでんぷんは，$7.29\times\frac{9.43}{7.92}=8.679\cdots$より，8.68ｇとなる。

3 動物園の工夫についての問題

問１　ホッキョクグマは，餌(えさ)であるアザラシを追いかけたり，海の中からうかび上がってくるアザラシを待ちぶせしたりして生活していると述べられている。したがって，ほっきょくぐま館のカプセルは，ホッキョクグマがアザラシをつかまえる行動を見せるための工夫だと考えられる。

問２　(a)　赤石山脈(南アルプス)は3000ｍを超(こ)える山々が連なった山脈なので，ウが選べる。なお，ニホンカモシカは本州，四国，九州のけわしい山岳地帯にすむウシ科の動物で，主に森林の植物の葉や芽などを食べる。　(b)　野生のシロテテナガザルが生息しているインドネシアのスマトラ島は，熱帯地域にあると説明されている。熱帯地域では，さまざまな種類や高さの樹木が一年中多く茂(しげ)っているので，エがふさわしい。

問３　吐(は)き戻(もど)しは，決められた時間に，エネルギーを多く含(ふく)む果物や野菜を，一度にまとめて与(あた)えることが原因と考えられていると述べられている。また，野生ではエネルギーを多く含む食べ物はなかなか手に入らないとも述べられている。よって，アのような食べ物を見つけにくい状態にする対策や，エのようなあまりエネルギーを含まない餌なども与える対策があてはまる。

問４　①にはオ，②にはウ，③にはエ，④にはアが対応するが，イは対応する動物の繁殖(はんしょく)に関する特徴(とくちょう)がない。

問５　動物園ではふつう動物を売り買いしないので，イはふさわしくない。また，動物園ではその動物が本来住んでいた環境(かんきょう)を再現する工夫がされていて，日本の自然に放すことはしていないので，オも誤りと判断できる。

4 川の流れのはたらきと地形についての問題

問１　川が山の中から急に平地に出る所では，川の流れの速さが急激に遅くなるため，川の流れによって運ばれてきたものが川をうめた平らな土地ができる。このようにしてできた扇形のゆるやかな斜面を扇状地という。

問２　上流から下流に向かって石が運ばれていくと，途中でぶつかり合ったりこすれ合ったりして角がとれ，丸みをおびるようになる。また，ぶつかり合うことでこわれ，石の大きさはしだいに小さくなっていく。

問３　川が曲がって流れている場所では，曲がりの外側は流れが速いため川底は深く，川岸は切り立ったがけになっていることが多い。一方，曲がりの内側は流れが遅いため，粒の小さい石などもたい積して川原をつくっていることが多い。したがって，オがふさわしい。

問４　図３のように蛇行している川では，曲がりの外側がしん食されて曲がり方が急になり，内側にはたい積物が積もっていくため，蛇行のしかたがオのように大きくなる。また，蛇行が進むと，洪水のときなどに川の曲がり角がこわれて，図４のように新しい川すじに水が流れるようになる。このとき，それまでの川すじが三日月形にとり残され，三日月湖（河跡湖）ができることがある。

問５　洪水によって川岸から水があふれると，運ばれてきた土砂の大きな粒は川沿いにたい積して自然堤防をつくり，その背後の土地には泥などの小さい粒の土砂がたい積する。このような土地は，水はけの悪い湿地帯であるため，水田に利用されることが多い。

国　語　＜第２回試験＞（50分）＜満点：100点＞

解　答

一　**問１**　a　きしょう　b　ほんもう　**問２**　無　**問３**　ウ　**問４**　A　存在期間　B　ズレ　**問５**　エ　**問６**　ウ　**問７**　i　インターネットとSNS　ii　金額と労力　iii　個人の発する文字情報　**問８**　ア　**問９**　Ⅰ　見事に表現　Ⅱ　座布団　**問10**　⑴　ア　文字に人生が重なる　イ　文字の情感　⑵　a　生身の人間　b　心が揺さぶられる

二　**問１**　a，c　下記を参照のこと。　b　なっとく　d　おぎな（う）　**問２**　ア　**問３**　エ　**問４**　ウ　**問５**　イ　**問６**　ウ　**問７**　i　やりたい　ii　つながり　**問８**　ア　**問９**　自分の居場所　**問10**　（例）金継ぎは欠けた器を修復する技法で，中でも呼び継ぎは，欠けたところをほかの器のかけらで補う技法である。家の中で自分の居場所を見つけ出せず心が傷ついていた美雨は，金継ぎに出会ったことで，自分の心も癒されるように感じていた。その後，家出事件を経たことで，自分の家族は呼び継ぎの花瓶のように，より魅力的なものになるだろうと感じるようになった。

●漢字の書き取り

二　**問１**　a　格子　c　喜色

解　説

一　**出典：橋本幸士「物理学者のすごい日常　第７回　１文字の価値」（「kotoba」2023年春号掲載）。**小学生の娘が風呂場の鏡に書いた字のようなものをきっかけに，文字情報について考えたさまざまな思いをつづっている。

問１　**a**　生まれつきの性質。気質。　**b**　望みを達して満ち足りること。

問２　空欄には「無」が入る。「ランダム」は，でたらめなようす。「無作為」は，自分の考えを入れないで行うようす。二重傍線部ｉの前の部分に「文字が消えてしまう前に，誰かがたまたま見るかもしれない。誰も見ないかもしれない」とあることが参考になる。また，「ナンセンス」，「無意味」は，意味をなさないこと。二重傍線部ⅱの前の部分に「不毛な議論」（＝成果の得られない議論）とあることが参考になる。

問３　直後に「クイズが与えられたときに，その答えが載っているページをすぐに見るような気性ではない，むしろ逆の行動をとってしまう」とあるので，「逆の行動」をとる人の特徴を説明しているウが選べる。

問４　**A**　空欄Ａの前に「文字情報の価値」とあり，傍線部②の二つ後の段落に「人間の書く文字は情報だ」，「情報の価値は，その存在期間が長いほど大きいだろう」とあるので，「存在期間」がぬき出せる。　**B**　空欄Ｂの直前に「情報の基準の」とあり，傍線部②の四つ後の段落に「ズレとは，情報の基準が揺らぐときのことだ」とあるので，「ズレ」が入る。

問５　「情報の持続時間が限られる」とは，結露の文字のように儚く消えてしまう情報であるということ。そのような情報を「一人の人だけ」，「一人だけ」が見たときに「その情報が違った価値を持つ」ことについて，筆者は説明している。よって，「間もなく見られなくなる」情報を，「押し寄せ」た「観光客」だけが見るというエがふさわしい。なお，アの「虹」も「情報の持続時間が限られる」が，「クラス全員」が見るので，合わない。

問６　直前に，前で述べた内容を別の言葉で言いかえるはたらきの「つまり」がある。また，直後に「以上の効果がない」とある。よって，空欄Ｘには「自分の脳の強化学習」と同じような表現が入るので，ウの「自分の記憶力を高める」が選べる。

問７　**ｉ**　直後に「登場」とあることに注意する。傍線部④の直前の段落で，傍線部④の前提である「インターネットとSNS」の登場について説明されている。　**ⅱ**　前後に「以前ほど多くの」，「必要」とあることに注意する。傍線部④の三つ前の段落で，「インターネット以前」には「どれほどの金額と労力」が必要だったかという話題が取り上げられている。　**ⅲ**　直後に「を流通させる」とあることに注意する。傍線部④の三つ前の段落に「自分の書いた文字を流通させる」とあるので，傍線部④をふくむ段落の「個人の発する文字情報」がぬき出せる。

問８　筆者は「文字というビジュアル情報にはその存続時間という価値が伴う」，「僕は20年ほど物理学者をやって，ようやく100編ほどの論文を書いた」と述べている。よって，「長く残る」，「時間をかけて丁寧に完成を目指す」とあるアがよい。

問９　**Ⅰ**　直前に，「日本語の文章を英語に機械翻訳し，その文章をまた日本語に機械翻訳すると」とあることに注意する。少し後で，日本語の文章を「一度英語に機械翻訳し，そしてそれをまた日本語に機械翻訳」した結果について，「内容は同等で，見事に表現だけが変わっている」と述べられている。　**Ⅱ**　後に「二度機械翻訳すると」とあることに注意する。その場合，「内容は同等で，見事に表現だけが変わっている」という結果が得られるので，「クッション」に変わったのは「座布団」と判断できる。

問10　**⑴**　**ア，イ**　空欄イの直後に「見るたびに変わっても」とあることに注意する。本文の最後のほうに「この文字の情感は，明らかに，その手紙をもらった当時の情感とは異なっている」とあるので，空欄イには「文字の情感」が入る。また，「文字の情感」の変化は「文字に人生が重なる」ために生じていると述べられているので，空欄アには「文字に人生が重なる」があてはまる。

⑵　a　「明子」は《資料》の中では「生身の人間」にあたる。　b　「生身の人間」でないアンドロイド(＝人間型ロボット)に「心が揺さぶられるとは考えられない」と述べられているので，逆に，「生身の人間」には「心が揺さぶられる」と考えられる。

二　**出典：八束澄子『ぼくたちはまだ出逢っていない』**。中学二年生の美雨は，金継ぎで修復された「月光」という茶碗と出会ったことで，金継ぎ教室に通うことになる。

問１　a　細い木や竹を縦横に組んだもの。「格子戸」は，格子を組みこんである戸。　b　他人の考えや行動などを十分に理解して受け入れること。　c　喜んでうれしそうな顔つき。「喜色満面」は，顔じゅうが喜びに満ちあふれているようす。　d　音読みは「ホ」で，「補修」などの熟語がある。

問２　前の部分に「『月光』／つい声に出して呼びかけていた」，「『月光』はこたえない。あたりまえだ，茶碗だもの。だがそう思ったとたん，『月光』の月がピカリと光った」とあるので，アがふさわしい。「月光」は茶碗だから当然こたえないと思っていたのに，まるで呼びかけにこたえるように金継ぎの部分が光ったので，美雨は驚いたのである。

問３　「地団駄を踏む」(本文では「地団太」)は，怒りやくやしさなどの気持ちがたかぶって，地面を激しく踏みならす動作をすること。

問４　帰ってきた美雨に母親は「心配させて，もう！」と言い，警察への電話で塚本さんは「つい心配してしもて」と言っている。したがって，空欄Ｘ以降を「心配かけてごめんなさいだ。素直にそう思った」とするのが合う。

問５　美雨は金継ぎ教室の棚の生活雑貨を見て，割れてしまった「塚本さんの湯飲み」と，「悲しそうにかけらを集めていたお母さんのつぶやき」を思い出している。そして，「――いつかあれを直してあげたい」と思っているので，「母の心を癒してあげられるかもしれない」とあるイがふさわしい。

問６　前で園田さんが「行くあてもやりたいことも見つからなくて京都をうろついているうちに，いつのまにか，ここにたどりついてた」と言っており，美雨が「あたしも町をうろついてたら，いつのまにか，ここにきてた」と言っているので，「行き場のない人たち」とあるウが選べる。なお，「ふきだまり」は，風にふきつけられた雪や木の葉などが集まった場所。転じて，ほかに行くあてのない人や落ちぶれた人などが集まる場所。

問７　i　仕事で心が傷ついていた園田さんは，「やりたいこと」として金継ぎに出会っている。また，家族のことで心が傷ついていた美雨も，金継ぎに出会い，「やってみたいです」と言っている。よって，「やりたい」がぬき出せる。　ii　美雨は金継ぎに出会ったことで，「漆の利用法」について，「今，自分もその長いつながりの端っこに連なってると思」っている。美雨の園田さんたちとの「つながり」も，金継ぎに出会ったことで新たに得たものである。

問８　傍線部⑥，⑦のような大也のようすに接した美雨は「悪い気はしなかった」と感じているので，「自然体で接している」とあるアがよい。

問９　美雨は，新しい家族になじむことができなかったため，家を「自分の居場所だって思えない」と感じていた。しかし，大也の笑顔を見たことで，「はじめて美雨は，この家にきてよかったと思った」のだと考えられる。

問10　美雨の家族のようすが，「ようこんなバラバラなかけらを呼び集めて，こんなすごいもんつくるもんや。そんじょそこらの完品より，よっぽど魅力的や」に重ねられていることに注意する。金継ぎは欠けた器を修復する技法で，中でも呼び継ぎは，欠けたところをほかの器のかけらで補う技法である。美雨が家の中で自分の居場所を見つけ出せないと感じていたときには，金継ぎに出会ったことで，自分の心も癒されるように感じていたはずである。その後，美雨は家出事件以降の家族のようすにふれたことで，自分の家族は呼び継ぎの花瓶のように，より魅力的なものになるだろうと感じるようになったと考えられる。

Dr.福井の

入試に勝つ！ 脳とからだのウルトラ科学

復習のタイミングに秘密あり！

算数の公式や漢字，歴史の年号や星座の名前……。勉強は覚えることだらけだが，脳は一発ですべてを記憶することができないので，一度がんばって覚えても，しばらく放っておくとすっかり忘れてしまう。したがって，覚えたことをしっかり頭の中に焼きつけるには，ときどき復習をしなければならない。

ここで問題なのは，復習をするタイミング。これは早すぎても遅すぎてもダメだ。たとえば，ほとんど忘れてしまってから復習しても，最初に勉強したときと同じくらい時間がかかってしまう。これはとっても時間のムダだ。かといって，よく覚えている時期に復習しても何の意味もない。

そもそも復習とは，忘れそうになっていることを見直し，記憶の定着をはかる作業であるから，忘れかかったころに復習するのがベストだ。そうすれば，復習にかかる時間が一番少なくてすむし，記憶の続く時間も最長になる。

では，どのタイミングがよいか？　さまざまな研究・発表を総合して考えると，１回目の復習は最初に覚えてから１週間後，２回目の復習は１か月後，３回目の復習は３か月後――これが医学的に正しい復習時期だ。復習をくり返すたびに知識が海馬（かいば）（脳の，知識をためる倉庫みたいな部分）にだんだん強くくっついていくので，復習する間かくものびていく。

この計画どおりに勉強するには，テキストに初めて勉強した日付と，その１週間後・１か月後・３か月後の日付を書いておくとよい。あるいは，復習用のスケジュール帳をつくってもよいだろう。もちろん，計画を立てたら，それをきちんと実行することが大切だ。

ちなみに，記憶量と時間の関係を初めて発表したのがドイツのエビングハウスという学者で，「エビングハウスの忘却（ぼうきゃく）曲線」として知られている。

Dr.福井（福井一成（ふくいかずしげ））…医学博士。開成中・高から東大・文Ⅱに入学後，再受験して翌年東大・理Ⅲに合格。同大医学部卒。さまざまな勉強法や脳科学に関する著書多数。

2023年度 浦和明の星女子中学校

【算　数】〈第１回試験〉（50分）〈満点：100点〉

注意　コンパス，定規，分度器，計算機は使用しないこと。

1　次の各問いに答えなさい。

(1)　$2.9\times3.4-\left(1\frac{1}{2}\times2\frac{2}{3}+\frac{9}{25}\right)$を計算しなさい。

(2)　次の空欄（くうらん）□に入る数を答えなさい。

濃度（のうど）□％の食塩水220ｇと，濃度８％の食塩水80ｇと，濃度10％の食塩水120ｇを混ぜると，濃度７％の食塩水ができる。

(3)　あるお寿司（すし）屋さんには，松・竹・梅の３種類のメニューがあります。１つあたりの値段については，松は竹より800円高く，梅の２倍です。また，竹２つと梅１つの値段の合計は5900円でした。松１つの値段はいくらですか。

(4)　次の□に当てはまる整数をすべて答えなさい。

$\frac{32}{59}<\frac{7}{\square}<\frac{2}{3}$

(5)　右の図は，直角三角形ABCの辺ABが辺BCに重なるように折ったものです。このとき，斜線（しゃせん）部分の面積を求めなさい。

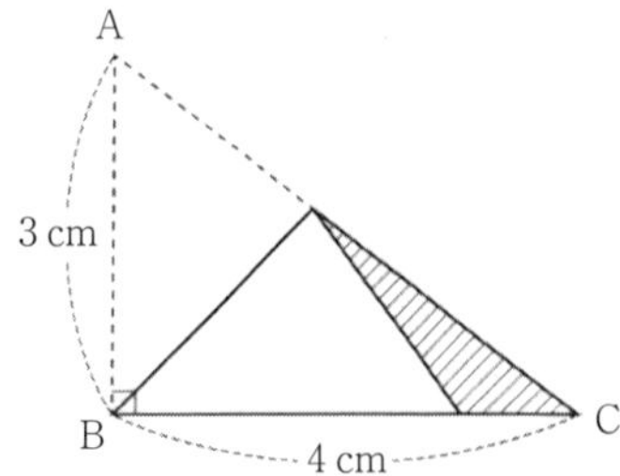

(6)　下の図のように，半径２cm，３cm，４cmの半円と直線を組み合わせてできた図形があります。斜線部分の面積の和を求めなさい。ただし，円周率は3.14とします。

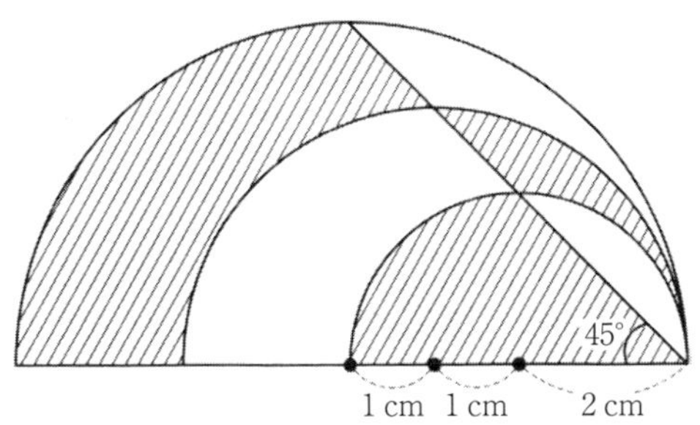

(7)　図１のような水の入った直方体の形をした水そうに，図２のような三角柱の形をしたおもりを，縦40cm，横60cmの長方形の面を下にして入れたところ，水の深さが20cmになりました。このとき，次の問いに答えなさい。ただし，答えが整数にならないときは，帯分数で答えなさい。

①　おもりを水そうから取り出したとき，水の深さは何cmになりますか。

②　①の後で，おもりを底辺60cm，高さ40cmの直角三角形の面を下にして入れました。このとき，水の深さは何cmになりますか。

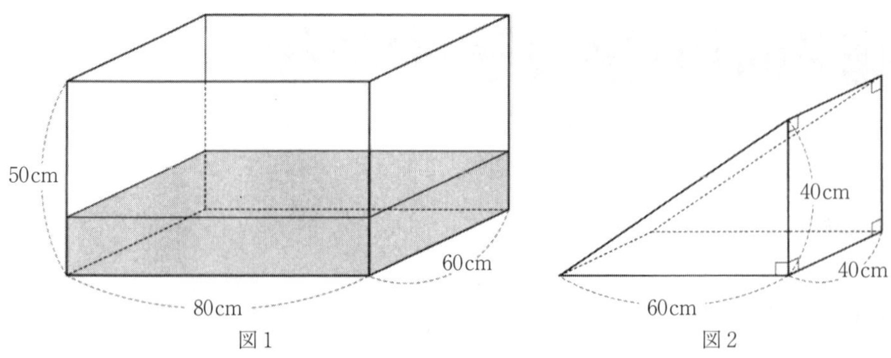

図１　　図２

2　川の上流にあるＰ地点から下流にあるＱ地点までは25200ｍあります。船ＡはＰを出発して，この間を往復しました。船Ｂは船ＡがＰを出発した10分後にＱを出発して，この間を往復しました。船ＢはＰで折り返してＱに向かっている途中(とちゅう)で，エンジンを止め，川の流れにまかせて進みました。その後，またエンジンを動かして前と同じ速さで進み，船Ａとすれ違(ちが)いました。下のグラフは船ＡがＰ地点を出発してからの時間と，船Ａ，ＢのＱ地点からのそれぞれの距離(きょり)の関係を表したものです。

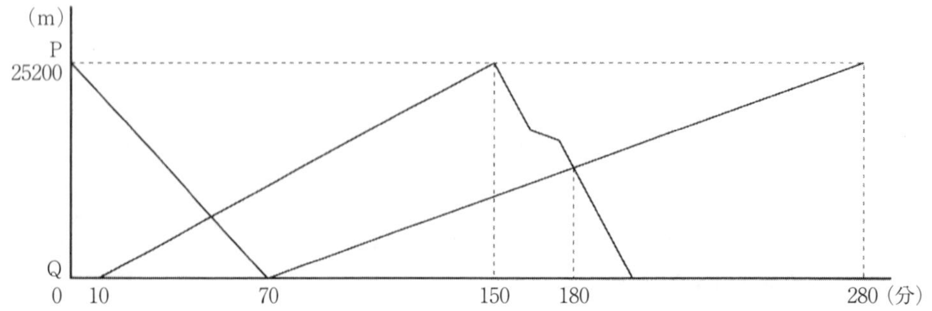

⑴　船Ａの静水時における速さは分速何ｍですか。また，川の流れの速さは分速何ｍですか。

⑵　船Ｂがエンジンを止めて，川の流れにまかせて進んでいたのは何分間でしたか。

3　あるお店には，そのお店の牛乳の空きビンを６本持って行くと，新しい牛乳１本と交換(こうかん)してくれるサービスがあります。明子さんは，６本の空きビンがたまったらすぐにこのサービスを利用して新しい牛乳１本と交換してもらうことをくり返しながら，できるだけ多くの牛乳を飲むことにしました。次の問いに答えなさい。

⑴　明子さんが牛乳を35本買うと，全部で何本飲むことができますか。

⑵　次の空欄［ア］～［エ］に入る数を答えなさい。

買った牛乳の本数より１本多く飲むことができるのは，買った牛乳が［ア］本以上［イ］本以下のときであり，買った牛乳の本数より２本多く飲むことができるのは，買った牛乳が［ウ］本以上［エ］本以下のときである。

⑶　明子さんが全部で100本の牛乳を飲むことができるのは，何本の牛乳を買ったときですか。

4 ある売店では，先月からあんパンとクリームパンを販売しています。これらのパンの売上金の合計について，毎月同じ目標金額を設定し，それを上回るように考えています。１個あたりの値段は，あんパンよりもクリームパンを13円高くしました。次の問いに答えなさい。

(1) 次の空欄□に入る数を答えなさい。また，(　)内の言葉は，当てはまる方を○で囲みなさい。

あんパンの売上個数が１個増え，クリームパンの売上個数が１個減ると，売上金の合計は□円(増える／減る)。

(2) 先月のはじめ，あんパンとクリームパンを，１か月で合わせて1200個売り上げることで，目標金額より1500円多くなる見込みを立てました。ところが実際は，あんパンとクリームパンの売上個数が見込みと逆になったため，先月の売上金の合計は，目標金額より1100円少なくなりました。あんパンとクリームパンは，それぞれ何個売れましたか。

(3) 今月は，２種類とも先月より50個ずつ多く売れたので，目標金額より12250円多くなりました。あんパン１個の値段はいくらですか。また，設定していた目標金額はいくらですか。

5 １から10まで，それぞれの番号がかかれた玉が１個ずつ，全部で10個あります。10個の玉はA，Bどちらかの箱に入っていて，サイコロを振るごとに，「１」から「６」のうちの出た目の数で割り切れる番号のかかれた玉を移しかえます。

例えば，はじめに全部の玉がAに入っていて，サイコロを振って「２」の目が出たとします。そのときは，２，４，６，８，10の玉をBへ移します。その後，またサイコロを振って「３」の目が出たとします。そのときは，３，９の玉をBへ移し，６の玉をAへ移すので，Aには１，５，６，７の玉，Bには２，３，４，８，９，10の玉が入っていることになります。

(1) はじめに全部の玉がAに入っていて，サイコロを３回振って「４」，「１」，「５」の目が出ました。Aに入っている玉の番号を小さい順にすべて答えなさい。

(2) 全部の玉がAに入った状態からサイコロを何回振っても，ある番号とある番号の玉は必ず同じ箱に入っています。その番号の組をすべて答えなさい。例えば，１と２の組を答える場合は，(１，２)のように書きなさい。

(3) はじめに全部の玉がAに入っていて，サイコロを４回振って玉を移しかえました。その結果，Aに６個，Bに４個の玉が入っていました。出た目は４回ともすべて異なり，Aには１と10の玉が入っていることがわかりました。Aに入っている玉の番号を小さい順にすべて答えなさい。ただし，１と10は解答欄にすでに書いてあるので，それ以外の番号を答えなさい。

【社　会】〈第１回試験〉（理科と合わせて50分）〈満点：50点〉

Ⅰ　九州について，次の文章を読み，あとの問いに答えなさい。

1964年に東京～新大阪間で開通した新幹線は1972年に岡山まで到達(とうたつ)し，博多に到達したのは1975年でした。その後，2004年には新八代・鹿児島中央間で九州新幹線が開業し，2011年には博多・新八代間が開業しました。2022年９月に①長崎から②嬉野(うれしの)温泉を経由して武雄(たけお)温泉までが開業しました。西九州新幹線が開業することで，博多・長崎間は従来よりも約30分短縮し，長崎への注目が集まることが考えられます。

文化庁では，地域の歴史的魅力(みりょく)や特色を通じて日本の文化・伝統を語るストーリーを日本遺産として認定しています。地域に点在する遺産を「面」として活用し，発信することで，地域活性化を図ることを目的としています。遺産の保護が目的の一つとなる③世界遺産や文化財とは異なります。

2020年度に認定された日本遺産に「砂糖文化を広めた長崎街道～シュガーロード～」があります。海外貿易の窓口であった長崎から④佐賀県・福岡県⑤北九州市小倉をつなぐ長崎街道沿(ぞ)いの地域には，砂糖や⑥外国由来(ゆらい)の菓子が多く流入し，独特の食文化が花開きました。現在でも，宿場(しゅくば)町をはじめ，当時の長崎街道を偲(しの)ばせる景観(けいかん)とともに，個性豊かな菓子が残されています。

西九州新幹線やシュガーロードを通じて，長崎をはじめとする九州北部について調べてみると，新たな発見があるかもしれません。

問１　下線部①について。長崎県には東経130度の経線が通(とお)っています。東経130度が通る国の組合せとして正しいものを，次の(ア)～(エ)から一つ選び，記号で答えなさい。

(ア)　ロシア・中国・北朝鮮・オーストラリア

(イ)　ロシア・韓国・タイ・オーストラリア

(ウ)　ロシア・北朝鮮・タイ・オーストラリア

(エ)　ロシア・中国・ベトナム・オーストラリア

問２　下線部①について。長崎県の沖合には対馬(つしま)海流がみられます。対馬海流をふくめた日本近海を流れる海流の名称と暖流・寒流の組合せとして正しいものを，次の表中(ア)～(エ)から一つ選び，記号で答えなさい。

	対馬海流	リマン海流	日本海流	千島海流
(ア)	暖流	暖流	寒流	寒流
(イ)	暖流	寒流	暖流	寒流
(ウ)	寒流	暖流	寒流	暖流
(エ)	寒流	寒流	暖流	寒流

問３　下線部②について。次は嬉野市の地形図です。地形図をみて，あとの問いに答えなさい。

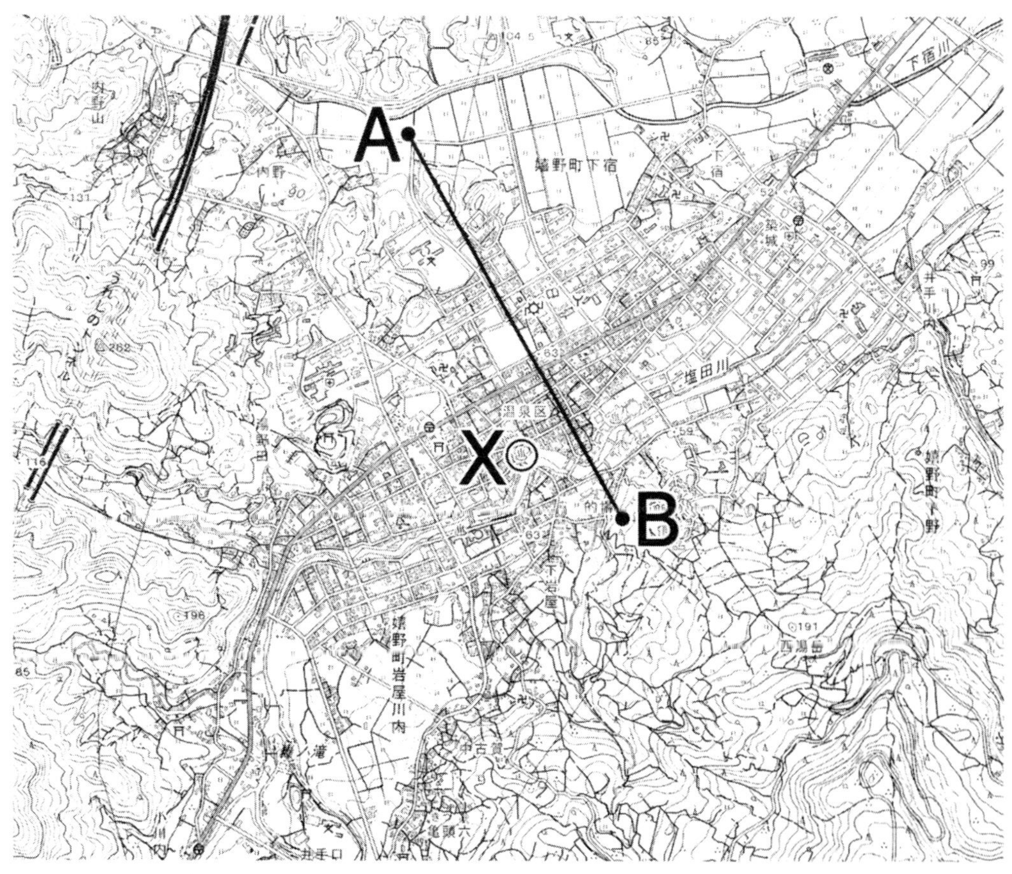

（国土地理院　令和２年発行　1：25,000　地形図「嬉野」を一部改変）

(1)　地形図中**X**の温泉は嬉野温泉公衆浴場で，かつてこの地を訪れた外国人の名前がつけられています。次の文を参考にして，この人物名を答えなさい。

・長崎の出島にあるオランダ商館の医師として日本へ来た。
・長崎郊外に鳴滝(なるたき)塾を開き，医学をはじめとする西洋の学問を教えた。

(2)　嬉野は茶の生産地としても知られています。地形図の範囲内で茶の栽培地域が広範囲(こうはんい)にみられるところはどこですか，次の(ア)〜(エ)から一つ選び，記号で答えなさい。

(ア)　下宿　　(イ)　築城　　(ウ)　下野　　(エ)　温泉区

(3)　地形図中**A**—**B**の断面図として正しいものを，次の(ア)〜(エ)から一つ選び，記号で答えなさい。

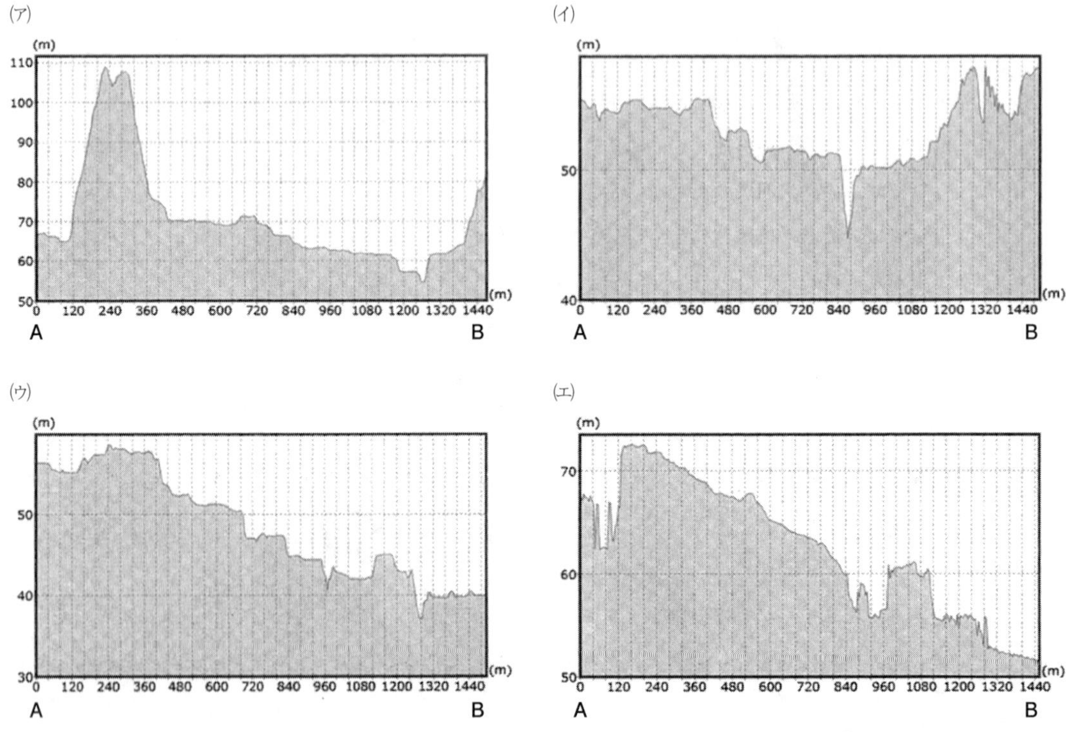

(国土交通省国土地理院　ホームページ『地理院地図』より作成)

問４　下線部③について。世界遺産である「明治日本の産業革命遺産」の構成資産(こうせいしさん)といわれるものが長崎県には複数みられます。構成資産として正しいものを，次の(ア)～(エ)から一つ選び，記号で答えなさい。

(ア)　出島　　(イ)　旧(きゅう)グラバー住宅　　(ウ)　大浦天主堂　　(エ)　亀山社中(かめやましゃちゅう)

問５　下線部④について。佐賀県出身の人物を，次の(ア)～(エ)から一人選び，記号で答えなさい。

(ア)　後藤新平　　(イ)　福沢諭吉　　(ウ)　大隈重信　　(エ)　津田梅子

問６　下線部④について。佐賀県南東部には筑紫(つくし)平野があり，筑紫平野の水田地帯にはクリークがみられます。クリークについて述べた説明文の＜組合せ＞として正しいものを，下の(ア)～(エ)から一つ選び，記号で答えなさい。

A　干潟を干拓する際，干潮時に潮が引くときにできた水の通り道を掘り下げてクリークをつくった。

B　洪水時に水田への被害をくいとめる工夫として，堤防であるクリークで水田を取り囲んだ。

C　近年では，堤防に囲まれたところでは災害時に避難用の住居となるクリークが増加している。

D　近年では，農業の機械化にともない，水田の形が不規則で狭いことから，クリークを埋(う)めたりする工事がみられる。

＜組合せ＞

(ア)　ＡとＣ　　(イ)　ＡとＤ　　(ウ)　ＢとＣ　　(エ)　ＢとＤ

問７　下線部⑤について。北九州市の工業について述べた説明文として正しいものを，次の(ア)～

(エ)から一つ選び，記号で答えなさい。

(ア)　組み立てに人手が必要な自動車・電気機械などが中心で，ブラジル出身の日系人(にっけいじん)の雇用(こよう)が多い。

(イ)　焼き物の原料に適した粘土および燃料の薪(まき)が多くとれることから，陶磁器の生産がさかんである。

(ウ)　第二次世界大戦前から造船業の拠点(きょてん)であったが，朝鮮戦争によって需要(じゅよう)が増えたことで急成長した。

(エ)　官営(かんえい)の製鉄所ができ，製鉄業を中心に発展したが，原料の輸入先がかわり，輸送費が安いという利点が低下した。

問８　下線部⑥について。外国由来の菓子としてカステラがあります。カステラの原料となる小麦は多くを輸入にたよっています。次の(ア)～(エ)は石炭，鶏肉，バナナ，小麦について輸入量上位国をあらわしたものです。小麦にあてはまるものを一つ選び，記号で答えなさい。輸入量上位国は『日本国勢図会 2022/23』のデータを使用しています。

(ア)　アメリカ・カナダ・オーストラリア

(イ)　フィリピン・エクアドル・メキシコ

(ウ)　ブラジル・タイ・アメリカ

(エ)　オーストラリア・インドネシア・ロシア

問９　福岡県をはじめとする九州北部では線状(せんじょう)降水帯を原因とする豪雨(ごうう)にみまわれることが近年増加しています。水害およびその対策について述べた説明文として誤っているものを，次の(ア)～(エ)から一つ選び，記号で答えなさい。

(ア)　災害時に，どのように行動したらよいかを事前に知っておくために，ハザードマップとよばれる地図がつくられている。

(イ)　都市部で，夜になっても気温が下がらないヒートアイランド現象は，局地的豪雨(きょくちてきごうう)の原因の一つと考えられている。

(ウ)　遊水池(ゆうすいち)は，洪水時に水をたくわえる働きをしており，そのほとんどがラムサール条約に指定されている。

(エ)　過去の自然災害から学ぶことを目的に，国土地理院は地形図中の地図記号として，自然災害伝承碑(でんしょうひ)を設定した。

問10　次の表は福岡県・佐賀県・長崎県・埼玉県における，発電方式別発電電力量をあらわしたものです。佐賀県にあてはまるものを，次の(ア)～(エ)から一つ選び，記号で答えなさい。

	水力	火力	原子力	風力
(ア)	7	27,050	—	110
(イ)	258	627	—	—
(ウ)	63	10,030	—	18
(エ)	538	199	15,631	37

(単位は百万 kWh。『データでみる県勢 2022』より作成)

問11　次の表は，生産上位に九州北部がみられる農産物生産上位道県をあらわしたものです。表中の空欄**A**～**C**にあてはまる県名の組合せとして正しいものを，下の(ア)～(カ)から一つ選び，記号で答えなさい。

たまねぎ		レタス		いちご		じゃがいも	
北海道	892,100	長野県	182,200	栃木県	22,700	北海道	1,733,000
(**A**)県	124,600	茨城県	91,700	(**C**)県	16,400	鹿児島県	85,400
兵庫県	98,500	群馬県	54,800	熊本県	12,200	(**B**)県	84,600
(**B**)県	32,800	(**B**)県	35,900	(**B**)県	10,500	茨城県	42,100

(単位はトン。『日本のすがた 2022』より作成)

(ア)　**A**　福岡　**B**　佐賀　**C**　長崎　　(イ)　**A**　福岡　**B**　長崎　**C**　佐賀
(ウ)　**A**　佐賀　**B**　福岡　**C**　長崎　　(エ)　**A**　佐賀　**B**　長崎　**C**　福岡
(オ)　**A**　長崎　**B**　福岡　**C**　佐賀　　(カ)　**A**　長崎　**B**　佐賀　**C**　福岡

Ⅱ　次の先生と星子さんの会話について，あとの問いに答えなさい。

先生：明治維新から150年以上がたちました。1945年というアジア・太平洋戦争の終戦の年を節目と考えると，①明治維新から終戦までと，②終戦から現在までの期間がおよそ等しくなります。今日は，年表を使って節目となる年を中心に日本の歴史をふりかえってみましょう。

星子：わかりました。徳川家康が③江戸幕府を開いた1603年の前後を100年ほどさかのぼると，④北条早雲が小田原城に攻め入ったのが1495年と書いてあります。また，1603年のあとの100年だと，近松門左衛門の『曽根崎心中』が大坂(大阪)で初演されたのが1703年とあります。

先生：北条早雲は下剋上で成り上がった戦国大名のひとりとして有名ですね。一方で，近松門左衛門は浄瑠璃と呼ばれた人形劇や⑤歌舞伎の脚本を書いた人です。

星子：鎌倉時代はどうでしょうか。源頼朝が征夷大将軍に任命された1192年の100年ほど前をみてみると，白河上皇の⑥院政がはじまったのが1086年とあります。また，1192年の約100年後のできごととしては，1297年に⑦永仁の徳政令が出されています。

先生：日本の歴史で中世と呼ばれた時代にふくまれますね。鎌倉に武士の政権が成立したことは大きなできごとですね。ほかの時代はどうでしょうか。

星子：794年に平安京に都がうつされたことは大きなできごとですよね。794年の前後の100年をみてみると，⑧藤原京に都がうつされたのは694年，⑨遣唐使の廃止は894年と書かれています。

先生：694年に藤原京に都をうつしたその100年後に，平安京を都としたのですね。藤原京と平安京の間の時代にも都がありますよね。

星子：はい，［　　］京です。710年に藤原京から都がうつされました。

先生：そうですね。ほかの時代はどうでしょう。例えば，厩戸皇子(聖徳太子)が⑩十七条の憲法を制定した604年の前後では，どのようなできごとがありますか。

星子：厩戸皇子(聖徳太子)の時代の前は，⑪ヤマト政権の時代となりますね。十七条の憲法制定後の約100年後にあたる701年には，大宝律令が制定されています。

先生：厩戸皇子(聖徳太子)が中国のような国家のしくみをめざしてからほぼ100年たって，律令が制定されたことになりますね。

星子：今日は，先生のお話をきっかけに，いろいろなことがわかりました。

問１　下線部①の期間におきた日本のできごとについて述べたＡ群とＢ群の説明文から正しいものをそれぞれ選び，その＜組合せ＞として正しいものを，下の(ア)～(エ)から一つ選び，記号で答えなさい。

Ａ群

(あ)　政府は，1873年に20歳以上の男女に対する兵役の義務をさだめた徴兵令を出した。

(い)　政府は，土地の所有者が地価の３％を現金でおさめる新しい税制度を実施した。

(う)　政府は，忠君愛国を学校教育の基本とする教育勅語を，大日本帝国憲法に明記した。

(え)　政府は，廃藩置県を実施して，譜代大名の直轄地であった藩のみを廃止した。

Ｂ群

(あ)　日本は，清国の支持を得て，日朝修好条規を結び，朝鮮半島に進出する足がかりとした。

(い)　日本は，ポーツマス条約で，ロシアに対して多額の賠償金と朝鮮に対する支配権を認めさせた。

(う)　第一次世界大戦中に，日本は中国に二十一カ条の要求を出した。

(え)　日本は，国際連盟を脱退した後，柳条湖事件をおこして満州全域を支配した。

＜組合せ＞

(ア)　Ａ群：(あ)　Ｂ群：(い)　　(イ)　Ａ群：(い)　Ｂ群：(う)

(ウ)　Ａ群：(う)　Ｂ群：(え)　　(エ)　Ａ群：(え)　Ｂ群：(あ)

問２　下線部②の期間におきた日本のできごとについて述べたＡ群とＢ群の説明文から正しいものをそれぞれ選び，その＜組合せ＞として正しいものを，下の(ア)～(エ)から一つ選び，記号で答えなさい。

Ａ群

(あ)　空襲で住宅や工場が焼かれた地域の治安維持のために，特別高等警察が創設された。

(い)　財閥の存在が軍国主義の基盤となっていたとして，すべての財閥が廃業した。

(う)　農地改革によって小作農が増えたことで，農業の民主化と近代化が進んだ。

(え)　戦後初の衆議院議員選挙で，39名の女性国会議員が誕生した。

Ｂ群

(あ)　占領終結後も，日米安全保障条約によって米軍はそのまま日本にとどまった。

(い)　1956年に国際連合に加盟したことで，日本とソ連の間で日ソ共同宣言が調印された。

(う)　日本は，1972年に日韓基本条約に調印し，大韓民国との国交を正常化した。

(え)　日本の領事館員だった杉浦千畝は，ベトナム戦争で多くのベトナム人を救った。

＜組合せ＞

(ア)　Ａ群：(あ)　Ｂ群：(い)　　(イ)　Ａ群：(い)　Ｂ群：(う)

(ウ)　Ａ群：(う)　Ｂ群：(え)　　(エ)　Ａ群：(え)　Ｂ群：(あ)

問３　下線部③について。江戸幕府の宗教統制について述べた説明文として誤っているものを，次の(ア)～(エ)から一つ選び，記号で答えなさい。

(ア)　幕府は，全国の寺院に対し，キリシタンでない者には身分を保障する証文を出させた。

(イ)　幕府は，キリストやマリアの像を踏ませて信者を発見する絵踏(踏絵)をおこなった。

(ウ)　幕府は，方広寺の大仏造立を理由に，農民が持つ武器を没収した。

(エ)　幕府は，寺社を監督する寺社奉行を将軍直属とし，譜代大名から選ぶことをさだめた。

問４　下線部④について。鎌倉時代の北条氏と戦国時代の北条氏が，教科書ではあつかわれています。日本の歴史に登場する「北条氏」について述べた説明文として正しいものを，次の(ア)～(エ)から一つ選び，記号で答えなさい。

(ア)　北条義時は，承久の乱の後，朝廷の監視や京都の警備のため六波羅探題を設けた。

(イ)　北条時宗は，元軍の２度にわたる襲撃の際，火薬を使った新兵器で元軍を撃退した。

(ウ)　北条泰時は，南蛮貿易で鉄砲を手に入れるため，キリシタン大名となった。

(エ)　北条氏康は，豊臣秀吉の五奉行の一人として豊臣政権をささえた。

問５　下線部⑤について。歌舞伎は現在でも続いている芸能です。芸能・文化について述べた説明文ＡとＢが正しいか誤りかについて考え，その正しい組合せを，下の(ア)～(エ)から一つ選び，記号で答えなさい。

> Ａ：堺の商人であった千利休は，質素な茶室で茶をたてるわび茶を完成させた。
> Ｂ：観阿弥・世阿弥の親子は足利義政の保護を受け，高い芸術性を持つ能楽を大成させた。

(ア)　Ａ：正しい　Ｂ：正しい　　(イ)　Ａ：正しい　Ｂ：誤り

(ウ)　Ａ：誤り　Ｂ：正しい　　(エ)　Ａ：誤り　Ｂ：誤り

問６　下線部⑥について。院政について述べた説明文として正しいものを，次の(ア)～(エ)から一つ選び，記号で答えなさい。

(ア)　藤原頼通は，宇治に平等院鳳凰堂を建立し，上皇の後見役として院政をささえた。

(イ)　白河天皇は，子である堀河天皇に位をゆずり，みずからは上皇となって院政を開始した。

(ウ)　上皇の信頼を得た平清盛は，新皇を名乗り，下総国を拠点に関東地方を支配した。

(エ)　清少納言は，院政期の宮中での生活のようすや四季の変化などを『枕草子』で表現した。

問７　下線部⑦について。永仁の徳政令について述べた説明文として正しいものを，次の(ア)～(エ)から一つ選び，記号で答えなさい。

(ア)　徳政令には，質入れしたり売却したりした土地を，ただで売主の御家人に返却させるとあった。

(イ)　徳政令による社会の混乱を風刺したものが，二条河原の落書に残されている。

(ウ)　徳政令が出されたことで急成長した武士を足軽と呼び，その代表例が楠木正成である。

(エ)　徳政令の対策として，商人たちは株仲間を組織し，大きな利益を上げた。

問８　下線部⑧について。藤原京について述べた説明文として正しいものを，次の(ア)～(エ)から一つ選び，記号で答えなさい。

(ア)　壬申の乱で勝利した大海人皇子は，藤原京で天武天皇として即位した。

(イ)　『古事記』と『日本書紀』は，藤原京に都をうつした翌年に完成した。

(ウ)　藤原京は，中国の都を参考に建設された，日本で最初の本格的な都である。

(エ)　持統天皇は，世の中の不安をとりのぞくため，藤原京に東大寺を建立した。

問９　下線部⑨について。遣唐使について述べた説明文として正しいものを，次の(ア)～(エ)から一つ選び，記号で答えなさい。

(ア) 唐が滅亡したので，遣唐使は廃止となった。

(イ) 遣唐使の廃止をすすめたのは太安万侶(おおのやすまろ)であった。

(ウ) 遣唐使船で，阿倍仲麻呂や空海たちが中国へ渡(わた)った。

(エ) 8世紀には遣唐使が，毎年中国に派遣された。

問10 下線部⑩について。十七条の憲法の内容について述べた説明文として正しいものを，次の(ア)～(エ)から一つ選び，記号で答えなさい。

(ア) 家柄(いえがら)にとらわれず，有能な人材を政治に登用(とうよう)する制度としてさだめられた。

(イ) 豪族同士が争うことなく，天皇にしたがい，礼儀を大切にすることがしめされた。

(ウ) 隋や高句麗(こうくり)にも十七条の憲法を守ることを要求し，対等な関係を求めた。

(エ) 朝廷が，すべての人民や土地を支配することがさだめられた。

問11 下線部⑪について。ヤマト政権の時代について述べた説明文として正しいものを，次の(ア)～(エ)から一つ選び，記号で答えなさい。

(ア) ヤマト政権では，大王が豪族たちに姓(かばね)をあたえて統制したと考えられている。

(イ) この時代の男性には，健康な歯を抜く抜歯(ばっし)が義務づけられていた。

(ウ) 3世紀のなかばに大陸から仏教が伝わり，日本各地に石仏(せきぶつ)がつくられるようになった。

(エ) 稲荷山(いなりやま)古墳から発見された鉄剣には，金の文字で刻(きざ)まれた「親魏倭王(しんぎわおう)」の称号(しょうごう)がみられる。

問12 会話文中の空欄［　　］にあてはまる適切な語句を**漢字**で答えなさい。

［Ⅲ］ 2022年におきたできごとについて，あとの問いに答えなさい。

［1月］

日本・中国・韓国・東南アジア諸国連合などが参加する，アジアの自由貿易協定である［　①　］協定が発効(はっこう)した。

問1 空欄［①］にあてはまる適切な語句を，次の(ア)～(エ)から一つ選び，記号で答えなさい。

(ア) OPEC(オペック)　(イ) QUAD(クアッド)　(ウ) RCEP(アールセップ)　(エ) TPP(ティーピーピー)

［2月］

ロシア(プーチン政権)が，隣国ウクライナに対して本格的な軍事侵攻(しんこう)を開始した。

問2 2014年にロシアが併合(へいごう)を表明(ひょうめい)した地域はどこですか。次の(ア)～(エ)から一つ選び，記号で答えなさい。

(ア) クリミア半島　(イ) スカンジナビア半島

(ウ) バルカン半島　(エ) マレー半島

［3月］

韓国(大韓民国)で大統領選挙がおこなわれ，保守系最大野党出身候補の［　②　］氏が当選した。

問3 空欄［②］にあてはまる人物として正しいものを，次の(ア)～(エ)から一つ選び，記号で答えなさい。

(ア) パクチョンヒ　(イ) マルコス　(ウ) ムンジェイン　(エ) ユンソンニョル

［4月］

4月28日，日本の主権回復を認めたサンフランシスコ平和条約が発効して，70年となった。

問４　サンフランシスコ平和条約について述べた説明文として誤っているものを，次の(ア)〜(エ)から一つ選び，記号で答えなさい。

(ア)　朝鮮の独立を承認した。

(イ)　日本と48カ国との間で調印された。

(ウ)　調印当時の首相は，吉田茂であった。

(エ)　アメリカ合衆国による千島列島の統治を認めた。

５月

５月15日，太平洋戦争の激戦地となった沖縄が日本に復帰してから，50年となった。

問５　沖縄について述べた説明文として正しいものを，次の(ア)〜(エ)から一つ選び，記号で答えなさい。

(ア)　岸信介首相とアメリカのケネディ大統領の話し合いの結果，沖縄返還協定が結ばれた。

(イ)　戦国時代，沖縄は毛利氏によって治められていた。

(ウ)　日本にある米軍専用施設の約７割が，沖縄県に集中している。

(エ)　九州・沖縄サミットが，2023年５月に開催されることが決まっている。

６月

６月22日，参議院議員選挙が公示され，７月10日の投開票に向けて，選挙戦が展開されることになった。

問６　参議院について述べた説明文として正しいものを，次の(ア)〜(エ)から一つ選び，記号で答えなさい。

(ア)　参議院議員の任期は４年で，２年ごとに議員の半数が改選される。

(イ)　選挙では小選挙区制と比例代表制が併用される。

(ウ)　今回の選挙では，125議席が争われた。

(エ)　法律案の議決や予算の審議で，参議院の判断が衆議院より優越する。

７月

一国二制度が認められ，香港が中国に返還されて，７月１日で，25年となった。

問７　香港について述べた説明文として正しいものを，次の(ア)〜(エ)から一つ選び，記号で答えなさい。

(ア)　アヘン戦争の結果，香港島が中国からイギリスに割譲された。

(イ)　日清戦争の結果結ばれた下関条約で，香港は日本に割譲された。

(ウ)　香港は，遼東半島の南端に位置する。

(エ)　香港郊外でおきた盧溝橋事件から，日中戦争がはじまった。

８月

ニューヨークで，NPT再検討会議が開催された。

問８　NPTとは何の略称ですか。正しいものを，次の(ア)〜(エ)から一つ選び，記号で答えなさい。

(ア)　戦略兵器制限条約　　(イ)　核不拡散条約

(ウ)　包括的核実験禁止条約　　(エ)　生物兵器禁止条約

９月

日中共同声明が発表され，日本と中国の間の国交が回復して，９月29日で，50年となった。

問９　発表当時の日本と中国の首相の組合せとして正しいものを，次の(ア)〜(エ)から一つ選び，記号で答えなさい。

(ア)　田中角栄―周恩来　　(イ)　竹下登―習近平

(ウ)　田中角栄―習近平　　(エ)　竹下登―周恩来

10月

［　③　］出兵をおこなっていた日本軍が，北樺太を除く［　③　］からの撤退を完了して100年となった。

問10　空欄［③］にあてはまる語句として正しいものを，次の(ア)～(エ)から一つ選び，記号で答えなさい。

(ア)　アラスカ　　(イ)　インドシナ　　(ウ)　シベリア　　(エ)　台湾

【理　科】〈**第１回試験**〉（社会と合わせて50分）〈満点：50点〉

1　棒や板のつりあいに関する各問いに答えなさい。ただし，おもり以外の重さは考えないものとします。

問１　長さ30cmの棒①の点**O**に糸をつけ，天井からつるしました。棒①の点**O**から端**A**，**B**までの距離をそれぞれ**X**cm，**Y**cmとします。端**A**，**B**にそれぞれおもりをつるしたところ，棒①は水平につりあいました(**図１**)。端**A**，**B**につるしたおもりの重さと**X**，**Y**の組合せとして，もっとも適当なものを選び，**ア**～**カ**で答えなさい。

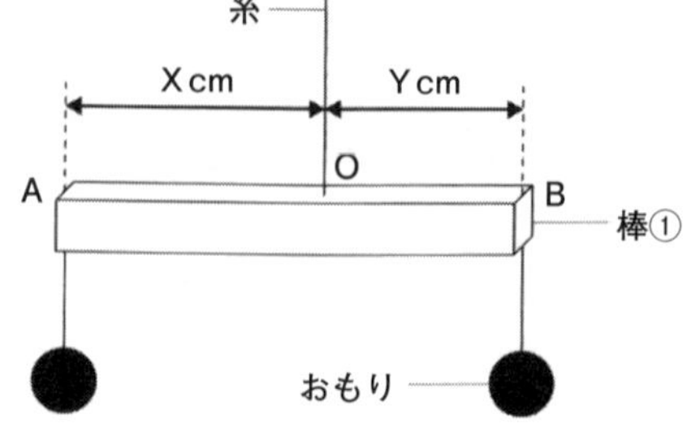

図１　棒①が水平につりあったようす

	端**A**につるしたおもり(g)	端**B**につるしたおもり(g)	**X**(cm)	**Y**(cm)
ア	50	10	20	10
イ	46	14	14	16
ウ	30	30	10	20
エ	20	40	20	10
オ	14	46	14	16
カ	10	50	10	20

問２　長さ90cmの棒②の端**C**から40cmの位置に糸をつけ，棒②を天井からつるしました。そして端**C**に重さ45gのおもりをつるしました。さらに**問１**の「端**A**，**B**におもりをつるした棒①」を，端**C**から70cmの位置に直角にとりつけたところ，棒②は水平につりあいました(**図２**)。端**C**に重さ51gのおもりをつるしたとき，棒②が水平につりあうためには，「端**A**，**B**におもりをつるした棒①」を端**C**から何cmの位置にとりつければよいですか。

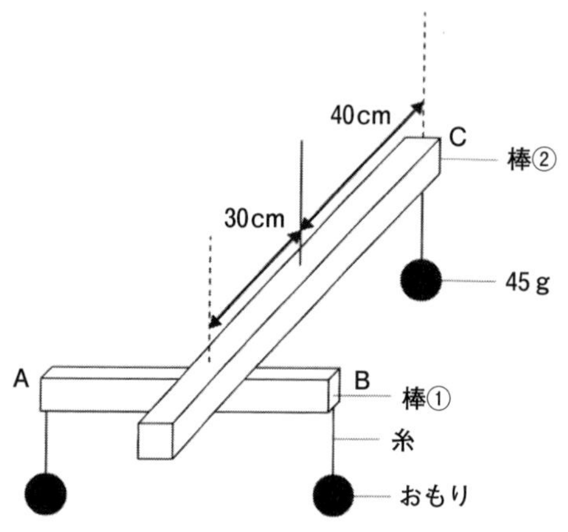

図２　棒②が水平につりあったようす

問３　縦と横にそれぞれ５cmごとに点**Ａ**～**Ｙ**をつけた正方形の板(**図３**)を用意しました。そして点**Ｍ**に糸をつけ，天井からつるしたところ，板は水平になりました。(a)，(b)に答えなさい。

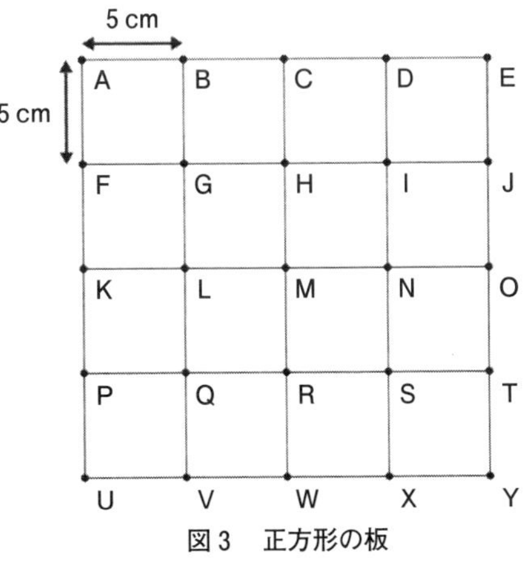

図３　正方形の板

(a)　点**Ｆ**と点**Ｐ**に，それぞれ重さ20ｇのおもりをつるしました。さらにある点に重さ40ｇのおもりをつるしたところ，板が水平につりあいました。どの点におもりをつるしたと考えられますか。もっとも適当な点を選び，**Ａ**～**Ｙ**で答えなさい。

(b)　点**Ａ**に重さ20ｇ，点**Ｃ**に重さ60ｇ，点**Ｐ**に重さ40ｇのおもりをつるしました。さらにある点におもりをつるしたところ，板が水平につりあいました。どの点に何ｇのおもりをつるしたと考えられますか。おもりをつるした点とおもりの重さの組合せとして，もっとも適当なものを選び，**ア**～**ク**で答えなさい。

	おもりをつるした点	おもり（ｇ）
ア	D	120
イ	E	120
ウ	I	100
エ	N	100
オ	O	80
カ	S	80
キ	X	60
ク	Y	60

２　水は温めたり冷やしたりすると，すがたを変えます。これを状態変化といいます。状態変化に関する各問いに答えなさい。

問１　水が液体から気体へとすがたを変えたのはどれですか。すべて選び，**ア**～**キ**で答えなさい。

ア．冬の寒い日に霜柱(しもばしら)ができた。

イ．山に霧(きり)がかかった。

ウ．室内に置いてあるドライアイスが小さくなった。

エ．ドライアイスを水の中に入れると白い煙(けむり)ができた。

オ．ぬれている洗濯(たく)物をベランダに干しておいたら乾(かわ)いた。

カ．冷たい水が入っているコップの表面に水滴がついた。

キ．金魚鉢(ばち)に入れた水が時間とともに徐々(じょじょ)に減った。

問2　ビーカーに液体の水を入れて冷やし，液体をすべて固体にしました。このビーカーを一定の火の強さで加熱し続け，加熱時間と水の温度変化をグラフにしました。加熱を開始した時間を**A**，加熱を終了した時間を**E**とし，グラフの傾き(かたむ)が変わった点を**B**，**C**，**D**としました。(a)，(b)に答えなさい。

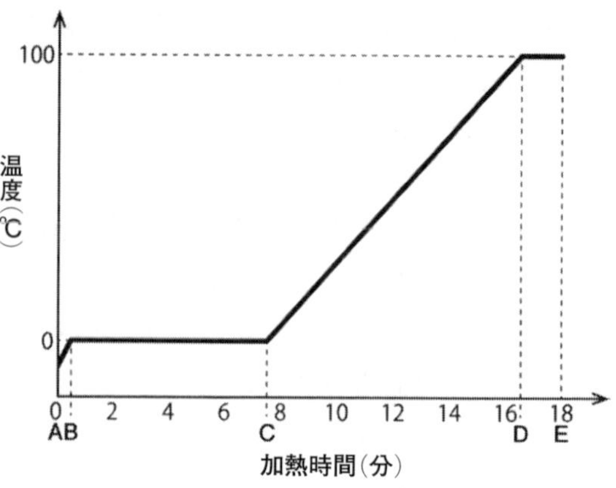

図1　加熱時間と水の温度変化のグラフ

(a)　液体の水が存在するのは，どこからどこの間ですか。例のように答えなさい。
　例　**A**から**E**の間

(b)　ビーカーを**図1**の結果が得られたときよりも強い火で加熱し続けたとすると，どのようなグラフになると考えられますか。もっとも適当なものを選び，**ア**～**エ**で答えなさい。

ア.

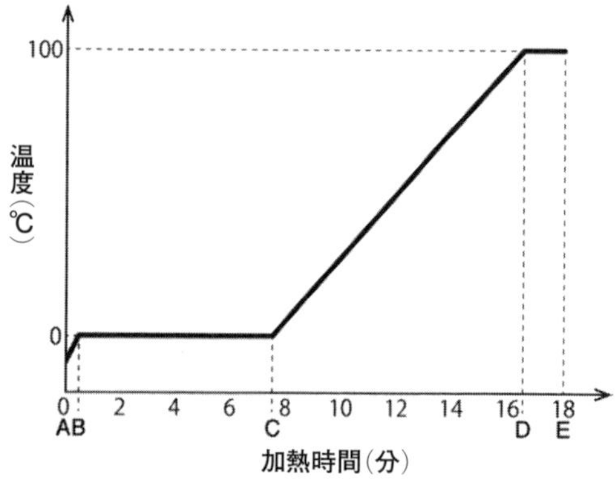

イ.

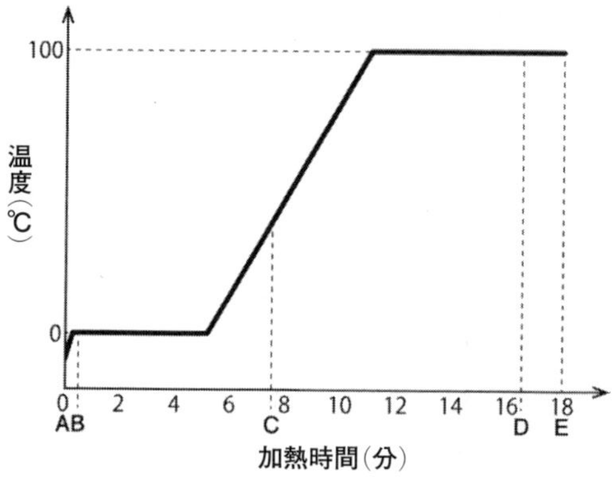

ウ.

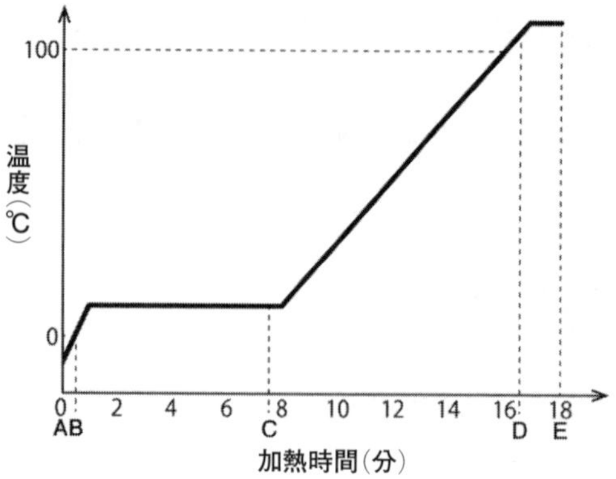

エ.

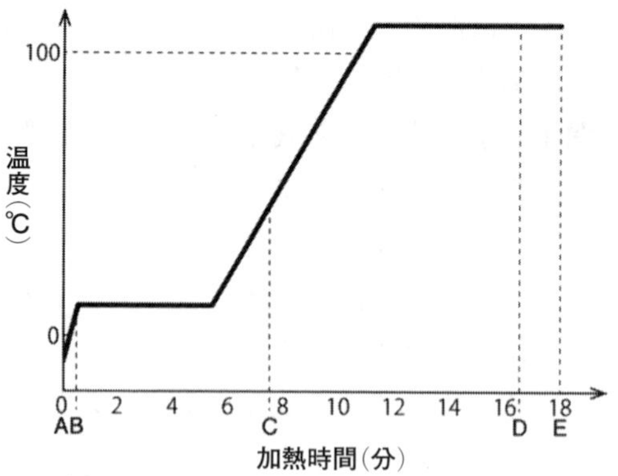

問3　水1000ｇにさまざまな重さの砂糖を溶(と)かして，水溶(よう)液がふっとうする温度を調べました(**表1**)。(a)，(b)に答えなさい。

表1　溶かした砂糖の重さと水溶液がふっとうする温度

溶かした砂糖の重さ(ｇ)	8.55	17.1	25.65	34.2
水溶液がふっとうする温度(℃)	100.13	100.26	100.39	100.52

(a)　水1000ｇにある重さの砂糖を溶かしたところ，水溶液は100.3℃でふっとうしました。溶かした砂糖の重さは何ｇですか。小数第３位を四捨五入して，小数第２位で答えなさい。

(b)　水1000ｇに砂糖を溶かし，濃さが３％の水溶液をつくりました。この水溶液がふっとうする温度は何℃ですか。小数第３位を四捨五入して，小数第２位で答えなさい。

3　星子さんは，小学校で田植えを行いました。それから２週間後，田植えをした田んぼを家族で見に行きました。星子さんは，田んぼの水面に緑色をしたものが浮(う)かんでいることに気づきました。

星子さん「お父さん，小さな葉っぱみたいなものが，たくさん浮いているよ。これは何？」

お父さん「何だと思う？」

星子さん「浮いている草だから，ウキクサ？」

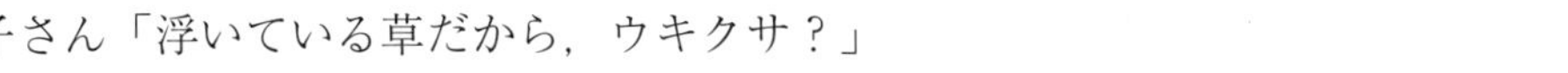

葉状体

根

図１　ウキクサ

お父さん「正解。ウキクサはその名前の通り，水面に浮いて，流れ着いた場所であっという間に増えてしまうんだ。」

星子さん「丸い形の葉っぱだよ。真ん中から根が長く伸びているね。」

お父さん「正確には，葉ではなくて，葉と茎(くき)が一緒になったもので，葉状体というよ。ウキクサのからだは２枚～５枚ほどの平たい葉状体と多数の根でできているんだ(**図１**)。そして葉状体から小さな芽が出て，成長して分かれることをくり返して，あっという間に増えちゃうよ。」

星子さん「田植えをしたときは気づかなかった，こんなに増えるなんて…。」

お父さん「どのように増えるのか，持って帰って調べてみようか。」

星子さん「うん。夏休みの自由研究にしようかな。」

星子さんは，田んぼを管理している人の許可を得て，ウキクサと田んぼの水を分けてもらいました。そしてウキクサの葉状体の枚数が，どのように増えるかを調べる[**実験**]を行いました。これに関する各問いに答えなさい。

[**実験**]

1．同じ量の田んぼの水を入れた同じ大きさの円柱形の容器を３つ用意する。

2．３つの容器それぞれにウキクサ(葉状体16枚)を入れる。

3．光のあたり方に差が出ないように，室内の明るい窓際に置く。

4．２日ごとにそれぞれの容器の葉状体の枚数を数え，その平均の枚数を計算する。ただし，枯(か)れて白くなった葉状体は取り除き，数えない。

[**結果**]

育てた日数と葉状体の枚数の平均は**表１**のようになった。14日目には，すべての容器で葉状体が水面全部をおおっていた。

表１　育てた日数と葉状体の枚数の平均

育てた日数	0	2	4	6	8	10	12	14	16	18	20
葉状体の枚数の平均	16	32	52	104	200	366	602	650	648	652	650

問1　星子さんは，20日目に1つの容器の葉状体を均等に2つに分けました。そして片方はそのまま容器に残し，もう片方を[**実験**]で使った容器と同じ新しい容器に移しました。この2つの容器でウキクサを育て，同じように葉状体の枚数を数えました。どちらの容器でも葉状体の枚数は，4日後に650枚ほどになり，葉状体が水面全部をおおっていました。そしてそれ以降，葉状体の枚数はほとんど変化しませんでした。このことから星子さんは，葉状体の枚数が650枚ほどでそれより増えなかったのは，容器の大きさが理由であると考えました。容器の大きさが葉状体の枚数を決めているとすると，容器の直径を2倍にしたとき，葉状体の枚数は何枚ほどに増えると考えられますか。もっとも適当なものを選び，**ア**～**オ**で答えなさい。

ア．325枚　　**イ**．650枚　　**ウ**．975枚　　**エ**．1300枚　　**オ**．2600枚

問2　星子さんは，水と肥(ひ)料を入れた十分に大きい容器に16枚の葉状体を入れました。これを室内の明るい窓際に置いて育てました。そして4日ごとに葉状体の枚数を数え記録しました。記録後すぐに葉状体を16枚残して他は取り除き，育て続けました。育てた日数と葉状体の枚数の関係は，**表2**のようになりました。葉状体の枚数は4日で平均して何倍に増えましたか。小数第1位を四捨五入し，整数で答えなさい。

表2　育てた日数と葉状体の枚数

育てた日数	0	4	8	12	16	20	24
葉状体の枚数	16	52	48	44	48	52	50

問3　星子さんは，植物がよく成長するために必要な条件を変えることで，葉状体の枚数がどのように変化するのかを調べました(条件①，条件②)。(a)～(c)に答えなさい。ただし容器は十分に大きいものを使い，最初に入れる葉状体は16枚とします。

条件①：水道水に肥料を入れ，温度25℃の明るい場所に置く。

条件②：水道水だけを入れ，温度10℃の暗い場所に置く。

(a)　1週間後，条件①では葉状体は水面全部をおおうほど増えていましたが，条件②ではあまり増えていませんでした。星子さんは，この結果から温度が10℃よりも25℃の方が葉状体の枚数は増えると考えました。しかし，この2つの条件を比べることから結論を出すことは間違っています。温度の条件による葉状体の増え方の違いを調べるためには，どの条件を同じにした容器を比べる必要がありましたか。もっとも適当なものを選び，**ア**～**キ**で答えなさい。

ア．温度　　**イ**．肥料の有無

ウ．光のあたり方　　**エ**．温度と肥料の有無

オ．温度と光のあたり方　　**カ**．肥料の有無と光のあたり方

キ．温度と肥料の有無と光のあたり方

(b)　条件②の容器を使って，光のあたり方による葉状体の増え方の違いを調べるには，どのような条件にした容器を比べる必要がありますか。もっとも適当なものを選び，**ア**～**カ**で答えなさい。

ア．水道水だけを入れ，温度25℃の明るい場所に置く。

イ．水道水だけを入れ，温度25℃の暗い場所に置く。

ウ．水道水だけを入れ，温度10℃の明るい場所に置く。

エ．水道水に肥料を入れ，温度25℃の暗い場所に置く。

オ．水道水に肥料を入れ，温度10℃の暗い場所に置く。

カ．水道水に肥料を入れ，温度10℃の明るい場所に置く。

(c)　条件①，条件②，(b)の**ア～カ**のうち，１週間後に葉状体の枚数がもっとも増えると考えられるのはどれですか。もっとも適当なものを選び，①，②，**ア～カ**で答えなさい。

問４　農家の人たちは，作物の収穫(かく)量を増やすためにさまざまな工夫をしています。その例に，北海道ではイネを育てる際，あぜを高くして苗(なえ)が深く水につかるようにすることがあります。この作業は，どの条件に関係がある工夫だと考えられますか。もっとも適当なものを選び，**ア～オ**で答えなさい。

ア．光のあたり方　　**イ**．肥料

ウ．適当な温度　　**エ**．水

オ．空気(酸素)

4　太陽や地球，月の見え方や動きに関する各問いに答えなさい。

問１　月の見え方は，太陽からの光のあたり方によって変化します。**図１**は太陽，地球，月の位置関係を表したものです。地球から見たとき，三日月に見えるのはどの位置に月があるときですか。もっとも適当なものを選び，**ア～ク**で答えなさい。ただし，満月から次の満月まで29.5日かかるとします。また**図１**は地球の北極側から見たもので，太陽，地球，月のそれぞれの大きさやおたがいの距離(きょり)は正確ではありません。

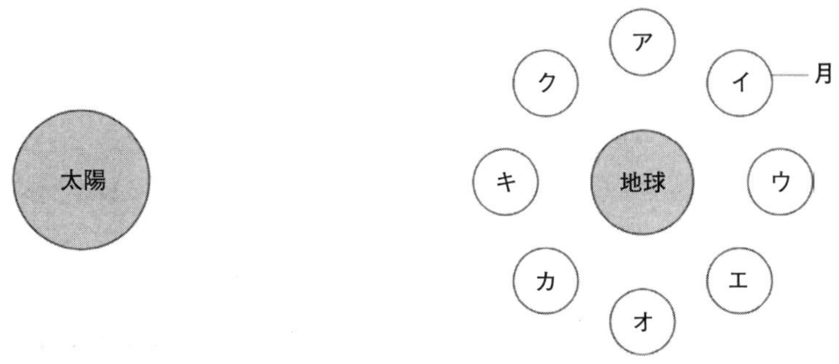

図１　太陽，地球，月の位置関係

問２　地球は太陽のまわりを１年かけて１周します。これを地球の公転といい，**図２**はそのようすを表したものです。**図３**は地球が公転するようすを地球の赤道側から見たものです。太陽と地球が**図３**の位置にあるとき，**図２**では地球はどの位置にあると考えられますか。もっとも適当なものを選び，**図２**の**ア～エ**で答えなさい。ただし，地球の赤道は地球が公転する道すじに対して23.4°傾(かたむ)いているものとします。

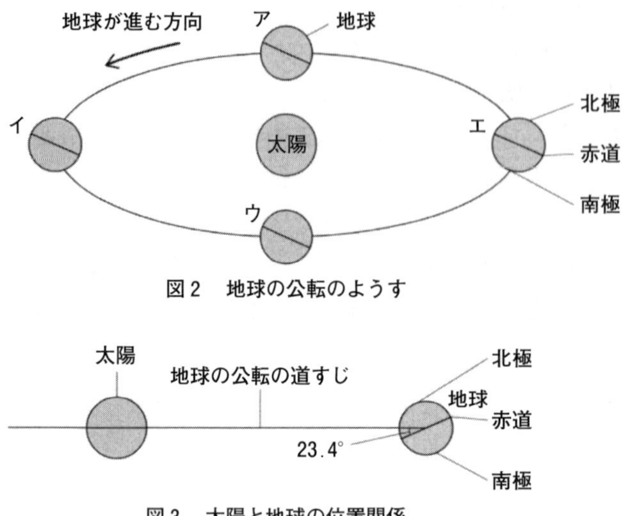

図２　地球の公転のようす

図３　太陽と地球の位置関係

問３　地球から見たときに太陽が１年かけて移動する道すじを黄道といい，黄道の近くに見える12の星座を黄道十二星座といいます。**図４**は地球の公転のようすを北極側から見たものに，黄道十二星座の方向を加えたものです。地球が**D**の位置にあるとき，太陽とともに東からのぼる星座は何ですか。もっとも適当なものを**図４**から選び，星座名で答えなさい。

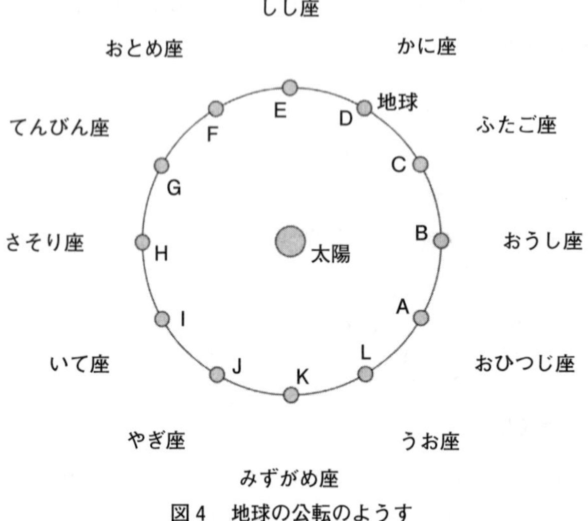

図４　地球の公転のようす

問４　地球から見える空を球形の天井と考えます。これを天球といいます。地球からは太陽，月，星などが天球上にあるように見えます。また地球を赤道で輪切りにした面を赤道面といいます。赤道面と天球が交わる線を天の赤道といいます。**図５**は地球と天球，天の赤道を表したものです。また**図６**は黄道と黄道十二星座を地図のように平面で表したものです。(a)，(b)に答えなさい。

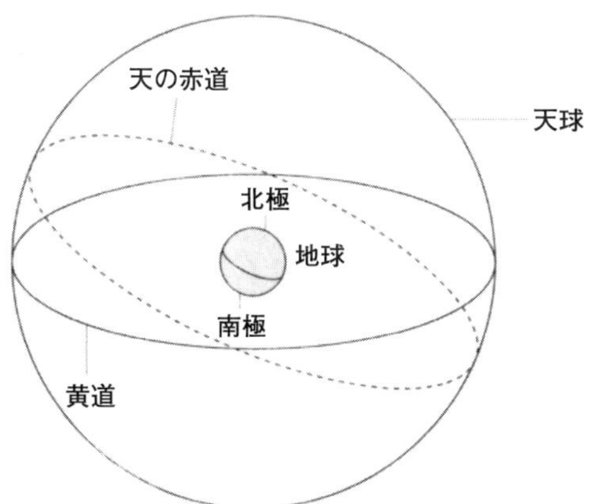

図５　天球に黄道と天の赤道を表したもの

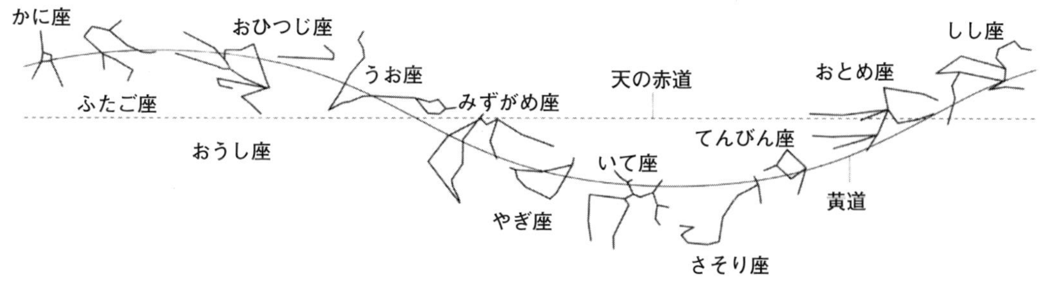

図６　黄道と黄道十二星座を地図のように平面で表したもの

(a)　春分の日のころ，太陽は天球上のどの星座の近くにありますか。もっとも適当なものを**図６**から選び，星座名で答えなさい。

(b)　月も太陽と同じように天球上を動いて見えます。また天の赤道は北極星の位置に対して南に90°ずれた位置にあります。北緯35°の場所では，地平線と天の赤道のなす角は55°になります。**図７**は，北緯35°の場所における春分の日のころの日没(にちぼつ)直後の西の空のようすを表しています。月の天球上を移動する道すじが黄道と同じである場合，春分の日のころの日没直後の三日月はどのように見えますか。次の文の空らん①，②に入るものとして，もっとも適当なものをそれぞれ選びなさい。ただし，①は**図７**の**Ａ～Ｃ**から，②は**三日月のようす**の**ア～タ**から選ぶものとします。

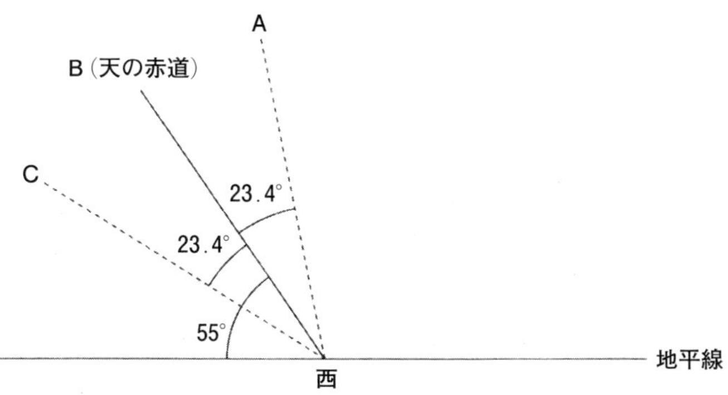

図７　春分の日のころの日没直後の西の空のようす

文：春分の日のころの日没直後の三日月は，**図７**では（ ① ）の線上にあり，（ ② ）のように見える。

三日月のようす(図中の点線は15°ごとに引いてあり，色のついているところは影(かげ)になっている部分を表しています。)

ア.　イ. 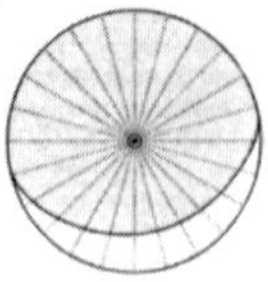　ウ. 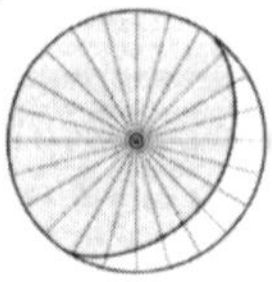　エ.

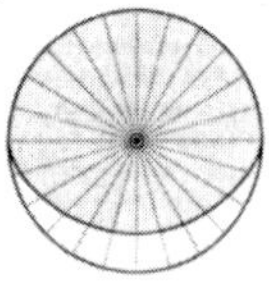

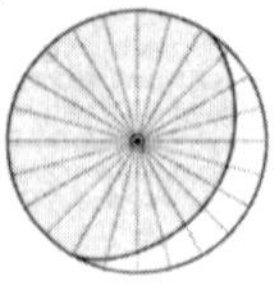

オ. 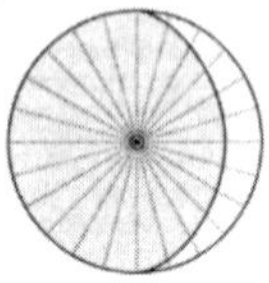　カ. 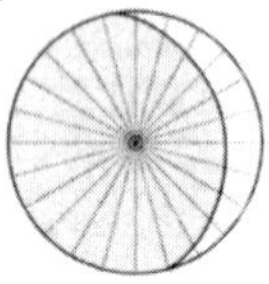　キ. 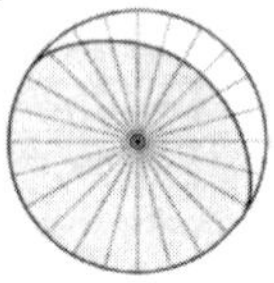　ク.

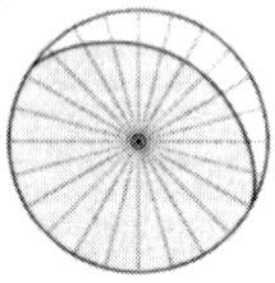

ケ. 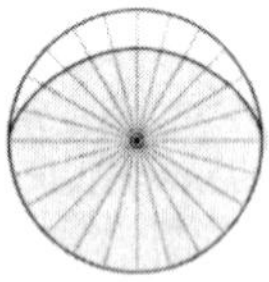　コ. 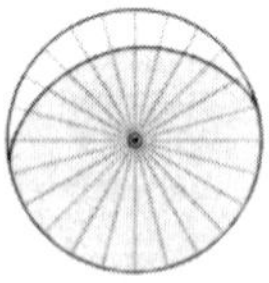　サ. 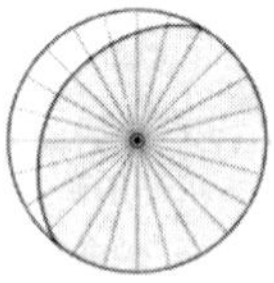　シ.

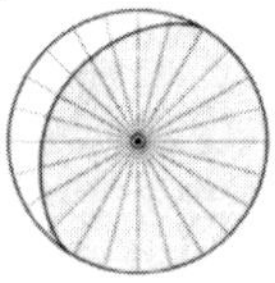

ス. 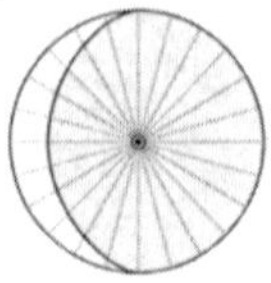　セ. 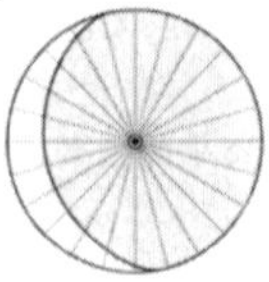　ソ. 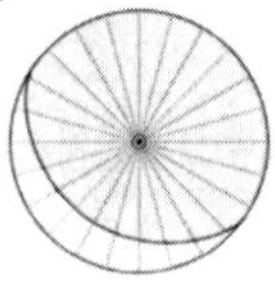　タ.

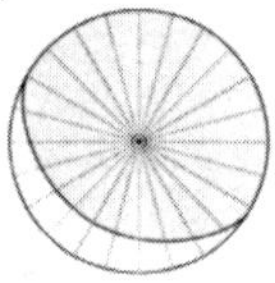

でないものを一つ選び、記号で答えなさい。

A　「一色の絵の具で塗りつぶしたような毎日」とは、草児の生活が単調であることを表す比喩表現である。

B　「バスが、～潜っていく」は、運転の真似をする男の動作を見て、草児が空想の世界に入りこんでいく様子を表している。

C　「椅子が動く音が、やけに大きく聞こえる」は、草児が勢いよく椅子から立ち上がった様子を間接的に伝えている。

D　「メガネも頷いた」の「メガネ」は、声を掛けてきてくれた杉田くんのことを比喩を用いて表している。

E　「コテイシサンゼイが、ガクシホケンが」におけるカタカナ表記は、これらを草児が理解していないことを示している。

問12　次は、本文を読んだ生徒の会話です。これを読み、後の問いに答えなさい。

明子　この小説の題名「タイムマシンに【　1　】ぼくたち」の「ぼくたち」っていうのは、草児と「男」のことよね。

星子　博物館で出会ったときの草児と「男」が、自分たちをどうとらえているかをうまく表した題名になっていると思うわ。

明子　そうだね。私は最後から二文目の「ひとくち飲んでみたコーラはしっかりと甘かった」というところに共感できたわ。草児が自分の存在意義を確かめられたことが伝わってきたわ。

星子　私もその表現は印象に残った。本文前半の「【　2　】」という一文は、この表現を導く伏線になっているのよね。ところで、最後の一文の意味は分かった？

明子　まず本文中の「【　3　】」というたとえは、草児と周囲との心理的な隔たりのことだと読み取ったわ。その隔たりが「男」との交流をきっかけとして段々なくなっていくことへの喜びや安堵感が、最後の一文に表れていると感じたわ。

Ⅰ　空欄１に入る適切な表現を自分で考え、四字で答えなさい。

Ⅱ　空欄２に入る最も適切な**一文**を本文中から十四字で抜き出し、答えなさい。

Ⅲ　空欄３に入る最も適切な表現を本文中から四字で抜き出し、答えなさい。

界の象徴であるため、草児はあこがれを抱いているのである。

ア　多様性を尊重し合い、和やかに生きることができる
イ　互いに干渉することなく、心静かに生きることができる
ウ　命の尊さを理解し、争うことがなく平和に生きようとする
エ　ありのままの個性を認め合い、協力して共に繁栄しようとする

問６　傍線部⑤「セキノヤマ」の意味を漢字二字で答えなさい。

問７　傍線部⑥中の「今日」の出来事の説明として**適切でない**ものを次から一つ選び、記号で答えなさい。

ア　担任の先生の服装を見た瞬間に盛り上がっているクラスの人たちの様子を、一歩引いたところから草児は見ていた。
イ　喋らないように心掛けていた草児だったが、Ｔシャツの恐竜がティラノサウルスではないことを思わず発言してしまった。
ウ　恐竜の話をきっかけに杉田くんが話しかけてくれたが、草児にとっては関わりが薄かったので彼の名前が分からなかった。
エ　恐竜の違いを分かりやすく説明したのに、先生だけが反応してくれてクラスの人たちは何事もなかったかのように無反応だった。

問８　傍線部⑦「すこしずつ、～減っていった」から読み取れることとして最も適切なものを次から選び、記号で答えなさい。

ア　草児が周囲の人と新しい関係を築いていき、それまで大切にしていたものを軽んじるようになったということ。
イ　草児が自分をとりまく世界との心理的距離を次第に縮めていき、周囲の人たちとのつながりを深めつつあるということ。
ウ　草児は同じ毎日の繰り返しで変化がないと思っているが、草児の気づかないところで確実に変化が起こっているということ。
エ　草児をとりまく世界が本人とは関係のないところで次々と変化し、その対応に追われるようになった草児は忙しくなったということ。

問９　傍線部⑧「もう一度男が首を横に振った。口もとだけが微笑んでいた」とありますが、次はそのような行動をとった理由を説明した文章です。空欄に入る適切な表現を、Ａについては本文中から四字で抜き出して答え、Ｂについては後のア～エから選んで記号で答えなさい。

男と草児が出会った博物館は、二人にとって【　Ａ　】の場所だった。しかし、結局二人はそれぞれの日常へと戻っていった。男が「微笑んで」「首を横に振った」のは、【　　Ｂ　　】から、ここでの交流はやめようと草児に伝えようとしたのである。

ア　母親と祖母に見つかると不審がられてしまい今後自分たちは会いにくくなる
イ　博物館での非日常的な会話を自分の連れに知られてしまうのは恥ずかしい
ウ　一人で来ていた博物館とは違って今は連れがいるので邪魔してほしくない
エ　博物館で出会った自分たちは互いに連れがいる日常で交わるべきではない

問10　傍線部⑨中の「お菓子」とはどのような存在であるといえますか。次の空欄に入る適切な語を自分で考え、それぞれ指定の字数で答えなさい。ただし、アには食べ物の名前が入ります。

「人は【ア　二字】のみにて生くる者にあらず」という聖書の言葉にもあるように、男にとっての「あの人」は非常食のように【イ　一字】をつなぐためだけのものではなく、「お菓子」のように【ウ　一字】も安定させる存在である。

問11　次は、本文中の波線部Ａ～Ｅの表現についての説明です。**適切**

男の隣にいる人間が男であるか女であるかは判断できないままだったが、そんなことは草児にとっては、どうでもいいことだった。あの人はきっと、⑨男が鞄にしのばせているお菓子のような存在なんだろうなと勝手に思った。というよりも、そうでありますように、と。「いろいろある」世界から逃げ出したくなった時の命綱みたいな、「やっかいだけどだいじな人」とあの男が、ずっとずっと元気でありますようにと、名前も知らない彼らが幸せでありますようにと、神さまにお願いするように思った。

「なにかいいことがあった」

コーラにストローをさす草児に、祖母が問う。はてなマークがついていなくても、ちゃんとわかる。いつのまにかわかるようになった。祖母は今、たしかに自分に問いかけている。

「なんにも」と答えた自分の声がごまかしようがないほど弾(はず)んでいて、草児は笑い出してしまう。ひとくち飲んでみたコーラはしっかりと甘かった。そのことが草児をさらに笑わせ、泣きたいような気分にもさせる。

（寺地はるなの文章による）

問１　太線部**ａ**「焦(がし)」・**ｂ**「羽織(って)」の読みをひらがなで答えなさい。

問２　傍線部①「容器の蓋が開いて～しまっていた」から読み取れる内容として**適切でない**ものを次から一つ選び、記号で答えなさい。

ア　こぼれ落ちる丸いガムの一つひとつに、草児は今まで胸の奥にしまっていた出来事や心情を重ね合わせている。

イ　家族やクラスメイトに対して草児が常々感じていた疎(そ)外感を、こぼれ落ちる丸いガムが呼び起こしてしまった。

ウ　丸いガムがこぼれ落ちるのをただ黙って見ている草児の様子は、人間関係を何も変えられないでいる草児を映し出している。

エ　こぼれ落ちる丸いガムがもったいなくて思わず泣いてしまったことで、草児は今までにあったつらい出来事を思い出してしまった。

問３　傍線部②「今日も～なかった」とありますが、草児が誰とも口をきかなかった理由にあたる**一文**を「**タイムマシンで白亜紀に～」で始まる段落から「そこで交わした言葉は、」で始まる段落まで**の本文中から抜き出し、始めの四字を答えなさい。

問４　傍線部③「ただ～とまっていた」について、次の各問いに答えなさい。

Ⅰ　草児は「『え』と訊きかえした」とありますが、その理由として最も適切なものを次から選び、記号で答えなさい。

ア　草児が泣き出したことに対し、「男」があせったり慌(あわ)てたりする様子もないのが意外だったから。

イ　草児の涙の理由が家庭や学校での出来事にもあるということを、「男」に気づかれたと思ったから。

ウ　草児が泣き出すことになったいろいろな理由を、「男」がこのあと聞き出すのだろうと警戒したから。

エ　草児自身でも涙の理由が分からない中で、「男」が自分に寄り添おうとしていることに戸惑ったから。

Ⅱ　傍線部③以降、「男」に対する草児の態度には変化が見られます。その変化の始まりを示す表現として最も適切な**一文**を本文中から三十字以内で抜き出し、始めの五字を答えなさい。

問５　次は、傍線部④「エディアカラ紀」に対する草児の気持ちについて述べた文です。空欄に入る最も適切な表現を後のア～エから選び、記号で答えなさい。

様々な種類の生き物が存在しながらも生存競争がなかったとされる「エディアカラ紀」は、そこに生きる者たちが【　　　】世

⑦すこしずつ、すこしずつ、画用紙に色鉛筆で色を重ねるように季節が変わっていって、草児が博物館に行く回数は減っていった。
体育館の靴箱の前で声をかけてきた男子の名は、杉田くんという。杉田くんは塾とピアノ教室とスイミングに通っているから一緒に遊べるのは火曜日だけだ。そして、教室で話す相手は彼だけだ。それでももう、以前のように透明の板に隔てられているという感じはしなくなった。完全に取っ払われたわけではない。でも、透明のビニールぐらいになった気がしている。その気になればいつだって自力でぶち破れそうな厚さに。
「外でごはん食べよう」
帰宅した母が、そんなことを言い出す。突然なんなのと戸惑う祖母の背中を押すようにして向かった先はファミリーレストランだった。草児がそこに行きたいとせがんだからだ。
もっとぜいたくできるのに、と母は不満そうだったが、草児はぜいたくでなくてもよかった。ぜいたくとうれしいは、イコールではない。
体調不良が続いていた祖母も、今日はめずらしく調子が良いようで、うすく化粧をして、明るいオレンジ色のカーディガンをb羽織っている。四人がけの席につき、メニューを広げた。
「急に外食なんて、どうしたの」
草児が気になっていたことを、祖母が訊ねてくれる。頬杖をついていた母が「パートのわたしにも賞与が出たのよ」と言うなり、唇の両端をにぃっと持ち上げた。
「それはよかった」
「それはよかった」
祖母の真似をしてみた草児に向かって、母がやさしく目を細める。
賞与の金額の話から、Eコテイシサンゼイが、ガクシホケンがどうのこうのというつまらない話がはじまったので、草児はひとりドリンクバーにむかう。
グラスにコーラを注いで席に戻る途中で、あの男がいるのに気づいた。
男は窓際の席にいた。ひとりではなかった。四人がけのテーブルに、誰かと横並びに座っている。
男の連れが男なのか女なのか、草児には判断できなかった。髪は背中に垂れるほど長く、着ている服は女もののようであるのに、顔や身体つきは男のようだ。
ふたりはただ隣に座っているだけで、触れあっているわけではない。にもかかわらず、近かった。身体はたしかに離れているのに、ぴったりとくっついているように見える。
男の前には湯気の立つ鉄板がある。男は鉄板上のハンバーグをナイフですいと切って、口に運ぶなり「フーファ」というような声を上げた。ムササビの骨格を見上げておどろいていた時とまったく同じ、間の抜けた声だった。
「あっつい」
「うん」
「でもうまい」
「ね」
男とその連れは視線を合わすことなく、短い言葉を交わす。声をかけようとした時、ふいに男が顔を上げた。挨拶しようと上げた草児の手が、宙で止まる。男の首がゆっくりと左右に動くのに気づいたから。
男の視線が鉄板にかがみこんでいる隣の人間に注がれたのち、草児の母と祖母がいる席に向いた。迷いなくそちらを向いたことで草児は、男がとっくに自分に気づいていたと知る。
⑧もう一度男が首を横に振った。口もとだけが微笑んでいた。だから草児も片手をゆっくりとおろして、自分の席に戻る。

いた。

「なんで？」

「やっかいで、だいじだ」

空は藍色の絵の具を足したように暗く、公園の木々は、ただの影になっている。きみもう帰りな、とやっぱりへんな、すくなくとも草児にはへんだと感じられるアクセントで言い、男が立ち上がる。うまい棒のかけらのようなものが空中にふわりと舞い散った。

⑥いつもと同じ朝が、今日もまた来る。

トースターに入れたパンをａ焦がしてしまって、家を出るのがすこし遅れた。教室に入って宿題を出し、椅子に腰を下ろすと同時に担任が教室に入ってきた。あー！　誰かが甲高い叫び声を上げる。担任はいつものジャージを穿いていたが、上は黒いＴシャツだった。恐竜の絵が描かれている。

「ティラノサウルス！」

誰かが指さす。せんせーなんで今日そんなかっこうしてんのー、と別の誰かが笑う。彼らは先生たちの変化にやたら敏感で、髪を切ったとか手をケガしたとか、そういったことにいちいち気づいて指摘せずにはいられないのだ。

「ちがう」

声を発したのが自分だと気づくのに、数秒を要した。みんながこちらを見ている。心の中で思ったことを、いつのまにか口に出していた。

担任から促されて立ち上がる。Ｃ椅子が動く音が、やけに大きく聞こえる。

「ちがう、というのはどういう意味かな？　宮本さん」

「……それはアロサウルスの絵だと思います」

「なるほど。どう違うか説明できる？」

「時代が違います。ティラノサウルスは白亜紀末に現れた恐竜で、アロサウルスは、ジュラ紀です」

すべて図鑑の受け売りだった。

「続けて」

「えっと、どちらも肉食ですが、ティラノサウルスよりアロサウルスのほうが頭が小さい、という特徴があります」

ずっと喋らないようにしていた。笑われるのは無視されるよりずっとずっと嫌なことだった。おそるおそる目線だけ動かして教室を見まわしたが、笑っている者はひとりもいなかった。何人かは驚いたような顔で、何人かは注意深く様子をうかがうように、草児を見ている。

「ありがとう。座っていいよ。宮本さん、くわしいんだな。説明もわかりやすかったよ」

感心したような声を上げた担任につられたように、誰かが「へー」と声を漏らすのが聞こえた。

「じゃあ、国語の教科書三十五ページ、みんな開いて」

なにごともなかったように、授業がはじまる。

国語の次は、体育の授業だった。体操服に着替えて体育館に向かう。体育館はいつも薄暗く、壁はひび割れ、床は傷だらけで冷たい。草児はここに来るたび、うっすらと暗い気持ちになる。

体育館シューズに履き替えていると、誰かが横に立った。草児より小柄な「誰か」はメガネを押し上げる。

「恐竜、好きなの？」

「うん」

草児が頷くと、Ｄメガネも頷いた。

「ぼくも」

そこで交わした言葉は、それだけだった。でも誰かと並んで立つ体育館の床は、ほんのすこしだけ、冷たさがましに感じられる。

体はやわらかく、目やあし、背骨はなく、獲物をおそうこともありませんでした。

エディアカラ紀の生物には、食べたり食べられたりする関係はありませんでした。

図鑑を暗誦した。

草児は、そういう時代のそういうものとして生まれたかった。同級生に百円をたかられたり、喋っただけで奇異な目で見られたり、こっちはこっちでどう見られているか気にしたり、そんなんじゃなく、静かな海の底の砂の上で静かに生きているだけの生物として生まれたかった。

「行ってみたい？　エディアカラ紀」

唐突な質問に、うまく答えられない。この男は「エディアカラ紀」を観光地の名かなにかだと思っているのではないか。

「タイムマシンがあればなー」

でも操縦できるかな。ハンドルを左右に切るような動作をしてみせる。

「バスなら運転できるんだけどね。おれむかし、バスの運転手だったから」

男の言う「むかし」がどれぐらい前の話なのか、草児にはわからない。わからないので、黙って頷いた。むかしというからには今は運転手ではなく、なぜ運転手ではないのかという理由を、草児は訊ねない。男が「いろいろ」の詳細を訊かなかったように。

男がまた、見えないハンドルをあやつる。

一瞬ほんとうにバスに乗っているような気がした。Bバスが、長い長い時空のトンネルをぬけて、しぶきを上げながら海に潜っていく。いくつもの水泡が、窓ガラスに不規則な丸い模様を走らせる。視界が濃く、青く、染まっていく。

海の底から生えた巨大な葉っぱのようなカルニオディスクス。楕円形にひろがるディッキンソニア。ゆったりとうごめく生きものたち。自分はそれらをいちいち指さし、男は薄く笑って応じるだろう。バスは音も立てずに進んでいく。砂についたタイヤの跡はやわらかいカーブを描き、その上を、図鑑には載っていない小さな生きものが横断する。

そこまで想像して、でも、と呟いた。

「もし行けたとしても、戻ってこられるのかな？」

タイムマシンで白亜紀に行ってしまうアニメ映画を、母と一緒に観たことがある。その映画では、途中でタイムマシンが恐竜に踏み壊されていた。その場面は強烈に覚えているのに、主人公が現代に戻ってきたのかどうかは覚えていない。

男が「さあ」と首を傾げる。さっきと同じ、他人事のような態度で。

「戻ってきたいの？」

そりゃあ、と言いかけて、自分でもよくわからなくなる。

「だって、えっと……戻ってこなかったら、心配するだろうから」

草ちゃんがどこにでも行けるように、と母は言ってくれるが、タイムマシンで原生代に行って二度と帰ってこなかったら、きっと泣くだろう。

「そうか。だいじな人がいるんだね」

おれもだよ、と言いながら、男はゆっくりと、草児から視線を外した。

「タイムマシンには乗れないんだ。仕事をさぼって博物館で現実逃避するぐらいが⑤セキノヤマなんだ、おれには」

「さぼってるの？」

男は答えなかった。意図的に無視しているとわかった。そのかわりのように「ねえ、だいじな人って、たまにやっかいだよね」と息を吐がある」という安心感ではなかった、たとえば持っていたのが乾パンなどの非常食然としたものだったらもっと違った気がする、だからお菓子というものは自分の精神的な命綱のようなものだと思ったのだ、というようなことをのんびりと語る男に手招きされて、草児もベンチに座った。いつでも逃げられるように、すこし距離をとりつつ。

草児が背負っていたリュックからオレンジマーブルガムのボトルを出すと、男は「なんだよ、持ってるじゃないか」とうれしそうな顔をする。自分のガムはただのおやつであって、命綱なんかではない。

やっぱへんなやつだ、と身を引いた拍子に、手元が狂った。①容器の蓋が開いてガムがばらばらと地面にこぼれ落ちる。草児は声を上げなかった。男もまた。映画館で映画を観るように、校長先生の話を聞くように、唇を結んだまま、丸いガムが土の上を転がっていくのを見守った。

気づいた時にはもう、涙があふれ出てしまっていた。頬を伝っていく滴は熱くて、でも顎からしたたり落ちる頃には冷たくなっていた。

どうして泣いているのか自分でもよくわからなかった。ガムの容器の蓋をちゃんとしめていなかったこと。博物館の休みを忘れていたこと。男が蒲焼きさん太郎を差し出した時に蘇った、文ちゃん〔出題者注：保育園からの付き合いがある、前の学校の同級生。頼りがいはあるが、草児は彼との力関係に悩んでいた。〕と過ごした日々のこと。

楽しかった時もいっぱいあった。

それなのに、どうしても文ちゃんに嫌だと言えなかったこと。嫌だと言えない自分が恥ずかしかったこと。別れを告げずに引っ越ししてしまったこと。

父が手紙をくれないこと。自分もなにを書いていいのかよくわからないこと。

②今日も学校で、誰とも口をきかなかったこと。算数でわからないところがあったこと。でも先生に訊けなかったこと。

母がいつも家にいないこと。疲れた顔をしていること。祖母から好かれているのか嫌われているのかよくわからないこと。

いつも自分はここにいていいんだろうかと感じること。

男は泣いている草児を見てもおどろいた様子はなく、困惑するでもなく、かといって慰めようとするでもなかった。③ただ「いろいろ、あるよね」とだけ、言った。

「え」と訊きかえした時には、涙はとまっていた。

いろいろ、と言った男は、けれども、草児の「いろいろ」をくわしく聞きだそうとはしなかった。

「いろいろある」

草児が繰り返すと、男は食べ終えたうまい棒の袋を細長く折って畳みはじめる。

「ところできみは、なんでいつも博物館にいるの？」

「だよね、いつもいるよね？」と質問を重ねる男は、草児がいつもいるとわかるほど頻繁に博物館を訪れているのだ。

「恐竜とかが、好きだから」

大人に好きなものについて訊かれたら、かならずそう答えることにしている。嘘ではないが、太古の生物の中でもとりわけ恐竜を好むわけではない。にもかかわらずそう言うのは「そのほうがわかりやすいだろう」と感じるからだ。そう答えると、大人は「ああ、男の子だもんね」と勝手に納得してくれる。

「あと、もっと前の時代のいろんな生きものにも、いっぱい、いっぱい興味がある」

④他の大人の前では言わない続きが、するりと口から出た。

エディアカラ紀、海の中で、とつぜんさまざまなかたちの生物が出現しました。

初の数日だけで、半ば頃になると家にいる時は無言でテーブルにつっぷしているだけの、物言わぬ生物になった。祖母はなんだか近頃調子が悪いといって、日中も寝てばかりいた。

古生代の生物たちも、こんなふうに干渉し合うことなく、暮らしていたのかもしれない。同じ家の中にいても、ほとんど言葉を交わさない。母や祖母の気配だけを感じつつ、ひとりで食卓に置かれたパンや釜めしを食べた。

味がぜんぜんわからなかった。給食もそうだ。甘いとも辛いとも感じない。誰かと同じ空間にいても、人間は簡単に「ひとり」になるものだと、こんなふうになるずっと前から知っていた。

博物館の前に立ち、「本日休館日」の立て札を目にするなり、動けなくなってしまった。今日は木曜日だということをすっかり忘れていた。**A**一色の絵の具で塗りつぶしたような毎日の中で、曜日の感覚が鈍っていたのかもしれない。

ワチャーというような声が頭上から降ってきて、振り返った。このあいだムササビの骨格標本を見上げていた男が草児のすぐ後ろに立っていた。今日は灰色のスーツを着ている。男の指がすっと持ち上がって、立て札を指す。ちょっと異様なぐらいに長く見える指だった。

「きみ知ってた？　今日休みって」

「うん」

男があまりに情けない様子だったので、つい警戒心がゆるみ「知ってたけど忘れてた」と反応してしまう。

「そうかあ」

中に入れないのならば、帰るしかない。背を向けて歩き出すと、男も後ろからついてくる。公園から出るには同じ方向に向かうしかないからあたりまえのことなのだが、気になって何度も振り返ってしまう。

「どうしたの？」

草児の視線を受けとめた男が、ゆったりと口を開く。なにを勘違いしたものか「なに？　腹減ってんの？」と質問を重ねる。違う。とっさに答えたが、嘘だった。腹は常に減っている。

男のアクセントはすこしへんだった。このあたりの人とも、草児とも違う。そのくせ、すこしも恥じてはいないようだ。

「あ、これ食う？」

書類やノートパソコンが入っていそうな鞄から、蒲焼きさん太郎が出てきた。差し出されたそれを草児が黙って見ていると、男はきまりわるそうに下を向き、包装を破いて、自分の口に入れた。

「そうだよな、あやしいよな。知らないおじさんが手渡してくる蒲焼きさん太郎なんか食べちゃだめだ」

しっかりしてるんだな、えらいな、うん、と勝手に納得し、男はベンチに座った。鞄から、つぎつぎとお菓子が取り出される。いくつかのお菓子には見覚えがあり、そのほかははじめて目にする。うまい棒とポテトスナックは知っているが、なんとかボールと書いてあるお菓子は知らない。

「あの、なんで、そんなにいっぱいお菓子持ってるの」

おそるおそる問う。この男は草児が知っているどの大人とも違う。男はすこし考えてから「さあ？」と首を傾げた。自分自身のことなのに。

「安心するから、かな」

うまい棒を齧りながら、男は「何年か前に出張した時に」と喋り出した。帰りの新幹線が事故で何時間もとまったまま、という体験をしたのだという。いつ動き出すのかすらまったくわからなくて、不安だった。でも、新幹線に乗る前に売店で買ったチップスターの筒を握りしめていると、なぜか安心した。その時、思いもよらないものが気持ちを支えてくれることもあるんだな、と知った。あれは単純に「食料

ウ　私的な場所にあり、誰かの所有物である
エ　私的な場所にあり、誰かの所有物ではない

問６　傍線部④「シラスウナギに起こっている悲劇との決定的な違い」は、どのような点にありますか。次の空欄Ａ・Ｂに入る適切な表現を**傍線部④以前**の本文中から指定の字数で抜き出し、説明を完成させなさい。

シラスウナギとは異なり、松阪牛は【　Ａ　三字　】が定まっており、【Ｂ　八字　】することができる点。

問７　三つの空欄Ｙに共通して入る適切な表現を考え、七字で答えなさい。

問８　傍線部⑤「枚挙のいとまがない」の意味として最も適切なものを次から選び、記号で答えなさい。

ア　多くて数えられない　　イ　被害が悪質化する
ウ　考えると気が滅入る　　エ　絶え間なくつづく

問９　傍線部⑥「原始時代の記憶」の内容として**当てはまらない**ものを次から一つ選び、記号で答えなさい。

ア　地球の資源を使いつくすことは不可能である。
イ　狩猟こそが生存に必要な食料確保の手段である。
ウ　ごみを捨てたところで環境への影響は生じない。
エ　できる限り天然の資源を収奪することが望ましい。

問10　次は、傍線部⑦「人間は環境問題を解決できる」と筆者が考えている理由について述べた文です。空欄に入る適切な語を「**そう、いくら松阪牛が～**」で始まる段落から「**やがて農耕や牧畜が～**」で始まる段落までの本文中から漢字三字で抜き出し、答えなさい。

「人間には【　　】があるから環境問題を解決できる」と筆者は考えている。

問11　傍線部⑧「楽観的悲観主義者のマインド」の説明として最も適切なものを次から選び、記号で答えなさい。

ア　人間は社会全体の繁栄を考えた選択ができる理性的存在であるため、たとえ環境問題が深刻さを増したとしても、新しい技術によって解決する道はあると信じつづける精神。
イ　損害を受けても自己回復力をもって再生してきた自然は偉大な存在であり、人間が利己的だったとしても、環境問題はさほど深刻にならないだろうと前向きにとらえる精神。
ウ　人間はもともと利己的なものであることを受け止めた上で、理性によって未来の繁栄にも目を向けた行動を選択し、環境問題解決に向けて努力しつづけていこうとする精神。
エ　農耕や牧畜など集団で繁栄を目指してきた人類であるので、自然の資源が底をついてしまう前に、みんなで未来の人たちのためにがまんを伴う行動も受け入れようとする精神。

二　次の文章を読み、後の問いに答えなさい。なお、設問の都合上、本文を変更している部分があります。

小学六年生の宮本草児は、両親の離婚によって三ヶ月前、母と一緒に祖母の家に引っ越してきた。転校初日に話し方を笑われてしまい、クラスメイトとなじめなかった草児は、祖母ともなじめず、毎日のように放課後は一人で、博物館で過ごしていた。ある日、博物館で三十歳代と見られるスーツを着た「男」に声をかけられたが、警戒して反応せずに立ち去った。次は、それからしばらく経った頃の場面である。

「シフトの都合」で予定外の休みをもらった母は、同じ理由で休みがなくなった。十連勤だなんて冗談じゃないよとぼやいていたのは最

は夢物語である。人間の善意や自己犠牲(ぎせい)に頼りきりの環境保全は成立しない。

　生物学者である僕は、生物としての人間が持つ性をいやというほどわかっている。人間も動物も等しく、生存と繁殖のためのきびしいたたかいを今日まで続けている。そのために、冷徹(てつ)で合理的な行動を取ることが求められているのだ。それでもなお、⑦人間は環境問題を解決できると信じている。考えてみれば、人間は後先を考えて、未来の幸せのためにいまがまんすることができる生物である。これが、人間とその他の生物の大きなちがいだ。人類が農耕や牧畜を「発明」したのはこのような性質を持っていたから。ひと握りの小麦や一匹の子ヒツジを手に入れたとき、それらを食べてしまえばすぐに満腹になるし、手間もかからない。しかし人類は、がまんしてそれらを食べずに育てることの意味を知った。苦労して世話をして育てることで、将来、より多くの食べものが得られるのである。これは、未来の幸福のためにいまがまんできる理性という人間の特徴が生み出したものである。

　だから、僕ら人類は環境問題を解決できる可能性を持っていると思う。いま、ある程度がまんすることで将来僕らや僕らの子孫たちが幸せになれるのなら、そういう選択ができる動物なのだ。環境問題はたいへん深刻だし、共有地の悲劇を生み出す人間の性から逃れることもできない。それでもなお、希望を捨てずに解決を目指すべきだ。これが⑧楽観的悲観主義者のマインドである。

（伊勢武史 著『２０５０年の地球を予測する
——科学でわかる環境の未来』より）

問１　太線部ａ「ドヨウ」・ｂ「コウ(じる)」を漢字で答えなさい。

問２　傍線部①「共有地の悲劇」について、次の各問いに答えなさい。

Ⅰ　次は、「共有地の悲劇」と、この後に説明されるシラスウナギの例との関係を説明した文章です。空欄に入る最も適切な語をそれぞれ後のＡ～Ｄから選び、記号で答えなさい。

「シラスウナギ」は寓話における【　１　】にあたり、「密漁者」は寓話における【　２　】にあたる。シラスウナギは【　１　】と同様に段々と減少し、現在ウナギは絶滅危惧種になっている。

Ａ　牧草　Ｂ　ウシ　Ｃ　村人　Ｄ　お金

Ⅱ　「共有地の悲劇」と同様の仕組みで発生する事例として**当てはまらない**ものを次から一つ選び、記号で答えなさい。

ア　健康食志向によって魚を食べることが世界的に流行し、マグロやサンマなどの値段が高くなってしまった。
イ　節電の呼びかけを行ったものの電力の消費量が増え続け、供給量を上回って地域全体が停電してしまった。
ウ　町内会の地域清掃は面倒だからと皆が参加しなくなった結果、害獣や害虫が増え、住みにくい街になってしまった。
エ　伐採した樹木の代わりに植林を進めて環境保全に努めた結果、多くの人が花粉症に悩まされるようになってしまった。

問３　次は、傍線部②中の「人間が環境問題を引き起こすメカニズム」について説明した文です。空欄に入る適切な表現を**冒頭から「ここで、もし松阪牛の～」で始まる段落まで**の本文中から二十字以内で抜き出し、答えなさい。

「人間が環境問題を引き起こすメカニズム」とは、人間が共有地においては【　　　　】ことを促(うなが)す仕組みのことを指している。

問４　傍線部③「［　　］に乗じて」の空欄に入る最も適切な語を次から選び、記号で答えなさい。

ア　危険　イ　秘密　ウ　夜陰(やいん)　エ　誘惑(ゆうわく)

問５　空欄Ｘに入る最も適切な表現を次から選び、記号で答えなさい。

ア　公共の場所にあり、誰かの所有物である
イ　公共の場所にあり、誰かの所有物ではない

共有地の悲劇を避けるにはどうすればよいか。ひとつの方法は、すべてを私有物にすることだ。しかしこれ、現実には不可能なことも多々ある。完全養殖が実用化できていないウナギもそう。日本列島から遠く離れたフィリピン近海の深い海で産卵するウナギを完全に私有物にすることは不可能だ。後述するが、世界人類の共有物である大気で発生している地球温暖化も共有地の悲劇の典型例だ。

共有地の悲劇を避けるもうひとつの方法は、ルールづくりである。ひと握りの無法者が無茶をしないように、社会でルールをつくって、それをみんなが守るように監視し、違反者にはしかるべき措置（そち）を b コウじる。これによって共有地の悲劇を避けることは、理論上は可能である。現に、環境を破壊する行為はこれまで、国内の法律や国際的な条約によって規制されてきて、一定の成果をあげている。ただしこのような規制は万能とは程遠く、多くの問題やほころびが露呈（ろてい）（あらわれ出ること）している。早いもん勝ち、獲ったもん勝ちという考え方は世界に蔓延（まんえん）していて、アマゾンの熱帯雨林の違法伐採（ばっさい）とか、貴重な野生動物の密猟（りょう）とか、世界中で⑤枚挙のいとまがないほど共有地の悲劇の実例が存在している。

よく、人間も生物の一種であるから、人間が起こす環境問題も自然現象である。だから止める必要はないし、止められない。人間は本能という名の欲望に沿（そ）ってあるがままに振舞えばよいし、いつか人間が絶滅するならそれも自然現象だから仕方ない、なんていう人がいる。この考え方を受け入れてしまうと、環境保全などを考えるのは無意味になってしまう。なのでこの本の最初の章で、この話を扱うことにした。

人間はもともと利己的に振舞うものだ。これは否定のしようがない。人類の祖先は数百万年前に生まれて、それからずっと、つい一万年前くらいまでは、狩猟採集で食べものを得る原始時代（旧石器時代）のくらしを送っていた。農耕や牧畜がはじまる前の原始時代のくらしはたいへんきびしく、人類の人口はとても少なかった。彼らは小さなグループをつくり広大な土地で食べものを探していたから、人口密度はとても低かったのである。

太古のむかしに思いを馳（は）せてみよう。人口密度が極端に低い時代の彼らにとって、地球のサイズは無限と考えても問題がなかった。どんなにがんばっても地球の資源を使いつくすことはできなかったのである。だから、ひたすらできる限りの資源の収奪を行うことが、彼らにとってベストな戦略だったのだ。原始時代のこのような環境では、現代のような環境問題は生じない。原始人がごみを捨てたところで、それは広大な土地や水や大気ですぐに薄められてしまう。だから現代のような公害は発生しなかったのだ。だから原始人には、環境意識はなかなか生まれなかったことだろう。

やがて農耕や牧畜が始まった。すると食料が安定して供給されるようになり、人口密度が増加する。それと同時に人びとは定住生活をするようになる。人間のライフスタイルがこのように変わっていくと、原始時代のように後先考えずに資源を使い切ってしまうと困（こま）ることが増えてきた。人口が増えてテクノロジーが進歩するにしたがって、資源を使いつくすというのが現実問題になってきたのである。こうして人びとは次第に、持続可能な利用というコンセプト（考え方）を身に着け、社会のルールや道徳に組み込んで、現代にいたる。人口が増えてテクノロジーが進歩するにしたがって、資源を使いつくすというのが現実問題になってきたのである。しかし、人間はつい一万年くらい前までは旧石器時代を生きていた。人間はそんなに急に変わることはできないので、現代人の遺伝子も⑥原始時代の記憶を引きずっている。だから容易に共有地の悲劇を引き起こす。これは人がもって生まれた性なのである。人間がみんな利他的になったらいいよね、みたいなのの許可を得ていない密漁者が後を絶たない。こうして日本じゅうでシラスウナギの乱獲が行われ、ウナギが激減するに至ったのである。

〈中略〉

このように、公共の場所である河川で、誰の所有物でもないウナギの稚魚を獲るという行為には、人間がエゴをむき出しにして、たとえ将来絶滅しようが後先考えず今だけの利益のために行動するよう仕向けるメカニズムが存在している。密漁者たちも当然、シラスウナギが年々減少していることを自分の身をもって痛感しているだろう。それでも、自然環境保全のために密漁をやめるかといえば、そうではない。自分ひとりがやめても、ほかの誰かが採ってしまい、結局は破滅に向かうからだ。どうせウナギ産業が破滅するのなら、いまのうちに少しでもお金を稼いでおこう。こういう考え方こそが、共有地の悲劇を生んでいる。

読者のみなさんは気づいたことだろう。共有地の悲劇が生じるのは、収奪(だつ)される対象物が［ X ］場合である。公共物と私有物の違いはたいへん重要で、この違いが共有地の悲劇の発生を決定づけている。ひとつ例を考えてみよう。現代の日本において、肉牛は私有物である。野良犬みたいな野良牛がそのへんを歩いてて、誰の持ち物でもない、なんてことはあり得ない。そして、ウナギと異なり肉牛の繁殖法は確立されている(飼育下で子ウシを産ませて成長させることが可能だ)。つまり肉牛は、完全に私有物として管理されているのである。

ここで、もし松阪牛のステーキを食べることが空前絶後の大ブームになって、肉が高く売れるようになったらどうなるか考えてみよう。松阪牛の生産者組合は「いまだけ儲かればいい」と考えてすべての牛を出荷してしまうだろうか。そうなると、松阪牛は絶滅し、血統が途絶えてしまう。もう松阪牛でお金を儲けることはできない。だからそんなバカなことは絶対にしないのである。

そう、いくら松阪牛がブームになって高く売れるからといって、親となる牛たちまでみんな出荷して食べちゃう、なんてことはない。牧畜業者のみなさんは後先考えて、種ウシと母ウシに繁殖させて子ウシを産ませるから、松阪牛ブームがどんなに盛り上がっても松阪牛が絶滅することはない。むしろ、お金を儲けようと松阪牛の飼育をはじめる牧場が増加することで、ウシの個体数は増えることだろう。④シラスウナギに起こっている悲劇との決定的な違いをわかってもらえただろうか。

僕ら人間は、私有物の場合は後先考えながら大事にあつかうが、共有物は粗末にあつかう。こういう人間の性(さが)が出るのが共有地の悲劇なのである。「いやいや、僕ら日本人の大半には良心というものがあって、共有物だからといって無茶はしない。むしろ共有物こそ大切にするように教わっている」なんて反論もあるかもしれない。それはそのとおりである。良識ある人びとは、共有地の悲劇を避けるために自制心をはたらかせることが可能なのだ。しかし、ほんのひと握(にぎ)りの人たちが、密漁などの無茶をすることによって、社会や自然環境に深刻な被害がおよんでしまう。これが共有地の「悲劇」と呼ばれるゆえんだ。一部の欲望に忠実な人たちの行動が環境問題を生み出してしまうのである。

さらに言おう。僕ら日本人の大半はシラスウナギの密漁をしない。ならばウナギの激減問題に潔白かというと、そうでもないのである。［ Y ］のは僕ら多くの日本人。僕ら日本人がお金を払って［ Y ］から密漁が存在するのである。僕らが［ Y ］ことが問題の原因であり、僕らは間接的にウナギの激減に手を貸していると言えてしまうのだ。

2023年度 浦和明の星女子中学校

【国語】〈第一回試験〉（五〇分）〈満点：一〇〇点〉

注意　字数制限のある場合は、句読点も一字と数えて答えること。

一　次の文章を読み、後の問いに答えなさい。〔　〕内の表現は、直前の語の意味です。なお、設問の都合上、本文を変更している部分があります。

これは、とある農村での話である。この村の住民はそれぞれ、自宅でウシを飼っていた。ウシたちは、村共有の牧草地で放牧され、草を食んで暮らしていた。村人は、ウシの乳をしぼったり、ときにウシを市場に売ったりしてくらしの足しにしていたのである。こういう状況がながく続き、村人たちの生活は安定していたのだが、ある日、知恵のはたらく村人が、自分の飼うウシの数を増やすことにしたのである。子ウシを何頭も買ってきて共有地で放牧し、大きくなったら売りさばく。こうしてこの村人は成功し、財をなしたのである。

これを見ていたほかの村人たちも「よし、おれもウシの数を増やそう」と思い立ち、その結果村の共有地で放牧されるウシの数が激増するに至った。しかし、共有地の面積にはかぎりがあり、そこで育つ牧草の量にもかぎりがある。やがて牧草は食べつくされ、ウシたちはみんな飢え死にしてしまった。結局村人たちはみなお金を損して、不幸になってしまった。これが①共有地の悲劇という寓話〔教訓的な話〕である（ギャレット・ハーディンという有名な環境科学者の著作に登場するお話だ）。

共有地の悲劇の寓話が興味深いのは、②人間が環境問題を引き起こすメカニズムの核心をついているからだ。この物語の登場人物は、けっしてバカではない。それどころか、みんな毎日を精いっぱいに生き、なんとかして自分や家族のくらしをゆたかにしようと知恵をしぼり工夫をこらしているのだ。彼らはバカじゃないから、ウシの数が増えすぎたらやがて牧草が食べつくされて悲劇が起こることも予期している。しかしそれでも、彼らはウシの数を減らさない。どうせ自分が減らしたって、ほかの村人がどんどんウシの数を増やすのが目に見えているからだ。将来はこのゲームの参加者全員が敗者になることが分かっていても、いまこの瞬間、お金を稼ぐのをやめられないのである。こういう現象は、寓話の世界だけじゃなく、現実に起こっている。たとえば現代の日本でも。

最近、ニホンウナギが絶滅危惧種に指定された。日本人がaドヨウの丑の日などに好んで食べるウナギだけど、近年では数が極端に減って、絶滅危惧種になってしまったのである。その原因はいろいろあるんだけど、最大の原因は「獲りすぎ」である。食用のウナギといえば養殖モノが主流だけど、ウナギの完全養殖はまだまだ実験段階だ。飼育下のウナギにタマゴを産ませてふ化させて、稚魚を成魚になるまで育てるのを完全養殖というが、それはとてもむずかしいことなのだ。じゃあどうやってウナギの養殖をしているかというと、海で自然にふ化してあるていどのサイズまで成長したウナギの稚魚（シラスウナギ）が海から川にもどってくるところをつかまえて、養殖池に投入して大きくなるまで飼育するのだ。これがウナギの養殖の実態である。

このシラスウナギ漁は、たいへん儲かる仕事である。まっくらな夜中、集魚灯のあかりにおびき寄せられるウナギの稚魚を網ですくう。これだけで一晩に数十万円もの儲けになることもあるらしい。なんせ、シラスウナギは俗に「白いダイヤ」と呼ばれるくらいで、この漁はお金の儲かる仕事。そして③［　　］に乗じてやる仕事だけに、正式

2023年度

浦和明の星女子中学校 ▶解説と解答

算　数　＜第１回試験＞（50分）＜満点：100点＞

解　答

[1] (1) 5.5　(2) 5　(3) 3000円　(4) 11，12　(5) $\frac{6}{7}$cm²　(6) 15.56cm²　(7) ① $12\frac{1}{2}$cm　② $16\frac{2}{3}$cm　[2] (1) **船Ａの速さ**…分速240m，**川の流れの速さ**…分速120m　(2) ２分間　[3] (1) 41本　(2) **ア** 6　**イ** 10　**ウ** 11　**エ** 15　(3) 84本　[4] (1) 13円減る　(2) **あんパン**…700個，**クリームパン**…500個　(3) **あんパン１個の値段**…127円，**目標金額**…160000円　[5] (1) ４，５，８，10　(2) （１，７），（３，９），（４，８）　(3) １，４，６，７，８，10

解　説

[1] 四則計算，濃度，分配算，分数の性質，面積，水の深さと体積

(1) $2.9\times3.4-\left(1\frac{1}{2}\times2\frac{2}{3}+\frac{9}{25}\right)=9.86-\left(\frac{3}{2}\times\frac{8}{3}+\frac{9}{25}\right)=9.86-(4+0.36)=9.86-4.36=5.5$

(2) 混ぜてできた７％の食塩水の重さは，220＋80＋120＝420(ｇ)なので，その中に食塩は，420×0.07＝29.4(ｇ)ふくまれている。また，８％の食塩水80ｇと10％の食塩水120ｇの中に食塩はそれぞれ，80×0.08＝6.4(ｇ)，120×0.1＝12(ｇ)ふくまれている。よって，濃度□％の食塩水220ｇに食塩は，29.4－6.4－12＝11(ｇ)ふくまれているから，□＝11÷220×100＝５(％)と求められる。

(3) 梅１つの値段を①とすると右の図アのように表すことができ，竹１つの値段は(②－800)円となる。よって，(②－800)×２＋①＝5900より，②×２－800×２＋①＝5900，④－1600＋①＝5900，④＋①＝5900＋1600，⑤＝7500，①＝7500÷５＝1500(円)とわかるので，松１つの値段は，1500×２＝3000(円)と求められる。

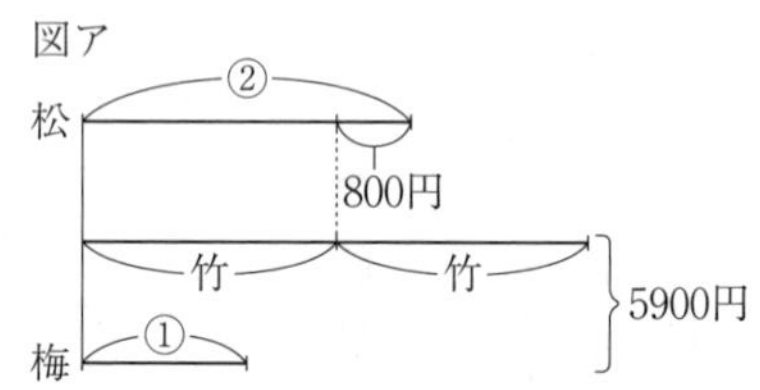

(4) 32，７，２の最小公倍数は，32×７＝224だから，分子を224にそろえると，$\frac{32}{59}=\frac{32\times7}{59\times7}=\frac{224}{413}$，$\frac{7}{\square}=\frac{7\times32}{\square\times32}=\frac{224}{\square\times32}$，$\frac{2}{3}=\frac{2\times112}{3\times112}=\frac{224}{336}$より，$\frac{224}{413}<\frac{224}{\square\times32}<\frac{224}{336}$となる。よって，413＞□×32＞336となるので，413÷32＝12.9…，336÷32＝10.5より，□は10.5より大きく12.9…より小さい。したがって，□に当てはまる整数は11，12とわかる。

(5) 右の図イで，三角形DABと三角形DA′Bは合同だから，BA′＝BA＝３cmである。よって，BA′：A′C＝３：(４－３)＝３：１なので，斜線部分の面積を①とすると，三角形DA′B(および三角形DAB)の面積は③となる。また，三角形ABCの面積は，４×３÷２＝６(cm²)である。したがって，斜線部分の面積は，$6\times\frac{1}{1+3+3}=\frac{6}{7}$(cm²)と求められる。

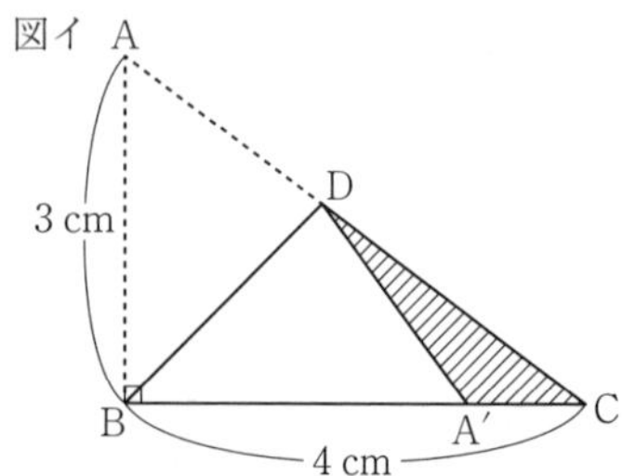

(6)　下の図ウで，半径２cmの半円に注目すると，三角形EFGは二等辺三角形だから，角EFGの大きさは，180－45×２＝90(度)である。これより，角EFBも90度になるので，○印をつけた２つの部分の面積は等しくなる。同様に，半径３cmの半円に注目すると，太線で囲んだ２つの部分の面積も等しくなる。よって，①，②の順に移動させて考えると，図ウの斜線部分の面積は，下の図エの斜線部分の面積と等しいことがわかる。ここで，角ABG，角ABIはどちらも90度だから，図エの太線で囲んだ部分の面積は，(おうぎ形BAI)＋(三角形ABG)＝$4\times4\times3.14\times\frac{90}{360}+4\times4\div2$＝12.56＋８＝20.56(cm²)である。また，HGの長さは，３×２＝６(cm)，CDの長さは３cmなので，三角形CHGの面積は，６×３÷２＝９(cm²)であり，同様に，三角形EBGの面積は，４×２÷２＝４(cm²)となる。したがって，斜線部分の面積の和は，(図エの太線部分)－(三角形CHG)＋(三角形EBG)＝20.56－９＋４＝15.56(cm²)と求められる。

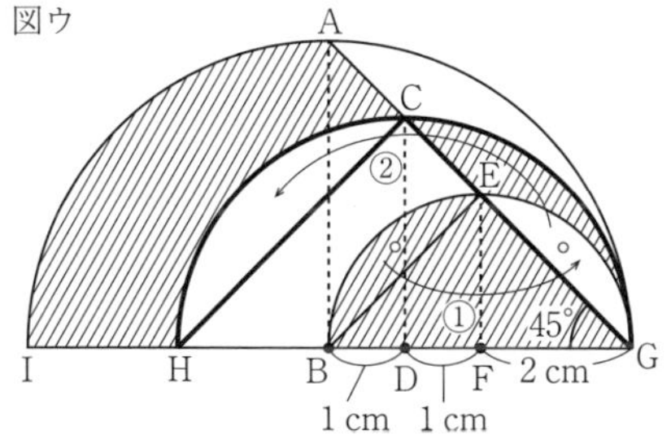

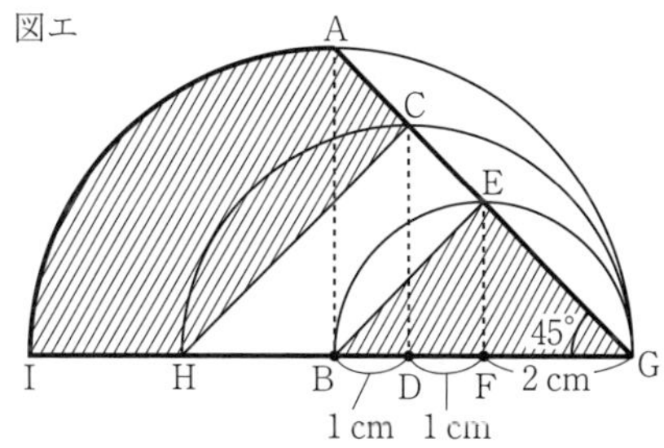

(7)　①　縦40cm，横60cmの長方形の面を下にしておもりを入れたとき，おもりの水に入った部分は右の図オのかげをつけた部分となり，この部分の体積と水の体積の和は，(60×80)×20＝4800×20＝96000(cm³)である。また，三角形ABCと三角形ADEは相似であり，相似比は，AC：AE＝(40－20)：40＝１：２だから，BCの長さは，$60\times\frac{1}{2}$＝30(cm)となる。よって，台形BDECの面積は，(30＋60)×20÷２＝900(cm²)なので，かげをつけた部分の体積は，900×40＝36000(cm³)とわかる。したがって，水の体積は，96000－36000＝60000(cm³)だから，おもりを取り出したとき，水の深さは，60000÷4800＝$12\frac{1}{2}$(cm)になる。　②　直角三角形の面を下にしておもりを入れたとき，おもりの一部が水面上に出るとすると，水面の面積は，4800－60×40÷２＝3600(cm²)となり，水の深さは，60000÷3600＝$16\frac{2}{3}$(cm)となる。これはおもりの高さ(40cm)より低いので，条件に合っている。

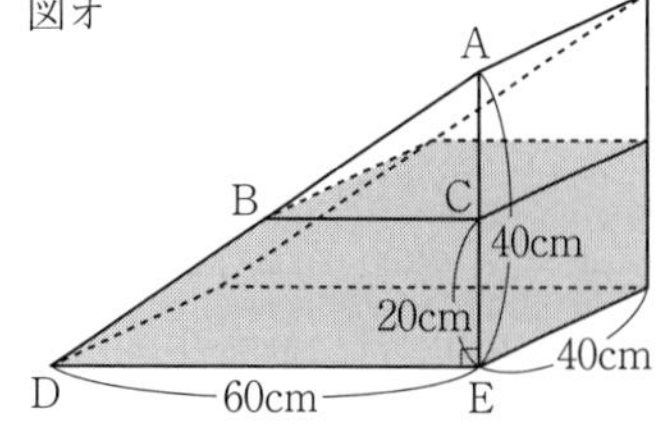

2　グラフ―流水算，つるかめ算

(1)　右の図１より，船Ａの下りの速さは分速，25200÷70＝360(m)，上りの速さは分速，25200÷(280－70)＝120(m)とわかるから，下の図２より，川の流れの速さは分速，(360－120)÷２＝120(m)，船Ａの静水時の速さは分速，120＋120＝240(m)と求められる。

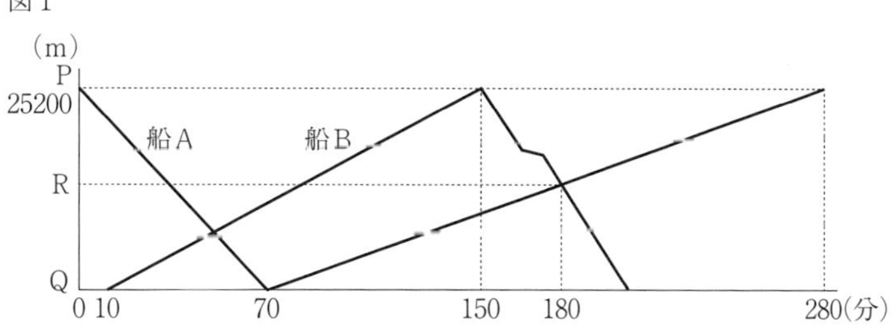

⑵　船Ｂの上りの速さは分速，25200÷(150－10)＝180(ｍ)なので，船Ｂの静水時の速さは分速，180＋120＝300(ｍ)，下りの速さは分速，300＋120＝420(ｍ)とわかる。また，図１で，ＱからＲまでの距離は，120×(180－70)＝13200(ｍ)である。

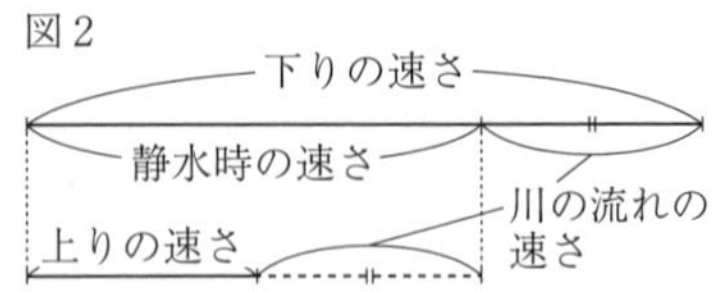

よって，船Ｂは，ＰからＲまでの，25200－13200＝12000(ｍ)を，180－150＝30(分間)で進んだことがわかる。かりに，30分間エンジンをかけて進んだとすると，進んだ距離は，420×30＝12600(ｍ)になり，実際よりも，12600－12000＝600(ｍ)多くなる。そこで，エンジンをかけて進む時間を１分減らし，川の流れにまかせて進む時間を１分増やすと，進む距離は，420－120＝300(ｍ)減る。したがって，船Ｂがエンジンを止めて川の流れにまかせて進んでいたのは，600÷300＝２(分間)と求められる。

3　規則性

⑴　明子さんが買った牛乳を○印，交換で得た牛乳を●印で表すと，右の図のようになる。明子さんは，１組目では６本買い，２組目以降では，６－１＝５(本)ずつ買うから，買った本数が35本になるのは，(35－６)÷５＝５余り４より，１＋５＝６(組目)まで飲んだ後に１本を交換で得て，さらに４本買ったときとわかる。よって，明子さんは全部で，６×６＋１＋４＝41(本)飲むことができる。

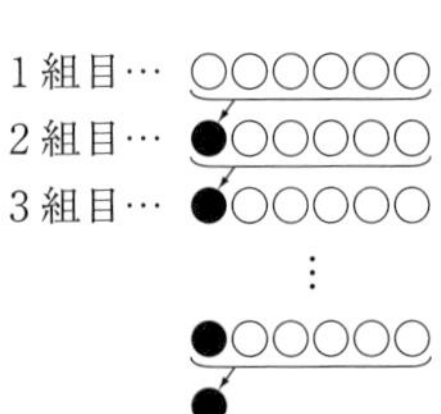

⑵　買った本数より１本多く飲めるのは，２組目の１本目から５本目まで，つまり，買った牛乳が６本(…ア)以上，６＋４＝10(本)(…イ)以下のときである。また，買った本数より２本多く飲めるのは，３組目の１本目から５本目まで，つまり，買った牛乳が，10＋１＝11(本)(…ウ)以上，11＋４＝15(本)(…エ)以下のときである。

⑶　100本目に飲む牛乳は，100÷６＝16余り４より，16組目まで飲んだ後に１本を交換で得て，さらに，４－１＝３(本)買ったときのものである。よって，買った牛乳は，６＋５×(16－１)＋３＝84(本)と求められる。

4　差集め算，和差算

⑴　あんパン１個の値段を□円とすると，クリームパン１個の値段は(□＋13)円となる。よって，あんパンの売上個数が１個増え，クリームパンの売上個数が１個減ると，売上金の合計は，□＋13－□＝13(円)減るとわかる。

⑵　売上金の合計は，見込みでは目標より1500円高く，実際は目標より1100円少なかったので，実際はあんパンの方が多く売れており，見込みよりも，1500＋1100＝2600(円)少ない。かりに，あんパンとクリームパンを，1200÷２＝600(個)ずつ売る見込みだったとすると，実際と見込みの売上金の合計は変わらない。ここから，あんパンを１個増やしてクリームパンを１個減らすごとに，実際と見込みの売上金の差は，１＋１＝２(個)分になるので，13×２＝26(円)ずつ少なくなる。よって，600個と売上個数の差は，2600÷26＝100(個)なので，あんパンは，600＋100＝700(個)，クリームパンは，600－100＝500(個)売れている。

⑶　売上金の合計は，先月が目標より1100円少なく，今月が目標より12250円多くなったから，今月は先月よりも，1100＋12250＝13350(円)多い。これは，あんパン50個とクリームパン50個の売上金の合計にあたるので，あんパン１個とクリームパン１個の値段の合計は，13350÷50＝267(円)と

なる。よって，あんパン１個の値段は，(267－13)÷２＝127(円)，クリームパン１個の値段は，127＋13＝140(円)とわかる。さらに，先月の売上金の合計は，127×700＋140×500＝158900(円)だから，目標金額は，158900＋1100＝160000(円)と求められる。

5 条件の整理，整数の性質

(1)　４の目が出ると，４，８の玉を移しかえ，１の目が出ると，１～10のすべての玉を移しかえ，５の目が出ると，５，10の玉を移しかえる。よって，玉の移動のようすは右の図１のようになるから，Aに入っている玉の番号は小さい順に４，５，８，10となる。

図１

	４の目		１の目		５の目
A	１，２，３，５，６，７，９，10	⇒	４，８	⇒	４，５，８，10
B	４，８		１，２，３，５，６，７，９，10		１，２，３，６，７，９

(2)　それぞれの番号の玉について，どの目が出たときに移しかえられるかをまとめると，右上の図２のようになる。よって，サイコロを何回振っても同じ箱に入っている玉の番号の組は(１，７)，(３，９)，(４，８)である。

図２

玉の番号	1	2	3	4	5	6	7	8	9	10
サイコロの目	1	1，2	1，3	1，2，4	1，5	1，2，3，6	1	1，2，4	1，3	1，2，5

(3)　玉を偶数回(０回もふくむ)移しかえるとAに，奇数回移しかえるとBに入るので，１と10の玉は偶数回移しかえたとわかる。ここで，１の玉を移しかえるのは１の目が出たときだけであり，１の目が２回以上出たとすると，出た目がすべて異なるという条件に合わないから，１の玉を移しかえた回数は０回であり，１の目は１回も出ていない。また，10の玉を１回も移しかえなかったとすると，１，２，５の目が１回も出ていないことになるが，このとき，３，４，６の目のうち少なくとも１つは２回以上出ることになるので，条件に合わない。さらに，10の玉を４回移しかえたとすると，１，２，５の目のうち少なくとも１つは２回以上出ることになり，これも条件に合わないから，10の玉は２回移しかえたとわかる。よって，４回のうち，１の目は１回も出ず，２と５の目が１回ずつ出たから，４回のサイコロの目は，㋐{２，３，４，５}，㋑{２，３，５，６}，㋒{２，４，５，６}の３通りが考えられる。図２を参考にして，㋐，㋑，㋒の場合に，どの番号の玉を何回移しかえるか調べると，右の図３のようになる。したがって，偶数回移しかえる玉の番号は，㋐の場合，(１，４，６，７，８，10)の６個，㋑の場合，(１，７，10)の３個，㋒の場合，(１，３，４，６，７，８，９，10)の８個となる。以上より，条件に合うのは㋐の場合で，Aに入っている玉の番号は小さい順に，１，４，６，７，８，10となる。

図３

サイコロの目	玉の番号									
	1	2	3	4	5	6	7	8	9	10
㋐…２，３，４，５	0回	1回	1回	2回	1回	2回	0回	2回	1回	2回
㋑…２，３，５，６	0回	1回	1回	1回	1回	3回	0回	1回	1回	2回
㋒…２，４，５，６	0回	1回	0回	2回	1回	2回	0回	2回	0回	2回

社　会　＜第１回試験＞（理科と合わせて50分）＜満点：50点＞

解　答

Ⅰ　問１　(ア)　問２　(イ)　問３　(1)　シーボルト　(2)　(ウ)　(3)　(ア)　問４　(イ)　問５　(ウ)　問６　(イ)　問７　(エ)　問８　(ア)　問９　(ウ)　問10　(エ)　問11　(エ)

Ⅱ　問１　(イ)　問２　(エ)　問３　(ウ)　問４　(ア)　問５　(イ)　問６　(イ)　問７　(ア)　問８　(ウ)　問９　(ウ)　問10　(イ)　問11　(ア)　問12　平城

Ⅲ　問１　(ウ)　問２　(ア)　問３　(エ)　問４　(エ)　問５　(ウ)　問６　(ウ)　問７　(ア)　問８　(イ)　問９　(ア)　問10　(ウ)

解　説

Ⅰ　西九州新幹線や日本遺産を題材とした問題

問１　東経130度の経線は，ロシア，中国(中華人民共和国)，北朝鮮(朝鮮民主主義人民共和国)の領土や韓国(大韓民国)の領海，九州西部を通ったあと，太平洋西部を南下し，インドネシア東部の島々を経てオーストラリア中部を通過する。また，タイやベトナムは東経110度よりも西に位置している。なお，明石市(兵庫県)を通る東経135度の経線(日本の標準時子午線)が，オーストラリアのほぼ中央部を通過していることもおさえておく。

問２　北半球では，低緯度地方から北上する海流が暖流，高緯度地方から南下する海流が寒流となっている。日本付近では，太平洋側の沖合を北上する日本海流(黒潮)と，東シナ海と日本海側の沖合を北上する対馬海流が暖流で，太平洋側の沖合を南下する千島海流(親潮)と，ロシアや北朝鮮の沿岸近くの日本海を南下するリマン海流が寒流である。

問３　(1)　19世紀前半に長崎の出島(扇形の埋め立て地)にあるオランダ商館の医師として来日し，長崎郊外の鳴滝で診療所兼学問所(鳴滝塾)を開いて日本人の弟子に医学などを教えたのは，ドイツ人のシーボルトである。　(2)　地形図中の東部にある「下野(嬉野町下野)」付近には，多くの茶畑(∴)がみられる。茶畑は，水はけがよく日当たりのよい丘陵地や山の斜面などに開かれることが多い。なお，「下宿」付近には水田(ıı)が広がっており，「築城」付近には住宅が多くみられ，「温泉区」付近は市街地となっている。　(3)　25000分の１の地形図では，等高線の主曲線(細い線)は10ｍごと，計曲線(太い線)は50ｍごとに引かれる。よって，地形図中のＡ地点の標高は60ｍ前後で，そこからＢ地点に向かうと，標高100ｍ余りの丘を越え，そこから下るとしばらく平地が続き，「塩田川」を渡ったあとは斜面を登り，標高80ｍ前後のＢ地点に着く。

問４　ユネスコ(国連教育科学文化機関)の世界文化遺産「明治日本の産業革命遺産　製鉄・製鋼，造船，石炭産業」のうち，長崎市には三菱長崎造船所や高島炭坑などの構成資産がある。その一つである旧グラバー住宅は，高島炭坑などを経営した実業家グラバーの邸宅であった建物である。なお，(ア)の出島は世界遺産に登録されておらず，(ウ)の大浦天主堂(長崎市)は世界文化遺産「長崎と天草地方の潜伏キリシタン関連遺産」の構成資産の一つである。また，(エ)の亀山社中は江戸時代末期に坂本龍馬らが長崎で結成した貿易結社で，のちに海援隊と改称された。

問５　肥前藩(佐賀県)出身の人物には，東京専門学校(現在の早稲田大学)の創設者としても知られる政治家の大隈重信や，佐賀の乱を起こした江藤新平などがいる。なお，(ア)の後藤新平は内務大臣や東京市長などを歴任した人物で，岩手県の出身。(イ)の福沢諭吉は慶應義塾の創設者として知られる思想家・教育者で，豊前国(大分県)中津藩の藩士の子として大坂(大阪)で生まれた。(エ)の津田梅子は女子英学塾(現在の津田塾大学)の創設者で，幕臣の娘として江戸で生まれた。

問６　クリークとは人工的につくられた水路や小運河のことで，日本では筑紫平野のような低湿地にみられる排水用の水路を指す場合が多い。したがって，ＡとＤが正しい。

問７　北九州工業地帯は，八幡(現在の福岡県北九州市)で1901年に操業を開始した官営の八幡製鉄所を中心に発展してきた。この地が選ばれたのは，原料となる鉄鉱石の輸入先であった中国に近く，付近に石炭と石灰石の産地があったためであった。しかしながら，第二次世界大戦後は国内各地に製鉄所がつくられるようになり，また，鉄鉱石の輸入先がオーストラリアやアメリカ，カナダなどに変わり北九州の利点がうすれたこともあって工業生産額は伸び悩み，工業地帯としての地位も低下していった。したがって，(エ)があてはまる。

問８　日本の小麦の輸入先の第１位～第３位はアメリカ，カナダ，オーストラリアの順で，この３か国で輸入量のほとんどを占めている。なお，小麦の輸入は完全に自由化されているわけではなく，政府が外国から一括して購入し，国内の業者に販売する制度がとられている。(イ)はバナナ，(ウ)は鶏肉，(エ)は石炭の輸入先。統計資料は『日本国勢図会』2022／2023年版による(以下同じ)。

問９　ラムサール条約(正式名称は「特に水鳥の生息地として国際的に重要な湿地に関する条約」)は，多様な生態系を持つ湿地や干潟などを保護するための条約である。群馬・栃木・埼玉・茨城の４県にまたがる渡良瀬遊水地のような例もあるが，大部分は釧路湿原(北海道)，谷津干潟(千葉県)，琵琶湖(滋賀県)のような湿地・干潟・湖などなので，(ウ)が誤っている。

問10　４県のうち，原子力発電所があるのは玄海原発がある佐賀県だけなので，(エ)が佐賀県と判断できる。なお，風力発電の発電量が他県よりも多い(ア)は，海岸線が長く，沿岸部に多くの風力発電所がつくられている長崎県。水力発電の発電量が比較的多い(イ)は，山間部に多くのダムがある埼玉県。残る(ウ)は福岡県である。

問11　たまねぎの生産量が全国第２位であるＡは佐賀県，じゃがいもの生産量が全国第３位(第２位である年も多い)であるＢは長崎県，いちごの生産量が栃木県についで全国第２位であるＣは福岡県と判断できる。

Ⅱ　各時代の節目となるできごとを題材とした問題

問１　Ａ群　(あ)「男女」ではなく「男子」が正しい。　(い)　地租改正(1873年)について述べた文であり，内容も正しい。　(う)　教育勅語は大日本帝国憲法発布の翌年にあたる1890年に出された。　(え)　廃藩置県(1871年)は，すべての藩を廃止して，全国を府と県に分けたものである。
Ｂ群　(あ)　日本は江華島事件(1875年)をきっかけに朝鮮に開国を強くせまり，翌76年，朝鮮にとって不平等な日朝修好条規を結ばせた。当時，清(中国)は朝鮮を属国(家来の国)ととらえていたため，条約の締結をめぐって日本と対立した。　(い)　ポーツマス条約(1905年)により日本はロシアから樺太(サハリン)の南半分や南満州鉄道の権利などをゆずり受けたが，賠償金を得ることはできなかった。　(う)　第一次世界大戦(1914～18年)の開戦で欧米諸国が東アジアの情勢に干渉する余裕がない中で，1915年，日本は中華民国(中国)政府に対し，ドイツが中国で持っていた権益を日本が引き継ぐことなどを内容とする二十一カ条の要求を突きつけ，その大部分を認めさせた。　(え)　1931年，関東軍(満州におかれた日本軍)が南満州鉄道の線路を爆破する事件(柳条湖事件)を引き起こした。関東軍はこれをきっかけに軍事行動を開始して満州のほぼ全域を占領すると，翌32年にこれを満州国として独立させ，その実権をにぎった。この一連のできごとは満州事変とよばれる。これに対し，国際連盟は満州国を承認せず，日本に満州からの撤退を求める決議を採択したたため，これを不服とする日本は1933年に国際連盟を脱退した。

問２　Ａ群　(あ)　特別高等警察(特高)は，思想・言論・政治活動などの統制を目的として，明治時代末期から昭和時代初期にかけてつくられた。アメリカ軍による日本本土への空襲が激しくなったのは，第二次世界大戦末期の1944年以降のことである。　(い)　第二次世界大戦直後，GHQ(連合国軍最高司令官総司令部)は経済の民主化を進めるため，財閥解体を指示した。これは，財閥が経営していた持株会社(系列企業の株式を所有することで，その会社の経営権をにぎるもの)を解散させたり，独占的企業を分割させたりするものであり，「すべての財閥が廃業した」わけではない。(う)　「小作農」ではなく「自作農」が正しい。農地改革は地主の土地を一定面積を残して国が買い上げ，小作人に安く売り渡したもので，これにより多くの小作人が自分の土地を持つ自作農となった。　(え)　1945年12月の選挙法改正により，満20歳以上のすべての男女に選挙権が認められた。そして翌46年４月，戦後初の衆議院議員総選挙が行われ，39名の女性議員が誕生した。　Ｂ群　(あ)　1951年のサンフランシスコ平和条約の調印により日本は独立を回復したが，同時に結ばれた日米安全保障条約により，アメリカ軍はそのまま日本国内にとどまることとなった。　(い)　1956年10月，日ソ共同宣言の調印によりソ連(ソビエト連邦)との国交が回復した。これにより，それまで日本の国連(国際連合)加盟に反対していたソ連が支持に回ったことで，同年12月，日本の国連加盟が実現した。　(う)　日韓基本条約の調印により日本と韓国の国交が正式に開かれたのは，1965年のことである。なお，1972年には日中共同声明の調印により，日本と中国の国交が正常化した。(え)　杉浦千畝は第二次世界大戦中にリトアニアの日本領事館館員であった外交官で，ドイツのナチス政権による迫害から逃れるため亡命を求めてきたユダヤ人たちに，外務省の指示に逆らってビザを発給し，約6000人のユダヤ人の命を救った。

問３　方広寺(京都府)の大仏造立を口実として農民から武器を没収したのは，刀狩令(1588年)を出した豊臣秀吉である。よって，(ウ)が誤っている。

問４　(ア)　鎌倉時代の北条氏は，伊豆(静岡県)の豪族であった。のちに初代執権となる時政の娘の政子が源頼朝の妻となったことから，北条氏は頼朝を支え，幕府の創立に貢献した。北条義時は鎌倉幕府の第２代執権で，承久の乱(1221年)で朝廷方を倒し，京都に六波羅探題を設置した。(イ)　元寇のさいに「てつはう」という火器(火薬を使った兵器)を用いたのは元軍である。なお，北条時宗は元寇を乗り切った鎌倉幕府の第８代執権である。　(ウ)　南蛮貿易が行われたりキリシタン大名が現れたりしたのは，戦国時代から安土桃山時代にかけてである。なお，北条泰時は鎌倉幕府の第３代執権で，1232年に最初の武家法である御成敗式目(貞永式目)をさだめたことなどで知られる。　(エ)　戦国時代の北条氏は，15世紀末の北条早雲を祖とし，相模国(神奈川県)の小田原城を本拠地として関東地方に勢力を広げた戦国大名である。この北条氏は，鎌倉時代の執権北条氏とはつながりがないため，これと区別して「後北条氏」「小田原北条氏」ともいわれる。北条氏康は後北条氏第３代にあたる戦国大名で，関東地方に領地を広げ，後北条氏の全盛期を築いた。なお，各地の大名をしたがえていった豊臣秀吉は，1590年，後北条氏を倒して全国統一を達成した。

問５　Ａ　茶道(わび茶)を大成した千利休について述べた文であり，内容も正しい。　Ｂ

「足利義政」ではなく「足利義満」が正しい。

問６　(ア)　白河上皇が初めて院政を始めたのは1086年で，藤原頼通の死後のことである。　(イ)　院政の開始について述べた文であり，内容も正しい。　(ウ)　新皇を名乗り関東地方を支配したのは，10世紀前半に反乱を起こした平将門である。　(エ)　清少納言が『枕草子』を著したのは，摂関政治の全盛期にあたる11世紀初めごろである。

問７　(ア)　永仁の徳政令(1297年)の説明文として正しい。なお，鎌倉幕府がこの法令を出したのは，元寇のあとの御家人の生活の窮乏を救うためであった。　(イ)「二条河原の落書」は，後醍醐天皇による建武の新政が行われたさい，新政を批判して京都の二条河原に掲げられた。　(ウ)　足軽は応仁の乱(1467～77年)のさいの無法ぶりで知られる軽装の歩兵である。なお，鎌倉時代末期に各地に現れた，幕府に従わない豪族は「悪党」とよばれ，楠木正成はその代表的な人物であった。

(エ)　株仲間は江戸時代に商工業者が結成した同業組合である。

問８　(ア)「藤原京」ではなく「飛鳥浄御原宮」が正しい。なお，持統天皇(天武天皇の皇后)は飛鳥浄御原宮から藤原京へと遷都(都をうつすこと)した。　(イ)『古事記』は712年，『日本書紀』は720年に，それぞれ完成した。ともに，710年に藤原京から平城京に遷都されたあとのことである。

(ウ)　藤原京は，唐(中国)の都長安にならってつくられた，日本で最初の本格的な都城である。

(エ)　東大寺は聖武天皇が平城京につくらせた寺院である。

問９　(ア)　894年，朝廷は数十年ぶりに遣唐使を派遣することを決定し，菅原道真を遣唐大使に任命したが，道真は航海が危険であることと唐の国内が乱れていることなどを理由に派遣の中止を提案し，認められた。唐はその約10年後に滅亡した。　(イ)「太安万侶」ではなく「菅原道真」が正しい。なお，太安万侶は『古事記』をまとめた人物である。　(ウ)　阿倍仲麻呂は８世紀前半に留学生として，空海は９世紀初めに留学僧として，どちらも遣唐使船で唐に渡っている。　(エ)　遣唐使は630年の第１回派遣から９世紀までの間に十数回にわたって派遣された。つまり，毎年派遣されたわけではない。

問10　十七条の憲法(憲法十七条)は604年に聖徳太子が役人の守るべき心構えをしめすためにさだめたもので，和を重んじること，天皇の命令にしたがうこと，仏の教えを大切にすることなどを内容としている。したがって，(イ)があてはまる。なお，(ア)は聖徳太子がさだめた冠位十二階の制について述べた説明文。(ウ)は内容が誤っている。(エ)は中大兄皇子(のちの天智天皇)が公地公民の方針をしめした「改新の詔」などについて述べた説明文である。

問11　(ア)　ヤマト政権においては，豪族たちが一族ごとに氏とよばれる集団をつくり，大王が氏ごとに家柄や地位を表す姓をあたえて豪族たちを統制していた。こうしたやり方は氏姓制度とよばれる。　(イ)　抜歯は縄文時代の風習である。　(ウ)　仏教は６世紀，朝鮮半島の百済を経由して日本に伝えられた。　(エ)　稲荷山古墳(埼玉県)は，「ワカタケル大王」と刻まれた鉄剣が出土したことで知られる。なお，「親魏倭王」は，239年に魏(中国)に使いを出した邪馬台国の女王卑弥呼に対して，魏の皇帝があたえた称号である。

問12　問８の(イ)の解説を参照のこと。

Ⅲ　2022年のできごとを題材とした問題

問１　ASEAN(東南アジア諸国連合)加盟国10か国に日本・中国・韓国・オーストラリア・ニュージーランドを加えた15か国が参加している自由貿易協定は，「RCEP協定」(地域的な包括的経済連携協定)とよばれる。なお，(ア)のOPECは産油国が結成している「石油輸出国機構」，(イ)のQUADは日本・アメリカ・オーストラリア・インドによって設立された「日米豪印戦略対話」，(エ)のTPP協定は環太平洋地域の12か国(アメリカが脱退したため現在は11か国)で調印された「環太平洋パートナーシップ協定」の略称である。

問２　ウクライナの南部，黒海沿岸に位置するクリミア半島は，「クリミア自治共和国」を構成していた。2014年，ロシアが武力侵攻してこれを併合することを宣言したが，国際社会はこれを承認していない。

問３　2022年，韓国で大統領選挙が行われ，元検察総長で保守系の尹錫悦が当選した。なお，(ア)の朴正熙は1963～79年，(ウ)の文在寅は2017～22年に韓国の大統領を務めた人物。(イ)のマルコスは1965～86年にフィリピンの大統領を務めた人物で，2022年にはその長男(フェルディナンド・マルコス・ジュニア)が大統領となった。

問４　千島列島は1854年の日露和親条約で択捉島以南が日本領，ウルップ島以北がロシア領と定められ，1875年の樺太・千島交換条約により列島全域が日本領となった。サンフランシスコ平和条約では日本が千島列島を放棄することが明記されたが，その帰属先はさだめられていない。なお，第二次世界大戦後，千島列島はソ連(現在はロシア)による実効支配が続いているが，日本が放棄した範囲をめぐる解釈の違いが，北方領土問題の最大の原因となっている。

問５　(ア)　佐藤栄作首相とアメリカのニクソン大統領の話し合いの結果，沖縄返還協定が結ばれ，1972年に沖縄の日本への復帰が実現した。なお，佐藤は沖縄返還を実現したことや非核三原則を打ち出したことなどが評価され，日本人として初めてノーベル平和賞を受賞した。　(イ)　沖縄では15世紀に尚氏を王とする琉球王国が成立したが，17世紀初めに島津氏を領主とする薩摩藩(鹿児島県)が侵攻し，明治時代初めまでその支配が続いた。なお，毛利氏は中国地方一帯を支配した戦国大名。　(ウ)　日本国内にある米軍専用施設のうち，総面積の約７割が沖縄県に集中している。(エ)　第26回主要国首脳会議(九州・沖縄サミット)は，2000年に開かれた。2023年５月に開かれるのはＧ７広島サミットである。

問６　(ア)　参議院議員の任期は６年で，３年ごとにその半数が改選される。　(イ)　参議院議員選挙は，原則として都道府県を単位とする選挙区選挙と，比例代表選挙により行われる。小選挙区制と比例代表制が併用されるのは衆議院議員選挙である。　(ウ)　参議院の議員定数は，2018年の公職選挙法改正によりそれまでの242人(選挙区選挙で146人，比例代表選挙で96人)から，選挙区選挙で２人，比例代表選挙で４人の計６人増やした248人とされた。そのため，2019年と2022年の選挙では，それぞれ124人(選挙区選挙で74人，比例代表選挙で50人)が選出されたが，このうち2022年の選挙では神奈川選挙区で生じていた欠員１名も選出されることになったため，結果的に125議席を争う形となった。　(エ)　法律案の議決，予算の議決，条約の承認，内閣総理大臣の指名については，衆議院の議決が参議院より優越する。

問７　(ア)　1840年に起きたアヘン戦争は，アヘンの密貿易の取り締まりを強化した清に対し，イギリスが戦争をしかけ，これを破ったできごとである。これによりイギリスは，上海など５港の開港，香港の割譲，賠償金の支払いなどを清に認めさせた。なお，イギリスはその後も香港を植民地として領有していたが，1997年にこれを中国に返還した。　(イ)　下関条約で清は遼東半島，台湾，澎湖諸島を日本にゆずった(ただし，遼東半島は三国干渉により清に返還)。　(ウ)　香港は九竜半島の南端付近に位置する。遼東半島の南端にあるのは旅順などである。　㈣　日中戦争の開戦のきっかけとなった1937年の盧溝橋事件は，北京郊外の盧溝橋で日中両軍が衝突したできごとである。

問８　核不拡散（核拡散防止）条約（NPT）は，五大国（国連安全保障理事会の常任理事国であるアメリカ・ロシア・イギリス・フランス・中国）以外の国が新たに核兵器を保有することを禁止するものである。なお，㈠について，アメリカとソ連の間では戦略兵器制限交渉（SALT）とよばれる話し合いが行われ，その後，START（戦略兵器削減条約）や新STARTが結ばれた。㈢の包括的核実験禁止条約の略称はCTBT。核を保有しているかどうかにかかわらず，爆発をともなうすべての核実験（地下実験もふくむ）を禁止する条約で，国連総会で採択されたがアメリカや中国が批准していないため，発効の見通しはたっていない。㈣の生物兵器禁止条約の略称はBWCである。

問９　1972年，日本の田中角栄首相らが中国の首都北京で周恩来首相らと会談し，日中共同声明に調印したことで，日本と中国の国交が正常化した。なお，竹下登は1989年に消費税を導入した首相として知られる。習近平は中国の現在の国家主席である。

問10　1917年にロシア革命が起きると，革命の拡大をおそれた列強はこれに干渉し，アメリカ・イギリス・フランス・日本は1918年にシベリア出兵を行った。干渉は失敗に終わり，アメリカなどは1920年にシベリアから撤退したが，日本だけが1922年まで出兵を続けた。

理　科　＜第１回試験＞（社会と合わせて50分）＜満点：50点＞

解　答

1　問１　エ　　問２　74cm　　問３　(a)　O　　(b)　ク　　**2**　問１　オ，キ　　問２　(a)　BからEの間　　(b)　イ　　問３　(a)　19.73 g　　(b)　100.47℃　　**3**　問１　オ　　問２　３倍　　問３　(a)　カ　　(b)　ウ　　(c)　①　　問４　ウ　　**4**　問１　カ　　問２　イ　　問３　やぎ座　　問４　(a)　うお座　　(b)　①　A　　②　イ

解　説

1　てんびんやてこのつりあいについての問題

問１　棒が水平につりあうのは，（端Aのおもりの重さ）×X＝（端Bのおもりの重さ）×Yが成り立つときなので，20×20＝40×10となるエが選べる。

問２　問１より，棒①の端A，端Bにつるしたおもりの重さの合計は，20＋40＝60（g）となる。端Cに51gのおもりをつるしたとき，棒②をつるした糸の位置から□cmのところに棒①をとりつけて全体が水平につりあったとすると，60×□＝51×40が成り立ち，□＝51×40÷60＝34（cm）となる。これは，端Cから，40＋34＝74（cm）の位置である。

問３　(a)　物体全体の重さが集まっていると考えることのできる点を重心といい，図３の板の点Fと点Pにそれぞれ20gのおもりをつるすのは，その真ん中の点Kの位置に，20＋20＝40（g）のおもりをつるすことと同じと考えてよい。したがって，糸でつるした点Mに関して対称な位置である点Oに40gのおもりをつるせば，板が水平につりあう。　(b)　点Aの20gのおもりと点Pの40gのおもりの重心は，APをおもりの重さの比の逆比の，$\frac{1}{20}:\frac{1}{40}=2:1$に分けた位置の点Kとなる。

よって，この２つのおもりのはたらきは，点Kに，20＋40＝60(g)のおもりをつるすことと同じと考えてよい。次に，点Kに60g，点Cに60gのおもりをつるしたときの重心は，KCの真ん中の点Gの位置となる。したがって，点A，点C，点Pの３つのおもりのはたらきは，点Gに，60＋60＝120(g)のおもりをつるすことと同じと考えてよい。これとつりあうのは，点Mに関して点Gと対称な位置の点Sに120gのおもりをつるしたときか，点Mからの距離が点Gまでの距離の２倍の点Yに，120÷２＝60(g)のおもりをつるしたときなので，クが選べる。

2　水の状態変化についての問題

問１　ア　霜柱は，地中の水(液体)が氷(固体)になる現象である。　イ　霧は，空気中の水蒸気(気体)が冷えて小さな水滴(液体)となり，空中に浮かんでいる現象である。　ウ　ドライアイスは二酸化炭素の固体で，固体から気体へと液体の状態を経ないで状態変化する性質がある。これを昇華といい，ドライアイスを室内に置いておくと，二酸化炭素が昇華して空気中に逃げていくため，しだいに小さくなる。　エ　ドライアイスを水の中に入れると，ドライアイスが水に温められて気体の二酸化炭素になるため，ドライアイスからは二酸化炭素の泡が発生する。この泡が水中を上昇していくとき，泡には小さな水滴や細かい氷の粒がふくまれて，泡が白く見える。そして，この泡が水面ではじけると，小さな水滴や細かい氷の粒が空気中へ出て，白い煙になる。なお，この煙と二酸化炭素は空気より重いので，容器から出ると下の方に流れていく。　オ　ぬれている洗濯物を干すと，洗濯物にふくまれている水が蒸発して(水蒸気に変化して)空気中に逃げていくため，洗濯物が乾く。　カ　冷たい水が入っているコップの表面に水滴がつくのは，コップのまわりの空気が冷たいコップで冷やされて，空気がふくみきれなくなった水蒸気が水滴に変化するからである。　キ　金魚鉢に入れた水が時間とともに徐々に減っていくのは，水が水面から少しずつ蒸発して空気中に逃げていくためである。

問２　(a)　固体を加熱すると，加えられた熱がすべて固体をとかすのに使われるので，固体がすべてとけるまで温度は上昇しない。そのため，氷がとけ始めるBの時間から温度は０℃で一定となり，すべてとけ終わるCの時間から温度が上がり始める。また，ふっとうが始まると，加えられた熱がすべて液体を気体にするのに使われるので，温度が上がらなくなり一定になる。よって，液体の水がふっとうし始めるDの時間からは，すべてが水蒸気になるまで温度が100℃で一定となる。したがって，液体の水が存在しているのはBからEまでの間である。　(b)　図１のときより強い火で加熱すると，水の状態が変化するまでの時間や変化している間の時間が短くなる。ただし，固体の氷がとける温度や液体の水がふっとうする温度は変わらない。したがって，イがふさわしい。

問３　(a)　表１で，溶かした砂糖の重さが8.55g増えるごとに，水溶液がふっとうする温度が0.13℃ずつ上昇している。よって，$8.55\times\frac{100.3-100}{0.13}=19.730\cdots$より，溶かした砂糖の重さは19.73gと求められる。　(b)　濃さが３％の水溶液にふくまれている水の割合は，100－３＝97(％)なので，1000÷0.97＝1030.9278…より，水1000gに砂糖を溶かしてつくった３％の水溶液の重さは1030.928g，溶けている砂糖の重さは，1030.928－1000＝30.928(g)となる。したがって，$0.13\times\frac{30.928}{8.55}=0.470\cdots$より，この水溶液がふっとうする温度は，100＋0.47＝100.47(℃)と求められる。

3　ウキクサの増え方についての問題

問１　実験で使った容器では，葉状体が650枚ほどになったときに水面全部がおおわれている。よって，容器の大きさ，つまり水面の面積が葉状体の枚数を決めているとすると，容器の直径を２倍にして，水面の面積を，２×２＝４(倍)にしたときには，650×４＝2600(枚)ほどに増えると考えられる。

問２　４日ごとに記録した葉状体の枚数の平均は，(52＋48＋44＋48＋52＋50)÷６＝49(枚)なので，49÷16＝3.0…より，平均して３倍に増えている。

問３　(a)　条件①と条件②には，肥料の有無，温度，光のあたり方の３つの要素がふくまれている。温度の条件による増え方の違いを調べるには，ほかの２つの要素，つまり，肥料の有無と光のあたり方の条件をそろえる必要がある。　(b)　光のあたり方による増え方の違いを調べるには，条件②とは光のあたり方だけが異なる容器，つまり，水道水だけを入れ，温度を10℃にして明るい場所に置く容器を用意して比べる必要がある。　(c)　一般に，種子の発芽には，水・適当な温度・酸素(空気)の３つの条件が必要である。また，植物が成長するためには，発芽の３条件に加えて，日光(光)・肥料の２つの条件も必要となる。したがって，上記の５つの条件がすべてそろっている条件①が，もっとも葉状体の枚数が増えると考えられる。

問４　水は温まりにくく冷めにくい性質があるため，イネの苗が深く水につかるようにしておくと，苗を寒さから守ることができる。よって，ウが選べる。

4　太陽や地球，月の見え方や動きについての問題

問１　図１で，月が太陽と同じ方向のキの位置にあるときには，新月となる。その後，月は北極側から見て反時計回りに公転していき，カの位置で三日月，オの位置で上弦の月，ウの位置で満月，アの位置で下弦の月となり，再び新月となる。

問２　図３では，地球の北極側が太陽の側に傾いている。図２で同じように地球の北極側が太陽の側に傾いているのは，イの位置にあるときである。

問３　太陽とともに東からのぼる星座は，地球から見て太陽と同じ方向にある。Ｄの位置にある地球から見て太陽と同じ方向にあるのは，Ｄと太陽を結ぶ線の延長上にあるやぎ座である。

問４　(a)　地球は太陽のまわりを反時計回りに公転しているので，図４で地球がＤ→Ｅ→Ｆ→…と公転すると，太陽の近くに見える黄道十二星座はやぎ座→みずがめ座→うお座→…と変化する。つまり，図６の黄道十二星座は右から左の順に変化する。また，図５で，太陽が黄道の右にきたとき，地球の北極側が太陽の側に傾いているので夏至となる。すると，北半球で春分の日から秋分の日までの期間は，黄道が天の赤道よりも北極側を通るとわかる。したがって，図６の黄道十二星座のうち，太陽の近くに見える星座は，黄道が天の赤道と交わる春分の日のころにはうお座となり，その後，天の赤道より上にあるおひつじ座→おうし座→ふたご座→かに座→しし座となり，秋分の日のころにはおとめ座となる。　(b)　①　春分の日の太陽は黄道上にあると同時に天の赤道上にもある。三日月に見えるとき，月は黄道上で太陽よりも少し東側，つまり反時計回りに少し回った位置にある。これは天の赤道よりも北極側なので，三日月は図７のＡの線上にあることになる。　②　春分の日の太陽は真西に沈むので，日没直後に太陽は，Ａの線と地平線が交わるところの地平線より少し下にあると考えられる。また，三日月は太陽に面した側が細く光り，その明るい部分の端と端を結ぶ直線(ほぼ月の直径でＤ線とする)は，月と太陽を結ぶ方向に対して垂直になる。Ｄ線と図７のＡの線がほぼ垂直になっているのは，Ｄ線と地平線のなす角度が，90－(55＋23.4)＝11.6(度)に最も近いイの図である。

国 語 ＜第１回試験＞（50分）＜満点：100点＞

解 答

□一 **問１** 下記を参照のこと。 **問２** Ⅰ **１** Ａ **２** Ｃ Ⅱ エ **問３** 後先考えず今だけの利益のために行動する **問４** ウ **問５** イ **問６** **Ａ** 繁殖法 **Ｂ** 私有物として管理 **問７** （例） ウナギを食べる **問８** ア **問９** イ **問10** 自制心 **問11** ウ □二 **問１** **ａ** こ（がし） **ｂ** はお（って） **問２** エ **問３** 笑われる **問４** Ⅰ イ Ⅱ 他の大人の **問５** イ **問６** （例） 限界 **問７** エ **問８** イ **問９** **Ａ** 現実逃避 **Ｂ** エ **問10** **ア** パン **イ** 命 **ウ** 心 **問11** Ｃ **問12** Ⅰ 乗れない Ⅱ 味がぜんぜんわからなかった。 Ⅲ 透明の板

●漢字の書き取り

□一 **問１** **ａ** 土用 **ｂ** 講(じる)

解 説

□一 **出典は伊勢武史の『2050年の地球を予測する―科学でわかる環境の未来』による。**「共有地の悲劇」という寓話を紹介したうえで，人間が環境問題を引き起こすメカニズムについて考察している。

問１ **ａ** 季節の節目を表すために定められた特定の期間の一つ。年に四回あり，立春，立夏，立秋，立冬の前の18日間。 **ｂ** 問題を解決するための手段を考えて，適切な対策を取ること。

問２ Ⅰ **１，２** 「共有地の悲劇」という寓話は，「村共有の牧草地」に村人たちが自分の利益だけを求めてウシの数を増やした結果，共有物である「牧草」が食べつくされてウシがみんな飢え死にし，村人全員が不幸になったという話である。一方，シラスウナギの例では，「公共の場所である河川で，誰の所有物でもないウナギの稚魚を獲るという行為」により，ウナギが絶滅危惧種になるという不幸が生み出されている。したがって，誰の所有物でもなく人類の「共有物」である「シラスウナギ」は「村共有の牧草」にあたり，それを自分の利益だけを求めて密漁する人たちは，自分の利益だけを求めてウシの数を増やした「村人」にあたる。 Ⅱ 「共有地の悲劇」が生み出されるのは，「どうせ自分が減らしたって，ほかの村人がどんどんウシの数を増やすのが目に見えているから」という理由や，「たとえ将来絶滅しようが後先考えず今だけの利益のために行動するよう仕向けるメカニズム」が存在しているからである。ア～エのうち，ア～ウは「共有地の悲劇」と同様に，皆が自分の利益だけを求めることで発生している事例だが，エは公共の利益のために「環境保全に努めた」ことで発生している事例である。

問３ 「メカニズム」は，“ものごとのしくみ”という意味。「メカニズム」については〈中略〉の後で，「このように，公共の場所である河川で，誰の所有物でもないウナギの稚魚を獲るという行為には，人間がエゴをむき出しにして，たとえ将来絶滅しようが後先考えず今だけの利益のために行動するよう仕向けるメカニズムが存在している」と述べられている。よって，「後先考えず今だけの利益のために行動する」が抜き出せる。

問４ 「夜陰に乗じて」は，夜の暗やみを利用して悪事などを行うようす。シラスウナギの密漁が「まっくらな夜中」に行われるものであることも参考になる。

問５　シラスウナギの密漁が「公共の場所である河川で，誰の所有物でもないウナギの稚魚を獲るという行為」であることから，イが選べる。

問６　**Ａ**　「松坂牛」は「肉牛」の例としてあげられており，二つ前の段落に「ウナギと異なり肉牛の繁殖法は確立されている」とあるので，「繁殖法」がふさわしい。　**Ｂ**　シラスウナギは「誰の所有物でもない」が，「肉牛は，完全に私有物として管理されている」と述べられているので，「私有物として管理」が抜き出せる。

問７　同じ段落に「僕らは間接的にウナギの激減に手を貸している」とあり，前のほうに「日本人が土用の丑の日などに好んで食べるウナギ」とあるので，「ウナギを食べる」などが合う。

問８　「枚挙の(に)いとまがない」は，“たくさんありすぎて数え切れない”という意味。「枚挙」は，一つ一つ数え上げること。「いとま」は，時間の余裕のこと。

問９　直前の段落の「どんなにがんばっても地球の資源を使いつくすことはできなかった」はア，「ひたすらできる限りの資源の収奪を行うことが，彼らにとってベストな戦略だった」はエ，「原始人がごみを捨てたところで，それは広大な土地や水や大気ですぐに薄められてしまう。だから現代のような公害は発生しなかった」はウに，それぞれあてはまる。しかし，イにあたる内容は，本文で述べられていない。

問10　続く部分に「人間は後先を考えて，未来の幸せのためにいまがまんすることができる生物である」とあり，前のほうに「良識ある人びとは，共有地の悲劇を避けるために自制心をはたらかせることが可能なのだ」とあるので，「がまん」とほぼ同じ意味の「自制心」が抜き出せる。

問11　直前の一文に「解決を目指すべきだ」とあるので，「解決に向けて努力しつづけていこうとする」とあるウが選べる。　ア，イ　人類がみずから努力して「解決を目指すべきだ」という筆者の考え方にふれていない。　エ　筆者は「人間がみんな利他的になったらいいよね，みたいなのは夢物語である。人間の善意や自己犠牲に頼りきりの環境保全は成立しない」と述べているので，「みんなで未来の人たちのためにがまんを伴う行動も受け入れよう」という考え方には否定的だと考えられる。

二　**出典は寺地はるなの『タイムマシンに乗れないぼくたち』による。**転校し，新しいクラスメイトや周囲の環境になじめないでいた草児は，ある日，博物館で「現実逃避」をしている男と出会い，交流したことをきっかけに変化していく。

問１　**ａ**　音読みは「ショウ」で「焦点」などの熟語がある。訓読みにはほかに「あせ(る)」などがある。　**ｂ**　「羽織る」は，衣服を体の上に軽くかけるようにして身につけること。

問２　直後に「どうして泣いているのか自分でもよくわからなかった」とあるので，泣いた理由を「こぼれ落ちる丸いガムがもったいなくて」と説明しているエがふさわしくない。

問３　草児がクラスで「誰とも口をきかなかった」ことについては，後のほうで「ずっと喋らないようにしていた」と再び描かれており，その理由が直後で「笑われるのは無視されるよりずっとずっと嫌なことだった」と描かれている。

問４　Ⅰ　草児は，自分が泣いてしまったのは，学校や家庭の中でなじむことができず，「自分はここにいていいんだろうか」という孤独感や疎外感をいつも感じているからだろうと思い始めている。そのときに男が，ガムを落としたことではなく草児の心の中の「いろいろ」が涙の理由だろうと言いあてたため，草児は驚いて「『え』と訊きかえした」のだと考えられる。よって，イがふさわしい。　Ⅱ　草児は，はじめのうちは「いつでも逃げられるように，すこし距離をとりつつ」男に接していたが，男と会話をするうちに，「他の大人の前では言わない続きが，するりと口から出た」というように心を許している。

問５　続く部分に，「同級生に百円をたかられたり，喋っただけで奇異な目で見られたり，こっちはこっちでどう見られているか気にしたり，そんなんじゃなく，静かな海の底の砂の上で静かに生きているだけ」とあるので，この内容をまとめたイがあてはまる。

問６　漢字で書くと「関の山」となる。“一生懸命にやってできる可能な限界”，“精いっぱいのところ”という意味の言葉。

問７　エの「クラスの人たちは何事もなかったかのように無反応だった」が適切でない。草児が恐竜の違いを説明した後のクラスの人たちのようすについて，「何人かは驚いたような顔で，何人かは注意深く様子をうかがうように，草児を見ている」と描かれている。大きな反応は見せなかったものの，恐竜について話した草児に関心を示しているのである。そのことは，体育の授業の時に「杉田くん」が草児に話しかけたことからもわかる。

問８　草児が博物館に行っていたのは「現実逃避」をするためだったことをおさえる。「博物館に行く回数」が「減っていった」のは，杉田君との関係が生まれ，現実の世界の中に居場所を見つけることができたからである。「以前のように透明の板に隔てられているという感じはしなくなった」，「透明のビニールぐらいになった気がしている。その気になればいつだって自力でぶち破れそうな厚さに」という表現は，イの内容をたとえたものである。

問９　Ａ　周囲となじめていない草児が博物館に通いつめたのは，昔の時代の生きもののことを想像して「現実逃避」するためだったと考えられる。男もまた，現実の世界の中で「いろいろ」あり，「仕事をさぼって博物館で現実逃避するぐらいがセキノヤマなんだ」と話している。　Ｂ　前に「男の視線が鉄板にかがみこんでいる隣の人間に注がれたのち，草児の母と祖母がいる席に向いた」とあるので，「互いに連れがいる日常」とあるエが選べる。「現実逃避」するための博物館で出会った二人なのだから，その関係をうまくいっている日常の中に二人とも持ち込むべきではないと考えて，男は草児をとどめたのである。

問10　ア　「人はパンのみにて生くる者にあらず」は，“人間は物質面だけでなく精神的にも満たされることを求めて生きる存在である”という聖書の言葉。　イ　「非常食」は，災害などの非常事態により食料の確保が困難になることを想定して準備しておく食品のこと。いざというときの「命」をつなぐためのものである。　ウ　男にとって「お菓子というものは自分の精神的な命綱のようなもの」なので，「心」が入る。

問11　Ｃの「椅子が動く音が，やけに大きく聞こえる」は，みんなの前で話すことになった草児の緊張した気持ちを表現している。実際にはそうではないが，緊張している草児にとって，大きな音のように感じられたのである。

問12　Ⅰ　草児と男がタイムマシンについて話している場面の最後に，「だいじな人がいる」から「タイムマシンには乗れないんだ」とある。だいじな人を悲しませることはできないから，二度と帰ってこられない可能性のあるタイムマシンには「乗れない」というのである。　Ⅱ　「ひとくち飲んでみたコーラはしっかりと甘かった」と対照的な「味がぜんぜんわからなかった」を入れると，草児の精神状態の変化を示すことになり，文意が通る。　Ⅲ　後に「草児と周囲との心理的な隔たり」とあることに注意する。問８でみたように，草児は以前，「透明の板に隔てられている」と感じていたのだから，「透明の板」がふさわしい。

2023年度 浦和明の星女子中学校

【算　数】〈第２回試験〉(50分)〈満点：100点〉

注意　コンパス，定規，分度器，計算機は使用しないこと。

1　次の各問いに答えなさい。

(1)　$\left(1.5\div4\frac{4}{5}\times8.8+\frac{1}{8}\right)\div(22.54\div39.2)$ を計算しなさい。

(2)　ある大きな水槽(すいそう)を空の状態から満水にするのに，給水管Ａだけを５本使うと84分，給水管Ｂだけを４本使うと45分かかります。この水槽に，空の状態から給水管Ａ，Ｂを１本ずつ使って水を注ぐと，満水になるまでに何分かかりますか。

(3)　原価300円のケーキを130個仕入れました。原価の３割の利益を見込(みこ)んで定価をつけて売り始めましたが，売れ残りそうだったので途中(とちゅう)から定価の２割引にしてすべて売り切りました。すべてのケーキを売った後の利益は，初めに見込んでいた利益の80％になりました。定価で売ったケーキは何個でしたか。

(4)　自宅から学校まで，姉は800歩，妹は900歩で歩きます。姉と妹が，それぞれ10歩ずつ歩いたときの２人の進んだ距離(きょり)の差が70cm であるとき，自宅から学校までの距離は何ｍですか。

(5)　次の問いに答えなさい。

①　１から９までの数字の中から異なる３個を使って，(２桁(けた))×(１桁)の式をつくります。このとき，答えが一番大きくなる式を答えなさい。

②　１から９までの数字の中から異なる５個を使って，(３桁)×(２桁)の式をつくります。このとき，答えが一番大きくなる式を答えなさい。

(6)　１辺が３ｍの正三角形の形をした柵(さく)があります。牛が図のように，柵の一つの頂点に長さ６ｍのひもでつながれています。牛は柵の中には入れませんが，棚の外を動き回ることができます。牛が動き回ることのできる部分の面積を求めなさい。ただし，円周率は3.14とし，また，１辺が３ｍの正三角形の面積は3.89m^2として計算しなさい。

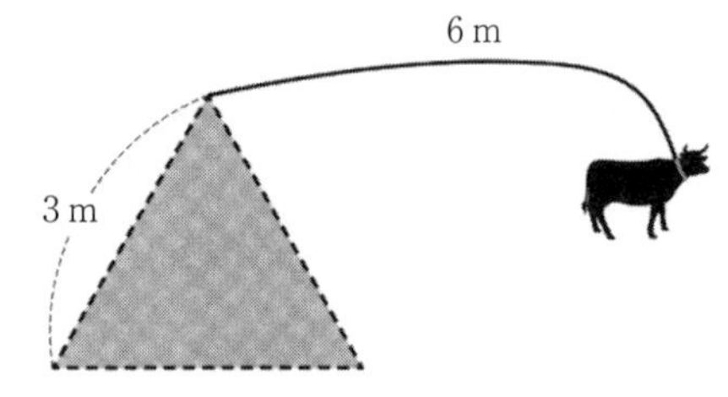

(7)　１辺が１cm の立方体の形をした積み木を積み上げて，下の図のように立体をつくっていきます。このとき，積み木と積み木が接する正方形の面をぴったり合わせて，ずれないようにします。１番目の立体は１個の積み木でつくったもの，２番目の立体は１番目の立体に５個の積み木を加えてつくったもの，３番目の立体は２番目の立体に13個の積み木を加えてつくったものです。

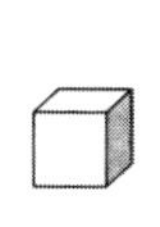

(１番目)

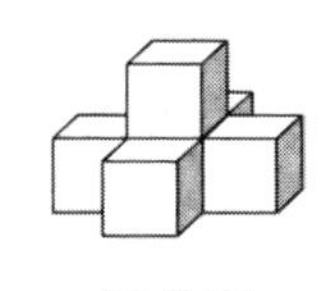

(２番目)

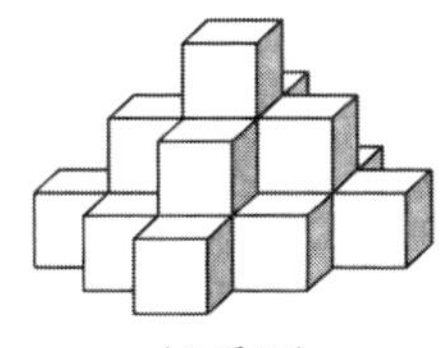

(３番目)

…

① ４番目の立体から，５番目の立体をつくるとき，加える積み木の個数を求めなさい。

② ５番目の立体の表面全体の面積を求めなさい。ただし，床(ゆか)面についている面も立体の表面として考えます。

2 A，Bの２種類のコーヒー豆があります。これらの１kgあたりの値段は，豆Aが4300円，豆Bが3600円です。レストランでは，これらを混ぜ合わせたものを使って，いくつかの味の異なるコーヒーを作って提供しています。コーヒー豆が，１杯(ぱい)のコーヒーになるまでには，様々な費用がかかりますが，ここでは，原材料のコーヒー豆についての値段だけを考えることにします。

どのコーヒー豆１kgからも，80杯のコーヒーが作れるとして，次の問いに答えなさい。

(1) 豆Aと豆Bを，重さの比が４：３となるように混ぜ合わせたもので作ったコーヒーの，１杯あたりに使うコーヒー豆の値段を答えなさい。

(2) このレストランでは，１kgあたり3200円の豆Cを混ぜて，新しいコーヒーを提供することにしました。これまでにあった豆Aと豆Bを４：３の割合で混ぜ合わせたものに豆Cを加えて，コーヒー１杯あたりに使うコーヒー豆の値段を47円にしようと思います。

豆Aを１kg使うときには，豆Cを何kg混ぜればよいか答えなさい。

3 兄の太郎さんと妹の花子さんは，7500m離(はな)れているおじいちゃんの家に遊びに行きました。

花子さんは，９時に自宅を出発し，分速60mで歩いてバス停に向かいました。９時20分にバス停に着き，ちょうど出発しようとしていたバスに乗り込み，９時35分におじいちゃんの家の最寄りのバス停に到着(とうちゃく)しました。バスを降りてから，花子さんはふたたび同じ速さで歩き出し，９時40分におじいちゃんの家に着きました。

一方，太郎さんは，９時15分に自宅を出発し，自転車に乗って，おじいちゃんの家に向かいました。予定では，太郎さんは，花子さんと同時におじいちゃんの家に着くはずでした。ところが，途中で自転車がパンクしてしまったため，その地点から，自転車に乗っていた時の３分の１の速さで，自転車を押(お)しながら歩くことになってしまいました。太郎さんが，おじいちゃんの家に着いたのは，花子さんが着いてから６分後でした。

次のグラフは，花子さんが出発してからの時間と，太郎さんと花子さんの，自宅からのそれぞれの距離を表したものです。

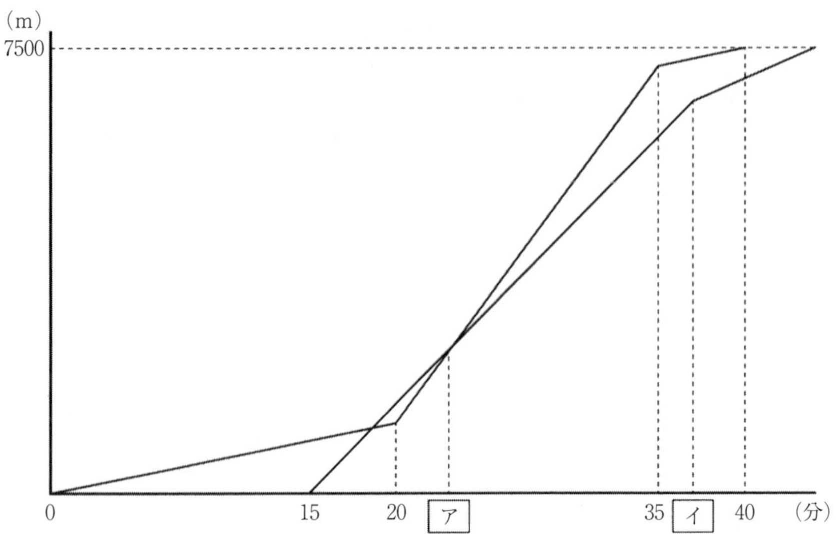

(1) 自転車の速さは，分速何mでしたか。

(2) バスの速さは，分速何mでしたか。

(3) グラフの［ア］と［イ］に当てはまる数をそれぞれ答えなさい。

4 あるスキー場に，乗り場から頂上までの600mの距離を，５分50秒かけて移動することができるリフトがあります。リフトには，輪になった長いロープに，２人乗りのいすが12m間隔(かんかく)で付いていて，一定の速さで動いています。

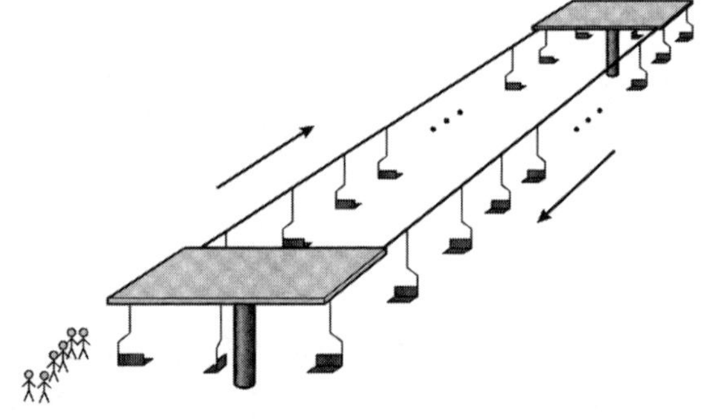

ある時，98人の団体がリフトに乗りに来ました。この中には２人乗りのいすに１人で乗る人もいたのですが，この団体の先頭の人がリフトの乗り場でいすに乗って出発してから，最後の人が頂上に着くまでに12分36秒かかりました。このとき，リフトのいすに誰(だれ)も乗らないことはありませんでした。

(1) 乗り場に，いすは何秒おきに来ますか。

(2) ２人乗りのいすに１人で乗った人は何人いましたか。

5 あるクラスでは，１番から40番までの出席番号順に24人の当番を決めて，教室と廊下(ろうか)の掃除(そうじ)を１週間で交代していきます。そして，最後までいくと１番に戻(もど)ります。

第１週目は，出席番号が１番から15番の生徒が教室を，16番から24番の生徒が廊下を掃除します。第２週目は，25番から39番の生徒が教室，40番から８番の生徒が廊下というように，24人のうち順に前の15人が教室，後の９人が廊下を掃除します。

(1) 第５週目に教室を掃除するのは，出席番号が何番から何番の生徒ですか。

(2) 第５週目が終わったとき，それまでに教室掃除を１週間，廊下掃除を２週間行った生徒は何人いますか。

(3) 第何週目かが終わったとき，教室掃除を４週間，廊下掃除を６週間行った生徒がいます。

第何週目が終わったときの出席番号が何番の生徒か，考えられるすべてを答えなさい。ただし，解答欄(らん)をすべて使うとは限りません。

【社　会】〈第２回試験〉（理科と合わせて50分）〈満点：50点〉

Ⅰ　次の文章を読み，あとの問いに答えなさい。

あ

784年，①天智天皇の血を引く桓武天皇は，平城京から長岡京に都(みやこ)をうつしました。長岡京は，宇治川や桂川などの②水運を利用することができ，山陽道や③山陰道にもつながっていて，平城京と比べると水陸の交通の便(べん)が良い場所でした。しかし，長岡京造営の責任者が暗殺されると，桓武天皇は④平安京へと都をうつしました。また，桓武天皇は，⑤東北地方の蝦夷(えみし)を攻略(こうりゃく)しました。蝦夷の族長である阿弖流為(あてるい)をしたがわせ，さらに⑥北上川沿(ぞ)いに胆沢(いさわ)城を築いて，⑦多賀城にあった蝦夷攻略のための軍事拠点である鎮守(ちんじゅ)府を，そこにうつしました。

⑧奈良時代には，政治のしくみも整いました。しかし，平安時代になると，幼い天皇が即位して⑨藤原氏が摂政や関白になったことなどで，天皇が直接政務に関わらないことが増え，この傾向は⑩院政の時代まで続きました。

問１　下線部①について。天智天皇について述べた説明文として正しいものを，次の(ア)～(エ)から一つ選び，記号で答えなさい。

(ア)　仏教の力で国をおさめようとする鎮護国家(ちんごこっか)の考えから，大仏建立(こんりゅう)の詔(みことのり)を出した。

(イ)　日本で最初の全国的戸籍である庚午年籍(こうごねんじゃく)をつくらせた。

(ウ)　大友皇子と天皇の位(くらい)をめぐって戦い，勝利した。

(エ)　仏教を保護し，法隆寺や四天王寺(してんのうじ)などの多くの寺院を建てた。

問２　下線部②について。右の表は，2019年度の国内の貨物輸送量と旅客輸送量［国内航空・鉄道・自動車・船による海上輸送(旅客船)］をあらわしたものです。船による海上輸送をあらわしたものを，次の(ア)～(エ)から一つ選び，記号で答えなさい。

	貨物輸送量	旅客輸送量
(ア)	4,238	69,697
(イ)	341	80
(ウ)	43	25,190
(エ)	0.9	102

(単位は百万トン(貨物輸送量)，百万人(旅客輸送量)。『日本のすがた 2022』より作成)

問３　下線部③について。山陰道と呼ばれていた地域について述べた説明文として誤っているものを，次の(ア)～(エ)から一つ選び，記号で答えなさい。

(ア)　石見銀山でとれた銀が，16世紀後半以降，大量に輸出された。

(イ)　ラムサール条約に登録されている宍道湖(しんじこ)では，シジミの養殖がさかんである。

(ウ)　鳥取県北西部にある境港は，日本海側で最も水揚(あ)げ量が多い港である。

(エ)　リモートワークの増加により，都心からの移動で，全ての県で人口が増加している。

問４　下線部④について。平安京について述べた説明文として正しいものを，次の(ア)～(エ)から一つ選び，記号で答えなさい。

(ア)　都の中央を走る朱雀大路(すざくおおじ)の東側が左京，西側が右京と呼ばれた。

(イ)　東側には外京(げきょう)と呼ばれる張りだした部分があった。

(ウ)　畝傍山(うねびやま)・天香具山(あまのかぐやま)・耳成山(みみなしやま)の大和三山(やまとさんざん)と呼ばれる山々に囲まれていた。

(エ)　交通の要地である近江国の琵琶湖沿岸に造営された。

問５　下線部⑤について。東北地方をはしる第三セクター方式の鉄道の駅の説明文として正しいものを，次の(ア)～(エ)から一つ選び，記号で答えなさい。

(ア)　**野田玉川駅**のホームからは，太平洋から登る日の出を拝むことができる。近くには烏帽子(えぼし)の形をしたえぼし岩などがある玉川海岸がある。

(イ)　**妙高(みょうこう)高原駅**は，妙高戸隠(とがくし)連山国立公園の玄関口として，登山・温泉・ウィンタースポーツなどを楽しむための観光客が，四季を通じて訪れている。

(ウ)　**紫香楽宮跡(しがらきぐうし)駅**の近くには，史跡(しせき)紫香楽宮跡(甲賀寺(こうがでら)跡)がある。陶器の生産がさかんな「信楽(しがらき)」は，以前は「紫香楽」であった。

(エ)　**三ヶ日(みっかび)駅**の三ヶ日という地名は，月の三の日に市が開かれたことに由来(ゆらい)し，現在はみかんの生産がさかんである。

問６　下線部⑥について。北上川に関連する説明文として正しいものを，次の(ア)～(エ)から一つ選び，記号で答えなさい。

(ア)　北上川は，日本で最も広い湖である猪苗代湖を源流としている。

(イ)　北上川流域で，鉱山廃水(こうざんはいすい)のカドミウムを原因とした公害病が発生した。

(ウ)　八郎潟の干拓地では，北上川の水を農業用水として利用している。

(エ)　岩手県北部から宮城県にかけて流れる北上川は，太平洋に注ぎこんでいる。

問７　下線部⑦について。多賀城は現在の宮城県にありました。宮城県でみられる地形で，山地の谷の部分が海に沈(しず)んでできた，複雑な海岸線をもつ地形を何といいますか。解答欄(かいとうらん)にしたがって答えなさい。

問８　下線部⑧について。奈良時代について述べた説明文として正しいものを，次の(ア)～(エ)から一つ選び，記号で答えなさい。

(ア)　舎人(とねり)親王らが中心となり，『日本書紀』を完成させた。

(イ)　『物くさ(物ぐさ)太郎』などの御伽草子(おとぎぞうし)が登場した。

(ウ)　紀貫之が紀行文である『土佐日記』を書いた。

(エ)　鴨長明(かものちょうめい)が随筆(ずいひつ)『方丈記』を書いた。

問９　下線部⑨について。藤原氏について述べた説明文として正しいものを，次の(ア)～(エ)から一つ選び，記号で答えなさい。

(ア)　藤原良房(よしふさ)は，奥州平泉に中尊寺(ちゅうそんじ)金色堂(こんじきどう)を建てた。

(イ)　藤原不比等(ふひと)は，推古天皇から太政(だいじょう)大臣に任命された。

(ウ)　藤原道長(みちなが)は，朝廷の監視をおこなうために六波羅探題(ろくはらたんだい)を設置した。

(エ)　藤原定家(さだいえ)(ていか)は『新古今和歌集』をつくるなど，歌人として活躍した。

問10　下線部⑩について。白河上皇による院政の開始より後におきたできごととして正しいものを，次の(ア)～(エ)から一つ選び，記号で答えなさい。

(ア)　和同開珎(わどうかいちん)が広く流通した。　(イ)　平将門の乱がおこった。

(ウ)　安徳天皇が即位した。　(エ)　墾田永年私財法が出された。

い

源頼朝が鎌倉に⑪幕府を開いてから徳川慶喜が大政奉還をおこなうまでの約700年の間，鎌倉・室町・江戸と三度幕府が開かれ，武家を中心とした政治がおこなわれました。

承久の乱で朝廷側に勝利した鎌倉幕府は上皇を処分し，後鳥羽上皇は⑫隠岐に，順徳(じゅんとく)上皇は⑬佐渡に，土御門(つちみかど)上皇は⑭土佐にうつされました。承久の乱をきっかけに朝廷の影響力はおとろえ，幕府の支配は西国まで広がりました。

室町幕府の将軍，足利義満は朝廷内での位階(いかい)も高く，足利義持(よしもち)に将軍職を譲(ゆず)った後には太政大臣に任命されました。また義満は，勢力が衰えていた南朝との交渉を進めて南北朝を合一(ごういつ)させることに成功し，一方，外交にも積極的で，⑮明(みん)の皇帝より「日本国王」宛(あ)ての文書を受けとり，明と貿易をはじめました。

問11　下線部⑪について。幕府について述べた説明文として正しいものを，次の(ア)〜(エ)から一つ選び，記号で答えなさい。

(ア)　鎌倉幕府は，林羅山(はやしらざん)らを登用し，朱子学を学ぶことをすすめた。

(イ)　室町幕府では，政治を主導(しゅどう)する役職として老中が設置された。

(ウ)　江戸幕府は，武家諸法度をさだめ，大名を統制した。

(エ)　鎌倉・室町・江戸の３つの幕府の中で，存在した期間が最も短いのは室町幕府である。

問12　下線部⑫について。隠岐の場所を，右の地図中の(ア)〜(エ)から一つ選び，記号で答えなさい。

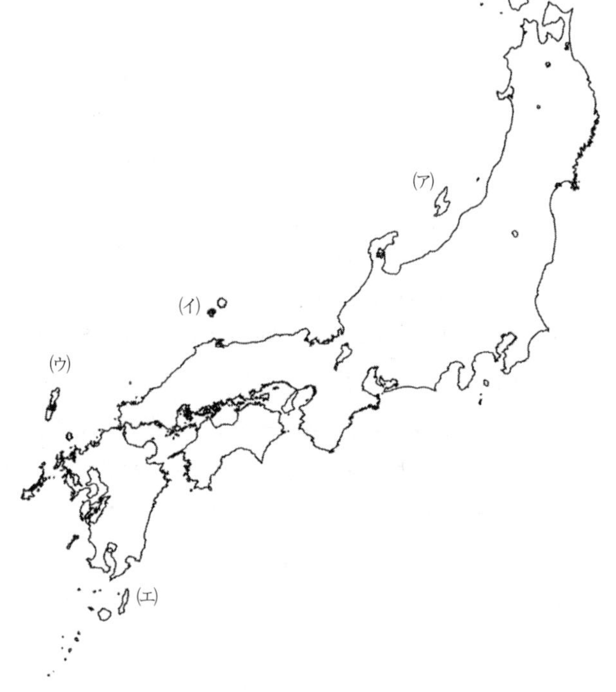

問13　下線部⑬について。新潟県佐渡市で，ふるさと納税はどのように活用されていますか。活用メニューとして誤っているものを，次の(ア)〜(エ)から一つ選び，記号で答えなさい。

(ア)　佐渡金銀山の世界遺産登録応援コース

(イ)　トキと暮らす環境の島づくり応援コース

(ウ)　マングローブの再生応援コース

(エ)　佐渡ジオパーク応援コース

問14　下線部⑭について。土佐は現在の高知県にあたります。

(1)　高知県でのナスの栽培について述べた説明文中の（a）・（b）にあてはまる語句の組合せとして正しいものを，下の(ア)〜(エ)から一つ選び，記号で答えなさい。

> ナスはもともと（　a　）の野菜ですが，高知県では温暖な気候を利用して，ビニールハウスを利用した（　b　）をおこなっています。

(ア)　a：夏　b：抑制栽培
(イ)　a：夏　b：促成栽培
(ウ)　a：冬　b：促成栽培
(エ)　a：冬　b：抑制栽培

(2)　以下の雨温図は，高知市と高松市のものです。この２つの都市の特徴の違いを説明した文章中の(a)・(b)にあてはまる語句として正しいものの組合せを，下の(ア)〜(エ)から一つ選び，記号で答えなさい。

X　高知市の雨温図

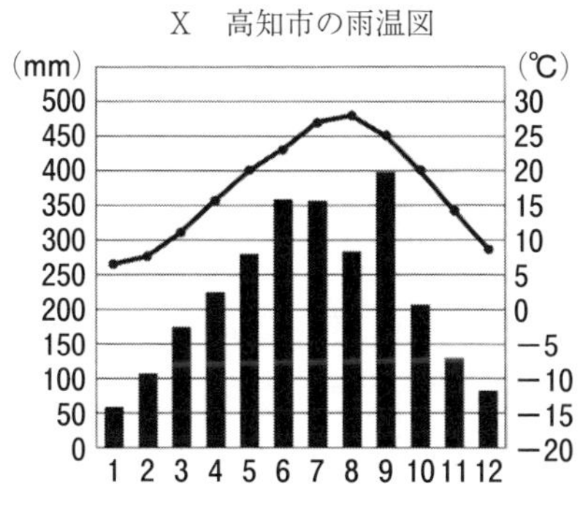

Y　高松市の雨温図

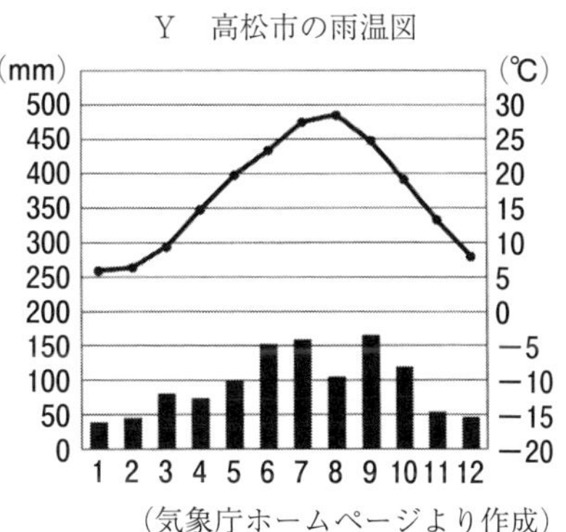

(気象庁ホームページより作成)

> 高知市は高松市に比べて，(a)や，(b)からの湿った空気の影響を受けて，降水量が多い。

(ア)　a：台風　b：北　　(イ)　a：やませ　b：北
(ウ)　a：台風　b：南　　(エ)　a：やませ　b：南

問15　下線部⑮について。足利義満に「日本国王」宛ての文書を送った皇帝として正しいものを，次の(ア)〜(エ)から一つ選び，記号で答えなさい。

(ア)　宣統帝(せんとうてい)　(イ)　光武帝(こうぶてい)　(ウ)　永楽帝(えいらくてい)　(エ)　煬帝(ようだい)

う

> ⑯江戸幕府は天皇・朝廷を統制し，全国支配のために利用しました。徳川家光は，天皇が⑰伊勢神宮に使者を送るように，日光東照宮にも天皇から使者を送らせて，徳川家康に対しても，伊勢神宮に祀(まつ)られる天照大神(あまてらすおおみかみ)と同等の権威を求めました。
>
> 幕末にペリーが来航すると，孝明天皇は，⑱アメリカとの条約の締結には反対の立場をとりました。しかし，大老に就任した井伊直弼は，天皇の許可がないまま日米修好通商条約を結びました。そして横浜港を中心とした諸外国との⑲貿易がはじまり，日本からは生糸や⑳茶などが輸出されました。
>
> ㉑明治天皇の時代には㉒大日本帝国憲法が制定されました。天皇は条約締結などの外交権や㉓陸海軍の指揮権など大きな権限を持つことになり，「臣民」と呼ばれた国民に対して，法律の許(ゆる)す範囲内での言論・出版・集会の自由などの㉔人権が認められました。
>
> ㉕第二次世界大戦後，日本国憲法が制定され，㉖平和主義を掲(かか)げる新たな日本国づくりがはじまりました。

問16　下線部⑯について。江戸幕府の政策や発令した法を，古いものから年代順に正しく配列したものを，次の(ア)～(エ)から一つ選び，記号で答えなさい。

(ア)　上げ米(あげまい)　→生類憐みの令(しょうるいあわれみのれい)→寛政異学の禁→人返しの法

(イ)　上げ米　→生類憐みの令→人返しの法　→寛政異学の禁

(ウ)　生類憐みの令→上げ米　→寛政異学の禁→人返しの法

(エ)　生類憐みの令→上げ米　→人返しの法　→寛政異学の禁

問17　下線部⑰について。伊勢神宮がある都道府県について述べた説明文として正しいものを，次の(ア)～(エ)から一つ選び，記号で答えなさい。

(ア)　国内最大の前方後円墳で，仁徳天皇陵とされる大仙陵古墳がある。

(イ)　郡上(ぐじょう)踊りで有名な高山市は，日本で最大の面積の市である。

(ウ)　徳川慶喜が，大政奉還をおこなうことを大名に発表した二条城がある。

(エ)　志摩半島の英虞(あご)湾では，真珠(しんじゅ)の養殖がさかんである。

問18　下線部⑱について。右の表は，おもな国・地域の温室効果ガス排出量の割合を示したものです。(ア)～(エ)には，アメリカ・インド・中国・ロシアがあてはまります。右の(ア)～(エ)からアメリカにあてはまるものを一つ選び，記号で答えなさい。

	1990年	2019年
(ア)	2,361	10,619
(イ)	5,112	5,246
EU(27カ国)	3,550	2,730
(ウ)	602	2,422
(エ)	2,685	2,209

(単位は百万トン。『日本のすがた2022』より作成)

問19　下線部⑲について。次のグラフＡ～Ｄは，1970年と2020年の，それぞれの日本の輸出入品をあらわしたものです。グラフはそれぞれ何をあらわしますか。正しいものの組合せを，下の(ア)～(エ)から一つ選び，記号で答えなさい。

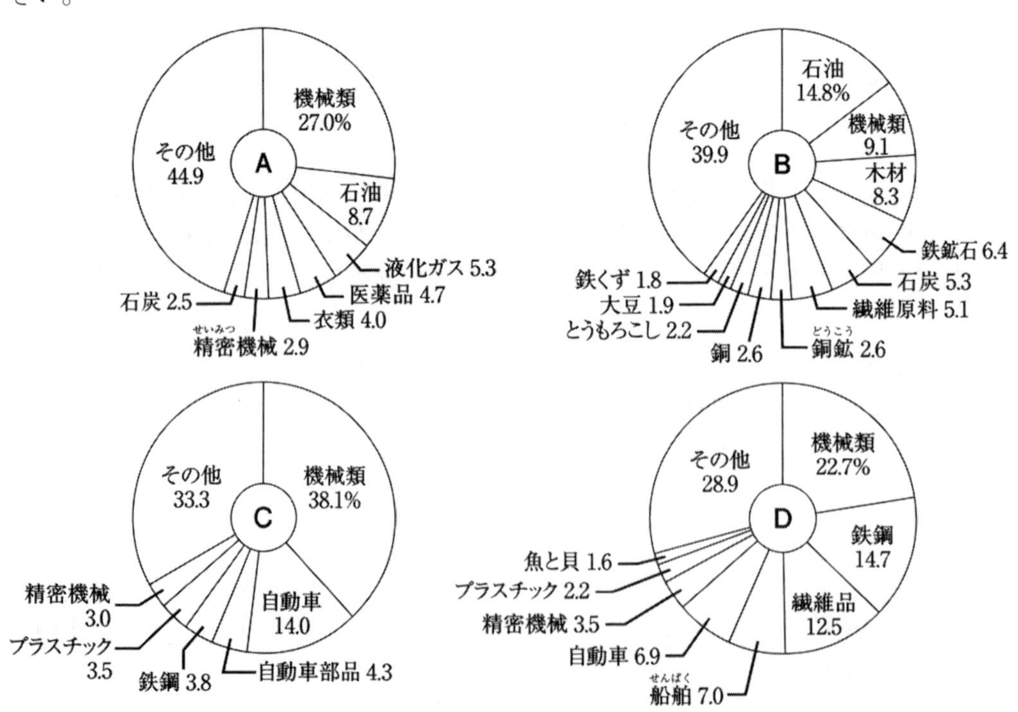

(『日本のすがた 2022』より作成)

(ア) A：1970年の輸入品　B：1970年の輸出品　C：2020年の輸出品　D：2020年の輸入品
(イ) A：1970年の輸入品　B：2020年の輸入品　C：1970年の輸出品　D：2020年の輸出品
(ウ) A：2020年の輸入品　B：1970年の輸入品　C：2020年の輸出品　D：1970年の輸出品
(エ) A：1970年の輸出品　B：2020年の輸入品　C：1970年の輸入品　D：2020年の輸出品

問20　下線部⑳について。次の表は，茶の生産がさかんな都道府県をあらわしたものです。空欄にあてはまる道県を，下の(ア)～(エ)から一つ選び，記号で答えなさい。

静岡県	25,200
(　　)	23,900
三重県	5,080
宮崎県	3,060

(単位はトン。『日本のすがた 2022』より作成)

(ア) 北海道　(イ) 青森県　(ウ) 千葉県　(エ) 鹿児島県

問21　下線部㉑について。次の(ア)～(エ)は，それぞれ明治時代に活躍した人物について述べたものです。土佐藩出身の人物について述べたものを(ア)～(エ)から一つ選び，記号で答えなさい。
(ア) 自由民権運動を指導し，自由党の党首となった。
(イ) 岩倉使節団に加わり，帰国後初代内務卿（ないむきょう）に就任（しゅうにん）した。
(ウ) 外務大臣として，中国と交渉し，下関条約を結んだ。
(エ) 明治十四年の政変で政府を去ったのち，東京専門学校を創設した。

問22　下線部㉒について。大日本帝国憲法が発布された当時の内閣総理大臣について述べた説明文として正しいものを，次の(ア)～(エ)から一つ選び，記号で答えなさい。
(ア) 内閣総理大臣として，関東大震災の対応に追われた。
(イ) 内閣総理大臣に就任する前は，北海道の開拓使（かいたくし）の長官をつとめた。
(ウ) 内閣総理大臣在任中に発生した二・二六事件により，総辞職した。
(エ) 政党内閣をつくり平民宰相（へいみんさいしょう）とよばれたが，東京駅で暗殺された。

問23　下線部㉓について。陸海軍を指揮したり，兵を動かしたりする権限のことを統帥権（とうすいけん）といいます。大日本帝国憲法にさだめられた統帥権の説明文として正しいものを，次の(ア)～(エ)から一つ選び，記号で答えなさい。
(ア) 天皇にのみ与えられた権限で，敗戦した時には，天皇が責任を負うことになっていた。
(イ) 統帥権を実際に行使（こうし）するのは，陸軍・海軍・空軍の大臣であった。
(ウ) 天皇が統帥権を行使する際には，内閣や議会の決定を必要としなかった。
(エ) 議会は，統帥権の行使によって，軍部の行動を制限することができた。

問24　下線部㉔について。人権は社会の変化にともない，その内容も変わってきます。新（あら）たに主張されるようになった「新しい人権」についての説明文として誤っているものを，次の(ア)～(エ)から一つ選び，記号で答えなさい。
(ア) 公害や騒音などの被害がみられるようになって，暮らしやすい生活環境を求める，環境権が重視されるようになった。
(イ) 知る権利を守るため，情報公開法が制定され，SNSでの情報発信者の開示（かいじ）を請求できるようになった。
(ウ) 私生活を他人にみだりに公開されない，というプライバシーの権利は，個人情報保護法で守られている。

(エ) 自己決定権の一つとして，治療を受ける患者のためのインフォームドコンセント(十分な説明にもとづく同意)があげられる。

問25 下線部㉕について。第二次世界大戦後の文化について述べた説明文として正しいものを，次の(ア)〜(エ)から一つ選び，記号で答えなさい。

(ア) 広島・長崎に原爆が投下された翌年，映画『ゴジラ』が公開された。

(イ) 1950年代，白黒テレビ・電気洗濯機・電気冷蔵庫の「三種の神器」が各家庭に普及した。

(ウ) 『羅生門』の作者である夏目漱石が，ノーベル文学賞を受賞した。

(エ) 大阪で日本万国博覧会が開催された1970年に，東海道新幹線が開通した。

問26 下線部㉖について。世界の平和と安全を維持することに責任を持つ安全保障理事会の，現在の常任理事国の組合せとして正しいものを，次の(ア)〜(エ)から一つ選び，記号で答えなさい。

(ア) アメリカ・イギリス・スイス・ロシア・中国

(イ) アメリカ・イギリス・フランス・ロシア・日本

(ウ) イギリス・ドイツ・フランス・ロシア・中国

(エ) アメリカ・イギリス・フランス・ロシア・中国

Ⅱ あとの問いに答えなさい。

問１ 日本国憲法について述べた説明文として正しいものを，次の(ア)〜(エ)から一つ選び，記号で答えなさい。

(ア) 1946(昭和21)年５月３日に公布された日本国憲法は，11月３日に施行された。

(イ) 生存権をはじめとする社会権は，日本国憲法の制定により，以前より保障の範囲がせばめられた。

(ウ) 日本国憲法の改正には，各議院の総議員の半数以上の賛成と，国民投票において３分の２以上の賛成を必要とする。

(エ) 国民の基本的人権は永久の権利とされ，公共の福祉に反しない限り，最大限の尊重をされることが示された。

問２ 日本国憲法前文には「日本国民は，正当に選挙された［①］における代表者を通じて行動し，われらとわれらの子孫のために，諸国民との協和による成果と，わが国全土にわたつて(わたって)自由のもたらす恵沢を確保し，政府の行為によつて(よって)再び［②］の惨禍が起ることのないやう(よう)にすることを決意し，ここに［③］が国民に存することを宣言し，この憲法を確定する。」と書かれています。

空欄［①］〜［③］にあてはまる語句の＜組合せ＞として正しいものを，次の(ア)〜(エ)から一つ選び，記号で答えなさい。

＜組合せ＞

(ア) ① 国会 ② 災害 ③ 人権

(イ) ① 国会 ② 戦争 ③ 主権

(ウ) ① 内閣 ② 災害 ③ 主権

(エ) ① 内閣 ② 戦争 ③ 人権

問３　日本国憲法第十九条には，「□及び良心の自由は，これを侵(おか)してはならない。」と書いてあります。空欄□にあてはまる語句を，次の(ア)～(エ)から一つ選び，記号で答えなさい。

(ア)　移転　(イ)　家族　(ウ)　居住　(エ)　思想

問４　日本国憲法は，地域の政治についてもさだめています。それぞれの地域住民が必要とすることや，地域住民の意思を尊重するという考え方から，地方公共団体がおこなう□が保障されています。そして，このような地域住民の政治参加を目的に□法が制定されました。空欄□にあてはまる語句を，解答欄にしたがって，**漢字四字**で答えなさい。

問５　現在の日本の税制度について述べた説明文として正しいものを，次の(ア)～(エ)から一つ選び，記号で答えなさい。

(ア)　国に直接納める税金を直接税，地方公共団体を通して納める税金を間接税という。
(イ)　個人の所得や財産が大きいほど税率が高くなる制度を，累進課税(るいしんかぜい)制度という。
(ウ)　国の税収入の内訳(うちわけ)で，もっとも金額の大きいものは法人税である。
(エ)　軽減税率(けいげんぜいりつ)制度を取り入れた結果，すべての飲食料品の消費税率が８％になった。

問６　現在の日本の裁判・裁判所の制度について述べた説明文として正しいものを，次の(ア)～(エ)から一つ選び，記号で答えなさい。

(ア)　裁判所は，立法権・行政権と並ぶ三権の一つである司法権をもつ。
(イ)　全国の裁判官は，国民審査で適正かどうかを審査される。
(ウ)　高等裁判所は，各都道府県に一つずつ設置されている。
(エ)　同一事件については，二回までしか裁判を受けることはできない。

問７　現在の日本の内閣のおもな仕事について述べた説明文として誤っているものを，次の(ア)～(エ)から一つ選び，記号で答えなさい。

(ア)　予算案や法律案を作成して，国会に提出する。
(イ)　国会でさだめられた法律にしたがって，政策を実行する。
(ウ)　天皇の国事行為に助言と承認を与える。
(エ)　最高裁判所の長官を任命する。

問８　2022年１月に１ドルは110円台でしたが，10月には150円台になりました。この変化について述べた説明文として正しいものを，次の(ア)～(エ)から一つ選び，記号で答えなさい。

(ア)　この変化を円高といい，ドルに対する円の値うちは上がっている。
(イ)　この変化を円安といい，ドルに対する円の値うちは上がっている。
(ウ)　この変化を円高といい，ドルに対する円の値うちは下がっている。
(エ)　この変化を円安といい，ドルに対する円の値うちは下がっている。

問９　障がいを持った人びとが暮らしやすい社会をつくるために，さまざまな取り組みがなされています。その一つに，右のようなマークがあります。このマークの持つ意味を，次の(ア)～(エ)から一つ選び，記号で答えなさい。

(ア)　外見からは援助（えんじょ）や配慮（はいりょ）が必要か分からない人びとが，周囲の人に配慮を必要としていることを知らせるマークである。

(イ)　妊娠している人が電車やバスなどに乗るときに身につけることで，周囲から配慮を受けやすくするマークである。

(ウ)　障がいのある人が運転する車につけられるマークで，周囲の車は，このマークをつけた車に配慮しなくてはならない。

(エ)　目の見えない人のための世界共通のマークで，視覚障がい者の安全やバリアフリーを考慮（こうりょ）した建物などにつけられる。

【理　科】〈第２回試験〉（社会と合わせて50分）〈満点：50点〉

1　ふりこが１往復する時間を周期といいます。ふりこの周期に関する各問いに答えなさい。

問１　星子さんは，ふりこの周期が何によって決まるか疑問に思いました。そこで①～③の予想をたてました。(a)～(c)に答えなさい。

予想①：ふりこの長さを長くすると，周期は長くなる。

予想②：おもりの重さを軽くすると，周期は長くなる。

予想③：ふれはばを大きくすると，周期は長くなる。

(a)　予想①について，どの組合せで確かめることができますか。もっとも適当なものを選び，**ア**～**カ**で答えなさい。ただし，どの組合せでも確かめることができない場合は，解答らんに×を書きなさい。

ア．

ふりこの長さ(cm)	おもりの重さ(g)	ふれはば(°)
15	20	10
15	20	20
15	20	30

イ．

ふりこの長さ(cm)	おもりの重さ(g)	ふれはば(°)
15	20	10
15	40	20
15	60	30

ウ．

ふりこの長さ(cm)	おもりの重さ(g)	ふれはば(°)
15	20	10
15	40	10
15	60	10

エ．

ふりこの長さ(cm)	おもりの重さ(g)	ふれはば(°)
15	20	10
30	20	20
45	20	30

オ．

ふりこの長さ(cm)	おもりの重さ(g)	ふれはば(°)
15	20	10
30	40	10
45	60	10

カ．

ふりこの長さ(cm)	おもりの重さ(g)	ふれはば(°)
15	20	10
30	40	20
45	60	30

(b)　予想②について，どの組合せで確かめることができますか。もっとも適当なものを選び，**ア**～**ウ**で答えなさい。

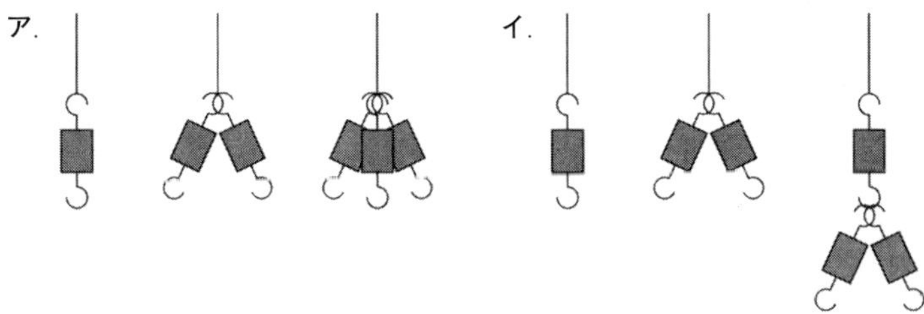

ウ.

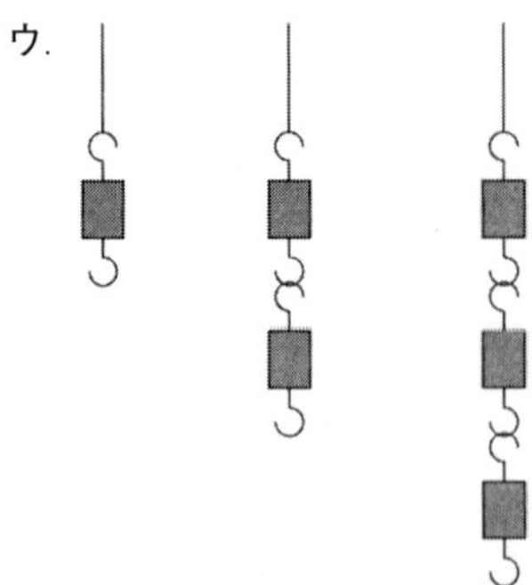

(c)　予想③について，ふれはばだけを変えて，おもりが10往復する時間を測りました。**表１**はその結果です。このふりこの周期の平均は何秒になりますか。小数第４位を四捨五入して，小数第３位で答えなさい。

表１　ふれはばとおもりが10往復する時間

ふれはば(°)	10	20	30
おもりが10往復する時間(秒)	10.03	10.05	10.03

問２　ふりこの長さと周期の間には，**表２**の関係があります。この関係は，ふりこの長さが長くなっても保たれることがわかっています。次の文の**あ**～**う**にあてはまる数字は何ですか。整数で答えなさい。

文：ふりこの長さが(　**あ**　)倍になると周期は(　**い**　)倍になる。このことから，ふりこの長さが64mのとき，周期は(　**う**　)秒になる。

表２　ふりこの長さと周期の関係

ふりこの長さ(cm)	30	50	70	80	90	100	120	200	280	320	360	400
周期(秒)	1.1	1.4	1.7	1.8	1.9	2	2.2	2.8	3.4	3.6	3.8	4

2　気体の重さに関する，各問いに答えなさい。ただし，空気はちっ素と酸素が混ざり合ってできているものとし，全体の体積の80％はちっ素で，20％は酸素とします。

問１　ちっ素と酸素の気体の重さを調べるために，［**実験**］を行いました。(a)，(b)に答えなさい。ただし，ちっ素と酸素は水に溶(と)けず，メスシリンダー内に水蒸気はふくまないものとします。また，ストローに入っている気体の重さは考えないものとします。

［**実験**］

①　ちっ素ボンベを用意する。

②　水の入った容器に水で満たしたメスシリンダーを逆さに立てる(**図１**)。

③　②のメスシリンダーにボンベの中の気体を112cm^{3}移す(**図２**)。

④　気体を移した後のボンベの重さを量る。

⑤　②～④をくり返す。

⑥　酸素ボンベでも同じように実験をくり返す。

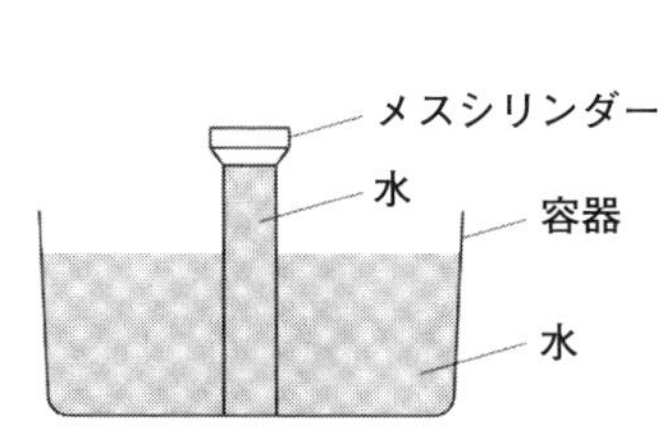

図1　水の入った容器と水で満たしたメスシリンダー

図2　メスシリンダーにボンベの中の気体を移す操作

［結果］

ちっ素ボンベの重さは**表1**，酸素ボンベの重さは**表2**のようになった。

表1　ちっ素ボンベの重さ

移したちっ素の体積の合計(cm^3)	112	224	336	448	560	672	784	896
ちっ素を移した後のボンベの重さ(g)	112.13	111.99	111.85	111.71	111.57	111.43	111.29	111.15

表2　酸素ボンベの重さ

移した酸素の体積の合計(cm^3)	112	224	336	448	560	672	784	896
酸素を移した後のボンベの重さ(g)	113.85	113.69	113.53	113.37	113.21	113.05	112.89	112.73

(a)　実験前のちっ素ボンベの重さは何gですか。

(b)　実験の結果から，1000cm^3の空気の重さは何gだと考えられますか。小数第3位を四捨五入して，小数第2位で答えなさい。

問2　ガス警(けい)報器は，検知する気体の種類によって設置する位置が異なります。(a)，(b)に答えなさい。ただし，同じ体積あたりの空気と検知する気体の重さを比べたとき，検知する気体の方が小さい場合は天井側に溜(た)まりやすく，大きい場合は床側に溜まりやすいものとします。

(a)　家庭で使われるガスには，メタンという気体が主成分の都市ガスと，プロパンという気体が主成分のLPガスがあります。メタンの重さを560cm^3あたり0.4g，プロパンの重さを560cm^3あたり1.1gとしたとき，都市ガスやLPガスを検知する警報器は，それぞれ天井側と床側のどちらに設置すればよいと考えられますか。もっとも適当な組合せを選び，**ア**～**エ**で答えなさい。

	都市ガスの警報器	LPガスの警報器
ア	天井側	天井側
イ	天井側	床側
ウ	床側	天井側
エ	床側	床側

(b)　ガス警報器の中には一酸化炭素という気体を検知するものもあります。一酸化炭素の重さを560cm^3あたり0.7gとしたとき，一酸化炭素の重さは空気の重さの何倍ですか。小数

第３位を四捨五入して，小数第２位で答えなさい。また，一酸化炭素のガス警報器は天井側と床側のどちらに設置すればよいと考えられますか。

問３　**表３**は，ある重さのプロパンが完全に燃えたときに使われた酸素の重さについてまとめたものです。プロパン65ｇを完全に燃やすために必要な空気は何ｇですか。もっとも適当なものを選び，**ア～カ**で答えなさい。

表３　燃えたプロパンの重さと使われた酸素の重さ

プロパン(ｇ)	33	55	77	99	121	143	165
酸素(ｇ)	120	200	280	360	440	520	600

ア．240ｇ　**イ**．400ｇ　**ウ**．820ｇ
エ．950ｇ　**オ**．1050ｇ　**カ**．1180ｇ

3　明子さんは，理科の授業でジャガイモの芋(いも)にヨウ素液をたらすとヨウ素液の色が変化することを習いました。そこで明子さんは，身のまわりのどのようなものにでんぷんがふくまれているか，ヨウ素でんぷん反応を用いて調べました。これに関する各問いに答えなさい。

＜明子さんが調べたもの＞

①　**ジャガイモの葉，茎(くき)，根，芋(図１)**

明子さんは，ジャガイモの葉，茎，根，芋の４つの部位について，ヨウ素液の色の変化を調べました。

図１　ジャガイモの葉，茎，根，芋
(千谷順一郎・橋本貞夫監修『原色ワイド図鑑　栽培』
(学習研究社，2002年)より一部改変)

②　**片栗粉(かたくりこ)，小麦粉，砂糖，塩**

明子さんは，最近売られている片栗粉は，カタクリという植物の根から得られたものではなく，ジャガイモの芋から得られていることを知りました。明子さんは，片栗粉と，同じように白い粉末である小麦粉，砂糖，塩について，ヨウ素液の色の変化を調べました。

③　**買ったばかりの新しいバナナと，日を置いたバナナ(図２，図３)**

毎日朝食でバナナを食べる明子さんは，同じふさからとったバナナでも，新しいバナナよりも日を置いたバナナの方があまいことに気づきました。明子さんは，買ったばかりの新しいバナナと，同じふさで，皮に茶色のはん点が増えるまで日を置いたバナナを用いて，皮をむいたバナナのヨウ素液の色の変化を調べました。

図２　買ったばかりの新しいバナナ

図３　日を置いたバナナ

問１　でんぷんがふくまれるものにヨウ素液をたらすと，ヨウ素液は何色に変化しますか。もっとも適当なものを選び，**ア～オ**で答えなさい。

ア．赤色　　**イ**．水色　　**ウ**．茶かっ色　　**エ**．青紫色　　**オ**．緑色

問２　①では，葉と芋でヨウ素液の色が大きく変化しました。明子さんは，葉でつくられたでんぷんがそのまま茎を通って移動して芋にたくわえられると考えていました。そのため，茎でヨウ素液の色があまり変化しなかったことにおどろきました。このことについて調べてみると，葉でつくられたでんぷんは，ショ糖というものに変化して茎を通ることがわかりました。ショ糖とは，砂糖の主成分です。でんぷんがショ糖に変化する理由に関わる特ちょうはどれだと考えられますか。片栗粉と砂糖の特ちょうをまとめた**表１**を参考にして，もっとも適当なものを選び，**ア～カ**で答えなさい。

表１　片栗粉と砂糖の特ちょう

特ちょう	片栗粉	砂糖
見た目	白い	白い
手ざわり	粒が小さく，さらさらしている	粒が大きく，ざらざらしている
味	あまくない	あまい
におい	ない	ない
水に入れたときのようす	しばらくすると，下にしずんでたまる	しばらくすると，とう明になり見えなくなる
加熱したときのようす	加熱しても固体のままである	加熱すると液状に変化する

ア．見た目　　**イ**．手ざわり　　**ウ**．味　　**エ**．におい

オ．水に入れたときのようす

カ．加熱したときのようす

問３　②で，ヨウ素液の色が変化するものはどれですか。すべて選び，**ア～エ**で答えなさい。

ア．片栗粉　　**イ**．小麦粉　　**ウ**．砂糖　　**エ**．塩

問４　③の結果は，どのようになると考えられますか。もっとも適当なものを選び，**ア～エ**で答えなさい。

ア．日を置いたバナナに比べて，新しいバナナの方が大きく変化する。

イ．新しいバナナに比べて，日を置いたバナナの方が大きく変化する。

ウ．どちらのバナナも同じくらい大きく変化する。

エ．どちらのバナナもあまり変化しない。

問５　日を置いたバナナがあまくなるように，果実はより熟(じゅく)した方があまくなります。また，雪の下で冬をこしたニンジンもあまくなることが知られています。果実やニンジンがあまくなる理由は何ですか。もっとも適当なものをそれぞれ選び，**ア**～**カ**で答えなさい。

ア．動物に食べられやすくするため。

イ．動物に食べられにくくするため。

ウ．凍(こお)りやすくするため。

エ．凍りにくくするため。

オ．くさりやすくするため。

カ．くさりにくくするため。

4　星がよく見える場所では，白く帯状に光る天の川を見ることができます。また，夏の夜空では，天の川付近の３つの明るい星を結ぶことで夏の大三角ができます。これに関する各問いに答えなさい。

問１　夏の大三角をつくる星は，はくちょう座のデネブとわし座のアルタイルと，あと１つは何ですか。「○○座の○○」で答えなさい。

問２　**図１**は，天の川の一部と天の川付近に見られる星座です。夏の大三角を正しくあらわしているのはどれですか。もっとも適当なものを選び，**ア**～**ク**で答えなさい。ただし，①はデネブ，②はアルタイル，●は**問１**で答えた星の位置であるとします。

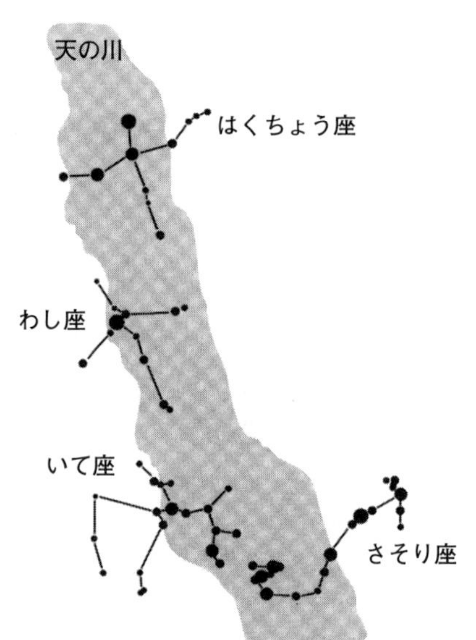

図１　天の川の一部と天の川付近に見られる星座

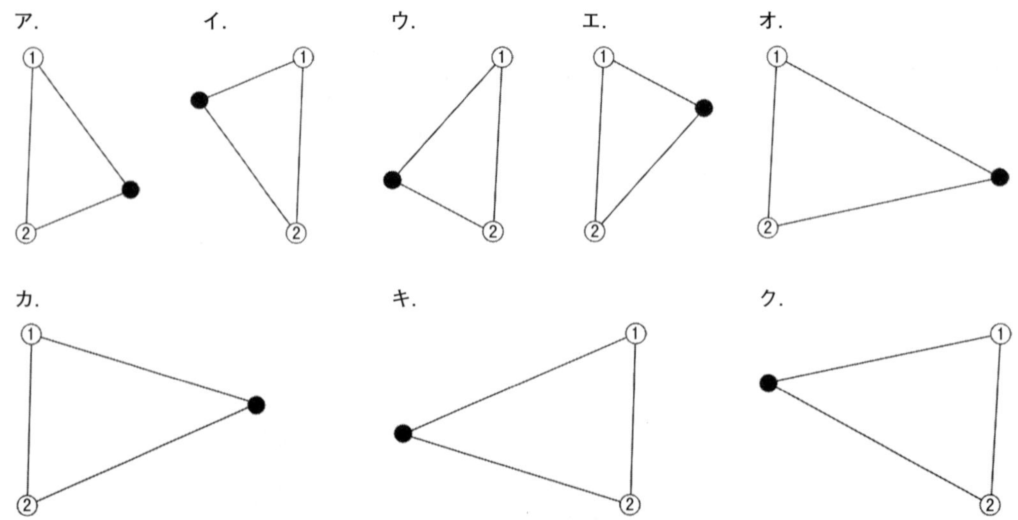

問３　地球は１年かけて太陽の周りをまわっており，これを地球の公転といいます。また，地球や太陽はたくさんの星が集まる銀河系の中にあります。**図２**は，銀河系の形と，銀河系の中にある地球や太陽のおおよその位置をあらわしています。夜空に見える天の川は，この銀河系を地球から見ているものです。(a)，(b)に答えなさい。

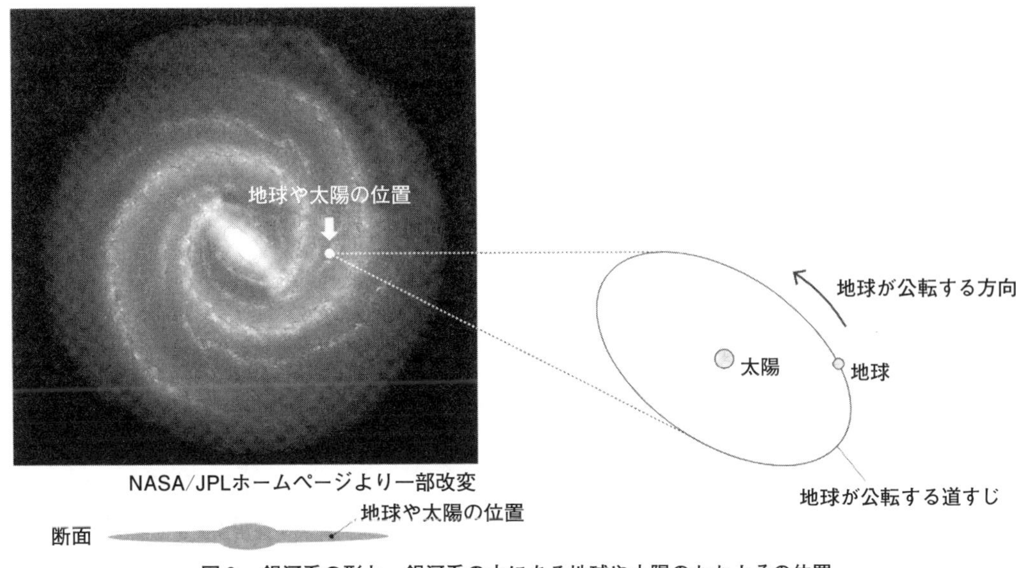

図２　銀河系の形と，銀河系の中にある地球や太陽のおおよその位置

(a)　夏の天の川は，冬の天の川に比べて明るく見えます。また，夏の天の川はいて座が見えるあたりがもっとも明るく見えます。**図３**は，地球が公転する道すじに対して垂直の方向から見た，地球の公転のようすです。北極をあらわす点が地球の中心にないことから，地球は公転する道すじに対して傾(かたむ)いていることがわかります。銀河系の中心はどの方向にあると考えられますか。もっとも適当なものを選び，**ア**～**エ**で答えなさい。

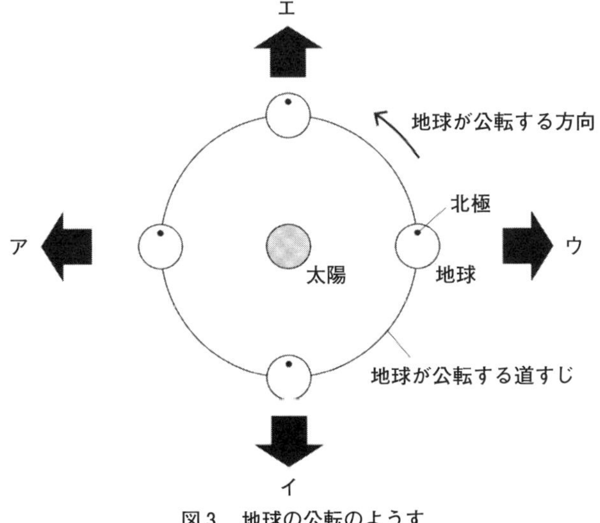

図３　地球の公転のようす

(b) **図４**は７月７日の23時における，星座早見での天の川のおおよその位置をあらわしています。半年後の23時には，天の川はどのように見えますか。もっとも適当なものを選び，**ア～カ**で答えなさい。

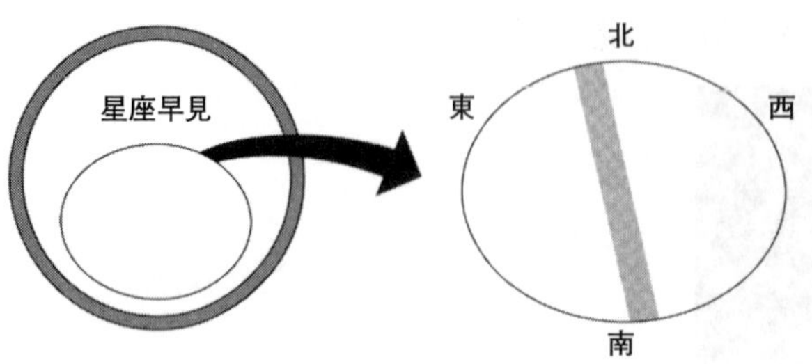

図４　星座早見での天の川のおおよその位置

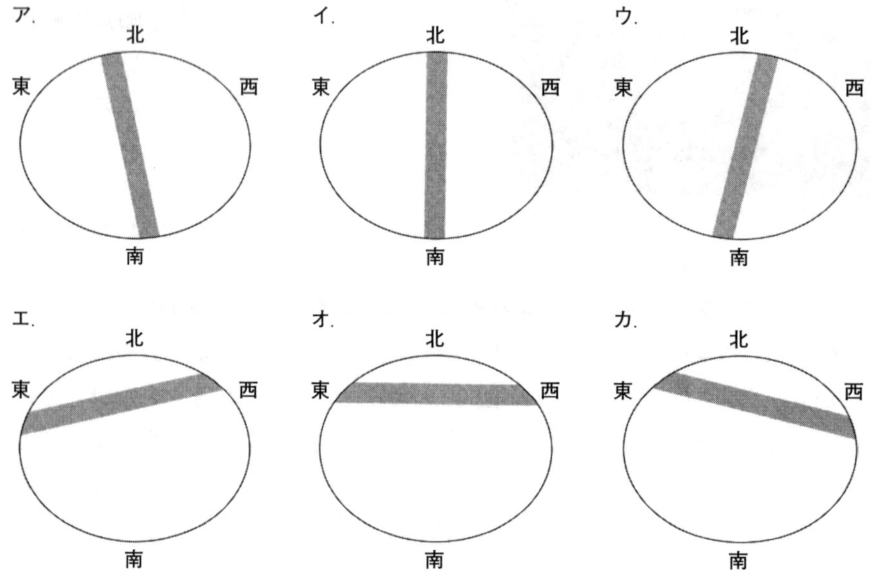

問４　宮沢賢治（みやざわけんじ）が書いた「銀河鉄道の夜」という物語は，天の川が舞台になっています。「銀河鉄道の夜」では，主人公とその友人が，はくちょう座近くの駅から南十字座近くの駅まで，天の川にそって旅をします。この旅をはくちょう座のデネブから南十字座のアクルックスまでとします。この２つの星を，一晩のうちで同時に見ることができる時間帯があるのは，地球上でどこからどこまでですか。「北緯（い）○○度～南緯○○度」で答えなさい。ただし，デネブは北極星から南に45度，アクルックスは北極星から南に153度ずれた方向にあるものとします。

始めの五字を答えなさい。

(2)　二重傍線部「自分で描いたマスクを消す」(24ページ)という行動を取るに至った輝の変化について、本文全体をふまえて説明しなさい。

ア　輝　　イ　堅人　　ウ　治哉　　エ　麗華　　オ　絵実

問５　傍線部③中の「諺」は、「[　Ａ　][　Ｂ　]も彼岸まで」を指すと考えられます。ただし、**Ａ**と**Ｂ**には対になる語が入ります。空欄**Ａ・Ｂ**に入る語をそれぞれ二字で答えなさい。

問６　次は、傍線部④「輝は自分の嫉妬心に初めて気づく」に至った過程を説明した文章です。空欄Ⅰ・Ⅱに入る適切な表現を「描く姿が中継されている〜」で始まる段落から「要するに、自分に〜」で始まる段落までの本文中からそれぞれ八字で抜き出し、答えなさい。

輝は絵実の実力を認めていて、[　Ⅰ　]ところを目にしたいという思いが心の奥にあり、黒板アートコンクールを発案した。そして一緒に作業を行う中で、自分には[　Ⅱ　]はないが、こんなふうに大胆に絵が描けるようになりたいと感じたことで、絵実への嫉妬心に気付いた。

問７　傍線部⑤中の「バイカモ」にこめられた思いについて説明したものとして最も適切なものを次から選び、記号で答えなさい。

ア　青一色の中に白で印象付けられた花は、提案を他者に認められた自信を表しており、ネガティブだった自分を変えられた喜びがこめられている。

イ　竜に寄り添うように描かれた花は、才能豊かな者を理解し支える存在を表現しており、誰にでも活躍の場があるのだという思いがこめられている。

ウ　魚や貝とともに描かれた花は、たくさんの生き物を引きつけるものであり、多くの人と関わりを持って協力し合うことの大切さがこめられている。

エ　水の流れに負けずに咲く花は、しなやかに生きる力を持っており、自分たちにはどうしようもない状況に負けるなというメッセージがこめられている。

問８　空欄**Ｙ**には、「**昇龍伝説**」の副題が入ります。黒板アートの絵をふまえて、空欄に入る最も適切なものを次から選び、記号で答えなさい。

ア　大（だい）なる龍も　小さき命と共に

イ　遥（はる）かなる宙（そら）を　夢見る

ウ　試練に負けず　時節（とき）を待つ

エ　青春の現在（いま）を　生きる

問９　傍線部⑥「ひいき目ではないと〜だろうか」における輝の心情として最も適切なものを次から選び、記号で答えなさい。

ア　クラスでは黒板アートについて当日まで理解を得られていなかったが、作品を見た人たちに評価されたことで、その作品づくりを支えたのは自分なのだと自信を深めている。

イ　自分自身の絵の才能には自信を持てないままだが、クラスメイトや家族から認められたことにより、これからも学校を盛り上げる企画を提案していこうと意気ごんでいる。

ウ　コンクールを発案したり企画を盛り上げたりしたことで、一年生への励ましや三年生の思い出作りに貢献（こうけん）できたと実感し、今まで感じたことのない充足感を覚えている。

エ　絵実の豊かな絵の才能に自分のアイディアや友人たちの助力も加わり、チーム全体で協力して完成させた絵が、クラスメイトや家族に評価されて誇らしく感じている。

問10　次の各問いに答えなさい。

(1)　傍線部⑦「一瞬、指先が触れた。でも、気にならなかった」からは、輝の意識の変化が読み取れます。変化する以前の意識が表れている反応を「へたくそ」の段落から「貴理は絵実の世話を〜」で始まる段落までの本文中から二十三字で抜き出し、

「知ってます。前に聞いたし。わたしもですよ」

「けど、ときには、大声で叫びたいって思うこともあるよな。そんときは、マスクはやっぱ、邪魔だよな。だから……」

輝は、自分で描いたマスクを消す。そしてまた、黒板に向かってチョークを走らせる。奇妙な生き物。鳥のような口で……。

「アマビエ、ですね。すごい。何も見ないで、すっと描けるなんて」

「おれの絵って、オリジナリティ、ないんだよね」

要するに、自分に望むことが怖かったんだ、と輝は気づいた。でも、もしかしたら、自分は欲を持ってしまったかもしれない。それはつまり、怖さを引き受けるということなのだろうか。

「これからじゃないですか?」

はっとなって、貴理を見つめる。

「……これから、か」

「そうです」

「何か、描く?」

「文字なら」

輝は、腕を伸ばしてチョークを貴理に手渡した。⑦一瞬、指先が触れた。でも、気にならなかった。

貴理が文字を書き入れる。

祈(き)　コロナ退散

その堂々たる文字を見つめながら、輝は心の底から、いい絵を描きたいと思った。

問１　太線部ａ「ゾウサ」・ｂ「目利(き)」について、カタカナは漢字に直し、漢字は読みをひらがなで答えなさい。

問２　傍線部①「少しだけ声が～のだろうか」とはどういうことですか。最も適切なものを次から選び、記号で答えなさい。

ア　とまどった様子から、貴理と絵実はおそらく黒板アートが描かれた理由を知っていて、それを隠しきれず話し出してくれると輝が感じたということ。

イ　緊張した様子を目にして、貴理が実は自分に好意を持っていて、一緒に黒板アートの話ができるのを本心では喜んでいると輝が気付いたということ。

ウ　ぎこちなく感じられる返事を聞いて、貴理はおそらく黒板アートの作者を知っていて、それが自分の予想通り絵実であると輝が感じ取ったということ。

エ　怒ったような反応から、貴理は考えてもわからない黒板アートの描き手の話ではなく、学校を盛り上げる企画の話をしたいのだと輝が考えたということ。

問３　傍線部②「サリエリですね」からは、貴理が輝をどのような人物だととらえていることがうかがえますか。最も適切なものを次から選び、記号で答えなさい。

ア　絵を描く才能のなさを嘆きながらも、絵を理解する力が優れている人物。

イ　絵実の絵の才能をねたみながらも、彼女の苦悩を深く理解している人物。

ウ　麗華からは評価されながらも、やはり絵実の才能にはかなわない人物。

エ　周囲から慰められながらも、自分の才能に自信を持てずにいる人物。

問４　空欄Ｘに当てはまる人物名として最も適切なものを次から選び、記号で答えなさい。

かんのと言わなくても、おれ、絵描くの好きなんだな、ということだった。絵実みたいな才能ってヤツは、たぶんないけれど。だからって、好きでいて何が悪い？　と問い、悪くない、と答える。

輝の家族も、期間限定で配信された動画を見てくれた。

「あんたもなかなかやるじゃない。あの花の絵、上手だったよ」

絵心があるとは思えない真純〔輝の姉〕が言った。そこをほめられても……。

「ひいき目だけど、輝のクラスの絵がいちばんよかった」

とは、両親の一致した感想。⑥ひいき目ではないと輝が思うのはひいき目だろうか。

〈中略５　十一月のある日の放課後、輝は昇降口で貴理に声をかけられ、小学生の時にいじめにあっていたことや、他人の評価を気にしない絵実に救われて友だちになってもらったことなどを打ち明けられた。〉

「あの絵、いい絵だったよな」

「あの絵って？」

「学校再開後に、ここに描かれていたヤツ。なんでああいう絵を描いたのかな」

「ああいうって？」

「モチーフはともかく、それぞれの絵はリアルだった。で、もしもだけど、写実的な絵のうまいヤツが、マンガみたいな絵を描いていたら、どう思う？」

「そうですね。いろんな絵を描きたいか、反抗してるかじゃないですか？」

「反抗？　つまり、自分の描きたいものじゃない絵を描けと言われるとか？」

それだけではない。浅茅先生〔美術の先生〕が黒板アートに冷淡だったことが関係あるとしたら？

「そういうことは、わたしにはよくわかりませんが、この黒板に絵を描いた人は、大きい絵が描きたかったのかもしれませんね」

「大きい絵？」

「部活とかでは、そんなに大きな絵とかって、たぶん描けないですよね。画用紙とか、キャンバスとかが、あの絵を描いた人には小さすぎたのかもしれません」

輝は、天井を見つめながら手を振り上げて、弧を描くように動かしていた絵実の姿を思い出した。もしかしたらあのとき絵実は、空中のキャンバスに絵を描いていたのではないだろうか。

「黒板になら大きな絵が描けるとかって、そそのかしたヤツがいるのかも」

輝の言葉に貴理がまた笑った。

「そんな人がいますかねえ」

「どうかな。結局、だれが描いたかは……」

「なぞですよ」

「っていうか、秘密じゃね？」

「立花さん、秘密のゴミ箱じゃなくて、秘密の宝箱と思えばいいじゃないですか」

マスクの真ん中がへこむ。笑っているようだ。

宝箱。自分にはできない発想だと、輝は思った。でも……。

輝は、黒板に向かって立ち、チョークを取る。そして、白いマスクを描く。不織布とわかるように、ひだも入れる。

「おれさ、マスクってけっこう好きなんだ」

絵実の声がした。思わず目を向けると、当の絵実は黒板から目を離さずに竜の鱗を描き入れている。手の動きは速いのに、表情は落ち着いている。というか、楽しそうだ。あの昇降口の絵も、こんなふうにして描いたのだろうか。

いったん青いチョークを置いた絵実は、白いチョークを数本まとめて手に取り、側面を黒板に押し付けて太い帯を描いた。荒々しく力強い。黒板に手のひらを当てて、直にこすっていく。青がもわっとした水色に変わり、水が流れ出す。絵実は竜の鱗にも白を入れる。それから、堅人と治哉に白いチョークを渡した。真似てやれ、という指示だ。

その様子をちらちら見ながら、輝は、あせるな、と自分に言い聞かせ、⑤慎重にバイカモの花に白を入れていく。

「OK?」

絵実に聞くと、こくこくとうなずく。

「いい、いい!」

堅人は興奮気味に言うと、タブレットの画面に向かってピースサインを送る。ちょうど実況が回ってきて、タブレットを奪った麗華が絶叫する。

「なんという迫力。水竜が、今にも動き出しそうです! 竜は、竜は、どこをめざすのか!」

残り時間が三分を切ったところで、貴理が黒板の前に立つ。

「絵実ちゃん、位置決めて」

絵実が指で示した場所に、白いチョークで書かれた文字。

昇龍伝説　[Y]

貴理は、「竜」ではなく「龍」という旧字体でさらりと記した。最後に全体をチェックした絵実が、ところどころを手ではたくようにしてぼかしを加え、二年C組の黒板アートチームの仕事は終わった。

メンバー以外のクラスメイトから拍手が起こる。

堅人が言い出して、絵の前で記念撮影をした。真ん中を陣取ったのは、なぜか堅人と麗華だった。それでも、今日の主役がだれだったかは明らかだ。

「やべぇ、阿久根、すげえ集中力だったよな」

とだれかが興奮気味に言った。

描く姿が中継されていることなど意に介さずに、昇り龍を描いた絵実の姿を見て、昇降口の黒板アートを描いたのが、絵実だと気づいた者もいたかもしれない。

でも、コンクールが終わったあとも、だれもそのことには言及しなかった。

〈中略4　翌日の朝、全校放送で結果が発表され、輝たちのクラスの作品は三位だった。〉

数分後、黒板は、いつもの黒板にもどった。

何ごともなかったように、一時間目の授業が始まる。だが、輝は、熱でうわついたように気持ちが落ち着かなかった。自分がなんで黒板アートコンクールなんてことを言い出したか。理由はいくらでもつけられる。イベントが中止になったことを嘆く声を聞いたし、新一年生への同情もあった。三年生の卒業アルバムが寂しいだろう、とも思った。

でもたぶん、あの昇降口の絵の作者――つまり絵実が実際に描くのを、見たかったんじゃないかと思う。そして、ともに黒板に向かって、否応なしに気づかされたのは、なんのかんのと言っても、いやなんのその様子をサポートする役割の生徒が、タブレット端末を向けている。タブレットには三学年分十五の小さな枠の中に、黒板アートに取り組む生徒たちが映っているはずだ。各クラスのタブレット持ち役は、ｚｏｏｍのマイクを通常はオフにし、順番に実況するときだけマイクをオンにする決まりらしい。

黒板に向かって、青いチョークを手にした絵実が大胆に竜の輪郭を描き入れる。その筆さばき、いやチョークさばきに迷いはない。

輝の仕事は小さな生物たちを描くことだ。バイカモはちゃんとネットで調べた。それから魚たち。貝。

堅人と治哉は、絵実に命じられて海の色を塗る。堅人は、黒板の右寄りに立って、タブレットを向けられたときに、横顔を見せることを意識しているようだった。当然のことながら、手のほうはしばしば止まる。顔のほうはしばしばタブレットに向く。

貴理は絵実の世話を焼く。黒板消しを渡したりチョークを渡したり、タオルを渡したり。

〈中略３〉

絵実は、描いた線を直接手でなぞってぼかしたりもするので、指はすでに真っ青だ。やっぱりこんなふうに大胆に描けたらいいなと思う。悔しさがこみ上げる。そう、悔しい。④輝は自分の嫉妬心に初めて気づく。そういう思いを見ないようにしてきた。が、それはたしかに自分の内心にもあったのだ。でも今は、黒板に集中だ。

時間が半分過ぎたところで、十分間の強制休憩タイムに入った。絵実が汚していたのは手だけではない。エプロンをしていても、シャツの袖もスカートも青いチョークで汚れていた。

よそのクラスの生徒たちが、C組の絵をのぞきにきた。

「なんかすげえな」

すげえのは絵実だ、と人知れずつぶやく。ジェラシーさえ感じていたはずなのに、やはりうれしい。

一年の女子がときどき連れ立ってやってきて、堅人の名をささやいているのが耳に入った。それに気づいた堅人が手を振った。

輝は全体をチェックするために、教室の後ろから見ることにした。はっと息を呑む。絵実の描いた竜は、りりしく美しかった。身をくねらせながら水の上をめざす。なんという躍動感だろう。あの竜は、やがて天をめざすのだ。天。絵実は何をめざしているのだろう。

絵を見ながら輝はうなった。見事だ。だがしかし、何かが足りない気がする……。

しばし考えたあとで、絵実に近づくと、思い切って口にしてみた。

「白を使ってもいいんじゃないかな」

絵実は、黒板を見つめたまま後ろに何歩か下がると、眉をぐっと寄せてから、少し大きな声で言った。

「いい」

「やっぱ、だめか」

輝が嘆息したとき……。

「良い、と言っているんじゃないですか？」

貴理の言葉に絵実がうなずく。

「まったく、輝は相変わらずネガティブなんだから」

と、麗華が笑う。

その瞬間、休憩タイムが終わった。

これから白を足しながら細部を仕上げることになるが、時間が足りるだろうかと、輝は心配になった。思わず力が入って、チョークを折ってしまった。

「あせるな」

るけどそうはっきり言うか、と思いながらぼそっとつぶやく。
「わかってるよ」
すると貴理が、慰めにもならないことを口にする。
「たぶん、わたしたちは下手以前ですよ」
「けど、輝は絵を見る目、あるよね」
麗華の言葉も、やはり慰めにはならない。
「それってどうよ、だよな。描けないけど、わかるって」
自嘲した輝に、また貴理が妙なことを言った。
「②サリエリですね」
なんじゃそれ。
「『アマデウス』です」
すると、堅人が叫んだ。
「あ、それ知ってる。オフクロの好きな芝居。モーツァルトの才能、嫉むヤツだよな」
「そうです」
「けど、結局、サリエリがいちばんモーツァルトのこと、わかってたわけなんだろ」
「世の中、b目利きもいるってことだよね。だったら、青一色でいいじゃん。一般ウケしないだろうけど」
麗華の一声で、方向性は決まった。
みんなで、水中の生き物を描いてみた。貴理の言ったことは、どうやら正しかった。絵実を除く五人の中では、輝は圧倒的にうまかった。
「わたしは、字を書きますので」
「藤枝さん、字、きれいだもんね。で、なんて書くの？」
堅人に聞かれた貴理は、
「当日までに考えておきます。任せてもらえます？」
と、五人の顔を見回す。
「任せる」
やけにはっきりと、［X］が言った。

〈中略２〉

その日。
「絶好の黒板アート日和だな」
と堅人から肩をたたかれた輝は、思わず後ろに飛んだ。
「距離が近い」
「立花、コロナ気にしすぎじゃね？」
輝は、コロナの前からだ、と言いたかったが、口にはしない。
だいたい黒板アート日和ってなんだ？　運動会じゃあるまいし。いや、運動会ならまさに絶好の日和だ、と思いながら窓の外を見やる。澄んだ青空が広がっていた。そういえば、新型コロナの影響で、空気が澄んで、くっきり山が見えたとか、青空がもどったとかって話もあったっけ。
③彼岸が過ぎて、諺どおりに残暑は去って、窓から入ってくる風も、どことなくひんやりして涼しげだ。しかし、今はいいが冬場の換気はどうするんだろうと、またしても、心配事にとらわれそうになり、輝はそれを追い出すように頭を振る。
描くことに当てられるのは二時間。その後、生徒たちは各教室を回って絵を鑑賞して、昇降口の投票箱に投票してから下校。投票の基準は、自分が気に入ったかどうか。つまり、絵の巧拙ではない。
発表は翌日の朝で、それまで、絵も残される。
給食のあと、コンクール開始を告げるゴングが鳴った。鳴ったというのは比喩で、実際にはゴングどころかホイッスルも鳴らないが、輝たちはエプロンをつけて黒板に向かう。

その日の放課後、黒板アートチームは黒板の前に集結した。
六人が距離を取りながら教卓を取り囲む。絵実は無ａゾウサに教卓の上にスケッチブックを開いて置いた。その絵を見たとたん、輝は息を呑んだ。全体がブルー。彩色は色鉛筆のようだった。
「きれい……」
思わず麗華がつぶやく。
「竜、ですね」
と貴理。
描いてあったのは、天をめざすかのような竜。それが青色一色で描いてあるのだ。竜は濃い青。周りの空は青く……いや、これは空？
空というよりも……。
輝の眉が寄る。そのとき、絵実がぼそっと言った。
「水」
「……水の、中？」
輝の言葉に、絵実がこくっとうなずく。
「水竜、ですね」
貴理の言葉に、絵実がこくこくっとうなずく。
「カッコいいじゃん」
と、治哉。
「阿久根って、マジ、絵うまいんだな」
と、堅人。
怖ろしげでもあるが気高さを感じさせる竜が、水中にあって水面をめざしている。それはやがて天に昇るのだろうか。水面には光が当たっているようだった。光は水中に差し込んで屈折し、トーンを変える。竜の動きで水は揺らぎながら泡立つ。スケッチブックの隅に丹念に描かれた小さな生き物。魚や貝、海藻。そして水中花。それらがただ青一色で描かれている。

ファンタジックで幻想的な世界は、これまでの黒板アートの絵とはかなり異質なものだった。むろん、コミカルな落書きともまったく違う。それでも、これが絵実の絵なのだ、と輝は思った。
「ねえ、黒板に描くときは、もっといろんな色、使うんだよね」
麗華が、絵実にではなく輝に聞いた。
「青一色だろ」
「ええ？　地味じゃん」
「そうだな」
と、堅人と治哉もうなずく。
輝は、黒板に青いチョークでスケッチブックを真似て水中花を描く。
「バイカモ、でしょうか」
貴理がつぶやく。
「何それ？」
「キンポウゲ科の水草です。漢字では、梅の花の藻と書きます。梅の花に似た白い花を咲かせるそうです」
「藤枝さんって、物知りなんだね」
麗華が感心したように言った。
「けど、なんでその、バイなんとか？」
と治哉が聞く。
「たぶん、水の流れにも負けないで、水中で花を咲かせるところが、いいのではないでしょうか？」
「なるほど。コロナに負けるな、ってことね」
麗華が納得したようにうなずく。
そんなやりとりには一顧だにせず、絵実は輝の描いた絵を見て言った。
「へたくそ」
さすがに、チョークを落としそうになった輝だった。わかっちゃい内心では答えは出ている。あの文字は、絵実の筆跡(せき)ではない。

「わたしにはわかりませんが……今の一年生は小学校でも十分な卒業式もできなかったですよね。入学式も短縮だったみたいで。出席する保護者が制限されたり。しかも、中学入学で即休校。がんばってほしいと、立花さんは思わなかったですか?」

「そこまで考えつかなかった」

それは本音だ。これまで、いつだって自分のことで汲々(きゅうきゅう)として(ゆとりのない状態で)いたから。

「中学って、小学校からの知り合いも多いけれど、でも、ほかの学校からも来るし、ほかの学校に行く子もいるから、環境が変わるというか、仕切りなおしができるかもしれませんよね。気持ちを新たにするというか。そのタイミングで、コロナですから……せつないですよね」

「そんなものなのかな」

「もしかしたら、描いた人は、案外、この学校が好きなのかもしれませんね」

「好き?」

「言ってみただけです。とにかく、少しでも気分を盛り上げたかったとか。一年生だけじゃなくて、わたしたちだって、教室で話したり、笑ったりできない日々を送ってきましたよね。春からずっと。今はこうして通えているけど、でも、まだ不自由は残ってます。給食をおしゃべりしながら食べたりもできないですし」

「おしゃべりしたいの?」

「そうじゃないですけど。できないことと、やれるけどやらないこととはぜんぜん違うでしょう」

「それは、そうかも」

「でも、案外、みんなをびっくりさせたかっただけかもしれませんね」

「え?」

「そう。絵の作者。だって、なんだかつまらないじゃないですか。行事もみんななくなってしまって」

行事やりたかったの? と聞いたら、きっと貴理は「そうじゃないですけど」と言うんじゃないかと思った。その代わりに、自分の口から出たことば。

「何かやれないのかな」

言ってしまったあとで、輝はうろたえた。——おれ、何言ってんだろ……。

〈中略１　輝は学校全体で黒板アートのコンクールを行うことを思いつき、幼馴染(おさななじみ)で生徒会の役員でもある葉麗華(ようれいか)に相談する。貴理の助けもあり、生徒会主催(さい)で九月末にコンクールを開催することが決まった。輝のクラスでは、輝・貴理・絵実・麗華に加え、種田堅人(たねだけんと)・実川治哉(さねかわはるや)の六人で参加することになり、最も絵の上手な絵実が下絵を描くことになった。〉

「おはようございます」

例によって貴理が礼儀(ぎ)正しい言葉を向けてくる。

「あ、うん、おはよう」

と、もごもごと答える。いつもと同じやりとりだが、たぶん、六月ごろに比べて距離(きょ)が近い。いや、ソーシャルディスタンスはちゃんと保っているが。

「阿久根さん、どんな絵を描いてくるかな」

「楽しみですね。ふふっ」

貴理は声を立てて笑った。

乗客が片側を空けて乗っていると、一度に乗る人数が半分になって、効率が悪いよね。

星子　そういうルールや習慣をありのまま受け止めるだけじゃなくて、理にかなっているかどうか、まずは［　C　］を抱いて考えるのが重要ってことだね。

【語群】　ア　称賛　　イ　偏見　　ウ　美徳　　エ　悪徳

二

次の文章は、濱野京子 著『マスクと黒板』の一節です。本文を読み、後の問いに答えなさい。〔　〕内の表現は、直前の語の意味です。なお、設問の都合上、本文を変更している部分があります。

立花輝は、美術部に所属する中学二年生である。コロナ禍による休校明けの登校で、輝は昇降口に描かれた黒板アートに目を奪われた。その後も黒板アートは何回か描かれたが、輝は作者が誰なのかが気になっていた。そのような中、輝は同級生の藤枝貴理から、阿久根絵実が小学生の時に絵のコンクールで入賞したと聞く。次の場面は、その翌日のことである。

給食が終わって、いつものように本を取り出して開いた貴理が本に目を落とす前に、輝は慌てて声をかける。

「あの、藤枝さん」

貴理は、やおら顔を上げて輝のほうを見て、何か？　というふうに首を傾げた。

「検索した」

貴理はまた、反対側に首を傾げる。なんのこと？　と聞いているらしい。

「阿久根さんの名前。そしたら出てきた。絵のコンクールで優秀賞だった。けど、最優秀賞のより、うまいと思った」

「そうですか」

貴理は、表情を変えずに言った。もっとも、マスクをしているので表情の変化はわかりづらい。

「で、似てるなって、思ったんだ」

「似てる？」

「海の感じが、二度目の黒板アートに」

「そうですか」

さっきと同じ言葉。でも、①少しだけ声が硬かったような気がするのは、輝の願望がそう思わせたのだろうか。

「あの絵を描いた人は、なんのために描いたのかな」

つぶやくような問いかけに、答えはないかと思ったが、貴理はゆっくりとした口調で言った。

「わたしにはわかりませんが、やっぱり、一年生を励ましたいという気持ちがあったのでは？」

「なるほど」

「立花さんは、なんでそんなに黒板アートにこだわっているんですか」

「それは、一応美術部だし」

「そうですか？」

今度は、いぶかしがるような疑問形だった。

「メッセージもあったけど、あれは絵を描いたのとは別の人じゃないかと思ってる」

「なぜ？」

「絵を描いた人の字ではない気がするから」

そう言いながら、答えになっていないと自分で思った。でも、輝の

し時計の音に気付かずに1寝坊してしまった。「今日は雨が降るから、傘を持って行きなさい」という母の言葉を聞き流し、急いで家を出た。なんとかいつもの時間の電車に乗れたが、鹿が線路内に侵入したためその電車が遅れ、2遅刻した。学校に着くと授業はすでに始まっていて、皆が見ているプリントが自分の机にはないことに気が付いた。しかし、今もらいに行けば授業を受けるクラスメイトの邪魔になると思い、3プリントを使わずに授業を受けた。放課後、学校を出ると雨が降っていて、傘を持って来なかったために4濡れてしまった。

問8　本文中の空欄※に入る事柄として最も適切なものを次から選び、記号で答えなさい。

ア　火山が噴火したことで火山灰が降り注ぎ、農作物の収穫量が減ることは、人間の急速な開発が招いた事態であり、悪意はないといっても「不正」とみなされる。

イ　温室効果ガスによる地球温暖化とそれに伴う異常気象の発生は、人間の経済活動によって生じたものであり、自然災害とはいっても「不正」が原因であると考えられる。

ウ　焼き畑による森林減少と砂漠化は、人間が自然をコントロールしようとして起きた事態であり、被害が生じても解決を諦めざるを得ないことから「不正」ととらえられる。

エ　酸性雨の発生による土壌の不毛化などの環境破壊は、悪意を持つ人間が科学の発展を口実にして意図的に発生させたものであり、人間に責任があることから「不正」だと言える。

問9　傍線部⑦「『しかたがない』『しょうがない』という表現」について、筆者が伝えたいのはどのようなことだと考えられますか。最も適切なものを次から選び、記号で答えなさい。

ア　日本人が物事を「しかたがない」「しょうがない」と受け流す態度は、天災の被害をやりすごすために生み出したその場しのぎの手立てであり、先を見通して行動する習慣が身につかない原因となっているということ。

イ　日本人が物事を「しかたがない」「しょうがない」と受け入れる態度は、想定外の事態に立ち向かう態度として有効であり、その状況下でも日常生活を無事に送っていくために欠かせないものであるということ。

ウ　日本人は「しかたがない」「しょうがない」という言葉によって、理不尽に思える事柄をも「不運」として受け止めるため、本来ならつきつめて考えるべきことについての思考をやめてしまうということ。

エ　日本人はどうにもならない状況でも、「しかたがない」「しょうがない」という言葉一つで受け入れて耐えることができる人々であり、それは世界中から称賛されるべき誇らしい態度であるということ。

問10　空欄Ⅱ（二か所）に入る最も適切な表現を冒頭から「たとえば、組織ぐるみの～」で始まる段落までの本文中から五字で抜き出し、答えなさい。

問11　次は、本文を読んだ明子と星子の会話です。空欄a～cに入る最も適切な語を、aは後の語群から選んで記号で答え、b・cは自分で考えそれぞれ漢字二字で答えなさい。

明子　「しかたがない」という言葉が、［　a　］ととらえられることがあるとは思ってもみなかったな。

星子　ほんとだよね。でも言われてみると、実は理不尽なのに、私たちが何気なく守っているルールや習慣ってあるよね。

明子　例えば、「エスカレーターを利用する時は片側に寄って乗る」という［　b　］の了解がそうかも。エスカレーターで

問１　太線部ａ「術」・ｂ「インガ」について、ａは読みをひらがな二字で答え、ｂは漢字に直しなさい。

問２　傍線部①は、傍線部③「間接的に手を貸している」と同じ意味になります。空欄に入る最も適切な語を次の語群から選び、**漢字**に直して答えなさい。

【語群】　しじ　かたん　かんよ　ごうい　さんか

問３　傍線部②「ひどい沈黙」の説明として最も適切なものを次から選び、記号で答えなさい。

ア　悪事を行っている人々にも事情があると考えて、口を出すことができずにいること。

イ　悪事を企む人に対して、悪いと分かっていながら何も批判せず見のがしていること。

ウ　世の中には必要悪も存在すると認めて、無言ながらも積極的に悪事を後押ししていること。

エ　世の中に悪事が横行する中で、表立っては何も言わないが仲間内だけで非難していること。

問４　空欄Ｉ（二か所）に入る最も適切な語を次から選び、記号で答えなさい。

ア　放棄　　イ　分離　　ウ　延長　　エ　拡散

問５　傍線部④について、「私たち」が「不正を目の前にして、声をあげようとすらしない」理由として**適切でないもの**を次から一つ選び、記号で答えなさい。

ア　不正に立ち向かおうと思っても、それによって相手から報復を受けたり周囲から浮いてしまったりすることがあっては困るから。

イ　不正かどうかは自分だけで判断することが難しく、周囲の人たちの行動や様子をうかがって多数派に合わせてしまう傾向があるから。

ウ　不正の場面を目にしても、居合わせた人の中でよりよい援助ができる人が出てくるのを待つうちに、行動するタイミングを失ってしまうから。

エ　不正の場面に出会った時、自分だけにそれを止める責任があるわけではないと考え、わざわざ危険をおかしてまで行動しようとは思わないから。

問６　傍線部⑤について、次の各問いに答えなさい。

(1)　次は、筆者が「この映画にひとつ大きな違和感を覚え」た理由について説明した文章です。空欄ｉ～ⅲに入る適切な語を、ｉ・ⅱは本文中からそれぞれ四字で抜き出して答え、ⅲは後の語群から選んで記号で答えなさい。

戦争は人間の［ ｉ ］による判断が引き起こした悲劇であるにも関わらず、主人公は［ ⅱ ］に遭ったのと同じような諦めを抱いている。その様子を見て、「戦争は人間には［ ⅲ ］しきれないものである」と主人公がとらえているように筆者は感じたから。

【語群】　ア　制御　　イ　認識　　ウ　解決　　エ　受容

(2)　次は、主人公の本来取るべき行動について述べた文です。空欄に入る適切な表現を本文中から二十字で抜き出し、始めと終わりの五字をそれぞれ答えなさい。

戦争の被害に対しては、［　　　］する行動を取らなければならないと筆者は考えている。

問７　次は、中学一年生の星夫のある一日を描いた文章です。波線部１～４の事柄が、傍線部⑥中における「不運」である場合にはＡを、「不正」である場合にはＢをそれぞれ答えなさい。

昨晩は読書に夢中になって寝る時間が遅くなり、今朝は目覚ま

自然災害が、人間の力が及ばない事柄であるのと対照的です。

自然災害のように、人間がコントロールできない事柄によって、人間に危害が加えられる事態を「不運(misfortune)」と言います。

これに対し、特定の人間が自由意思に基づいて決断した結果、人々に危害を加えるような事態を「不正(injustice)」と言います。

アメリカの政治哲学者ジュディス・シュクラーが強調したことですが、⑥不運が人間に責任を問えないものであるのに対し、不正は誰かが責任を負うようなものである点で決定的に異なることに注意してください。

自然災害に見舞われるのはどうにもコントロールできないことですから、不運であるとみなされます。

被害に遭ったら、その事実をそっくり受け入れて、今後をどうするかを考える他はありません。

しかし、不正がもたらす災難の場合、その背後には悪い意図を持つ人々や、無能だったり怠慢な人々がいます。彼らがもたらす被害は人災であって天災ではありません。

したがって、不正がもたらす被害には、その責任を負わねばならない人々がいる以上、我々はただ単に諦めてしまうのではなく、これに憤りを感じ、不正を行った人々の責任を追及すべきです。

なお、現在、自然災害も巨大な自然現象だから我々の手に負えないとしてただ諦めてしまうわけにはいきません。

なぜなら、昨今の異常気象や環境破壊が人間の経済活動と深い b イン ガ関係があることが明らかであり、これは私たち人間すべてに責任があるからです。

※

ところで、日本人の口から二言目には聞かれる言葉に⑦「しかたがない」「しょうがない」という表現があります。

なんらかの困難な事態に直面する際、粛々と諦めをもってその状況を受け入れる時に口にする慣用句です。

地震や台風、津波などの被害に遭って途方にくれた挙句、「しかたがない」という一言を漏らすのは当然のことでしょう。

被害の事実を受け入れて、そこからどのように再び日常の生活を取り戻してゆくか、考え行動を起こす他に方策はないからです。

東日本大震災に際して、被災者たちの間で略奪などが起こらず、秩序を守って黙々と働く姿は、世界中から称賛されましたが、それは「しかたがない」現実を受け入れてじっと耐えるところに日本人の優れた徳性を外国人たちが見出したからでした。

しかし、どんな美徳も、悪徳と裏腹の関係にあります。

「しかたがない」という姿勢は、不運に見舞われたとき、美徳として力を発揮します。

ところが、不正の被害にあった際に、「しかたがない」という姿勢に終始するなら、不正の原因である人々の責任を追及することなく放置することになります。

会社内の不正も、政界の腐敗も、不正としてその責任を追及するのではなく、あたかも自然災害の被害にあったかのように不運として受け止め、これをしかたがない、と諦めてしまうのは、不正を黙認するに等しく、［Ⅱ］を犯していることになってしまいます。

このように、「しかたがない」という一言には、日本人が、不正をあたかも不運であるかのように理解する傾向が表現されています。「しかたがない」と言って現実をあきらめて耐えようとする日本人は、同時に［Ⅱ］を犯しやすい傾向をもつというわけです。

（将基面貴巳 著『従順さのどこがいけないのか』より）

人が助けるだろう」と傍観を決め込んでしまう、というのです。

理由の二つ目は、目撃している不正が、果たして不正かどうかはっきりしない場合も少なくないからです。

映画でなんらかの悪事が進行している状況を描く場合、それが悪事であることを観客がはっきりと分かるように画面の作り方や音楽などを用いて演出されています。

しかし、私たちが経験する現実は、通常、もっと曖昧なものです。

いまここで目撃する事態が、何者かによって不正が行われた結果であるかどうか、はっきりとは判断できないことは意外と多いものです。「何かおかしいな」と思ったとしても、私たちがすぐさま取る行動は、他の人々の反応を見ることです。

そして、周囲の人々が特に何の行動も取らないのを確認すると、「たいしたことではないな」と安心してしまいがちだ、というわけです。

不正を見逃す理由の三つ目は、不正に対して抵抗することで、自分自身が被る損害が大きいと考えるからです。

これは、実際に誰かが猟銃や機関銃で人々を殺傷しているような状況を考えれば、わかりやすいでしょう。

最近、日本でも諸外国でも無差別殺傷事件が目立ちますが、誰かが被害にあっていても、犯人が目の前にいる限り、自分が撃たれることを恐れるために、被害者を助けることができないような場合です。

しかも、このように自分の生命が危険にさらされていなくても、自分のリスクになるようなことはしたくないと、人は考えるものです。

たとえば、組織ぐるみの不正を、その組織のメンバーが公に暴露しようと思っても、自分自身がその組織から仕返しをされるリスクを恐れるために、行動に移せないようなこともよくあることです。

理由の四つ目は、集団的な圧力を感じるためです。これを大勢迎合主義（自分の考えを周りの大勢に合わせようとすること）と言いますが、これは日本では特に顕著に見られるものでしょう。「空気」や「同調圧力」の結果、不正を不正として指摘しにくくなってしまうことがあります。

しかも、集団の中に埋没することには、心理学では、ぬくぬくとした気持ち良さがあることが指摘されています。第一章でも触れましたが、多数派に同調していれば、安心感が得られます。その安心感に誘惑されて多数派と同じ行動を取るのです。

サンダーソンによれば、以上のような理由から、④私たちは、不正を目の前にして、声をあげようとすらしない傾向があるのです。

〈**中略2**〉

二〇一六年、『この世界の片隅に』というアニメ映画が大ヒットしました。

軍港だった呉を舞台に、主人公浦野すずの目を通して、戦争経験を描いた作品です。

私は、⑤この映画にひとつ大きな違和感を覚えました。

それは、米軍による空襲などを主人公が諦めて見つめる姿を通じて、戦争をあたかも自然災害のように描いていることでした。

もちろん、空から無数に降ってくる爆弾に対してなすa術がないことは当たり前のことです。

ですが、戦争は地震や台風のようになんとなく発生するものではありません。

爆弾を落とす兵士がいれば、その背後に命令を下す軍人がおり、その戦争を指揮する政治家がいます。そして、爆弾を落とされている国の政治家や軍人も戦争に関わっているのです。

その意味では、空襲は、敵国と敵軍が実際に行うことであり、また自国政府と軍部がそのような事態を招いた結果でもあります。

2023年度 浦和明の星女子中学校

【国　語】〈**第二回試験**〉（五〇分）〈満点：一〇〇点〉

注意　字数制限のある場合は、句読点も一字と数えて答えること。

一　次の文章を読み、後の問いに答えなさい。［　］内の表現は、直前の語の意味です。なお、設問の都合上、本文を変更している部分があります。

古代ローマの哲学者キケロは、『義務論』という著作の中で、不正には二つの種類があると論じています。

ひとつは、積極的不正です。

これはある個人が人々になんらかの危害を加えることです。

もうひとつは、消極的不正です。

これは、ある個人が危害を加えられている際に、その人を守ったり救ったりすることができるにもかかわらず、そうしないことです。

不正が進行しているのを知りながら、その不正に対して反対の声を上げたり、責任を追及したりしないのであれば、その不正に自分も①間接的に［　　］していることを意味します。

つまり、不正を目にしていながら、黙っていることは共犯なのです。

なぜなら、黙っていることは同意していることとみなされるからです。

〈**中略１**〉

一九世紀イギリスの思想家ジョン・スチュアート・ミルは、ある演説で述べています。

「悪人が自分の企みを実現するためには、善人が傍観して何もしないこと以外、何も必要としない」

また、二〇世紀アメリカでアフリカ系アメリカ人公民権運動をリードした牧師にマーティン・ルーサー・キングという人がいます。〝I Have a Dream〟という台詞で有名なキング牧師の演説を聞いたことがあるでしょう。彼もこう述べています。

「この社会変動の時代における最大の悲劇とは、悪い人々の騒々しい叫び声ではなく、善い人たちの②ひどい沈黙なのです」

要するに、不正が行われていることを知っている「善人」たちが黙認するだけで、不正は堂々とまかり通ることになってしまうのです。その限りでは、黙っている「善人」たちも「悪人」たちに③間接的に手を貸していることになります。

ミルもキング牧師も、不正を不正だと分かっている「善人」がなぜ声を上げないのか、問いただしていますが、そもそも、なぜ私たちは不正を「見て見ぬ振りをする」のでしょうか？

アメリカの心理学者キャサリン・サンダーソンによれば、理由はいくつかあります。

そのひとつは、誰か別の人が、その不正を取り締まってくれるだろう、と考えるからです。

不正が行われている、まさにその現場に多くの人々が実際にいるのに、誰も何もしようとしない。

こうした事態を、心理学では「責任の［Ｉ］」という現象として説明します。

「責任の［Ｉ］」とは、その場に居合わせる人が多ければ多いほど、不正による被害を被っている人が援助を受ける確率が低くなることを意味します。

その場にたくさんの人がいるのであれば、誰かが援助の手を差し伸べてもよさそうなものですが、実際には、ほとんどの人が「誰か他の

2023年度

浦和明の星女子中学校　▶解説と解答

算　数　＜第２回試験＞（50分）＜満点：100点＞

解　答

1 (1)　5　(2)　126分　(3)　100個　(4)　504m　(5)　①　87×９　②　875×96　(6)　107.51m²　(7)　①　41個　②　182cm²　2 (1)　50円　(2)　0.75kg　3 (1)　分速300m　(2)　分速400m　(3)　ア　23　イ　37　4 (1)　７秒　(2)　20人　5 (1)　17番から31番　(2)　５人　(3)　第16週目８番，第17週目32番

解　説

1　四則計算，仕事算，売買損益，つるかめ算，比の性質，条件の整理，点の移動，面積，表面積

(1)　$\left(1.5\div4\frac{4}{5}\times8.8+\frac{1}{8}\right)\div(22.54\div39.2)=\left(1\frac{1}{2}\div\frac{24}{5}\times8\frac{4}{5}+\frac{1}{8}\right)\div0.575=\left(\frac{3}{2}\times\frac{5}{24}\times\frac{44}{5}+\frac{1}{8}\right)\div\frac{575}{1000}=\left(\frac{11}{4}+\frac{1}{8}\right)\div\frac{23}{40}=\left(\frac{22}{8}+\frac{1}{8}\right)\div\frac{23}{40}=\frac{23}{8}\times\frac{40}{23}=5$

(2)　水槽(すいそう)の容積を１とすると，Ａ１本から１分間に入る水の体積は，$1\div5\div84=\frac{1}{420}$，Ｂ１本から１分間に入る水の体積は，$1\div4\div45=\frac{1}{180}$となる。よって，ＡとＢを１本ずつ使って水を注ぐと，１分間に入る水の体積は，$\frac{1}{420}+\frac{1}{180}=\frac{1}{126}$となるので，満水になるまで，$1\div\frac{1}{126}=126$（分）かかる。

(3)　定価は，300×（１＋0.3）＝390（円）だから，定価の２割引は，390×（１－0.2）＝312（円）である。また，仕入れ値の合計は，300×130＝39000（円）なので，初めに見込(みこ)んでいた利益は，39000×0.3＝11700（円），実際の利益は，11700×0.8＝9360（円），実際の売り上げ高は，39000＋9360＝48360（円）とわかる。よって，右上の図１のようにまとめることができ，かりに130個すべてを２割引で売ったとすると，売り上げ高は，312×130＝40560（円）となり，実際よりも，48360－40560＝7800（円）少なくなる。そこで，２割引で売るかわりに定価で売ると，１個あたり，390－312＝78（円）増えるから，定価で売った個数は，7800÷78＝100（個）と求められる。

図１

定価　（390円）｝合わせて
２割引（312円）｝130個で48360円

(4)　姉と妹が10歩ずつ歩いたときに進む距離(きょり)の差が70cmなので，姉と妹が１歩で進む距離の差は，70÷10＝７（cm）である。また，姉と妹が１歩で進む距離の比は，$\frac{1}{800}:\frac{1}{900}=9:8$である。この比の差が７cmにあたるから，１にあたる距離は，７÷（９－８）＝７（cm）となり，姉が１歩で進む距離は，７×９＝63（cm）とわかる。さらに，姉は自宅から学校まで800歩で歩くので，自宅から学校までの距離は，63×800＝50400（cm），つまり，50400÷100＝504（m）と求められる。

(5)　①　右の図２で，答えを大きくするには，アとウの値をできるだけ大きくしてから，イをその次に大きくする必要がある。よって，「アが９，ウが８，イが７」の場合と，「アが８，ウが９，イが７」の場合を調べればよい。すると，97×８＝776，87×９＝783より，答えが一

図２

　アイ
×　ウ

図３

　９エオ
×　８カ

図４

　８エオ
×　９カ

番大きくなる式は「87×９」とわかる。　② ①と同様に，上の図３と図４の２つの場合を調べればよい。ここで，{エ，オ，カ}には{5，6，7}が入るが，エ＞オとした方が積は大きくなるから，図３は，976×85＝82960，975×86＝83850，965×87＝83955，図４は，876×95＝83220，875×96＝84000，865×97＝83905が考えられる。よって，答えが一番大きくなる式は「875×96」とわかる。

(6) 牛が動き回ることができるのは，右の図５のかげの部分である。これは，半径が６ｍで中心角が，360－60＝300(度)のおうぎ形と，半径が３ｍで中心角が，180－60－60＝60(度)のおうぎ形２個と，１辺が３ｍの正三角形を合わせたものである。おうぎ形の面積の合計は，$6\times6\times3.14\times\frac{300}{360}+3\times3\times3.14\times\frac{60}{360}\times2$ ＝30×3.14＋３×3.14＝(30＋３)×3.14＝33×3.14＝103.62(m^2)であり，正三角形の面積は3.89m^2だから，全部で，103.62＋3.89＝107.51(m^2)と求められる。

図５
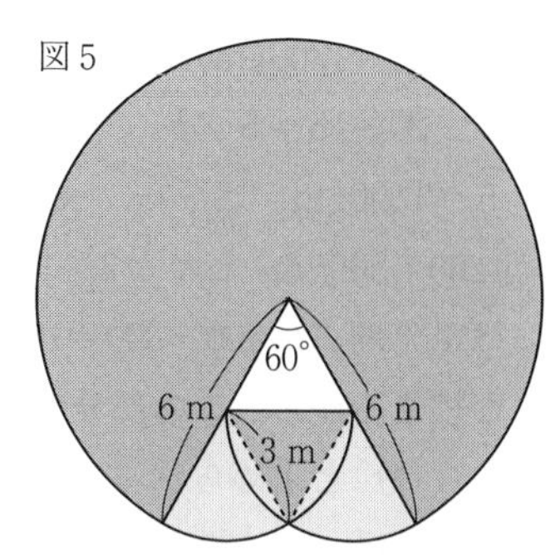

(7) ① ５番目の立体をつくるときに加える積み木を真上から見ると，右の図６のようになる。よって，加える積み木の個数は，１＋３＋５＋７＋９＋７＋５＋３＋１＝41(個)である。　② ５番目の立体を真上と真下から見ると，①より41面ずつ見える。また，５番目の立体を側面の４つの方向から見ると，右の図７のように，１＋３＋５＋７＋９＝25(面)ずつ見える。よって，５番目の立体の表面積は，(１×１)×(41×２＋25×４)＝182(cm^2)である。

図６　図７
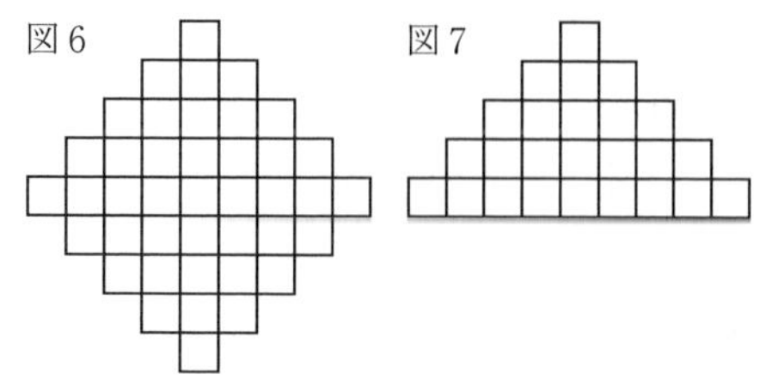

2 比の性質

(1) 豆Ａと豆Ｂを，重さの比が４：３となるように混ぜ合わせるので，豆Ａを４kg，豆Ｂを３kg使ったコーヒー豆について考える。この場合，全体の重さは，４＋３＝７(kg)，全体の値段は，4300×４＋3600×３＝28000(円)になるから，このコーヒー豆の１kgあたりの値段は，28000÷７＝4000(円)となる。よって，１杯(ぱい)あたりに使うコーヒー豆の値段は，4000÷80＝50(円)と求められる。

(2) 豆Ｃの１杯あたりの値段は，3200÷80＝40(円)であり，豆Ｃの重さを□kg，豆Ａと豆Ｂを４：３の割合で混ぜたコーヒー豆の重さを△kgとして図に表すと，右のようになる。この図で，ア：イ＝(47－40)：(50－47)＝７：３だから，□：△＝$\frac{1}{7}:\frac{1}{3}$＝３：７とわかる。よって，豆Ａを４kg，豆Ｂを３kg使うときには豆Ｃを，(４＋３)×$\frac{3}{7}$＝３(kg)混ぜるので，豆Ａを１kg使うときには豆Ｃを，３×$\frac{1}{4}$＝0.75(kg)混ぜればよい。

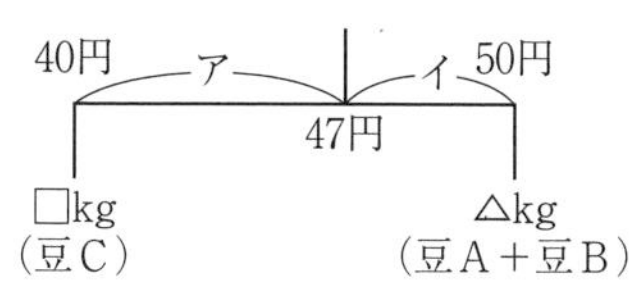

3 グラフ―旅人算

(1) ９時15分に自宅を出発した太郎さんは，花子さんと同時に９時40分におじいちゃんの家に着くはずだったから，自転車の速さは分速，7500÷(40－15)＝300(ｍ)とわかる。

(2) 花子さんが歩いた時間の合計は，20＋(40－35)＝25(分)なので，花子さんが歩いた距離の合計は，60×25＝1500(m)となり，バスが進んだ距離は，7500－1500＝6000(m)とわかる。また，バスが進んだ時間は，35－20＝15(分)である。よって，バスの速さは分速，6000÷15＝400(m)と求められる。

⑶　右のグラフで，20～ア分後の斜線(しゃせん)部分に注目する。花子さんが20分で歩いた距離は，60×20＝1200(m)であり，太郎さんが自転車で，20－15＝５(分)で進んだ距離は，300×５＝1500(m)だから，★の距離は，1500－1200＝300(m)とわかる。また，この部分では１分間に，400－300＝100(m)の割合で差が縮まるから，この部分の時間は，300÷100＝３(分)と求められる。よって，アに当てはまる数は，20＋３＝23(分)となる。次に，イ～40分後の斜線部分に注目する。太郎さんが自転車を押(お)しながら歩く速さは分速，$300\times\frac{1}{3}$＝100(m)なので，この速さで６分で進んだ距離(☆の距離)は，100×６＝600(m)である。また，この部分では１分間に，300－100＝200(m)の割合で，太郎さんの予定と実際の差が広がるから，この部分の時間は，600÷200＝３(分)と求められる。したがって，イに当てはまる数は，40－３＝37(分)となる。

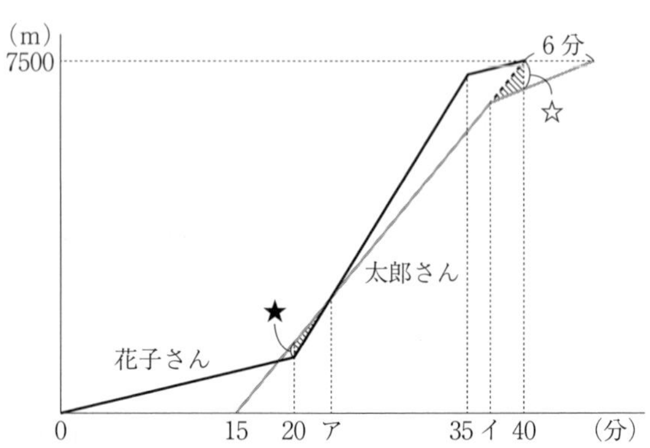

4 速さ，つるかめ算

⑴　１つのいすが乗り場から頂上までの600mを移動するのに，60×５＋50＝350(秒)かかるので，リフトが動く速さは秒速，$600\div350=\frac{12}{7}$(m)とわかる。よって，12m間隔(かんかく)で付いているいすは乗り場に，$12\div\frac{12}{7}$＝７(秒)おきに来る。

⑵　最後の人が乗り場で待っていた時間は，60×12＋36－350＝406(秒)で，いすは７秒おきに来るから，右の図１より，この団体の人が乗ったいすは，406÷７＋１＝59(個)とわかる。右の図２で，59個のいす全部に２人で乗ったとすると，２×59＝118(人)が乗ることになり，実際よりも，118－98＝20(人)多くなる。そこで，２人で乗るかわりに１人で乗ると，２－１＝１(人)少なくなるから，１人で乗ったいすの数は，20÷１＝20(個)と求められる。よって，１人で乗った人の数は20人である。

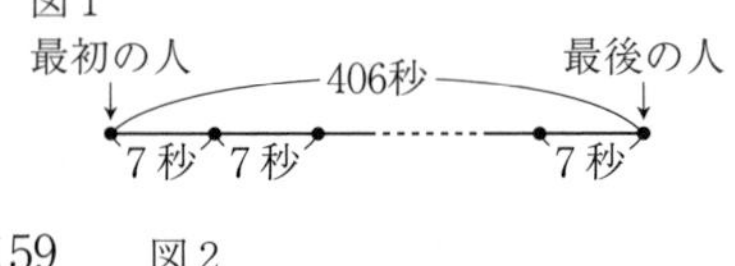

図２

１人で乗る｝合わせて
２人で乗る｝59個に98人乗る

5 周期算

⑴　右の図１より，24と40の最小公倍数は，２×２×２×３×５＝120だから，合計120人が掃除(そうじ)を行う，120÷24＝５(週間)ごとにもとに戻(もど)る。そこで，５週間を１周期と考えると，１周期の中の出席番号は右の図２のようになり，第５週目に教室を掃除するのは17番から31番とわかる。

図１

2) 24　40
2) 12　20
2) 6　10
　　3　5

図２

	教室	廊下
第１週目	１～15	16～24
第２週目	25～39	40～８
第３週目	９～23	24～32
第４週目	33～７	８～16
第５週目	17～31	32～40

⑵　図２をもとに，１周期の中の教室掃除の当番を図に表すと，下の図３のようになる。また，１

周期の中で，どの生徒も，120÷40＝３(週間)ずつ掃除を行うから，教室掃除を１週間行った生徒は廊下掃除を，３－１＝２(週間)行う。よって，第５週目が終わったときまでに教室掃除を１週間，廊下掃除を２週間行った生徒は，{8番，16番，24番，32番，40番}の５人とわかる。

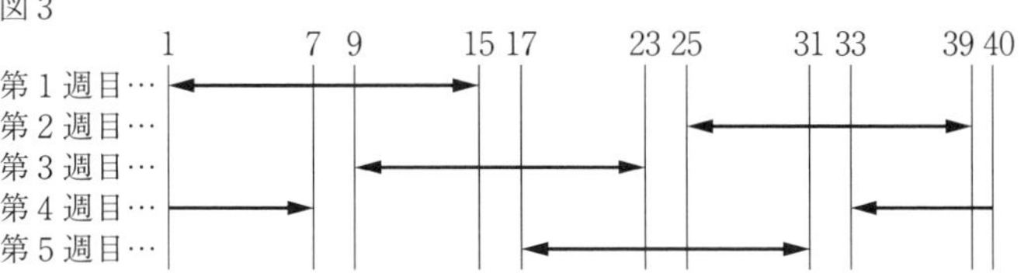

(3) (2)の５人以外の生徒は，１周期の中で教室掃除を２週間，廊下掃除を１週間行うから，第６週目以降も，廊下掃除の方が多くなることはない。よって，教室掃除を４週間，廊下掃除を６週間行った生徒として考えられるのは，(2)の５人である。また，３周期目が終わったとき，(2)の５人は教室掃除を，１×３＝３(週間)，廊下掃除を，２×３＝６(週間)行っているので，教室掃除が４週間，廊下掃除が６週間になるのは，４周期目に廊下掃除よりも先に教室掃除を行うときである。したがって，条件に合うのは，５×３＋１＝16(週目)が終わったときの８番と，16＋１＝17(週目)が終わったときの32番とわかる。

社 会 <第２回試験>（理科と合わせて50分）<満点：50点>

解 答

Ⅰ 問１ (イ) 問２ (イ) 問３ (エ) 問４ (ア) 問５ (ア) 問６ (エ) 問７ リアス(海岸) 問８ (ア) 問９ (エ) 問10 (ウ) 問11 (ウ) 問12 (イ) 問13 (ウ) 問14 (1) (イ) (2) (ウ) 問15 (ウ) 問16 (ウ) 問17 (エ) 問18 (イ) 問19 (ウ) 問20 (エ) 問21 (ア) 問22 (イ) 問23 (ウ) 問24 (イ) 問25 (イ) 問26 (エ)
Ⅱ 問１ (エ) 問２ (イ) 問３ (エ) 問４ 地方自治 問５ (イ) 問６ (ア) 問７ (エ) 問８ (エ) 問９ (ア)

解 説

Ⅰ 各時代の政治と社会を題材とした総合問題

問１ 667年，都を近江(おうみ)大津宮(滋賀県)にうつした中大兄皇子(なかのおおえのおうじ)は，翌668年，即位(そくい)して天智天皇となり，さらに670年には初の全国的な戸籍である庚午年籍(こうごねんじゃく)をつくらせた。したがって，(イ)が正しい。なお，(ア)は聖武天皇，(ウ)は大海人皇子(おおあまのおうじ)(のちの天武天皇)，(エ)は聖徳太子について述べた説明文。

問２ 貨物輸送量・旅客輸送量がともに最も多い(ア)は「自動車」，貨物輸送量が最も少ない(エ)は「国内航空」である。残る２つのうち，旅客輸送量が多い(ウ)は「鉄道」で，少ない(イ)が「船による海上輸送(旅客船)」である。統計資料は『日本のすがた2022』による(以下同じ)。

問３ 律令制度のもと，全国は五畿七道(ごきしちどう)に分けられ，さらにそれらに国・郡・里を置く地方制度が整備された。五畿(畿内)は都とその周辺のことで，大和(やまと)，河内(かわち)，和泉(いずみ)，山背(やましろ)，摂津(せっつ)の５か国であった。また，七道は東海道，東山道，北陸道，山陰道，山陽道，南海道，西海道の７つの地方であった。山陰道はおおむね現在の島根県，鳥取県，兵庫県北部，京都府北部にあたり，これらの４府県は近年いずれも人口が減少傾向(けいこう)にあるから，(エ)が誤っている。なお，(ア)と(イ)は島根県について述べた説明文。

問４　(ア)は平城京(奈良県)と平安京(京都府)，(イ)は平城京，(ウ)は藤原京(奈良県)，(エ)は近江大津宮にあてはまるので，(ア)が選べる。なお，(ア)の左京，右京は大内裏(皇居)から南のほうを見たときのよび名なので，朱雀大路の東側が左京，西側が右京となっている。

問５　太平洋は，東北地方の東側に位置している。なお，(イ)の妙高戸隠連山国立公園は，新潟県と長野県にまたがっている。(ウ)の信楽は，滋賀県の伝統的工芸品「信楽焼」で知られる。(エ)のみかんは，冷涼な東北地方では一般に生産されない。また，(ア)の野田玉川駅は岩手県，(イ)の妙高高原駅は新潟県，(エ)の三ヶ日駅は静岡県に位置する。

問６　(ア)，(エ)　北上川は，岩手県北部からおおむね南へ向かって流れ，宮城県に入って追波湾(太平洋)に注ぐ。なお，日本で最も広い湖は琵琶湖(滋賀県)である。また，猪苗代湖は福島県に位置している。　(イ)　鉱山廃水にふくまれていたカドミウムを原因とする公害病(イタイイタイ病)が発生したのは，富山県の神通川流域である。　(ウ)　八郎潟干拓地(大潟村)は秋田県に位置している。

問７　かつて山地であったところが海水面の上昇によって海面下に沈みこみ，尾根であったところが半島や岬に，谷であったところが入り江や湾になってできた海岸線の出入りの複雑な海岸地形を，リアス海岸という。入り江が多いため波が静かで，沿岸部の水深が深く船の出入りがしやすいことから，漁港が発達している場所が多く，養殖にも適している。三陸海岸(青森県・岩手県・宮城県)のほか，志摩半島(三重県)，若狭湾沿岸(福井県・京都府)，宇和海・豊後水道沿岸(愛媛県・大分県)などでも発達している。

問８　『日本書紀』は奈良時代の720年に完成した歴史書で，舎人親王や太安万侶らによって編さんされたので，(ア)が正しい。なお，(イ)は室町時代，(ウ)は平安時代，(エ)は鎌倉時代について述べた説明文。

問９　(ア)　中尊寺は平安時代後半に藤原清衡が平泉(岩手県)に建てた寺院で，金色堂には奥州藤原氏３代(清衡・基衡・秀衡)のミイラが収められている。なお，藤原良房は平安時代前半に皇族以外で初めて摂政の地位についた人物で，このことが藤原氏による摂関政治の始まりとなった。
(イ)　推古天皇は飛鳥時代に初の女性天皇となり，おいにあたる聖徳太子を摂政に任命して政治を行わせた。太政大臣は律令制度における政治の最高責任者にあたる役職で，推古天皇の時代には存在しなかった。なお，藤原不比等は中臣鎌足(藤原鎌足)の子で，大宝律令の制定などに関わって律令制度の確立につとめた。　(ウ)　六波羅探題は，鎌倉幕府の第２代執権北条義時が承久の乱(1221年)の直後に京都に設置した機関である。藤原道長は，子の頼通とともに藤原氏による摂関政治の全盛期を築いた。　(エ)　藤原定家は歌人で，『新古今和歌集』の選者の一人として知られる。この歌集は，鎌倉時代初めに後鳥羽上皇の命でつくられた。

問10　(ア)の和同開珎が発行されたのは，飛鳥時代末期の708年のことである。ただし，使われたのは都とその周辺に限られていたので，広く流通したとはいえない。(イ)の平将門など地方の武士が力を持つようになったのは平安時代前半。(ウ)の安徳天皇は平清盛の孫で，平安時代末期の壇ノ浦の戦い(1185年)のさいに平氏一門とともに海に身を投げたことで知られる。(エ)の墾田永年私財法は奈良時代の743年に出された。白河上皇が院政を開始したのは平安時代後半の1086年なので，(ウ)があてはまる。

問11 (ア) 「鎌倉幕府」ではなく「江戸幕府」が正しい。なお，江戸時代に将軍を補佐した朱子学者としては，初代〜第4代将軍に仕えた林羅山(らざん)や第6代・第7代将軍に仕えた新井白石などが知られている。　(イ) 老中は江戸幕府の役職である。なお，室町幕府では，将軍を補佐し政務を担当する役職として管領(かんれい)が設置された。　(ウ) 武家諸法度(しょはっと)は大名統制を目的とした法令で，1615年に江戸幕府の第2代将軍徳川秀忠(ひでただ)の名で初めて発布され，以後，将軍の代がわりのさいなどにしばしば改定された。　(エ) 鎌倉幕府は1185(1192)年〜1333年の148(141)年間，室町幕府は1338年〜1573年の235年間，江戸幕府は1603年〜1867年の264年間存在した。

問12 隠岐(おき)(島根県)は地図中の(イ)で，古代から流刑の地として知られていた。なお，(ア)は佐渡島(さどがしま)(新潟県)，(ウ)は対馬(つしま)(長崎県)，(エ)は種子島(たねがしま)(鹿児島県)。

問13 (ウ)のマングローブは，熱帯や亜(あ)熱帯の地域の干潟や河口付近に見られる植物群のことなので，新潟県佐渡市(佐渡島)では見られないと判断できる。なお，ふるさと納税は，自分の出身地や応援したい地方公共団体に寄付することで，寄付した分のほぼ全額の税額が免除される制度。多くの地方公共団体は，寄付を集めるために特産品などを返礼品として用意している。また，地方公共団体によっては寄付金の活用方法を選べるところもあり，(ア)，(イ)，(エ)はその例にあたる。

問14 (1) a　ナスは夏野菜の一種なので，露地栽培の場合は6〜10月ごろを中心に市場に出回る。b　冬でも温暖な高知平野では，ビニールハウスを使った促成(そくせい)栽培により，10〜6月ごろにナスが出荷される。施設のための費用や輸送費などはかかるが，ほかの産地のものが出回らない時期に出荷できるので，高い値段で売れるという利点がある。　(2) a，b　高知市の春から秋にかけての降水量が多いのは，南から吹(ふ)く湿った季節風が四国山地にぶつかって雲をつくることや，梅雨や台風の影響を受けることなどによる。一方，四国山地と中国山地にはさまれ，季節風の影響を受けにくい高松市(香川県)は，1年を通して降水量が少ない。なお，やませは，初夏から盛夏にかけて東北地方の太平洋側で吹く冷たく湿った北東風。

問15 室町幕府の第3代将軍をつとめた足利義満は，明(中国)の皇帝から「日本国王」と認められ，明の臣下(属国)として皇帝に貢(みつ)ぎものを贈(おく)り，それに対して返礼を受け取るという朝貢(ちょうこう)の形式をとって日明貿易(勘合(かんごう)貿易)を行った。義満はまず，明の第2代皇帝建文帝から日本国王と認められた。その後，第3代皇帝永楽帝も義満を日本国王と認め，文書を送った。なお，(ア)の宣統帝は清(中国)の最後の皇帝で，のちに日本軍により溥儀(ふぎ)として満州国の執政や皇帝の地位につけられた。(イ)の光武帝は1世紀前半，いったん滅亡(めつぼう)した漢(前漢)を再興して後漢を建てた皇帝で，57年に倭(わ)(日本)の奴国(なこく)の王に金印を授(さず)けたことで知られる。(エ)の煬帝(ようだい)は隋(ずい)(中国)の皇帝で，『隋書』倭国伝には，7世紀に，日本の天皇を「日出(い)づるところの天子」(日がのぼるところの天子)と表し，煬帝を「日没(ぼっ)するところの天子」(日がしずむところの天子)と表した国書を倭王の使者(遣隋使の小野妹子)が持ってきたため，煬帝が不快感を示したことが記されている。

問16 生類憐(しょうるいあわれ)みの令は極端な動物愛護令で，第5代将軍徳川綱吉(つなよし)がたびたび出した。上げ米(上米の制)は享保(きょうほう)の改革のさいに第8代将軍徳川吉宗が行った政策で，米を献上(けんじょう)させるかわりに，大名が参勤交代で江戸にいる期間を半年に短縮した。寛政異学の禁は寛政の改革のさいに老中松平定信が行った政策で，幕府の学校で朱子学以外の講義を禁じた。人返しの法は天保(てんぽう)の改革のさいに老中水野忠邦(ただくに)が出した法で，農村から江戸への出稼(でかせ)ぎを禁じた。綱吉が吉宗より先に将軍になっていることと，江戸時代の三大改革が享保の改革→寛政の改革→天保の改革という順番であることから，(ウ)が選べる。

問17　伊勢神宮は三重県にあるので，(エ)があてはまる。なお，(ア)は大阪府，(イ)は岐阜県，(ウ)は京都府について述べた説明文。

問18　1990年に排出量が最も多かった(イ)がアメリカである。なお，2000年代に入り，アメリカに代わって中国が世界最大の温室効果ガス排出国になったので，(ア)は中国とわかる。同じように近年，排出量が大幅に増えている(ウ)はインドで，残った(エ)はロシアである。

問19　石油資源がとぼしい日本は石油（原油）のほとんどを輸入にたよっているので，石油が上位にあるＡ，Ｂは輸入，残ったＣ，Ｄは輸出とわかる。また，1970年ごろの日本は工業の中心が軽工業から重化学工業へとうつった時期にあり，輸入品では綿花や羊毛などの繊維原料が，輸出品では綿織物などの繊維品がそれぞれ上位に入っていたので，Ｂ，Ｄが1970年と判断できる。よって，(ウ)が選べる。

問20　茶の生産量が全国第２位であるのは鹿児島県で，近年は第１位の静岡県にせまる生産量をあげている。

問21　土佐藩（高知県）出身の人物として，(ア)にあてはまる板垣退助が正しい。なお，(イ)は薩摩藩（鹿児島県）出身の大久保利通，(ウ)は紀伊藩（和歌山県）出身の陸奥宗光，(エ)は肥前藩（佐賀県）出身の大隈重信である。

問22　(ア)の関東大震災が起きたのは大正時代末期の1923年，(イ)の開拓使という機関が設置されたのは明治時代初期，(ウ)の二・二六事件が起きたのは昭和時代前期の1936年のことである。(エ)は原敬について述べたもので，大正時代に初の本格的な政党内閣をつくった。大日本帝国憲法は明治時代初期の1889年に発布されたので，(イ)が選べる。なお，(ア)は山本権兵衛，(イ)は黒田清隆，(ウ)は岡田啓介について述べた説明文。

問23　大日本帝国憲法のもとでは，軍を指揮する統帥権は天皇にあったため，統帥権について内閣も帝国議会も口出しはできないとする考え方（統帥権の独立）が広まり，軍部の暴走を許すことになった。よって，(ウ)が正しく，(イ)と(エ)は誤っている。なお，(ア)について，敗戦や天皇の責任に関しては想定されておらず，規定もなかった。(イ)について，当時の日本に空軍はなかった。

問24　情報公開法は行政機関に情報公開を義務づけた法律なので，(イ)が誤っている。なお，SNSでの情報発信者については，裁判所を通してSNSの運営会社に開示を請求できる。

問25　(ア)　太平洋戦争末期の1945年８月６日，アメリカ軍によって人類史上初めて原爆（原子爆弾）が広島に投下され，３日後の８月９日には長崎にも投下された。その後，アメリカとソ連（ソビエト連邦）の対立（冷戦）が激化して核戦争の恐怖が高まる状況の中で，1954年にアメリカがビキニ環礁で行った水爆実験に着想を得て，同年に映画「ゴジラ」が日本でつくられ公開された。　(イ)　高度経済成長期（1950年代後半～1970年代初め）の前半には白黒テレビ・電気洗濯機・電気冷蔵庫が各家庭に普及して「三種の神器」とよばれ，後半にはカラーテレビ・クーラー（エアコン）・カー（自動車）が普及して「新三種の神器（３Ｃ）」とよばれた。　(ウ)　『羅生門』の作者は芥川龍之介である。また，日本人の作家でノーベル文学賞を受賞しているのは川端康成と大江健三郎である。(エ)　東海道新幹線は1964年，東京オリンピック開催に合わせて東京駅―新大阪駅間で開業した。

問26　国際連合（国連）の安全保障理事会の常任理事国はアメリカ，イギリス，フランス，ロシア，中国で，五大国とよばれる。

Ⅱ 日本の政治や現代社会などについての問題

問１ (ア) 日本国憲法は1946年11月３日に公布され，翌47年５月３日に施行された。現在，11月３日は文化の日，５月３日は憲法記念日として国民の祝日になっている。 (イ) 大日本帝国憲法に社会権の規定はなく，日本国憲法により生存権などの社会権が初めて保障された。 (ウ) 日本国憲法第96条では，「この憲法の改正は，各議院の総議員の３分の２以上の賛成で，国会が，これを発議し，国民に提案してその承認を経なければならない。この承認には，特別の国民投票又は国会の定める選挙の際行われる投票において，その過半数の賛成を必要とする」と定められている。 (エ) 日本国憲法第11条および第13条の内容として正しい。

問２ ① 国民全員で議論するのは難しいため，国民が代表者を選挙で選び，その代表者が議会で議論や決定を行うという制度を，間接民主制(代議制)という。日本国憲法の前文の「正当に選挙された国会における代表者を通じて行動し」の部分は，間接民主制を示したものである。 ②，③ 日本国憲法は国民主権・基本的人権の尊重・平和主義(戦争放棄)を三大原則としている。前文の「政府の行為によって再び戦争の惨禍が起ることのないようにすることを決意し」の部分は平和主義，「主権が国民に存することを宣言し」の部分は国民主権を示したものである。

問３ 日本国憲法第19条は「思想及び良心の自由」についての規定である。この自由は，自由権のうちの「精神の自由」に属する。

問４ 地方の政治が，その地域の住民自身の手で住民のために行われることを，地方自治という。現代の民主政治の基本原則の一つで，日本国憲法もその第８章(第92～95条)で地方自治の原則を保障しており，憲法の施行に合わせて地方自治法が定められた。なお，大日本帝国憲法には地方自治の規定がなく，地方の政治を行う府知事や県令(のちの県知事)は中央から派遣された。

問５ (ア) 国に納める税を国税，地方公共団体に納める税を地方税という。なお，税を納める義務のある人と実際に負担する人が同じ税(所得税など)を直接税，異なる税(消費税など)を間接税という。 (イ) 所得や財産が多いほど税率が高くなる制度を累進課税といい，日本では所得税や相続税などに適用されている。 (ウ) 国の税収入で最も金額が大きいのは，長い間所得税であったが，2020年度以降は消費税がこれを上回るようになった。 (エ) 消費税は1989年に導入され，当初の税率は３％であったが，その後５％，８％と引き上げられ，2019年10月から10％(軽減税率により，酒類と外食を除く飲食料品と定期購読の新聞代は８％のまま)となっている。

問６ (ア) 国会は立法権，内閣は行政権，裁判所は司法権を受け持っている。 (イ) 国民審査の対象となるのは最高裁判所の裁判官だけである。 (ウ) 高等裁判所は全国に８か所置かれている。各都道府県に１か所ずつ(北海道は４か所)置かれているのは地方裁判所と家庭裁判所である。 (エ) 同一事件については，原則として三回まで裁判を受けられる。これを三審制という。

問７ 最高裁判所の長官は内閣が指名し，天皇が任命するから，(エ)が誤っている。

問８ １ドル＝110円であったものが１ドル＝150円になるような変化を円安という。１ドルを円と交換するのに，それまで110円でよかったものが150円必要になるのだから，ドルに対する円の価値がそれだけ下がったことになる。

問９ 資料の図は「ヘルプマーク」とよばれるものである。義足や人工関節の人，難病の患者，妊娠初期の女性など，外見からは援助や配慮が必要であることがわかりにくい人々が，それを必要であることを周囲の人に知らせることができるようにするために考案された。2012年から東京都で用いられており，全国の自治体に広がりつつある。

理　科　<第２回試験>（社会と合わせて50分）<満点：50点>

解　答

1 **問１** (a) ×　(b) ア　(c) 1.004秒　**問２** **あ** 4　**い** 2　**う** 16　2 **問１** (a) 112.27ｇ　(b) 1.29ｇ　**問２** (a) イ　(b) 0.97倍　**設置する側**…天井側　**問３** オ　3 **問１** エ　**問２** オ　**問３** ア，イ　**問４** ア　**問５** **果実**…ア　**ニンジン**…エ　4 **問１** こと座のベガ　**問２** エ　**問３** (a) イ　(b) ウ　**問４** 北緯27度～南緯45度

解　説

1 ふりこの周期についての問題

問１ (a) ふりこの長さと周期の関係を調べるには，おもりの重さとふれはばを一定にし，ふりこの長さだけを変えて実験する必要がある。しかし，ア～カにはこのような実験の組み合わせがない。(b) おもりの重さと周期の関係を調べるには，ふりこの長さとふれはばを一定にする必要がある。また，ふりこの長さは，支点からおもりの重心(重さが集中していると考えることができる点)までの長さである。したがって，アのように，おもりの重さを変えても重心の位置が変わらないようにして実験する。　(c) 表１より，ふれはばが10度，20度，30度のときの周期はそれぞれ，10.03÷10＝1.003(秒)，10.05÷10＝1.005(秒)，10.03÷10＝1.003(秒)となるので，(1.003＋1.005＋1.003)÷３＝1.0036…より，その平均は1.004秒となる。

問２ **あ**，**い** 表２で，ふりこの長さが30cmから120cm，50cmから200cm，70cmから280cm，80cmから320cmのように４倍になると，それぞれ周期が1.1秒から2.2秒，1.4秒から2.8秒，1.7秒から3.4秒，1.8秒から3.6秒のように２倍になっている。　**う** 64ｍは，64×100＝6400(cm)である。ふりこの長さが400cmの４倍の1600cmになると，周期は４秒の２倍の８秒になり，ふりこの長さが1600cmの４倍の6400cmになると，周期は８秒の２倍の16秒になる。

2 気体の重さについての問題

問１ (a) 表１で，ちっ素を，224－112＝112(cm^3)出すごとにボンベの重さが，112.13－111.99＝0.14(ｇ)ずつ軽くなっているので，はじめのちっ素ボンベの重さは，112.13＋0.14＝112.27(ｇ)とわかる。　(b) (a)より，ちっ素112cm^{3}の重さは0.14ｇであり，表２より，酸素112cm^{3}の重さは，113.85－113.69＝0.16(ｇ)である。また，1000cm^{3}の空気にはちっ素が，1000×0.8＝800(cm^3)，酸素が，1000×0.2＝200(cm^3)ふくまれている。よって，$0.14\times\frac{800}{112}+0.16\times\frac{200}{112}=1.285\cdots$より，空気1000cm^{3}の重さは1.29ｇと求められる。

問２ (a) 空気の560cm^{3}あたりの重さは，$1.29\times\frac{560}{1000}=0.7224$(ｇ)なので，560cm^{3}あたりの重さが0.4ｇの都市ガス(メタン)は空気より軽く，1.1ｇのLPガス(プロパン)は空気より重い。したがって，都市ガスの警報器は天井(てんじょう)側に，LPガスの警報器は床(ゆか)側に設置する。　(b) 0.7÷0.7224＝0.968…より，一酸化炭素の重さは空気の0.97倍となる。つまり，一酸化炭素は空気より軽いので，一酸化炭素の警報器は天井側に設置する。

問３　表３より，プロパン65ｇを完全に燃やすために必要な酸素は，$120\times\frac{65}{33}=\frac{2600}{11}$（ｇ）である。また，問１より，空気中のちっ素と酸素の重さの比は，(0.14×0.8)：(0.16×0.2)＝７：２とわかる。よって，プロパン65ｇを完全に燃やすために必要な空気は，$\frac{2600}{11}\times\frac{7+2}{2}=1063.6\cdots$（ｇ）と求められるので，オが選べる。

3　でんぷんがふくまれる食べ物とヨウ素でんぷん反応についての問題

問１　ヨウ素液はもともとうすい褐色（かっしょく）（うす茶色）であるが，でんぷんがあると青紫（あおむらさき）色に変化する。この反応はヨウ素でんぷん反応とよばれている。温めると色が消えるが，冷えると再び青紫色を示す。

問２　片栗粉（かたくりこ）は，ジャガイモの芋（いも）から得られていると述べられていることからわかるように，でんぷんを多くふくむ。また，ショ糖は砂糖の主成分であるとも述べられている。表１で，水に入れたときのようすを見ると，片栗粉（でんぷん）は水に溶（と）けにくいが，砂糖（ショ糖）は水に溶けることがわかる。したがって，植物は水に溶けにくいでんぷんを，水に溶けるショ糖に変化させることで，体内で移動させやすくしているのだと考えられる。

問３　でんぷんを多くふくむ片栗粉と小麦粉では，ヨウ素液の色が青紫色に変化する。一方，でんぷんをふくまない砂糖や塩では，ヨウ素液の色が変化しない。

問４　日を置いたバナナがあまくなるのは，問２であまくないでんぷんがあまいショ糖に変化したのと同様に，バナナにふくまれているでんぷんが糖に変化したためだと推測できる。したがって，日を置いたバナナに比べて，新しいバナナの方がふくまれているでんぷんが多く，ヨウ素液の色の変化が大きいと考えられる。

問５　植物の種子は，動物に果実ごと食べられることで，遠くまで運ばれる。したがって，果実が熟すとあまくなるのは，動物に食べられやすくするためだと考えられる。一方，雪の下で冬をこしたニンジンがあまくなるのは，からだを凍（こお）りにくくするために，体内にたくわえているでんぷんを糖に変化させたからだと推測できる。

4　天の川と夏の大三角，銀河系，星座早見についての問題

問１　夏の大三角は，こと座のベガ，はくちょう座のデネブ，わし座のアルタイルを結んだ三角形である。

問２　こと座は図１の向きで天の川を見たときに，はくちょう座やわし座の右に見える。また，夏の大三角は，デネブとベガを結ぶ辺が最も短いので，エがふさわしい。

問３　(a)　夏の天の川が冬の天の川よりも明るく見えるのは，日本が夏になるときの夜に，星の数が多い銀河系の中心の方向を見ることになるためだと考えられる。図３で，日本が夏になるのは，地球の北極側が太陽の方へ傾（かたむ）いているときで，夜はイの方向を見ている。　(b)　地球が太陽の周りを１年に１回，西から東へ公転しているため，同じ時刻に見える星や星座の方向は１か月あたりおよそ，360÷12＝30(度)ずつ西へずれていき，半年では，30×６＝180(度)ずれる。よって，図４の星座早見の窓の中

図A

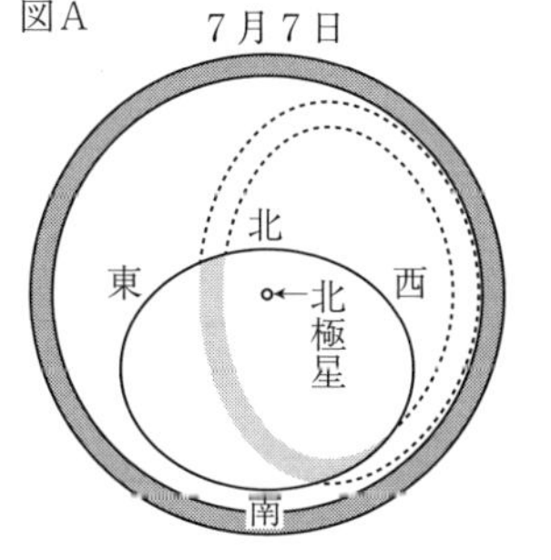

図B

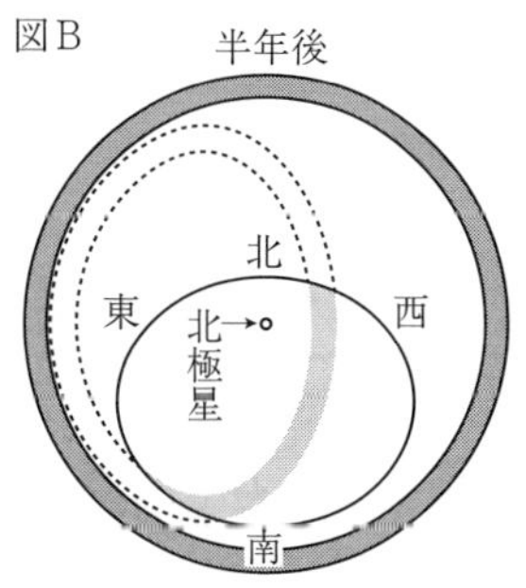

に見えている天の川は上の図Ａから上の図Ｂのように変化するので，ウが選べる。

問４　以下では，夏至のころについて考える。右の図Ｃで，デネブは北緯，90－45＝45(度)の地点にいる観測者の真上に見え，この観測者から南に90度進んだ地点では地平線上に見える。よって，地軸の傾きを23.4度とすると，デネブが見えるのは北緯，90－23.4＝66.6(度)から南緯，45＋90－90＝45(度)までとなる。次に，上の図Ｄで，アクルックスは南緯，153－90＝63(度)の地点にいる観測者の真上に見え，この観測者から北に90度進んだ地点では地平線上に見える。したがって，アクルックスが見えるのは南極から北緯，90－63＝27(度)までとなる。以上より，デネブとアクルックスを一晩のうちで同時に見ることができる時間帯があるのは，北緯27度～南緯45度の地点となる。

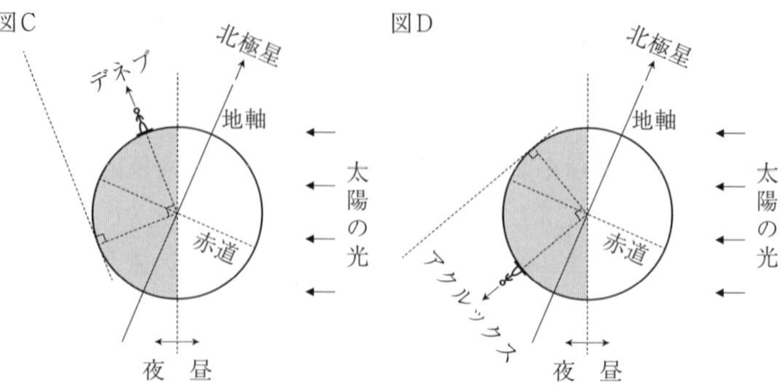

国　語　＜第２回試験＞（50分）＜満点：100点＞

解　答

□一 **問１**　**a**　すべ　**b**　下記を参照のこと。　**問２**　加担　**問３**　イ　**問４**　エ　**問５**　ウ　**問６**　⑴　**i**　自由意思　**ii**　自然災害　**iii**　ア　⑵　憤りを感じ～責任を追及　**問７**　**1**　Ｂ　**2**　Ａ　**3**　Ｂ　**4**　Ｂ　**問８**　イ　**問９**　ウ　**問10**　消極的不正　**問11**　**a**　エ　**b**　暗黙　**c**　（例）　疑念　□二 **問１**　**a**　下記を参照のこと。　**b**　めき(き)　**問２**　ウ　**問３**　ア　**問４**　オ　**問５**　**A**　暑さ　**B**　寒さ　**問６**　Ⅰ　絵実が実際に描く　Ⅱ　絵実みたいな才能　**問７**　エ　**問８**　イ　**問９**　エ　**問10**　⑴　堅人から肩　⑵　（例）　自分には絵を見る目はあるが，絵実のような絵の才能はなく，オリジナリティのある絵を描くことができないと，自分のことをネガティブにとらえていた輝だが，絵実たちとともに黒板アートを手がけたことで，自分は絵を描くことが好きなのだと気づき，自分らしいオリジナリティのあるいい絵を描いていきたいと強く望むようになった。

●漢字の書き取り

□一 **問１**　**b**　因果　　□二 **問１**　**a**　造作

解　説

□一 **出典は将基面貴巳の『従順さのどこがいけないのか』による。**「消極的不正」と日本人の関係について説明している。

問１　**a**　音読みは「ジュツ」で，「術策」などの熟語がある。「なす術がない」は，“どうすることもできない”“何も打つ手がない”という意味。　**b**　原因と結果。

問２　「加担」は，力を貸して助けること。「手を貸す」と同じ意味を表す言葉である。

問３　傍線部②をふくむ「善い人たちのひどい沈黙」が，直後の段落で「不正が行われていることを知っている『善人』たちが黙認する」と言い換えられていることに注意すると，「悪いと分かっていながら何も批判せず見のがしている」とあるイが選べる。

問４　続く部分に「人が多ければ多いほど～確率が低くなる」とあるので，ものが広く散らばることを表す「拡散」がふさわしい。

問５　傍線部④の理由は，「アメリカの心理学者キャサリン・サンダーソンによれば，理由はいくつかあります」の直後から「サンダーソンによれば，以上のような理由から」の直前までの部分で四つあげられている。アは三つ目と四つ目，イは二つ目と四つ目，エは一つ目と三つ目の理由にあたるが，ウにあたる理由はあげられていない。

問６　⑴　ⅰ　傍線部⑥の直前の段落に「特定の人間が自由意思に基づいて決断した結果，人々に危害を加えるような事態」とあり，戦争はこのような事態にあたるので，「自由意思」がぬき出せる。　ⅱ　傍線部⑤の直後の段落に「米軍による空襲などを主人公が諦めて見つめる姿を通じて，戦争をあたかも自然災害のように描いていることでした」とあるので，「自然災害」が入る。　ⅲ　自然災害は「人間がコントロールできない」，つまり「制御」しきれないものである。それと同じものとして戦争が描かれていたため，筆者は違和感を覚えている。　⑵「空襲などを主人公が諦めて見つめる姿」に違和感を覚える筆者は，「不正がもたらす被害には～我々はただ単に諦めてしまうのではなく，これに憤りを感じ，不正を行った人々の責任を追及すべきです」と訴えている。

問７　**１～４**　1，3，4は，星夫自身に原因があり，本人が「責任を負う」べきなので，「不正」にあたる。2は，「鹿」が原因であり，「人間に責任を問えない」ので，「不運」である。

問８　直前に「昨今の異常気象や環境破壊が人間の経済活動と深い因果関係があることが明らかであり，これは私たち人間すべてに責任がある」とあるので，この内容についてさらに具体的に述べているイがよい。

問９　最後の段落で筆者は，「『しかたがない』という姿勢」について「『しかたがない』という一言には，日本人が，不正をあたかも不運であるかのように理解する傾向が表現されています」と否定的に述べている。よって，このような受けとめ方を「思考をやめてしまう」と否定的に表現しているウがあてはまる。

問10　空欄Ⅱの前後に「不正を黙認するに等しく」，「を犯している」，「を犯しやすい」とあり，また，本文の最初で「消極的不正」について「不正を目にしていながら，黙っていることは共犯なのです」と述べられているので，「消極的不正」がぬき出せる。

問11　**a**　「しかたがない」という姿勢について筆者は，自然災害などの「不運」に対してのものは「美徳」だが，「不正」に対してのものは「悪徳」であると述べている。　**b**　「エスカレーターを利用する時は片側に寄って乗る」というルールや習慣が，法律などで定められたものではないことをおさえる。「暗黙の了解」は，言葉にしなくても，人々の間で理解，了承されていること。　**c**　「疑念を抱く」は，“本当にそうだろうかと疑う”という意味。「疑問を抱く」も成り立つ。

二　**出典は濱野京子の『マスクと黒板』による。**黒板アートのコンクールの開催が決まり，輝のクラスでは竜の絵を描くことになる。

問１　**a**　「無造作」は，特に気をつかうようすもなく，自然体であるようす。　**b**　「目利き」は，ものの価値などを正しく見分けることができる人。

問２　前書きと傍線部①までの内容から，昇降口の黒板アートの作者は阿久根絵実だろうと，輝が推測していることがわかる。よって，「黒板アート」と「絵実」の両方に触れているウが選べる。

問３　傍線部②は直前の輝の「描けないけど，わかる」という自嘲を受けた言葉なので，この内容を「絵を描く才能のなさ」，「絵を理解する力が優れている」と表しているアがふさわしい。

問４　黒板アートを描く六人のうち，絵実以外は普通に会話しているが，絵実だけはほとんどしゃべらず，「水」，「へたくそ」などの短い言葉をぶっきらぼうに発している。よって，「任せる」も絵実の言葉だと考えられる。

問５　**Ａ**，**Ｂ**　「暑さ寒さも彼岸まで」は，“暑さや寒さは春秋の彼岸を境としておとろえるものだ”という意味の諺。なお，春の彼岸は春分の日（３月21日ころ）の前後の３日を加えた７日間，秋の彼岸は秋分の日（９月23日ころ）の前後の３日を加えた７日間である。

問６　Ⅰ　前後に「絵実の実力を認めていて」，「目にしたいという思いが心の奥にあり」とあり，本文に「絵実が実際に描くのを，見たかったんじゃないかと思う」とあるので，「絵実が実際に描く」がぬき出せる。　Ⅱ　前後に「自分には」，「ない」とあり，本文に「絵実みたいな才能ってヤツは，たぶんないけれど」とあるので，「絵実みたいな才能」がふさわしい。

問７　絵実が「バイカモ」を黒板アートに取り入れた理由について，貴理や麗華が「たぶん，水の流れにも負けないで，水中で花を咲かせるところが，いいのではないでしょうか？」，「なるほど。コロナに負けるな，ってことね」と言っているので，これらの発言をまとめているエがよい。

問８　「竜が，水中にあって水面をめざしている。それはやがて天に昇るのだろうか」などの表現に注意する。水はコロナ禍で不自由な今の学校生活を象徴し，竜はそんな中でも未来を夢見る生徒たちの力強さを表しているので，イが選べる。

問９　「ひいき目」は，気に入った相手を特別あつかいして，好意的に見ること。傍線部⑥は，「輝のクラスの絵がいちばんよかった」と両親に言われた輝が，その評価は正当だと感じて喜んでいるようすを表しているので，エがあてはまる。

問10　⑴　「指先が触れた」ことが「気にならなかった」のだから，それ以前に他人との接触を輝がどのように感じていたかがわかる部分をおさえる。「堅人から肩をたたかれた輝は，思わず後ろに飛んだ。／『距離が近い』／『立花，コロナ気にしすぎじゃね？』／輝は，コロナの前からだ，と言いたかったが，口にはしない」の部分からは，他人との接触を苦手としていた輝の意識がうかがえる。　⑵　二重傍線部の直前に，「ときには，大声で叫びたいって思うこともあるよな。そんときは，マスクはやっぱ，邪魔だよな。だから……」とあることに注意する。輝は，自分には絵を見る目はあるが，絵実のような絵の才能はなく，オリジナリティのある絵を描くことができないと，自分のことをネガティブにとらえていた。しかし，絵実たちとともに黒板アートを手がけたことで，自分は絵を描くことが好きなのだと気づき，自分らしいオリジナリティのあるいい絵を描いていきたいと強く望むようになったのだと考えられる。

2022年度　浦和明の星女子中学校

〔電　話〕(048) 873－１１６０
〔所在地〕〒336-0926　埼玉県さいたま市緑区東浦和６－４－19
〔交　通〕JR武蔵野線―「東浦和駅」より徒歩８分

【算　数】〈第１回試験〉(50分)〈満点：100点〉

注意　コンパス，定規，分度器，計算機は使用しないこと。

1　次の各問いに答えなさい。

(1)　$\left(10-1\frac{3}{10}\right)\div\left(3.2+3\frac{4}{9}\times0.9\right)-2\frac{4}{7}\div0.625\div3$ を計算しなさい。

(2)　家の窓(まど)の掃除(そうじ)をするのに，太郎さんが１人で行うと35分かかり，お兄さんが１人で行うと20分かかります。この作業を，最初に太郎さんが１人で何分間か行い，残りはお兄さんが１人で行ったところ，太郎さんが始めてから26分後にすべて終わらせることができました。太郎さんが作業をしたのは何分間ですか。

(3)　Ａ国の陸地の面積は，Ｂ国の陸地の面積の114％で，Ａ国の陸地の面積に占(し)める森林の面積の割合は70％，Ｂ国の陸地の面積に占める森林の面積の割合は60％です。Ｂ国の森林の面積をもとにしたＡ国の森林の面積の割合を百分率で答えなさい。

(4)　右の図のような立方体があり，辺 AD，DC の真ん中の点をそれぞれＰ，Ｑとします。Ｐ，Ｑ，Ｇ，Ｅを通る平面でこの立方体を切り，頂点Ｂを含(ふく)む方の立体を取り除きます。このとき，残った立体を正面(面 AEFB に垂直な矢印の方向)から見ると，どのような図形が見えますか。解答欄(らん)にその図形をかきなさい。ただし，解答欄には，はじめにあった辺が点線で，各辺の真ん中が●点で表されています。

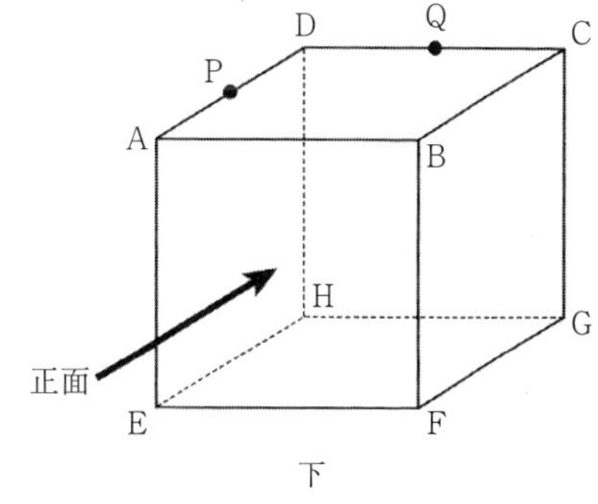

(5)　姉は3000円，妹は2500円を持ってお菓子(かし)を買いに行きました。２人はそれぞれ同じ値段のお菓子を１個ずつ買い，その後，姉が妹に150円をあげたところ，姉と妹の所持金の比は12：11になりました。２人が買ったお菓子の値段を求めなさい。

(6)　右の図で，点線でかかれた三角形 ABC は１辺の長さが８cm の正三角形です。実線は，正三角形 ABC の各頂点をそれぞれ中心として，半径８cm の円の一部をかき，それらをつないだものです。

実線でかかれた曲線の外側を，半径２cm の小さな円がすべらないように転がり，一周してもとの位置に戻(もど)ります。円周率を3.14として，円の中心がえがく線の長さを求めなさい。

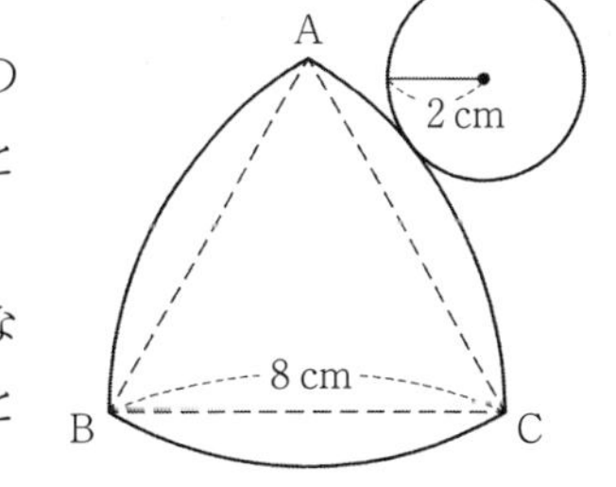

(7)　下の図の四角形 ABCD は長方形で，EF，GH は長方形の縦の辺に，IJ は横の辺にそれぞれ平行です。また，長方形 ABHG の対角線 BG は，EF と IJ の交点Ｋを通ります。

四角形 AIKE が正方形で，長方形 KFHL と長方形 GLJD の面積の比が１：３，LH と LJ の長さの比が４：９です。次の問いに答えなさい。

①　正方形 AIKE と長方形 KFHL の面積の比を最も簡単な整数の比で答えなさい。

② 正方形AIKEの面積が$24cm^2$のとき，長方形ABCDの面積を答えなさい。

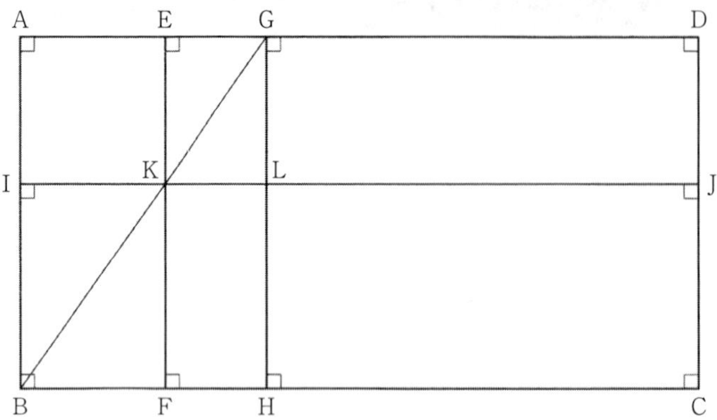

2 家から公園まで一本道があり，その道のりは2160mです。兄と妹は，公園に向かって２人同時に家を出発しました。妹は公園に着くまでずっと歩き，兄は妹の歩く速さの３倍の速さで走りました。兄は公園に着いたらすぐ折り返して来た道を戻り，公園に向かっている妹に出会ったら，すぐ折り返して公園に向かい，これを繰り返しました。そして，兄は公園に３度目に着いた後，妹を待ちました。すると，兄が３度目に公園に着いてから，６分後に妹が公園に着きました。

兄と妹はそれぞれ一定の速さで進み，折り返しにかかる時間は考えないものとして，次の問いに答えなさい。

(1) 兄と妹が１回目に出会った場所は，家から何m離れていますか。

(2) 妹の歩く速さは分速何mですか。

3 高さが同じで，底面積の異なる２つの子ども用プールＡ，Ｂがあります。

ある日，空になっている２つのプールに，毎分12Ｌの割合で水が出るホースをそれぞれ１本ずつ入れ，同時に水をため始めました。Ａの水面の高さが満水のちょうど半分になったとき，Ｂの水面の高さはＡの水面の高さより６cm低く，Ａの水面の高さが満水まであと９cmになったとき，Ｂの水面の高さはＡの水面の高さより９cm低くなっていました。

その後，Ａが満水になるとすぐに，Ａに入っていたホースもＢに入れ，それ以降はＢに２本のホースを使って水を入れました。水をＡ，Ｂにため始めてから60分後にＢも満水になりました。

プールの側面や底面の厚さは考えないものとして，次の問いに答えなさい。

(1) プールＡとプールＢの底面積の比を最も簡単な整数の比で答えなさい。

(2) プールの高さは何cmですか。

(3) プールＡの底面積は何cm^2ですか。

4 下の図のように，直線の上に，縦２cm，横６cmの長方形と，１辺４cmの正方形Ｐ，１辺８cmの正方形Ｑがあり，長方形とＰは10cm，長方形とＱは８cm離れた位置にあります。

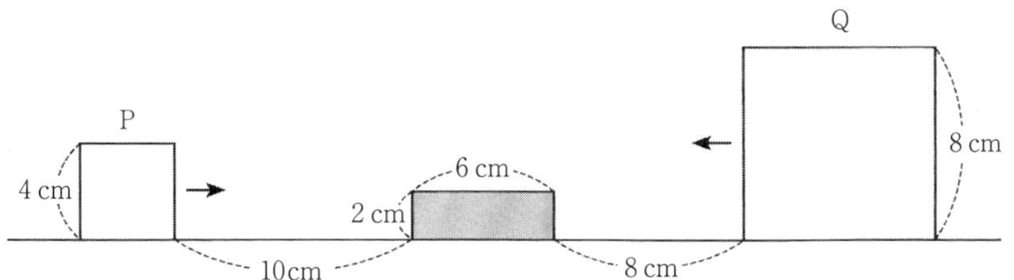

上の状態から，Ｐは毎秒２cmで右側に，Ｑは毎秒１cmで左側に向けて，それぞれ直線の上を同時に動き出します。このとき，長方形は動きません。

(1)　Ｐ，Ｑの２つの正方形が一部でも重なっているのは，Ｐ，Ｑが動き出して，何秒後から何秒後の間ですか。

(2)　Ｐ，Ｑ，長方形の３つの図形が重なって３重になる部分ができているのは，Ｐ，Ｑが動き出して，何秒後から何秒後の間ですか。

(3)　Ｐ，Ｑ，長方形の３つの図形が重なって３重になる部分について考えます。３重になる部分の図形の面積が最も大きくなるのは，Ｐ，Ｑが動き出してから何秒後か答えなさい。また，そのときの面積を答えなさい。ただし，答えが整数にならないときは，帯分数で答えなさい。

5　マスの上にコマを置いて，次のルールに従ってコマを動かす操作をします。

＜ルール＞

１回の操作で，次のいずれかの動かし方をする。

右または左に２マス動かし，さらに上または下に１マス動かす。

または

上または下に２マス動かし，さらに右または左に１マス動かす。

例えば，右の図１のように，●の書かれたマスにコマがあるときは，１回の操作で８つの○の書かれたマスのいずれかに動かすことができます。

図１

	○		○	
○				○
		●		
○				○
	○		○	

このコマを，下の図２のように，左上の角のマスを１とし，２，３，４……と順に，斜め（なな）に同じ数字が書かれたマスの上を動かしていきます。ただし，コマはそれまでに置かれたことのあるマスにも戻る（もど）ことができます。

図２

1	2	3	4	5	6	7	8	
2	3	4	5	6	7	8	9	
3	4	5	6	7	8	9	10	
4	5	6	7	8	9	10	11	…
5	6	7	8	9	10	11	12	
6	7	8	9	10	11	12	13	
7	8	9	10	11	12	13		
8	9	10	11	12	13		⋱	
			⋮					

右の図３は，はじめ「３」のマスにコマを置き，＜ルール＞に従って３回の操作を行ってコマを動かしたときの様子です。このようにコマを動かしたとき，コマが置かれたマスに書かれている数字を，次のように左から順に書き出します。

3	6	7	6

図３

1	2	3	4	5	6	7	
2	③	4	5	6	7	8	
3	4	5	6	7	8	9	
4	5	6	7	8	9	10	…
5	6	7	8	9	10	11	
6	7	8	9	10	11		
7	8	9	10	11		⋱	
			⋮				

⑴　コマを「１」のマスに置いた後，２回の操作を行います。次の㋐に入る数字を，小さい順にすべて答えなさい。

1	4	㋐

⑵　コマを「１」のマスに置いた後，今度は４回の操作を行います。次の①，②について，㋑，㋒に入る数字をそれぞれ１つ，㋓に入る数字は小さい順にすべて答えなさい。

①	1	4	㋑	㋒	13
②	1	4	3	㋓	5

⑶　⑵と同じように，コマを「１」のマスに置いた後，４回の操作を行い，数字を書き出すことを繰（く）り返します。⑵の①，②の場合も含（ふく）め，数字の書き出し方は全部で何通りありますか。ただし，コマの動かし方が異なっていても，同じ数字の書き出し方となるときは１通りと考えます。

【社　会】〈第１回試験〉（理科と合わせて50分）〈満点：50点〉

Ⅰ　地方自治について，次の文章を読み，あとの問いに答えなさい。

1871（明治４）年に政府が中央集権化体制を確立するために廃藩置県が実施され，2021（令和３）年で150年になります。明治時代の地方自治は大日本帝国憲法上の規定はなく，現在の①地方自治には程遠いものでした。廃藩置県の約10年後に政府主導による大規模な町村合併がおこなわれ，約７万の町村が約１万６千にまで減り，この時に市が誕生しました。

②日本国憲法のもと1955（昭和30）年頃におこなわれた昭和の大合併では，約１万の市町村が約４千にまで減りました。

2000（平成12）年頃おこなわれた③平成の大合併では市町村が約3200から1700にまで減少しました。合併は少子高齢化の急速な進展や，国・④地方公共団体の財政悪化などを背景に行政の効率化をはかることが目的でした。

2010年代に入ってから合併はほとんどおこなわれていません。合併により得られたもの，失ったものは何かという検証は，これからおこなわれることになるでしょう。

問１　下線部①について。あとの問いに答えなさい。

(1)　住民が直接政治に関わる直接民主制が地方自治ではみられます。直接民主制の制度として正しいものを，次の(ア)～(エ)から一つ選び，記号で答えなさい。

(ア)　市を廃止して５つの特別区をもうける都構想について，賛否を問う住民投票が２度実施された。

(イ)　「えん罪」を防止するため，警察による取り調べの記録の開示を請求した。

(ウ)　くじで選ばれた一般市民が裁判官と一緒に，重大な事件の被告人を裁く裁判員制度が実施された。

(エ)　県知事の権限を縮小することを求めた演説会に参加した。

(2)　スイスの一部の州では現在でも市民が広場に集まって，挙手で物事を決めています。スイスの位置として正しいものを，右の地図中(ア)～(エ)から一つ選び，記号で答えなさい。

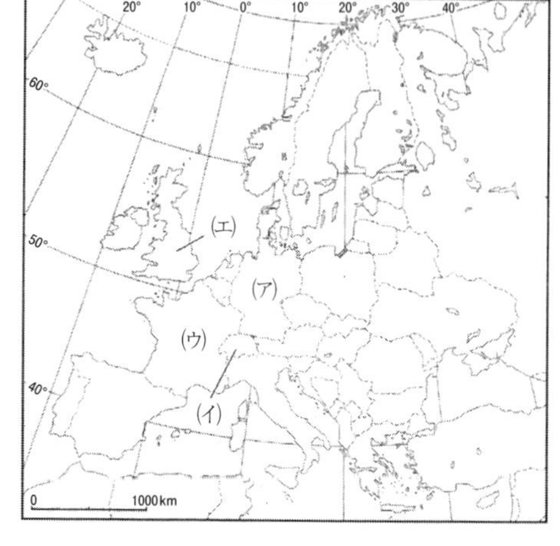

問２　下線部②について。日本国憲法について述べた説明文として正しいものを，次の(ア)～(エ)から一つ選び，記号で答えなさい。

(ア)　憲法はドイツの憲法をモデルに制定された。

(イ)　1947（昭和22）年の５月３日に憲法が施行された。

(ウ)　国民の権利は，法律の範囲内で認められている。

(エ)　憲法の改正がしやすく，これまでに60回以上改正されている。

問３　下線部③について。2001（平成13）年にさいたま市は誕生しました。さいたま市を構成する市（旧市名）として誤っているものを，次の(ア)～(エ)から一つ選び，記号で答えなさい。

(ア)　上尾市　　(イ)　浦和市　　(ウ)　大宮市　　(エ)　与野市

問４　下線部③について。岐阜県の高山市は周辺の町村を編入したことにより，面積が大阪府や香川県よりも大きい市となりました。高山市についてあとの問いに答えなさい。

(1)　次の表は岐阜県高山市，静岡県浜松市，東京都千代田区，福岡県久留米市の産業別就業者(しゅうぎょうしゃ)割合をあらわしたものです。高山市にあてはまるものを，表中(ア)～(エ)から一つ選び，記号で答えなさい。

	第一次産業	第二次産業	第三次産業
(ア)	4.0	34.4	61.6
(イ)	10.9	23.0	66.1
(ウ)	0.0	9.8	90.2
(エ)	5.8	20.4	73.8

第一次産業は農林水産業，第二次産業は鉱業(こうぎょう)，製造業，建設業，採石業(さいせきぎょう)，砂利採取業(じゃりさいしゅぎょう)
第三次産業はその他の産業(電気・ガス・熱供給・水道業を含む)
(単位はパーセント。『データでみる県勢 2021』より作成)

(2)　高山市には北緯36度線が通っています。北緯36度線が通る都県の＜組合せ＞として正しいものを，次の(ア)～(エ)から一つ選び，記号で答えなさい。

＜組合せ＞
(ア)　福井県と埼玉県
(イ)　長野県と東京都
(ウ)　石川県と山梨県
(エ)　富山県と神奈川県

問５　下線部④について。大阪市・大阪府に関する次の問いに答えなさい。

(1)　大阪市について述べた説明文として正しいものを，次の(ア)～(エ)から一つ選び，記号で答えなさい。

(ア)「いのち輝く未来社会のデザイン」をテーマに2025(令和７)年に日本国際博覧会が実施される予定である。

(イ)　古くは大輪田泊(おおわだのとまり)と呼ばれ，瀬戸内海の船の行き来や中国や朝鮮との貿易において重要な港であった。

(ウ)　江戸時代には焼き物と織物の産地として知られていたが，第二次世界大戦後に自動車生産が本格化し，現在では住民の多くが自動車関連企業で働いている。

(エ)　大阪市内にある宗像大社(むなかたたいしゃ)や厳島(いつくしま)神社が国宝に指定されており，多くの観光客を集めている。

(2)　大阪市の西部はもともと標高が低く，湿地帯でした。航路には船が浅瀬(あさせ)にのりあげないようにする標識(ひょうしき)が建てられ，この標識が大阪市の市章(ししょう)のモデルとなっています。大阪市の市章を，次の(ア)～(エ)から一つ選び，記号で答えなさい。

(ア)　(イ)　(ウ)　(エ)

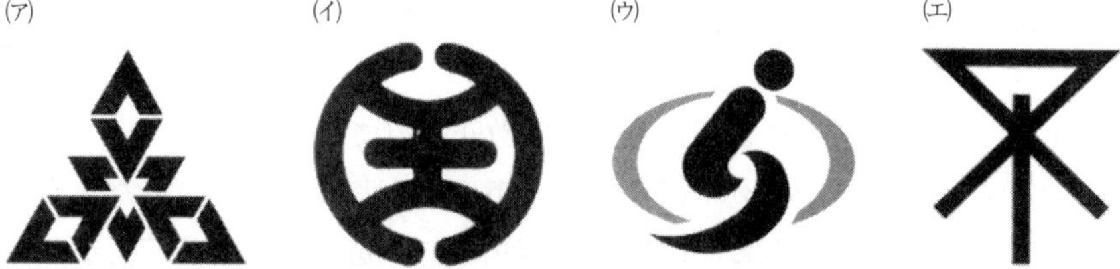

(3)　次の表は大阪府，兵庫県，奈良県，和歌山県における，観光レクリエーションの施設数をあらわしたものです。大阪府にあてはまるものを，次の(ア)〜(エ)から一つ選び，記号で答えなさい。

	ゴルフ場	スキー場	海水浴場	テーマパーク・レジャーランド
(ア)	21	—	24	9
(イ)	155	13	39	13
(ウ)	33	—	—	3
(エ)	38	—	4	21

(『データでみる県勢 2021』より作成)

(4)　次の表は大阪府・富山県・福井県・大分県における，発電方式別発電電力量をあらわしたものです。大阪府にあてはまるものを，次の(ア)〜(エ)から一つ選び，記号で答えなさい。

	水力	火力	原子力	地熱
(ア)	830	12,880	—	820
(イ)	1	24,460	—	—
(ウ)	9,085	6,397	—	—
(エ)	1,638	7,253	26,717	—

(単位は百万kWh。『データでみる県勢 2021』より作成)

問６　下線部④について。地方公共団体と，地方公共団体が課している独自の税金の組合せとして誤っているものを，次の(ア)〜(エ)から一つ選び，記号で答えなさい。

(ア)　山梨県富士河口湖町：釣り客等を対象にした「遊漁税(ゆうぎょぜい)」

(イ)　福岡県太宰府市：有料駐車場利用者を対象にした「歴史と文化の環境税」

(ウ)　静岡県熱海市：別荘所有者等を対象にした「別荘等所有税」

(エ)　埼玉県新座市：狭小(きょうしょう)住宅所有者を対象にした「ワンルームマンション税(通称)」

問７　下線部④について。和歌山県みなべ町，青森県板柳町では，それぞれ「梅(うめ)干しおにぎり条例」，「りんごまるかじり条例」をつくり，地域の主要生産物であるうめやりんごの普及(ふきゅう)を図(はか)っています。次の表**Ａ**〜**Ｄ**は，うめ・ピーマン・みかん・りんごの生産上位県(**１位の県名は空欄(くうらん)にしてあります**)をあらわしたものです。りんごとうめの<組合せ>として正しいものを，下の(ア)〜(エ)から一つ選び，記号で答えなさい。

A		B		C		D	
(　　)	409,800	(　　)	156,600	(　　)	57,500	(　　)	33,900
長野県	127,600	愛媛県	125,400	群馬県	4,240	宮崎県	27,600
岩手県	45,900	静岡県	85,900	三重県	1,600	高知県	13,800
山形県	40,500	熊本県	80,700	宮城県	1,370	鹿児島県	12,900

(単位はトン。『日本のすがた 2021』より作成)

<組合せ>　※りんご，うめの順に並べてあります。

(ア)　**ＡとＣ**　　(イ)　**ＡとＤ**　　(ウ)　**ＢとＣ**　　(エ)　**ＢとＤ**

Ⅱ　次の先生と星子さんの会話について，あとの問いに答えなさい。

星子：このあいだ，家族にたのまれて，郵便局に切手を買いに行きました。新しく発売された，シール式で糊(のり)がいらないかわいいクマの１円切手のシートを買いました。これです。

先生：新しい１円切手が出ていたのですね。１円切手といえば，前島密(まえじまひそか)の肖像画のものとばかり思っていました。

星子：前島密って誰ですか。

先生：日本近代郵便の父と呼ばれ，明治のはじめのころ，西洋の思想・制度や生活様式を積極的に取り入れようとする［　①　］の時代に，さまざまな方面で日本の近代化に貢献した②新潟県出身の人物です。クマがかぶっている帽子についている〒のマークの由来を知っていますか。

星子：切手の「テ」ですかね。

先生：郵便事業をおこなった③逓信省(ていしんしょう)の「テ」を図案化したもので，逓信省は，1885(明治18)年に始まった④内閣制度で設置された中央官庁の一つでした。

星子：先生，郵便の制度は，いつ始まったのですか。

先生：1871(明治４)年に，それまでの飛脚制度にかわり郵便制度が始まり，切手もこの時に発行されました。ところで，現在は２日ほどで手紙は届きますが，江戸時代には，飛脚が⑤東海道を使って江戸から京都まで３～４日で届けたという話があります。

星子：ずいぶんスピーディーでしたね。先生，最初の切手はどんな切手だったのですか。

先生：正方形で裏糊もなく，向き合う竜が描(えが)かれたデザインで，４種類が発行されました。

星子：日本が，最初に郵便切手をつくったのですか。

先生：違いますよ。世界で最初の郵便切手は，⑥1840年にイギリスで発行されました。郵便制度などを学ぶために，前島密もイギリスを訪れています。今では，あなたの好きなポケモンやドラえもんをはじめ，いろいろなデザインや形の切手が発行されていますよね。

星子：私もいくつか持っています。

先生：動植物や，ファンが多い⑦新幹線などの鉄道をはじめ，⑧正倉院の宝物，また「源氏物語絵巻(えまき)」や，平清盛が源義朝らを破り，平氏政権を成立するきっかけとなった［　⑨　］の乱をテーマとした「［　⑨　］物語絵巻」などの芸術作品，⑩スポーツ，他(ほか)にも⑪地域の特産品やイベントを扱(あつか)ったものもあります。切手を集めることで，日本各地の名所巡(めぐ)りもできてしまいますね。

星子：国内国外のできごとにちなんだ記念切手も，たくさん発行されていますよね。

先生：変わったところでは，2001年に発売された「［　⑫　］平和条約50周年オペラハウスと秋草」なんてものもありますよ。日本の占領(せんりょう)を終わらせた［　⑫　］平和条約が調印された劇場が描かれています。たまには，気に入った切手を使って，お手紙を出してみるのもいいですね。

星子：はい。まず，⑬2021年に出された切手にはどんなものがあるのか，見てみたいと思います。

問１　空欄［　①　］にあてはまる適切な語句を**漢字四字**で答えなさい。

問２　下線部②について。新潟県にゆかりのある人物について述べた説明文として正しいものを，次の(ア)～(エ)から一つ選び，記号で答えなさい。

(ア)　良寛は，中国の宋王朝で仏教を学び，帰国して臨済宗を開いた。

(イ) 上杉謙信は，甲斐の武田信玄と川中島の戦いで何度も戦った。

(ウ) 山本五十六(いそろく)は，海軍出身の首相としてポツダム宣言の受諾(じゅだく)に関わった。

(エ) 田中角栄は，内閣総理大臣として日中平和友好条約を締結(ていけつ)した。

問3 下線部③について。

(1) 逓信省の初代大臣となった榎本武揚(えのもとたけあき)について述べた説明文として正しいものを，次の(ア)～(エ)から一つ選び，記号で答えなさい。

(ア) オランダに留学し，軍事・国際法・農業などを学んで帰国した。

(イ) 五稜郭(ごりょうかく)の戦いで，新政府軍を率いて旧幕府軍と戦った。

(ウ) 1875年に結ばれた日露和親条約の成立に力をつくした。

(エ) 足尾金山鉱毒事件を，田中正造とともに解決した。

(2) 逓信省の仕事は，のちに郵政省などに受け継がれました。その後，郵政省は2001(平成13)年の中央省庁再編で，自治省などと統合されて，何という中央官庁になりましたか。正しいものを，次の(ア)～(エ)から一つ選び，記号で答えなさい。

(ア) 厚生労働省　(イ) 財務省　(ウ) 総務省　(エ) 文部科学省

問4 下線部④について。最初の内閣総理大臣として正しいものを，次の(ア)～(エ)から一つ選び，記号で答えなさい。

(ア) 青木周蔵　(イ) 板垣退助

(ウ) 伊藤博文　(エ) 黒田清隆

問5 下線部⑤について。「東海道中膝栗毛(ひざくりげ)」の作者として正しいものを，次の(ア)～(エ)から一つ選び，記号で答えなさい。

(ア) 歌川(安藤)広重　(イ) 井原西鶴　(ウ) 国木田独歩　(エ) 十返舎一九

問6 下線部⑥について。この当時のイギリス国王として正しいものを，次の(ア)～(エ)から一つ選び，記号で答えなさい。

(ア) ヴィクトリア女王　(イ) エリザベス2世

(ウ) ニコライ2世　(エ) ルイ14世

問7 下線部⑦について。東海道新幹線が開業した1964年から，北海道新幹線が開業した2016年までにおきたできごとを，古いものから年代順に正しく配列したものを，次の(ア)～(エ)から一つ選び，記号で答えなさい。

(ア) 国鉄分割民営化によるJRの発足→日本への沖縄の返還→中国への香港の返還

(イ) 中国への香港の返還→日本への沖縄の返還→国鉄分割民営化によるJRの発足

(ウ) 日本への沖縄の返還→国鉄分割民営化によるJRの発足→中国への香港の返還

(エ) 国鉄分割民営化によるJRの発足→中国への香港の返還→日本への沖縄の返還

問8 下線部⑧について。正倉院にゆかりのある聖武天皇が在位した期間におきた日本のできごとについて述べた説明文として正しいものを，次の(ア)～(エ)から一つ選び，記号で答えなさい。

(ア) 公地公民の制が見直され，三世一身の法が制定された。

(イ) アイヌのシャクシャインの乱が平定された。

(ウ) 大宝律令が制定され，律令制度が確立した。

(エ) 唐や新羅や渤海(ぼっかい)などの海外の国と交流した。

問9 空欄 ⑨ にあてはまる適切な語句を**漢字二字**で答えなさい。

問10　下線部⑩について。1911年に大日本体育協会(のちの日本スポーツ協会)を設立して，スポーツの振興(しんこう)やオリンピック参加への準備につとめた，柔道の父と呼ばれる人物として正しいものを，次の(ア)～(エ)から一つ選び，記号で答えなさい。

(ア)　嘉納治五郎(かのうじごろう)　(イ)　田沼意次(たぬまおきつぐ)　(ウ)　浜口雄幸(はまぐちおさち)　(エ)　正岡子規(まさおかしき)

問11　下線部⑪について。日本の伝統的工芸品とその生産県との組合せとして誤っているものを，次の(ア)～(エ)から一つ選び，記号で答えなさい。

(ア)　因州(いんしゅう)和紙―鳥取県　(イ)　大内塗(ぬり)―山口県

(ウ)　瀬戸染付(そめつけ)焼―愛知県　(エ)　南部鉄器―鹿児島県

問12　空欄 ⑫ にあてはまる適切な語句を，次の(ア)～(エ)から一つ選び，記号で答えなさい。

(ア)　サンフランシスコ　(イ)　シカゴ　(ウ)　ニューヨーク　(エ)　ポーツマス

問13　下線部⑬について。2021年におきたできごとについて，あとの問いに答えなさい。

１月

アメリカ合衆国大統領にバイデン氏が就任(しゅうにん)し，地球温暖化対策の国際的な枠組(わくぐ)みである ① への復帰，世界保健機関(WHO)からの脱退中止などを決定した。

(1)　空欄 ① にあてはまる適切な語句を，次の(ア)～(エ)から一つ選び，記号で答えなさい。

(ア)　京都議定書　(イ)　ジュネーブ協定

(ウ)　パリ協定　(エ)　リオ宣言

２月

イギリスは，アジア太平洋地域の経済連携(れんけい)協定であるTPP(環太平洋パートナーシップ)協定への参加を正式に申請(しんせい)した。

(2)　2021年12月末現在，TPP加盟国として正しいものを，次の(ア)～(エ)から一つ選び，記号で答えなさい。

(ア)　サウジアラビア　(イ)　ニュージーランド

(ウ)　ブラジル　(エ)　ミャンマー

３月

2021年度の日本の国の予算案が国会で可決され，一般会計の総額は106兆6097億円となった。

(3)　2021年度予算の歳出の構成のうち，最も多い割合を占めるものは何ですか。正しいものを，次の(ア)～(エ)から一つ選び，記号で答えなさい。

(ア)　公共事業費　(イ)　社会保障費

(ウ)　文教および科学振興費　(エ)　防衛費

４月

日米首脳会談が開かれ，中国の活発な軍事的活動で緊張(きんちょう)が高まる ② 海峡の「平和と安定の重要性」で一致し，共同声明の文書に「 ② 」を明記(めいき)した。

(4)　空欄 ② にあてはまる適切な語句を，次の(ア)～(エ)から一つ選び，記号で答えなさい。

(ア)　台湾　(イ)　対馬　(ウ)　フィリピン　(エ)　ベーリング

５月

文化審議(しんぎ)会が，国立代々木競技場などをあらたに重要文化財に指定するよう，文部科学大臣に答申した。

(5) 国立代々木競技場を設計した人物として正しいものを，次の(ア)～(エ)から一つ選び，記号で答えなさい。

(ア) 伊能忠敬(いのうただたか)　(イ) 隈研吾(くまけんご)　(ウ) 丹下健三(たんげけんぞう)　(エ) ル＝コルビュジエ

6月

厚生労働省が人口動態(どうたい)統計を発表し，2020年に国内で生まれた子どもは５年連続で減少し，統計がある1899年以降で最少の［　③　］万832人となった。

(6) 空欄［③］にあてはまる適切な数字を，次の(ア)～(エ)から一つ選び，記号で答えなさい。

(ア) 4　(イ) 14　(ウ) 84　(エ) 114

7月

南スーダンがスーダンから独立して，10年を迎えた。独立後も，国内では内戦(ないせん)が続いている。

(7) 南スーダンを流れるナイル川が注ぎ込(こ)む海として正しいものを，次の(ア)～(エ)から一つ選び，記号で答えなさい。

(ア) インド洋　(イ) 大西洋　(ウ) 太平洋　(エ) 地中海

8月

広島で平和記念式典が開催(かいさい)され，平和宣言では2021年１月に発効(はっこう)した［　④　］への支持が強く訴(うった)えられた。

(8) 空欄［④］にあてはまる適切な語句を，次の(ア)～(エ)から一つ選び，記号で答えなさい。

(ア) 核拡散防止条約（核兵器不拡散条約）

(イ) 核兵器禁止条約

(ウ) 中距離核戦力全廃条約

(エ) 部分的核実験停止条約（部分的核実験禁止条約）

9月

日本のIT（情報技術）政策の司令塔として，行政の情報システムの効率(こうりつ)化を推進(すいしん)する官庁となる［　⑤　］庁が発足(ほっそく)した。

(9) 空欄［⑤］にあてはまる適切な語句を答えなさい。

11月

イギリスのグラスゴーで，世界の気候や環境について話し合う国連気候変動枠(わく)組み条約第［　⑥　］回締約(ていやく)国会議（COP(コップ)［　⑥　］）の会合が閉幕した。

(10) 空欄［⑥］にあてはまる適切な数字を，次の(ア)～(エ)から一つ選び，記号で答えなさい。

(ア) 8　(イ) 10　(ウ) 21　(エ) 26

【理　科】〈第１回試験〉（社会と合わせて50分）〈満点：50点〉

1　金属の体積が温度によって変化するのと同じように，空気の体積も温度によって変化します。そこで，空気の体積と温度の関係を調べました。これに関する各問いに答えなさい。

問１　ゼリーをつめた直径３mm，長さ170cmのアクリル管を用意しました。そしてアクリル管の端Ａを接着剤でふさぎ，アクリル管内に空気を閉じこめました(**図１**)。このアクリル管内の温度を変化させたとき，ゼリーの位置(端Ａからゼリーまでの位置)がどのように変化するかを調べました(**表１**)。これに関する(a)，(b)に答えなさい。

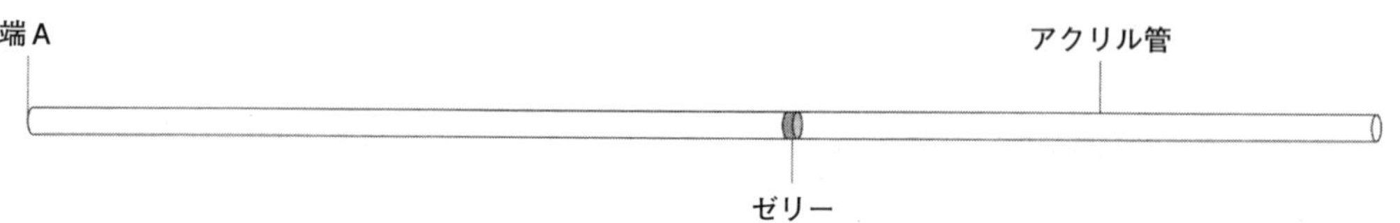

図１　ゼリーをつめて端Ａをふさいだアクリル管

(a)　アクリル管内の温度を36℃にしたとき，ゼリーの位置は何cmになりますか。

(b)　アクリル管内の温度が80℃のときのアクリル管内の空気の体積は，アクリル管内の温度が20℃のときのアクリル管内の空気の体積の何倍ですか。小数第４位を四捨五入して，小数第３位で答えなさい。

表１　アクリル管内の温度とゼリーの位置

アクリル管内の温度(℃)	ゼリーの位置(cm)
80	150
70	145.75
60	141.5
50	137.25
40	133
30	128.75
20	124.5

問２　ピストンが自由に動けるようにした底面積10cm^2，長さ20cmの注射器を用意しました。そして注射器の先を接着剤でふさぎ，注射器内に空気を閉じこめました。この注射器内の温度を20℃にしたとき，ピストンの位置は10cmでした(**図２**)。注射器内の温度を80℃にしたとき，ピストンは何cm動くと考えられますか。小数第１位を四捨五入して，整数で答えなさい。

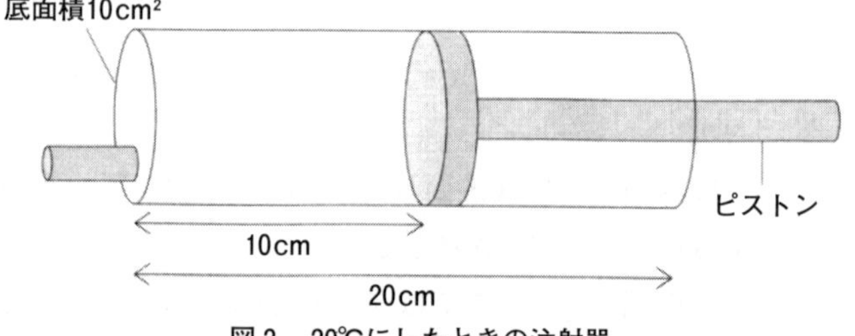

図２　20℃にしたときの注射器

問３　水が1000cm^{3}入る立方体の容器を用意しました。この容器の上面に穴をあけ，長さ９cmの細いストローを差しこみ，容器の上面にあけた穴とストローをすき間なく固定した装置を作りました(**図３**)。この装置を使った**実験１**，**実験２**に関する(a)，(b)に答えなさい。ただし，ストローとストロー内の空気や水の体積は考えないものとします。また，水の体積は温度によって変化しないものとします。

水が1000cm^{3}入る立方体の容器
長さ９cmの細いストロー

図３　装置

実験１

①　装置内の温度を20℃にして，装置内に20℃の水500cm^{3}を入れた。

②　装置内を温めた。

実験1の結果

装置から水51cm^{3}が出た。

実験2

① 装置の上面を下にして，装置内の温度を80℃に温めた。

② 装置の上面を20℃の水面にすき間ができないように触(ふ)れさせた。

③ 装置内の温度が20℃になった時点で水面から装置をはなし，すばやく装置の上面を上にした。

実験2の結果

③の操作の後，装置内に水がたまっていた。

(a) **実験1**について，装置内の温度を何℃まで温めたと考えられますか。小数第1位を四捨五入し，整数で答えなさい。

(b) **実験2**について，①～③の操作を何回かくり返しました。装置内にたまる水の体積が500cm^{3}をこえるのは，①～③の操作を何回くり返したときですか。ただし，はじめの装置内には水は入っていないものとします。

2 5つのビーカーに，5種類の水溶(よう)液**A～E**(食塩水，炭酸水，アンモニア水，うすい塩酸，水酸化ナトリウム水溶液)のいずれかが入っています。どのビーカーにどの水溶液が入っているかを調べたところ，次のようになりました。これに関する各問いに答えなさい。

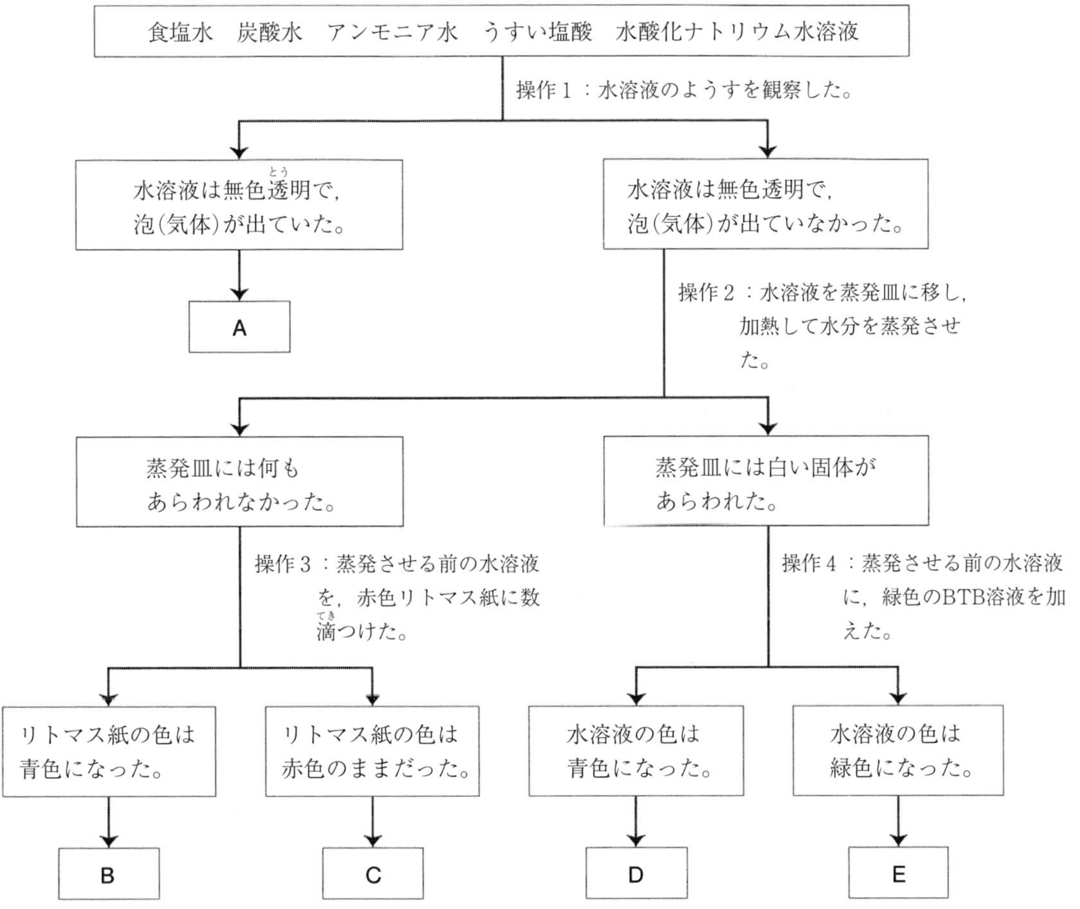

問１　**B**と**E**はそれぞれどの水溶液だと考えられますか。もっとも適当なものを選び，それぞれ**ア**～**オ**で答えなさい。

ア．食塩水　　**イ**．炭酸水　　**ウ**．アンモニア水

エ．うすい塩酸　　**オ**．水酸化ナトリウム水溶液

問２　**C**と**D**を用いて**実験１**，**実験２**を行いました。これに関する(a)，(b)に答えなさい。

実験１

①　試験管に**C** 4 mL と**D** 6 mL を混ぜた。

②　①の試験管に緑色のBTB溶液を加えた。

実験１の結果

水溶液の色は緑色になった。

実験２

①　試験管に**C** 4 mL と**D** 6 mL を混ぜた。

②　①の水溶液を蒸発皿にすべて移し，加熱して水分をすべて蒸発させた。

実験２の結果

蒸発皿に白い固体0.5 gがあらわれた。

(a)　緑色のBTB溶液を加えたとき，水溶液の色が黄色になるのはどれですか。すべて選び，**ア**～**オ**で答えなさい。

ア．**C** 3 mL と**D** 7 mL を混ぜた水溶液

イ．**C** 5 mL と**D** 5 mL を混ぜた水溶液

ウ．**C** 2 mL と**D** 3 mL を混ぜた水溶液

エ．**C** 3 mL と**D** 2 mL を混ぜた水溶液

オ．**C** 1 mL と**D** 2 mL を混ぜた水溶液

(b)　**C**と**D**を混ぜた水溶液を加熱して水分をすべて蒸発させたとき，同じ重さの固体があらわれるのはどれですか。２つ選び，**ア**～**オ**で答えなさい。また，その重さは何 g ですか。

ア．**C** 5 mL と**D** 5 mL を混ぜた水溶液

イ．**C** 7 mL と**D** 3 mL を混ぜた水溶液

ウ．**C** 2 mL と**D** 3 mL を混ぜた水溶液

エ．**C** 3 mL と**D** 2 mL を混ぜた水溶液

オ．**C** 3 mL と**D** 1 mL を混ぜた水溶液

問３　鉄片を入れた試験管に**C**を加えたところ，泡が出て鉄片は小さくなりました。しばらくすると，鉄片は完全に見えなくなりました。見えなくなった鉄片のゆくえについて３つの仮説を立てました。そして３つの仮説を確かめるために，**実験３**～**実験５**を行いました。これに関する(a)，(b)に答えなさい。

仮説１：鉄片は，泡になって空気中へ出ていき，**C**の中に存在していない。

仮説２：鉄片は，鉄の小さな粒になり，目には見えないが**C**の中に存在している。

仮説３：鉄片は，鉄ではない小さな粒になり，目には見えないが**C**の中に存在している。

実験３

①　鉄片を入れた試験管に**C**を加え，鉄片が完全に見えなくなるまでしばらく置いた。

②　**C**と①で得られた水溶液**F**をそれぞれ蒸発皿に移し，加熱して水分をすべて蒸発させ

た。

実験３の結果

Ｃを入れた蒸発皿には何もあらわれなかった。Ｆを入れた蒸発皿には固体Ｇがあらわれた。

実験４

鉄片と**実験３**で得られたＧに，それぞれ磁石を近づけた。

実験４の結果

鉄片は磁石に引きつけられた。Ｇは磁石に引きつけられなかった。

実験５

① 鉄片と**実験３**で得られたＧを，それぞれ別の試験管に入れた。

② それぞれの試験管にＣを加えた。

実験５の結果

鉄片を入れたＣからは泡が出た。しばらくすると，鉄片は完全に見えなくなった。

Ｇを入れたＣからは泡が出なかった。しばらくすると，Ｇは完全に見えなくなった。

(a) **実験３**～**実験５**から，仮説１が間違っていることがわかります。仮説１が間違っていることがわかる実験はどれですか。１つ選び，**３**～**５**で答えなさい。また，仮説１が正しいならば，どのような結果になるはずですか。過不足なく選び，**ア**～**カ**で答えなさい。

ア．Ｃを入れた蒸発皿とＦを入れた蒸発皿のどちらの蒸発皿にも何もあらわれない。

イ．Ｃを入れた蒸発皿とＦを入れた蒸発皿のどちらの蒸発皿にも固体があらわれる。

ウ．鉄片とＧのどちらも磁石に引きつけられる。

エ．鉄片とＧのどちらも磁石に引きつけられない。

オ．鉄片を入れたＣとＧを入れたＣのどちらからも泡が出る。

カ．鉄片を入れたＣとＧを入れたＣのどちらからも泡が出ない。

(b) **実験３**～**実験５**から，仮説２が間違っていることがわかります。仮説２が間違っていることがわかる実験はどれですか。２つ選び，**３**～**５**で答えなさい。また，仮説２が正しいならば，どのような結果になるはずですか。過不足なく選び，(a)の**ア**～**カ**で答えなさい。

3 東京都にある竹芝桟橋(たけしばさんばし)から南へ1000kmほど行ったところに，父島や母島などからなる小笠原諸島(おがさわらしょとう)があります(**図１**)。これらの島は，ガラパゴス諸島やハワイ諸島などと同じで，誕生してから一度も大陸と陸続きになったことがありません。このような島を海洋島といいます。海洋島には，その島だけに生息している生物(固有種)が多くみられます。このような島に，人間が持ちこんだ，①本来，その地域には生息していない生物(外来種)が定着することで，固有種が絶滅(ぜつめつ)に追いやられてしまうことがあります。例えば，小笠原諸島の固有種であるオガサワラシジミ(**図２**)や５種類いる固有種のトンボは，父島では1980年代から，母島では1990年代から減りはじめ，今ではほとんどみることができなくなっています。ちょうどそのころ，グリーンアノール(**図３**)という北米原産のトカゲのなかまが，これらの島に入りこんで，定着したことがわかっています。グリーンアノールはカメレオンのように体色を変化させることができ，②ヤモリのように吸いつく指をもっていて昆虫などを捕食(ほしょく)しながら樹上で生活しています。小笠原諸島では現在，グリーンアノールのような外来種によって，多くの固有種が絶滅の危機にさらされています。そのため，③生物の多様性が失われてしまうのではないかと心配されています。これに関する各問いに答えなさい。

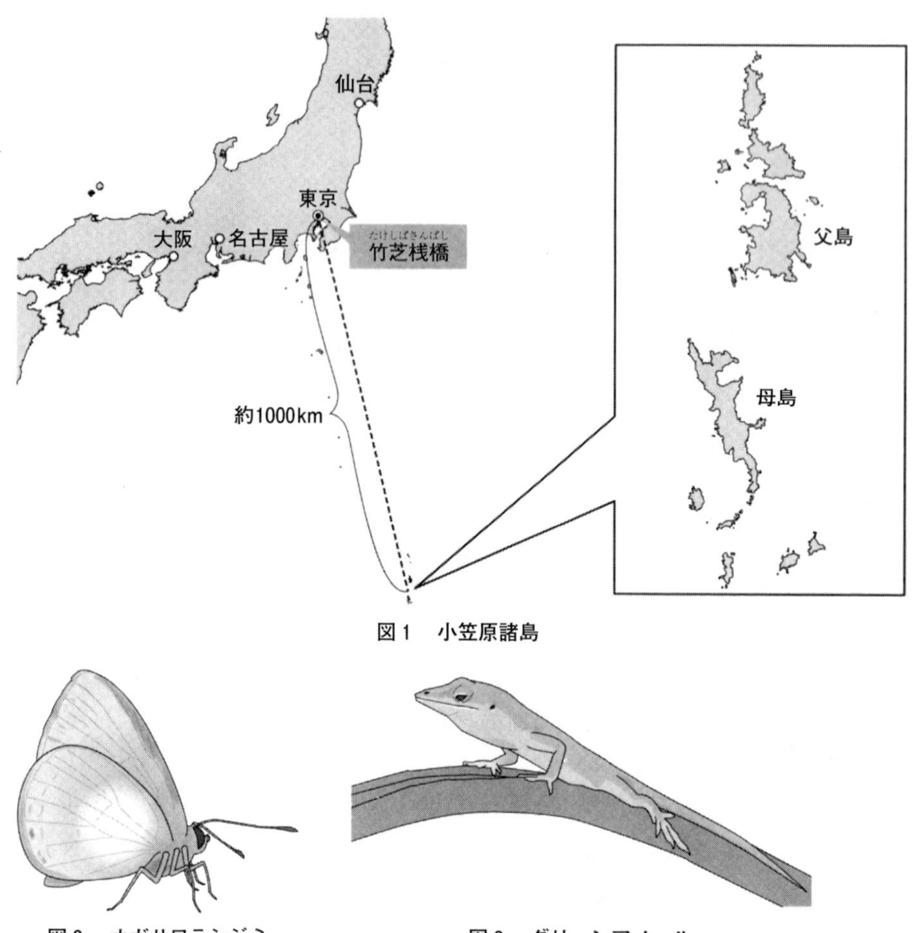

図１　小笠原諸島

図２　オガサワラシジミ　　図３　グリーンアノール

問１　下線部①について，次の(a)，(b)に答えなさい。

(a)　小笠原諸島における外来種はどれですか。適当なものを２つ選び，**ア**～**カ**で答えなさい。

ア．オガサワラオオコウモリ　　**イ**．オオヒキガエル　　**ウ**．ノヤギ

エ．ハハジマメグロ　　**オ**．オガサワラノスリ　　**カ**．アカガシラカラスバト

(b) 小笠原諸島にグリーンアノールが定着したように，外来種は入りこんだ地域で急激にその個体数を増やすことがあります。その理由として考えられることは何ですか。もっとも適当なものを選び，**ア**～**オ**で答えなさい。

ア．固有種よりもからだが大きいから。

イ．固有種よりもするどい爪(つめ)や固いうろこをもつから。

ウ．固有種よりもたくさんの卵を生むから。

エ．外来種には生息をおびやかす敵の存在がないから。

オ．外来種は地域の住民が積極的に保護するから。

問２ 下線部②について，グリーンアノールの指は，ヤモリの指と同じく特別な構造をしており，つるつるしたガラスにもはりつくことができます。このヤモリの指の構造をまねて作られた「接着テープ」が開発されています。このように生物のもつ機能や構造をもとにして技術開発することをバイオミメティクスといいます。生物がもつ機能や構造と，技術開発されたものの組合せが間違っているものはどれですか。１つ選び，**ア**～**オ**で答えなさい。

ア．つるつるしたカタツムリの殻(から)から開発された「汚れの付きにくい外壁(がいへき)タイル」

イ．するどくて細いハチドリのくちばしから開発された「痛みの少ない注射針」

ウ．小さな突起があるサメのうろこから開発された「水の抵抗(ていこう)を減らす水着」

エ．光を反射させないガの眼の構造から開発された「光の反射を防止するフィルム」

オ．かぎ状の突起をもつゴボウの実から開発された「着脱(ちゃくだつ)可能な面ファスナー」

問３ 下線部③について，星子さんは，「外来種が定着すれば，その地域の生物の種類が増えるから，生物の多様性が失われることはない」と考えました。そこで生物の多様性について調べてみると，生物の多様性を数値化できる「多様度指数」というものがあることを知りました。多様度指数とは，調査で得られた生物個体すべての中から，任意に選んだ２つの個体が違う種類である確率のことをいい，この値が大きいほど，生物の多様性が大きいとするものです。多様度指数は，次の式で表されます。

多様度指数

＝1－{(全個体数に対するある生物の割合×全個体数に対するある生物の割合)の和}

例えば，ある地域に３種類の生物Ａ～Ｃが生息していて，その全個体数が100個体で，そのうち生物Ａの個体数が20個体，生物Ｂの個体数が30個体，生物Ｃの個体数が50個体であったとします。このとき，全個体数に対する生物Ａの割合は，20÷100＝0.2になります。同じように生物Ｂの割合は30÷100＝0.3，生物Ｃの割合は50÷100＝0.5になります。

よって，この地域での多様度指数は，1－(0.2×0.2＋0.3×0.3＋0.5×0.5)＝0.62になります。これに関する(a)，(b)に答えなさい。

(a) ある地域には，オガサワラシジミが30個体，オガサワラアオイトトンボが30個体，オガサワラゼミが40個体生息しているとします。この地域にグリーンアノールが定着した結果，グリーンアノールは30個体にまで増え，オガサワラシジミとオガサワラアオイトトンボはそれぞれ５個体，オガサワラゼミは10個体にまで減りました。グリーンアノールが定着する前と後を比べると，多様度指数はどれだけ変化しますか。例のように答えなさい。

（例） 0.14増える。

(b) (a)から，星子さんの考えは間違っていることがわかります。ある地域において，もっとも多様度指数が大きくなるのは，どのようなときだと考えられますか。もっとも適当なものを選び，**ア～エ**で答えなさい。

ア．生物の種類が少なく，それぞれの種類の個体数がすべて同じ個体数のとき。
イ．生物の種類が少なく，それぞれの種類の個体数にばらつきが大きいとき。
ウ．生物の種類が多く，それぞれの種類の個体数がすべて同じ個体数のとき。
エ．生物の種類が多く，それぞれの種類の個体数にばらつきが大きいとき。

問４　グリーンアノールの個体数が増えたことで，小笠原諸島の固有種であるチョウやハナバチなどの昆虫の個体数が大きく減りました。このことは，小笠原諸島の固有種の植物の個体数を少しずつ減少させ，絶滅に追いやってしまうおそれがあると考えられます。固有種のチョウやハナバチなどの個体数が減ることで，個体数が減少する植物は，どのような特徴をもっている植物ですか。次の文中の空らんに当てはまるように10字以内で答えなさい。

チョウやハナバチなどの昆虫に，□□□□□□□□□□植物。

4

星子さんは，太陽の１日の動きを調べるために，日本の北緯35度のある都市で**実験１**，**実験２**を夏至の日に行いました。これに関する各問いに答えなさい。ただし東経135度の都市では，12時に太陽が真南にくるものとします。

実験１

①　地面の上に置いた紙の中心に棒を垂直に立てた。
②　１日に７回，できる棒の影を記録した。
③　棒の影の先端をなめらかな点線で結んだ。

実験１の結果

図１のようになった。ただし，**A～D**は東西南北のいずれかの方角である。

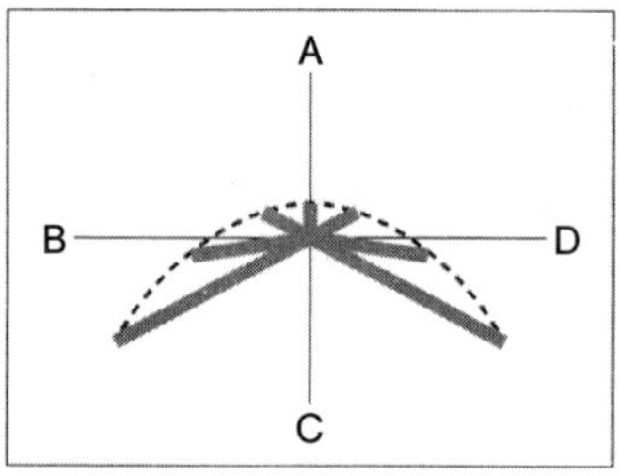

図１　実験１の結果

実験２

①　透明な半球を用意する。
②　９時，10時，13時，14時，15時のそれぞれの太陽の位置を，ペン先の影が点**O**に重なるように透明な半球の上に印で表す。
③　各印をなめらかな線でつなぎ，線を透明な半球のふちと交わるところまで伸ばし，線と透明な半球のふちが交わる点を点**E**，点**F**とする(**図２**)。
④　曲線**EF**上で，太陽が真南にきたときを**P**として，印をつける。
⑤　曲線**EF**に沿ってセロハンテープをはり，各印を写しとる。
⑥　点**E**から各印までの長さを測る。

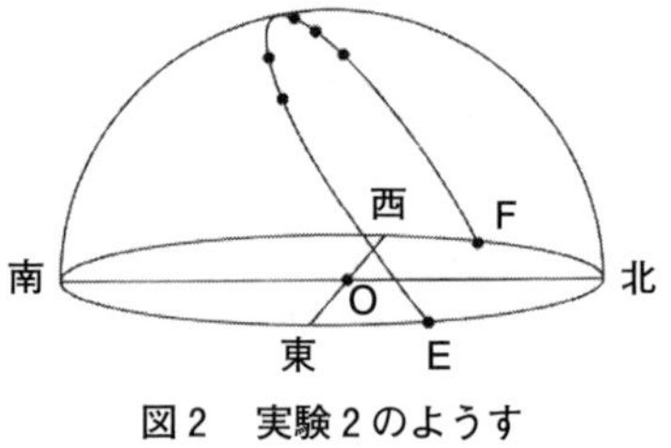

図２　実験２のようす

実験２の結果

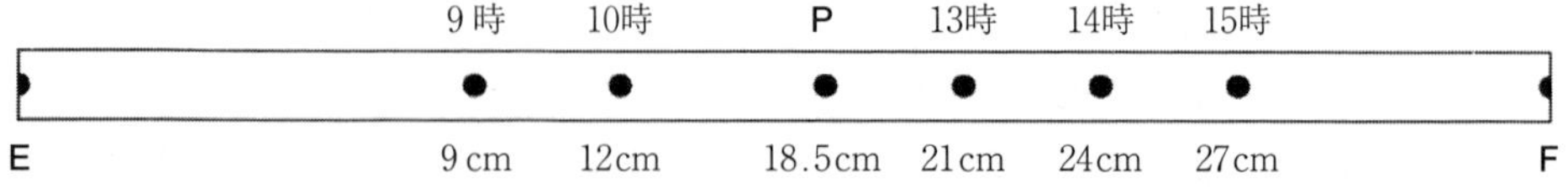

問１　**実験１**において，東の方角はどれですか。もっとも適当なものを選び，**A～D**で答えなさい。

問２　**図３**は**実験１**を行っていた時にできた星子さんの影です。もしも星子さんが，同日，同時刻に北緯45度の都市にいたとすると，どのような影ができたと考えられますか。もっとも適当なものを選び，**ア～ケ**で答えなさい。ただし，経度は同じ都市とします。

図３　星子さんの影

問３　**実験１**を行った日の３か月後に，赤道上の都市や南緯35度の都市で**実験１**と同じ実験を行いました。できる棒の影の先端をなめらかな線で結ぶとどのようになりますか。もっとも適当なものをそれぞれ選び，**ア～ケ**で答えなさい。ただし，点線は**実験１**の棒の影の先端をなめらかな線で結んだものです。

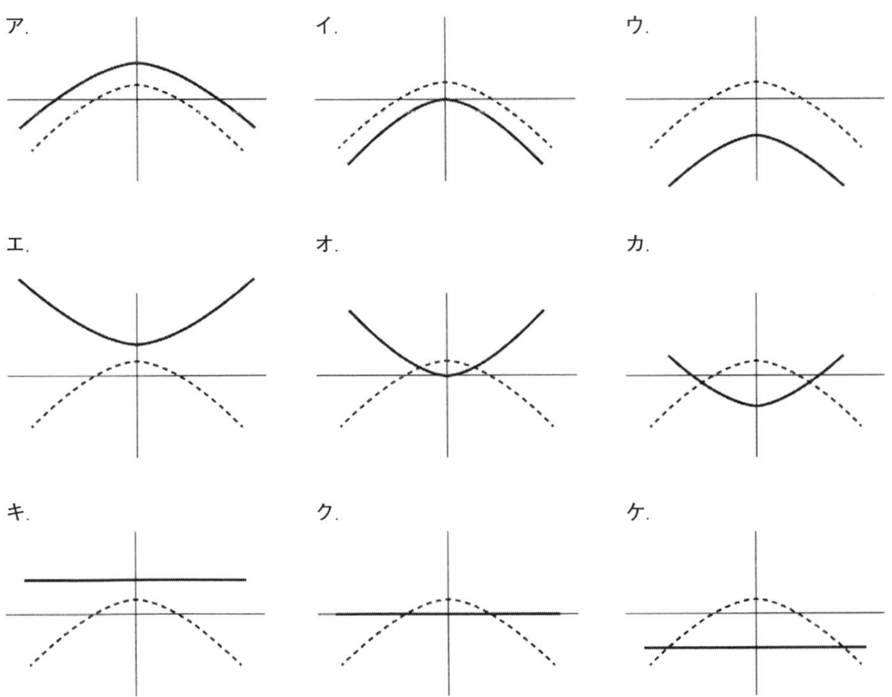

問４　**実験１**，**実験２**を行ったのは，東経何度の都市ですか。ただし小数点以下の値が出る場合は，四捨五入して，整数で答えなさい。

問５　星子さんはキャンプ好きの友達から，太陽とアナログ時計を使って方角の目安を知る方法を教わりました。次の①～③はその手順です。これに関する(a)，(b)に答えなさい。

①　時計の文字盤（ばん）が水平になるようにアナログ時計を持つ。

②　現在の時刻の「時計の短針」を太陽の方向に合わせる。

③　文字盤の12時の方向と短針がさしている方向のちょうど真ん中が南の方角となる。

(a)　この方法について，正しいものはどれですか。もっとも適当なものを選び，**ア～エ**で答えなさい。

ア．午前も午後も文字盤の左側が南の方角となる。

イ．午前は文字盤の左側が南の方角で，午後は文字盤の右側が南の方角となる。

ウ．午前は文字盤の右側が南の方角で，午後は文字盤の左側が南の方角となる。

エ．午前も午後も文字盤の右側が南の方角となる。

(b)　宮崎県のある地点(北緯32度，東経131度)で，この方法を使って南の方角を調べたところ，実際の南の方角とずれていました。16時に，この地点で時計の短針を太陽に向けた場合，南の方角は文字盤の何時何分の方向になると考えられますか。ただし，図４の場合は，８時30分の方向とします。

図４　時計の文字盤

のが二の文章の《　X　》という登場人物なのだと感じました。

Bさん

一の文章で述べられているように、見た目から生まれる先入観は危険だと思いました。私自身、昔から母に「人に対して偏見を持ったり、**【ウ（一字）】**メガネで相手を見たりしないよう気をつけなさい。誰かを**【エ（二字）】**することにつながるから。」と言われてきたことを改めて思い出しました。三の文章からも、それと重なるメッセージを受け取りました。

Cさん

私自身、自分と考え方や見た目が異なる人と出会った時、明らかな決めつけや偏見を持たないように気をつけて過ごしていたつもりでした。そんな時に〔**資料**〕を目にし、多様性を認めるために大切なのは、そもそも「《　Y　》にある、他者や自分自身に対する考え方がどうであるか」なのだと気づき、はっとしました。そう考えると二の文章は、透風が他者との関わりにおいて成長した物語であると同時に、透風が**【　オ　】**物語であるともとらえられると思いました。

問１　空欄**ア**～**エ**に入る適切な語を考え、指定の字数の漢字で答えなさい。

問２　空欄**X**に入る人物名を二の本文中から抜き出し、答えなさい。

問３　空欄**Y**に入る適切な表現を〔**資料**〕の中から四字で抜き出し、答えなさい。

問４　空欄**オ**に入る適切な表現を考え、十五～二十字で答えなさい。

段落以降の本文中から抜き出し、それぞれ指定の字数で答えなさい。

「【ア（四字）】」という言葉を聞くと、いわゆる「男らしさ」をイメージし自分に引け目を感じていた透風にとって、「タイラと大ばあちゃん」という理解者に守られて過ごす世界は「心地よ」くも「狭き」ものであった。だが、さつきの言葉によって【イ（三字）】がゆるみ、世界が広がっていくような感覚をおぼえる。そのような変化を透風自身は照れくささと喜びを持って受け入れていることが、「【ウ（六字）】」という語から読み取れる。

三　次は一、二の本文と〔資料〕（鷲田清一「折々のことば」朝日新聞２０２１年７月13日朝刊）を読んだ中学一年生の三人が書いた感想文です。これを読み、後の問いに答えなさい。

〔資料〕

折々のことば　鷲田清一　2083

多様性って、やっぱ覚悟いりますよ。

上田假奈代

大阪・釜ケ崎で「こえとことばとこころの部屋」を主宰する詩人は、多様性は「自分にとって居心地のいい人だけと一緒にいること」とは違うと言う。むしろ「招かざるお客さん」とどう「出会い直して」いくかが問題だと。であれば、時にその筆頭が自分であることも？　認めたくない自分が自身の奥に居座る。『ＴＵＲＮ　ＮＯＴＥ　ＴＵＲＮをめぐる言葉２０２０』から。

2021・7・13

Aさん

外見から他者を判断するということ自体は悪くないかもしれない、という一の文章の内容には共感しました。小学生の時、男子は黒色系のランドセル、女子は明るい色のランドセルが当然だという決めつけに疑問を感じたこともありました。そのため、【ア（二字）】観念と聞いたら、それだけで悪いものに思えていたのですが、一では、逆に【ア】観念を利用した自己【イ（二字）】のことが書かれています。自分がどのような人間であるかを【ア】観念によって意図通りにとらえてもらえるように装（よそお）い、振る舞うということです。それを体現した答えなさい。

問６　傍線部⑤「おもちゃに飽きた子供のような表情が浮かぶ」とはどのような様子を表していますか。最も適切なものを次から選び、記号で答えなさい。

ア　集中して取り組んでいたことへの興味を失い、急に別のことに熱中し始める様子。
イ　難しいことに挑戦してきたが限界を感じ、達成しやすいことを選ぼうとする様子。
ウ　こだわっていた物事に対し、それまでの態度を一変させて何の未練もなくなる様子。
エ　大切にしてきた価値観が揺らぎ、どうしたら良いのかわからずに途方に暮れる様子。

問７　次は、〈**中略２**〉から〈**中略３**〉までの「出来事」と「透風の心情・様子」を時間の流れにそって表にしたものです。表中の（Ⅰ）〜（Ⅳ）に入る語の組み合わせとして最も適切なものを後のア〜エから選び、記号で答えなさい。

出来事	透風の心情・様子
大ばあちゃんからおぶってくれるよう頼まれたが、背負えない。	（Ⅰ）
大ばあちゃんから初めてきつく当たられる。	（Ⅱ）
再度の説得と提案を試みたさつきが、大ばあちゃんに激しい怒りをぶつけられる様子を見る。	（Ⅲ）
大ばあちゃんから「家に帰ろう」と言われる。	（Ⅳ）
奥宮の方を振り返る大ばあちゃんの言葉を耳にする。	やりきれなさ

ア　（Ⅰ）無力感→（Ⅱ）呆然→（Ⅲ）不安→（Ⅳ）困惑
イ　（Ⅰ）絶望感→（Ⅱ）恐怖→（Ⅲ）驚き→（Ⅳ）困惑
ウ　（Ⅰ）屈辱感→（Ⅱ）呆然→（Ⅲ）不安→（Ⅳ）恐怖
エ　（Ⅰ）敗北感→（Ⅱ）困惑→（Ⅲ）驚き→（Ⅳ）呆然

問８　波線部**ア〜オ**から読み取れるさつきの人物像の説明として、**当てはまらないもの**を次から一つ選び、記号で答えなさい。

ア　「自分の価値観で、〜日々学ぼうとしてんの」という発言からは、自分とは異なる考え方を受け入れようとする柔軟さが感じられる。
イ　「自分もその前で両膝をついてまっすぐ言葉をかけた」からは、相手の目線で物事をとらえ、誠実に他者と向き合おうとする姿勢が感じられる。
ウ　「無言でスマホを取り出した」からは、余計なことは言わず、傷ついた友人の気持ちを救うために黙って寄り添う優しさがうかがえる。
エ　「弱々しく〜引き返していった」からは、自分に今できることを精一杯行い、果たすべきことから逃げない責任感がうかがえる。
オ　「雪が掌で〜淡く微笑んだ」からは、予想外の出来事にあった後でも、人を思いやることを忘れない寛容な人柄であることがうかがえる。

問９　空欄**Ａ**・**Ｂ**に入る最も適切な表現を次から選び、それぞれ記号で答えなさい。

ア　見たかった　　イ　見せたかった
ウ　見なかった　　エ　見られなかった

問10　次は、傍線部⑥中の「せかい」について説明した文章です。空欄に入る最も適切な表現を「**僕らに奥宮の日の出を〜**」で始まる

⑥タイラと大ばあちゃんで成り立つ心地よい狭きせかい。そこへさつきは、――さつきは壁に穴を開けて入ってきた。

内側から何かが押し開いてくる気がして、透風は思わず胸に拳を当てた。不思議な感覚だった。閉じ込めていた、というよりは閉じこもっていたものが自らの意思で顔を出すような。透風を守る境界線が、「友だち」の居場所を作るように、外へ外へと広がっていくような。

「ええお連れや」大ばあちゃんが繰り返す。

広がった分だけ、透風はおそるおそる歩き出す。どこまで行けばはしがあるのかわからないせかいへ、ゆっくりと踏み出していく。

心の表面がくすぐったい。どんな顔をしてよいかわからず、顔中を両手でごしごしと力任せに擦る。朝の光をたっぷりと浴びた頬が、暖かい。

指の隙間からさつきを見下ろすと、ようやくぼんやりと瞼を開けた目が、鳥が羽根を伸ばすように長い睫毛をゆっくりと動かし、瞬きをした。

問1　太線部ａ「画（する）」・ｂ「障子」の読みをひらがなで答えなさい。

問2　傍線部①「なまじ比喩ではない」はどのような表現に言いかえられますか。最も適切なものを次から選び、記号で答えなさい。

ア　ぴったりなたとえである
イ　なまなましいたとえである
ウ　意外性のあるたとえである
エ　言いふるされたたとえである

問3　次は、傍線部②「タイラは、画面の～それでいい」と感じるに至った透風の思いの変化についてまとめた文章です。空欄に入る最も適切な語を、それぞれ指定の字数の漢字で答えなさい。ただし、１・４は自分で考え、２・３は**冒頭から「境界線。そうなのだ。」で始まる段落まで**の本文中から抜き出すこと。

初めは、「コイツ」という呼び方に象徴されるように、透風はタイラの言動が気になりながらも、どこかで【１（二字）】心も抱いていた。だが、ある時、信頼する大ばあちゃんと似た価値観をタイラのメッセージから感じ取ると、一気に【２（三字）】を覚えるようになった。そして、世間が決めた枠組みを軽々と乗り越える、【３（二字）】そのもののタイラに、【４（二字）】の念をも抱くまでになった。

問4　傍線部③「それはすごく。すごく――」に込められた透風の心情の説明として最も適切なものを次から選び、記号で答えなさい。

ア　タイラの言葉に勇気をもらっていた透風だったが、自分が同じような行動をしても周囲には受け入れてもらえない中、初めて理解を示してくれたさつきに感謝の念を抱いている。
イ　タイラの子ども離れした行動力に驚きを感じていた透風だったが、自分も知らず知らずのうちにタイラと同じ生き方をしているのだとさつきに気づかされ、その事実に感激している。
ウ　みんなにタイラの魅力を知ってほしいと思っていた透風だったが、さつきにタイラの良さを理解してもらえたことで、自分も微力ながら彼の役に立てたのだと誇らしく思っている。
エ　自分が共感するタイラの価値観を周りに受け入れてもらうのは難しいと感じていた透風であったが、自分の大事にしている思いをさつきと分かち合えた気がして、喜びをおぼえている。

問5　傍線部④「心の奥底に～引き出す」とありますが、「そっと外に引き出」した「心の奥底に閉じ込めている気持ち」をたとえた表現を**「そうして迎えた今年の～」で始まる段落から「闇を震わせる大声で～」で始まる段落まで**の本文中から二字で抜き出し、ああそうか。大ばあちゃんが、奥宮に行きたがった理由。

庭に目を向ける。山の向こう側が曙色に染まり始めていた。その光が、徐々にこちらに迫ってくる。この光を、大ばあちゃんは――。

奥宮で初日の出を［ A ］のではなく、［ B ］のだ。

一秒ごとに闇が引いていく様子を、ずっと見ていたかった。見えていなかったものの輪郭が、徐々に見えていく。

今年はじめの、ヒヨドリのさえずりが聞こえた。

窓から燦々と降り注ぐ光があまりにもまぶしく、目が覚めた。身を起こすと手にしていたスマホがごとりと落ち、液晶画面にふっと時計が表示される。八時二十分。

傍らで、さつきが猫のように身体を丸めて眠っている。起こさないよう息を殺し、背後の障子を細く開けた。薄闇の座敷で布団はもぬけの殻で、庭から低く長く差し込む朝日を追って視線を部屋の奥まで移すと、廊下側の襖が開いており、大ばあちゃんが立っていた。

「透風、起きたんか。大ばあちゃんもな、寝過ごしてもうたわ」

そう言って縁側まで歩み寄り、よっこいしょと畳の端に横座りする。

「はあー、ええ天気や」

気持ちよさそうに日を浴びる大ばあちゃんの顔に、山での険しさはない。「よう寝てるわ」と口元をゆるめ、節くれ立った指でさつきの頭にそっと触れた。

数時間前に山でさつきを怒鳴りつけたことは忘れているのだろうか。そのことを、どう思っているのだろう。聞いてみたい気もするが、聞いても仕方がないのだろう。今は言葉通り受け取ることに決める。

「大ばあちゃん。僕、目標ができた」

「何や」

「何とかして、一日も早く大ばあちゃんを奥宮に連れて行く。歩きやすい階段とか、スロープとか。樋口はこの村でずっと色んなもんを拵えてきたんやから、僕も頭ひねってどうにかする。あそこはやっぱり大ばあちゃんと行く場所やから」

僕らに奥宮の日の出を見せたいなら、何がなんでも一緒に来てもらう。床の一点を凝視し、うんうんと自分にうなずく。さつきが言った通りだ。ころっと諦めたら、駄目なのだ。

階段拵えるより、カラダ鍛えてオレを背負ったらええがな、などと言われるかと思ったが、大ばあちゃんは大口を開けて笑った。かかか、といかにも愉快そうに皺を寄せて目をきゅっと閉じ、頬をひくつかせる。目元が涙で滲み始めたのは、感動したからではなく、多分ただの生理的な反応だろう。その涙を拭い、ひいひい言いながら大ばあちゃんは声を絞り出した。

「初笑いや。ええ初笑いやわ。今年はええ年になりそうや」

「冗談やないで。本気や」

「当たり前や。それでこそ樋口の男や。困難を切り開くのが樋口なんや。そうやって村も家も大きゅうしてきたからな」

樋口の男。大ばあちゃんが透風に対して初めて口にしたことに、絶句する。大ばあちゃんだけは、その言葉を使わなかったのに。

カチ、と歯車が噛み合うかすかな感覚が胸に伝わる。背負えなくても、いい。別のやり方でも、いい。あれほど嫌で嫌でしょうがなかった、「樋口の男」。その硬い輪郭がふっとゆるんだように感じた。

「さぁちゃんとタイちゃんにも手伝ってもろたらええ。皆で力を合わせてな」

大ばあちゃんが再び、さつきのこめかみをそっと撫でる。

「透風、ええお連れができたなあ。よかったなあ」

お連れ。友だち。一応義理のいとこだが、血がつながっていないせいか大ばあちゃんにとってはあまり関係ないらしい。

すほど痛みを伴(ともな)う透風の気持ちが、もうええわ、のひと言で、いとも簡単に流された気がした。それだけではない。さつきや綾音(あやね)おばさん〔さつきの母〕の好意も含め、全てをなくてもよかったことにされた、気がした。

大ばあちゃん、それならせめて、さつきにはあそこまで怒ってほしくなかった。

「奥の神さん、お聞きの通りや。どうぞ堪忍(かんにん)してください」

大ばあちゃんが胸の前で小さな手を合わせ、奥宮の方角に向かって頭を垂れた。

さつきを待たず、ふたりで山を下り始める。少しも進まないうちに、大ばあちゃんが再び足を止め、奥宮の方を振り返った。

「ここに来るのは、これが最後かもしれへんな。透風、大ばあちゃんが行かれへんでも、いつかさぁちゃんとタイちゃん〔タイラのこと〕には見せてやり。初日の出は奥の神さんから見るのが一番なんや」

行きたいのか行きたくないのかどっちや。

涙で濡(ぬ)れた頬が、ひりひりといつまでもしびれた。

〈中略３　その後、自宅に帰った大ばあちゃんは「お天道(てんと)さん出たら起こして」と言って寝てしまう。〉

「あの」相手が眠ってしまう前にと、透風はぎこちなく声をかける。

「うん？」さつきが疲れた顔を向ける。

「さっき、山で大ばあちゃんが言ったこと、すみ、すみません。手も、た、叩(たた)いて」

「何で透風が謝るの」

さつきは、**オ**雪が掌で溶けるように淡く微笑(ほほえ)んだ。さつきが去った後、大ばあちゃんが急に態度を変えたことを説明する。

「僕も、ついていけないんですけど、一応言っておこうと思って。そもそも悪気は、なかったんだと、思います」

大ばあちゃんをかばうというより、さつきは何も悪くないのだと伝えたかった。うん、とさつきは応じ、背後を振り返る。雪見**b**障子のガラスの奥で、布団にくるまった大ばあちゃんが、太いいびきをかいている。

叩かれた手をもう一方の手で包み、正直、ちょっと怖かったけど、と前置きしてさつきは言った。

「それくらい行きたかったんだろうね、奥宮に。理由を想像すると、やっぱり連れて行ってあげたかったよね」

「理由、ですか」

「大ばあちゃん、焦(あせ)ってたんじゃない？　いつまでもまた来年行けばいいやって、言ってられないのかも。体力があってもボケたらわかんなくなっちゃうし、頭がはっきりしてても身体がついていかなかったら、奥宮には行けないじゃん。それに、こんなこと言っていいのかわかんないけど、もう九十八だし。逆に、ころっと諦(あきら)めちゃってほんとにいいのって感じだよね」

透風が日頃考えないようにしていることを、恐れず口にする。毅(き)然としながら労(いたわ)りが滲(にじ)むさつきの横顔を見て、透風は返事をすることも忘れた。

それより何かいい方法ないかなあ。大ばあちゃんを奥宮に連れて行く方法、とさつきが再びあくびをする。その上瞼(まぶた)がぴた、ぴた、と下瞼にくっついては離れる。最後は、くっついたまままもう開かなくなってしまった。座ったまま、首がかくんと下がる。

ささくれ立った心が、すうっと凪(な)いでいく。やわらかくなったそこへ、大ばあちゃんの言葉がするりと戻ってきた。

いつかさぁちゃんとタイちゃんには見せてやり。

電波もワイファイもない。
「とりあえず、私が神社に戻ってママを呼んでくる。それから……」
　さつきが言いかけると、大ばあちゃんがそれを横から遮り怒声を浴びせた。
「あんたのオカンじゃあかん。誠一呼んでこい。とにかく早う何とかせえ！　夜が明けてまうわ！」
　引きつったさつきの顔に怯えが浮かび、傷ついた瞳が透風の胸を深くえぐる。
　険しい表情で睨みつける大ばあちゃんから目を逸らすと、さつきは**エ**弱々しく「じゃあ、行ってくる。すぐ戻るから」と言い、来た道をひとりで引き返していった。
　透風は嫌な味がする唾を飲み込む。今ので、さつきがもう屋根裏に来なくなったらどうしよう。大ばあちゃんを嫌いになったら、どうしよう。
　木々の奥にさつきの懐中電灯の光が見えなくなると、透風はのろのろと立ち上がり、手や太ももの土を払い落とした。頭上で幾重にも重なる枝の先を見上げる。夜空はまだ青暗い。さつきが境内にいる誰かを連れて戻ってくるのに、最低でも十五分。父を呼べば三十分以上かかるが、日の出にはなんとか間に合う。
「あれ、さぁちゃんどこ行きよった」
　ふいに、足下で声がした。大ばあちゃんがきょろきょろしている。透風は混乱した。声に、さっきまでの険がない。さつきがいなくなったことを、本当に疑問に思っているみたいだ。
「さつきは神社に人呼びに行った。誰か大人が来てくれたら、奥宮まで行ける。せやから寒いけど、もうちょっと待とうな」
　丁寧に言ったつもりだが、何を今さら、とつい思ってしまう。すると、大ばあちゃんの顔から疑問がすっと消え、代わりに⑤おもちゃに飽きた子供のような表情が浮かぶ。
「もうええわ。帰ろか。寒いわ」
　え。透風の両目がすっと見開く。今、何て？
　ほれ、起こしてんか、と大ばあちゃんは透風に向かい、赤ん坊がそうするように両手を高く伸ばす。ふたりで抱き合うようにして立ち上がると、ぽんと、大ばあちゃんが透風の腕に、泥のついた手で触れた。
「透風、お日ぃさんはな、どこにいてもお日ぃさんや。初日の出は、どこにいても初日の出や。さぁちゃんと透風と一緒に見れたら、どこでもええわな。神さんも許してくれはる」
「でも大ばあちゃん、さつきが今、ひとりで山を下りて……」
「もうええ、もうええ。やめやめ。寒ぅて待ってられへん」
　何やねん。何なんや。
　子供の頃から聴こえていた大人たちの声が脳裏によみがえる。大ばあちゃんには困ったもんやわ。年いってねえ、言うてることが……。しゃあないわ、だって九十やもん。昔から頑固やけど、振り回されるこっちの身にもなってほしいわ。
　年のせい。老いや余命を連想させる語句を口にし始めた大ばあちゃんが、ほんの少しずつ、はめてもはめてもポロポロと落ちるパズルのピースみたいに、元の姿を保てなくなっていく。同じ言葉の繰り返し。つじつまが合わない会話。朝言ったことを昼には忘れている。
　これまであえて知らん顔で受け流していた現実を、バケツに溜めて一気に浴びせられたようで、透風は激しく動揺した。
「帰るで。さぁちゃんどこ行きよった」
　年のせい。大ばあちゃんは、悪くない。そう思おうとすればするほど、内側で感情が膨らんでいく。
　己の力不足に対する悔しさ。大ばあちゃんに初めて怒鳴られた衝撃。努力したのに役立たずだと宣言された哀しみ。ひとつひとつが胸を潰押し出した小舟が、温かい波にやさしく押し戻されたようで、温もりのある余韻が残った。

髪を伸ばし始めたのも、女装を始めたのも、タイラのようになりたいとか、女になりたいとかいう、こころざしがあったわけではない。

何となく、女装をすれば「男らしさ」を真っ向から否定できるようで心が晴れるし、髪は伸びれば伸びるほど、女装に合うと思った。さつきには本当の自分にしがみついている、なんて言ったが、内実は、現実逃避と紙一重の意地。男らしくない自分をどうにもできないだけだ。

〈中略２　大みそかの夜、数年ぶりに奥宮で初日の出を見たいという大ばあちゃんを連れて、透風はさつきと山の上にある奥宮に向かった。今後、このような機会があるとは限らない、との思いからであった。しかし、途中で足元がおぼつかなくなった大ばあちゃんは「負ぶってくれるか」と透風に頼んだ。戸惑いながら背負おうとした透風だったが、大ばあちゃんを支えきれず、体勢を崩してしまう。〉

ああっ、という声がそれぞれの口から漏れ、大ばあちゃんがずり落ちると同時に透風も横座りにくずおれる。

この華奢な身体が忌々しい。それ以上に、解放されてほっとしている自分が心から情けなかった。目と鼻の奥が燃えるように痛み、袖口で力任せに拭う。その横でさつきが冷静に大ばあちゃんを起こし、丸太の縁に座らせると、イ自分もその前で両膝をついてまっすぐ言葉をかけた。

「大ばあちゃん、ねえ、どっちが大事？　三人で初日の出を一緒に見ることか、奥宮に辿りつくことか。奥宮に行くことなら、今は一旦帰って、夜が明けてから他の人にも手伝ってもらおう」

大ばあちゃんの願いは、叶わない。父だったら、難なく背負えるのに。堪え切れず、透風は無言でぼろぼろと熱い涙をこぼした。

「夜が明けてからて。初日の出やのにそんなもん待ってたら意味あらへんがな」

大ばあちゃんが刺々しく抗議する。

「うん、でも私と透風じゃ大ばあちゃんを奥宮まで運べない。怪我させちゃうかもしれない。今なら、家に戻れば三人で初日の出、見られるよ。間に合うよ」

諭す調子で語りかけると、さつきは立ち上がり、うながすように手を差し出した。

「ほな、今すぐ人呼んでこい。お前らがようせんのやったら、村の者呼んでこんか！」

闇を震わせる大声で大ばあちゃんの檄が飛び〔しかりつける声がして〕、さつきの手が振り払われた。ばしん、と乾いた音が闇夜に響く。さつきの顔が凍りつき、透風の全身が粟立つ。

透風が知る大ばあちゃんは、気難しいところもあるが、やさしくて、透風には怒ったりしない。だから、こうなった以上「ほなしゃあないな」と言ってくれると、どこかで期待していた。

しかし、今、目の前で顔をくしゃくしゃにして憤りを顕にする大ばあちゃんは、思うように歩けない膝に業を煮やし、奥宮で初日の出を、という願いが叶わず怒っている。その思いを叶えてあげられない透風とさつきを、はっきりと責めている。

大ばあちゃんに初めて怒鳴られた衝撃で、何も考えられなくなった透風は、電池が切れたように冷たい地面に座ったまま動けない。さつきがウ無言でスマホを取り出した。画面を確認し、かぶりを振る。

が女装している屋根裏に頻繁に出入りし、女装に協力してくれていた。次は、協力的である理由を尋ねた透風に対して、さつきが答えている場面である。〉

「女装とか、明らかに変だけど。キモいっちゃあキモいけどさ。透風が言ったんじゃん。本当の自分にしがみついて生きてるって。タイラがそういうのがいいって言うから、そうするんだって」

以前、そんなことを話した気もする。変じゃない、とはっきり言った覚えはないが、さつきはそのように解釈したらしい。

「これでも勉強中なの、私」

さつきは、腰を折って床に散らばる服を拾い始めた。着せ替えごっこは透風だけ。さつきは普段着のままだ。

「**ア**自分の価値観で、いいと思うものとか、好きなことを自由にやっちゃうタイラと透風から、生き方ってやつを日々学ぼうとしてんの」

服を腕に抱え、深い光を宿す大きな瞳が、再び透風と向き合った。

「皆があんたたちみたいに常識の境界線をちょっとゆるめたら、生きやすくなりそうじゃん。だから、協力してあげる」

境界線。そうなのだ、と透風は心で強くうなずく。まさに、水の中にいるようなそういう行きつ戻りつの自由が、いいと思うのだ。タイラからもらったその大切な大切な感覚が、自分を通じてさつきに伝わったのだとしたら、③それはすごく。すごく――、

そうして迎えた今年のクリスマスは、人生で一番楽しいクリスマスだった。

三十万人のフォロワーを持つタイラのインスタグラムライブ配信。タイラが自ら作詞作曲した新曲をギター一本で弾き語る。少しお喋りをして、今度はクリスマスの定番ソングのカバー。最後にフォロワーへ丁寧なお礼を述べ、四十分ほどで終了した。

感動しました！　新曲リプレイ待ってます！　といった感想が続々と上がる。それらをじっと目で追っていると、さつきの声がした。

「短かったね。でもタイラのトークって珍しいし、よかったね」

百均で買ったというサンタのとんがり帽子を脱いださつきの表情は、晴れ晴れとしていた。その生身の人間の温度が波紋となり、透風の深い部分を刺激する。透風は自分もこの時間が本当に楽しかったのだと、やわらかい水が土に染み渡るように、喜びが静かに胸に広がっていくのを感じた。その喜びが、「いいね！」にすら安易に変換できない、④心の奥底に閉じ込めている気持ちをそっと外に引き出す。

「新曲、すごく、感動しました。タイラが、フォロワーのことを大事に思って声をかけてくれるのも、ほんと嬉しくて、泣きそうになりました。タイラのファンで、よかった」

言ったそばから、本当に目に涙が溜まり、慌てて手の甲で擦る。皮膚に、きらきらした白いものが貼りつく。さつきに施されたアイシャドウだ。

さつきは涙には触れずクッションに座りなおし、よくわからない動物の抱き枕をぎゅっと上半身で押し潰すように抱きしめた。

「顔もやってることも日本人離れしてるのに、礼儀とかそういうの、すごく日本人だよね。ユーチューバーと違って変なテンションもないし、逆にダレた感じもない。女子のサンタコスするかと思ってたけど、まさかの普段着だったしね」

そう、黒のニットにジーンズという出で立ちには驚いた。サンタの帽子だけはかぶっていたが。

「でも皆がこういう格好で騒いでる中、ひとりカジュアルで爽やかで、それもまたいいなって、思いました」

透風が言うと、さつきは「だよねー」と笑った。それにまた、ほっとする。こうして誰かと気持ちをじかに共有する感覚は、意を決して

高校一年生の「樋口透風」は、小さな集落の地主の一人息子である。住んでいる集落では力仕事ができてこそ男として一人前という考えが根強く、非力な透風は肩身の狭い思いをしていた。そんな中、曾祖母で、今年九十八歳になる「大ばあちゃん」だけは幼少期から透風の味方であり、「世界には『端』がない」という考え方も与えてくれた。最近では体力や認知機能にも衰えが見られるが、透風にとって大ばあちゃんはかけがえのない存在であった。もう一人、透風にとって大切な存在として、インターネット上で活動中の「タイラ」がいた。次は、タイラとの三年前の出会いを思い返している場面である。

何だコイツ。明らかに加工していないのに、やたら綺麗な顔立ち。女子か男子かわざと混乱させるような風貌。自分の写真をこんなにもひけらかしている時点で引く。絵が上手いのはいいとして、中学生でTシャツを作って、売り上げを寄付？　プロフィールには『タイラ中3』とあり、日本とアメリカの国旗の絵文字が並ぶ。

妙に気になり、毎日検索して見ていたが、フォロー機能を使う後押しとなった投稿は、夏休み最後の写真。透風が大ばあちゃんにもらったものと同じような、大人の頭ほど大きい地球儀に、タイラがぴたりと白い頬を寄せている。

『セカイには、端がない。まるいものって、はしがない』

稲妻に打たれるような感覚、というのは①なまじ比喩ではないらしい。実際、背筋がぴっと伸びた。背骨がカタカタとまっすぐに整い、肋骨が開く。その隙間が、昂ぶる感情で満たされていく。誰もいない納屋の屋根裏で、花柄の籐の椅子に座りなおす。汗ばんだ両の掌で小鳥を抱くようにスマホを包み、黒檀の瞳の少年をまじまじと見つめる。

その瞬間から、透風は彼のことを「コイツ」と呼ぶことを止めた。彼の名は、タイラ。まるいものにはしがないことを知る存在。

ちょうど、タイラが有名になり始めていた時期だった。ハーフは珍しくはないが、濃い栗色の髪と黒に近い瞳、高過ぎない鼻は日本人に親しみやすい。それでいて一般人とは一線をａ画する甘く整った見目が、まず母親世代の女性に受けた。そして、日本の中学生とは思えない絵や音楽の才能と言葉の選び方は、中高生の憧れとなった。ジェンダーレス男子、という肩書きがついてインスタアイドルとしての地位が完全に確立したのは、透風がタイラと出会って一年経った頃だ。

境界線、はタイラにとってのキーワードで、タイラは「端」や「区別」を好まない。だから、女子の服がいいと思ったら迷わず着る。女子っぽい持ち物も使う。逆に男子っぽい格好をする日もある。自分の価値観で、世間が分けている物事を行ったり来たり。誰でもできるようでいて、現実にはそこまで割り切れない自由が、タイラにはある。

セカイはまるい。まるいものには、はしがない。

タイラが、大ばあちゃんの言葉を行動で示してくれる。身体中に沁み渡る、甘い親近感。だが、友だちになりたいとか、そんなことは思わない。この美しい人は、自分なんかとつながってよい存在ではない。だから、コメントの投稿はおろか、「いいね！」すら押さない。

②タイラは、画面のこちら側からそっと覗き見ることができれば、それでいい。

〈中略１　その後、タイラの影響で始めた女装が集落の皆にばれてしまい、透風は父の「誠一」に激怒される。そんな中でも大ばあちゃんだけはありのままを受け入れてくれた。また、最近集落に引っ越してきた同い年の義理のいとこである「さつき」は、なぜか透風

席が埋まってきたので邪魔にならないように荷物をよけた。

ウ　買い物中、他人のカゴの中に欲しかった商品を見つけたので、その人に売り場をたずね、礼を言って自分も同じ物を購入した。

エ　バスに乗り合わせた人のおしゃべりがうるさかったため、その声が聞こえないようにイヤホンをはめて大音量で音楽を聴いた。

問６　傍線部④「状況に応じて必要だとされる外見を整えること」について、次の各問いに答えなさい。

(1)　次は、傍線部④について説明した文です。空欄に入る最も適切な語を「**でもなぜ私は困って～**」で**始まる段落から**「**どちらからも学ぶべき～**」で**始まる段落まで**の本文中から四字で抜き出し、答えなさい。

その場の状況に合わせて「外見を整えること」とは、見せたい自己を呈示すること、つまり［　　　］**をするという営みである。**

(2)　傍線部の例として**ふさわしくない**ものを次から一つ選び、記号で答えなさい。

ア　小児科の看護師が、威圧感を与えないように淡く優しい色あいの服を着て子どもに接する。

イ　サッカー観戦をする時、応援するチームのユニフォームを着て周囲との一体感を出す。

ウ　友達の誕生パーティーで自分の苦手な料理が出てきたが、おいしそうに全部食べきった。

エ　いつもはお手伝いをしないが、親戚で集まった時には自分から進んで食器の片づけをした。

オ　健康診断の前日に夕飯の量をいつもよりも少なくして、体重測定で数値を下げた。

問７　傍線部⑤「人間の『ちがい』をめぐる偏狭で硬直した図式」を端的に述べた表現を〈**中略２**〉**以降**の本文中から七字で抜き出し、答えなさい。（記号も一字と数えます。）

問８　〈**中略２**〉**以降**の本文において、筆者は「普通」をどのようにとらえていますか。適切なものを次から**二つ**選び、記号で答えなさい。

ア　「普通」とは、〝惰性〟により人々が作り出したものにすぎないため、一切信頼せずに自分の持っている価値観を貫くことが大事である。

イ　私たちの多くは「普通」にとらわれているが、努力によってそのとらわれから切り離され、自由で偏りのない人間になることができる。

ウ　「普通」を見直したとしてもそれは次なる「普通」を生み出すことにはなるが、見直す行為は差別を減らす上でも決して無駄な営みではない。

エ　「普通」は空気のようなものであり、それに抗うことはできないため、「普通」から離れようとせず、うまく付き合っていくことが現実的である。

オ　マスメディアによって画一的に作り出された「普通」に私たちは影響される傾向があるため、できるだけマスメディアに触れないことが望ましい。

二

次の文章は、秋ひのこ 作「はしのないせかい」の一節です。本文を読み、後の問いに答えなさい。〔　〕内の表現は、直前の語の意味を表します。なお、設問の都合上、本文を変更している部分があります。

ら自分自身を解き放つプロセスがもつ意味を自らの腑に落とすことです。

「普通」の呪縛から自分自身を解き放つこと。それは私たちが「普通」からまったく離れてしまうことではありません。「普通」とはいわば空気のようなものであり、私たちはそれこそ命を終える瞬間まで付き合わざるを得ないのです。

それは、もろもろの因習や伝統、習慣といった〝惰性〟から「普通」を切り離し、新鮮な視点で「普通」を丁寧に見直していく作業ともいえるでしょう。そして見直す過程で私自身の他者理解やものの見方を制限したり妨げている知を見つけ、それを自分にとってより有効な知へと変貌させることが大切なのです。言い換えれば、⑤人間の「ちがい」をめぐる偏狭で硬直した図式を崩し、より緩やかでそれぞれを対立させたり排除させたりしないような形で「ちがい」を認める新たな価値や図式を徐々にでも創造していく営みといえるでしょう。

（好井裕明 著『他者を感じる社会学　差別から考える』より）

問１　太線部**a**「チュウシ」・**b**「テンケイ」を漢字に直しなさい。

問２　次は、傍線部①「『たかが外見、されど外見』」と言える理由について説明した文です。空欄に入る最も適切な表現を、Ⅰ・Ⅲについては**傍線部①以前**の本文中から指定の字数で抜き出し、Ⅱについては後の選択肢から選び、それぞれ答えなさい。

外見ではなく中身が大事だと言われることが多いが、私たちは蓄積してきた「知識在庫」、つまり【Ⅰ（漢字四字）】をもとにして、人々を外見から【Ⅱ】化し、他者の【Ⅲ（漢字三字）】までも推測しようとする現実があるからである。

[選択肢]
A　ルール　　B　データ
C　トータル　　D　パターン

問３　空欄**X**・**Y**に入る適切な語を次から選び、それぞれ記号で答えなさい。

ア　もし　　イ　つまり　　ウ　しかし　　エ　たとえば

問４　傍線部②中の「回避」を具体的に説明したものとして最も適切なものを次から選び、記号で答えなさい。

ア　スマホに集中することで、満員電車の中でも自分だけの心理的空間を作り出し、それと同時に自分が周囲の人に関与するつもりがないことをも示すということ。

イ　スマホの便利な機能を使いこなすことで、満員電車の中でも自分の個人情報を周囲から守り、同時に他人の情報をうっかり見てしまう事態も避けるということ。

ウ　満員電車の中でスマホを手にしていることで、危険を感じるような時があっても、すぐに誰かに助けを求められる状態にあることを周囲にアピールするということ。

エ　満員電車の中でスマホだけを見ることで、他人からの視線を浴びる緊張から逃れ、また他人と目を合わせないことで相手に対しても気まずい思いをさせないということ。

問５　傍線部③「儀礼」について、次の各問いに答えなさい。

(1)　ここでの「儀礼」の意味として最も適切なものを次から選び、記号で答えなさい。

A　ポイント　　B　エチケット
C　プライベート　　D　セキュリティー

(2)　ここでの「儀礼」の例として最も適切なものを次から選び、記号で答えなさい。

ア　友人の部屋へ遊びに行った時に、長い間貸したままになっていた漫画本を見つけたが、特に返却を求めなかった。

イ　図書館での自習中、隣の座席に自分の荷物を置いていたが、状態のなか、私たちは、②スマホなど使える「道具」を駆使して、互いの〝膜〟を破る危険を回避できるよう細心の注意を払っているのです。

私が困ってしまうのは、隣の他者の〝膜〟をなんとか破らないように注意を払い、その場でいろいろとふるまっても、〝膜〟の向こうにある他者の世界が「見えてしまう」からです。ＬＩＮＥのやりとりや個人で検索している情報やゲームの様子など、別に私は見たくありません。結果として隣の人が懸命に維持しようとしている〝自分だけの世界〟を「侵犯」してしまう危うさを感じるからなのです。

自分の〝膜〟を守りつつ、他者の〝膜〟つまり、他者の私的世界を侵犯しないこと。これこそ、私たちが日常しっかりと守っている最大の③儀礼と言えるでしょう。そしてこの儀礼を行使することに外見が密接に関連しています。

自分の〝膜〟を守りつつ、他者の〝膜〟つまり、他者の私的世界を侵犯しないという儀礼は、さらに私たちがその場そのときに応じて適切に自分の〝外見〟を整えることで達成されます。

たとえば私は、電車で空いている席を見つけると、座る前に必ず「すみません」と両側に座っている人に声をかけるか片手を少し前に出して「これから私がそこに座りますよ」という意思表示をします。両側の人のコートや上着の裾を尻で踏まないように気をつけながら座り、リュックは両腕で覆うようにして抱え、膝の上でしっかりと安定させます。ここまですれば、自分の〝膜〟はしっかりと守れるし、両側の人の〝膜〟にも触れないし、私的世界にも「侵犯」する危険性はなく、ほぼ完璧な〝乗客としての外見〟を私はつくりあげることができます。そしてこうした外見をつくりあげた後で、今日の講義で使えそうな面白いネタはないかと、どこに焦点をあわせることもなく、乗客の様子を細かく観察しています。

④状況に応じて必要だとされる外見を整えること。この営みは、ほとんど誰もが逃れえないものと言えるでしょう。でもなぜそのような営みを私たちはしてしまうのでしょうか。これもゴフマンから得た私の知識ですが、私たちは常に自分の姿をめぐりその場その時の状況に適合するように印象操作しています。それはただ姿かたちという外形的なことだけではありません。自分自身がどのような存在であるかを相手にわからせようとする自分の中身にまで関わっていく印象操作という営みです。

〈**中略２**〉

外見で他者を判断し、また外見で自分自身を判断してもらうことは日常では必要な営みです。だからこそ外見を整え、その場その時に応じて印象操作し、自己呈示することは生きていくうえでの基本です。同時に、外見から〝適切に〟他者を判断し、他者に感応することは、とても重要であり、日常生きていくうえで回避し得ない営みなのです。

しかし他者をかけがえのない存在として敬意を払うことなく、外見だけから〝恣意的に〔勝手に〕〟判断し「決めつけ」、見下し、遠ざけるという差別や排除もまた、日常頻繁に起こっている事実でもあります。

外見による「決めつけ」を崩していくためには、どうすればいいのでしょうか。「ぽっちゃり」女性の意識改革、生き方改革を実践する『ラ・ファーファ』〔雑誌名〕の戦術や戦略は参考になると思います。また厳しい告発ではなく、私たちを少しずつ巻き込んでいく「マイフェイス・マイスタイル」〔団体名〕の活動もまた、実はラディカル〔根本的〕な営みであり、私たちが「普通」に呪縛され〔しばりつけられ〕ている事実を鋭く突きつけてくれます。

どちらからも学ぶべき共通点があります。それは「普通」の呪縛か数の人間からできる集まりには、それ自体固有の秩序がつくられ維持されているという事実を明らかにしています。「相互行為秩序（the interaction order）」というものです。

X 、私たちは電車に乗っている時に、どのような秩序を維持しながら過ごしているのでしょうか。私がまず思いつくのは「他者はじっとみつめない」というルールです。どんなに目の前の座席に座っている人が魅力的であろうと私はその人をじっと見つめたりはしません。でもやはり気になる時は、その人だけを a チュウシするのではなく、他の光景も眺めているふりをしながら、それとなく見るでしょう。ゴフマンの言葉を借りれば、それは「焦点をあわせない（unfocused）」見方であり、こうした秩序が維持されているのは「焦点をあわせない人々の集まり」であり、電車のような公共的な空間で b テンケイ的にみられる現象です。 Y 私に限らず乗り合わせた多くの人は、電車の中では、特定の誰かに焦点をあわせないで、焦点をぼかしながら、周囲の乗客の姿や様子を見るともなく見ているのです。

さらに言えば私たちは、他の乗客との〝距離〟を絶妙に保ちながら、自分の場所を維持しつつスマホに熱中したり音楽を聴いたり本を読んだりしています。ゴフマンに言わせれば、新聞や週刊誌や本は、他者との〝距離〟をとり、〝距離〟を保っていること、言い換えれば自分は他者に対して関心はないし、他者という存在へ関与するつもりもないことを周囲の他者に表示するための「道具」なのです。もちろん今はスマホこそ最適な「道具」です。

ただこうした視線の取り方や「道具」が通常に機能して電車内の秩序が維持されるとしても、それが危うくなる状況はいくらでも起こり得ます。

満員電車に乗って、私はいつも気になり、どうしようか困ってしまうことがあります。それは隣に立っている人や席に座っている人が熱中するスマホの画面が「見えてしまう」ことです。見たくなければ目を閉じればいいだけですが、満員で身動きもままならないとき、目を閉じ続けると不安定な状態になるし、さりとて他に視線を移そうとすれば、そこでも別のスマホの画面が見えてしまいます。見たくもないものが、まさに「見えてしまう」のです。

でもなぜ私は困ってしまうのでしょうか。先に述べたようにスマホは使用している人にとって、満員電車という人間が充満した異様な空間で、自分の世界に閉じこもることができる有効な道具です。それは同時に他者に対して関心もないし関与もしないことを示す道具でもあります。イヤホンで音楽を聴き、スマホの画面に目を落としてゲームやＬＩＮＥのやりとりに集中している姿。それは周囲の世界や外界に対して耳も目も遮断し、自分だけの世界に集中している姿を周囲に表示していることになります。「表示する」と書いたのは、もちろんスマホに熱中するとしても、その人は完全に他の乗客や外界の音や様子を遮断しているのではなく、聞こうと思えば聞けるし、見ようと思えば見えるからであり、そうした外界との繋がり方を意味しています。

さきほど電車内で人々が適切に〝距離〟を保つことが電車の秩序にとって重要だと述べましたが、満員電車のように〝距離〟すら保つことが困難な場合、私たちはどのようにして自分を守り、自分と他者との繋がりを維持しようとするのでしょうか。ゴフマンの発想を借りて、私はこう考えます。

私たちは、自分を守る〝膜〟とでもいえるものを持っています。それは状況によって堅牢な〝殻〟となるかもしれませんが、薄く、破れやすく、誰の目にも見えない透明な〝膜〟です。そして満員電車のように人間が過剰に密集してしまうとき、当然〝距離〟の維持は難しく、さらに〝膜〟さえもお互いに触れ合い、擦りわせる〔原文のままの表記〕ことで、破れてしまう危険に私たちはさらされます。そのような

二〇二二年度 浦和明の星女子中学校

【国語】〈**第一回試験**〉（五〇分）〈満点：一〇〇点〉

注意　字数制限のある場合は、句読点も一字と数えて答えること。

一　次の文章を読み、後の問いに答えなさい。〔　〕内の表現は、直前の語の意味を表します。なお、設問の都合上、本文を変更している部分があります。

外見とはどのようなことを意味するのでしょうか。字義通り考えれば、「外」から見える人の姿ということでしょうか。「外見を気にする」とは、まさに見た目で判断される自分の姿、自分への評価に敏感になるということです。誰がどのように考えようと自分は自分だとも言えますが、そう簡単なことでもなく、私たちは常に「他者からの視線」に対抗する〝術〟を考え、実践しているのです。そして私たちが日常の差別や排除を考えるとき、外見という問題もまた重要な手がかりです。本章では、外見をめぐり、語ってみたいと思います。

ゼミの男子学生が髭をテーマに卒業論文を書きました。内容は日本や西洋における髭の社会史をまとめたものですが、彼にとって卒論は自分の髭への〝鎮魂〔魂をしずめる〕歌〟でした。彼は、ゼミにはよく手入れされた黒々とした髭を蓄えて現れました。ゼミだけでなく大学の日常も髭を蓄えた姿は特に違和感もなく、何の支障もなく彼は過ごしていました。しかし、大学を卒業し社会人になるタイミングで、彼は見事な髭に別れを告げなければならなかったのです。

〈**中略１**〉

日常生活世界を解読した社会学者Ａ・シュッツによれば、私たちは普段「類型」に準拠して〔よって〕他者を理解し、「類型」は私たちがそれまで蓄積してきた「知識在庫」に依存しています。たとえば先の男子学生が卒業して社会に出ると「サラリーマン」となります。「サラリーマン」という「類型」は、アイロンが効いたしわのないワイシャツに趣味のいいネクタイを締め、落ち着いた色のスーツを着て、にこやかにお客様に対応するといった実際の場面に即応した常識的知から構成され、そのほとんどが外見、見た目に関連したものと言えます。より外見に徹底した「類型」といえば、「就活〔就職活動〕する大学生」を思い出します。個々の学生がどのような人間性を持ち、どのような思想をもっているのかなど、「内実」に一切関わりなく〝就活スーツ〟に身を固め、清潔な髪形に整えた瞬間、彼らは「就活する大学生」に変身してしまいます。

人間は外見や見かけではなく、その中身が大事だ、という考えを否定する人はまずいないでしょう。そうでありながら同時に私たちは普段、いちいち目の前にいる他者の〝なかみ〟や〝こころ〟を気にして、生きているわけではありません。他者の「内実」ではなく、他者の「外見」をもとにして、その場その時に応じて、目の前の相手が何者であり、どのように対応すれば適切であるかを瞬時のうちに判断し、実践しているのです。だからこそ、外見を考えることは、日常における他者との出会いや他者理解を考えるうえで、とても重要な営みだと言えるでしょう。①「たかが外見、されど外見」なのです。

「されど外見」を考えるとき、私たちは普段、他者とどのように向きあっているのかをじっくりと見つめる必要があります。そしてこれは、ゴフマンという一風変わった社会学者が生涯テーマとした「共在＝他者とともに在ること」を考え、そのありようを解読する営みと密接に関連しています。ゴフマンは、人間が他者と共にいる営みや複

2022年度

浦和明の星女子中学校　▶解説と解答

算　数　＜第１回試験＞（50分）＜満点：100点＞

解　答

1 (1) $\frac{1}{105}$　(2) 14分間　(3) 133％　(4) 解説の図２を参照のこと。　(5) 450円　(6) 37.68cm　(7) ①　1：1　②　266cm^2　**2** (1) 1080m　(2) 分速60m　**3** (1) 2：3　(2) 36cm　(3) 16000cm^2　**4** (1) ８秒後から12秒後　(2) ８秒後から10秒後　(3) $9\frac{1}{3}$秒後，$2\frac{2}{3}$cm^2　**5** (1) 1，3，5，7　(2) (イ) 7　(ウ) 10　(エ) 2，4，6　(3) 44通り

解　説

1 **四則計算，仕事算，つるかめ算，割合，構成，比の性質，図形の移動，長さ，面積**

(1) $\left(10-1\frac{3}{10}\right)\div\left(3.2+3\frac{4}{9}\times0.9\right)-2\frac{4}{7}\div0.625\div3=\left(\frac{100}{10}-\frac{13}{10}\right)\div\left(\frac{32}{10}+\frac{31}{9}\times\frac{9}{10}\right)-\frac{18}{7}\div\frac{5}{8}\div\frac{3}{1}=\frac{87}{10}\div\left(\frac{32}{10}+\frac{31}{10}\right)-\frac{18}{7}\times\frac{8}{5}\times\frac{1}{3}=\frac{87}{10}\div\frac{63}{10}-\frac{48}{35}=\frac{87}{10}\times\frac{10}{63}-\frac{48}{35}=\frac{29}{21}-\frac{48}{35}=\frac{145}{105}-\frac{144}{105}=\frac{1}{105}$

(2) 作業全体の量を35と20の最小公倍数である140とすると，１人で１分間にする作業量は，太郎さんが，140÷35＝４，お兄さんが，140÷20＝７となる。よって，毎分４の割合で作業をした時間と，毎分７の割合で作業をした時間が合わせて26分間あり，全部で140の作業ができたことになる。かりに，26分間すべてを毎分７の割合で作業をすると，できる作業量は，７×26＝182となり，140よりも，182－140＝42多くなる。また，毎分７の割合で作業をするかわりに毎分４の割合で作業をすると，できる作業量は１分間あたり，７－４＝３減る。したがって，毎分４の割合で作業をした時間，つまり，太郎さんが作業をした時間は，42÷３＝14(分間)とわかる。

(3) Ｂ国の陸地の面積を１とすると，Ａ国の陸地の面積は，１×1.14＝1.14，Ａ国の森林の面積は，1.14×0.7＝0.798，Ｂ国の森林の面積は，１×0.6＝0.6となる。よって，Ｂ国の森林の面積をもとにしたＡ国の森林の面積の割合は，0.798÷0.6＝1.33であり，これを百分率で表すと133％となる。

(4) 問題文中の図で，ＰとＱは同じ面上にあるから，直接結ぶことができる。同様に，ＱとＧ，ＧとＥ，ＥとＰも直接結ぶことができる。よって，立方体をＰ，Ｑ，Ｇ，Ｅを通る平面で切って，Ｂを含(ふく)む方の立体を取り除くと，右の図１のように，台形PEGQがあらわれる。これを正面(正方形AEFBに向き合う位置)から見ると，Ｅの位置は変わらず，ＰはＡ，ＧはＦ，ＱはＡとＢの真ん中の位置に見えるので，見える図形は右の図２のようになる。

図１

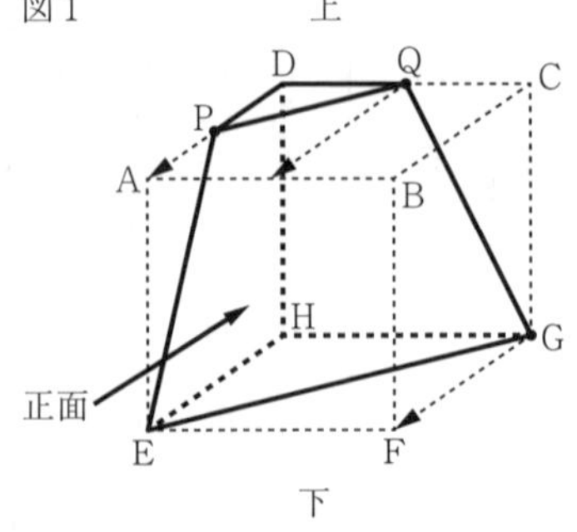

図２

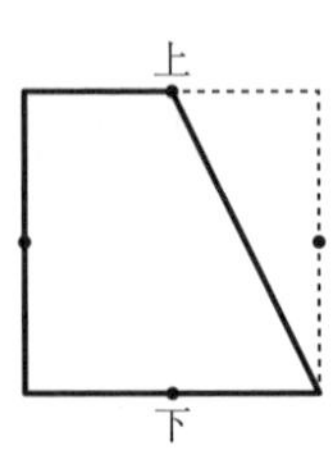

(5) はじめの所持金は，姉の方が妹よりも，3000－2500＝500(円)多く，これは同じ値段

のお菓子を１個ずつ買った後も変わらない。よって，姉が妹に150円をあげた後，姉の所持金は妹の所持金よりも，500－150×２＝200(円)だけ多くなる。このとき，姉と妹の所持金の比は12：11だから，この比の，12－11＝１にあたる金額が200円となる。したがって，このときの姉の所持金は，200×12＝2400(円)で，妹に150円あげる前の姉の所持金は，2400＋150＝2550(円)だから，２人が買ったお菓子の値段は，3000－2550＝450(円)と求められる。

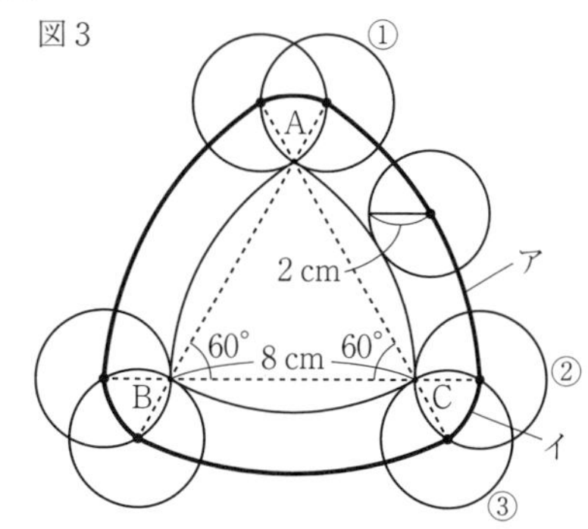

(6)　右の図３で，半径２cmの円が一周するとき，円の中心がえがく線は太線部分となる。円が①の位置(円の中心，A，Bが一直線上にある)から②の位置(円の中心，C，Bが一直線上にある)まで動くとき，円は弧AC上を転がるので，円の中心がえがく線(ア)は，半径が，８＋２＝10(cm)で，中心角が角Bと等しい60度のおうぎ形の弧になり，その長さは，$10\times 2\times 3.14\times \frac{60}{360}=\frac{10}{3}\times 3.14$(cm)となる。次に，②の位置から③の位置(円の中心，C，Aが一直線上にある)まで動くとき，円は点Cを中心として回転するので，円の中心がえがく線(イ)は，半径が２cmで，中心角が角Cと等しい60度のおうぎ形の弧になり，その長さは，$2\times 2\times 3.14\times \frac{60}{360}=\frac{2}{3}\times 3.14$(cm)となる。よって，円の中心がえがく線の長さ(アとイの長さの和の３倍)は，$\left(\frac{10}{3}\times 3.14+\frac{2}{3}\times 3.14\right)\times 3=4\times 3.14\times 3=12\times 3.14=37.68$(cm)と求められる。

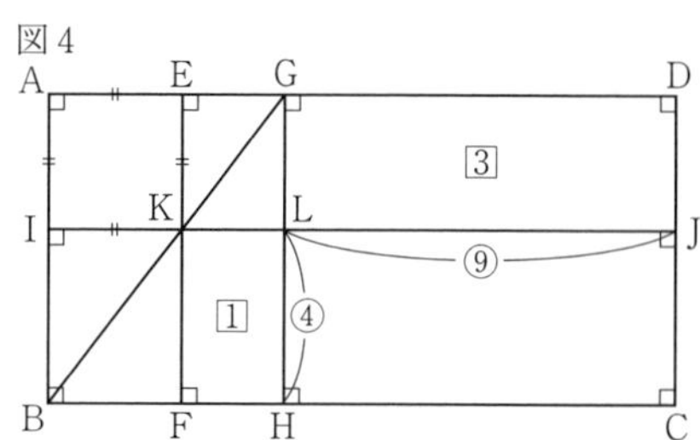

(7)　①　長方形の面積は１本の対角線で２等分されるから，右の図４で，三角形ABGと三角形GBH，三角形EKGと三角形GKL，三角形IBKと三角形KBFの面積はそれぞれ等しい。また，正方形AIKEは，三角形ABGから三角形EKGと三角形IBKを除いた形で，長方形KFHLは，三角形GBHから三角形GKLと三角形KBFを除いた形である。よって，正方形AIKEと長方形KFHLの面積は等しいので，面積の比は１：１である。　②　正方形AIKEの面積が24cm^{2}のとき，長方形KFHLの面積は24cm^2，長方形GLJDの面積は，24×３＝72(cm^2)となる。また，長方形KFHLと長方形GLJDの面積の比が１：３で，LH：LJ＝４：９だから，KL：GL＝(１÷４)：(３÷９)＝$\frac{1}{4}:\frac{1}{3}$＝３：４である。さらに，正方形AIKEの１辺の長さはGLの長さと等しいので，KL：IK＝３：４となる。よって，長方形EKLGと正方形AIKEの面積の比も３：４だから，長方形EKLGの面積は，$24\times \frac{3}{4}=18$(cm^2)となり，長方形AIJDの面積は，24＋18＋72＝114(cm^2)とわかる。そして，長方形EKLGと長方形KFHLの面積の比は，18：24＝３：４なので，AI：IBも３：４となり，長方形AIJDと長方形IBCJの面積の比も３：４とわかる。したがって，長方形IBCJの面積は，$114\times \frac{4}{3}=152$(cm^2)だから，長方形ABCDの面積は，114＋152＝266(cm^2)と求められる。

2　速さと比，旅人算

(1)　兄と妹が進んだ様子をグラフに表すと，下のようになる。兄の速さは妹の速さの３倍なので，兄と妹が同じ時間に進む道のりの比は３：１となり，１回目に出会うまでに兄と妹が進んだ道のりの比も３：１となる。また，１回目に出会うまでに兄と妹が進んだ道のりの和は，2160×２＝4320

(m)である。よって，１回目に出会うまでに妹が進んだ道のりは，$4320\times\frac{1}{3+1}=4320\times\frac{1}{4}=1080$(m)なので，１回目に出会った場所は家から1080m離(はな)れている。

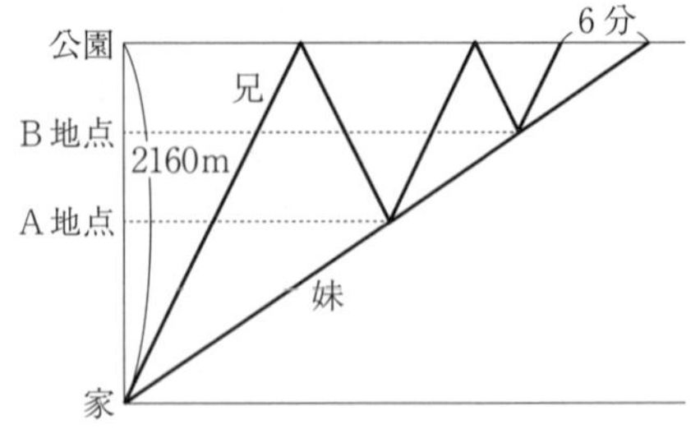

(2)　１回目に出会った場所をA地点，２回目に出会った場所をB地点とする。(1)より，A地点は公園から，$2160-1080=1080$(m)離れているので，兄と妹が１回目に出会ってから２回目に出会うまでに，兄と妹が進む道のりの和は，$1080\times2=2160$(m)である。よって，(1)と同様に考えると，B地点は，A地点から，$2160\times\frac{1}{4}=540$(m)離れているので，公園からは，$1080-540=540$(m)離れている。また，兄と妹がB地点から公園まで進むのにかかる時間の比は，$\frac{1}{3}:\frac{1}{1}=1:3$であり，その時間の差は６分なので，比の１にあたる時間は，$6\div(3-1)=3$(分)となる。したがって，妹はB地点から公園までの540mを進むのに，$3\times3=9$(分)かかるので，妹の速さは分速，$540\div9=60$(m)と求められる。

3　水の深さと体積

(1)，(2)　Aの水面の高さが満水の半分になったときの様子は右の図１，Aの水面の高さが満水まであと９cmになったときの様子は右下の図２のようになる。AとBの水面の高さの差は，ため始めの０cmから一定の割合で広がっていき，図２のときは図１のときと比べて，$9\div6=\frac{3}{2}$(倍)になっているので，ため始めから図２のときまでの時間は，ため始めから図１のときまでの時間の$\frac{3}{2}$倍である。また，図１のとき，Aにはプールの高さの$\frac{1}{2}$まで水が入っている。よって，図２のとき，Aにはプールの高さの，$\frac{1}{2}\times\frac{3}{2}=\frac{3}{4}$まで水が入っているので，プールの高さの，$1-\frac{3}{4}=\frac{1}{4}$が９cmにあたる。したがって，プールの高さは，$9\div\frac{1}{4}=36$(cm)と求められる。次に，図１のとき，Aの水面の高さは，$36\times\frac{1}{2}=18$(cm)，Bの水面の高さは，$18-6=12$(cm)である。また，AとBにはどちらも同じ割合(毎分12L)で水を入れるから，図１のとき，AとBに入った水の体積は等しい。以上より，AとBの底面積の比は，$\frac{1}{18}:\frac{1}{12}=2:3$と求められる。

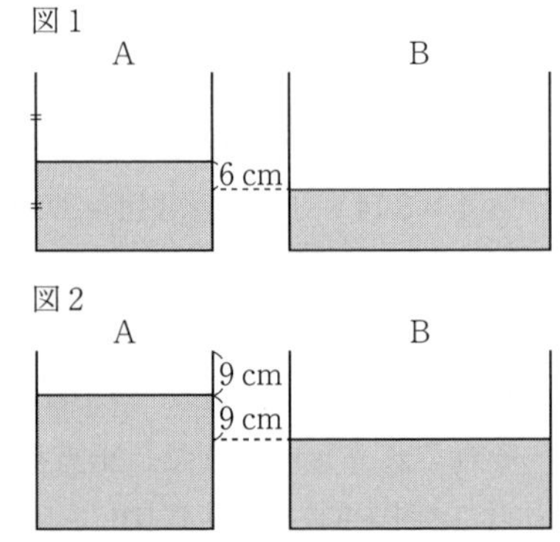

(3)　AとBに２本のホースで60分水を入れるとどちらも満水になったので，AとBの容積の和は，$12\times2\times60=1440$(L)，つまり，$1440\times1000=1440000$(cm^3)である。また，AとBの底面積の和は，$1440000\div36=40000$(cm^2)である。よって，Aの底面積は，$40000\times\frac{2}{2+3}=16000$($cm^2$)とわかる。

4　平面図形—図形の移動，面積

(1)　下の図１は，動き出したときの様子を表している。P，Qが重なり始めるのは，辺アと辺イが重なるときであり，動き出したとき，辺アと辺イは，$10+6+8=24$(cm)離れているので，P，Qが重なり始めるのは，動き出してから，$24\div(2+1)=24\div3=8$(秒後)となる。また，P，Qが重なり終わるのは，辺ウと辺エが重なったときであり，動き出したとき，辺ウと辺エは，４＋24

＋８＝36(cm)離れているので，Ｐ，Ｑが重なり終わるのは，動き出してから，36÷３＝12(秒後)となる。よって，Ｐ，Ｑが一部でも重なっているのは，動き出して８秒後から12秒後の間である。

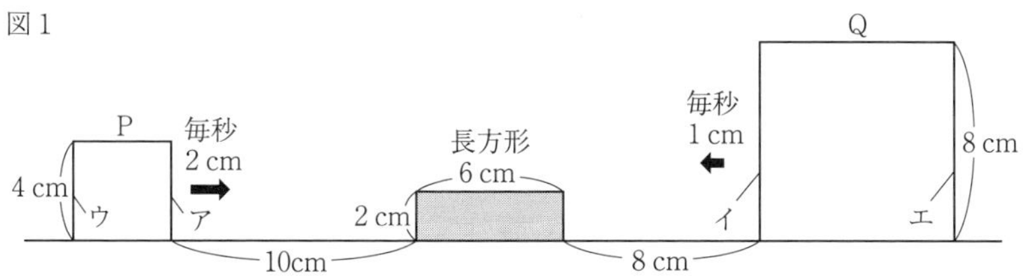

(2)　Ｑと長方形が重なり始めるのは，動き出してから，８÷１＝８(秒後)である。(1)より，ＱとＰが重なり始めるのも動き出してから８秒後なので，８秒後の様子は下の図２のようになる。つまり，図２のときに３重の部分ができ始める。また，Ｐと長方形が重なり終わるのは，辺ウと長方形の右端が重なったときで，図２のときから，４÷２＝２(秒後)となる。このときまでに，辺イは長方形の右端から，１×２＝２(cm)動いているので，Ｐと長方形が重なり終わったときの様子は，下の図３のようになる。つまり，図３のときに３重の部分がなくなる。よって，３重の部分ができているのは，動き出して，８秒後から，８＋２＝10(秒後)の間である。

(3)　３重の部分の面積は，図２のときから下の図４のとき(辺ウと辺イが重なるとき)まで増え続け，その後，図３のときまで減り続ける。そして，辺ウと辺イは，図２のときから，４÷３＝$\frac{4}{3}$(秒後)に重なる。よって，３重の部分の面積が最も大きくなるのは，動き出してから，８＋$\frac{4}{3}$＝$9\frac{1}{3}$(秒後)と求められる。また，図４のとき，３重の部分の横の長さは，Ｑが$\frac{4}{3}$秒で動いた長さに等しく，１×$\frac{4}{3}$＝$\frac{4}{3}$(cm)なので，３重の部分の面積が最も大きくなるときの面積は，２×$\frac{4}{3}$＝$2\frac{2}{3}$(cm^2)となる。

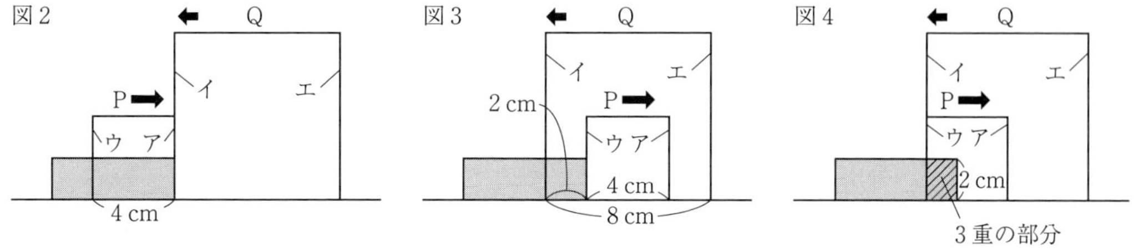

5　条件の整理，場合の数

(1)　問題文中の図２で，「１」のマスから１回目に動けるマスは，「１」から右に２マス，下に１マスの位置にある「４」と，「１」から下に２マス，右に１マスの位置にある「４」の２つある。それぞれの場合で，２回目に動けるマスは下の図Ⅰ，図Ⅱのようになるから，(ア)に入る数字は１，３，５，７とわかる。

(2)　図２では，どのマスからも，右または下に１マス進むごとに数字は１ずつ増え，左または上に１マス進むごとに数字は１ずつ減るので，コマをどのマスから動かすときも，それぞれの動かし方での数字の変わり方は，下の図Ⅲのようになる。つまり，１回の操作での数字の変わり方は，３減る，１減る，１増える，３増えるのいずれかになる。よって，①のように，４から13まで３回の操作で９増やすには，１回の操作で３ずつ増やすしかないので，(イ)には７，(ウ)には10が入る。また，

図Ⅰ

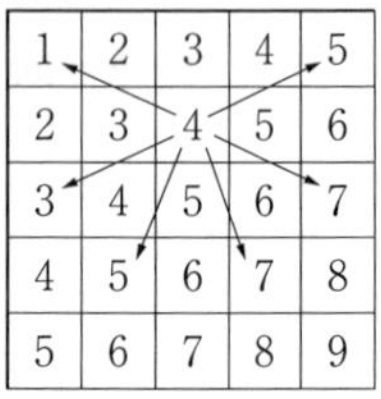

1	2	3	4	5
2	3	4	5	6
3	4	5	6	7
4	5	6	7	8
5	6	7	8	9

図Ⅱ

1	2	3	4	5
2	3	4	5	6
3	4	5	6	7
4	5	6	7	8
5	6	7	8	9

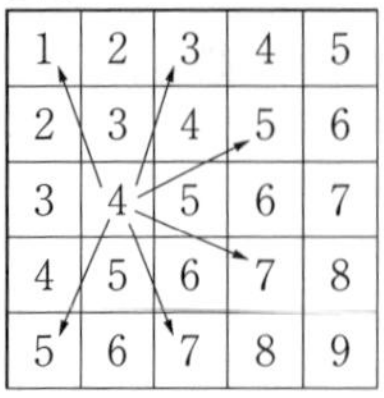

図Ⅲ

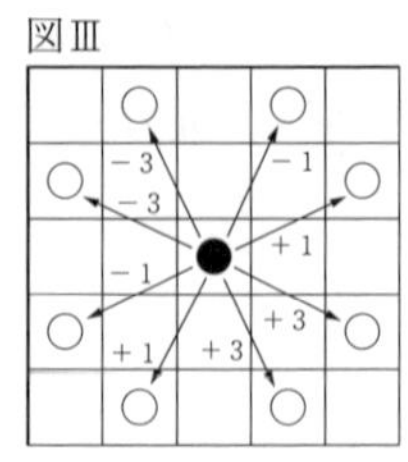

図Ⅳ

1	2	3	4	5
2	3	4	5	6
3	4	5	6	7
4	5	6	7	8
5	6	7	8	9

②のように，１回目の操作で「４」，２回目の操作で「３」に動かすとき，図Ⅰ，図Ⅱより，上の図Ⅳのかげをつけたどちらかの「３」に移る。そして，どちらの「３」からも，次の操作で「２」「４」「６」のいずれかへ移ることができ，その次の操作で「５」へ移ることができる。したがって，(エ)には２，４，６が入る。

(3) (1)より，３つ目までの数字の書き出し方は，㋐(１，４，１)，㋑(１，４，３)，㋒(１，４，５)，㋓(１，４，７)の４通りある。㋐(１，４，１)の場合，４つ目の数字は４のみで，５つ目の数字は１，３，５，７の４通りだから，５つの数字の書き出し方は４通りある。㋑(１，４，３)の場合，(2)の②より，４つ目の数字は２，４，６の３通りある。４つ目が２のとき，５つ目は３，５の２通りある。また，右の図Ⅴの太線部分より右下にあるマスからは，３小さい数字，１小さい数字，１大きい数字，３大きい数字の４種類の数字のマスに動けるので，４つ目が４，６のとき，５つ目は４通りずつある。よって，５つの数字の書き出し方は，２＋４×２＝10(通り)ある。㋒(１，４，５)の場合，４つ目の数字は２，４，６，８の４通りある。㋑の場合と同様に，４つ目が２の場合，５つ目は２通りあり，４つ目が４，６，８の場合，５つ目は４通りずつあるから，５つの数字の書き出し方は，２＋４×３＝14(通り)ある。㋓(１，４，７)の場合，４つ目の数字は４，６，８，10の４通りあり，それぞれの場合で５つ目は４通りずつあるから，５つの数字の書き出し方は，４×４＝16(通り)ある。以上より，数字の書き出し方は全部で，４＋10＋14＋16＝44(通り)と求められる。

図Ⅴ

1	2	3	4	5	6	7	8	
2	3	4	5	6	7	8	9	
3	4	5	6	7	8	9	10	
4	5	6	7	8	9	10	11	…
5	6	7	8	9	10	11	12	
6	7	8	9	10	11	12	13	
7	8	9	10	11	12	13		
8	9	10	11	12	13		⋱	
			⋮					

社　会　＜第１回試験＞（理科と合わせて50分）＜満点：50点＞

解　答

Ⅰ　**問１**　(1)　(ア)　(2)　(イ)　**問２**　(イ)　**問３**　(ア)　**問４**　(1)　(イ)　(2)　(ア)　**問５**　(1)　(ア)　(2)　(エ)　(3)　(エ)　(4)　(イ)　**問６**　(エ)　**問７**　(ア)　Ⅱ　**問１**　文明開化　**問２**　(イ)　**問３**　(1)　(ア)　(2)　(ウ)　**問４**　(ウ)　**問５**　(エ)　**問６**　(ア)　**問７**　(ウ)　**問８**　(エ)　**問９**　平治　**問10**　(ア)　**問11**　(エ)　**問12**　(ア)　**問13**　(1)　(ウ)　(2)　(イ)　(3)　(イ)　(4)　(ア)　(5)　(ウ)　(6)　(ウ)　(7)　(エ)　(8)　(イ)　(9)　デジタル　(10)　(エ)

解　説

Ⅰ　地方自治を題材とした問題

問１　(1)　大阪府では，大阪市を廃止して複数の特別区を設けるという「大阪都構想」が進められてきた。大阪府議会と大阪市議会で与党の立場にある大阪維新の会が，2012年に成立した「大都市地域における特別区の設置に関する法律」にもとづいて主張している政策で，実施されればそれぞれの特別区が区長と区議会を持つことになる。ただし，ここでいう「都」とは「地域内に特別区を持つ自治体」という意味で，国の首都というわけではない。府議会や市議会の議決を経て，５つの特別区を設けるとする案について2015年５月に，４つの特別区を設けるとする案について2020年11月に，それぞれ賛否を問う住民投票が行われたが，ともに反対票が賛成票をわずかに上回った。住民投票は住民の意思を直接問う制度なので，直接民主制にあてはまる。なお，(イ)と(ウ)は，裁判がより公正に行われることをめざす司法制度改革の一環として実施されている。(エ)は，基本的人権のうちの「思想・良心の自由」や「集会・結社・表現の自由」などに関係するものである。　(2)　スイスはアルプス山中に位置する比較的小さな内陸国で，永世中立国として知られる。なお，(ア)はドイツ，(ウ)はフランス，(エ)はイギリス。

問２　(ア)　日本国憲法は，第二次世界大戦直後，GHQ（連合国軍最高司令官総司令部）が示した原案をもとに，日本政府によって作成された。なお，大日本帝国憲法は，君主権の強いドイツ（プロシア）の憲法を参考につくられた。　(イ)　日本国憲法は1946年11月３日に公布され，翌47年５月３日に施行された。現在，11月３日は文化の日，５月３日は憲法記念日として国民の祝日になっている。　(ウ)　日本国憲法は基本的人権を「侵すことのできない永久の権利」であると規定している。なお，大日本帝国憲法では，国民（臣民）の権利は法律の範囲内という条件がつけられていた。　(エ)　日本国憲法は一度も改正されたことがない。なお，ドイツは憲法にあたる基本法を約60回改正している。

問３　さいたま市は浦和・与野・大宮の３市が合併して成立し，のちに岩槻市が加わった。上尾市はさいたま市の北西に隣接しており，現在も存続している。

問４　(1)　４つの中で第一次産業の就業者の割合が最も高い(イ)が，岐阜県高山市である。なお，第二次産業の割合が最も高い(ア)は静岡県浜松市，第一次産業の割合がゼロである(ウ)は東京都千代田区で，残る(エ)が福岡県久留米市である。　(2)　北緯36度線は福井，岐阜，長野，群馬，埼玉，千葉，茨城の各県を通るので，(ア)が選べる。なお，本校の緯度が北緯約36度であることも参考になる。

問５　(1)　2025年には日本国際博覧会（大阪・関西万博）が開催される予定なので，(ア)が正しい。なお，1970年には，大阪府吹田市の千里丘陵において，日本初の国際博覧会である日本万国博覧会（大阪万博）が開催されている。(イ)は神戸港（兵庫県）の説明で，(ウ)にあてはまる特定の都市はない。(エ)について，宗像大社は福岡県，厳島神社（宮島）は広島県にある。　(2)　大阪市の市章は(エ)で，港で船を誘導するために設けられる「澪標」が図案化されている。なお，(ア)は福岡市，(イ)は東京都八王子市，(ウ)はさいたま市の市章。　(3)　海水浴場がない(ウ)は，内陸県である奈良県とわかる。また，日本海側の気候に属する地域では冬の降雪量が多いので，スキー場がある(イ)は，日本海側に面した地域のある兵庫県と判断できる。残る２つのうち，海水浴場の数が多い(ア)は，大阪府ほど海岸が開発されていない和歌山県で，ゴルフ場とテーマパーク・レジャーランドの数が多い(エ)が，人口の多い大阪府となる。　(4)　日本の水力発電所は，ダムがある山間部に建設されることが多い。また，火力発電所は大都市に近い臨海部，原子力発電所は大都市から離れた臨海部につくられる。地熱発電所は，大分県（八丁原など）や岩手県・秋田県境の八幡平付近など，温泉がわき出る地域

(火山地帯)に分布している。よって,「地熱」の数値のある(ア)は大分県,「火力」が最も多く「水力」が極端に少ない(イ)が大阪府,「水力」が最も多い(ウ)は立山連峰などの山々に囲まれた富山県,「原子力」の数値のある(エ)は若狭湾沿岸に原子力発電所が複数ある福井県と判断できる。

問６　ワンルームマンション税(狭小住戸集合住宅税)は,全国では東京都豊島区だけが独自の税金として徴収している。都心にある豊島区は,全世帯のうちの約56%を単身世帯が占めていて家族世帯が少ないため,このような税を課すことで単身世帯と家族世帯のバランスを取ろうとしている。なお,新座市は埼玉県の最南端にあり,都心のベッドタウン(大都市への通勤・通学者が多く住んでいる都市)となっているため,単身世帯は３割程度で豊島区ほど多くない。

問７　Ａはりんご(第１位は青森県),Ｂはみかん(第１位は和歌山県),Ｄはピーマン(第１位は茨城県)なので,残ったＣがうめ(第１位は和歌山県)と判断できる。

Ⅱ　郵便切手と2021年のできごとを題材とした問題

問１　明治時代初期,西洋の思想や制度が紹介されるとともに,都市部を中心に人々の生活の中にも西洋風のものがさかんに取り入れられていった。そうした風潮は,文明開化とよばれた。

問２　(ア)「良寛」ではなく「栄西」が正しい。鎌倉時代,栄西は宋(中国)に渡って禅宗を学び,帰国後に臨済宗を開いた。良寛は江戸時代後半に活躍した曹洞宗の僧である。　(イ)上杉謙信は越後国(新潟県),武田信玄は甲斐国(山梨県)の戦国大名で,信濃国(長野県)の領有をめぐり川中島で何度も戦った。　(ウ)「山本五十六」ではなく「鈴木貫太郎」が正しい。鈴木貫太郎は海軍出身の首相として終戦工作にあたり,ポツダム宣言の受諾(受け入れること)にも関わった。なお,山本五十六は海軍軍人で,連合艦隊司令長官として真珠湾攻撃を指揮するなどした。　(エ)1972年,田中角栄首相が中国を訪問し,日中共同声明に調印して国交を回復した。その後,1978年,福田赳夫首相のときに日中平和友好条約が結ばれ,日中関係に新たな時代が訪れた。

問３　(1)(ア)榎本武揚は元幕臣で,江戸時代末期にオランダに留学して軍事,国際法,農業などを学び,帰国後は海軍奉行などを務めた。戊辰戦争(1868〜69年)のさいには,旧幕府軍を率いて箱館(函館,北海道)の五稜郭を拠点に新政府軍と戦い,降伏した。維新後は新政府に仕え,樺太・千島交換条約(1875年)の調印に力をつくしたのち,逓信大臣などを歴任した。　(イ)「新政府軍」と「旧幕府軍」が逆である。　(ウ)日露和親条約は,1854年に江戸幕府がロシアとの間で結んだ。　(エ)榎本武揚が農商務大臣だったときに足尾銅山鉱毒事件が社会問題となったが,榎本は適切な対応をしなかった。そのため,被害農民らが抗議のため東京に押し寄せるなど事態の混乱を招き,榎本は責任を取って大臣をやめた。　(2)2001年の中央省庁再編のさい,郵政省は自治省・総務庁と統合され,総務省となった。

問４　ヨーロッパで各国の憲法や政治制度を学んだ伊藤博文は,帰国後の1885年に内閣制度を創設し,みずから初代内閣総理大臣となった。なお,(ア)の青木周蔵は陸奥宗光とともに条約改正交渉に取り組んだ外交官,(イ)の板垣退助は自由民権運動を指導して日本初の政党である自由党を結成した人物,(エ)の黒田清隆は第２代内閣総理大臣である。

問５　(ア)歌川(安藤)広重は江戸時代の化政文化を代表する浮世絵師で,浮世絵版画集「東海道五十三次」で知られる。　(イ)井原西鶴は江戸時代の元禄文化を代表する浮世草子作者・人形浄瑠璃作者,俳諧師で,『日本永代蔵』『世間胸算用』などで知られる。　(ウ)国木田独歩は明治時代の作家で,『武蔵野』などで知られる。　(エ)十返舎一九は化政文化を代表する滑稽本作者で，『東海道中膝栗毛』などを著した。

問６　1840年当時，イギリスではヴィクトリア女王が国を治めていた。イギリスが産業革命を進めるとともに，世界各地に植民地を広げていった時代に長く国王の地位にあった人物で，世界最初の切手の図柄に，その肖像が採用されている。なお，(イ)のエリザベス２世は1952年から現在にいたるまでイギリス国王の地位にある人物，(ウ)のニコライ２世は1917年のロシア革命のさいに退位させられ，翌18年に処刑されたロシア帝国最後の皇帝，(エ)のルイ14世は17世紀なかばから18世紀初めにかけてフランス絶対王政の全盛期を築いた国王である。

問７　沖縄は1972年に，アメリカから日本に返還された。日本国有鉄道(国鉄)が分割民営化され，JR各社が発足したのは1987年，1842年以来イギリスの植民地となっていた香港が中国に返還されたのは1997年のことである。

問８　(ア)　奈良時代の743年，聖武天皇は三世一身の法に代わる法律として墾田永年私財法を出し，開墾した土地の永久私有を認めた。三世一身の法は723年，元正天皇のときに出された。　(イ)　シャクシャインの乱(1669年)が平定されたのは，江戸時代のことである。　(ウ)　大宝律令は，飛鳥時代末期の701年に文武天皇によって定められた。　(エ)　聖武天皇の在位期間に日本は唐(中国)や新羅，渤海などの国と交流し，各国の使節も来日した。

問９　平安時代末期，保元の乱(1156年)で源義朝とともに天皇方について勝利した平清盛は，平治の乱(1159年)で義朝を破って政治の実権をにぎり，平氏政権の基盤をつくった。また，鎌倉時代中期には，平治の乱のようすなどを描いた「平治物語絵巻」が成立した。

問10　(ア)　嘉納治五郎は明治時代～昭和時代に活躍した柔道家・教育者で，講道館を開いて柔道を指導し，「柔道の父」とよばれた。また，スポーツ全般の発展につとめ，日本のオリンピック参加にも力をつくした。　(イ)　田沼意次は江戸幕府の老中で，株仲間(商工業者の同業組合)を奨励したことなどで知られる。　(ウ)　浜口雄幸は昭和時代初期の首相である。　(エ)　正岡子規は明治時代の俳人・歌人で，俳句・短歌の革新運動を行った。

問11　南部鉄器は，岩手県の盛岡市や奥州市などで生産される伝統工芸品である。

問12　1951年，第二次世界大戦(1939～45年)の講和会議がアメリカのサンフランシスコで開かれ，連合国48か国との間で結ばれたサンフランシスコ平和条約によって，日本は独立を回復した。

問13　**(1)**　2015年，フランスの首都パリで開かれた気候変動枠組み条約(地球温暖化防止条約)第21回締約国会議(COP21)で，地球温暖化対策のための新しい協定が結ばれた。「パリ協定」とよばれるこの協定では，二酸化炭素などの温室効果ガス排出量の削減に向けた努力が，すべての締約国に義務づけられた。アメリカはトランプ大統領が協定からの脱退を表明していたが，2021年に就任したバイデン大統領は復帰を決定した。なお，(ア)の京都議定書は，1997年に京都で開かれた気候変動枠組み条約第３回締約国会議(京都会議)で調印され，先進国における温室効果ガスの排出量の削減目標が国や地域ごとに定められた。(イ)のジュネーブ協定は，1954年に調印された第一次インドシナ戦争(独立をめざすベトナムと宗主国フランスとの間で起きた戦争)の和平協定である。(エ)のリオ宣言は，1992年にブラジルのリオデジャネイロで開かれた国連環境開発会議(地球サミット)で調印された宣言文で，正式には「環境と開発に関するリオ宣言」という。　**(2)**　TPP(環太平洋パートナーシップ)は太平洋沿岸諸国により結ばれた経済連携協定で，2015年に日本，ベトナム，ブルネイ，シンガポール，マレーシア，オーストラリア，ニュージーランド，チリ，ペルー，メキシコ，カナダ，それにオバマ政権下のアメリカを加えた12か国が大筋で合意したが，2017年にアメリカのトランプ大統領が脱退を表明したため，2018年に残る11か国で正式に発足した。さらに2021年には，EU（ヨーロッパ連合）から脱退し，新たな経済協力の相手を求めていたイギリスが，TPPへの参加を申請した。　(3)　近年の国の財政のうち，歳出では社会保障関係費，国債費，地方交付税交付金などの地方財政費の３つが大きな割合を占めている。　(4)　2021年，菅義偉首相とバイデン大統領による日米首脳会談が行われ，日米同盟をいっそう強化することなどが確認された。また，軍事的緊張が高まる台湾海峡の情勢について，共同声明の中に「台湾海峡の平和と安定の重要性を強調するとともに，両岸問題の平和的解決を促す」という一文が明記された。　(5)　国立代々木競技場（東京都渋谷区）は1964年の東京オリンピックのために建設されたスポーツ施設で，2021年の東京オリンピックでも会場として使用された。その設計者である建築家の丹下健三は，広島平和記念資料館や東京都庁，フジテレビ本社ビルなどを設計したことでも知られる。なお，(ア)の伊能忠敬は江戸時代後半に日本全国の沿岸を測量した地理学者，(イ)の隈研吾は2021年の東京オリンピック・パラリンピックの主会場となった国立競技場（渋谷区）を設計した建築家である。(エ)のル＝コルビュジエはフランス人の建築家で，東京・上野の国立西洋美術館はユネスコ（国連教育科学文化機関）の世界文化遺産「ル・コルビュジエの建築作品―近代建築運動への顕著な貢献―」の構成資産として知られる。　(6)　日本国内の出生数は，第二次ベビーブームの時期であった1973年には約209万人だったが，それ以降は減少傾向が続き，2016年には100万人を下回った。その後も減少は続き，2020年には統計がある1899年以降で最少の約84万人となった。　(7)　ナイル川は世界最長の川で，アフリカ大陸中東部から北へと流れ，エジプトで地中海に注ぐ。　(8)　核兵器禁止条約はすべての核兵器の開発・保有・使用を禁止するもので，2017年に国連で122か国の賛成により採択され，2021年に発効したが，アメリカなどの核保有国やその同盟国の多くはこれに参加していない。日本が参加していない理由としては，日本がいわゆるアメリカの「核の傘」に下に入っていることや，条約が核保有国と非保有国の分断をいっそう深める可能性があることなどがあげられているが，唯一の被爆国である日本はぜひ参加するべきだという声も多い。なお，(ア)の核拡散防止（核兵器不拡散）条約（NPT）は，アメリカ・ソ連（現在はロシア）・イギリス・フランス・中国の５か国以外の国が新たに核兵器を保有することを禁止するものである。(ウ)の中距離核戦力（INF）全廃条約は，射程距離が500～5500kmの中距離ミサイルを全廃するというもので，アメリカとソ連の間で結ばれた。(エ)の部分的核実験停止（禁止）条約（PTBT）では，地下以外での爆発をともなう核実験が禁止された。
(9)　2021年，内閣総理大臣直属の行政機関として，デジタル庁が発足した。国全体のデジタル化を看板政策としてきた菅内閣のもとで準備が進められてきたものである。　(10)　2021年，イギリスで気候変動枠組み条約第26回締約国会議（COP26）が開催された。

理　科　<第１回試験>（社会と合わせて50分）<満点：50点>

解　答

1　**問１**　(a)　131.3cm　(b)　1.205倍　**問２**　2cm　**問３**　(a)　50℃　(b)　4回

2　**問１**　**B**　ウ　**E**　ア　**問２**　(a)　イ，エ　(b)　**記号**…イ，ウ　**重さ**…0.25g

問３ (a) **実験**…３　**結果**…ア　(b) **実験**…４，５　**結果**…ウ，オ　**3** **問１** (a) イ，ウ　(b) エ　**問２** イ　**問３** (a) 0.08減る。　(b) ウ　**問４** (例)（チョウやハナバチなどの昆虫に，）花粉を運んでもらう（植物。）　**4** **問１** D　**問２** イ　**問３** **赤道上**…ク　**南緯35度**…ケ　**問４** 東経133度　**問５** (a) イ　(b) ２時８分

解説

1 空気の体積と温度の関係についての問題

問１ (a) アクリル管内の温度を，80－70＝10(℃)上げると，ゼリーの位置が，150－145.75＝4.25(cm)だけ長くなる。また，アクリル管内の温度を30℃にしたときのゼリーの位置は128.75cmである。よって，アクリル管内の温度を36℃にしたときのゼリーの位置は，$128.75+4.25\times\frac{6}{10}=128.75+2.55=131.3$(cm)と求められる。　(b) アクリル管内の空気の体積は，ゼリーの位置に比例するので，80℃のときのアクリル管内の空気の体積は，20℃のときの，150÷124.5＝1.2048…より，1.205倍となる。

問２ 問１の(b)と同様に，注射器内の空気の体積はピストンの位置に比例し，80℃の空気の体積は20℃の空気の体積の1.205倍になるので，ピストンの位置は，10×1.205＝12.05より，12cmとなる。したがって，ピストンが動く長さは，12－10＝２(cm)である。

問３ (a) 1000＝10×10×10より，容器の１辺の長さは10cmなので，実験１の①のようすをストローを通る容器の断面図で表すと，右の図のようになる。このときの空気の体積は，1000－500＝500(cm^3)であり，②のときには51cm^3増える（そのため水51cm^3が押し出される）ので，②のときの空気の体積は①のときに比べて，51÷500＝0.102(倍)増える。また，問１の(b)より，空気の温度が，80－20＝60(℃)上がると，空気の体積が，1.205－１＝0.205(倍)だけ増える。よって，$20+60\times\frac{0.102}{0.205}=49.8\cdots$より，実験１では装置内の温度を50℃まで温めたと考えられる。　(b) 実験２では，①で装置内の空気の体積の0.205倍の体積の空気が押し出され，それと等しい体積の水が②で装置内に入る（③では空気や水の出入りはない）。したがって，①～③の操作を１回くり返すことで，装置内の空気の体積は操作前の，１－0.205＝0.795(倍)に減るので，装置内の空気の体積が最初の，500÷1000＝0.5(倍)未満になって，装置内にたまる水の体積が500cm^3をこえるのは，0.795×0.795＝0.632025，0.632025×0.795＝0.502459875，0.502459875×0.795＝0.399455600625より，①～③の操作を４回くり返したときとわかる。

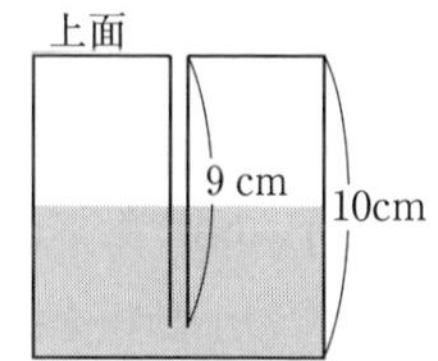

2 水溶液の性質についての問題

問１ 操作１で，泡（気体）が出ていたAは炭酸水（二酸化炭素の水溶液）である。二酸化炭素は水にあまり溶けないため，炭酸水をビーカーなどに注いだときなどには，溶けきれなくなった二酸化炭素が泡となって出てくる。次に，操作２で，固体が溶けている水溶液を加熱すると，水が蒸発した後に固体が残るが，気体や液体が溶けている水溶液を加熱すると，溶けている物質は空気中に逃げていくので，水が蒸発した後には何も残らない。また，操作３の赤色リトマス紙は，アルカリ性の水溶液をつけると青色に変化するが，中性や酸性の水溶液をつけても赤色のままで変化しない。さらに，操作４のBTB溶液は，酸性で黄色，中性で緑色，アルカリ性で青色を示す。よって，固体の食塩が溶けていて中性を示す食塩水はE，気体のアンモニアが溶けていてアルカリ性を示すアン

モニア水はB，気体の塩化水素が溶けていて酸性を示すうすい塩酸はC，固体の水酸化ナトリウムが溶けていてアルカリ性を示す水酸化ナトリウム水溶液はDと判断できる。

問２　(a)　C（うすい塩酸）4 mLとD（水酸化ナトリウム水溶液）6 mLが過不足なく反応して中性になるので，Dの体積がCの，6÷4＝1.5（倍）のときに中性となる。したがって，アはDの体積がCの1.5倍以上あるのでアルカリ性，イはDの体積がCと等しいので酸性，ウはDの体積がCの，3÷2＝1.5（倍）なので中性，エはDの体積がCより少ないので酸性，オはDの体積がCの1.5倍以上あるのでアルカリ性であり，水溶液の色が黄色になるのは酸性のイとエとなる。　(b)　実験１，２の結果より，C 4 mLとD 6 mLが過不足なく反応して中性になり，食塩が0.5 gできる。ア～オはすべて，Cの体積がDの，4÷6＝$\frac{2}{3}$（倍）以上になっているので，水溶液を加熱して水分をすべて蒸発させると，Dの体積に比例した重さの食塩があらわれる。よって，Dの体積が等しいイとウが選べる。また，イとウであらわれる食塩の重さはそれぞれ，$0.5\times\frac{3}{6}=0.25$（g）である。

問３　(a)　仮説１が正しいならば，実験３でCを入れた蒸発皿とFを入れた蒸発皿のどちらも加熱後に何もあらわれないはずであるが，Fを入れた蒸発皿には固体Gがあらわれたことから，仮説１は間違っている。　(b)　仮説２が正しいならば，実験４で鉄片も固体Gも磁石に引きつけられるはずであるが，Gは引きつけられない。また，仮説２が正しいならば，実験５で鉄片を入れた試験管にCを加えた場合も，Gを入れた試験管にCを加えた場合も泡が出るはずであるが，Gを入れた試験管にCを加えた場合は泡が出ていない。

3　小笠原諸島の固有種と外来種，多様度指数についての問題

問１　(a)　オオヒキガエルは，アメリカ大陸に分布している大型のカエルで，小笠原諸島に定着し，固有の小動物を捕食することで問題となっている。また，ノヤギは，過去に食用として持ちこまれたものが野生化して，食害が問題となっている。なお，小笠原諸島の固有種には，ほ乳類のオガサワラオオコウモリ，鳥類のハハジマメグロ，オガサワラノスリ，アカガシラカラスバトなどがいる。(b)　生態系は，微妙なつり合いのもとで成り立っている。外来種が入りこんだ地域に，生息をおびやかす天敵となる存在がいない場合，個体数が急激に増える。

問２　蚊に刺されても痛くないのはなぜかと蚊の針を調べたところ，３本の針からなり，両端の針はノコギリのようにギザギザしており，真ん中の針はやや太い形状になっていることがわかった。ギザギザの針は痛みをおさえる役目があり，これをヒントに，痛みの少ない注射針が開発された。なお，ア，ウ，エ，オはいずれも商品化されている。

問３　(a)　30÷(30＋30＋40)＝30÷100＝0.3，40÷100＝0.4より，グリーンアノールが定着する前の多様度指数は，１－(0.3×0.3＋0.3×0.3＋0.4×0.4)＝0.66となる。また，30÷(30＋５＋５＋10)＝30÷50＝0.6，５÷50＝0.1，10÷50＝0.2より，定着後の多様度指数は，１－(0.6×0.6＋0.1×0.1＋0.1×0.1＋0.2×0.2)＝0.58となる。したがって，グリーンアノールが定着する前と後を比べると，多様度指数は，0.66－0.58＝0.08だけ減っている。　(b)　たとえば，全個体数が100である場合について考えると，１種類の生物が100個体いる地域の多様度指数は，１－１×１＝０（…Ⅰ），２種類の生物が50個体ずついる地域の多様度指数は，１－(0.5×0.5＋0.5×0.5)＝0.5（…Ⅱ），２種類の生物が10個体と90個体いる地域の多様度指数は，１－(0.1×0.1＋0.9×0.9)＝0.18（…Ⅲ）となる。ⅠとⅡを比べると，全個体数が同じでも，生物の種類が多い方が，多様度指数が大きくなることがわかる。また，ⅡとⅢを比べると，生物の種類の数が同じでも，それぞれの種類の個体数がすべて同じ個体

数のときの方が，多様度指数が大きくなることがわかる。よって，ウが選べる。

問４　チョウやハナバチなどの昆虫に花粉を運んでもらって受粉が行われる植物の花を，虫媒花という。チョウやハナバチの個体数が減ると，受粉が行われにくくなって種子が減るので，虫媒花の植物の個体数も減少すると考えられる。

４　太陽の１日の動きについての問題

問１　日本で観測するときの棒の影は，太陽が南の空の高いところを通る正午ごろに，もっとも短くなって北側に伸びる。したがって，Ａが北であり，Ｂは西，Ｃは南，Ｄは東となる。

問２　太陽の高度は高緯度地方ほど低くなるので，もしも星子さんが同日・同時刻に北緯45度の同経度の都市にいたとすると，北緯35度の都市よりも影の長さが長くなる。また，太陽光線は平行な光線なので，同経度の地点では影の幅が等しくなる。よって，イがふさわしい。

問３　実験１を行った夏至の日（６月21日ころ）の３か月後は，秋分の日（９月23日ころ）である。そして，１年のうち，秋分の日と春分の日（３月21日ころ）には，地球上のどの地点でも，棒の影の先端を結んだ線が直線になる。赤道上では，太陽が真東（朝）→真上（正午ごろ）→真西（夕方）と動き，棒の影の先端は真西（朝）→棒の位置（正午ごろ）→真東（夕方）と動くので，クがあてはまる。また，南緯35度の都市では，太陽が北の空を通り，棒の影は南側にできるので，ケが選べる。

問４　日本は兵庫県明石市を通る東経135度の経線を標準時子午線としており，正午にはこの経線上の地域で太陽が南中する。また，地球は約１日で１回自転するので，経度１度分回るのにおよそ，60×24÷360＝４（分）かかる。そして，地球は西から東に自転しているため，太陽が南中する時刻は，明石市より東の地域では正午より早くなり，明石市より西の地域では正午より遅くなる。実験２の結果で，テープの印は１時間に，12－９＝３（cm）ずつ移動しているので，（18.5－12）÷３＝$2\frac{1}{6}$（時間），60×$\frac{1}{6}$＝10（分）より，太陽が南中したＰの時刻は，10時＋２時間10分＝12時10分と求められる。したがって，135－10÷４＝132.5より，実験１，実験２を行った都市の経度は東経133度とわかる。

問５　(a)　①～③の手順にしたがうと，たとえば午前10時には文字盤の11時の方向が南の方角となり，午後４時には文字盤の２時の方向が南の方角となる。ここでの文字盤の左側と右側は，図４における左側と右側とすると，イが正しい。　(b)　16時（午後４時）に，明石市では文字盤の２時の方向が南の方角となるが，東経131度の地点では文字盤の２時の方向が南の方角より，135－131＝４（度）だけ東寄りの方向になる。また，時計の短針は１分間に，360÷12÷60＝0.5（度）動く。よって，４÷0.5＝８（分）より，東経131度の地点での南の方角は，文字盤の２時８分の方向になる。

国語　＜第１回試験＞（50分）＜満点：100点＞

解答

一　**問１**　下記を参照のこと。　**問２**　Ⅰ　常識的知　Ⅱ　Ｄ　Ⅲ　人間性　**問３**　**Ｘ**　エ　**Ｙ**　イ　**問４**　ア　**問５**　(1)　Ｂ　(2)　イ　**問６**　(1)　印象操作　(2)　オ　**問７**　「普通」の呪縛　**問８**　イ，エ　二　**問１**　**a**　かく（する）　**b**　しょうじ　**問２**　ア　**問３**　**１**　反発　**２**　親近感　**３**　自由　**４**　尊敬　**問４**　エ　**問５**

小舟　**問6**　ウ　**問7**　ア　**問8**　ウ　**問9**　**A**　ア　**B**　イ　**問10**　**ア**　樋口の男　**イ**　境界線　**ウ**　くすぐったい　**三**　**問1**　**ア**　固定　**イ**　呈示　**ウ**　色　**エ**　差別　**問2**　タイラ　**問3**　自身の奥　**問4**　（例）　認めたくない自分と「出会い直して」いく

●漢字の書き取り

一　**問1**　**a**　注視　**b**　典型

解説

一　**出典は好井裕明の『他者を感じる社会学　差別から考える』による。**外見を考えることは，日常における他者との出会いや他者理解を考えるうえで重要な営みであると述べている。

問1　**a**　対象を注意深くじっと見ること。　**b**　同じ種類のものの中で，その特徴を最もよく表しているもの。

問2　Ⅰ　直前の段落で，「知識在庫」は「実際の場面に即応した常識的知」と言い換えられているので，「常識的知」がふさわしい。　Ⅱ　「類型」にあたる言葉が入るので，“さまざまなものごとを何種類かに分けて認識すること”を表す「パターン化」とするのが合う。二文前に，「他者の『外見』をもとにして，その場その時に応じて，目の前の相手が何者であり，どのように対応すれば適切であるかを瞬時のうちに判断し，実践している」とあることも参考になる。なお，Ａの「ルール」は“規則”，Ｂの「データ」は“資料となる数値・文字・記号”，Ｃの「トータル」は“合計”という意味。　Ⅲ　「外見」から「推測しようとする」ものなので，「人間性」，「思想」，「中身」，「なかみ」，「こころ」などがあてはまるが，ここでは「人間性」が「漢字三字」という条件に合う。

問3　**X**　直前の段落の「人間が他者と共にいる営みや複数の人間からできる集まりには，それ自体固有の秩序がつくられ維持されているという事実」の例が続く部分であげられているので，具体的な例をあげるときに用いる「たとえば」が入る。　**Y**　前の部分で述べられている「電車に乗っている時」の「他者」の見方について，続く部分で短くまとめられているので，まとめて言いかえる働きの「つまり」がふさわしい。

問4　二つ前の段落に，「スマホは使用している人にとって～自分の世界に閉じこもることができる有効な道具です。それは同時に他者に対して関心もないし関与もしないことを示す道具でもあります」とあるので，アが選べる。

問5　(1)　Ａの「ポイント」は“要点”や“得点”，Ｂの「エチケット」は“礼儀作法”や“マナー”，Ｃの「プライベート」は“個人にかかわるさま”，Ｄの「セキュリティー」は“安全”や“安全保障”という意味なので，Ｂがふさわしい。　(2)　「他者の私的世界を侵犯しない」ための礼儀作法やマナーにあたるものなので，他者の「邪魔にならないように」とあるイがあてはまる。

問6　(1)　〈中略２〉の直後の段落で，「外見を整え，その場その時に応じて印象操作し，自己呈示することは生きていくうえでの基本です」と述べられているので，「印象操作」がぬき出せる。
(2)　ア～エはいずれも他人に対して「外見を整えること」なのでふさわしいが，オは「外見を整えること」ではないのでふさわしくない。

問7　傍線部⑤に続く部分の内容から，傍線部⑤を端的に述べた表現は，「ちがい」を認めないような特徴を持っていると考えられる。よって，「『普通』の呪縛」がぬき出せる。なお，「端的」は，要点をとらえているさま。

問８　ア 「『普通』の呪縛から自分自身を解き放つこと。それは私たちが『普通』からまったく離れてしまうことではありません」と述べられているので，「普通」を「一切信頼せずに自分の持っている価値観を貫くことが大事」はあてはまらない。　イ　最後の段落の内容と合う。　ウ「『普通』を見直」すことは，「『ちがい』を認める新たな価値や図式を徐々にでも創造していく営み」であり，「次なる『普通』を生み出すこと」ではない。　エ　最後から二つ目の段落の内容と合う。　オ 「マスメディア」については，本文では述べられていない。

二　**出典は『小説新潮』2021年５月号所収の「はしのないせかい（秋ひのこ作）」による。**非力な透風は，大ばあちゃんやタイラ，さつきとのかかわりを通じて成長していく。

問１　**a** 「一線を画する」は，くっきりと区別すること。　**b**　室内を仕切ったり外気を防いだりするのに用いる建具。「雪見障子」は，下半分がガラスと障子を重ねた構造で，障子を上にずらすとガラス越しに外の景色が見えるようになっている。

問２ 「なまじ(っか)」は“中途半端なようす”，「比喩」は“たとえ”という意味なので，傍線部①は“中途半端なたとえではない”という意味になる。よって，「ぴったりなたとえである」が選べる。

問３　**１，２** 「世界には『端』がない」という「信頼する大ばあちゃんと似た価値観をタイラのメッセージから感じ取」ったことで，透風の反発心は一気に「甘い親近感」に変化している。
３　タイラが「自分の価値観で，世間が分けている物事を行ったり来たり」する姿を見た透風は，「自由が，タイラにはある」と感じている。　**４**　透風は，タイラに親近感を持ったものの，「この美しい人は，自分なんかとつながってよい存在ではない」と，自分自身とはまったく別次元の存在と感じているので，尊敬の念を抱いているといえる。

問４　ア 〈中略１～〉に「大ばあちゃんだけはありのままを受け入れてくれた」とあるので，「初めて理解を示してくれたさつき」は合わない。　イ 〈中略１～〉に「タイラの影響で始めた女装」とあるので，「自分も知らず知らずのうちにタイラと同じ生き方をしている」はあてはまらない。　ウ　透風は「この美しい人は，自分なんかとつながってよい存在ではない」と思っているのだから，「自分も微力ながら彼の役に立てた」はふさわしくない。　エ 〈中略１～〉から傍線部③までの内容を，最もよくまとめている。

問５　傍線部④では，「気持ち」は「外に引き出す」ものとして描かれている。これと同じように，少し後で「気持ち」は「押し出した小舟」にたとえられている。

問６　奥宮で初日の出を見ることに直前までかたくなにこだわっていた大ばあちゃんは，突然「もうええわ。帰ろか。寒いわ」と，奥宮に行くことを未練なくあきらめている。よって，ウがふさわしい。

問７　(Ⅰ)　透風は「この華奢な身体が忌々しい。それ以上に，解放されてほっとしている自分が心から情けなかった」と無力感に打ちのめされている。　(Ⅱ)　透風は「大ばあちゃんに初めて怒鳴られた衝撃で，何も考えられなくなった」のだから，“あまりにも意外で，あっけにとられるようす”を表す「呆然」がふさわしい。　(Ⅲ)　透風は「今ので，さつきがもう屋根裏に来なくなったらどうしよう。大ばあちゃんを嫌いになったら，どうしよう」と不安を感じている。　(Ⅳ)　認知機能の衰えた大ばあちゃんの言動に，透風は「混乱した」り「激しく動揺した」りしているので，“どうしたらよいかわからずに困ること”を表す「困惑」があてはまる。

問８　さつきが「無言でスマホを取り出した」のは，透風の気持ちを救うためではなく，「憤りを顕にする大ばあちゃん」に困惑しているためと考えられるので，ウがあてはまらない。

問９　**Ａ，Ｂ**　透風はさつきの言葉を聞いたことで，「いつかさぁちゃんとタイちゃんには見せてやり」という大ばあちゃんの言葉を思い出し，「ああそうか。大ばあちゃんが，奥宮に行きたがった理由」と気づかされている。大ばあちゃんは，奥宮での初日の出を自分が見たかったのではなく，さつきやタイラに見せたかったのである。

問10　**ア**　「樋口の男」という言葉は，華奢で非力な透風にとって「力仕事ができてこそ男として一人前」という「男らしさ」を感じさせる言葉なので，「嫌で嫌でしょうがなかった」とある。
イ　「タイラと大ばあちゃんで成り立つ心地よい狭きせかい」は，透風が「閉じこもっていた」世界である。そんな世界にさつきが入ってきたことで，透風は「透風を守る境界線が，『友だち』の居場所を作るように，外へ外へと広がっていくような」感覚を覚えている。　**ウ**　「境界線」が広がったことで，透風は「心地よい狭きせかい」から「どこまで行けばはしがあるのかわからないせかいへ，ゆっくりと踏み出していく」ことを決意している。このような，思いもしなかった心境の変化に対する照れくささや喜びが，「心の表面がくすぐったい」というたとえで表現されている。

三　出典は2021年７月13日付「朝日新聞」朝刊掲載の鷲田清一の「折々のことば」による。「多様性」について書かれた小文を読み，一，二で出題された文章と関連させて問題を解いていく。

問１　**ア**　「決めつけ」にあたるものなので，“ものごとに対するこり固まった考え方”を表す「固定観念」とするのがよい。「固定観念」は，一の文章の「人間の『ちがい』をめぐる偏狭で硬直した図式」に通じる考え方である。　**イ**　一の文章に，「外見を整え，その場その時に応じて印象操作し，自己呈示することは生きていくうえでの基本です」とあることに着目する。　**ウ**　「色メガネで見る」は，“偏見や先入観を持ってものごとを見たり判断したりする”という意味。
エ　偏見や先入観を持って相手を見ることは，一の文章の「外見だけから“恣意的に”判断し『決めつけ』，見下し，遠ざけるという差別や排除」につながる。

問２　二の文章の「登場人物」のうち，「外見」に対する「固定観念によって意図通りにとらえてもらえるように装い，振る舞う」ことをしているのは，「ジェンダーレス男子」のタイラである。「ジェンダー」は，生物学的な男女の違いではなく，「女子っぽい」，「男子っぽい」のような，社会的通念や固定観念などにもとづいて役割分担を強制されることでつくり出される男女の違い(社会的性差)を表す。タイラは，「女子っぽい」，「男子っぽい」のような「世間が分けている物事」に対する固定観念をあえて利用し，それを「行ったり来たり」することで，「ジェンダーレス男子」としての自己を呈示しているといえる。なお，「レス」は，“～のない”という意味を表す英語。

問３　「他者や自分自身に対する考え方」を持っているのは，「自分」である。〔資料〕の中で，その「自分」は「自身の奥に居座る」と述べられている。

問４　〔資料〕の中で述べられている「自分にとって居心地のいい人だけと一緒にいること」は，二の文章の「タイラと大ばあちゃんで成り立つ心地よい狭きせかい」にあたる。そのような「せかい」で透風は女装を始めたが，それは「本当の自分にしがみついて」いるからではなく，「男らしくない自分をどうにもできない」からである。しかし，大ばあちゃんやさつきとのやりとりを通じて，透風は「どこまで行けばはしがあるのかわからないせかいへ，ゆっくりと踏み出して」いる。したがって，〔資料〕の中の言葉で言えば，透風は「認めたくない自分」と「出会い直して」いるのだといえる。

2022年度　浦和明の星女子中学校

〔電　話〕 (048) 873－１１６０
〔所在地〕 〒336-0926　埼玉県さいたま市緑区東浦和６－４－19
〔交　通〕 JR武蔵野線－「東浦和駅」より徒歩８分

【算　数】〈第２回試験〉 (50分)〈満点：100点〉

注意　コンパス，定規，分度器，計算機は使用しないこと。

1　次の各問いに答えなさい。

(1)　$1\frac{4}{5} \div \left(0.3+\frac{8}{15}\right)-\left(1-1.4 \div 2\frac{11}{12}\right) \times 3$ を計算しなさい。

(2)　一定の割合で水がわき出ている池があります。この池から，数台のポンプを使って，一時的に池の水を空にする作業をします。これらのポンプ１台あたりが１分間にくみ出す水の量は，この池の１分間にわき出る水の量と同じです。３台のポンプを使ってこの作業を行うと，30分かかります。この作業を10分で終えるには，何台のポンプを使えばよいですか。

(3)　公園の掃除(そうじ)を手伝ってくれた子供たちにあめ玉を配ることにしました。あめ玉を１人あたり５個ずつ配ると，２人の子供はあめ玉を１個ももらうことができず，１人の子供はあめ玉を４個しかもらえないことがわかりました。そこで，あめ玉を１人あたり４個ずつ配ったところ，全員がもらうことができ，あめ玉は３個余りました。子供の人数は何人ですか。

(4)　次の□に入る数をすべて答えなさい。

18を２個以上の連続する整数の和で表すと，5+6+7のように３個の整数の和や，3+4+5+6のように４個の整数の和で表すことができます。21も，このように連続した□個の整数の和で表すことができます。

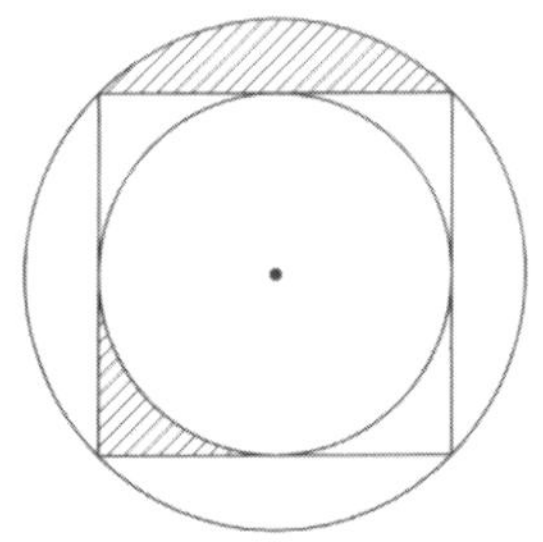

(5)　右の図のように，大きな円の中に１辺が４cmの正方形が接していて，その正方形の中に，小さい円が接しています。斜線(しゃせん)部分の面積の和を求めなさい。ただし，円周率は3.14とします。

図１

図２

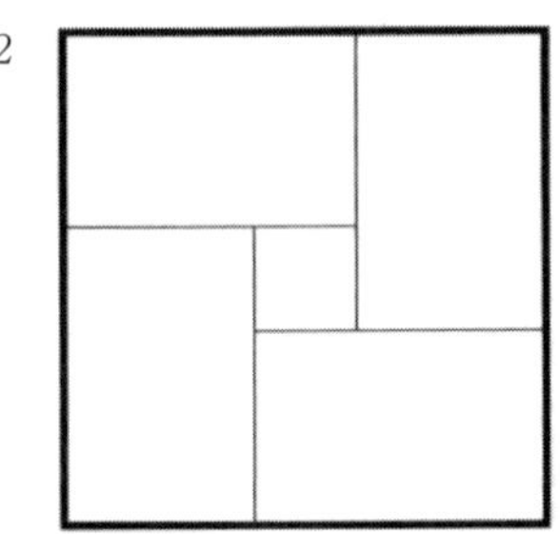

(6)　図１のような，横の長さが縦の長さより６cmだけ長く，面積が391cm^{2}の長方形が４つあります。これらを並べて，図２のような正方形の形を作りました。このとき，図２の太線で囲まれた正方形の１辺の長さと，図１の長方形の縦の長さを求めなさい。

(7)　横の長さが縦の長さより長く，周りの長さが64cmの大きな長方形があります。この長方形を次のページの図のように面積が４等分になるように，４つの長方形A，B，C，Dに分けたところ，Dの長方形の周りの長さが34cmでした。もとの大きな長方形の面積を求めなさい。

<table>
<tr><td>A</td><td rowspan="3">D</td></tr>
<tr><td>B</td></tr>
<tr><td>C</td></tr>
</table>

2　縦90cm，横70cm，高さ40cmの直方体の形をした水槽と，１辺が30cmの立方体の形をしたおもりが２つあります。水槽の厚さは考えないものとして，次の問いに答えなさい。

(1)　水槽には20cmの深さまで水が入っています。この２つのおもりを横に並べて水に沈めたとき，水の深さは何cmになりますか。

(2)　水槽にはある深さまで水が入っていました。この２つのおもりを横に並べて水に沈めたところ，おもりの一部分は水面より上に出ていました。その後，１つのおもりを水槽から取り出すと，水面の高さは２つのおもりが入っていたときより3.5cm低くなりました。２つのおもりを沈める前の，はじめの水の深さは何cmでしたか。

3　ガソリンを燃料として走る車は，二酸化炭素を排出します。ガソリン１Ｌを使うときに排出する二酸化炭素の量は2.32kgです。

Ａさんのお父さんは，通勤にガソリンを燃料として走る車を利用しており，毎月300km走ります。もともとガソリン１Ｌあたり８km走る車に乗っていましたが，先月の途中，ガソリン１Ｌあたり12km走る新しい車に乗り換えました。すると，先月１か月間で車が排出した二酸化炭素の量は，それまでの，ガソリン１Ｌあたり８km走る車だけに乗っていた月の量より10％減りました。このとき，次の問いに答えなさい。

(1)　ガソリン１Ｌあたり８km走る車だけに乗っていた月に，１か月間で車が排出した二酸化炭素の量は何kgでしたか。

(2)　車を途中で乗り換えた先月は，もとの車と新しい車でそれぞれ何kmずつ走ったことになりますか。

4　A，B，C，D，Eの５人が集まって，次のようなルールでじゃんけん大会を行い，優勝を競いました。

ルール

・じゃんけんは１対１で行う。

・全員がすべての相手と１回ずつじゃんけんをする。

・じゃんけんをして，勝ったときは３点，あいこのときは１点，負けたときは０点の得点とする。

・得点の合計が最も多い人を優勝とする。

このルールでじゃんけん大会を行ったところ，得点の合計は，５人ともすべて異なりました。また，５人の得点の合計をすべて加えると27点になりました。

(1)　じゃんけんは全部で何回行われましたか。

(2)　あいこになったじゃんけんは全部で何回ありましたか。

　Ａ，Ｂ，Ｃ，Ｄ，Ｅの５人は，自分の結果について，次のように言っていました。

Ａ：「Ｃさんには勝ちましたが，他の人には全部負けました。」

Ｂ：「誰にも負けなかったので，優勝できました。」

Ｃ：「あいこは１回あったけど，１回も勝てなかった。」

Ｄ：「優勝できなかったけど，得点の合計は２番目に多かったよ。」

Ｅ：「Ｂさんには負けてしまいましたが，負けたのは１回だけです。」

(3)　Ｂ，Ｄ，Ｅの３人の得点の合計を，それぞれ答えなさい。

5　姉と妹の２人が，1050m離(はな)れたＡ地点とＢ地点の間を往復しています。予定では，２人はＡ地点から同時に出発して，18分後に，Ｂ地点から戻(もど)ってくる姉がＢ地点に向かう妹と初めてすれ違(ちが)うはずでした。

　ところが，実際には姉は妹より７分も遅(おく)れて出発したので，Ｂ地点に向かう姉がＢ地点から戻ってくる妹と，姉が出発してから15分後に初めてすれ違いました。

　姉と妹の歩く速さはそれぞれ一定として，次の問いに答えなさい。

(1)　妹の歩く速さは分速何ｍですか。

(2)　姉が妹を初めて追い越(こ)すのは，姉が出発してから何分後ですか。

　２人がこのままＡ地点とＢ地点の間を何回も往復することを考えます。

(3)　姉が妹を初めて追い越した後，姉が妹と初めてすれ違うのは，姉が出発してから何分後ですか。

(4)　姉が妹を初めて追い越してから，２度目に追い越すまでの間に，２人は何回すれ違うことになりますか。

【社　会】〈第２回試験〉（理科と合わせて50分）〈満点：50点〉

Ⅰ　先生と星子さん，明子さんの３人の会話について，あとの問いに答えなさい。

先生：今日は，日本の行事について，季節ごとに調べてみましょう。まず３月から５月までの春の行事はどうでしょうか。

星子：３月は，３日のひな祭りがあります。私の家でも毎年，①ひな人形を飾っています。ひな祭りのことを②桃の節句ともいいますよね。

先生：そうですね。古代の中国では，桃は病気などをおこす悪い気をはらう力があると考えられていたので，それが日本に伝わり，次第にひな祭りに欠かせない花となったようですね。ほかにも③奈良県の④東大寺二月堂で，お水取りとよばれる行事があります。大きな松明から落ちる火の粉をあびて，災いをはらうという意味があるそうです。

星子：４月の行事は何かあったかなぁ。

明子：お花見です！　満開の⑤桜の木の下で，みんなでお弁当を食べてとても楽しかったです。

先生：桜は，昔から⑥稲や穀物の神様が宿る木とされてきました。桜を観賞する会がはじめて催されたのは，⑦嵯峨天皇の時代だといわれています。４月のお祭りとしては，⑧岐阜県高山市の日枝神社の春の高山祭りが有名です。絢爛豪華な屋台は「動く⑨陽明門」ともよばれ，その屋台に仕掛けられた，⑩からくり人形が有名です。では，５月はどうですか。

星子：５月５日のこどもの日があります。⑪こいのぼりを掲げたり武者人形を飾ったりします。

先生：そうですね。５月５日は端午の節句といって，男の子の成長と幸せを願う行事です。⑫1948年に「こどもの日」となり，子どもの人格を重んじ，子どもの幸福をはかる⑬祝日とさだめられました。では，６月から⑭８月の夏の行事はどうでしょう。

明子：夏は各地でたくさんお祭りがありますよね。仙台の七夕祭りとか⑮秋田県の竿灯まつりとか。

星子：花火大会も夏ならではの行事ですよね。⑯新潟県長岡市の花火は見たことがあります。⑰三尺玉の大きな花火が打ち上げられて，すごい迫力でした。

先生：それは良い経験をしましたね。では⑱秋はどうでしょう。

明子：お月見でお団子を食べました。「中秋の名月」といわれる満月が本当にきれいでした。

星子：中秋ってどのような意味ですか。

先生：旧暦では，７月から９月までが「秋」とされており，真ん中にあたる８月は「中秋」とよばれていました。旧暦の⑲８月15日，つまり十五夜の満月を「中秋の名月」といい，収穫を祝ってお供えをしたのです。

明子：先生，旧暦って何ですか。

先生：旧暦とは，月の満ち欠けをもとにつくられた暦のことです。⑳飛鳥時代ごろから使われはじめたと考えられています。太陰暦ともいいます。㉑明治になって採用された太陽暦は，新暦とよばれたので，それまでの暦は旧暦とよばれるようになりました。

明子：なるほど，よくわかりました。秋の行事には，11月におこなわれる七五三もありますね。

先生：そうですね。室町時代ごろに武家社会でおこなわれていた，子どもの成長を祝う儀式が広まったものと考えられています。七・五・三と㉒奇数なのは，奇数は縁起が良いという中国の考えからきたものらしいです。

星子：冬の行事はどうでしょう。お正月は冬の大きな節目ですよね。２月は何かあったかな。

明子：節分です！

先生：節分は，中国の古い風習や鬼や邪気(じゃき)をはらうために豆をぶつける風習などが合わさり，広まったと考えられています。大切な作物である㉓大豆には，穀物の霊が宿っていて，その力が悪霊(あくりょう)を退けると昔の人は考えていました。

星子：日本にはいろいろな伝統行事があるのですね。

問１　下線部①について。

(1)　ひな人形は天皇や皇后，宮中の公家たちを手本にしたものといわれています。天皇が幼少であった場合などに，天皇にかわって政務をおこなう職として正しいものを，次の(ア)～(エ)から一つ選び，記号で答えなさい。

(ア)　右大臣　　(イ)　太閤　　(ウ)　摂政　　(エ)　少納言

(2)　埼玉県さいたま市に，2020年２月22日に，日本初の人形専門公立博物館がつくられました。さいたま市の中でも日本有数の人形産地であり，人形博物館が建てられた場所を，次の(ア)～(エ)から一つ選び，記号で答えなさい。

(ア)　さいたま市岩槻区　　(イ)　さいたま市西区

(ウ)　さいたま市緑区　　(エ)　さいたま市中央区

問２　下線部②について。桃に関係する昔話として「桃太郎」があります。桃太郎のお話に出てくる「きびだんご」のきびは，穀物の「キビ」や旧国名の「吉備(きび)」に由来(ゆらい)するなどの説があります。「吉備」とは，現在の何県にあたりますか。正しいものを，次の(ア)～(エ)から一つ選び，記号で答えなさい。

(ア)　福岡県　　(イ)　奈良県　　(ウ)　岡山県　　(エ)　埼玉県

問３　下線部③について。奈良県について述べた説明文として正しいものを，次の(ア)～(エ)から一つ選び，記号で答えなさい。

(ア)　県西部を，日本の標準時子午線である東経135度線が通(とお)る。

(イ)　中京工業地帯の一部である奈良市では，繊維業がさかんである。

(ウ)　内陸にあり，京都府・大阪府とは接しているが，滋賀県とは接していない。

(エ)　東部を流れる長良川流域には，洪水から家や田畑を守る輪中がみられる。

問４　下線部④について。東大寺が建立された奈良時代について述べた説明文として正しいものを，次の(ア)～(エ)から一つ選び，記号で答えなさい。

(ア)　明が中国を統一し，日本に朝貢(ちょうこう)を要求した。

(イ)　運慶・快慶が金剛力士像をつくった。

(ウ)　墾田永年私財法によって，寺社や貴族たちの私有地が増えていった。

(エ)　興福寺や延暦寺は僧兵をかかえて，勢力をふるった。

問５　下線部⑤について。桜について述べた説明文として誤っているものを，次の(ア)～(エ)から一つ選び，記号で答えなさい。

(ア)　桜の花は，百円硬貨や千円札の図柄(ずがら)として使用されている。

(イ)　桜の図柄は，ラグビー日本代表のワッペンに使われている。

(ウ)　桜は種類によって，果実が食用にされたり，塩漬けにした花が桜湯に使われる。

(エ)　桜は日本の国花であり，皇室をあらわす花であるとさだめられている。

問６　下線部⑥について。

(1)　春から秋にかけておこなわれる稲作の作業の手順を，正しく並べたものを，次の(ア)～(エ)から一つ選び，記号で答えなさい。

(ア)　しろかき→田おこし→田植え→稲刈(か)り

(イ)　田植え→田おこし→稲刈り→中干し

(ウ)　田おこし→田植え→中干し→稲刈り

(エ)　中干し→田おこし→しろかき→稲刈り

(2)　次の文章は，代表的な米の産地である越後平野や庄内平野の特徴(とくちょう)を書いたものです。空欄 X ・ Y にあてはまる語句と文章の組合せとして正しいものを，次の(ア)～(エ)から一つ選び，記号で答えなさい。

「越後平野や庄内平野は， X 平野部で，気候は Y 土地なので米づくりに適(てき)しています。」

(ア)　X：水が豊かな　Y：昼と夜の気温の差が小さい

(イ)　X：水が豊かな　Y：昼と夜の気温の差が大きい

(ウ)　X：水が少ない　Y：昼と夜の気温の差が小さい

(エ)　X：水が少ない　Y：昼と夜の気温の差が大きい

問７　下線部⑦について。嵯峨天皇は，桓武天皇の子で，律令制度の改革につとめた天皇でした。桓武天皇・嵯峨天皇の時代に活躍した人物として正しいものを，次の(ア)～(エ)から一人選び，記号で答えなさい。

(ア)　道鏡　　(イ)　一休　　(ウ)　空海　　(エ)　親鸞(しんらん)

問８　下線部⑧について。リニア中央新幹線は，2021年９月現在，岐阜県を通る予定となっています。リニア中央新幹線が通る予定の県として誤っているものを，次の(ア)～(エ)から一つ選び，記号で答えなさい。

(ア)　山梨県　　(イ)　長野県　　(ウ)　群馬県　　(エ)　愛知県

問９　下線部⑨について。陽明門といえば，日光東照宮の陽明門が有名です。日光東照宮について述べた説明文として正しいものを，次の(ア)～(エ)から一つ選び，記号で答えなさい。

(ア)　日光東照宮は，歴代の征夷大将軍がすべて埋葬(まいそう)されている。

(イ)　千利休の影響を受けた豊臣秀吉は，わび茶を広めるため，陽明門の華美(かび)な装飾を取り壊した。

(ウ)　日光東照宮は，太平洋戦争で戦死した軍人を英霊(えいれい)としてまつる神社である。

(エ)　日光東照宮には，権現造(ごんげんづくり)とよばれる建築様式がみられる。

問10　下線部⑩について。からくり人形とは，歯車などの技術を使って，複雑な動きをするしくみをもった人形で，江戸時代後半に多くつくられました。江戸時代の技術・産業について述べた説明文として誤っているものを，次の(ア)～(エ)から一つ選び，記号で答えなさい。

(ア)　浮世絵版画は，版木(はんぎ)に原画をほる彫(ほり)師と色を重ねて印刷するすり師が共同してつくった。

(イ)　杉田玄白は，エレキテルとよばれる装置をつくって静電気を発生させる実験をおこなった。

(ウ)　たたら製鉄とよばれた古代からの技術でつくられた純度の高い鉄が，多様な道具に加工された。

(エ)　綿織物業では，働き手を農村から募(つの)り，分業と協業によって生産する工場制手工業が発展した。

問11　下線部⑪について。全国有数のこいのぼりの生産地として埼玉県の加須市が挙げられます。次の表は，キャベツ，ほうれんそう，きゅうり，日本なしのいずれかの生産上位県をあらわしたものです。埼玉県にあてはまるものを，次の(ア)～(エ)から一つ選び，記号で答えなさい。

(ア)	9.5
千葉県	9.2
栃木県	8.6
(イ)	7.6
鳥取県	7.0

(ウ)	11.0
(エ)	9.3
千葉県	8.6
(ア)	7.4
宮崎県	7.4

宮崎県	11.5
(エ)	10.8
(ウ)	8.3
(イ)	7.0
千葉県	5.3

(エ)	18.7
愛知県	18.2
千葉県	7.5
(ア)	7.2
鹿児島県	5.2

（単位はパーセント。『日本のすがた 2021』より作成）

問12　下線部⑫について。1948年におきたできごととして正しいものを，次の(ア)～(エ)から一つ選び，記号で答えなさい。

(ア)　朝鮮戦争がはじまった。

(イ)　極東国際軍事裁判（東京裁判）の判決が下された。

(ウ)　ベルリンの壁が建設された。

(エ)　初の国産アニメとして『鉄腕アトム』がテレビ放映された。

問13　下線部⑬について。日本の祝日として誤っているものを，次の(ア)～(エ)から一つ選び，記号で答えなさい。

(ア)「建国記念の日」は２月11日　　(イ)「みどりの日」は５月３日

(ウ)「文化の日」は11月３日　　(エ)「勤労感謝の日」は11月23日

問14　下線部⑭について。2021年８月は，西日本を中心に大雨が続きました。次々と発生した積乱雲が数時間にわたってほぼ同じ場所にとどまって，□のように並んだことも原因の一つです。このように発生した雨の降る地域を□状降水帯といいます。空欄□にあてはまる語句を，**漢字一字**で答えなさい。

問15　下線部⑮について。次の表は，秋田県，東京都，愛知県，沖縄県の，年齢別人口の割合をあらわしたものです。秋田県にあてはまるものを，次の(ア)～(エ)から一つ選び，記号で答えなさい。

	1990年（国勢調査）			2019年（人口推計）		
	0～14歳	15～64歳	65歳以上	0～14歳	15～64歳	65歳以上
(ア)	17.9	66.5	15.6	9.8	53.0	37.2
(イ)	24.7	65.3	10.0	16.9	60.9	22.2
(ウ)	14.7	74.7	10.6	11.2	65.8	23.1
(エ)	18.5	71.7	9.8	13.1	61.8	25.1

（単位はパーセント。『データでみる県勢 2021』より作成）

問16　下線部⑯について。新潟県の地場産業について述べた説明文として誤っているものを，次の(ア)～(エ)から一つ選び，記号で答えなさい。

(ア)　新潟市では，酒井田柿右衛門によってはじめられた有田焼の生産がさかんである。

(イ)　新潟県中部にある燕市では，金属洋食器の生産がさかんである。

(ウ)　十日町市では，幕末より絹織物の生産がさかんで，現在では着物の産地となっている。

(エ)　県内全域で清酒が多く生産され，その出荷量は全国３位である。

問17　下線部⑰について。尺とは，単位の一つです。長さや面積など，日本の単位について述べた説明文として誤っているものを，次の(ア)～(エ)から一つ選び，記号で答えなさい。

(ア)　尺は，長さの単位として，丈や寸などとともに，使われていた。

(イ)　律令制度では，土地の面積をあらわすのに，段(反)が用いられていた。

(ウ)　石高制の「石」とは，土地の評価を米の収穫量であらわした単位である。

(エ)　江戸時代のすべての通貨は，重さをはかって使用する通貨であり，貫という単位に統一された。

問18　下線部⑱について。秋に宮中でおこなわれるまつりごととして正しいものを，次の(ア)～(エ)から一つ選び，記号で答えなさい。

(ア)　元始祭　　(イ)　花まつり　　(ウ)　出初式　　(エ)　新嘗祭

問19　下線部⑲について。８月15日におきたできごととして正しいものを，次の(ア)～(エ)から一つ選び，記号で答えなさい。

(ア)　連合国から日本に対して，ポツダム宣言が出された。

(イ)　天皇のラジオ放送で，戦争の終結が全国民に発表された。

(ウ)　アメリカ合衆国によって，広島に原子爆弾が投下された。

(エ)　ソ連が，日本に宣戦布告した。

問20　下線部⑳について。飛鳥時代について述べた説明文として正しいものを，次の(ア)～(エ)から一つ選び，記号で答えなさい。

(ア)　厩戸王(聖徳太子)は，遣唐使を派遣したのち，冠位十二階を制定した。

(イ)　大海人皇子は，平定した東北の蝦夷たちを味方につけ，壬申の乱に勝利した。

(ウ)　中国皇帝から与えられた金印や多くの銅鏡が，推古天皇を埋葬した古墳から発見された。

(エ)　法隆寺には，飛鳥文化を代表する仏像や美術品が収蔵されている。

問21　下線部㉑について。明治時代に設けられたものに関する説明文として正しいものを，次の(ア)～(エ)から一つ選び，記号で答えなさい。

(ア)　戊辰戦争で焼け落ちた上野の寛永寺の跡地に，ナウマンが設計した国立博物館が建てられた。

(イ)　1872年に制定された学制により，小学校が寺子屋に改められ，就学率も90％をこえた。

(ウ)　紙幣の発行を一カ所でおこなうことを目的として，日本銀行が1882年に設立された。

(エ)　川上音二郎がはじめた「オッペケペー節」の流行をきっかけに，和洋折衷の歌舞伎座が開場した。

問22　下線部㉒について。奇数が入っている語句に関する説明文として正しいものを，次の(ア)～(エ)から一つ選び，記号で答えなさい。

(ア)　**五畿七道**とは，大宝律令でさだめられた行政区画であったが，実情に合わず実現しなかった。

(イ)　北条義時は，承久の乱を鎮圧した後，**五十一カ条**からなる御成敗式目を制定した。

(ウ)　豊臣秀吉は，石田三成を中心とした**五大老**にバテレン追放令を出すように命じた。

(エ)　日本政府は，第一次世界大戦中に中国に対して**二十一カ条の要求**を出した。

問23　下線部㉓について。次の表は，大豆の収穫量が多い都道府県を順に並べたものです。空欄(　)にあてはまる都道府県を，あとの(ア)～(エ)から一つ選び，記号で答えなさい。

(　　)	88,400
宮城県	15,100
秋田県	13,900
福岡県	8,830

(単位はトン。『データでみる県勢 2021』より作成)

(ア) 北海道　(イ) 青森県　(ウ) 静岡県　(エ) 高知県

Ⅱ　次の文章を読んで，あとの問いに答えなさい。

日本国憲法は，形の上では①大日本帝国憲法の改正という手続きによってさだめられました。しかし，実際は②アジア・太平洋戦争が終わって③1945年の９月から日本の占領をおこなったGHQ(連合国軍最高司令官総司令部)の強い影響力のもとでつくられたものです。GHQのマッカーサー最高司令官は，日本政府に憲法改正をおこなうように求めたものの，政府が準備した改正案が大日本帝国憲法とそれほど変わらないものであったことに不満をもちます。そこで，「三原則」とよばれる簡単なメモを部下に示して，まったくあたらしく憲法の草案(そうあん)(原案)をつくるように指示します。彼らは，他国の憲法を調査したり，民間の憲法草案の提案を参考にしたりしながら，非常に短期間で草案を書き上げます。その出発点となったメモの要点は，次の３つといわれています。

１．④天皇は国の元首(げんしゅ)であり，皇位は世襲(せしゅう)される。
２．国際紛争を解決する手段としても，自衛のための手段としても，戦争は放棄(ほうき)する。
３．封建(ほうけん)制度は，廃止(はいし)される。

しかし実は，憲法改正の案を作成する作業のあいだに，案の内容はいろいろ変更されました。たとえば，「三原則」では天皇は国の「元首」とありますが，その言葉は，実際にできあがったGHQの草案ではすでに現在の日本国憲法の第１条と同じ「　⑤　」という言葉におきかえられています。「戦争放棄」の箇所(かしょ)にあった「自衛のための手段としての戦争も放棄する」という部分も，GHQの草案には書かれませんでした。また，できあがった草案が日本政府に提示された時には⑥国会は一院制とされていましたが，その後，日本政府との交渉の中で二院制に修正されるなどの変更もありました。

さらに，憲法改正案を審議(しんぎ)する議会においても，活発な議論がおこなわれました。憲法第９条の⑦平和主義の表現が調整されたり，⑧人間らしく生きる権利を保障した憲法第25条が議員の提案によってあらたに付け加えられるなど，さまざまな変更が加えられた結果，日本国憲法が誕生したのです。

なお，日本国憲法の第24条，⑨男女の平等をさだめた条文は，GHQで憲法草案作成の担当者の中でただ一人の女性であった，ベアテ＝シロタ＝ゴードンが，自分が少女時代を過ごした日本の女性の地位の低さを改善しようと強く提案して取り入れられた条文といわれています。

今日，日本国憲法は日本社会に定着しているといわれますが，時代の変化にともなってさまざまな問題や課題が指摘されています。私たちも⑩憲法と社会の動きに関心をもつことが求められているのではないでしょうか。

問１　下線部①について。大日本帝国憲法について述べた説明文として正しいものを，次の(ア)～(エ)から一つ選び，記号で答えなさい。

(ア)　衆議院議員の選挙権を25歳以上の男女に認めていた。

(イ)　地方自治を重視して，県知事や市町村長も選挙で選ぶようにさだめていた。

(ウ)　天皇の強い政治的な権限をさだめる一方，国民の権利はまったく認めていない。

(エ)　天皇がさだめた憲法として，1889年に発布された。

問２　下線部②について。この戦争に関連したできごとについて述べた説明文として正しいものを，次の(ア)～(エ)から一つ選び，記号で答えなさい。

(ア)　沖縄は，激しい地上戦がおこなわれたすえに，アメリカ軍の支配下に入ったが，戦争が終わると同時にアメリカ軍は撤退した。

(イ)　終戦時に海外にいた日本軍の兵士のなかには，アメリカ軍によってシベリアに送られて強制労働させられた人もいた。

(ウ)　終戦時に中国などにいた日本の民間人の多くは日本に引き揚げてきたが，その過程で中国に残された「残留孤児」の問題も生じた。

(エ)　日本軍は中国本土の都市や太平洋の島々を次々と制圧したが，大きな抵抗にあわず，兵士の犠牲者もわずかであった。

問３　下線部③について。この年におこったできごとについて述べた説明文として正しいものを，次の(ア)～(エ)から一つ選び，記号で答えなさい。

(ア)　東条英機内閣が総辞職し，日本社会党の吉田茂が内閣総理大臣となった。

(イ)　日本の国土の防衛を任務とする警察予備隊が発足した。

(ウ)　国際連合が，51カ国の加盟国で発足した。

(エ)　アメリカで，日米安全保障条約の調印がおこなわれた。

問４　下線部④について。現在の天皇の地位について述べた説明文として正しいものを，次の(ア)～(エ)から一つ選び，記号で答えなさい。

(ア)　天皇の地位は，天皇のいちばん年長の子しか継ぐことができない。

(イ)　天皇の地位は，日本国民の総意にもとづくとさだめられている。

(ウ)　日本国憲法のもとで，生前に退位した天皇はいない。

(エ)　天皇は養子をむかえて，皇位をその子に継がせることができる。

問５　文中の空欄 ⑤ にあてはまる語句を**漢字二字**で答えなさい。

問６　下線部⑥について。国会について述べた説明文として正しいものを，次の(ア)～(エ)から一つ選び，記号で答えなさい。

(ア)　衆議院議員と参議院議員の議員定数は同じである。

(イ)　国会は，一年を通して開会されているが，年末年始だけは休会する慣例が定着している。

(ウ)　首相は国会の議長をつとめ，国会の解散も首相が決断する。

(エ)　国会が重要な議案を決める際に，「公聴会」を開いて市民や有識者から意見を聞くことがある。

問７　下線部⑦について。日本国憲法の平和主義について述べた説明文として正しいものを，次の(ア)～(エ)から一つ選び，記号で答えなさい。

(ア)　自衛隊は憲法第９条に違反する，との訴えを，最高裁判所が認めたことはない。

(イ)　憲法第９条が否定している「交戦権」とは，攻撃される前に敵基地を先制攻撃する権利のことをいう。

(ウ)　ベトナム戦争をきっかけに，アジアの平和を守るために自衛隊がつくられた。

(エ)　日本は，国際連合の平和維持活動に協力する以外は，自衛隊を海外に派遣することはできない。

問8　下線部⑧の権利を何とよびますか。正しいものを，次の(ア)～(エ)から一つ選び，記号で答えなさい。

(ア)　参政権　　(イ)　生存権　　(ウ)　自由権　　(エ)　自衛権

問9　下線部⑨について。男女平等に関して日本国憲法と日本の法律の考え方として正しいものを，次の(ア)～(エ)から一つ選び，記号で答えなさい。

(ア)　仕事をもつ女性は結婚しても家事や育児をするので，一日の仕事の時間は法律で男性よりも短くさだめられている。

(イ)　日本においては，男女平等を保障するために裁判官や検察官などをふくめた国家公務員や国会議員は男女半々になるように制度がつくられている。

(ウ)　結婚は，結婚する二人の合意のみにもとづいて成立するので，親やそのほかの人が結婚を強制したり禁止したりしてはいけない。

(エ)　婚姻(こんいん)の届出(とどけで)の時には，夫婦は，ともに夫の姓を名のることが法律でさだめられている。

問10　下線部⑩について。憲法に関連する社会の動きについて述べた説明文として正しいものを，次の(ア)～(エ)から一つ選び，記号で答えなさい。

(ア)　ウイルスによる感染拡大防止のために出された「緊急事態宣言」は，憲法にさだめられている緊急事態条項を根拠(こんきょ)として，国民の権利に一時的に制限を加えた。

(イ)　環境権や幸福追求権，差別の禁止など，憲法にはまだ書かれていない権利を「新しい人権」という。

(ウ)　憲法改正のための国民投票法が改正され，国民投票が成立するために必要な最低投票率が決められた。

(エ)　憲法がさだめる「選挙権の保障」に関して，外国に住んでいる日本国民も国会議員の選挙に参加できる。

【理　科】〈第２回試験〉（社会と合わせて50分）〈満点：50点〉

1　乾電池(**図１**)と発光ダイオード(**図２**)と手回し発電機(**図３**)を用いて，**実験１**，**実験２**を行いました。これに関する各問いに答えなさい。ただし，発光ダイオードは＋極から－極にのみ電流が流れ，電流が流れたときだけ光ります。また，手回し発電機のハンドルは，時計回り(**あ**の向き)と反時計回り(**い**の向き)に回すことができます(**図４**)。

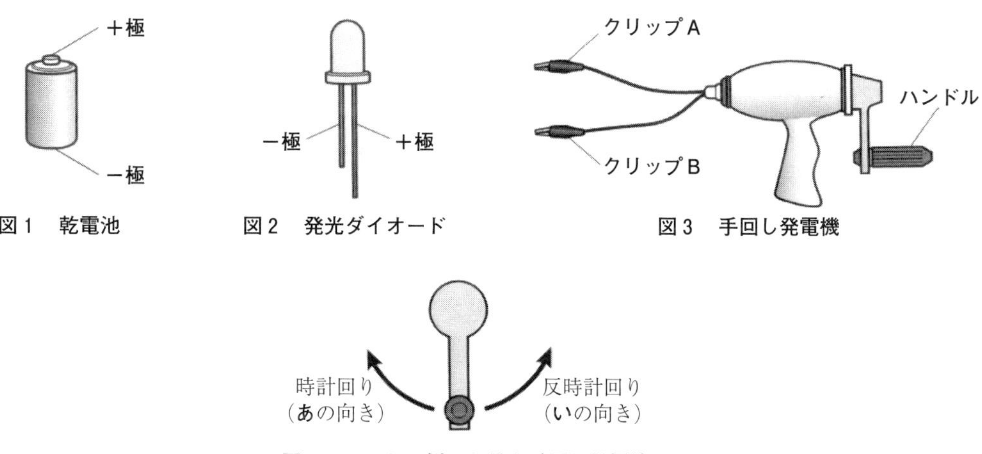

図１　乾電池　　図２　発光ダイオード　　図３　手回し発電機

図４　ハンドル側から見た手回し発電機

実験１

①　**図５**，**図６**のように発光ダイオードと手回し発電機をつないだ。

②　手回し発電機のハンドルを一定の速さで**図４**の**あ**の向きまたは**い**の向きに回した。

③　それぞれの場合で，発光ダイオードが光ったかどうかを調べた(**表１**)。

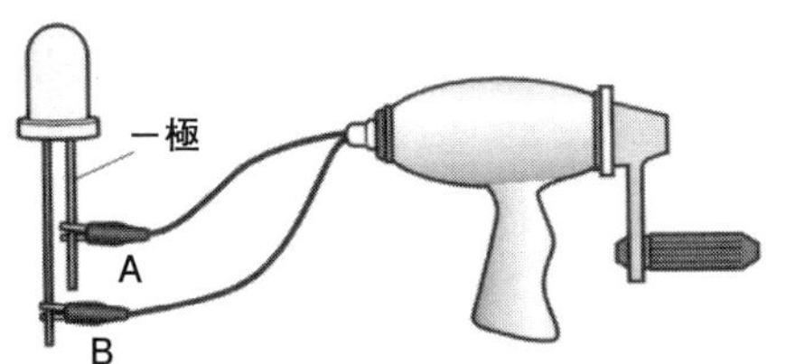

図５　発光ダイオードの－極と手回し発電機のクリップＡをつなぐ

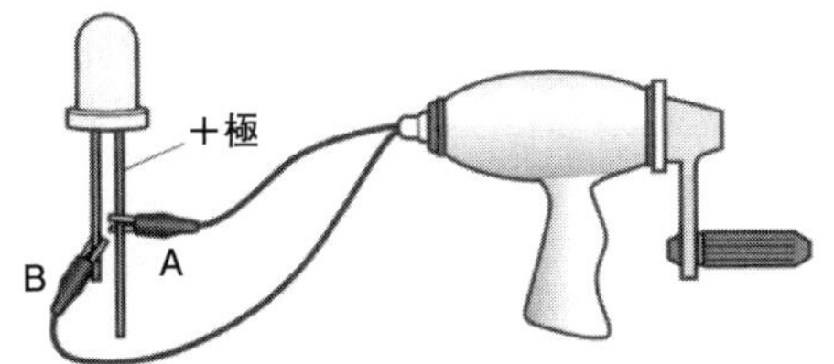

図６　発光ダイオードの＋極と手回し発電機のクリップＡをつなぐ

表１　実験１の結果

つなぎ方	回す向き	発光ダイオード
図５	あ	光らなかった
図５	い	光った
図６	あ	光った
図６	い	光らなかった

実験２

①　**図７**，**図８**のように乾電池と手回し発電機をつないだ。

②　手回し発電機のハンドルが回った向きを調べた(**表２**)。

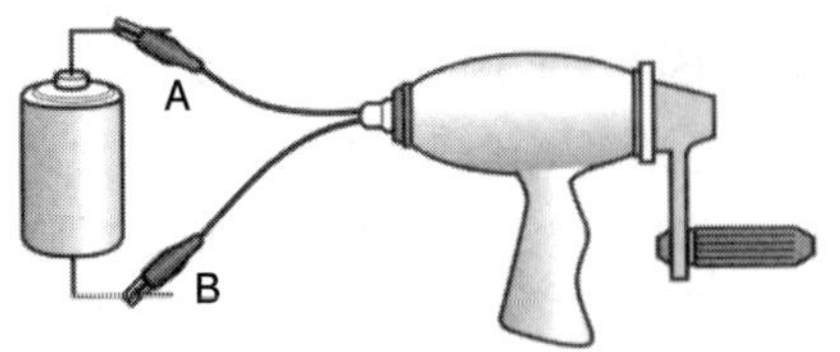

図７　乾電池の＋極と手回し発電機のクリップＡをつなぐ

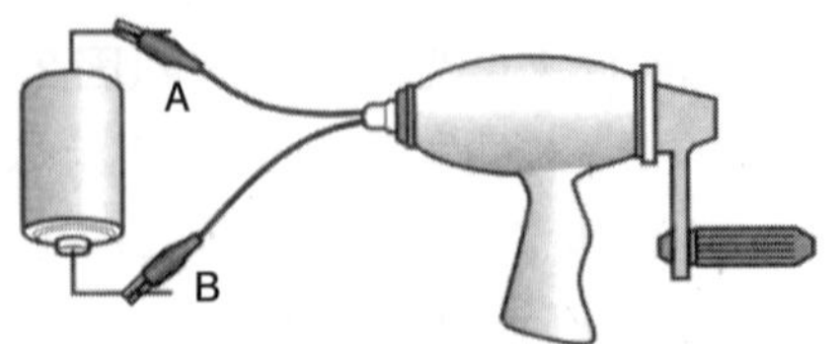

図８　乾電池の－極と手回し発電機のクリップＡをつなぐ

表２　実験２の結果

つなぎ方	回った向き
図７	あ
図８	い

問１　**実験１**，**実験２**の結果から，クリップ**Ａ**に流れる電流の向きについて，正しいものはどれですか。もっとも適当なものを選び，**ア**～**エ**で答えなさい。

ア．**図５**のようにつないで**い**の向きに回したときと，**図７**のようにつないだときでは同じである。

イ．**図５**のようにつないで**い**の向きに回したときと，**図８**のようにつないだときでは同じである。

ウ．**図６**のようにつないで**あ**の向きに回したときと，**図７**のようにつないだときでは同じである。

エ．**図６**のようにつないで**あ**の向きに回したときと，**図８**のようにつないだときでは逆である。

問２　①～⑥のように発光ダイオードと手回し発電機をつなぎました。そして**１**を一定の速さで回しました。**１**を回す向きと**２**が回る向きについて，正しいものはどれですか。もっとも適当なものを選び，**ア**～**カ**で答えなさい。

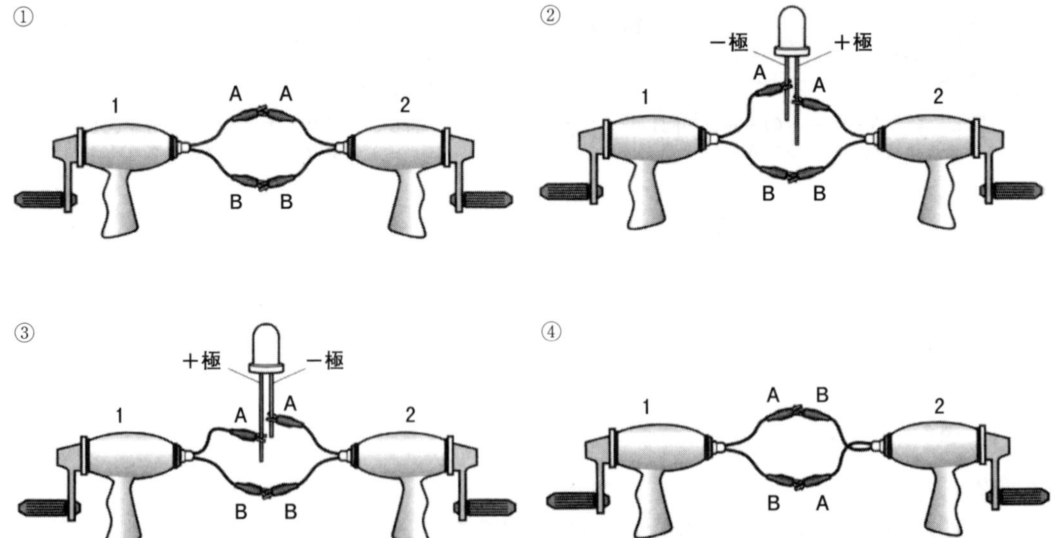

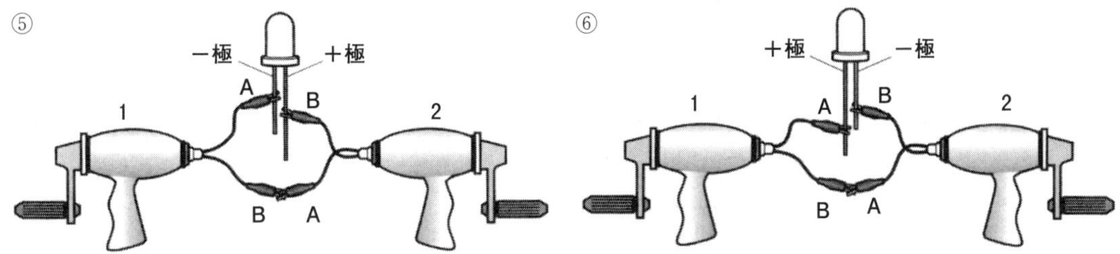

ア．①では，**1**を**あ**の向きに回すと，**2**は**い**の向きに回る。
イ．②では，**1**を**あ**の向きに回すと，**2**は**い**の向きに回る。
ウ．③では，**1**を**あ**の向きに回すと，**2**は**あ**の向きに回る。
エ．④では，**1**を**い**の向きに回すと，**2**は**い**の向きに回る。
オ．⑤では，**1**を**い**の向きに回すと，**2**は**い**の向きに回る。
カ．⑥では，**1**を**い**の向きに回すと，**2**は**あ**の向きに回る。

問３　**図９**のように乾電池３個とスイッチ①～⑩，手回し発電機をつなぎました。あとの(a)，(b)のように手回し発電機が回ったとき，入れたスイッチの組合せはどれですか。もっとも適当なものをそれぞれ選び，**ア**～**カ**で答えなさい。ただし，乾電池は３個ともつなぐものとします。

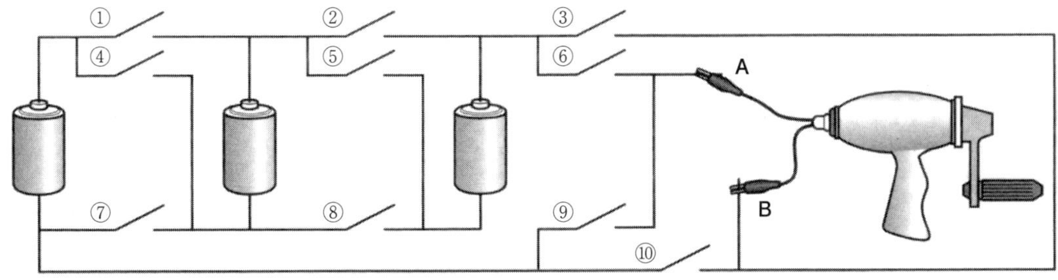

図９　乾電池とスイッチと手回し発電機をつないだようす

(a)　低速で**あ**の向きに回った
(b)　中速で**い**の向きに回った

	入れたスイッチの組合せ
ア	③，④，⑤，⑨
イ	④，⑤，⑥，⑩
ウ	①，⑤，⑥，⑦，⑩
エ	②，③，④，⑧，⑨
オ	①，②，③，⑦，⑧，⑨
カ	①，②，⑥，⑦，⑧，⑩

2　こいくちしょうゆには，食塩の他にもいろいろなものが含(ふく)まれています。食塩は，こいくちしょうゆを炭になるまで加熱した後，水を加えてろ過することですべて取り出すことができます(**実験**)。これに関する各問いに答えなさい。ただし，１mLの水の重さは１ｇとします。

実験

① 63.1ｇの蒸発皿Ａに，７ｇのこいくちしょうゆを入れた。

② 蒸発皿Ａのこいくちしょうゆを，炭になるまで加熱した。

③ 火を止めて冷ました後，蒸発皿Ａに10mLの水を加え，ガラス棒でよくかき混ぜた。

④ ③の液をろ過した。

⑤ ろ過した水溶(よう)液を63.46ｇの蒸発皿Ｂに移し，加熱して水分をすべて蒸発させた。

⑥ 火を止めて冷ました後，蒸発皿Ｂの重さを量った。

実験の結果

蒸発皿Ｂは64.48ｇだった。

問１　**実験**で得られた食塩は何ｇですか。

問２　ろ過のしかたについて，間違っているものはどれですか。すべて選び，**ア～オ**で答えなさい。

ア．ろ過した水溶液を集めるビーカーは，中央にろうとの先がくるように置く。

イ．ろうとは，ろ紙がはみ出るように小さいサイズのものを使う。

ウ．ろ紙は，ろうとに入れた後に少量の水でぬらして密着させる。

エ．ガラス棒は，折り曲げたろ紙の重なった部分にあてる。

オ．ろ過をする水溶液は，ガラス棒を伝わらせて注ぐ。

問３　こいくちしょうゆに含まれている食塩について考えるため，100mLの水が入ったビーカーに10ｇの食塩を加え，よくかき混ぜて溶(と)かしました。次の文は，この食塩水についてまとめたものです。空らん(**１**)と(**２**)にあてはまる言葉の組合せとして，もっとも適当なものを選び，**ア～カ**で答えなさい。

食塩は小さな粒となってビーカーの(　１　)いて，食塩水の重さは(　２　)。

	1	2
ア	中に一様に広がって	100ｇより小さい
イ	中に一様に広がって	100ｇのままである
ウ	中に一様に広がって	100ｇより大きい
エ	底にたまって	100ｇより小さい
オ	底にたまって	100ｇのままである
カ	底にたまって	100ｇより大きい

問４　食品の成分表示には，食塩相当量という表記があります。食塩にはナトリウムという成分が含まれています。そのため，食品に含まれているナトリウムの重さから食品に含まれている食塩の重さを食塩相当量として計算する方法があります。**表１**は，さまざまな食品100ｇに含まれるナトリウムの重さと食塩相当量をまとめたものです。これに関する(**a**)～(**c**)に答えなさい。

表1　食品100gに含まれるナトリウムの重さと食塩相当量

食品	ナトリウムの重さ(g)	食塩相当量(g)
マーガリン(家庭用有塩)	0.5	1.27
無発酵(こう)バター(有塩)	0.75	1.905
ナチュラルチーズ(パルメザン)	1.5	3.81
ウスターソース類(中濃(のう)ソース)	2.3	*X*
調味ソース類(オイスターソース)	4.5	11.43

(文部科学省HP　食品成分データベースより一部改変)

(a)　ウスターソース類(中濃ソース)の食塩相当量*X*は何gですか。

(b)　1gの食塩に含まれているナトリウムは何gですか。小数第4位を四捨五入し，小数第3位で答えなさい。

(c)　ナトリウムは，私たちが健康に生活するうえで適度な量が必要な成分です。**実験**に用いたこいくちしょうゆで6gのナトリウムをとるには，何gのこいくちしょうゆが必要ですか。小数第1位を四捨五入し，整数で答えなさい。

3　植物は，種子をさまざまな方法で移動させることで，生育場所を広げます。①～⑤は，種子を移動させる方法の例です。これに関する各問いに答えなさい。

「種子を移動させる方法の例」

①　**動物に種子を運んでもらう**

②　**風に種子を運んでもらう**

③　**水に種子を運んでもらう**

④　**自らはじきとばして種子を移動させる**

⑤　**自らの重さによって種子を移動させる**

問1　植物が種子をつくる理由は何ですか。適当なものを2つ選び，**ア**～**カ**で答えなさい。

ア．自分たちのなかまをふやすため。　**イ**．不要なものを捨てるため。
ウ．栄養分をたくわえておくため。　**エ**．昆虫(こんちゅう)を引きよせるため。
オ．生活しにくい季節を過ごすため。　**カ**．生活しやすい季節を過ごすため。

問2　④の方法を使う植物はどれですか。もっとも適当なものを選び，**ア**～**オ**で答えなさい。

ア．アサガオ　**イ**．ヒマワリ　**ウ**．セイヨウタンポポ
エ．カタバミ　**オ**．エンドウ

問3　種子をもっとも遠くまで移動させることができる植物はどれですか。もっとも適当なものを選び，**ア**～**オ**で答えなさい。

ア．動物に種子を運んでもらうオオオナモミ
イ．風に種子を運んでもらうアカマツ
ウ．水に種子を運んでもらうココヤシ
エ．自らはじきとばして種子を移動させるホウセンカ
オ．自らの重さによって種子を移動させるツバキ

問4　①の方法を使う植物には，種子が実ごと動物の体にくっついて運んでもらうものや，実ごと動物に食べられて運んでもらうものがあります。たとえばサルトリイバラ(**図1**)は，ヒヨ

ドリ（**図２**）などの鳥に実ごと食べられることで種子を運んでもらいます。サルトリイバラの実や種子には，どのような特徴があリますか。適当なものをすべて選び，**ア**～**カ**で答えなさい。

図１　サルトリイバラ　（環境省HPより）

図２　ヒヨドリ　（環境省HPより）

ア．熟した実が赤色をしている。　**イ**．熟した実が緑色をしている。
ウ．実が熟すと，地面に落ちる。　**エ**．種子がくさりやすい。
オ．種子が消化されやすい。　**カ**．種子が消化されにくい。

問５　私たちにとってタンポポは身近な植物です。たとえば関東地方では，古くから日本に見られるカントウタンポポと，20世紀になって外国から入りこんだセイヨウタンポポなどが見られます。次の**A**，**B**は，カントウタンポポとセイヨウタンポポの特徴と生育場所についてまとめたものです。これに関する(a)，(b)に答えなさい。

A　カントウタンポポの特徴と生育場所

春先に開花して種子をつくる。そして，地面に落ちた種子はすぐには発芽せず，多くは秋に発芽する。成長した個体も夏には葉や茎(くき)を枯(か)らし，根のみとなって休眠(みん)する。また，雑木林や農地など，土の養分が多く，周りにさまざまな植物が生育する土地で見られる。

B　セイヨウタンポポの特徴と生育場所

時期を問わずに開花して種子をつくる。そして，地面に落ちた種子はすぐに発芽する。夏の休眠は行わない。また，都市部のグラウンドや駐(ちゅう)車場など，土の養分が少なく，あまり他の植物が生育していない土地で見られる。

(a)　カントウタンポポが夏に休眠する利点は何ですか。もっとも適当なものを選び，**ア**～**エ**で答えなさい。

ア．冬よりも降水量が少なく，生育に必要な水を得にくい夏をこすことができる。

イ．冬よりも太陽から届く光が少なく，生育に必要な養分をつくりにくい夏をこすことができる。

ウ．他の植物の葉で雨水があたりにくくなり，生育に必要な水を得にくい夏をこすことができる。

エ．他の植物の葉で光があたりにくくなり，生育に必要な養分をつくりにくい夏をこすことができる。

(b)　都市部の土地は舗(ほ)装された場所が多く，土が見えている場所はあまりありません。このような土地ではセイヨウタンポポが見られます。その理由はいろいろとありますが，セイヨウタンポポの種子のつくり方やつくる種子にも生育が有利になる特徴があるからです。次の文はその特徴をまとめたものです。**A**，**B**を参考にしながら，空らん(**1**)～(**3**)にあてはまる言葉を選び，**ア**または**イ**でそれぞれ答えなさい。

セイヨウタンポポは(　　1　　)種子をつくる。つくる種子の数は(　2　)，１つ１つの種子の重さは(　3　)。よって，都市部ではセイヨウタンポポの方がカントウタンポポよりも生育に有利である。

	1	2	3
ア	１つの個体で	多く	軽い
イ	他の個体と	少なく	重い

4　雲と天気の移り変わりに関する各問いに答えなさい。

問１　**図１**の雲の名前は何ですか。もっとも適当なものを選び，**ア～エ**で答えなさい。

ア．積雲(わた雲)　　**イ**．層雲(きり雲)

ウ．巻雲(すじ雲)　　**エ**．積乱雲(入道雲)

図１　雲　(東京書籍　新しい科学２より)

問２　**図２**は2021年４月10日～４月13日の12時の気象衛星の雲画像です。また，**表１**は同じ期間の福岡，大阪，東京の12時の天気です。これに関する(**a**)，(**b**)に答えなさい。

４月10日

４月11日

４月12日

４月13日

図２　気象衛星の雲画像　(日本気象協会のHPより)

表１　福岡，大阪，東京の12時の天気

日付	４月10日	４月11日	４月12日	４月13日
福岡	晴れ	晴れ	くもり	くもり
大阪	晴れ	晴れ	くもり	くもり
東京	晴れ	晴れ	晴れ	くもり

(a)　**図２**と**表１**からわかることは何ですか。適当なものをすべて選び，**ア**～**ク**で答えなさい。

ア．雲は量や形を変えながら，おおよそ東から西へと移動する。

イ．雲は量や形を変えずに，おおよそ東から西へと移動する。

ウ．雲は量や形を変えながら，おおよそ西から東へと移動する。

エ．雲は量や形を変えずに，おおよそ西から東へと移動する。

オ．天気は雲の動きとともに，おおよそ東から西へと移り変わる。

カ．天気は雲の動きと関係なく，おおよそ東から西へと移り変わる。

キ．天気は雲の動きとともに，おおよそ西から東へと移り変わる。

ク．天気は雲の動きと関係なく，おおよそ西から東へと移り変わる。

(b)　「東の虹(にじ)は晴れ」というわれがあります。次の文は，西の空に虹が見えたときのようすと，天気の移り変わりについてまとめたものです。空らん(**１**)～(**３**)にあてはまる言葉は何ですか。もっとも適当なものをそれぞれ選び，**ア**～**コ**で答えなさい。

虹が見えたのは，(　１　)で，雨が降っているのは(　２　)側である。このことから，天気はこの後(　３　)と考えられる。

ア．午前中　**イ**．正午ころ　**ウ**．午後　**エ**．東

オ．西　**カ**．南　**キ**．北　**ク**．良くなっていく

ケ．悪くなっていく　**コ**．変わらない

問３　空全体に対して，雲がある面積の割合(雲量)で晴れかくもりかを判断します。しかし，雲にはいろいろな形があるため，雲量を求めるのは大変です。そこで，**方法１**～**方法３**で求めることにしました。これに関する(a)～(c)に答えなさい。

方法１　空全体の面積を求める方法

①　１辺１cmの方眼紙の上に半径６cmの円をかき，空全体とする(**図３**)。

②　空全体のうち，**ア**のように円周の線がかかっていないマス目の数を数え，その数をAとする。

③　空全体のうち，**イ**のように円周の線がかかっているマス目の数を数え，その数をBとする。

④　**ア**のようなマス目の面積を１とし，**イ**のようなマス目の面積を0.5として，$A+0.5\times B$を空全体の面積とする。

方法２　雲のない部分の面積を求める方法

①　内側を黒くぬった透明な半球に空全体をうつす。

②　透明な半球にうつった雲のある部分とない部分を**図３**にかき入れる(**図４**)。

③　雲のない部分のうち，**ア**のように雲の線がかかっていないマス目の数を数え，その数をAとする。

④　雲のない部分のうち，**イ**のように雲の線がかかっているマス目の数を数え，その数を

Bとする。

⑤　**ア**のようなマス目の面積を１とし，**イ**のようなマス目の面積を0.5として，$A+0.5\times B$を雲のない部分の面積とする。

方法３　雲の面積を求め，雲量を求める方法

①　**方法１**で求めた値から**方法２**で求めた値を引く。

②　**方法１**で求めた値に対する①の値の割合を，小数第２位を四捨五入して小数第１位まで求める。

③　②の値を10倍する。

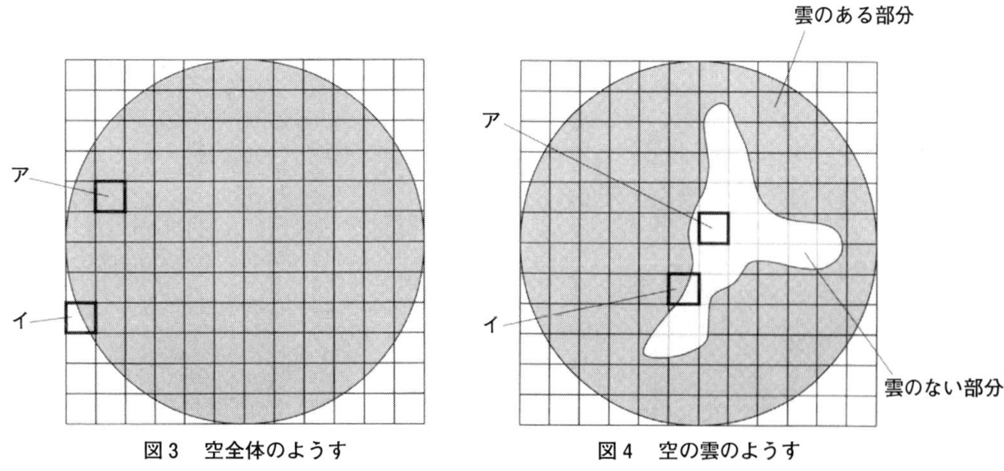

図３　空全体のようす　　図４　空の雲のようす

(a)　**方法１**を使うと，空全体の面積はいくつになりますか。

(b)　**方法２**を使うと，雲のない部分の面積はいくつになりますか。

(c)　**方法３**を使うと，雲量と天気はどのようになりますか。次の文の空らん（**１**），（**２**）にあてはまる数値と天気の組合せとして，もっとも適当なものを選び，**ア**～**カ**で答えなさい。

雲量は（　１　）になるため，天気は（　２　）になる。

	1	2
ア	7	晴れ
イ	7	くもり
ウ	8	晴れ
エ	8	くもり
オ	9	晴れ
カ	9	くもり

合わせとして最も適切なものを次から選び、記号で答えなさい。

ア　⑥―眼(め)・⑦―足　　イ　⑥―耳・⑦―首
ウ　⑥―声・⑦―身　　エ　⑥―眉(まゆ)・⑦―肩

問８　傍線部⑧「詩音は、地面をけりつけるように足早に歩いた」とありますが、この時の詩音の気持ちとしてあてはまるものを次から**二つ**選び、記号で答えなさい。

ア　坊主頭ではない瑠美奈には自分の考えなどわかるはずがないのに、自分を勝手に過大評価したり理想を押し付けて失望したりすることに反発している。
イ　瑠美奈なら自分の考えを理解するはずだと思っていたのに、きれいごとばかり言って自分と向き合ってくれないことに対して裏切られた思いでいる。
ウ　独りぼっちの自分に同情してわざわざ広告の前で瑠美奈が待っていてくれたのに、その優しさに応(こた)えられない自分に腹を立てている。
エ　瑠美奈は自分を励まそうと思って広告の話をしてくれたのに、その言葉を素直に聞くことができないでいる自分にいら立っている。
オ　瑠美奈なら自分のことを慰(なぐさ)めてくれると思って声をかけたのに、逆に意識の低さを指摘されたようで辛い気持ちになっている。

問９　傍線部⑨「詩音をさそうのは、もっと勇気がいる」と瑠美奈が思う理由として最も適切なものを次から選び、記号で答えなさい。

ア　「おしゃれボーズの会」は大人の集まりなのに、子供の瑠美奈が勝手に詩音を誘っていいのかわからなかったから。
イ　詩音に「坊主になってみるとわかるよ」と言われたのに、今の瑠美奈は美容室でかわいらしい髪型にしたばかりだったから。
ウ　広告から受けた感動に詩音なら共感してくれると思ったのに、昨日の詩音は瑠美奈の言うことをほとんど受け入れてくれなかったから。
エ　「おしゃれボーズの会」にくわしい野島くんでさえ詩音に声をかけられないのに、瑠美奈が詩音を誘うには会のことをよく知らないから。

問10　傍線部⑩「うたった」の意味として最も適切なものを次から選び、記号で答えなさい。

ア　主張した　　イ　かざりたてた
ウ　宣伝した　　エ　ほのめかした

問11　空欄Ⅰに入る表現として最も適切なものを次から選び、記号で答えなさい。

ア　髪型の話はしないように
イ　自分に似合う髪型にしよう
ウ　坊主は勇気がいることよ
エ　坊主も髪型の一つなんだよ

問12　波線部**Y**「深呼吸をして、よし！　と自分に気合いを入れて家を出た」について、次の各問いに答えなさい。

(1)　家を出た瑠美奈は、この後どうすると考えられますか。十字以内で答えなさい。
(2)　波線部**X**(26ページ上段)から**Y**に至るまでの瑠美奈の心境の変化にふれながら、(1)のように瑠美奈が行動する理由をわかりやすく説明しなさい。

を次から選び、記号で答えなさい。

ア　高校の校則に存在する高校生「らしい」「ふつう」の髪型に抗議している姉に共感し応援したいと思っているのに、女の子「らしい」「ふつう」の髪型を先生は勧めているから。

イ　高校の校則に反発して髪を刈り上げた姉は強い意志で学校に抗議しているのに、先生は単に世間の目を持ち出して説得すれば、自分たちの考えを変えられると思っているから。

ウ　誰かに影響されたわけではなく自分自身で考えて坊主頭になったのに、詩音が小学生だという理由だけで、経験不足の子どもが姉の真似ごとをしたと先生は決めつけているから。

エ　姉にとっては校則が、詩音にとっては「ふつう」を押しつけられることが障害であるのに、坊主頭のような特殊な髪型にすることで、詩音がわざわざ障害を作り出していると先生は言うから。

問4　傍線部③について、沙耶が「しばらく沈黙した」理由として最も適切なものを次から選び、記号で答えなさい。

ア　偶然とはいえ先生と詩音の話を聞いてしまい、申し訳なく思っているから。

イ　練習の邪魔をした詩音の謝罪が心からのものかどうか、疑っているから。

ウ　詩音を元気づけるために、どんな言葉をかけたらよいか探しているから。

エ　今ここで詩音に髪型の話をしてよいものかどうか、ためらっているから。

問5　傍線部④中の「坊主でいると、自分を好きでいられる」に込められた詩音の気持ちとして最も適切なものを次から選び、記号で答えなさい。

ア　坊主にすることで、一人で校則に抗議して心細い思いをしている姉を励ますことができ、姉の役に立てることが嬉しいと感じている。

イ　坊主は少数派の髪型であり、周囲と同じであることに嫌気がさしている自分にとっては独自性を出すチャンスだと思っている。

ウ　坊主は他人の評価とは関係なく姉を応援するために選んだ髪型であり、自分の意志を貫いたことを誇らしく感じている。

エ　坊主にすることで、社会で少数派と言われる人たちの気持ちを理解することができ、そのような自分を肯定する気持ちになっている。

問6　傍線部⑤「もし、ポスターの中の一人がクラスにいたら、きっと仲間はずれになる」と詩音が考える理由として最も適切なものを次から選び、記号で答えなさい。

ア　瑠美奈は自分の自由を楽しみたいと思っているが、現実には仲間としての連帯感の方が重視されており、結局は自由などきれいごとであるとあきらめているから。

イ　瑠美奈は自由であることや多様性を認めることを理想としているが、現実には一般的とされる範囲内でしか自由や多様性は認められていないと実感しているから。

ウ　瑠美奈は広告の中のように自由を認めることを理想としているが、現実には外見や行動を皆が同じにして集団の一体感を強めることが求められると痛感しているから。

エ　瑠美奈は自由な世界がすでに実在していたのだと喜んでいるが、現実には広告に描かれているような多様性の存在する社会など夢物語に過ぎないとわかっているから。

問7　傍線部⑥・⑦は慣用表現です。それぞれの空欄に入る語の組み

「そんな目にあったことない人が、偏見とか、自分らしくとかいっても、空々しくきこえるんだよね」

グサリと、胸をひと突きされた気がした。

「昨日だって、小川先生にいわれた。坊主をやめるようにって。ふつうとちがうことをすると、いじめられるからって」

「先生が……」

たしかに、昨日の詩音は、ずいぶん投げやりな態度だった。

自由を⑩うたったポスターに対しても、ほとんど関心を示さなかった。

けれどあのとき、先生に坊主をやめるようにいわれて、傷ついていたのだとしたら。

あのそっけない反応の理由が、少しわかった気がした。

だとしたら、先生はいう相手をまちがえている。詩音に坊主をやめろというんじゃなくて、［　Ｉ　］と、みんなに話すべきじゃないだろうか。

瑠美奈の中に、いいようのない怒り（いか）がわきあがってきた。先生だけじゃなく、詩音にも腹がたった。

どうして、自分が差し出した手を、とろうとしないのだろう。

いっしょに考えたいと思っているのに、どうして突っぱねるようなことばかりをいうのだろう。

詩音は、あくまでもかたくなだった。

詩音を思ったからこそ、『おしゃれボーズの会』に誘（さそ）ったのにと、もやもやした思いが、瑠美奈の胸の内にふくれあがった。

家に帰ってからも、胸のわだかまりは消えなかった。

瑠美奈にはなにもできないと、詩音は決めつけている。

偏見と闘（たたか）うなんて、口先だけのことだと思っている。

『そんな目にあったことない人が、偏見とか、自分らしくとかいっても、空々しくきこえるんだよね』

詩音が突きつけた言葉は、瑠美奈の気持ちを強くゆさぶった。

瑠美奈は、机の奥から、ｃお小遣いをためた貯金箱をひっぱり出して、中身を財布にうつした。

Ｙ洗面所にいって、鏡にうつる自分をしばらくながめた。

深呼吸をして、よし！　と自分に気合いを入れて家を出た。

問１　太線部ａ「椅子」・ｂ「カンバン」・ｃ「（お）小遣（い）」について、カタカナは漢字に直し、漢字は読みをひらがなで答えなさい。

問２　傍線部①「詩音は唇をかんだ」とありますが、この時の詩音についての説明として最も適切なものを次から選び、記号で答えなさい。

ア　先生がじっと見つめてきたり両親の話題を出したりして、坊主にしたきっかけを聞き出そうと自分を問いつめてくることに対していら立っている。

イ　坊主にしたいきさつを正直に話したいが、姉の行動やそれを励ましたい自分の気持ちを理解してもらえないのではないかと不安で言い出せないでいる。

ウ　恥（は）ずかしさに耐（た）えて姉のために坊主になったものの、友だちにはからかわれ、先生には説明しなければならない状況に陥（おちい）り、自分の行動を後悔している。

エ　坊主にしたことで、もうすでに友達にからかわれたりいじめられたりしているのに、先生が今まで気づいてくれなかったことに対して寂（さび）しく思っている。

問３　傍線部②「先生との間に、遠いへだたりがあるのを感じた」とありますが、詩音がそのように感じた理由として最も適切なものよ。よかったら、のぞいてみたら」
　そういったあと、野島くんはちょっと首をかたむけた。
「じつは、小柳さんにも、声をかけようと思ったことがあるんだけど、お節介かなって気もしてさ」
「そうだね。坊主の仲間がいたら心強いかも」
「もし、倉田さんがいってみようと思ったら、小柳さんもさそってみたらどうかな」
「うん、考えてみる」
　そうはいったけれど、大人の集まりの中に、小学生が入っていくのは勇気がいる。
　⑨詩音をさそうのは、もっと勇気がいる。
　昼休み、本を読んでいた詩音に、思い切って声をかけた。
「小柳さん、ちょっといい？」
　え？　と詩音が顔をあげた。
「わたし、野島くんのお母さんの美容室で、カットモデルしたって、いったっけ？」
「あ、あの美容室、野島くんのお母さんなの？」
「そう、ステキな女性なの。それでね、小柳さんにも、ぜひ紹介したいと思うんだけど」
「え？　わたしに美容室を？」
　詩音はキョトンとした顔をしている。
「あ、ううん、そういう意味じゃなくて」
　あわてて、瑠美奈はバタバタと手をふった。
「そのお母さんってね、三十年前から坊主なの。最初は妹さんが病気で髪の毛が抜けて、落ちこんでたのね。その妹さんを励ますために、自分も坊主にしたんだって。ところが、まわりの人の目が、女性の坊主にすごく差別的で、それに反発して、坊主を貫いてるんだって。カッコいいでしょ」
　瑠美奈は熱っぽい口調で語った。
「でね、月に一度、気が合う人たちで作ってる会があるんだって。それがみんな坊主らしいの。なんかおもしろそうだから、一緒にいってみないかなと思って」
　なにかを考えるように、じっと一点を見つめていた詩音が、顔をあげて瑠美奈に視線をあてた。
「それって、わたしがかわいそうだと思って、さそってるの？」
「え？」
「坊主になって、いつも一人ぼっちでさみしそうだから、同情してるの？」
「べつにそういうわけじゃないよ」
「じゃあ、おもしろがってるの？」
「まさか」
「じゃ、どうして？」
　口調は変わらなかったけれど、瑠美奈を見る目つきが鋭い。
　思わず、瑠美奈はひるみそうになった。
「あ、えっと、そこに集まる人たちって、偏見の目で見られてる人が多いと思うの。でも自分らしく生きようって、がんばってるんじゃないかな。だから」
「そうかもね。でも倉田さん、そんな人の気持ち、わかるの？」
　瑠美奈の言葉をさえぎるように、詩音はいった。
「ふつうじゃない人、そんな目で見られたら、どんな気持ちになるか、わかるの？」
　そういわれると、瑠美奈は返事に困った。
　詩音は、冷ややかに瑠美奈を見つめていたが、やがてふっと息を吐いた。

持ってる、みたいな」
「買いかぶり。そんなの、なんの役にもたたないし」
ついつい、つき放すようないい方をした。
瑠美奈の目から、さっきまでの光が消えた。
自分に失望しているのだと、詩音は思った。
「坊主になってみるとわかるよ」
「……」
じゃあね、と手をふって、詩音は歩き出した。
瑠美奈がさし出した手を、ふり払(はら)ってしまったような気がした。
瑠美奈は、詩音が坊主になったのを、どう思っているのだろう。
野島(のじま)くんみたいに、ジェンダーフリー〔性差別をなくそうとする考え〕を目指しているとでも、思っているのだろうか。
わけのわからない、苦々しい思いがわきあがってきた。
⑧詩音は、地面をけりつけるように足早に歩いた。家に着くころになって、ようやく少し気持ちが落ち着いてきた。
ふと、自分は瑠美奈に、八つ当たりしたんじゃないかと思った。

〈中略２　瑠美奈は翌日、同じクラスの絵梨佳(えりか)から詩音の姉の話を聞いた。〉

もしかして、と瑠美奈は思った。
詩音は、お姉さんが一人で校則に抗議しているのを知って、心を痛めていたのでは。
そこで、お姉さんと同じ坊主にして、力づけようと思ったのでは。
絵梨佳にそういうと、

「えっ、それで坊主にしたって？　うーん、高校の校則に、小学生が反対して坊主になるかなあ」
絵梨佳は首をひねったけど、瑠美奈はアリだと思った。
そうと仮定したら、詩音が坊主になったのも、説明がつく。
だけどこの先、詩音はどうするつもりだろう。このまま坊主を続けるのだろうか。
絵梨佳が自分の席に戻ったあとも、そんなことを考えていたら、
「おう、なかなかいいじゃん」
声がして、ふりむくと野島くんが、瑠美奈の髪を見ていた。
「あ、うん。すっごく気に入った。それに、野島くんのお母さんってステキな人だね。坊主頭を武器にして、自分の道を切り開くなんて、カッコいい。ファッションセンスもサイコーだし、わたし、すっかりファンになっちゃった。今度はちゃんとお金を払っていくからね」
「ふうん、そんなに気に入ったんだ」
野島くんは、にやにやとほっぺたをゆるめた。
「だったら、入る？　『おしゃれボーズの会』」
「え？　なにそれ？」
「母さんと、坊主にハマった人たちで作ってる、気楽な集まりだけど」
「へえ、坊主の女性だけで？」
「うん、ユニークな女性たちで」
「おもしろそう。でも大人ばっかりなんでしょ」
「中学生の女子ならいるよ。病気の時の薬の副作用で髪が抜けた子なんだけど、治ったあとも坊主が気に入って、いまでも続けてるんだ」
「ふうん、でもわたし、坊主じゃないし、坊主になる予定もないんだけど」
「坊主が好きなら、だれでもオッケーっていう、ゆるい集まりなんだ

見放されたような、体の力が抜けていくような感覚だった。

どれだけそうしていただろう。

やがて大きく息を吐きだして立ち上がった。

〈中略1　詩音は下校途中で同じクラスの倉田瑠美奈を見かけた。〉

瑠美奈の視線の先に、あのbカンバン広告があった。

『もっと自由に。もっと多様に。』

X瑠美奈は、熱心に広告を見ていた。

瑠美奈の目に、あの広告はどんなふうにうつるのだろう。なにを感じるのだろう。

瑠美奈が動きださないので、詩音はなるべくゆっくりと歩いた。

『だれかさんのせいで、仲間割れだってさ』

クラスの女子の言葉が脳裏によみがえった。できればこのまま追いつきたくなかった。

それでも、わずか五、六メートルの差は、徐々に縮んでいく。

声をかけようか。知らないふりをして、通り過ぎてしまおうか。

迷っているうちに、瑠美奈のそばについてしまった。

瑠美奈は詩音に気づかないで、食い入るようにポスターに見入っている。

このまま瑠美奈を避けるのは、いじけてるような気がした。

「倉田さん」

えっ、と瑠美奈がふりむいた。

詩音を見たとたん、瑠美奈の顔がパッとほころんだ。意外だった。

「美容室から出てくるのが見えたから」

「うん。カットモデルになってきたの」

正面から見ると、いままでもっさりして野暮ったかった髪が、スッキリと洗練されて、スマートになっていた。

「すごく似合ってる」

「ありがと」

瑠美奈は、テレくさそうな笑みを浮かべた。けれど、すぐにパッと表情が変わった。

「ね、このポスター、見た？　すごくない？」

興奮したように、目を輝かせていった。

詩音も、最初に見たときの気持ちの高ぶりを思い出した。

世界中の人が、自分の自由を十分に楽しんでいるように見えた。いつか、こんな世界がくるのだろうかと思った。

でも、いまの気持ちは、あのときとはちがう。世界は、そんなに自由じゃない。

ここでは、坊主になる自由すら、認められないのだ。

「うん、でも……現実にはどうなのかな」

⑤もし、ポスターの中の一人がクラスにいたら、きっと仲間はずれになる。クラスの子からも、先生からも。

「あくまでも、理想の社会のことでしょ。実際にあんな髪にしたら、はずされるよ」

瑠美奈は、思いがけないことをいわれたように、⑥□をひそめた。

「でも、そういう社会だからこそ、なんとかしようって、呼びかけてるんじゃないの？」

「広告だもん。きれいごとなら、いくらでもいえるし」

「本気でそう思ってる？」

詩音が⑦□をすくめると、瑠美奈はガッカリした表情を浮かべた。

「小柳さんて、もっと、なんていうか、意識の高い人だと思ってた」

「どういう意味？」

「うーん、差別とか偏見とか、そんなのに対して、自分なりの意見をことは、それだけでいじめの対象になりやすいのよ」

いじめの対象になった詩音にはこたえた。

「とくに、女子の坊主って特殊だし、世間の目もあるでしょ。もっと女の子らしい、ふつうの髪型のほうが、いいんじゃないかしら」

②先生との間に、遠いへだたりがあるのを感じた。でも、詩音にはどう説明すればいいのか、わからなかった。

「これ以上、坊主を続けるのはやめましょうね。以前のあなたのボブ、とってもかわいかったわよ」

先生はそういって、机の上の詩音の手をポンポンとたたいた。

そして、話は終わったというように、ニッコリ笑って立ちあがり、音楽室を出ていった。

詩音は、自分がしたこと、考えたことすべてを、否定されたような気がした。

ぐったりと、a椅子によりかかったとき、ふと人影が動いた気がした。

「え、あ……」

思わず息をのんだ。

原口沙耶が、教室の黒板の横に置かれたピアノのうしろから、のっそりとあらわれたのだ。

「ちゃんと許可をもらってたのよ。少し練習したかったから。でも、急にあなたと小川先生が入ってきて、話し始めたから、出るに出られなくなって。しかも、話が終わっても、小柳さん、なかなか出ていかないし」

沙耶は、気まずそうにいいわけをした。

「じゃあ、きいてたのね、いまの話」

「耳に入ってくるのは、止められないでしょ」

「うん……ごめん。練習の邪魔して」

「べつに、いいけど……」

③しばらく沈黙したあと、沙耶はさぐるような目を詩音にむけた。

「ほんとはどっちが好きなの？ 以前のボブといまの坊主と」

そうきかれると、詩音は返事につまった。

肩まで髪があったときには、それがあたりまえで、意識することもなかった。

けれどいまは、だれかに見られているんじゃないかと、いつも気を張っている。

「④好きか嫌いかでいえば、ボブのほうが好きかな。でも、坊主でいると、自分を好きでいられる」

「ふうん。わかんないなあ」

沙耶は、不満そうに口を突き出した。

「わたしね、あなたみたいな人を見ると、すごく腹が立つの。女の子なら、女の子らしくしなさいよって、肩をゆすぶりたくなる。先生のいうとおりだと思うわ。でも、人の気持ちをしばるわけにはいかないしね。せいぜいがんばれば」

それだけいうと、沙耶はそそくさと教室を出ていった。

詩音は、ぼんやりと沙耶のうしろ姿を見送っていた。

坊主だって、見慣れてしまえば、たいして珍しくなくなる。

詩音の坊主を見ても、なんの反応もしなくなった子はいる。

けれど、相変わらずイヤミをいったり、笑ったり、批判的な目をむける子もいる。

その子たちには、女の子はこうでなくちゃ、という定義のようなものがあるらしかった。

そんなもの、気にしなければいい。詩音は自分にいいきかせてきた。

けれど、先生から、坊主をやめるようにいわれるとは、思っていなかった。

えます。高値で取引されているからとか、世間で【Y　（三字）】作品だからとかいう基準はないのです。だから、よい絵の見つけ方や絵の優劣のつけ方を他者から【Z　（二字）】ことはできません。自分自身の感受性が、よい絵を見つけ出すのです。

二

次の文章は、朝比奈蓉子 著『わたしの気になるあの子』の一節です。本文を読み、後の問いに答えなさい。［　］内の表現は、直前の語の意味です。なお、設問の都合上、本文を変更している部分があります。

小学六年生の小柳詩音は放課後教室を出ようとしたところ、担任の小川先生に呼び止められ、音楽室で話をすることになった。

「帰ろうとしてたときに、ごめんなさいね。たいしたことじゃないのよ。小柳さん、急に髪形を変えたでしょ。おうちで、なにかあったんじゃないかなって、前から心配だったの」

先生は、詩音の目をのぞきこむようにしていった。

坊主になって、もう十日はたっているのに、いまさらなにが心配だというのだろう。

「えっと、なにかって」

「うーん、たとえば、家庭内トラブルみたいなこと」

「いいえ、そんなこと、なにもありません」

「そう。じゃあ、学校でいやなことがあったの？」

「いいえ」

「じゃあ、坊主になったきっかけは、なんなのかしら」

先生は首をかしげて、詩音を見つめた。

①詩音は唇をかんだ。

きっかけをいうには、お姉ちゃんのことを話さなくちゃいけない。

高校の校則に反発して、髪を刈り上げてしまったことを、先生は理解してくれるだろうか。校則を変えようと、抗議していることを、わかってくれるだろうか。

「あなたが坊主頭になったのを見て、ほかの先生がたも心配されてるのよ。お父さんやお母さん、なにかおっしゃってない？」

詩音が黙っていると、先生はふうっと小さく息を吐いた。

「このままじゃ、友だちにからかわれたり、いじめられたりするかもしれないわよ」

もうたっぷりからかわれたし、いじめも受けている。先生は知らないのだろうか。

けれど、黙っているだけでは解決にならない。理解してもらえるかどうかはわからないけれど、話してみるしかないと思った。

お姉ちゃんが、高校の校則に抗議して坊主になったこと、それを応援したくて、自分も坊主になったことを、簡潔に話した。

自分も変わりたかったから、ということは、いわなかった。わかってくれるとは、思えなかったから。

「まあ、そういうことだったの」

先生は、あきれた、というように、頭を左右にふった。

「姉妹そろって坊主になるなんて、ご両親にはショックだったんじゃないかしら。それに、お姉さんは高校生だけど、あなたはまだ小学生なのよ。そういう問題は、もう少しいろんな経験をして、自分の頭で考えられるようになってから、するものじゃないかしら」

詩音がお姉ちゃんのマネをして、坊主になったみたいないい方だった。

「社会に出たら、いろんな壁にぶつかるのよ。なのに、小学生のうちから、わざわざ障害を作ることはないでしょう。ふつうとちがうってことですか。最も適切なものを次から選び、記号で答えなさい。

ア　絵が完成するまでには多くの思索や時間を要するものの、完成した作品はその形を保ったまま長い年月存在し続けるということ。

イ　絵は作家の思考が見通しの立たないままで描かれており、描きあがった時に初めて思考がまとまった形で表現されるということ。

ウ　絵を描くには多くの思索が必要であるものの、完成した絵には必ずしもそのすべてが描かれているわけではないということ。

エ　絵には作家の思考や感情がつめ込まれており、描きあがるまでに経たさまざまな道すじが一つの作品として残されているということ。

問7　傍線部⑤「『教え』」という表現に込められた筆者の考えとして最も適切なものを次から選び、記号で答えなさい。

ア　鑑賞の支えとなるありがたいものではなく、邪魔になるもの。

イ　学校の授業で習うものではなく、評論家が勝手に述べるもの。

ウ　絵の鑑賞に役立つものではなく、絵を学ぶ人に必要なもの。

エ　作家自身が語るものではなく、後世の美術家が授けるもの。

問8　次の**A**～**E**は絵に関する生徒五名の意見です。これらを読み、本文の内容をふまえて後の問いに答えなさい。

A：美術館に行ったら、絵をきちんと理解したいから必ずイヤホンガイドを借りて説明を聞くことにしています。歴史的な背景や、作家の人生、描写の特徴も含めて理解することが絵を見ることだと思います。

B：たまたまテレビで観た絵が気に入ってその作家の展覧会に行ったのですが、最初に観た絵にしか興味が湧きませんでした。何が気に入ったのかもその時はよくわからなかったのですが、今思うと私の好きな映画の場面に似ていたのかもしれません。

C：私は絵を描くのが好きです。容易に言語化できないようなことも表現できる気がするからです。それらをズバリと言い当てることができる人はなかなかいませんが、たまにわかる人がいるみたいでびっくりします。

D：幼稚園児の描いた絵は、大人から褒められようと思って描いたものではなく、子供たちの無邪気さがそのまま表れたものです。言葉では表現できない気持ちを素直に表現しているからこそ素晴らしく感じられるのです。

E：自分の描いた絵について(Ⅰ)何か言われると、絵ではなくて自分自身に言われたような気になります。上手に描こうと思ってもどうしたらいいかわからないし、そもそも(Ⅱ)何がいい絵かもわかりません。

(1)　**A**～**E**の中から、本文の趣旨と**あわない内容を含むものを二つ**選び、それぞれ記号で答えなさい。

(2)　傍線部(Ⅰ)「何か言われると、絵ではなくて自分自身に言われたような気にな」るのはなぜだと考えられますか。その理由として最も適切なものを次から選び、記号で答えなさい。

ア　絵は描いた人そのものと言えるから。

イ　絵は誰が描いたかすぐにわかるから。

ウ　絵は描いた人の価値をつくるものだから。

エ　絵は一定の基準で評価されるものだから。

(3)　次の文章は、傍線部(Ⅱ)「何がいい絵かもわかりません」に対する先生の発言です。空欄にあてはまる語を本文中からそれぞれ指定の字数で抜き出し、答えなさい。

筆者によれば、絵には、よい絵も悪い絵もありません。思索を導き出す【X　(二字)】のよい絵が自分にとってのよい絵と言

ことです。雑念でよいのです。なぜなら、絵もまた、整理された考えなどよりは、はるかに雑念に近いからです。無の境地などではない、と書いたのはそういう理由です。むしろ逆です。

いそいで言っておかなければならないのは、だからといって、すべての絵についてそうする必要はないということです。というよりも、どの絵についてもそういう状態になることは、ありえません。

絵には、いわば見る者とのあいだの「相性」があるのです。誰かが描いた「かたまり」のうち、どの絵があなたの「かたまり」としての思索(しさく)を導き出すかは、これはもう、まったくわかりません。目の前の絵が、世界中のほかの誰でもないある人物によって描かれている以上、そのうちのどれが、あなたのなかの「かたまり」に働きかけてくるかは、実際に接してみるまではわかりません。そこに法則などはないのです。

そういうわけで、世に名高い名画とあなたとが相性がよいとも限らないのです。それどころか、どこの誰が描いたかもわからないごく平凡な絵が、どういうわけだか、あなたを引きつけることだって、きっとあるはずです。そして鑑賞体験としては、まちがいなく後者のほうがたくさんの実りをあなたに与えてくれます。

でも、私たちは絵を教育によって「学んで」しまっていますから、「いや、そんなはずはない。これはなにかの気の迷いだ」とか「これほどの名画からなにも感じないはずはない。なにかしら学ばなければ」と勘違いをしてしまうのです。でも、ここまで書いてきたように、そういう必要はまったくありません。誰かが描いた目の前の絵の存在を疑うことが許されないように、あなたがそう感じてしまっているという事実も、同じく決してｃ拒めないあなたの存在の一部なのです。

(椹木野衣(さわらぎのい) 著『感性は感動しない
――美術の見方、批評の作法』より)

問１　太線部ａ「スイソク」・ｂ「一斉」・ｃ「拒(めない)」について、カタカナは漢字に直し、漢字は読みをひらがなで答えなさい。

問２　空欄Ⅰ(二か所)に入る最も適切な語を次から選び、記号で答えなさい。

ア　一期一会(いちごいちえ)　　イ　完全無比(かんぜんむひ)
ウ　独立独歩(どくりつどっぽ)　　エ　唯一無二(ゆいいつむに)

問３　傍線部①「これはちょっとおかしな考えです」と筆者が考える理由として最も適切なものを次から選び、記号で答えなさい。

ア　一つひとつの絵の価値は、同等に評価できるものなので、教育的な価値観でよしあしを決めて鑑賞できるものではないから。

イ　あらゆる絵には作家の素直な自己表現がなされ、価値の優劣をつけることができないため、鑑賞の仕方を教育する必要がないから。

ウ　どのような絵にも全く同じものはなく、存在そのものに価値があるため、教育を通して得られる一定の価値観で鑑賞できるものではないから。

エ　全ての絵は個性を持った作家が描いたものであり、価値も作家本人が決めるものなので、教育を通して鑑賞法を身につける必要がないから。

問４　傍線部②「『出力』」と近い意味を持つ語を次から二つ選び、記号で答えなさい。

ア　表現　　イ　解釈(しゃく)　　ウ　執筆(しっぴつ)　　エ　着想　　オ　想像

問５　傍線部③「そういう腑分けされていない『かたまり』のような状態」を具体的に言い換えた表現を、「～の状態」につながるように傍線部③以前の本文中から二十一字で抜き出し、始めと終わりの五字を答えなさい。

問６　傍線部④「完成した絵は、～圧縮した状態です」とはどういうそうすることで、頭のなかが整理されたり、自分で思ってもいなかったような発想が浮かんでくることもあるでしょう。それこそが、書くことの恵みです。だから、ときどき私たちは、そうして出力されたものが、最初から頭のなかにあったかのように勘違いをしてしまいます。でも、当然のことながら、頭のなかが最初からそうなっていたわけではありません。逆に、書いたり読んだり反芻したりすることで、渾然一体としていた思いや感情や印象や考えの矛盾の「かたまり」のような豊かさが選別され、角を落とされ、成形されてしまうことも当然あります。これはある意味、とても惜しいことです。

なぜなら、③そういう腑分けされていない「かたまり」のような状態も、立派な「思考」だからです。そして、創造的な飛躍やひらめき、天から降ってきたようなアイデアというのは、こうした「かたまり」の思考がふつふつと化学反応のようなことを起こして、自分でもわからないまま、その「すきま」からひょいと飛び出してきたものなのです。

ここで絵に話を戻します。絵というのは、実はこの「かたまり」としての思考に近い状態です。絵を描く人は、いろんなことを考え、感じ、思いながら絵を仕上げていきます。もちろん、その過程で時間は過去から現在、未来へと流れていきます。でも、④完成した絵は、そうした時間をひとつの面のうえに圧縮した状態です。いわば過程が集積した「状態」です。だから、そういう「かたまり」としての絵を見るときには、私たちもまたそれを「かたまり」として受け取る必要があるのです。

いったん描かれた絵は、もうもとの白紙には戻せません。言い換えれば、原稿用紙のようなものに並べ直すことはできません。無理矢理やろうと思えば（いまはとんでもないコンピュータがありますから）、描き手が筆を走らせていった順に線や筆跡や色面を解きほぐし、時間に沿って並べ還すことも、できないことはないかもしれません。でもそれは、もう絵ではありません。

私たちが絵を見るとき、描き手がどこから筆を走らせていったかは、aスイソクすることこそできても、はっきりとは知りようがありません。結局、絵は一挙に受け取るしかないのです。では、どうすればよいのでしょう。絵を前にして、漠然と思いをめぐらすのがよいのです。誰かが「この絵はこういうふうに見るとよい」とか、「この絵にはこういう歴史的な背景があります」とか、「この絵を描いた人物は、この時代にこんな苦難に直面していました」とか、そんなふうに成形された⑤「教え」に惑わされることなく、ただ見て感じるのです。むずかしいことではありません。ただ、見るだけです。誰にでもできる、ごく簡単なことです。

すると、どうでしょう。いろんな雑念が浮かんでくると思います。「ああ、これは昨日食べた夕食のおかずにかたちが似ているな」とか、「でも、こっちの隅のほうに描かれている山は、むかし子供のころ登った故郷の山に似ているな」とか、「ああ、真ん中で目立っている女の子は高校生のころ好きだった子に似ているな」とか、どうでもよい、くだらない（とされているような）考えが浮かんでは消え、グチャグチャと混ざりながらb一斉に動き出すと思います。

実は、「かたまり」としての思考というのは、そういう状態です。そして、こういう対面の仕方が、やはり誰かの「かたまり」の出力である絵という状態とつきあうには、とても相性がよいのです。

こういう状態には「始まり」も「終わり」も、「問い」も「答え」もありません。だから、一度そんな思いがめぐり始めると、あなたは絵の前から離れられなくなります。でも、それがよいのです。絵だって、始まりも終わりも、問いも答えもありません。ただ、感じるしかないのです。そして、感じるということは「かたまり」として接する

二〇二二年度 浦和明の星女子中学校

【国　語】〈第二回試験〉（五〇分）〈満点：一〇〇点〉

注意　字数制限のある場合は、句読点も一字と数えて答えること。

一　次の文章を読み、後の問いに答えなさい。なお、設問の都合上、本文を変更している部分があります。

絵を鑑賞するのに大切なのは、なにかを学ぼうとしないことです。現代では美術は教育の一環として国の管理下に置かれています。だから、小学校のころから私たちは絵を学校の授業で習い、見方を教わります。でも、少し考えてみればわかりますが、①これはちょっとおかしな考えです。

絵というのは、どこかの誰かが自分を筆やペンを使ってあらわした、いわばその分身です。同じ絵を描ける人は、世界中探してもどこにもいません。この意味では、絵は［Ⅰ］なのです。

ところが、学校の教育は［Ⅰ］のはずの絵を評価して優劣をつけ、よしとされる模範にできるだけ近づけようとします。最近ではそういうのを嫌って、自分を素直に出すのがよい絵だと教える流れもあるようですが、決められた枠のなかでのことに変わりはありません。

でも、もしも絵が誰かの分身であるなら、それに優劣をつけることなどできっこありません。自分を素直に出すのがよい絵だといっても、そもそも、最初からよい絵もわるい絵もないのです。人によい人や悪い人がいるのは事実でも、そのひとの存在そのものがよかったりわるかったりすることは絶対にありません。

ちょっと話が大げさに聞こえるかもしれません。でも、絵が学ぶものではなく、それを描いた人の分身であるならば、絵によいも悪いもないのです。目の前にある絵は、「いまそこにある」としか言いようがない。「なんだ、この絵はヘタクソだから意味がないな」とか、「この絵は〇〇風だからモノマネでしかないよ」とか切り捨てず、私たちは、その絵がいま疑いようもなく自分の目の前にあり、それを否定することは絶対にできない、というところから出発しなければなりません。こういう次元では、先生が都合よく指導したり、生徒が一生懸命学んだりできるようなことは、実はいっさいないのです。

では、どうすればよいのでしょう。絵をまるごと受けとめることです。ひたすら感じ取ることです。でも、それはみがかれた感性を駆使するようなことではありません。どちらかといえば、なにも考えないというのが近いと思います。でも、無の境地で絵に接するというのとも違います。

そんなのではわけがわからない、と、ここらで文句のひとつやふたつも出てきそうなので、もう少し詳しくお話ししてみましょう。

まず、人はなにも考えないということはできません。考えていないようでも、いろんな記憶や印象や思いや感情がゴチャマゼになって、決して筋道立ってなどいないでしょうが、なにかを考えてはいるのです。

ものを考えるとは、読書のように、決められた行ごとに文字を右から左へと追っていくものではありません。また、原稿用紙のマス目を一つひとつきれいに埋めていくようなものでもありません。だいいち、頭のなかには頁もマス目もありません。もっと渾然一体としています。それを誰かに伝えなければいけないときは、私たちは、それを本の頁や原稿用紙のマス目に沿って絞り出すように、なんとかきれいに整えて②「出力」していきます。そうでなければ、ほかの誰かは、あなたの考えを知ることも読むこともできないからです。

2022年度 浦和明の星女子中学校 ▶解説と解答

算数 ＜第２回試験＞（50分）＜満点：100点＞

解答

1 (1) $\frac{3}{5}$　(2) 7台　(3) 14人　(4) 2，3，6　(5) 3.14cm²　(6) **正方形の１辺の長さ**…40cm，**長方形の縦の長さ**…17cm　(7) 240cm²　**2** (1) 28cm　(2) 15cm　**3** (1) 87kg　(2) **もとの車**…210km，**新しい車**…90km　**4** (1) 10回　(2) 3回　(3) **B**…10点，**D**…８点，**E**…５点　**5** (1) 分速50m　(2) 21分後　(3) 33分後　(4) 7回

解説

1 **四則計算，ニュートン算，差集め算，等差数列，面積，和差算，辺の比と面積の比**

(1) $1\frac{4}{5}\div\left(0.3+\frac{8}{15}\right)-\left(1-1.4\div2\frac{11}{12}\right)\times3=\frac{9}{5}\div\left(\frac{3}{10}+\frac{8}{15}\right)-\left(1-\frac{14}{10}\div\frac{35}{12}\right)\times3=\frac{9}{5}\div\left(\frac{9}{30}+\frac{16}{30}\right)-\left(1-\frac{7}{5}\times\frac{12}{35}\right)\times3=\frac{9}{5}\div\frac{25}{30}-\left(1-\frac{12}{25}\right)\times3=\frac{9}{5}\div\frac{5}{6}-\left(\frac{25}{25}-\frac{12}{25}\right)\times3=\frac{9}{5}\times\frac{6}{5}-\frac{13}{25}\times3=\frac{54}{25}-\frac{39}{25}=\frac{15}{25}=\frac{3}{5}$

(2) １分間にわき出る水の量と，１台のポンプが１分間にくみ出す水の量を１とすると，３台のポンプでくみ出すときに１分間に減る水の量は，１×３－１＝２になる。そして，このとき30分で空になるから，はじめにたまっている水の量は，２×30＝60とわかる。よって，10分で空にするには，１分間に，60÷10＝６の水を減らせばよいので，１分間に，６＋１＝７の水をくみ出せばよい。したがって，７÷１＝７(台)のポンプを使えばよい。

(3) 全員に５個ずつ配ると，５×２＋(５－４)＝11(個)不足し，全員に４個ずつ配ると３個余るから，右の図１のようにまとめることができる。よって，５－４＝１(個)の差が子供の数だけ集まったものが，11＋３＝14(個)なので，子供の数は，14÷１＝14(人)と求められる。

図１

	５個，５個，…，５個	➡ 11個不足
	４個，４個，…，４個	➡ ３個余る
差	１個，１個，…，１個	➡ 14個

(4) 21を連続した２個，３個，４個，…の整数の和で表せるかどうかを調べる(それぞれ，最初の整数を△とする)。連続した２個の場合，△＋(△＋１)＝△×２＋１＝21より，△＝(21－１)÷２＝10となり，あてはまる(このとき，21＝10＋11と表せる)。連続した３個の場合，△＋(△＋１)＋(△＋２)＝△×３＋３＝21より，△＝(21－３)÷３＝６となり，あてはまる(このとき，21＝６＋７＋８と表せる)。連続した４個の場合，△＋(△＋１)＋(△＋２)＋(△＋３)＝△×４＋６＝21より，△＝(21－６)÷４＝3.75となり，あてはまらない。連続した５個の場合，△＋(△＋１)＋(△＋２)＋(△＋３)＋(△＋４)＝△×５＋10＝21より，△＝(21－10)÷５＝2.2となり，あてはまらない。連続した６個の場合，△＋(△＋１)＋(△＋２)＋(△＋３)＋(△＋４)＋(△＋５)＝△×６＋15＝21より，△＝(21－15)÷６＝１となり，あてはまる(このとき，21＝１＋２＋３＋４＋５＋６と

表せる。また，このことから，21を連続した７個以上の整数の和で表せないことがわかる)。以上より，21は連続した２個，３個，６個の整数の和で表せる。

⑸　右の図２で，大きな円の半径(□cm)を１辺とする正方形の面積は，１辺が４cmの正方形の面積の半分になるから，□×□＝４×４÷２＝８(cm^2)とわかる。よって，大きな円の面積は，□×□×3.14＝８×3.14＝25.12(cm^2)となる。また，１辺が４cmの正方形の面積は，４×４＝16(cm^2)である。したがって，アの部分の面積は，(25.12－16)÷４＝2.28(cm^2)と求められる。次に，小さな円の半径は，４÷２＝２(cm)なので，１辺が２cmの正方形の面積から，半径が２cmの四分円の面積をひくと，イの部分の面積は，２×２－２×２×3.14×$\frac{1}{4}$＝４－3.14＝0.86(cm^2)と求められる。以上より，斜線(しゃせん)部分の面積の和は，2.28＋0.86＝3.14(cm^2)となる。

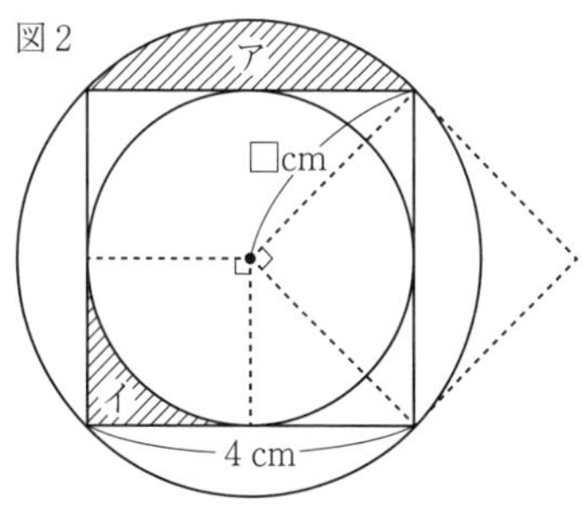

⑹　右の図３で，長方形の縦の長さと横の長さの差が６cmだから，アの長さは６cmである。よって，★の正方形の面積は，６×６＝36(cm^2)なので，太線で囲まれた正方形の面積は，391×４＋36＝1600(cm^2)となる。したがって，1600＝40×40より，この正方形の１辺の長さは40cmとわかる。すると，長方形の縦の長さと横の長さの和が40cmだから，右上の図４より，縦の長さは，(40－６)÷２＝17(cm)と求められる。

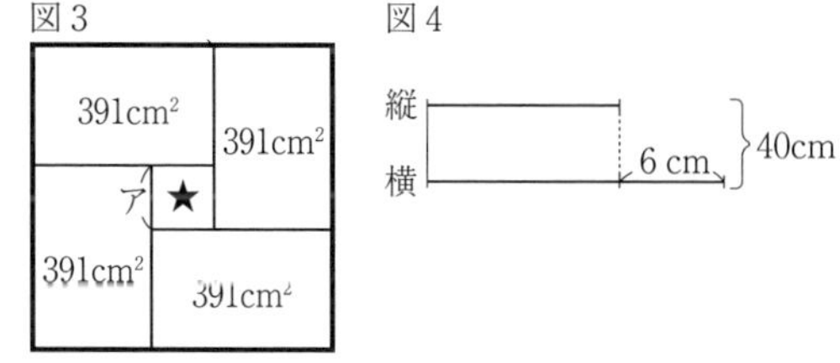

⑺　右の図５で，大きな長方形の周りの長さが64cmだから，ア，イ，ウの長さの和は，64÷２＝32(cm)である。また，Dの長方形の周りの長さが34cmなので，イ，ウの長さの和は，34÷２＝17(cm)である。よって，ア＝32－17＝15(cm)とわかる。次に，AとDの長方形は，面積が等しく，縦の長さの比が１：３だから，横の長さの比は，ア：イ＝$\frac{1}{1}$：$\frac{1}{3}$＝３：１である。したがって，イ＝15×$\frac{1}{3}$＝５(cm)より，ウ＝17－５＝12(cm)となり，大きな長方形の面積は，12×(15＋５)＝240(cm^2)と求められる。

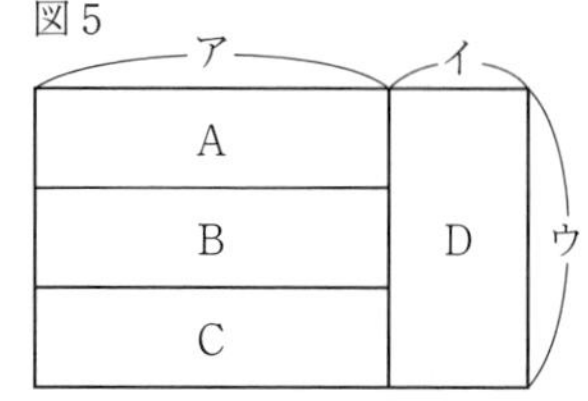

2　水の深さと体積

⑴　水槽(すいそう)の底面積は，90×70＝6300(cm^2)，１つのおもりの底面積は，30×30＝900(cm^2)である。２つのおもりを水に沈(しず)めても，おもりの一部分が水面より上に出ていると仮定すると，沈める前後の水面の面積の比は，6300：(6300－900×２)＝6300：4500＝７：５なので，沈める前後の水の深さの比は，$\frac{1}{7}$：$\frac{1}{5}$＝５：７となる。よって，２つのおもりを水に沈めた後の水の深さは，20×$\frac{7}{5}$＝28(cm)と求められる(これはおもりの高さよりも低いから，仮定は正しかったことになる)。

⑵　２つのおもりを水に沈めたときと，その後１つのおもりを水槽から取り出したときと，２つのおもりを沈める前のはじめの水面の面積の比は，4500：(4500＋900)：6300＝５：６：７なので，それぞれのときの水の深さの比は，$\frac{1}{5}$：$\frac{1}{6}$：$\frac{1}{7}$＝42：35：30となる。この比の，42－35＝７が

3.5cmにあたるから，２つのおもりを沈める前のはじめの水の深さは，$3.5\times\frac{30}{7}=15$(cm)とわかる。

3 つるかめ算

(1) ガソリン１Lあたり2.32kgの二酸化炭素を排出(はいしゅつ)し，もとの車に１か月乗ると，300÷８＝37.5(L)のガソリンを使うので，１か月間でもとの車が排出した二酸化炭素の量は，2.32×37.5＝87(kg)となる。

(2) 先月１か月間で，もとの車と新しい車が排出した二酸化炭素の量が10％減ったのは，使ったガソリンの量が10％減ったためである。よって，先月１か月間で使ったガソリンの量は，37.5×(１－0.1)＝33.75(L)であり，上の図のようにまとめることができる。新しい車だけで33.75L使ったとすると，12×33.75＝405(km)走ることになり，実際よりも，405－300＝105(km)長くなる。また，もとの車で走ると，走る距離(きょり)は新しい車よりもガソリン１Lあたり，12－８＝４(km)短くなる。したがって，もとの車で使ったガソリンの量は，105÷４＝$\frac{105}{4}$(L)だから，もとの車で走った距離は，$8\times\frac{105}{4}$＝210(km)であり，新しい車で走った距離は，300－210＝90(km)となる。

(もとの車) 1Lあたり8km ｝合わせて
(新しい車) 1Lあたり12km ｝33.75Lで300km

4 場合の数，つるかめ算，条件の整理

(1) どの５人も自分以外の４人と１回ずつ行うから，全部で，５×４＝20(回)となる。ただし，この中には，A対BとB対Aのように同じ対戦が２回ずつ含(ふく)まれているから，実際のじゃんけんの回数は，20÷２＝10(回)である。

(2) 勝敗が決まった対戦では２人合わせて，３＋０＝３(点)もらえ，あいこの対戦では２人合わせて，１＋１＝２(点)もらえるので，右の図１のようにまとめることができる。10回とも勝敗が決まったとすると，得点の合計は，３×10＝30(点)となり，実際よりも，30－27＝３(点)多くなる。また，あいこが１回あると，得点の合計は，３－２＝１(点)少なくなる。よって，あいこの回数は，３÷１＝３(回)とわかる。

図１
(勝敗あり) 3点 ｝合わせて
(あいこ) 2点 ｝10回で27点

(3) 勝ちを○，負けを×，あいこを△で表すことにすると，AとEの発言より下の図２のようになる。また，Cの発言よりCは１回だけあいこで残りはすべて負けであり，全10対戦のうちあいこは全部で３回だから，Cがだれとあいこになったかによって，下の図３～図５の３つの場合が考えられる。これらのうち，Dの発言(得点の合計は２番目に多かった)と合うのは図５の場合なので，Bは10点，Dは８点，Eは５点である。

図２

＼	Aに	Bに	Cに	Dに	Eに	得点
Aが	＼	×	○	×	×	3点
Bが	○	＼			○	
Cが	×		＼			
Dが	○			＼		
Eが	○	×			＼	

図３（CとBがあいこ）

＼	Aに	Bに	Cに	Dに	Eに	得点
Aが	＼	×	○	×	×	3点
Bが	○	＼	△	△	○	8点
Cが	×	△	＼	×	×	1点
Dが	○	△	○	＼	△	8点
Eが	○	×	○	△	＼	7点

図４（CとDがあいこ）

＼	Aに	Bに	Cに	Dに	Eに	得点
Aが	＼	×	○	×	×	3点
Bが	○	＼	○	△	○	10点
Cが	×	×	＼	△	×	1点
Dが	○	△	△	＼	△	6点
Eが	○	×	○	△	＼	7点

図５（CとEがあいこ）

＼	Aに	Bに	Cに	Dに	Eに	得点
Aが	＼	×	○	×	×	3点
Bが	○	＼	○	△	○	10点
Cが	×	×	＼	×	△	1点
Dが	○	△	○	＼	△	8点
Eが	○	×	△	△	＼	5点

5 速さと比，旅人算

(1) 予定の進み方と実際の進み方を図に表すと，それぞれ下の図１，図２のようになる。図１で，２人が18分で歩く距離の和は，1050×２＝2100(m)だから，２人の速さの和は分速，2100÷18＝

$\frac{350}{3}$(m)となる。また，CB間とBD間を合わせた距離を，姉は，18－15＝３(分)，妹は，７＋15－18＝４(分)で歩いているので，姉と妹の速さの比は，$\frac{1}{3}:\frac{1}{4}=4:3$である。よって，妹の速さは分速，$\frac{350}{3}\times\frac{3}{4+3}=50$(m)と求められる。

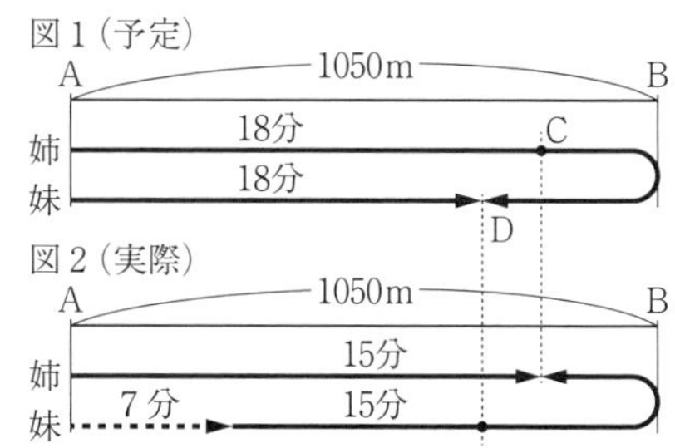

(2)　妹が７分で歩く距離は，50×７＝350(m)だから，姉が妹を初めて追い越すのは，姉が妹よりも350m多く歩いたときである。また，姉の速さは分速，$\frac{350}{3}-50=\frac{200}{3}$(m)なので，姉と妹の速さの差は分速，$\frac{200}{3}-50=\frac{50}{3}$(m)となる。よって，姉が妹を初めて追い越すのは，姉が出発してから，$350\div\frac{50}{3}=21$(分後)と求められる。

(3)　A地点を出発した姉は，15分後に妹と初めてすれ違い，21分後に妹を初めて追い越した後で，妹と２度目にすれ違う。また，図１より，２人は合わせて2100m歩いて18分ごとにすれ違うことがわかる。よって，姉が妹を追い越した後，姉が妹と初めてすれ違うのは，姉が出発してから，15＋18＝33(分後)と求められる。

(4)　姉は，妹を初めて追い越してから，妹よりも2100m多く歩いた，$2100\div\frac{50}{3}=126$(分後)に妹を２度目に追い越す。また，姉は，妹を初めて追い越してから，33－21＝12(分後)に妹とすれ違い，その後，18分ごとに妹とすれ違う。よって，(126－12)÷18＝6.3…より，姉が妹を初めて追い越してから２度目に追い越すまでの間に，２人は，６＋１＝７(回)すれ違うことになる。なお，下の図３は，２人の進行のようすを表している(●印は２人がすれ違うとき，○印は姉が妹を追い越すとき)。

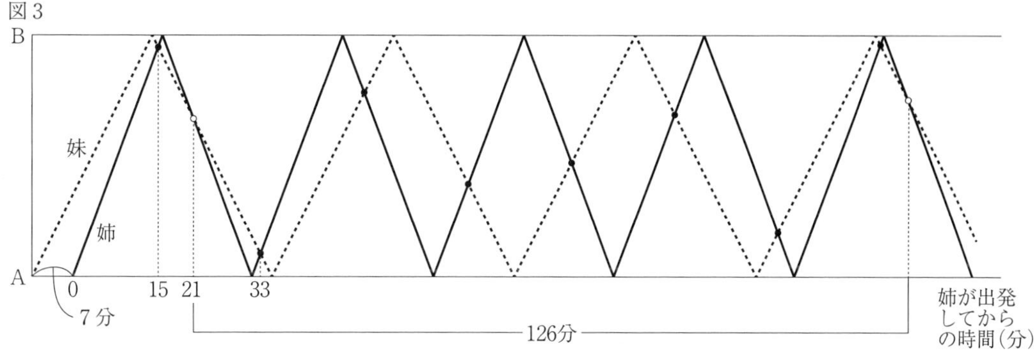

社　会　<第２回試験>(理科と合わせて50分)<満点：50点>

解　答

Ⅰ　問１　(1)　(ウ)　(2)　(ア)　問２　(ウ)　問３　(ウ)　問４　(ウ)　問５　(エ)　問６　(1)　(ウ)　(2)　(ア)　問７　(ウ)　問８　(ウ)　問９　(エ)　問10　(イ)　問11　(ウ)　問12　(イ)　問13　(イ)　問14　線　問15　(ア)　問16　(ア)　問17　(エ)　問18　(エ)　問19　(イ)　問20　(エ)　問21　(ウ)　問22　(エ)　問23　(ア)　Ⅱ　問１　(エ)　問２　(ウ)　問３　(ウ)

問４　(イ)　問５　象徴　問６　(エ)　問７　(ア)　問８　(イ)　問９　(ウ)　問10　(エ)

解説

Ⅰ　季節ごとの行事を題材とした問題

問１　(1)　天皇が幼少か女性のときに天皇に代わって政治を行う役職を摂政といい，天皇が成人したあとに天皇を補佐して政治を行う役職を関白という。593年に聖徳太子が推古天皇の摂政となったのがはじまりで，当初は皇族だけが摂政や関白になれたが，平安時代になると藤原氏がその地位を独占するようになった(摂関政治)。なお，(ア)の右大臣は左大臣とともに太政大臣を補佐する役職。(イ)の太閤は一般に，関白の職を子にゆずった人を指す。少納言は太政官の役職の１つである。　(2)　さいたま市岩槻区は，ひな人形などの日本人形の産地として知られる。なお，さいたま市は浦和・大宮・与野の３市が合併して誕生し，のちに岩槻市が岩槻区として加わった。

問２　旧国名の「吉備」は，現在の岡山県全域と広島県東部にあたる。なお，吉備国は７世紀末に備前(岡山県東部)・備中(岡山県西部)・備後(広島県東部)に分けられ，８世紀初めには備中から美作(岡山県北部)が分国された。また，(ア)の福岡県は筑前・筑後や豊前の一部，(イ)の奈良県は大和，(エ)の埼玉県は武蔵の一部にあたる。

問３　(ア)　日本の標準時子午線である東経135度線は，京都府・兵庫県・和歌山県を通る。　(イ)　中京工業地帯は，愛知県・三重県の伊勢湾沿岸部から，岐阜県南部にかけて広がっている。　(ウ)　奈良県は内陸県で，京都・大阪・和歌山・三重の４府県と接しているが，滋賀県とは接していない。　(エ)　長良川は岐阜県を北西部から中部へと南流したのち，濃尾平野を通り，三重県桑名市で揖斐川に合流して伊勢湾に注ぐ。

問４　奈良時代の743年に墾田永年私財法が出され，新たに開墾した土地の永久私有が認められた。これをきっかけに貴族や寺社が家人などを使って土地を開墾し，私有地を広げるようになった。この私有地はのちに荘園とよばれ，平安時代に発展した。なお，(ア)は室町時代，(イ)は鎌倉時代，(エ)は平安時代について述べた説明文。

問５　公的に日本の国花とされている花はない。また，皇室の紋章とされているのは菊である。

問６　(1)　現在の稲作において，多くの地域では，３月ごろに田を掘り起こす「田おこし」と田に水を入れ，土をくだいて平らにする「しろかき」を行い，５月ごろに苗を等間隔で植える「田植え」を行う。その後は田を乾燥させる「中干し」や草取りなどを行い，９月以降，収穫である「稲刈り」，稲の乾燥，稲穂から籾だけを取る「脱穀」などを行う。籾はカントリーエレベーターに運ばれて保存され，出荷直前に籾すりや精米が行われたのち，一般の消費者に届けられる。　(2)　稲は熱帯地方原産の作物で，高温の土地での栽培に適しており，生育期に多くの水を必要とする。越後平野(新潟県)や庄内平野(山形県)は，水が豊かで夏に高温となることや，海に近いことから昼と夜の気温の差が比較的小さいことなど，稲の栽培条件がそろっている。

問７　桓武天皇や嵯峨天皇は，平安時代初期に政治を行った。この時期，空海は留学僧として唐(中国)に渡り，帰国後に真言宗を開いた。また，嵯峨天皇の信任を得て京都の東寺(教王護国寺)をたまわった。なお，(ア)の道鏡は奈良時代後半，(イ)の一休は室町時代，(エ)の親鸞は鎌倉時代に活躍した僧である。

問８　リニア中央新幹線は品川駅(東京都)と名古屋駅の間を結ぶ予定で，東京・神奈川・山梨・静岡・長野・岐阜・愛知の各都県がその経路にあたる。なお，名古屋駅以西の経路は未定だが，三重県と奈良県を通って大阪府に至る予定となっている。

問９　(ア)　日光東照宮(栃木県)は江戸幕府の初代将軍徳川家康をまつる神社で，第３代将軍家光もまつられている。江戸幕府の将軍のほとんどは東京(台東区上野の寛永寺や港区芝の増上寺)に埋葬(まいそう)されており，寛永寺と増上寺はいずれも徳川家の菩提寺(ぼだいじ)(先祖の墓や位牌(いはい)のある寺)とされている。また，平安時代から室町時代までの征夷(せいい)大将軍も，日光東照宮には埋葬されていない。　(イ)　日光東照宮は家康の死後に建てられた神社で，豊臣秀吉とは関係がない。　(ウ)　太平洋戦争など，明治時代以降の戦争で戦死した軍人などをまつっているのは，東京都千代田区九段の靖国(やすくに)神社や，各道府県の護国神社である。　(エ)　家康は死後，朝廷から「東照大権現(ごんげん)」という称号をおくられたため，「権現様」などとよばれることがある。権現造は神社の建築様式の一種で，日光東照宮や，家康が最初にまつられた久能山東照宮(静岡県)にちなんで名づけられた。

問10　エレキテルとよばれる摩擦(まさつ)起電器をつくったことで知られるのは平賀源内(ひらがげんない)で，杉田玄白(げんぱく)はオランダ語の医学解剖(かいぼう)書『ターヘル＝アナトミア』を翻訳(ほんやく)し，『解体新書』として出版した蘭学(らんがく)者である。

問11　鳥取県が第５位に入っているいちばん左の表は日本なし，宮崎県が第１位である３番目の表はきゅうり，愛知県が第２位である４番目の表はキャベツで，残る２番目の表がほうれんそうと判断できる。そして，日本なしの第１位である(ア)には茨城県，キャベツの第１位である(エ)には群馬県があてはまる。さらに，ほうれんそうは例年，関東地方の各県が上位を占(し)めていることから，この年の第１位である(ウ)が埼玉県だとわかる。なお，(イ)は福島県である。

問12　1946年，第二次世界大戦(1939～45年)の連合国は日本の政府・軍の指導者らを「戦争犯罪人(戦犯)」として裁く極東国際軍事裁判(東京裁判)を開始し，1948年に東条英機(ひでき)元首相らを死刑にするなどの判決が下された。なお，(ア)は1950年，(ウ)は1961年，(エ)は1963～66年のできごと。

問13　５月３日は，「憲法記念日」である。なお，「みどりの日」は，1989年から2006年までは，昭和時代に「天皇誕生日」であった４月29日だったが，４月29日が「昭和の日」となった2007年からは，５月４日に移されている。

問14　線状降水帯とは，次々と発生する積乱雲が列のように並び，数時間にわたってほぼ同じ地域を通過・停滞(ていたい)することによって生じる，大量の雨が降る地域のことをいう。日本では1990年代以降，各地で観測されるようになっており，水害や土砂崩(くず)れなどの災害を引き起こしている。

問15　1990年，2019年のいずれの年においても65歳以上の人口の割合が４都県の中で最も高い(ア)が秋田県である。なお，０～14歳の割合が最も高い(イ)は沖縄県，「現役世代」ともよばれる15～64歳の割合が最も高い(ウ)は東京都，(エ)は愛知県。

問16　有田焼は，佐賀県有田町などで生産される焼き物で，豊臣秀吉の朝鮮出兵のさい，肥前(ひぜん)藩(佐賀県)の鍋島(なべしま)氏が日本に連れてきた朝鮮人陶工李参平(とうこうりさんぺい)によって生産がはじめられた。江戸時代には，酒井田柿右衛門(さかいだかきえもん)が柿右衛門様式とよばれる磁器の生産技術を確立した。

問17　江戸時代には金貨，銀貨，銭貨(銅貨)の３種類の貨幣(かへい)が使われていた(三貨制度)。金貨は小判１枚を１両とし，１両＝４分(ふ)＝16朱(しゅ)とする単位であつかわれた。銀貨は重さで価値を表す貨幣で，１貫(かん)＝1000匁(もんめ)などの単位(１匁は約3.75ｇ)であつかわれた。銭貨は１枚を１文とし，1000文＝１貫文とする単位であつかわれた。

問18　秋に宮中で行われる新嘗祭は，天皇がその年にとれた穀物を神にささげて感謝する祭祀(まつりごと)で，祝日の「勤労感謝の日」(11月23日)はこれを引きつぐ形で設けられた。なお，(ア)の元始祭は１月３日に行われる宮中祭祀，(イ)の花まつり(灌仏会)は釈迦の誕生を祝って４月８日に行われる仏教行事，(ウ)の出初式は１月初旬に消防関係者によって行われる仕事始めの行事。

問19　第二次世界大戦末期の1945年８月14日，日本政府はポツダム宣言を受け入れて無条件降伏することを決定し，翌15日正午，天皇によるラジオ放送で国民にこれを知らせた。なお，ほかの３つも1945年のできごとで，(ア)は７月26日，(ウ)は８月６日，(エ)は８月８日に起きた。

問20　(ア)　聖徳太子は603年に冠位十二階を制定し，607年に小野妹子を遣隋使として隋(中国)に派遣した。　(イ)　壬申の乱(672年)は，天智天皇の死後，次の皇位をめぐって天皇の子の大友皇子と天皇の弟の大海人皇子の間で起きた争いである。近畿地方やその周辺の豪族も巻きこんだ戦いの結果，大海人皇子側が勝利し，皇子は即位して天武天皇となった。当時，東北地方の蝦夷の征討が進められていたが，平定はされていない。　(ウ)　推古天皇陵とされている山田高塚古墳(大阪府太子町)から，金印や銅鏡が出土したという事実はない。　(エ)　現存する世界最古の木造建築である法隆寺(奈良県)は，釈迦三尊像や百済観音像，玉虫厨子など，飛鳥文化を代表する多くの仏像や工芸品を所有している。

問21　(ア)　ナウマンではなく，鹿鳴館を設計したことで知られる建築家のコンドルが正しい。ナウマンは，ナウマンゾウの命名のもととなったことや，フォッサマグナを発見したことで知られる地質学者である。　(イ)　1872年，明治政府はフランスの学校制度にならって学制をさだめた。これにより，全国に小学校が建てられ，６歳以上のすべての男女は小学校に通うことが義務づけられた。就学率は，初めは低かったものの，1910年にはほぼ100％となった。寺子屋は，江戸時代に全国各地で設けられた，庶民の子どものための教育機関である。　(ウ)　1882年，わが国の中央銀行である日本銀行が設立された。日本銀行は唯一の発券銀行として，1885年に兌換紙幣(金または銀と交換できる紙幣)の発行を開始した。　(エ)　「オッペケペー節」で人気を集めた川上音二郎は，自由民権思想を広めるための演劇の中心となった人物である。なお，歌舞伎座(東京都中央区銀座)は1889年に建てられた歌舞伎専用の劇場で，当初は和洋折衷(外見が洋風，内部が和風)の建物であったが，のちに純和風建築に改修され，さらに改修や再建を経て現在に至っている。

問22　(ア)　律令制度のもと，全国は五畿七道に分けられ，さらにそれらに国・郡・里を置く地方制度が整備された。五畿(畿内)は都とその周辺のことで，大和(奈良県)，河内(大阪府東部)，和泉(大阪府南西部)，山背(山城，京都府南部)，摂津(大阪府西部と兵庫県南東部)の５か国であった。また，七道は東海道，東山道，北陸道，山陰道，山陽道，南海道，西海道の７つの地方であった。(イ)　承久の乱(1221年)を鎮圧したのは鎌倉幕府の第２代執権北条義時だが，最初の武家法である御成敗式目(1232年)を制定したのは第３代執権北条泰時(義時の子)である。　(ウ)　「五大老」ではなく「五奉行」が正しい。豊臣政権では石田三成を中心とする五奉行が政務を担い，五大老(徳川家康や前田利家ら)はその顧問役とされていた。　(エ)　1914年にヨーロッパで第一次世界大戦がはじまると，翌15年，日本は中華民国(中国)政府に対し，ドイツが中国で持っていた権益を日本が引き継ぐことなどを内容とする二十一カ条の要求を突きつけ，その大部分を認めさせた。

問23　大豆は，北海道が全国生産量の40％以上を占めている。

Ⅱ　日本国憲法を題材とした政治や現代社会などについての問題

問１　(ア)　大日本帝国憲法に選挙権の資格について具体的な規定はなく，女性の参政権は第二次世界大戦終戦直後の1945年まで認められなかった。　(イ)　大日本帝国憲法に地方自治の規定はなく，県知事や市町村長は日本国憲法のもとで公選とされた。　(ウ)　大日本帝国憲法は天皇の権能（法的に認められた力）の強い憲法で，天皇を国の元首・主権者としていた。また，国民を臣民（天皇の家来）としていたため，その権利は天皇から与えられるものとされ，「法律の範囲内で保障」と制限が設けられていた。　(エ)　大日本帝国憲法は1889年２月11日，天皇が国民にさずけるという形で発布された。なお，国王などの君主がさだめる憲法を欽定憲法といい，国民がさだめる憲法を民定憲法という。大日本帝国憲法は欽定憲法，日本国憲法は民定憲法である。

問２　(ア)　沖縄は1945年６月，３か月におよぶ激しい地上戦のすえ，アメリカ軍によって占領された。戦後もアメリカによる統治が続き，1972年に日本に返還された。　(イ)　終戦時には，中国や満州などでソ連軍に拘束された日本兵の多くがシベリアに送られ，強制労働につかされた（シベリア抑留）。　(ウ)　終戦時に中国や満州にいた日本の民間人のうち，引き揚げ時の混乱のなかで多くの日本人の子どもが中国に残された。これを中国残留孤児といい，身元調査や帰国援助が行われているが，日本に帰国しても肉親が死亡していたり，見つからなかったりする例も多い。　(エ)　中国本土を戦場とした日中戦争（1937～45年）で，日本軍は中国の軍隊や民衆の強い抵抗にあい，日中両国に多くの犠牲者が出た。また，アジア・太平洋戦争（1941～45年）の開戦直後，日本軍は太平洋の多くの島々を支配していたが，それらは激戦のすえにアメリカ軍によって占領され，多くの日本兵が犠牲となった。

問３　(ア)　東条英機内閣は1944年にサイパン島陥落の責任を取って総辞職し，代わって陸軍大将の小磯国昭が首相となった。また，戦後の1946年には自由党党首の吉田茂が，1947年には日本社会党党首の片山哲が首相となった。　(イ)　警察予備隊は，朝鮮戦争がはじまった1950年に創設された。　(ウ)　1945年６月，アメリカのサンフランシスコで連合国50カ国が国際連合憲章を採択し，同年10月，51カ国を原加盟国として国際連合が正式に発足した。　(エ)　日米安全保障条約は，1951年にサンフランシスコ平和条約とともに調印された。

問４　(ア)　皇位継承順位が定められていることからもわかるように，年長の子だけが皇位を継ぐわけではない。なお，皇室典範により，継承資格は現在は男子の皇族だけに限られており，直系優先や長子優先などの原則も定められている。　(イ)　日本国憲法第１条には「天皇は，日本国の象徴であり日本国民統合の象徴であって，この地位は，主権の存する日本国民の総意に基く」と規定されている。　(ウ)　日本国憲法や皇室典範に天皇の生前退位についての規定はないが，2019年４月30日，特例法にもとづいて平成時代の天皇が生前退位した。これにより，翌５月１日に新天皇が即位し，元号も平成から令和に代わった。　(エ)　皇室典範の規定により，天皇が養子をむかえてその子に皇位を継がせることは認められていない。

問５　問４の(イ)の解説を参照のこと。

問６　(ア)　2022年２月の時点で，両院の議員定数は，衆議院が465名，参議院が245名である。　(イ)　毎年１月，会期150日で通常国会（常会，１回に限り延長可能）が召集され，秋には臨時国会（臨時会）が召集されることが多いが，夏は休会とされるのが一般的で，一年中開かれているわけではない。　(ウ)　衆議院と参議院にはそれぞれ議長がおり，それぞれの議院の議員による選挙で選出される。　(エ)　国会での審議はまず委員会で行われ，その後，本会議で審議・議決される。委員会では，必要に応じて専門家や利害関係者などの意見を聞くために公聴会が開かれる。公聴会は，予算の審議や予算をともなう議案の審議のさいには，必ず開かれることになっている。

問７　(ア)　最高裁判所が，自衛隊の合憲性や違憲性に関して判断を示した例はない。これは，高度に政治的な国家の行為(こうい)については司法判断の対象から除外すべきであるという，「統治行為論」にもとづくものであるとされている。　(イ)「交戦権」についての明確な定義はなく，さまざまな考え方があるが，一般的には，「交戦国が持つ，国際法で認められる範囲で戦争行為を行う権利」とされる。ただし，先制的自衛権(攻撃される前に敵を先制攻撃する権利)については，これを交戦権として認めるかどうか，意見が分かれている。　(ウ)　1950年に朝鮮戦争がはじまると，日本に駐留(ちゅうりゅう)していたアメリカ軍が韓国を支援するために出撃し，その間の日本国内の治安を守るためとして，GHQ(連合国軍最高司令官総司令部)の指示により警察予備隊が創設された。警察予備隊は1952年に保安隊，1954年に自衛隊に改編され，現在に至っている。なお，ベトナム戦争は1965年に激化し，1973年に戦争の終結が宣言された。　(エ)　自衛隊は，国連平和維持活動(PKO)への参加以外でも，戦争や災害からの復興支援や難民支援などのために海外へ派遣されたことがある。

問８　「人間らしく生きる権利」は生存権とよばれ，20世紀になって主張されるようになった基本的人権の１つである。日本国憲法第25条は生存権についての規定で，「すべて国民は，健康で文化的な最低限度の生活を営む権利を有する」としている。

問９　日本国憲法第24条１項には，「婚姻(こんいん)は，両性の合意のみに基いて成立し」とある。なお，(ア)のような規定や(イ)のような制度は存在しない。また，夫婦が名のる姓はどちらのものでもよい。

問10　(ア)　新型コロナウイルス感染症の拡大にともない，2020年４月以来，何回か発令された緊急(きんきゅう)事態宣言は，「新型インフルエンザ等対策特別措置(そち)法」(2012年制定)にもとづくものである。なお，「緊急事態条項」は，戦争や大規模自然災害などのときに，一時的に憲法を停止して行政機関などに大きな権限を与えるという条項で，日本国憲法には定められていない。　(イ)　日本国憲法には規定がないが，社会の変化にともない広く認められるようになっている「新しい人権」には，環境権，プライバシーの権利，知る権利，自己決定権などがある。幸福追求権は日本国憲法第13条に，差別の禁止は同第14条などに，それぞれ規定されている。　(ウ)　2007年に国民投票法(日本国憲法の改正手続きに関する法律)により，憲法改正を承認するかどうかを問う国民投票についての具体的な規定が定められたが，投票が成立するために必要な最低投票率についての規定は設けられなかった。　(エ)　1998年に公職選挙法が改正され，海外に在住する日本国民が国政選挙で投票できるという，在外投票の制度が認められるようになった。

理　科　＜第２回試験＞（社会と合わせて50分）＜満点：50点＞

解　答

[1] **問１**　ア　**問２**　ウ　**問３**　(a)　カ　(b)　エ　[2] **問１**　1.02 g　**問２**　ア，イ　**問３**　ウ　**問４**　(a)　5.842 g　(b)　0.394 g　(c)　105 g　[3] **問１**　ア，オ　**問２**　エ　**問３**　ウ　**問４**　ア，カ　**問５**　(a)　エ　(b)　**1**　ア　**2**　ア　**3**　ア　[4] **問１**　ウ　**問２**　(a)　ウ，キ　(b)　**1**　ア　**2**　オ　**3**　ケ　**問３**　(a)　110

cm^2　(b)　17cm^2　(c)　ウ

解説

1 乾電池と発光ダイオードと手回し発電機を用いた実験についての問題

問１　実験１の発光ダイオードが光るようすから，図５では「い」の向きに回すとクリップＡに右向きの電流が流れ，図６では「あ」の向きに回すとクリップＡに左向きの電流が流れることがわかる。また，実験２の乾電池の向きから，図７ではクリップＡに右向きの電流が流れ，図８ではクリップＡに左向きの電流が流れることがわかる。したがって，アが正しい。

問２　①～⑥のそれぞれの手回し発電機１を乾電池に置きかえることを考えると，実験１より，手回し発電機１を「あ」の向きに回すと手回し発電機１のクリップＡが乾電池の＋極になり，手回し発電機１を「い」の向きに回すと手回し発電機１のクリップＢが乾電池の＋極になる。よって，②，⑥では発光ダイオードに電流が流れないため手回し発電機２は回らず，①，③，④，⑤では手回し発電機２が「あ」の向きに回る。

問３　(a)　手回し発電機が回る速さは，乾電池３つを直列につなぐと高速，乾電池２つを並列につなぎ，そこにもう１つの乾電池を直列につなぐと中速，乾電池３つを並列につなぐと低速になる。また，手回し発電機のクリップＡを乾電池の＋極につなぐと，ハンドルは「あ」の向きに回る。よって，手回し発電機が低速で「あ」の向きに回ったとき，乾電池３つは並列つなぎになっていて，乾電池の＋極側がクリップＡにつながっている。すると，このときに入れるスイッチの組み合わせは，カとなる。　(b)　手回し発電機のクリップＢを乾電池の＋極につなぐと，ハンドルは「い」の向きに回る。よって，手回し発電機が中速で「い」の向きに回ったとき，乾電池は２つを並列につなぎ，そこにもう１つの乾電池を直列につないでいて，さらに，乾電池の＋極側がクリップＢにつながっている。すると，このときに入れるスイッチの組み合わせは，エが選べる。

2 食品に含まれる食塩についての問題

問１　⑤の水溶液を純粋な食塩水と考えると，⑥の蒸発皿Ｂには食塩だけが残る。よって，実験で得られた食塩は，64.48－63.46＝1.02(ｇ)と求められる。

問２　ア　ろ過を行うさいは，ろ液がなめらかに流れるように，ろうとの足のとがった先をビーカーのかべにつける。　イ　ろ紙がろうとからはみ出していると，注いだ液がその部分からもれてしまうおそれがある。そのため，ろうとはろ紙よりもやや大きいサイズのものを使う。　ウ　四つ折りにしたろ紙をろうとに入れた後は，少量の水でぬらしてろうとに密着させ，ろ紙が浮かないようにする。　エ　ガラス棒は，折り曲げたろ紙の重なった部分にあて，ろ紙が破れないようにする。　オ　液を注ぐときは，ガラス棒を伝わらせて少しずつ注ぎ，液がろ紙からあふれないようにする。

問３　１　水にものを溶かすと，粒が小さくなり，水溶液中に一様に広がる。そのため，水溶液は透明になり，どの部分でも同じ濃度になる。　２　100mLの水に10ｇの食塩を加えてよくかき混ぜて溶かすと，１×100＋10＝110(ｇ)の食塩水ができる。

問４　(a)　表１より，食塩相当量はナトリウムの重さの，1.27÷0.5＝2.54(倍)とわかるので，ウスターソース類(中濃ソース)の食塩相当量Ｘは，2.3×2.54＝5.842(ｇ)となる。　(b)　１÷2.54＝0.3937…より，１ｇの食塩に含まれているナトリウムは約0.394ｇと求められる。　(c)　６ｇのナトリウムの食塩相当量は，６×2.54＝15.24（ｇ）である。また，問１より，７ｇのこいくちしょうゆには食塩が1.02ｇ含まれている。したがって，$7\times\frac{15.24}{1.02}$＝104.5…より，実験で用いたこいくちしょうゆで６ｇのナトリウムをとるには，105ｇのこいくちしょうゆが必要とわかる。

3 植物の種子の移動についての問題

問１　植物は種子をたくさんつくることで，なかまをふやしている。また，種子は乾燥や低温・高温に強いので，植物が生活しにくい季節でも種子のすがたであれば過ごすことができる。

問２　ア　アサガオは，実が熟すと自然に割れ，内部にある種子が地面に落ちるので，⑤の方法にあてはまる。　　イ　ヒマワリの種子は，ヤマガラやシジュウカラなどの鳥に運ばれて，土の中や木の幹のすきまなどにたくわえられたり，冬の間に食べられたりする。食べられなかった種子は運ばれたところで発芽するので，①の方法となる。　　ウ　セイヨウタンポポなどのタンポポの種子は，綿毛がついていて風に乗って遠くまで運ばれるので，②の方法にあてはまる。　　エ　カタバミは，細長い実の中に縦長の部屋があって，その中に種子が数個ずつできる。実が熟すと皮が縦に裂けてそり返り，その力で種子が勢いよく飛び出すので，④の方法となる。　　オ　エンドウは，実が熟すと自然に割れて皮がめくれ返り，内部にある種子が地面に落ちるので，⑤にあてはまる。

問３　ココヤシは海の近くに生える樹木で，その実はすき間に多くの空気を含んでいて海水によく浮くので，海流に乗って遠くまで運ばれることがある。よって，種子をもっとも遠くまで移動させることができる植物はココヤシといえる。なお，オオオナモミは，実の表面にあるとげで動物のからだに付着して運ばれるので，移動距離は動物の行動範囲となる。アカマツは，種子に翼があり風を受けてとばされ，移動距離は長いときで数百ｍになる。ホウセンカは，実が熟すと皮が裂けてはじけ，種子が勢いよく１～２ｍほど飛び出す。ツバキは，実が重いので，自分自身の根元の近くに落ちる。

問４　サルトリイバラの熟した実は赤色をしているため目立ちやすく，鳥に食べられやすい。また，種子が消化されにくいため，ふんと一緒に体外へ出され，遠くまで移動することができる。

問５　(a)　カントウタンポポは，周りにさまざまな植物が生育するところで地表に葉を広げている。そのため，夏には周りの植物が大きくなり，その葉のかげとなって光があたりにくくなる。これは，生育に必要な養分をつくるための光合成を行うさいには不利なので，カントウタンポポは夏に休眠する。　　(b)　**１**　都市部では土が見えている場所があまりないので，セイヨウタンポポの多数の個体が１か所で群生することはむずかしい。このような場合は，１つの個体で種子をつくる方が有利である。なお，カントウタンポポは自分以外の個体と花粉のやりとりをしないと種子をつくれないが，セイヨウタンポポは受粉をしなくても種子をつくることができる。　　**２，３**　セイヨウタンポポは，カントウタンポポに比べて軽い種子を多くつくる。そのため，多くの種子を風に乗せて広範囲に広げられるので，都市部で生育するのに有利である。

4 雲と天気の移り変わりについての問題

問１　図１は，はけではいたような雲が多数ちらばっているので，巻雲と判断できる。空の高いところにあってすじのように見えるので，すじ雲ともよばれる。なお，積雲は，わたのような形をしているためわた雲ともよばれ，晴れた日によく見られる。層雲は，きりが空に浮かんでいるように見えるため，きり雲ともよばれる。低いところに横に広がって現れる雲である。積乱雲は，強い上昇気流によってできる巨大な雲で，雷雲または入道雲ともよばれる。積乱雲の下では激しく雨が降り，雷が発生する。

問２ (a) 図２を見ると，日が経つにつれて雲の量や形が少しずつ変化しながら，雲がおおよそ西から東へと移動していることがわかるので，ウが選べる。また，表１を図２と比較（ひかく）すると，雲の動きとともに，西から東へとくもりの都市が増えているので，キもふさわしい。 (b) **1** 虹（にじ）は，大気中をただよう水滴（すいてき）の中に入った太陽光（いろいろな色の光が集まっている白色光）が，右の図のように屈折（くっせつ）と反射をしていろいろな色に分かれて出てくることによって見える。よって，虹は太陽を背にしたときに見えるので，西の空に虹が見えるのは，太陽が東にある午前中である。 **2** 水滴は西の空にあるので，雨が降っているのは西側である。 **3** 天気は雲の動きとともに西から東へと移り変わるので，西側に降っている雨がしだいに移動してきて，天気はこの後，悪くなっていくと考えられる。

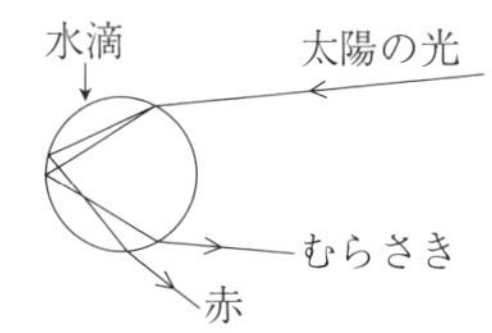

問３ (a) 図３で，右上側の四分円について，円周の線がかかっていないマス目は22マス，円周の線がかかっているマス目は11マスなので，全体では，$A=22\times4=88$（マス），$B=11\times4=44$（マス）となる。したがって，空全体の面積は，$1\times88+0.5\times44=110$と求められる。 (b) 雲の線がかかっていないマス目の数（A）は３マス，雲の線がかかっているマス目の数（B）は28マスなので，雲のない部分の面積は，$1\times3+0.5\times28=17$となる。 (c) 方法３では，①の値が，$110-17=93$となるので，$93\div110=0.84\cdots$より，②の値は0.8とわかる。よって，③の値（雲量）は，$0.8\times10=8$と求められる。また，雲量が０～１のときは快晴，雲量２～８のときは晴れ，雲量９～10のときはくもりなので，天気は晴れとなる。

国 語 ＜第２回試験＞（50分）＜満点：100点＞

解 答

□一 **問１** a 下記を参照のこと。 b いっせい c こば（めない） **問２** エ **問３** ウ **問４** ア，ウ **問５** いろんな記～ゴチャマゼ（の状態） **問６** エ **問７** ア **問８** (1) A，D (2) ア (3) X 相性 Y 名高い Z 学ぶ □二 **問１** a いす b 下記を参照のこと。 c （お）こづか（い） **問２** イ **問３** ア **問４** エ **問５** ウ **問６** イ **問７** エ **問８** ア，エ **問９** ウ **問10** ア **問11** エ **問12** (1) （例） 髪型を坊主にする。 (2) （例） 瑠美奈は，すべての人々が自由を楽しむ社会が訪れるだろうとむじゃきに信じていたが，それは理想にすぎないと詩音に冷たくあしらわれて，失望した。その後，詩音が坊主にした理由を知って，彼女を励ますために「おしゃれボーズの会」に誘うが，偏見の目で見られる人の気持ちがわかるのかと言われて断られてしまった。このようないきさつで，瑠美奈は偏見と闘うために，自分も坊主にする決意を固めた。

●漢字の書き取り

□一 問１ a 推測 □二 問１ b 看板

解 説

□一 **出典は椹木野衣（さわらぎのい）の『感性は感動しない―美術の見方，批評（ひひょう）の作法』による。**絵を鑑賞（かんしょう）するのに大切なのは，何かを学ぼうとしないことであると述べ，絵にどのように接するべきなのかを説明している。

問１　a　なんらかのものごとをもとに想像すること。　b　そろって同時に。　c　音読みは「キョ」で，「拒否」などの熟語がある。

問２　一つ目の空欄Ⅰの直前に「同じ絵を描ける人は，世界中探してもどこにもいません」とあるように，絵は誰かが描いたこの世で一枚限りのものなのだから，“ただ一つであること”という意味の「唯一無二」が選べる。なお，「一期一会」は，一生に一度しかない出会い。「完全無比」は，ほかとは比べものにならないほど，欠点がないさま。「独立独歩」は，“他人に頼らず自分が信じることを自力で行うこと”という意味。

問３　ア，エ　「絵を評価して」，「それに優劣をつけることなどできっこありません」とあるように，筆者は絵の価値を評価すること自体を否定しているので，「一つひとつの絵の価値は，同等に評価できる」や「価値も作家本人が決める」は合わない。　イ　「自分を素直に出すのがよい絵だといっても，そもそも，最初からよい絵もわるい絵もない」とあるように，筆者は「自分を素直に出す」ことを作家に求めていないので，「あらゆる絵には作家の素直な自己表現がなされ」はあてはまらない。　ウ　直後の段落と四つ後の段落の内容と合う。

問４　ここでの「出力」は，“コンピュータが入力されたデータを処理して結果を出すこと”（アウトプット）を表しており，「私たち」がコンピュータにたとえられているので，「表現」や「執筆」が近い。

問５　傍線部③は，直前の段落の「渾然一体としていた思いや感情や印象や考えの矛盾の『かたまり』のような豊かさ」にあたるもので，異質なものが混じり合って一つになった状態といえる。よって，三つ前の段落の「いろんな記憶や印象や思いや感情がゴチャマゼ」がぬき出せる。なお，「腑分け」は，解剖のこと。「渾然一体」は，“全体が溶け合って一つのものになる”という意味。

問６　二文前に「絵を描く人は，いろんなことを考え，感じ，思いながら絵を仕上げていきます」とあるように，作家は絵に思考や感情を込めているので，「思考や感情」について述べているエがよい。なお，エ以外は，「感情」にふれていないので，ふさわしくない。

問７　ア　直後に「惑わされる」とあるように，「邪魔になるもの」なので，あてはまる。　イ　筆者は絵の鑑賞を「学校の授業で習う」ことに否定的なので，合わない。　ウ，エ　本文では「絵を学ぶ人」や「後世の美術家」については述べられていないので，ふさわしくない。

問８　⑴　筆者は「絵を鑑賞するのに大切なのは，なにかを学ぼうとしないことです」と述べているので，Ａはあてはまらない。また，問３で見たように，筆者は「自分を素直に出す」ことを作家に求めていないので，Ｄもふさわしくない。　⑵　絵は「それを描いた人の分身である」と述べられているので，アが選べる。なお，「分身」は，もとのからだから分かれ出たもの。　⑶　X　「思索を導きだす」絵については，最後から三つ目の段落で，「絵には，いわば見る者とのあいだの『相性』がある」ので，「どの絵が～思索を導き出すかは～まったくわかりません」と述べられている。　Y　絵の「世間」的な評価については，最後から二つ目の段落で，「世に名高い名画とあなたとが相性がよいとも限らない」と述べられている。　Z　五つ目の段落で筆者は，絵は「学ぶものではな」いと述べている。

二　**出典は朝比奈蓉子の『わたしの気になるあの子』による。**坊主頭になった詩音を励ますため，瑠美奈はある決意を固める。

問１　a　座るための家具。　b　店の名前や商品名，注意書きなどを目立つように書いてかかげたもの。　c　親が子どもに自由に使ってよいとして与える，ちょっとしたお金。

問２　続く部分に「先生は理解してくれるだろうか」，「わかってくれるだろうか」とあるので，「自分の気持ちを理解してもらえないのではないか」とあるイがよい。

問３　ア　「高校の校則に反発して」から直前までの内容と合う。　イ　先生は，詩音の考えを変えられると思っているが，姉の考えを変えようとまではしていないので，「先生は～自分たちの考えを変えられると思っている」はふさわしくない。　ウ　詩音は姉を「応援したくて，自分も坊主になった」のだから，「誰かに影響されたわけではなく」は合わない。　エ　詩音が何かを「障害」ととらえているようすは描かれていないので，「詩音にとっては『ふつう』を押しつけられることが障害である」はあてはまらない。

問４　沙耶は，「さぐるような目を詩音にむけ」，「ほんとはどっちが好きなの？　以前のボブといまの坊主と」と髪型について詩音に質問しているので，「髪型」とあるエがふさわしい。

問５　詩音は「女の子はこうでなくちゃ，という定義のようなもの」などは「気にしなければいい」と考えているので，「他人の評価とは関係なく」とあるウが選べる。

問６　世界は自由に見えるが，実際には髪型の自由にしても「女の子らしい，ふつうの髪型」という範囲内でのことで，「坊主になる自由すら，認められない」と詩音は感じている。よって，「現実には一般的とされる範囲内でしか自由や多様性は認められていないと実感している」とあるイが合う。

問７　⑥　「眉をひそめる」は，不快なことや心配ごとがあったりして，眉のあたりにしわを寄せること。　⑦　「肩をすくめる」は，肩を縮める動作で“どうしようもない”という心情の表れ。

問８　ア　「買いかぶり」という詩音の言葉を聞いた瑠美奈は「失望し」，それを見た詩音は「坊主になってみるとわかるよ」と突き放しているので，あてはまる。　イ　詩音は「瑠美奈がさし出した手を，ふり払ってしまったような気がした」と感じてはいるが，もともと瑠美奈に期待していたわけではないので，ふさわしくない。　ウ　「瑠美奈は詩音に気づかないで，食い入るようにポスターに見入っている」とあるように，瑠美奈は詩音に「同情してわざわざ」待っていたわけではないので，合わない。　エ　「自分は瑠美奈に，八つ当たりしたんじゃないかと思った」とあるので，あてはまる。　オ　瑠美奈がポスターに見入っているのに気づいた詩音は，「声をかけようか。知らないふりをして，通り過ぎてしまおうか」と迷っていたので，ふさわしくない。

問９　ア，エ　「おしゃれボーズの会」は「坊主が好きなら，だれでもオッケーっていう，ゆるい集まり」なので，「子供の瑠美奈が勝手に詩音を誘っていいのか分からなかった」や「会のことをよく知らない」は合わない。　イ　瑠美奈が詩音に「坊主になってみるとわかるよ」と言われたのは美容室に行った後なので，あてはまらない。　ウ　〈中略１～〉から〈中略２～〉までの内容と合う。前の日，瑠美奈はポスターを見て感動したが，詩音の反応は冷ややかなものであった。そのため瑠美奈は，詩音に「おしゃれボーズの会」の話をしても，前の日と同じように冷ややかに反応されるだろうと思ったのである。

問10　ここでの「うたう」は，“自分の意見・見解をはっきり述べる”という意味。なお，漢字では「謳う」と書く。

問11　瑠美奈は「もっと自由に。もっと多様に」と書かれたポスターを見て感動しており，多様性を大切にしていると考えられるので，「坊主も髪型の一つなんだよ」が選べる。

問12　(1)　瑠美奈がお小遣いを財布にうつしたのは，美容室に行って，髪型を坊主にしてもらうためだと考えられる。　　(2)　瑠美奈は，ポスターで描かれているような理想の社会がいつか訪れるだろうと思っているが，それは理想にすぎないと詩音に冷たくあしらわれている。また，詩音を励ますために「おしゃれボーズの会」に誘ったが，偏見の目で見られる人の気持ちを，坊主でもない瑠美奈は理解できないだろうと言われている。このような詩音の態度に「腹がたった」瑠美奈は，詩音に坊主をやめるように言った先生に対する「怒り」も加わって，自分も坊主にして詩音と同じ境遇になろうと決意を固めたのである。

2021年度　浦和明の星女子中学校

〔電　話〕 (048) 873－１１６０
〔所在地〕 〒336-0926　埼玉県さいたま市緑区東浦和６－４－19
〔交　通〕 JR武蔵野線－「東浦和駅」より徒歩８分

【算　数】〈第１回試験〉(50分)〈満点：100点〉

注意　コンパス，定規，分度器，計算機は使用しないこと。

1　次の各問いに答えなさい。

(1)　$\left(\frac{2}{3}+\frac{3}{4}-\frac{4}{5}\right)\div(3.52-2.78)+1\frac{1}{3}\times\left(2-\frac{3}{8}\right)$ を計算しなさい。

(2)　濃度(のうど)６％の食塩水300ｇに食塩を10ｇ加え，よくかき混ぜました。その後，水を蒸発させると，食塩水の濃度が10％になりました。何ｇの水を蒸発させましたか。

(3)　クリスマス会に参加した人にお菓子(かし)を配りました。予定では，１人あたりお菓子を４個ずつ配り，24個余るはずでした。ところが，実際には，予定していた人数の３倍の人が参加したため，１人あたり２個ずつ配ったところ，余ったお菓子は２個でした。用意したお菓子は全部で何個ですか。

(4)　ある列車は，長さ400ｍのトンネルに入り始めてから出終わるまでに36秒かかります。また，この列車が1.5倍の速さで走ると，長さ800ｍの鉄橋を渡(わた)り始めてから渡り終わるまでに40秒かかります。この列車の長さは何ｍですか。

(5)　右の図のように，大きな円の中に１辺８cmの正方形があり，その正方形の中に，半径４cmの半円が２つあります。このとき，斜線(しゃせん)部分の面積を求めなさい。
　ただし，円周率は3.14とします。

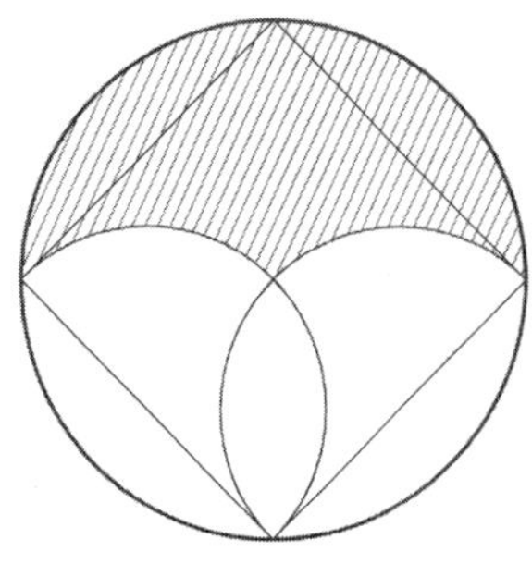

(6)　図１のようなサイコロがあり，向かい合う２つの面の目の数の和は７です。このサイコロを８個使い，同じ目の数の面どうしをはり合わせて，図２のような立方体を作りました。このとき，ア，イの目の数を答えなさい。

図１

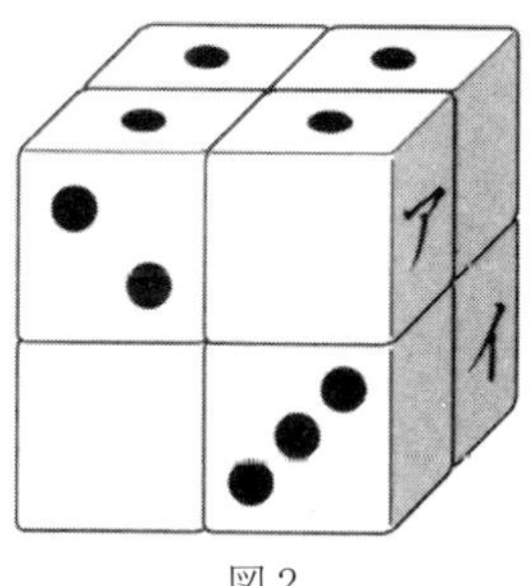

図２

(7)　１から20までの整数から異なる３つの数を選びました。３つの数のうち，一番大きい数は奇数(きすう)で，３つの数をすべて足すと31になります。また，３つの数から２つずつ取り出して，それぞれ大きい方から小さい方を引いた数を３つとも足すと18になります。選んだ３つの数を小さい方から順に答えなさい。

2 ある仕事は，Ａさんが12日間働いた後，Ｂさんが９日間働くと終わります。この仕事は，Ａさんが８日間働いた後，Ｂさんが12日間働いても終わります。また，Ｃさんが１人で働くと36日間で終わります。

(1) Ａさんが１人でこの仕事をすると，何日間で終わりますか。

(2) ３人で一緒(いっしょ)にこの仕事をすると，何日間で終わりますか。

(3) ３人で一緒にこの仕事を始めましたが，途中(とちゅう)でＡさんが６日間休みました。このとき，この仕事が終わるまでに全部で何日間かかりましたか。

3 流れの速さが毎分36ｍの川の下流にア町，上流にイ町があります。この区間を２そうの船Ａ，Ｂが往復しています。Ａが上流に向かって進む速さとＢが下流に向かって進む速さは同じです。

この２そうの船Ａ，Ｂが，ア町からイ町に向かって同時に出発しました。Ａがイ町に到着(とうちゃく)したとき，Ｂはイ町より1728ｍ下流の地点にいました。その後Ａはすぐにア町に向かって戻(もど)り，途中Ｂとすれ違(ちが)った後，出発してから40分後にア町に戻りました。

下のグラフは，２そうの船がア町を出発してからの時間と，ア町からの距離(きょり)を表したものです。

ただし，静水時での船の速さはそれぞれ一定であるとします。

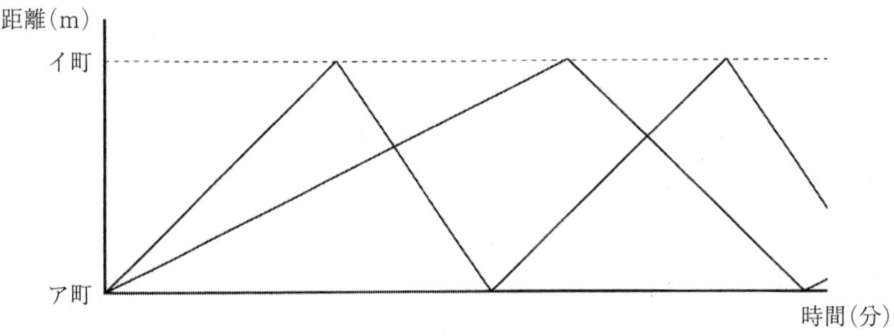

(1) 静水時での船Ａ，Ｂの速さの差は，毎分何ｍですか。

(2) 静水時での船Ａの速さは毎分何ｍですか。

(3) 船Ａ，Ｂが２度目にすれ違ったのは，ア町から何ｍ上流の地点ですか。

4 直方体の形をした，２つの容器Ａ，Ｂに水が入っています。この２つの容器の底面積は異なり，容器Ａの底面積は$120cm^2$です。

はじめ，２つの容器ＡとＢの水の深さの比は３：２でした。Ａに入っている水の量の$\frac{1}{6}$をＢへ移したところ，Ａの水の深さはＢより0.8cmだけ深くなりました。さらに，Ａに入っている水の量の$\frac{1}{5}$をＢへ移すと，Ｂの水の深さはＡより2.4cm深くなりました。

(1) はじめに容器Ａ，Ｂに入っていた水の深さをそれぞれ答えなさい。

(2) ２つの容器の水の深さを等しくするには，この後，ＢからＡへ何cm^3の水を移せばよいですか。

5　下のような，長さが異なる３種類のテープがたくさんあります。これらのテープを横につないで，長いテープをつくります。このとき，テープとテープをつなげるのりしろは２cmとします。

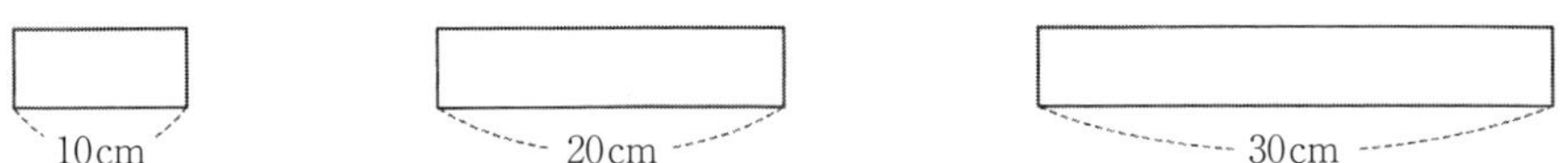

例えば，10cmテープと30cmテープをつなぐと，38cmの長いテープができます。

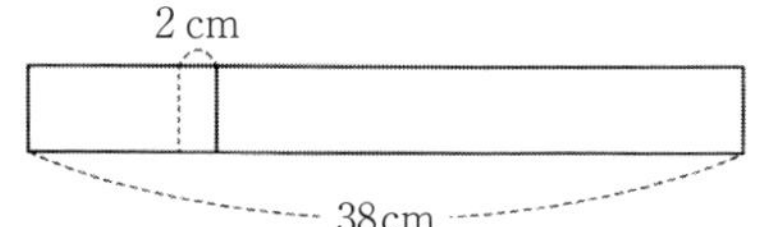

(1)　10cmテープだけをつなぐことによってできる長いテープの長さはどれですか。以下の中から，すべて選び答えなさい。
50cm，60cm，70cm，80cm，90cm，100cm，110cm

(2)　３種類のテープを何枚か使って，130cmの長いテープをつくります。使わない種類のテープがあってもよいとき，次の［ア］と［イ］に当てはまる数を答えなさい。
130cmの長いテープをつくるのに使うテープの枚数は，最も多くて［　ア　］枚，最も少なくて［　イ　］枚となります。

(3)　３種類のテープをそれぞれ必ず１枚以上使って，130cmの長いテープをつくります。このとき，３種類のテープをそれぞれ何枚ずつ使うことになりますか。考えられるすべての場合を答えなさい。例えば，10cmを５枚，20cmを３枚，30cmを２枚使う場合は，(５，３，２)のように短いテープの枚数から順に答えなさい。ただし，解答欄(らん)の(　，　，　)をすべて使うとは限りません。

【社　会】〈第1回試験〉（理科と合わせて50分）〈満点：50点〉

I　あの文章といの地図について，あとの問いに答えなさい。

あ　次の先生と星子さんの会話について，あとの問いに答えなさい。

星子：この間，知っている人から縄文土器のかけらをもらいました。教科書の写真にあるものとそっくりなので持ってきました。

先生：これは縄文時代の中ごろの土器のようですね。縄文時代の人びとは，土器に縄を転(ころ)がしたり，貝がら，竹など，身近な道具で文様(もんよう)をつけたりしたようです。では，今日は文様の移り変わりを見てみましょう。

星子：①聖徳太子の時代には，「唐草(からくさ)文様」と呼ばれる文様が資料(しりょう)集にあります。

先生：「唐草文様」は，蓮(はす)の花をもとにつくられたと言われています。蓮の花は，古代②エジプトでは，復活や再生の象徴(しょうちょう)と考えられており，中国を経由して日本の唐草文様となりました。

星子：文様に使われた植物は，蓮以外にもありますか？

先生：③梅の花や藤(ふじ)の花などがあります。植物のフジは，蔓(つる)を木に巻き付けて成長して花を咲かせる特性があり，その特性を生かして公園などで藤棚(ふじだな)として栽培されています。平安時代に栄華を極(きわ)めた藤原氏を象徴する花となり，高く格付(かくづ)けされたことから，文様となったようです。

星子：④蔓をほかの木に巻き付けて成長して，きれいな花を咲かせるなんて，まさに藤原氏の発展の歴史のようですね。

先生：そうですね。それ以外に⑤葵(あおい)や桐(きり)も文様となっていますよ。

星子：桐の文様は，どのように使われているのですか？

先生：桐は中国では⑥鳳凰(ほうおう)が住む木と考えられていたようですね。日本では平安時代の天皇の衣類などにつけられていたようです。明治時代から⑦太平洋戦争終結まで着用されていた天皇の最上級の正装着には，金糸で桐の文様が刺繍(ししゅう)してありました。

星子：先生，鳳凰は想像上の動物ですよね。

先生：そうですね。想像上の題材が文様に使われることもあるのですよ。東大寺の正倉院には，⑧聖武天皇のゆかりの品が多く収められていますが，⑨琵琶(びわ)という楽器の裏面に，空想の楽園に咲く「宝相華(ほうそうげ)」という想像上の植物を題材とした文様が描かれています。正倉院は，「［　⑩　］の終着駅」とも言われますから，ギリシア・ペルシア・インドなどの文物が［　⑩　］を通じて，日本に伝来したのでしょう。

星子：武士が活躍するようになると，文様はどのように変化するのですか。

先生：鎧(よろい)や刀の鍔(つば)などの⑪武具に使われるようになりました。また，戦いのときに使用した旗印に，一族をあらわす文様として家紋(かもん)が描かれるようになりました。

星子：映画やドラマで見たことがあります。

先生：16世紀なかばに日本に⑫キリスト教が伝えられると，一緒(いっしょ)に伝わったカルタやキセルなどが日本の着物(きもの)や陶器に文様として使われるようになりました。

星子：先生，この資料にある衣服は，左右で文様が違うようなのですが。

先生：よく気が付きましたね。左右で文様が違う衣服は，安土桃山に⑬能の舞台衣装に使われたようです。大胆なデザインが舞台の演出として効果的だったのでしょうね。

星子：この間，親戚のおじさんに歌舞伎に連れていってもらったのですが，役者たちの衣装は，たてじまが多かったような気がします。

先生：しま模様は，線の太さや間隔，色などによって多くのバリエーションができるので，江戸時代を代表する文様の一つです。平行する複数の線による文様を，「しま模様」と呼ぶのは，この文様が⑭東南アジアの島々で織られていた布に由来するそうですよ。南蛮貿易を通じて日本に伝わったそうです。

星子：江戸幕府が滅びて明治になると，ガラッと変わりますね。

先生：そうですね。時代が進むにつれて，花や植物だけでなく，自由な曲線を組み合わせて，それをガラスや鉄などに描いたり，文様も多様化しますね。現代は昔からあるものが，暮らしの中にとけこんで，いろいろな文様になっているようですね。

星子：そういえば，二度目の⑮東京オリンピックのシンボルマークも，日本古来の藍色と，市松模様が使われていましたね。これからも街にとけこんでいる日本の伝統的な文様を探してみたいです。

問１　下線部①について。聖徳太子について述べた説明文として正しいものを，次の(ア)～(エ)から一つ選び，記号で答えなさい。

(ア)　百済を救援するため，朝鮮に兵を送ったが，唐と新羅の連合軍に敗れた。

(イ)　家柄によらず，才能のある人を役人に取り立て，衣服や冠の色で位を表すしくみをつくった。

(ウ)　蘇我氏を滅ぼし，中国の政治体制を参考にして律令体制を整えた。

(エ)　文字による日本の歴史を後世に残すため，『古事記』や『日本書紀』の編集を命じた。

問２　下線部②について。エジプトを流れている河川として正しいものを，次の(ア)～(エ)から一つ選び，記号で答えなさい。

(ア)　チグリス川　　(イ)　アマゾン川　　(ウ)　ナイル川　　(エ)　ガンジス川

問３　下線部③について。梅の花を詠んだ和歌に関する設問に答えなさい。

> 「東風吹かば　にほひおこせよ　梅の花　主なしとて　春をわするな」
> （春になって東の風が吹いたならば，その風に託してその香りを，これから流されていく筑紫まで送っておくれ，梅の花よ。主人がいないからといって，春を忘れて花を咲かさぬようなことはしてくれるなよ。）

この和歌は，ある人物が，日ごろ愛していた梅の木に別れを告げた歌です。この和歌を詠んだ人物に関する説明文として正しいものを，次の(ア)～(エ)から一つ選び，記号で答えなさい。

(ア)　この和歌は，後鳥羽上皇が，承久の乱の時に，味方になった武士たちの前で詠んだ和歌である。

(イ)　この和歌は，明智光秀が，本能寺の変で織田信長を襲撃する直前に詠んだ和歌である。

(ウ)　この和歌は，菅原道真が，10世紀初めに大宰府に左遷された時に詠んだ和歌である。

(エ)　この和歌は，徳川家康が，豊臣秀吉の命令で朝鮮に出兵した時に詠んだ和歌である。

問４　下線部④について。この一文は，藤原氏の，どのような様子を例えていると考えられますか。最も適切なものを，次の(ア)～(エ)から一つ選び，記号で答えなさい。

(ア)　藤原道長が，自分の娘の子供を天皇に即位させることで権力を握ったこと。

(イ)　藤原鎌足が，壬申の乱で，大海人皇子の軍勢(ぐんぜい)を滅ぼしたこと。

(ウ)　藤原秀郷が，関東地方の大半を支配していた平将門を滅ぼしたこと。

(エ)　藤原頼通が，大量の荘園を所有し，50年もの間，院政をおこない朝廷を支配したこと。

問５　下線部⑤について。葵の文様は徳川家の家紋として有名です。徳川家について述べた説明文として正しいものを，次の(ア)～(エ)から一つ選び，記号で答えなさい。

(ア)　徳川光圀(みつくに)は，３代将軍として全国をまわり，地方政治の乱れを正した。

(イ)　徳川綱吉は，生類憐みの令を出し，政治を混乱させた。

(ウ)　徳川吉宗は，御三家の出身ではないので，葵の文様は使用できなかった。

(エ)　徳川慶喜は，日米修好通商条約の締結の際に，日本の国旗として葵の文様を用いた。

問６　下線部⑥について。鳳凰が飾られている建物に，金閣があります。金閣について述べた説明文として正しいものを，次の(ア)～(エ)から一つ選び，記号で答えなさい。

(ア)　金閣は，応仁の乱の後，京都の東山に建てられた。

(イ)　金閣は，足利義政が中国の宋から大量に輸入した金でつくられている。

(ウ)　太宰治(だざいおさむ)は，『金閣寺』という小説を書いている。

(エ)　金閣には，寝殿造や禅宗の様式など，複数の建築様式がみられる。

問７　下線部⑦について。太平洋戦争がはじまった年である1941年に，少年雑誌での連載(れんさい)が打ち切られた作品として正しいものを，次の(ア)～(エ)から一つ選び，記号で答えなさい。

(ア)『黒い雨』　(イ)『好色一代男』　(ウ)『のらくろ』　(エ)『坊(ぼ)っちゃん』

問８　下線部⑧について。聖武天皇のことばとして正しいものを，次の(ア)～(エ)から一つ選び，記号で答えなさい。

(ア)「和を重んじて人にさからうことがないように心がけなさい。」

(イ)「天下の富を持つものは私である。…この富と勢いをもって仏の尊像をおつくりする。」

(ウ)「ああ　おとうとよ君を泣く　君死にたまふことなかれ」

(エ)「天は人の上に人をつくらず，人の下に人をつくらず。」

問９　下線部⑨について。琵琶について述べた説明文として正しいものを，次の(ア)～(エ)から一つ選び，記号で答えなさい。

(ア)　僧侶(そうりょ)の姿で琵琶を弾(ひ)きながら物語を語(かた)る盲目の芸能者を，琵琶法師(びわほうし)という。

(イ)　源平合戦を描いた軍記物(ぐんきもの)の『源氏物語』が，鎌倉時代に琵琶法師によって語られた。

(ウ)　琵琶は時代とともに貴重な楽器となり，室町時代以降は皇族以外の使用は禁止された。

(エ)『平家物語』に収(おさ)められている怪談話の「耳なし芳一(ほういち)」は，琵琶を効果的に使って語られた。

問10　空欄 ⑩ にあてはまる適切な語句を，**カタカナ６字**で答えなさい。

問11　下線部⑪について。武具について述べた説明文として正しいものを，次の(ア)～(エ)から一つ選び，記号で答えなさい。

(ア)　縄文時代には，鉄剣が，豊かな収穫を感謝する祭りで使われたと考えられている。

(イ)　古墳時代の遺跡からは，鎧や冑(かぶと)を身につけた武人と思われる土偶が，多数出土している。

(ウ)　15世紀半ばに種子島に鉄砲が伝わったことで，戦国大名の戦い方が大きく変わった。

(エ)　江戸時代では，名字帯刀(みょうじたいとう)の特権が武士に与(あた)えられ，刀は武士階級を象徴する道具となった。

問12　下線部⑫について。キリスト教の広まりについて述べた説明文として誤っているものを，次の(ア)～(エ)から一つ選び，記号で答えなさい。

(ア)　イエズス会の宣教師フランシスコ＝ザビエルは，鹿児島に上陸し，キリスト教を日本に伝えた。

(イ)　キリシタン大名の大友氏や有馬氏らは，４人の少年たちをローマ教皇のもとに派遣した。

(ウ)　島原の乱の後，江戸幕府は絵踏(えぶみ)(踏絵(ふみえ))を強化して，キリスト教をきびしく取り締(し)まった。

(エ)　明治政府は，五か条の御誓文で，キリスト教を信仰する自由を人びとに与えた。

問13　下線部⑬について。能について述べた説明文として正しいものを，次の(ア)～(エ)から一つ選び，記号で答えなさい。

(ア)　世阿弥(ぜあみ)は，能を芸術の域(いき)にまで高め，『風姿花伝(ふうしかでん)』などの書物を著(あらわ)した。

(イ)　奈良時代に遣唐使によって日本に伝えられた能は，異国風(いこくふう)の趣(おもむき)が貴族に好まれ，流行した。

(ウ)　能は，明治時代になって古い習俗として人気を失い，現在では公演されていない。

(エ)　平安時代に，出雲阿国が三味線(しゃみせん)を伴奏に美しい衣装で舞台にあがったことから能の人気が出た。

問14　下線部⑭について。17世紀前半にタイの日本人町で活躍した人物として正しいものを，次の(ア)～(エ)から一つ選び，記号で答えなさい。

(ア)　ジョン万次郎　　(イ)　三浦按針(あんじん)　　(ウ)　山田長政　　(エ)　高山右近(うこん)

問15　下線部⑮について。1964年に開催(かいさい)された東京オリンピックの後におきたできごととして正しいものを，次の(ア)～(エ)から一つ選び，記号で答えなさい。

(ア)　朝鮮戦争の開戦　　(イ)　大阪万博の開催

(ウ)　ＮＨＫのテレビ放送開始　　(エ)　日ソ共同宣言の調印

い　次の地図について，あとの問いに答えなさい。

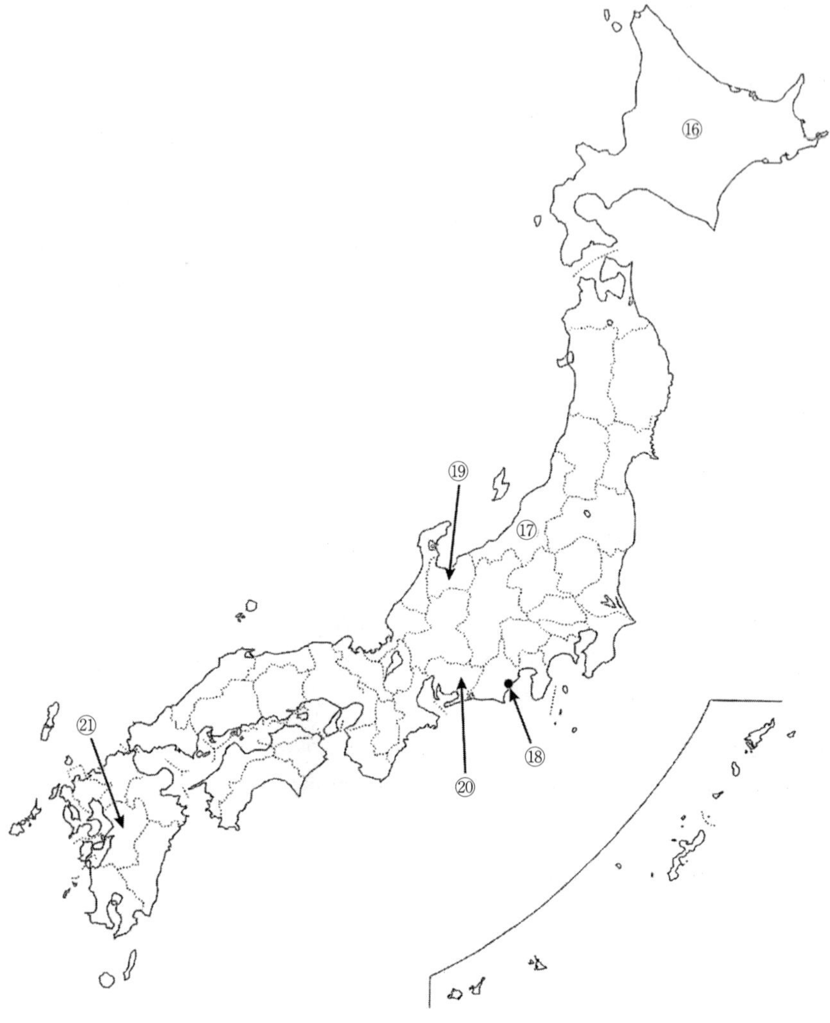

問16　地図中の⑯の北海道について，あとの問いに答えなさい。

(1)　北海道の斜里(しゃり)町では，1977年に，ナショナルトラスト運動の一つとして「しれとこ100平方メートル運動」とよばれる運動のスタートが発表されました。「しれとこ100平方メートル運動」について述べた説明文として正しいものを，次の(ア)～(エ)から一つ選び，記号で答えなさい。

(ア)　開発されそうになった土地を手に入れ，森林の再生をめざし植林(しょくりん)をおこなった。

(イ)　洪水の多い河川周辺の土地を手に入れ，洪水を防ぐために川幅(かわはば)を広げた。

(ウ)　観光客が多く通る道路周辺の土地を手に入れ，宿泊施設(しせつ)をつくった。

(エ)　駅周辺の土地を手に入れ，自家用車を停(と)める駐車場を増やした。

(2)　次のグラフは，北海道へやってきた観光客が，北海道内をどのような手段で移動したかをあらわすものです。グラフ中の(A)～(C)にあてはまる移動手段の<組合せ>として正しいものを，下の(ア)～(カ)から一つ選び，記号で答えなさい。

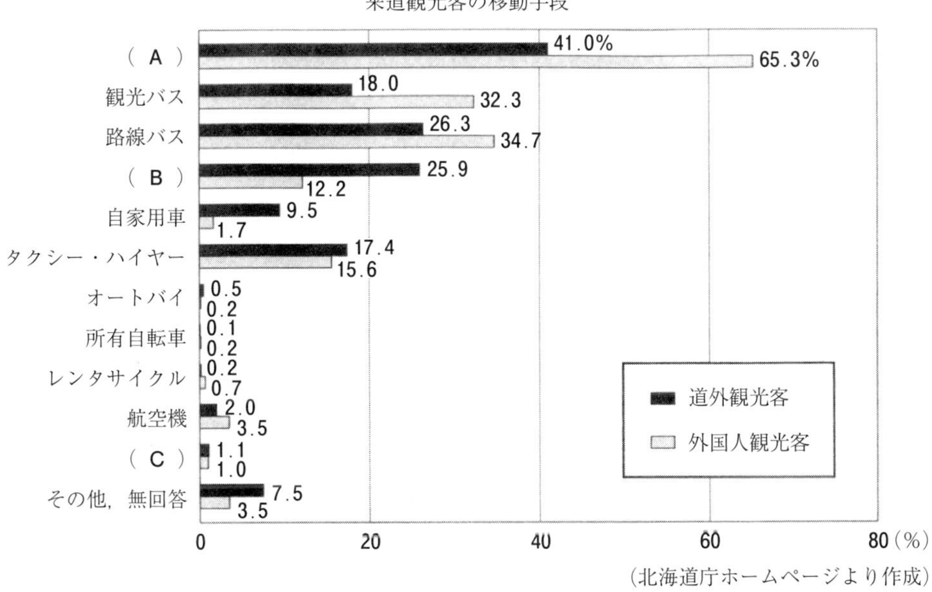

(北海道庁ホームページより作成)

<組合せ>

(ア)　A　レンタカー　B　鉄道　C　船

(イ)　A　レンタカー　B　船　C　鉄道

(ウ)　A　鉄道　B　レンタカー　C　船

(エ)　A　鉄道　B　船　C　レンタカー

(オ)　A　船　B　鉄道　C　レンタカー

(カ)　A　船　B　レンタカー　C　鉄道

問17　地図中の⑰は新潟県です。新潟県について述べた説明文として誤っているものを，次の(ア)～(エ)から一つ選び，記号で答えなさい。

(ア)　原油と天然ガスが産出される。

(イ)　米の生産がさかんで収穫量は全国有数である。

(ウ)　新潟県の面積は，隣接(りんせつ)する秋田県の面積より小さい。

(エ)　新潟県の鳥(県鳥)はトキである。

問18　地図中の⑱は，遠洋漁業の基地の焼津(やいづ)港をさしています。日本の遠洋漁業は1970年代に衰(おとろ)えました。その理由として正しいものを，次の(ア)～(エ)から一つ選び，記号で答えなさい。

(ア)　第一次石油危機によって燃料費があがったため。

(イ)　他国の船が日本の排他的(はいたてき)経済水域に入ることが，一切認められなくなったため。

(ウ)　養殖(ようしょく)された魚の出荷量が，1970年と比べ，1979年には２倍以上となったため。

(エ)　価格の低い魚が，海外から大量に輸入されたため。

問19　地図中の⑲の富山県の県庁所在地である富山市は，コンパクトシティをめざし，さまざまな工夫を重ねてきました。コンパクトシティをめざした富山市について述べた説明文として正しいものを，次の(ア)～(エ)から一つ選び，記号で答えなさい。

(ア)　富山市周辺は平坦(へいたん)な土地がほとんどないため，コンパクトシティをめざす前は，人びとは狭い地域に密集(みっしゅう)して生活していた。

(イ)　人びとは車で移動することが多く，公共交通機関を利用する人数は少なかったため，公共交通機関の充実をめざした。

(ウ)　市内に富山ライトレールを開通させることで，高齢者でも車に頼ることなく郊外まで移動できるようにし，高齢者の生活圏を広げることをめざした。

(エ)　富山駅から名古屋駅や新大阪駅まで乗り換えをせずに移動できるようにしたことで，富山市の人口は減少し，コンパクトなまちづくりに成功した。

問20　地図中の⑳の都道府県についてあとの問いに答えなさい。

(1)　⑳の都道府県を通過するものとして誤っているものを，次の(ア)～(エ)から一つ選び，記号で答えなさい。

(ア)　東海道新幹線　　(イ)　東名高速道路

(ウ)　上信越自動車道　　(エ)　名神高速道路

(2)　右の表は，ある製造品の都道府県別出荷額をあらわしています。表中の**A**は，地図中の⑳の都道府県です。この表があらわしている製造品は何ですか。次の(ア)～(エ)から一つ選び，記号で答えなさい。

(ア)　金属工業製品　　(イ)　プラスチック製品

(ウ)　輸送用機械製品　　(エ)　食料品工業製品

	製造品出荷額(億円)
A	264,951
静岡	43,249
神奈川	41,002
群馬	36,794
広島	36,226

(『データでみる県勢 2020』より作成)

問21　地図中の㉑は熊本県です。

(1)　熊本県の水俣湾沿岸では，水俣病とよばれる公害病が発生しました。公害問題や環境問題に関する説明文として誤っているものを，次の(ア)～(エ)から一つ選び，記号で答えなさい。

(ア)　四大公害病とは，水俣病の他に新潟水俣病，四日市ぜんそく，イタイイタイ病のことをさす。

(イ)　公害対策基本法に代わり，地球温暖化問題などにも対応する環境基本法が制定された。

(ウ)　京都議定書によって，日本は現在，温室効果ガスを1年間に15%ずつ削減(さくげん)する義務を負っている。

(エ)　水俣病は，海水に排出された有機(ゆうき)水銀によってひきおこされた中毒症である。

(2)　熊本県について述べた説明文として正しいものを，次の(ア)～(エ)から一つ選び，記号で答えなさい。

(ア)　伊万里市では，造船業や焼き物づくりがさかんである。

(イ)　雲仙岳(普賢岳)の噴火では，大規模な火砕流(かさいりゅう)が発生した。

(ウ)　2011年に博多から鹿児島中央まで全面開通した，九州新幹線が通る。

(エ)　世界文化遺産として，旧グラバー住宅が登録されている。

Ⅱ　次の文章を読んで，あとの問いに答えなさい。

日本の①国会は，衆議院と参議院からなっていますが，それぞれの②議員を選ぶ選挙の方法は異なっています。衆議院についてみると，衆議院議員の総選挙は，小選挙区制と比例代表制を組合せたしくみをとっています。小選挙区制というのは，一つの選挙区から，もっとも多い票を得た一人だけが当選する，というしくみです。比例代表制というのは，選挙区の有権者は原則として候補者個人でなく③政党に投票し，各政党は得票率にしたがって議席を比例配分される，というやりかたです。参議院の選挙のしくみは，またこれとは違います。

国会は，④日本国憲法で「国権の最高機関」と定められ，議員は⑤内閣総理大臣を指名し，法律を決め，⑥国の予算を決めるなど，大変重要な仕事をおこないます。ですから国民は，どんな人を議員として選ぶべきか，しっかり考えることが重要です。まだ選挙権や被選挙権がない中学生も，⑦有権者となる日にそなえて選挙のしくみや政党の主張について，よく学びましょう。

問１　下線部①について。参議院について述べた説明文として正しいものを，次の(ア)～(エ)から一つ選び，記号で答えなさい。

(ア)　参議院議員は，衆議院議員よりも人数が少なく，任期は３年である。

(イ)　参議院議員の選挙は，都道府県単位でおこなわれ，人口に比例して各都道府県に４名以上の定員が割り振られている。

(ウ)　参議院は，衆議院と違って任期途中での解散がない。

(エ)　参議院は衆議院が可決した法案に対して，拒否権をもっている。

問２　下線部②について。国会議員や地方議員を選ぶときのルールを定めた，日本の法律の名前を解答欄に従って**漢字４字**で答えなさい。

問３　下線部③について。日本の政党のあり方について述べた説明文として正しいものを，次の(ア)～(エ)から一つ選び，記号で答えなさい。

(ア)　日本では，法律によって新たな政党の結成は禁じられている。

(イ)　政党は，法律に従って国の予算から「政党助成金」という補助を受けることができる。

(ウ)　自由民主党は，1955年の結党以来，つねに与党の立場を保っている。これを「55年体制」という。

(エ)　国会議員や地方議員は，必ずいずれかの政党に所属している。

問４　下線部④について。日本国憲法について述べた説明文として正しいものを，次の(ア)～(エ)から一つ選び，記号で答えなさい。

(ア)　日本国憲法は，国民に対して，憲法を守る義務，納税の義務，勤労の義務，家族を大切にする義務を定めている。

(イ)　日本国憲法は，サンフランシスコ平和条約の発効と同時に，施行された。

(ウ)　日本国憲法は，平和主義をかかげ，第９条において，自衛隊を，わが国を外国からの侵略から守るための戦力として規定している。

(エ)　日本国憲法は，性別による差別を禁止しており，家庭生活においても男女は本質的に平等である，という考え方を示している。

問５　下線部⑤について。内閣総理大臣について述べた説明文として正しいものを，次の(ア)～(エ)から一つ選び，記号で答えなさい。

(ア)　内閣総理大臣は，国会議員のなかから選ばれなくてはならない。

(イ)　内閣不信任決議案が参議院に提出されたら，内閣は総辞職しなければならない。

(ウ)　内閣総理大臣は，「非常事態（じたい）宣言」により憲法を停止して国民の権利を制限することができる。

(エ)　内閣総理大臣と最高裁判所長官は，天皇によって任命され，罷免（ひめん）される。

問６　下線部⑥について。国の予算について述べた説明文として誤っているものを，次の(ア)～(エ)から一つ選び，記号で答えなさい。

(ア)　予算の中心である一般会計は，今年度は100兆円を超える規模（きぼ）がある。

(イ)　次の年度の予算は，前の年度の最終日にあたる12月31日までに決めておく必要がある。

(ウ)　一般会計予算の歳入は，主に税金と，国債（こくさい）を発行して得た資金である。

(エ)　一般会計予算の歳出には，社会保障のための支出や地方に配分（はいぶん）される支出が含まれる。

問７　日本国民が選挙権のある有権者となるのは，満何歳以上ですか。解答欄に**漢数字**で答えなさい。

【理　科】〈第１回試験〉（社会と合わせて50分）〈満点：50点〉

1　わたしたちはふだんの生活の中で，電気を熱に変えて利用しています。電流を流すと熱を発する器具を電熱線といいます。星子さんは電熱線を使って，〔**実験１**〕を行いました。これに関する各問いに答えなさい。ただし，図の ─┤├─ は乾(かん)電池，─□─ は電熱線を表しています。

〔**実験１**〕

電熱線Ａを用意した。次に電熱線Ａと同じ材質で長さや太さが異なる電熱線Ｂ，Ｃ，Ｄを用意した(**表１**)。そして電熱線Ａ～Ｄを使って，ビーカーに入れた20℃の水40ｇまたは20℃の水80ｇを温めた(**図１**)。このときの電熱線に電流を流した時間と２分ごとの水の温度を調べた(**表２，表３**)。

表１　電熱線Ｂ，Ｃ，Ｄの長さと太さ

電熱線	長さ	太さ
Ｂ	Ａより長い	Ａと同じ
Ｃ	Ａと同じ	Ａより太い
Ｄ	Ｂと同じ	Ｃと同じ

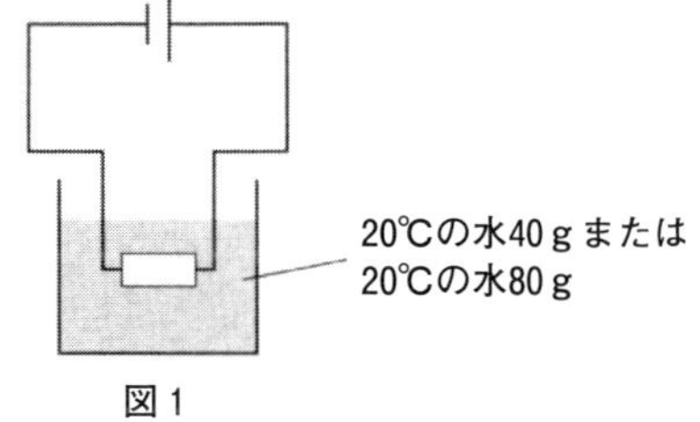

図１

表２　電流を流した時間と水の温度(水40ｇ)

電熱線	時間(分)	0	2	4	6	8	10
Ａ	水の温度(℃)	20.0	21.6	23.2	24.8	26.4	28.0
Ｂ	水の温度(℃)	20.0	20.8	21.6	22.4	23.2	24.0
Ｃ	水の温度(℃)	20.0	23.2	26.4	29.6	32.8	36.0
Ｄ	水の温度(℃)	20.0	21.6	23.2	24.8	26.4	28.0

表３　電流を流した時間と水の温度(水80ｇ)

電熱線	時間(分)	0	2	4	6	8	10
Ａ	水の温度(℃)	20.0	20.8	21.6	22.4	23.2	24.0
Ｂ	水の温度(℃)	20.0	20.4	20.8	21.2	21.6	22.0
Ｃ	水の温度(℃)	20.0	21.6	23.2	24.8	26.4	28.0
Ｄ	水の温度(℃)	20.0	20.8	21.6	22.4	23.2	24.0

星子さんは，〔**実験１**〕からわかったことをまとめました。

［**星子さんのまとめ**］

(1)　水の重さと電熱線の長さが同じ場合，電熱線が太い方が０分からの水の温度変化は大きくなる。

(2)　水の重さと電熱線の太さが同じ場合，電熱線が長い方が０分からの水の温度変化は小さくなる。

(3)　電熱線が同じ場合，水の重さが重い方が０分からの水の温度変化は小さくなる。

問１　**表２**について，Ｂを使ったときの０分から10分までの水の温度変化を１とすると，Ａ，Ｃ，Ｄを使ったときの０分から10分までの水の温度変化はどのようになりますか。整数の比で答えなさい。

問２　［**星子さんのまとめ**］の(1)，(2)は，どの電熱線とどの電熱線を比べてわかることですか。それぞれ過不足なく選び，**ア～カ**で答えなさい。

ア．ＡとＢ　　イ．ＡとＣ　　ウ．ＡとＤ
エ．ＢとＣ　　オ．ＢとＤ　　カ．ＣとＤ

問３　**A**を使って水40ｇを５分，**B**を使って水40ｇを10分，**C**を使って水80ｇを５分，**D**を使って水80ｇを10分，それぞれ温めました。０分からの水の温度変化はそれぞれどのようになりますか。大小関係を正しく表しているものを選び，**ア**～**ク**で答えなさい。

ア．C＞A＝D＞B　　イ．B＞A＝D＞C　　ウ．D＞B＝C＞A
エ．A＝B＝C＝D　　オ．B＞A＝C＝D　　カ．C＞A＝B＝D
キ．D＞A＝B＝C　　ク．A＞B＞C＞D

問４　星子さんは〔**実験１**〕の結果から，電熱線を２本つないで電流を流したときの０分からの水の温度変化について予想を立てました。そして２本の電熱線を直列につないだもの（**図２**）と並列につないだもの（**図３**）を用意し，〔**実験２**〕を行いました。これに関する(a)，(b)に答えなさい。

［**星子さんの予想**］

あ．２本の**A**を直列につなぎ，その両方を使って水40ｇを温めると，〔**実験１**〕で**B**を使って水40ｇを温めたときと同じように水の温度は変化する。

い．２本の**A**を並列につなぎ，その両方を使って水40ｇを温めると，〔**実験１**〕で**C**を使って水40ｇを温めたときと同じように水の温度は変化する。

う．２本の**A**を直列につなぎ，その片方を使って水40ｇを温めると，〔**実験１**〕で**D**を使って水40ｇを温めたときと同じように水の温度は変化する。

え．２本の**A**を並列につなぎ，その片方を使って水40ｇを温めると，〔**実験１**〕で**A**を使って水40ｇを温めたときと同じように水の温度は変化する。

お．２本の**A**を直列につなぎ，その両方を使って水40ｇを温めると，〔**実験１**〕で**A**を使って水80ｇを温めたときと同じように水の温度は変化する。

か．２本の**A**を並列につなぎ，その片方を使って水40ｇを温めると，〔**実験１**〕で**C**を使って水80ｇを温めたときと同じように水の温度は変化する。

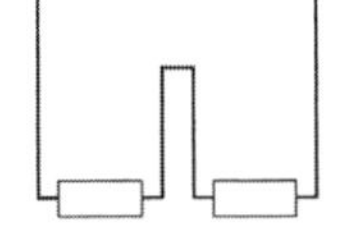

図２　直列につないだもの

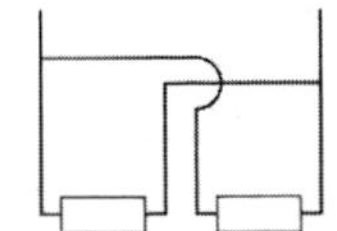

図３　並列につないだもの

〔**実験２**〕

２本の**A**を使って，**図４**～**図７**のように20℃の水40ｇを温めた。このときの電熱線に電流を流した時間と２分ごとの水の温度を調べた（**表４**）。

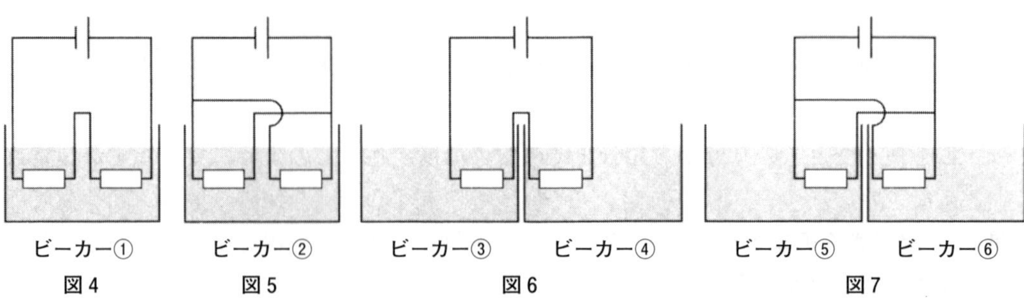

図４　図５　図６　図７

表４　電流を流した時間と水の温度

ビーカー	時間(分)	0	2	4	6	8	10
①	水の温度(℃)	20.0	20.8	21.6	22.4	23.2	24.0
②	水の温度(℃)	20.0	23.2	26.4	29.6	32.8	36.0
③	水の温度(℃)	20.0	20.4	20.8	21.2	21.6	22.0
④	水の温度(℃)	20.0	20.4	20.8	21.2	21.6	22.0
⑤	水の温度(℃)	20.0	21.6	23.2	24.8	26.4	28.0
⑥	水の温度(℃)	20.0	21.6	23.2	24.8	26.4	28.0

(a)　ビーカー①，②，④，⑤の水の温度を，同じ温度にするために必要な時間(分)の比はどのようになりますか。もっとも簡単な整数の比で答えなさい。

(b)　〔**実験２**〕の結果が星子さんの予想どおりにならなかったものはどれですか。[**星子さんの予想**]から１つ選び，**あ**～**か**で答えなさい。また，予想どおりにならなかったものを正しく書き直すとどのようになりますか。次の文の空らん(**1**)～(**3**)にあてはまる言葉の組合せとして，もっとも適当なものを選び，**ア**～**ク**で答えなさい。

文：２本の**A**を(　**1**　)を使って水40ｇを温めると，〔**実験１**〕で(　**2**　)を使って水(　**3**　)ｇを温めたときと同じように水の温度は変化する。

	1	2	3
ア	直列につなぎ，その両方	C	80
イ	直列につなぎ，その両方	D	40
ウ	並列につなぎ，その両方	A	80
エ	並列につなぎ，その両方	B	40
オ	直列につなぎ，その片方	B	80
カ	直列につなぎ，その片方	D	40
キ	並列につなぎ，その片方	A	80
ク	並列につなぎ，その片方	C	40

2　明美さんと星郎君は，食塩とミョウバンについて話しています。会話文を読んで，各問いに答えなさい。ただし，水１ｇの体積を１mLとします。

星郎君　「食塩もミョウバンも，身近なものだね。何に使われるか知っている？」

明美さん「食塩は，ゆで卵に味をつけるために使われることがあるけれど，ミョウバンはどのように使われるかわからないわ。」

星郎君　「(　①　)に使われることがあるよ。」

明美さん「ここに食塩とミョウバンがあるわ。どちらも白くて規則正しい形をしているね。食塩とミョウバンはそれぞれ少しちがう形をしているね。」

星郎君　「規則正しい形をしたつぶを結晶(しょう)というんだよ。a 食塩とミョウバンの結晶をルーペで観察してみよう。」

明美さん「結晶の形以外にも，ちがいがあるのかしら。」

星郎君　「20℃の水100ｇに，食塩とミョウバンをそれぞれ５ｇずつ溶(と)かしてみよう。」

明美さん「どちらも溶けて，２つの水溶(よう)液の区別がつかなくなったね。」

星郎君　「食塩やミョウバンの溶ける量は，水の温度によって違うんだよ。」

明美さん「じゃあ，水の温度を上げると，どちらがたくさん溶けるの？」

星郎君　「資料によると，b水の温度と水100ｇに溶かすことができる食塩やミョウバンの量には**表１**のような関係があるよ。」

明美さん「**表１**から考えると，20℃の水50ｇにミョウバン35.5ｇを加えてよくかき混ぜても，全部は溶けないわね。これを全部溶かすにはどうしたらいいの？」

星郎君　「ミョウバン水溶液の温度を80℃に上げるといいよ。または，ミョウバン水溶液の温度を変えずに，20℃の水を（　②　）ｇ加えてもいいね。」

明美さん「温度を上げたり水を加えたりすると溶ける量が増えるのね。では，この80℃のミョウバン水溶液の温度を下げると，どのようなことが起こるのかしら？」

星郎君　「ミョウバンがたくさん溶けている水溶液の温度を下げていくと，ミョウバンが出てくるんだ。たとえば80℃の水300ｇにミョウバンを溶けるだけ溶かしたとしよう。この80℃の水溶液の温度を40℃まで下げると（　③　）ｇのミョウバンが出てくるはずだよ。」

明美さん「そうなんだ。そうしたら60℃の水にミョウバンを溶けるだけ溶かした水溶液100ｇをつくったとするね。この60℃の水溶液の温度を20℃まで下げたとき，何ｇのミョウバンが出てくるのかしら。」

星郎君　「**表１**から考えると，（　④　）ｇだね。」

表１　水の温度と水100ｇに溶かすことができる食塩やミョウバンの量

	20℃	40℃	60℃	80℃
食塩（ｇ）	26.4	26.7	27.0	27.5
ミョウバン（ｇ）	5.9	11.7	24.8	71.0

問１　会話文中の（①）に入る言葉として，もっとも適当なものを選び，**ア～オ**で答えなさい。

ア．使い終わった油を固めるため
イ．スポーツドリンクに甘みをつけるため
ウ．スープにとろみをつけるため
エ．肉をやわらかくするため
オ．ナスのつけ物の色づけのため

問２　下線部**a**について，食塩とミョウバンの結晶はどれですか。もっとも適当なものをそれぞれ選び，**ア～オ**で答えなさい。

ア．
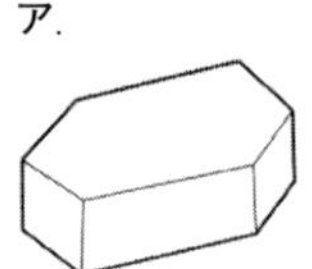
イ．
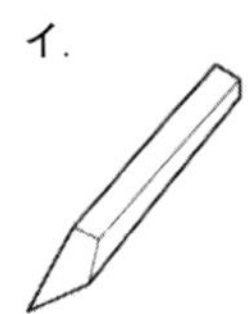
ウ．
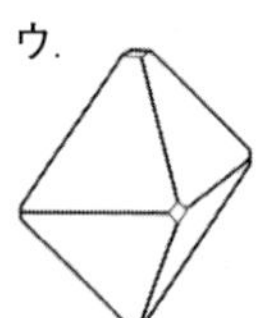
エ．
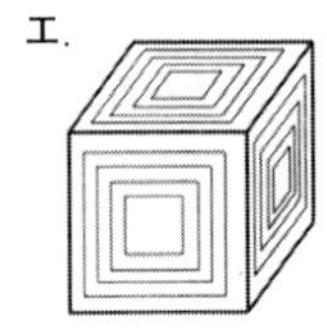
オ．
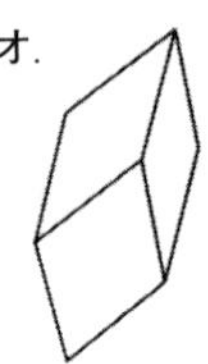

問３　下線部**b**について，食塩やミョウバンが溶け残るのはどれですか。すべて選び，**ア～カ**で答えなさい。

ア．20℃の水200ｇにミョウバン50ｇを加えてよくかき混ぜたとき
イ．40℃の水200ｇに食塩50ｇを加えてよくかき混ぜたとき
ウ．60℃の水50ｇにミョウバン13ｇを加えてよくかき混ぜたとき

エ．60℃の水50ｇに食塩13ｇを加えてよくかき混ぜたとき

オ．80℃の水50ｇにミョウバン15ｇを加えてよくかき混ぜたとき

カ．80℃の水50ｇに食塩15ｇを加えてよくかき混ぜたとき

問４　会話文中の(②)に入る値は何ですか。小数第一位を四捨五入して答えなさい。

問５　会話文中の(③)に入る値は何ですか。小数第一位まで答えなさい。

問６　会話文中の(④)に入る値は何ですか。もっとも近い値を選び，**ア**～**オ**で答えなさい。

ア．15　**イ**．17　**ウ**．19

エ．21　**オ**．23

3　自然界に生息する生物の個体数は，さまざまな影響(えいきょう)によって急に増加したり，急に減少したりすることがあります。カナダとアラスカの北部の森林に生息するカンジキウサギ(**図１**)とカナダオオヤマネコ(**図２**)の個体数は，増減をくり返しながら変動していることが知られています(**図３**)。カンジキウサギはカナダオオヤマネコに食べられるため被食(ひしょく)者と呼ばれ，カナダオオヤマネコはカンジキウサギを食べるため捕食(ほしょく)者と呼ばれます。これに関する各問いに答えなさい。

図１　カンジキウサギ

図２　カナダオオヤマネコ

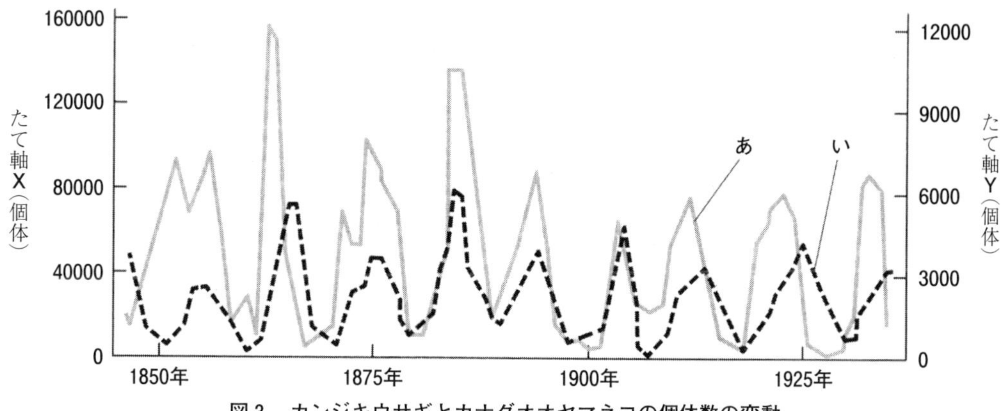

図３　カンジキウサギとカナダオオヤマネコの個体数の変動

問１　**図３**のグラフには，たて軸が２本あります(たて軸**X**とたて軸**Y**)。一方がカンジキウサギの個体数で，もう一方がカナダオオヤマネコの個体数を表しています。カナダオオヤマネコの個体数を表しているのは，どちらだと考えられますか。**X**，**Y**で答えなさい。また，そう判断した理由を10文字以内で答えなさい。

問２　**図３**のグラフのうち，カナダオオヤマネコの個体数の変化を表しているのは，どちらだと考えられますか。また，その理由は何ですか。次の文中の空らん(①)にカナダオオヤマネコの個体数の変化を表しているグラフを**あ**，**い**で答え，(②)に理由を10文字以内で答えなさい。

文：(　①　)のグラフがカナダオオヤマネコの個体数の変化を表していると考えられる。その理由は，**い**の個体数の変化の方が，**あ**の個体数の変化よりも(　　②　　)からである。

問3 星樹君と明子さんは，ある島に生息しているカンジキウサギの個体数を調べようとしています。会話文を読んで，(a)，(b)に答えなさい。

星樹君　「全部の個体数を数えるのは大変ですよね。」

明子さん「およその数でいいなら，島を同じ大きさのいくつかの区画に分けて，その1つの区画に何個体いるかを数えて，分けた区画の数をかけてあげればどうかしら？　例えば，10区画に分けて，1区画に15個体いたのであれば，島には10×15＝150個体くらいのウサギがいるって考えられないかしら？」

星樹君　「でも，ウサギは動き回るから，1度数えたウサギを2回も3回も数えてしまうことになったり，逃げ回って数えられないウサギも出てしまったりして，かなり実際の個体数と変わってしまいませんか？」

明子さん「確かにそうね。何か，良い方法はあるかしら？」

星樹君　「こんな方法はどうでしょうか？　まず，じゅうぶんな数のウサギを捕(つか)まえて印をつけます。そして印をつけたウサギを同じ場所に戻して何日か待ちます。何日か経った後に同じようにじゅうぶんな数のウサギを捕まえます。そしてその中に以前も捕まえて印をつけたウサギが何個体いるかを調べれば，島に生息しているウサギの個体数が推定できると思います。」

明子さん「…なるほど。[2度目に捕まえたウサギの数]と[その捕まえたウサギの中にいる印をつけたウサギの数]の比が，[島に生息しているウサギの数]と[その中にいる最初に捕まえて印をつけたウサギの数]の比と同じと考えるのね。この方法はうまくいきそうね。」

星樹君　「<u>この方法で用いる印はどんなものが良いと思いますか</u>？」

(a) ある日，カンジキウサギを何個体か捕まえて印をつけ，同じ場所に戻しました。数日後に27個体のカンジキウサギを捕まえたところ，印がついていた個体は3個体いました。このことから島にいるカンジキウサギの個体数は，729個体と考えられました。最初に捕まえて印をつけたカンジキウサギは何個体ですか。

(b) 下線部について，もっとも適当な印はどれですか。**ア**～**カ**で答えなさい。

ア．また捕まえる必要があるので，どこにいてもすぐに見つけられるように電波発信機付きの首輪をつける。

イ．また捕まえる必要があるので，動きが鈍(にぶ)くなるような重い服を着せる。

ウ．行動に影響を与えないように，すぐにはがれるようなシールを背中につける。

エ．行動に影響を与えないように，無害な油性ペンで目立たないところに小さな文字を書く。

オ．カナダオオヤマネコに食べられないように，カナダオオヤマネコが嫌がる音を出す装置をつけた首輪をつける。

カ．カナダオオヤマネコに食べられるように，カナダオオヤマネコが好むにおいをつける。

問4 星樹君と明子さんは，カンジキウサギの個体数の増減が，なぜ周期的になるのか，それぞれ仮説を立てました。会話文を読んで，(a)，(b)に答えなさい。

星樹君の仮説　：カナダオオヤマネコの個体数の増減が，カンジキウサギの個体数の変動に影響している。

明子さんの仮説：冬にカンジキウサギが食べるものの増減が，カンジキウサギの個体数の変動に影響している。

明子さん「星樹君の仮説が正しいかどうかを調べるためには，どんな実験をしないといけないのかしら？」

星樹君　「はい。ヤマネコ以外の動物にどのくらいウサギが食べられるかを調べないといけません。」

明子さん「ヤマネコ以外の動物が，どの程度ウサギの個体数の増減に影響を与えるかを調べる実験をすればよいわけね。私の仮説が正しいかどうかを調べるには，どんな実験をしないといけないのかしら？」

星樹君　「ウサギは冬の間，ヤナギなどの植物の枝先を食べているそうです。ある周期で冬にウサギの食べるものが少なくなることが，ウサギの個体数の減少につながっているかを調べる実験をすればよいと思います。」

(a)　星樹君の仮説が正しいかどうかを確かめるためには，どのような実験を行えばよいですか。もっとも適当なものを選び，**ア**～**オ**で答えなさい。

ア．カンジキウサギの事故死の割合や病死の割合を調べる。

イ．カナダオオヤマネコを排除(はいじょ)したとき，カンジキウサギの個体数がどのように変化するかを調べる。

ウ．カンジキウサギのフンを調べ，季節ごとに何を食べているかを調べる。

エ．カンジキウサギが毎年，平均して何羽の子を産むかを調べる。

オ．カンジキウサギのオスの個体数とメスの個体数の年ごとの変化を調べる。

(b)　明子さんの仮説が正しいかどうかを確かめるためには，どのような実験を行い，どのような結果が出ればよいですか。次の文の空らん(①)，(②)にあてはまる言葉の組合せとして，もっとも適当なものを選び，**ア**～**カ**で答えなさい。

文：島を２つの区画(区画Ⅰ，区画Ⅱ)に分ける。そして区画Ⅰに生息するカンジキウサギはふだん通りに生活させ，区画Ⅱに生息するカンジキウサギには，冬の間，(　①　)。この結果，区画Ⅱのカンジキウサギの個体数の増減の周期が区画Ⅰのカンジキウサギの個体数の増減の周期と比べた時，(　②　)ならば，仮説は否定できる。

	①	②
ア	追加のえさを与える	変わらない
イ	追加のえさを与える	長くなる
ウ	追加のえさを与える	短くなる
エ	追加のえさを与えない	変わらない
オ	追加のえさを与えない	長くなる
カ	追加のえさを与えない	短くなる

4　２月４日の20時にさいたま市で，**星座Ｘ**(**図１**)が真南の方角に見えました。これに関する各問いに答えなさい。

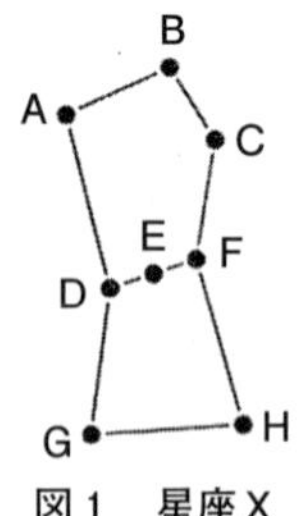

図１　星座Ｘ

問１　**星座Ｘ**の中で赤くかがやいて見える星はどれですか。**図１**の**Ａ～Ｈ**で答えなさい。また，その星の名前を答えなさい。

問２　**星座Ｘ**の星**Ｅ**は，昨年の12月４日の19時には，どの点線上にあったと考えられますか。もっとも適当なものを選び，①～⑬で答えなさい。ただし，①と⑬は地平線上を表し，各点線間の角度はすべて等しいものとします。

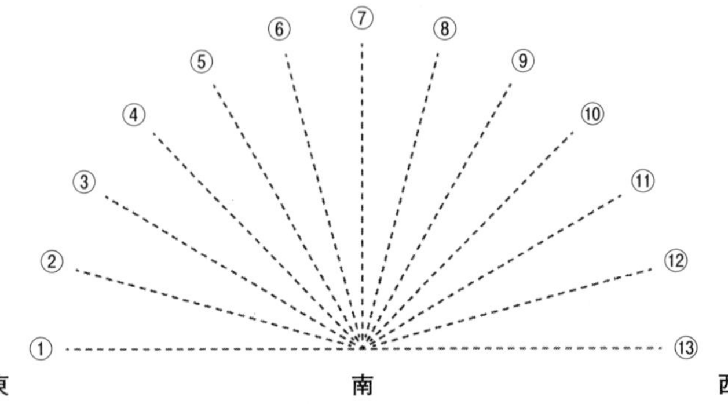

問３　さいたま市は北緯35度にあり，オーストラリアのキャンベラは南緯35度にあります(**図２**)。さいたま市で**星座Ｘ**は，**図３**のように見えました。これに関する(a)～(c)に答えなさい。

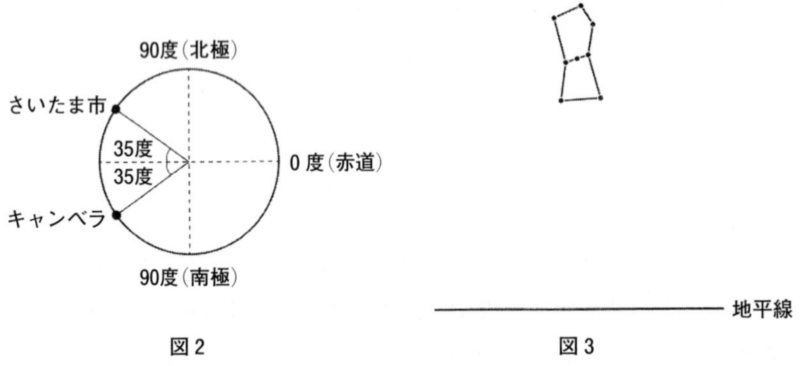

図２　図３

(a)　**星座Ｘ**は，オーストラリアのキャンベラではどのように見えますか。**ア～エ**で答えなさい。また，どの方角の空に見えますか。

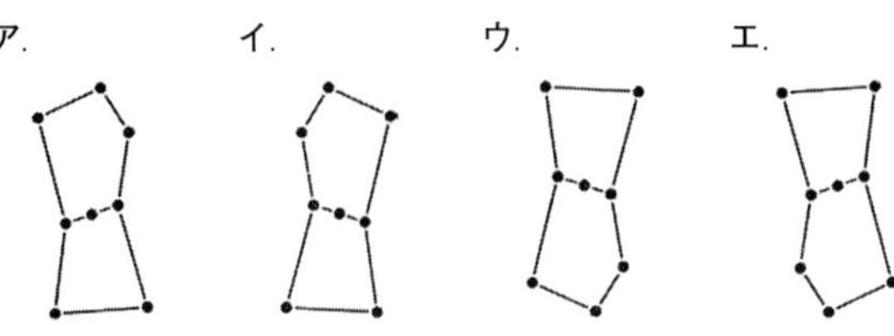

(b)　オーストラリアのキャンベラでは，星はどのように動いて見えますか。東の空，西の空，南の空，北の空のそれぞれについて，もっとも適当なものを選び，**ア～ク**で答えなさい。

	東の空	西の空	南の空	北の空		東の空	西の空	南の空	北の空
ア	↗	↘	↻	↷	**オ**	↖	↙	↻	↶
イ	↗	↘	↷	↻	**カ**	↖	↙	↶	↻
ウ	↘	↗	↺	↷	**キ**	↙	↖	↺	↶
エ	↘	↗	↷	↺	**ク**	↙	↖	↶	↺

(c)　オーストラリアのキャンベラで**星座Ｘ**の**星Ｅ**が地平線にしずんでいるとき，**星座Ｘ**の向きはどのようになっていますか。もっとも適当なものを選び，**ア～ク**で答えなさい。

ア.

イ.
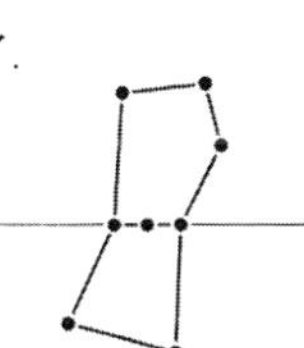

ウ.
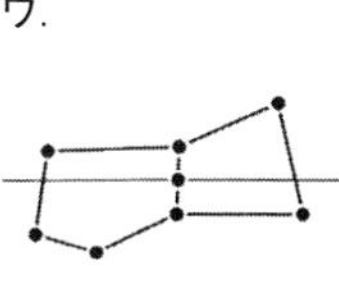

エ.
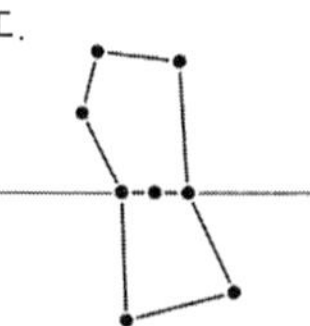

オ.
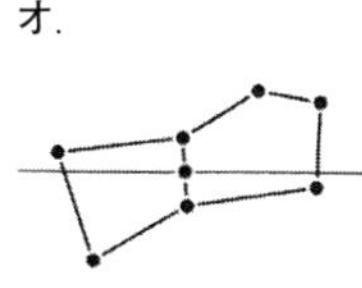

カ.
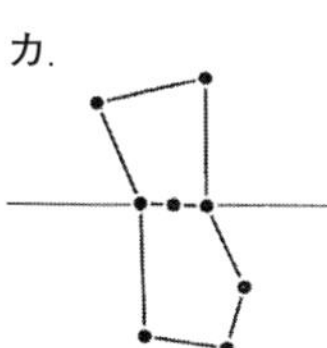

キ.
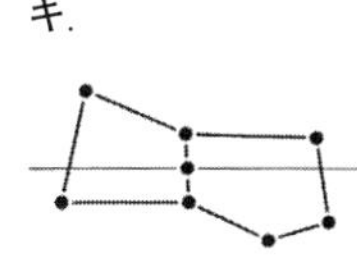

ク.
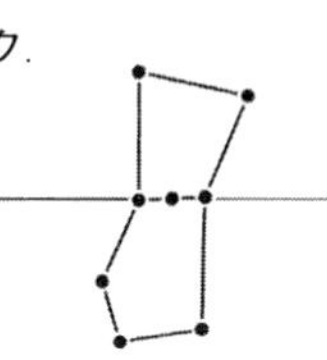

問7　空欄Cに入る言葉として最も適切なものを次から選び、記号で答えなさい。

ア　感性が合わない　　イ　似ている
ウ　空気が読めない　　エ　馬が合う

問8　傍線部⑥「朔は唇を噛んだ」とありますが、この時の朔の心情として当てはまるものを次から**全て**選び、記号で答えなさい。

ア　互いに秘密を抱えている今の自分と新とでは、次も一緒に走りたいと思えるようなレースをするという目標は達成できないという失望感。
イ　新を傷つけたいと願う自分の醜(みにく)い内面が知られたら、自分を信頼してくれている新に軽蔑(けいべつ)されてしまうのではないかと恐れる気持ち。
ウ　失明は新のせいではないとわかっているものの、恨みの気持ちを消すことができない中で、弟思いをよそおっている自分への嫌悪感。
エ　今自分の本心を打ち明けたとしても、もう二度と新と走ることはできないかもしれないという不安に押しつぶされそうな思い。
オ　陸上競技への未練に新が苦しむことを意図して走っているのでは、どんなに努力しても心は満たされないという痛切な思い。

問9　傍線部⑦「朔が思ったこと」について、最も適切なものを次から選び、記号で答えなさい。

ア　失明を新のせいにして傷つけてやりたいと思ったこと。
イ　内心では新を恨んでいることを隠し通そうと思ったこと。
ウ　新が陸上をやめたと知って猛烈に腹立たしく思ったこと。
エ　新を励(はげ)ましてまで走ろうとするのをやめようと思ったこと。

問10　次は、〈**中略※**〉以降の展開について説明したものです。これを読み、後の問いに答えなさい。

マラソン大会本番のスタート直前、自分の生き方を顧(かえり)みた朔は、新に伴走を頼むことについてあれこれ考えをめぐらし、（ア）を繰り返しては醜い自分の内面に向き合い、（イ）に陥(おちい)っていた。しかし、「見えなくなってたものを、朔が見せてくれた」、つまり［　X　］ということを新から言われ、心情に変化が生じる。情景にたとえて言えば、「（ウ）」のようであった心情から光が差し込んでくるような心情へと変化を見せるのである。

(1)　空欄ア・イに入る適切な四字熟語をそれぞれ答えなさい。
(2)　空欄ウに入る適切な漢字二字の語を本文中から抜き出し、答えなさい。
(3)　空欄Xに入る適切な内容を二十字以内で答えなさい。

ア　Ａ　止まる　Ｂ　かいた
イ　Ａ　揺れる　Ｂ　折った
ウ　Ａ　動く　Ｂ　すすった
エ　Ａ　泳ぐ　Ｂ　鳴らした

問４　次は、傍線部③「そう言ってにやりとした」時の新について説明したものです。空欄Ⅰ・Ⅱに入る最も適切な表現を、それぞれ後の選択肢から選び、記号で答えなさい。

もともと母親とは何かと衝突していたとはいえ、事故のあと（　Ⅰ　）。そのため、唐突に自分への関心を示してきた母親の態度を素直には喜べなかった。見せかけの関心にすぎないと思い反発を示した新は、（　Ⅱ　）態度をとっているのである。

空欄Ⅰ
ア　過度に干渉されていると思い、いら立っていた
イ　放っておかれていることに気楽さを感じていた
ウ　ことあるごとに非難されることに悲しみを感じていた
エ　よそよそしい態度をとられていると思い、傷ついていた

空欄Ⅱ
ア　動揺している母親を見て、感情が高ぶり挑発的な
イ　うろたえている母親を見て、滑稽に思い馬鹿にするような
ウ　悲しむ母親を見て、その場の空気を和ませようと冗談めいた
エ　自分に気持ちが向いていない母親を見て、注意を引くために目立つ

問５　傍線部④「無機質な視線」の説明として最も適切なものを次から選び、記号で答えなさい。
ア　朔の障がいをからかうような態度をとった新への高圧的な視線。
イ　自分の失言を笑いでごまかそうとする新への見下げるような視線。
ウ　朔の尊厳を傷つけるような態度をとった新に対する冷めきった視線。
エ　朔に対する責任を感じていない新に全ての関心を失ったような視線。

問６　傍線部⑤「『そっか』と新は口の中でつぶやいた」とありますが、この時の新についての説明として最も適切なものを次から選び、記号で答えなさい。
ア　自分は昔から母親と相性が悪く、ケンカが絶えないこともあって愛情を注がれていないのだと思っていた。しかし、中学時代に好物のお汁粉を作ってくれていたことを今回のことで思い出し、母親の深い愛情に気が付いて心が満たされている。
イ　自分は母親と折り合いが悪く、兄のようには愛されていないのだろうとずっと思い込んでいた。しかし、中学時代にはよく自分のためにお汁粉を作ってくれていたことを思い出し、母親に確かに愛されていたという記憶をよみがえらせている。
ウ　自分は昔から母親と相性が悪くケンカが絶えなかったが、陸上の試合の時にはお汁粉を作ってくれることに愛情を感じていた。だが、それは中学時代の顧問の先生の助言に従っただけであったと知り、自分が勘違いしていたことにショックを受けている。
エ　自分は母親と折り合いが悪く、その上あまり気にかけてもらっていないと感じていた。だが、中学時代によくお汁粉を作ってくれていたのは他ならぬ自分のためだったと知り、母親の愛情に自分が気付けなかっただけなのだということを受け止めている。

ん違った。伴走者としては間違ってるし、オレは失格かもしれないけど、やっぱりオレは、オレのために走ってた。朔と走ることは朔のためじゃなくてオレのためだった」

新はロープを握り直した。走ることは、孤独だ。どんなに苦しくても、辛くても、誰かに助けてもらえるものではない。走れなくなったらその場に立ち止まり、倒れ込むだけだ。それはブラインドマラソンも同じだ。ふたりで走っていても、伴走者が支えるわけじゃない。手を引くわけでも、背中を押すわけでも、代わりに走るわけでもない。

ふたりで走っていても、それは変わらない。

走ることはやっぱり孤独だ。

孤独で、自由だ。

「行こう」

「オレは」

「最後ならそれでもいいよ。だけど、ここで<u>d 棄権</u>するとか言うなよな」

新は朔の腕をつかんで、スタートゲートへ足を向けた。

にぎやかな音楽が響いている。曇天の下、ゲート前は数百人のランナーたちがひしめき、からだを動かしたり談笑したりしながらスタートを待っている。

朔の背中に手を当ててインコース側に立つと、何列か前に内村の姿が見えた。その背中を新はじっと見た。

あの人も一度は走ることをやめた人だ。あきらめて、自分で断ち切ったのに、それでもまた走っている。オレも同じだ。

「オレ、やっぱり走ることが好きだ」

黙ったまま朔は小さく頷いた。

頬に日差しがあたり、朔は空を見上げた。

「前に朔、言っただろ、『新はいろんなものを見せてくれる』って。あれ嬉しかった。オレ、ずっと朔の役に立ちたかったから」

新のことばを聞きながら、朔はそっと目を閉じた。

白く靄のかかったような薄曇りの空から、一筋光がこぼれる。

「だけど、逆だよ」

朔はぴくりと肩を揺らした。

「オレが見えなくなってたものを、朔が見せてくれた」

驚いたように朔は新のほうに顔を向けた。

「オレ、走りたい。走るよ、逃げないで走る。で、強くなる」

（いとうみく 著『朔と新』より）

問１　太線部 a「二重」・b「小豆」・c「無性」・d「棄権」の読みを、それぞれひらがなで答えなさい。

問２　傍線部①「かぶりを振った」から読み取れる新の気持ちとして最も適切なものを次から選び、記号で答えなさい。

ア　視力を失った朔に気をつかって生活しているため、朔がいない一人きりの時間を満喫したいと願っていたところ、その思いが叶って満足している。

イ　視力を失った朔のことを気にして過ごしているため、朔が外出していることに安堵してしまったが、そう感じるのはよくないことだと思っている。

ウ　視力を失った朔がどのように生活をしているのか気になっていたため、朔の外出は部屋を盗み見る絶好の機会だと考え、決行しようと思っている。

エ　視力を失った朔と折り合いが悪く、お互い居心地の悪い思いをしているため、朔の不在をうれしく思ったが、それは意地の悪いことだと考え直している。

問３　傍線部②中の空欄Ａ・Ｂに入る語の組み合わせとして最も適切なものを次から選び、記号で答えなさい。

また気づかないふりをしてしまう。逃げてしまう――。

「意味わかんねんだけど」

新の声がかすれた。

「おまえに伴走を頼んだのは、オレのそばにいて、オレと一緒に走ることで、新が苦しむことがわかっていたからだ」

新を傷つけてやりたかった。失明したのは新のせいじゃない。事故だった。ただ運が悪かっただけだ。頭ではわかっていたつもりだった。それでも、病院のベッドの上でも家を離れてからも、もしもと同じことが頭をよぎった。

新のせいにするなんてどうかしている。そんなことを思うなんて、頭がおかしくなったんじゃないかと自分を疑った。でも、頭ではわかっているはずなのに、気持ちがついていかなかった。どうしても、もしもと考え、それをあわててかき消して、また同じことを繰り返した。

時間とともに、身のまわりのことがひとつひとつできるようになり、視力に頼らず暮らしていくすべを覚えていった。もしも、ということばが頭をもたげることもほとんどなくなった。これなら家に戻っても、家族の荷物にならず生活できる。新と会っても感情が揺れることはない。そう思って帰ったのに、梓から新が陸上をやめたことを聞いたとき、時計の針が逆回転した。

あのとき、新がやめた理由を梓に問いながら、朔には察しがついていた。

オレが視力を失った代わりに、新は陸上をやめた――。

そういうことを考えるやつだとわかっていた。だけどそれは、裏を返せば単に楽になろうとしているだけのことではないのか？　大切なものを手放し、失うことで、同じ痛みを負ったつもりになっている。

そんな弟を、あのとき激しく嫌悪した。

新を走らせる。走らせて、走ることへの渇望を煽ってやりたい。失うことの、奪われることの苦しさはそんなものではない。それを味わわせたい――。

だけど、わかっていなかったのはオレだ。

オレは、新の苦しみをわかっていなかった。わかろうとしなかった。

「おしまいにする」

「はっ？」

「もう新とは走らない」

「なに言ってんの？」

「……勝手なこと言ってるのはわかってる。けど、ごめん。これ以上、自分に幻滅したくない」

新は朔が手にしているロープを握った。

「きっかけなんて、どうでもいいじゃん。神様じゃないんだ、人間なんだからいろいろ思うだろ。オレが朔なら、どうなってたかわかんないよ。まわりに当たり散らして、壊して、傷つけて、自分の中にこもって、なにもできなかったんじゃないかって思う。⑦朔が思ったことはあたりまえのことだよ」

一気に言うと、新は大きく息をついた。

「それに、朔、それずっと続かなかっただろ」

朔の顔がぴくりと動いた。

「わかるよ、毎日一緒に走ってきたんだから。伴走頼まれたとき、オレ、マジでいやだった。でもいまはよかったと思ってる。朔が言ってくれなかったら、オレはいまだってきっと、朔からも走ることからも逃げてたと思う」

「だからそれは」

ううん、と新は首を振った。

「伴走引き受けてからも、ずっと朔のために走ってるんだって自分に言い訳して、ごまかしてた。それで納得しようとしてた。でも、たぶ

「伴走したランナーが、また次も走りたいと思えるレースをすること、だって」

「ああ、うん」

「目標タイムで走ることでも、順位でも、完走することでもない」

「境野さんらしいね。でもそうだよな、走る目的も、理由も、ひとりひとり違う」

そう言った朔の横顔を見て、新はにっと笑った。

「でもみんな、ゴールを目指してる。そこは一緒だよ」

どくっ。

朔の内側が鈍く音を立てた。

……ゴール。

「朔？」

朔の腕に新は肘を当てた。

「どうした？　腹でも痛い？　もしかして緊張してきたとか？」

ふたりの横を、スタートゲートに向かうランナーたちが追い越していく。

……ゴール。

朔は薄く唇を開いた。

オレは、どのゴールを目指しているんだろう。目指してきたのだろう。

ゴールが見えない。いや、見えるわけがないのだと⑥朔は唇を嚙んだ。

そんなことは、とっくにわかっていた。だって、最初から間違った方向へ向かって駆け出していたんだから。そのことに気づきながら、ずっと気づかないふりをしてきた。自分の内にあるものを、きれいなことばでコーティングして、正当化した。自分が傷つかないよう、汚れないよう、気づかないふりをしているうちに、それは都合よく自分の意識から消えていった。

朔は喉に手を当てて、息を吸った。喉の奥が小さく震える。

だけど、このまま気づかないふりをして、新を縛って、その先になにがあるんだろう。

あるのは、たぶん、きっと、後悔だ。

「ごめん」

「え、なに？」

朔は浅く息をした。

「いつか新、言っただろ、オレのこと偽善者だって」

「はっ？」

「あれ正しいよ。オレ、新が陸上やめたこと知ったとき、腹が立った」

どうしてそんなに腹を立てたのか、あのときは朔にもわからなかった。考えようともしなかった。ただＣ無性に、猛烈に腹が立った。

「オレがブラインドマラソンを始めたのは、おまえを走らせようと思ったからだよ」

「そんなことわかってたよ。朔はオレのために」

「違う」ことばを断ち、もう一度「違う」と朔はくり返した。

「そう思わせただけ。ただの欺瞞〔あざむき〕だ」

新の目がくっと見開いた。

「オレは、新が思ってるようないい兄貴でもないし、人のことを思いやったりできる人間でもない。嫉妬も後悔もするし、恨んだりもする。新のことだって」

「いいよ！　いいよ、そんなこと言わなくて。ていうかなんで言うんだよ、しかもいまってなんだよ」

「いまだから」

いまじゃなかったらオレは話せていない。

ことではないと思う。だけど……、朔はそっと息をついた。

最初の頃は、無理をして仕方なく練習に付き合っていた新が、夏頃から変わった。大会への参加を申し込んでからは、練習メニューをクラスメイトの藤崎(ふじさき)に頼(たの)んで、陸上部の先輩(せんぱい)や顧問に見てもらい、アドバイスをもらうようになった。休みの日には代々木(よよぎ)公園や、トラックでの練習ができるようにと競技場へ行くことも増えた。

そうやって新が熱心になるほどに、朔は自分の中にある小さなしこりが疼いていくのを感じていた。

「でも、オレ気づいてたよ」

新のことばに、朔はぎくりとした。

「いまはそれだけじゃないってわかってるけど、朔がブラインドマラソンを始めたのって、オレのためでしょ」

朔はきゅっと唇(くちびる)を結んだ。

「オレが陸上やめたの知って、もう一度走らせようとして」

「新、オレは」

そう言いかけたとき、「境野さんだ」と、新が手をあげて足を速めた。

〈**中略**〉

「あと二段、はい、階段終わり」

階段をのぼりきるとスタンドからの強い風にあおられた。朔は首をすくめ、新は上空に舞い上がった白いビニール袋を一度目で追ってから、目の前に広がるスタンドを見渡した。

「でかいな」

「ん?」

「いや、スタンドのこと。人気(ひとけ)のないスタンドって、なんかグラウンドより迫力あるっていうか」

以前同じようなことを誰かが言っていた、と考えて、ああそうか、と朔は苦笑した。母さんだ。

ふたりがまだ幼い頃、家族四人で野球を観に行った。そのとき、加子は野球のゲームではなくスタンドの広さにばかり驚いて、修二(しゅうじ)(朔と新の父)をがっかりさせていた。

新と母さん、案外 [C] のかもしれない――。

「なに笑ってんだよ」

新が拗(す)ねたような口調(くちょう)で言うと、朔はかぶりを振った。

「ちょっと思い出し笑い」

〈**中略※**〉

いつの間にか開会式は終わって、会場には軽快な音楽が流れている。なんとなく祭りのような華(はな)やいだ空気を感じながら朔は呼吸を整えた。

「そろそろ並んでおこうか」

新に促(うなが)されてスタートゲートへ足を向けた。

「あ、境野さんたちだ。ずいぶん前のほうにいる」新が踵(かかと)をあげた。

「秋田さんは、早めに準備しておきたいタイプなんだろうな」

「そういえば、待ち合わせも時間よりずいぶん早くに来てたし」

「アップを始めるのも早かった」

朔はそう言って、ふっと笑みをこぼした。

「境野さんって、そういうところをちゃんと押さえてくんだよ」

「……な、朔は境野さんが目指してることって聞いたことある?」

「ん?」

「伴走者としてってやつ」

いや、とかぶりを振ると、新は口角(こうかく)をあげた。

いつもより短めの三キロのランニングと軽いストレッチを終えて家に帰ると、甘い匂いがした。リビングへ行くと「お帰り」と、加子がキッチンから顔を出した。
「朝食できるから、ふたりとも早く手を洗ってらっしゃい」
「b小豆煮てるの？」
朔が言うと、加子は木べらを動かした。
「そうよ。大会とか試合の前は、お汁粉がいいんでしょ」
「そういえば母さん、新が中学んときよく作ってたよね」
朔が懐かしそうに言うと、加子は火を弱めた。
「辻井先生が言ってたのよ」
辻井は、新の中一のときの担任だ。陸上部の顧問でもあった。
「お餅の糖質は吸収に時間がかかるから腹持ちがいいって。お汁粉にすると糖質補給にもなるから、記録会の日の朝食におすすめだって、保護者会のときにね」
驚いたように顔を向けた新の視線と、加子の視線が重なった。
「そういう理由でもなかったら、朝からお汁粉なんて作らないわよ」
ぼそりと言う加子に、⑤「そっか」と新は口の中でつぶやいた。
「ほら、お餅もう焼けるから早くね」
加子にせかされるように、洗面所へ追い立てられた。
水道のコックをひねる朔の背中に新が言った。
「今日の大会のこと、母さんに話してたんだ」
「べつに隠すようなことじゃないだろ」
「そりゃそうだけど。梓ちゃん〔朔の恋人〕は？　来るんだろ」
「今日は無理だな」
「なんで!?」
朔がタオルで顔を拭って場所をかわると、新は鏡越しに朔を見た。
「いまお父さんがシンガポールから帰ってきてるんだよ。で、今日の昼の便で向こうに戻るから、その見送り」
「なにそのタイミング。でも梓ちゃんのことだから、来んじゃね？」
「いや、無理しなくていいって、昨日電話でも話したから」
ふーん、とつぶやくと、「早くねー」とキッチンから、加子の声が聞こえた。

千駄ヶ谷の駅で降りると、ぱんぱん、しゃあしゃあと朔には聞きなれた白杖をつく音がいくつも響いていた。
「みんな大会の参加者かな」
たぶん、と新は答えて周囲をぐるりと見た。
「ふたり組で歩いてる人が多いよ。付き添いっていうか、ウエア着てるから、たぶん伴走者。でもこうして見てると、伴走やってる人ってけっこういるんだな」
「でも足りてない。大会でも初対面の伴走者と走る人もいるって。……新にはオレ感謝してる」
「なんだよいきなり、気持ちわりー」
そうか？　と朔は眉を動かした。
「毎日練習に付き合ってくれる伴走者なんて、そうそういないよ」
「だからオレだったんだろ」
「へ？」
「最初にそう言って口説いたんじゃん。オレじゃなくてもほかにいるだろって言ったら、毎日練習付き合ってくれるやつがいるのかって」
「そんなこと言ったっけ」
おい、と呆れたように新が笑った。
たしかにあのとき、そんなことを言った。いまになってみると、それはもっともな理由だったような気もするし、誰が聞いても不自然なイヤフォン、ラジオが定位置に置かれ、パイプハンガーには、左側に白い服がさげてあり、右へ行くにつれて色の濃い服が並ぶように吊ってある。

「なにをしてるの⁉」

尖った声に新はびくりとした。振り返ると、階段を上がりきったところに加子が立っていた。手にたたんである洗濯物を持っている。

「べつに」とだけ言って、新が隣の自室のドアを開けると、加子は洗濯物を持ったまま入ってきた。

「なに？　なんか用」

新はカバンを放り投げると、制服のままベッドに横になってスマホを手にした。

「ただいまくらい言ったらどうなの」

「ただいま」

加子は長く息をついて、カーテンを開けた。

「洗濯物、ここに置いておくから」

そう言って、雑誌やらペットボトルが乱雑にのっている机の上に洗濯物を置くと、ちらと振り返った。

「学校、どうなの？」

新はスクロールしていた指を止めて、スマホから目を動かした。

母親が学校のことを聞いてくるのは、いつ以来だろう。

「どうって」

「あの、ほら、もうすぐ期末テストなんじゃないの？」

ああ、うんと頷いてスマホに視線を戻した。

「じゃあ、そろそろ準備しないとね」

「………」

「クラスの友だちは」

スマホをベッドに下ろして、新はからだを起こした。

「さっきからなに⁉」

「なにって」

②加子の視線が［Ａ］のを見て、新は鼻を［Ｂ］。

「無理して母親ぶったこと言わなくていいから」

「どういう意味よ」

「そういう意味だよ。べつに興味なんてないだろ」

「勝手に決めつけないで。お母さんはずっと新のことを心配して」

新はふっと笑った。

「それ、マジで言ってんの？」

「あ、あたりまえじゃない」

加子の表情がこわばっていることに気がついて、新は高揚した。

「へー」

「子どものことが気にならない母親なんていないわよ」

「いんだろ、そのへんにうじゃうじゃ。ってかさ、ショージキあんたはないだろ、オレに関心」

「そんなことあるわけないでしょ！　誰がそんな」

「見てりゃわかるって、誰でも。父さんだって朔だって。あ、朔は見えないか」

③そう言ってにやりとした瞬間、新の頬を加子が打った。加子のａ二重の大きな瞳が新を見下ろしている。怒り、とは違う。憎しみとも違う。蔑むような④無機質な視線だった。

加子はなにも言わず、そのまま部屋を出ていった。

叩かれた頬に手を当てる。熱をもった頬がずくずくと疼く。そのまま新は指先に力を入れた。

〈中略　盲学校時代の陸上部のコーチである境野の勧めもあり、朔と新は十二月のマラソン大会に出場することになる。〉

二　次の文章を読み、後の問いに答えなさい。〔　〕内の表現は、直前の語の意味を表します。なお、設問の都合上、本文を変更している部分があります。

朔と新〔高校一年生〕は三歳違いの兄弟である。一昨年の年末、父親の故郷に行く日をめぐって新は母親の加子に対してつい感情的になり、衝突した。兄の朔が間に入り、両親とは別に二人だけで大晦日に高速バスに乗ることになったが、そのバスで事故に遭ってしまう。この事故により朔は両目を失明してしまい、盲学校の寮に入った。一方、新は長距離走者として注目を浴びていたが、陸上をやめてしまった。そんな新に対し、一年ぶりに自宅に戻った朔は、ブラインド〔視覚障がい者の〕マラソンの伴走者を依頼する。新は抵抗するが、事故に遭ったのは自分のせいだという気持ちもあり、伴走者を引き受け、二人は練習を始める。母親は兄弟でブラインドマラソンに挑戦することを知らなかった。

「新、開けるよ」

ドアを叩く音と同時に、朔が顔をのぞかせた。

「先に風呂入れよ」

いつもと変わらない調子で言う朔に、新はベッドに横になったまま「あとでいい」と答えて天井を見た。

「ならオレ先に入るから」

朔がドアを閉めかけると、「あのさ」と新はからだを起こした。

「母さんなんだって?」

朔は半分閉めかけていたドアを開けた。

「どうせブラインドマラソンのこと反対とか言ったんだろ」

「まあそんなとこ。でもわかったって。オレもちゃんと話しておけばよかったんだけど」

「べつに親に許可もらうようなことじゃないじゃん」

「そりゃそうだ」と、朔が苦笑してドアを閉めると、新はまたベッドの上に横になった。

朔がブラインドマラソンをやりたいと言ったときから、母親が反対することは新にはわかっていた。伴走者が自分となればなおさらだ。

母親とはもともとそりが合わない。中学に上がる少し前頃から、小さなことでよく母親と衝突した。そのたびに間を取り持つのが、朔だった。まわりの大人たちは、反抗期などという聞こえのいいことばでやり過ごしていたけれど、そうでないことは、新も加子もうすうす気づいていた。要は、相性の問題だ。

あのときもそうだった。

母親の言いかたに、ついかっとなって。

ただそれだけ。それだけのことだったのに。

新はぎゅっと目をつぶった。

〈中略〉

玄関のドアを開けると、いつも靴箱の横に立てかけてある白杖がなかった。

朔、出かけてんのか……。

思わずほっとしている自分に気づいて、新は①かぶりを振った。

リビングには顔を出さずそのまま二階へ上がり、なんとなしに朔の部屋を開けた。いつも通り部屋の中はすっきりと整頓されている。

もともと朔は几帳面で、男の部屋にしては片付いているほうだったけれど、四月に帰ってきてからは以前にも増して整っている。ベッドは掛布団がきれいにかかっているし、机の上にはスマホの充電器、賛成です。

(1) 【資料１】の空欄(Ⅰ)の要素を他の要素よりも重視している生徒を【資料２】から選び、Ａ～Ｄの記号で答えなさい。

(2) 【資料１】の空欄(Ⅱ)と空欄(Ⅴ)の内容として**当てはまらないもの**を後から選び、それぞれ記号で答えなさい。

空欄(Ⅱ)

ア　目標を達成すると無気力になりがちである。

イ　自身の行動の原点や理由を見失ってしまう。

ウ　自分が変化し成長するための機会を得にくい。

エ　人や物事との予期しない出会いを楽しめない。

空欄(Ⅴ)

ア　余分な動きが多く要領が悪くなってしまう。

イ　展開によっては予期しない対応を迫(せま)られる。

ウ　期限を明確に求める仕事には向いていない。

エ　結果を軽視してしまい成果が得られない。

(3) 【資料１】の空欄(Ⅲ)の内容として最も適切なものを次から選び、記号で答えなさい。

ア　街並みや目に入る風景を楽しみながら徒歩で行く旅。

イ　体力をつけるためにわざと遠回りをして行く自転車の旅。

ウ　ガイドブックのモデルコースのとおりに行くタクシーの旅。

エ　目的地に向かって気ままに途中下車をしながら電車で行く旅。

(4) 【資料２】の中で、筆者の主張を誤って解釈(しゃく)している生徒を選び、Ａ～Ｄの記号で答えなさい。

(5) 【資料２】の傍線部㋐「他者から～感じる」・㋑「他者と～変化する」というような関係を、本文中では何と表現していますか。それぞれ二字で答えなさい。

(6) 【資料２】の傍線部㋒「さまざまに異なる傾向」は、「(　)性」と言い換(か)えられます。空欄に入る適切な漢字二字を答えなさい。

問７　傍線部⑥「道(みち)[　　]」は、「道をゆくついで」を意味する語です。空欄に入る適切な表現をひらがな三字で答えなさい。

問８　次のア～オは、本文の特徴(ちょう)について述べたものです。説明として**ふさわしくないもの**を次から一つ選び、記号で答えなさい。

ア　読者に問いかけるような親しみやすい文体で書かれている。

イ　結論を先に述べ、そのあとで具体例を挙げて論を補強している。

ウ　比喩(ゆ)を効果的に用いて内容を身近にとらえさせる工夫をしている。

エ　二つの考え方を対比させながら論点を分かりやすく整理している。

オ　先行研究を紹介(しょう)することで、自分の主張に説得力をもたせている。

化や社会のあり方を外からの目で、つまり（　エ　）的な目でとらえ直すことにもつながっているのである。

問５　次の説明のうち、傍線部③「輪郭を強化するようなつながり」について述べたものには**A**を、傍線部④「輪郭が溶け出すようなつながり」について述べたものには**B**を、どちらでもないものには**C**を書きなさい。

ア　会社の上司との垣根を越えて深い関係を築くために、上司に対して仕事中にあえて友だち言葉を使って親近感を表現し、二人の間の心理的な距離を縮めようとするようなつながり。

イ　「正義のための戦争」の名のもと、自分たちの主義主張と合わない宗教や民族に結びつく人々をまとめて自分たちの敵とみなし、暴力的な行動へと駆り立てられていくようなつながり。

ウ　オリンピックで日本代表選手が活躍すると、自分が成し遂げたわけでも、その選手と知り合いであるわけでもないのに、「日本人」として何だか誇らしい気持ちになるというようなつながり。

エ　「外国人」「女性」「仏教徒」など相手の様々な側面と出会うことによって、相手が固有の「あなた」になっていき、「わたし」も「日本人」といった抽象的なくくりから抜け出すようなつながり。

問６　次の【資料１】は、傍線部⑤中の「直線」・「曲線」を生き方という観点で表にしたものです。また【資料２】は、本文を読んだ生徒四名（Aさん、Bさん、Cさん、Dさん）の感想です。これらを読み、後の問いに答えなさい。

【資料１】

	メリット（利点）	デメリット（欠点）	旅にたとえると
「直線」的な生き方	（Ⅰ）	（Ⅱ）	（Ⅲ）
「曲線」的な生き方	（Ⅳ）	（Ⅴ）	（Ⅵ）

【資料２】

Aさん　志望校に合格することだけを考えて過ごしている私は、想定外の出来事を楽しむ余裕はありません。大切な問いを見落とすべきでないという筆者の考えは分かりますが、現実には、効率的に目標を達成することでしか満足は得られない気がします。

Bさん　受験勉強に励みながらも、うすうす感じてきたことをずばりと言い当てられた気がしました。確かに志望校には合格したいけれど、そのことに集中するあまり周りのことが見えなくなってはだめだし、努力の過程にも大きな意味があるのだという筆者の考え方に説得力を感じました。

Cさん　(あ)他者からほめられることで自分が認められた喜びや満足を感じるつながりも大切だけれど、(い)他者と交わる中でお互いが変化するつながりも大切だという筆者の考え方は新鮮でした。(う)さまざまに異なる傾向を持つ他者との共存が求められるこれからの時代に必要なつながり方だと思いました。

Dさん　「いいね！」の数を競い合うような風潮に疑問を感じていた私は、そのような他者とのつながり方を否定してくれた筆者にとても共感しました。みんなに同調して仲良くすることよりも、自分らしさを大切にして生きていくことに問１　太線部ａ～ｄと同じ漢字を含むものを、後のア～エからそれぞれ一つずつ選び、記号で答えなさい。

ａ「**シュ**長」
ア　評価に**シュ**観が入る。
イ　祖母に**シュ**芸を習う。
ウ　へんやつくりを部**シュ**という。
エ　寒さに強くなるよう品**シュ**改良をする。

ｂ「円**バン**」
ア　新聞の日曜**バン**を読む。
イ　作業の順**バン**を書き出す。
ウ　祖父が裁**バン**員に選ばれる。
エ　トンネル工事で地**バン**沈下がおきる。

ｃ「前**テイ**」
ア　宿題を**テイ**出する。
イ　速度を一**テイ**に保つ。
ウ　論文の**テイ**裁を整える。
エ　休み時間に校**テイ**で遊ぶ。

ｄ「眺**ボウ**」
ア　屈強な用心**ボウ**を雇(やと)い入れる。
イ　**ボウ**備の手うすな所をねらう。
ウ　その歌は**ボウ**郷の念をかき立てる。
エ　姉は**ボウ**易関係の仕事についている。

問２　空欄**Ｘ**に入る語として最も適切なものを次から選び、記号で答えなさい。
ア　つまり　　イ　とはいえ　　ウ　たとえば
エ　さらに　　オ　そのため

問３　傍線部①「『クラ』という贈与交換」を図式化したものとして最も適切なものを次から選び、記号で答えなさい。

ア

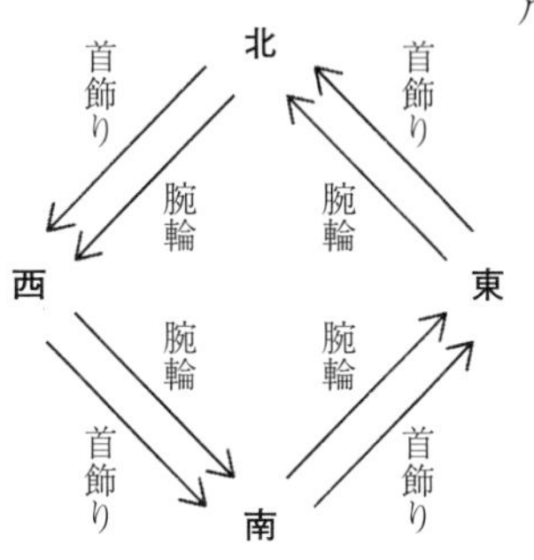

イ

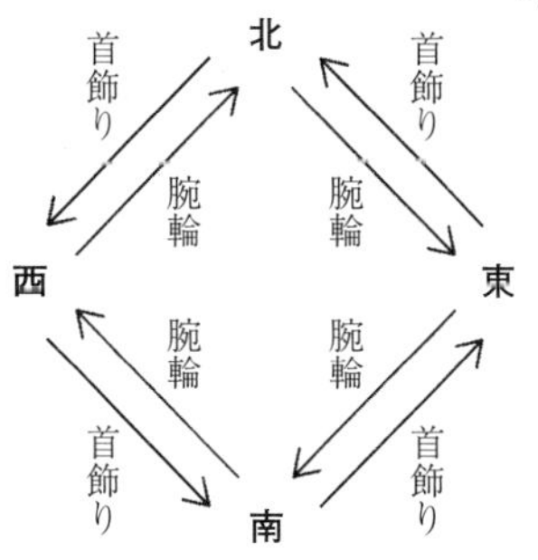

ウ

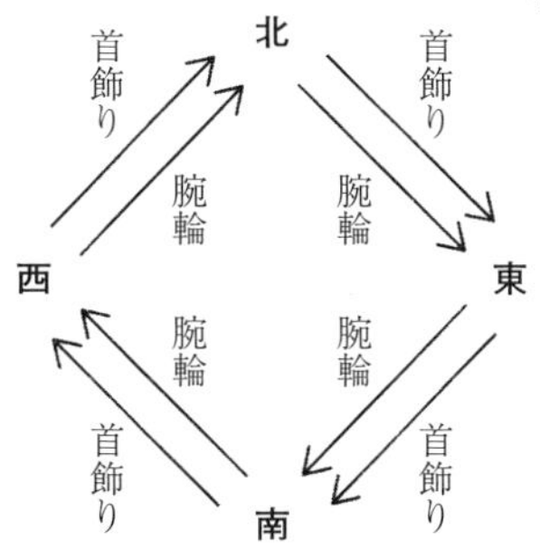

エ

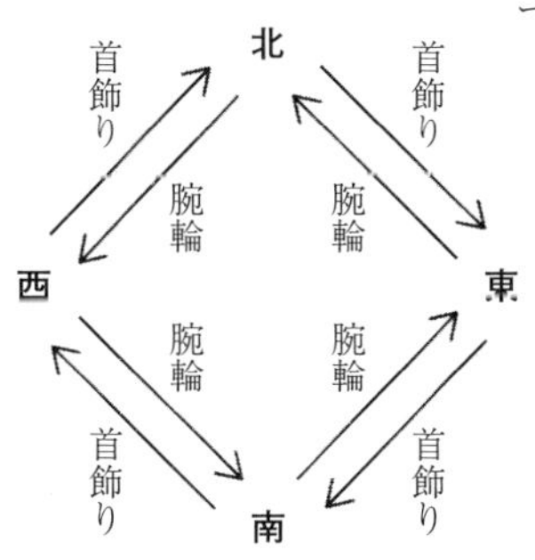

問４　次は、傍線部②「いま文化人類学は、その『比較』の意味を別の角度からとらえようとしています」について説明したものです。空欄に入る適切な語を、それぞれ漢字二字で答えなさい。ただし、**ア～ウは冒頭から「たとえばＳＮＳで」で始まる段落まで**の本文中から抜き出し、**エ**は自分で考えて答えること。

文化人類学は、人間の諸文化を比較研究する学問である。かつては、対象となる文化の間にある（　ア　）に沿って各文化の（　イ　）を強調することが主であった。しかし現在では、（　ア　）や（　イ　）を絶対的なものとせず、むしろ各文化に（　ウ　）する法則性を見出す方向へと変化している。このような方向での比較は、自身の文

したらいいか。何があっても、その目標を効率的に達成したい。日々、そういう思いで生きている人は少なくないと思います。でもインゴルドに言わせれば、そこには落とし穴がある。

まず定められた目標以外のことを考えなくなる。ある種の思考停止に陥る危険性があります。何かを成し遂げるにはどうしたらいいか、という問いの立て方からは、なぜ私たちはそうしようとしているのか、というそもそもの問いが排除されています。でも、たとえ大学に合格できても、大学で何を学ぶのか、大学に行ったうえでどう生きていくのか、という大きな問いは残されたままです。

ビジネスの現場でも、そもそも何のために働いているのか、なぜそれを売りたいのか、その原点を問うことが重要なブレークスルー〔問題解決〕をもたらすことがあります。でも、その大切な問いはスルー〔無視〕されてしまう。

もうひとつの落とし穴は、目標に到達することだけを考えた場合、その過程でどのように動くかとか、どんな手段を使って目標を達成するのかなどが問われなくなる点です。できれば最小限の努力やコスト〔費用〕で、最短の時間で目標を達成したい。そうなると、その過程に起きるすべてが余計なことになります。

インゴルドの言葉を借りれば、それは出発前からすでに決まった経路をたどるだけの旅のようなものです。旅のおもしろさは、予定どおり目的地にたどりつくことより、その過程でどんなおもしろい出来事と出会えるかにかかっているのに、直線の旅は、そのプロセスを全部、余計なものにしてしまう。

それに対して、フリーハンドの曲線はどうでしょうか？　インゴルドは、それを徒歩旅行にたとえています。歩いている人は、進むにつれて変化し続ける眺 d **ボウ**や、それと連動して動いていく道の行き先に注意を払う。その途中で起きることをちゃんと観察しながら進んでいる。だから偶然の出来事に出会っても、それを楽しむ余裕がある。その⑥道〔　　〕に出会う予想外の出来事は、とりあえず時刻表どおりに電車に乗って、計画どおりの日程をこなすことばかり考えている人にとって、旅の邪魔だと感じられるでしょう。しかしインゴルドは、フリーハンドの線にこそ、人は生き生きとした生命の動きを感じられるはずだと言います。

〔 X 〕、私たちは日々、時間に追われ、与えられた仕事や予定をこなすことで精一杯です。ひとつの仕事を片付けたら、また別の仕事にとりかかる。そのあいだに周りをじっくり観察しながら進む余裕はありません。インゴルドの言葉は、そんな慌ただしい日常を過ごす私たちにも大切なことを思い出させてくれます。

〈中略〉

私たちは小さいときから好きなことを我慢してがんばりなさい、そうすればよりよい人生が送れる。そう言われ続けて大きくなりました。でも目標を達成したらそこで人生が終わるわけではない。目標の達成は通過点でしかありません。またそこから歩み続けなければならない。大きな目標を達成することだけを目指して、それまでのあいだずっと周囲の変化や他者の姿に目をつぶって耳をふさぐ。そうやって「わたし」の変化を拒みながら足早に通り過ぎていくうちに、私たちは確実に「死」へと近づいています。

インゴルドも、フリーハンドの曲線のような人生だけがよりよく生きることだと言っているわけではありません。線には直線と曲線の二つがあるのに、私たちは知らないうちに直線的な歩みをしてしまいがち。だからこそ二つの歩み方があることを自覚できるかどうか。それが「よりよく生きる」ことにとって意味がある。たぶんそう考えているのではないかと思います。

（松村圭一郎 著『はみだしの人類学　ともに生きる方法』より）

でも、②いま文化人類学は、その「比較」の意味を別の角度からとらえようとしています。

日本とニューギニアがたんに違うというだけでなく、共通性をもつ人間の営みとしてとらえることもできる。近代化した社会でも、ニューギニアの人びとと同じように不思議な贈り物のやりとりをしている。かならずしも市場経済という近代の制度だけに覆われているわけではない。そこには人類に普遍的な何かが潜んでいるかもしれない。この「比較」は別の意味で、私たち自身の文化や社会のあり方を再考するきっかけとなるのです。

文化人類学が大切な手法としている「比較」には、二つの種類があります。ある集団と別の集団をその境界に沿って別のものとして差異を強調するような比較（日本とニューギニアはこんなに違う！　近代社会と近代以前の社会には大きな溝がある！）と、その境界線の引き方や差異を疑うような比較（日本人とニューギニア人ってまったく違うと言えるのか？　近代化しても変わらない普遍性があるのではないか？）です。

じつはこれこそが、それぞれの輪郭を強調するつながりと、輪郭が溶けるつながりという、この章の最初に述べた二つのつながりに対応しています。「わたしたち」と「かれら」の「つながり」を、それぞれの差異を強調する方向で比較するのか、別の境界線の引き方や境界線を越えて共有される側面に注目して比較するのか。

〈**中略**〉

自己と他者の差異を強調して③輪郭を強化するようなつながりと、自己と他者の境界を越えて交わることで④輪郭が溶け出すようなつながりがある。ここまで、この二つの「つながり」をもとに文化人類学の視点を説明してきました。

たとえばＳＮＳで「いいね！」をもらうと、自分が認められたようでうれしくなります。これは「わたし」の輪郭が強調されるような他者とのつながり方です。「共感のつながり」と言ってもいいでしょう。「わたし」の固有な輪郭を確かなものとして支えてくれる共感のつながりは、喜びや満足感を得られる大切なものです。

一方で、輪郭が溶けるような経験は、あまりピンとこないかもしれません。他者と交わるなかでお互いが変化するようなつながり方です。こちらは「共鳴のつながり」と名づけておきましょう。それは共感の「いいね！」とはだいぶ違って、自他の区別があいまいになり、「わたし」が他者との響き合いをとおして別の「わたし」へと生まれ変わっていくといったイメージです。

〈**中略**〉

共感も共鳴も、どちらも生きていくために必要なつながり方です。本書が考えてきた二つの「つながり」、そしてそこで生じる「はみだす」という動き。それらについて考えることは、私たちがいかにして差異にあふれた世界をともに生きていけばよいのか、その方法を身につける思考のトレーニングなのです。

どうすれば「わたし」や「わたしたち」がともによりよく生きることができるのか。そんな問いをこの本では考えてきました。最後に、もう一度この問いに立ち返っておこうと思います。

第２章でもふれたインゴルドは自著『ラインズ』のなかで、⑤「線」には、あらかじめ決まった始点と終点とを定規で結ぶような直線と、どこに行くか定まっていないフリーハンドの曲線との二種類がある、と言っています。

最初の直線は、目的を決めて、それに向かってまっすぐ進むような生き方に重なります。おそらく結果を重視する受験勉強やビジネスの世界などにあてはまるでしょう。試験に受からないと意味がない。ものが売れなければ仕方がない。受かるためには、売れるためにはどう

二〇二一年度 浦和明の星女子中学校

【国語】〈第一回試験〉（五〇分）〈満点：一〇〇点〉

注意　字数制限のある場合は、句読点も一字と数えて答えること。

一　次の文章を読み、後の問いに答えなさい。〔　〕内の表現は、直前の語の意味を表します。なお、設問の都合上、本文を変更している部分があります。

民族を境界線から考える見方は、隣接（りんせつ）する集団間の関係をとらえるときだけにあてはまるわけではありません。それは文化人類学にとって大切な「比較」という手法とも関係しています。

人類学者は、ずっと自分たちとは異なる未知の文化に魅了（みりょう）されてきました。イギリスの人類学者マリノフスキ（一八八四～一九四二）は、ニューギニアのトロブリアンド諸島とその近くの島々で行われている①「クラ」という贈与交換（ぞうよこうかん）について綿密（めんみつ）な調査をしました。

このクラは、それぞれの島のａシュ長たちがカヌーの遠征隊（えんせいたい）を組織し、海を越（こ）えて宝物を贈（おく）り合う習慣です。このとき贈り物として相手に渡されるのが、赤い円ｂバン状の貝の首飾（かざ）りと白い貝を磨（みが）き上げた腕輪（うでわ）の二つ。

どちらの贈り物を相手に渡すかは、島と島の位置関係によって決まっています。たとえば、諸島の西側にある島では、北方の島の相手に首飾りを贈り、腕輪を受けとる。そして南方の島からは首飾りを受けとり、北方の島からもらった腕輪を渡す。こうして島々のあいだを首飾りは時計回りに、腕輪は反時計回りに動くように次つぎと贈られていきます。ほんと不思議ですよね。

首飾りも腕輪も、それほど実用性はなく、外部の人間にはそれ自体に価値があるようには思えないものです。それでも、島々の男たちはそのプレゼントの交換に熱狂（ねっきょう）し、命をかけて荒海（あらうみ）へとカヌーを漕（こ）ぎ出します。

このクラを、遠い異質な世界の不思議な習慣だと感じるかもしれません。なぜそんなことをするのか理解不能だ、と。でも、よく考えてみてください。

日本では正月に、いまも毎年一〇億枚以上の年賀状が全国を駆（か）けめぐっています。メールやSNSの時代になって減ったとはいえ、多くの人が年末の忙（いそが）しい時期にわざわざ専用の葉書を用意し、プリンターと格闘（かくとう）したり、メッセージを手書きしたりしながら、せっせと年賀状のやりとりをしています。何年も会っていない人にも「今年もよろしくお願いします」と書きますよね。

なぜそんなことを続けているのでしょうか？　ニューギニアの島々の人にその話をしたら、なんでそんなことをやっているんだ、と不思議がられるかもしれません。

私たち自身も外の人から見れば不思議なことをやっている。それでも、クラ交換のような習慣を一方的に異質で理解不能だと感じるのです。ここでも差異が「比較」をとおしてつくりだされていることにお気づきでしょうか？

最初からニューギニアの人びとと日本に暮らす人は違（ちが）うという前ｃテイがあるので、クラのような一見不思議に見える習慣を彼らがもっていると、「ああ、やっぱり違うんだ」と思ってしまう。

日本とニューギニアのあいだに引かれた境界線に沿（そ）って「差異」が見つけだされ、その境界線の存在が再確認される。文化人類学も、かつてはこの差異の比較を利用して、西洋近代が人間の唯一のあるべき姿ではない、という批判（ひはん）の根拠（こんきょ）にしてきました。

2021年度 浦和明の星女子中学校 ▶解説と解答

算 数 ＜第１回試験＞（50分）＜満点：100点＞

解 答

1 (1) 3 (2) 30 g (3) 68個 (4) 200m (5) 41.12cm^2 (6) ア 4 イ 5 (7) 6，10，15 2 (1) 24日間 (2) 8日間 (3) 10日間 3 (1) 毎分72m (2) 毎分180m (3) 2304m 4 (1) A…12cm，B…8 cm (2) 180cm^3 5 (1) 50cm，90cm (2) ア 16 イ 6 (3) （1，2，3），（8，2，1）

解 説

1 四則計算，濃度，差集め算，速さと比，通過算，面積，立体図形の構成，条件の整理

(1) $\left(\frac{2}{3}+\frac{3}{4}-\frac{4}{5}\right)\div(3.52-2.78)+1\frac{1}{3}\times\left(2-\frac{3}{8}\right)=\left(\frac{40}{60}+\frac{45}{60}-\frac{48}{60}\right)\div0.74+\frac{4}{3}\times\left(\frac{16}{8}-\frac{3}{8}\right)=\frac{37}{60}\div\frac{74}{100}+\frac{4}{3}\times\frac{13}{8}=\frac{37}{60}\times\frac{100}{74}+\frac{13}{6}=\frac{5}{6}+\frac{13}{6}=\frac{18}{6}=3$

(2) 濃度６％の食塩水300 g に食塩を10 g 加えると，食塩の重さは，300×0.06＋10＝28(g)になり，食塩水の重さは，300＋10＝310(g)になる。その後，水を蒸発させても食塩の重さは28 g で変わらないから，濃度が10％になったときの食塩水の重さは，28÷0.1＝280(g)とわかる。よって，蒸発させた水の重さは，310－280＝30(g)と求められる。

(3) 実際に配った１人あたりの個数は予定の，２÷４＝0.5(倍)で，実際に配った人数は予定の３倍だから，実際に配った個数は予定の，0.5×３＝1.5(倍)である。また，実際に余った個数は予定よりも，24－２＝22(個)減ったので，実際に配った個数は予定よりも22個多い。よって，配る予定だった個数の，1.5－１＝0.5(倍)が22個にあたるから，配る予定だった個数は，22÷0.5＝44(個)とわかる。したがって，用意したお菓子は全部で，44＋24＝68(個)である。

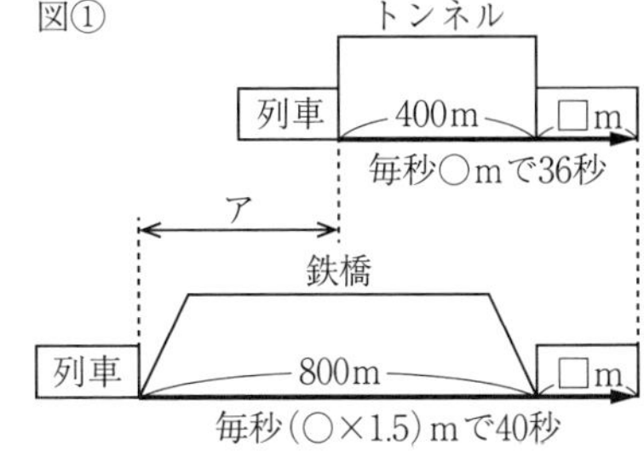

(4) 列車の長さを□m，トンネルを通過するときの列車の速さを毎秒○mとすると，右の図①のように表すことができる。このとき，アの部分の距離は，○×1.5×40－○×36＝○×60－○×36＝○×(60－36)＝○×24(m)であり，これが，800－400＝400(m)にあたるから，○は毎秒，400÷24＝$\frac{50}{3}$(m)とわかる。よって，列車の長さ(□)は，$\frac{50}{3}$×36－400＝200(m)と求められる。

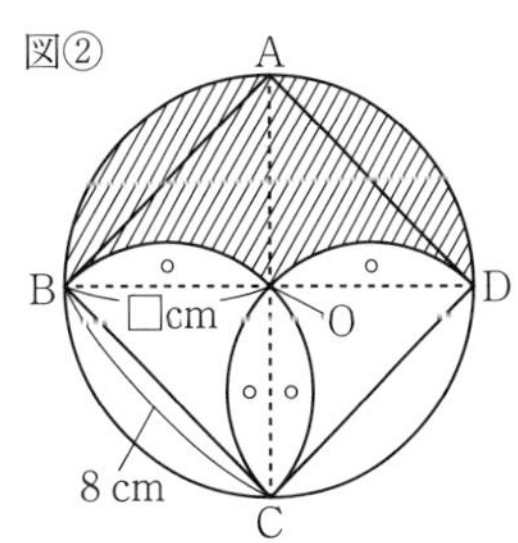

(5) 右の図②で，○印をつけた４つの部分の面積は等しく，斜線部分の面積は，BDを直径とする半円の面積から○印２つ分の面積を引けば求められる。まず，○印２つ分の面積は，BCを直径とする半円の面積から三角形OBCの面積を引いたものになり，三角形OBCは正方形ABCD

を４等分した図形なので，○印２つ分の面積は，４×４×3.14÷２－８×８÷４＝25.12－16＝9.12(cm²)となる。また，大きな円の半径を□cmとすると，三角形OBCの面積が16cm²であることから，□×□÷２＝16(cm²)と表すことができ，□×□＝16×２＝32(cm²)となるので，BDを直径とする半円の面積は，□×□×3.14÷２＝32×3.14÷２＝16×3.14＝50.24(cm²)とわかる。よって，斜線部分の面積は，50.24－9.12＝41.12(cm²)と求められる。

⑹　問題文中の図１のサイコロの上面と側面の目は，右の図③のようになる。また，図１のサイコロを２回右(または左)に倒(たお)したときの上面と側面の目は，右の図④のようになる。問題文中の図２の上の段について，わかっていることをまとめると，下の図⑤のようになる。さらに，図③の側面の目が２から時計回りに４→５→３となることを参考にして図⑤に書き加えると，下の図⑥のようになる。そして，３の目の面どうしをはり合わせることから，下の図⑦のようになり，アの目は４とわかる。次に，図２の上の段の４個のサイコロの上面の目はすべて１なので，下面の目はすべて６であり，下の段の上面の目もすべて６だから，下の図⑧のようになる。さらに，図④の側面の目が３から時計回りに５→４→２となることを参考にして図⑧に書き加えると，下の図⑨のようになる。そして，４の目の面どうしをはり合わせることから，下の図⑩のようになり，イの目は５とわかる。

図③（上面1，上5，左4，右3，下2）　図④（上面6，上5，左3，右4，下2）

図⑤

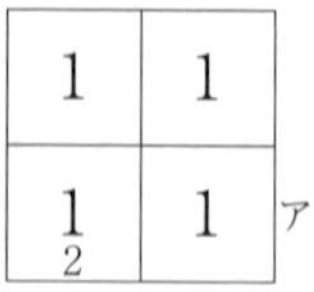

1	1	
1（下2）	1	ア

図⑥

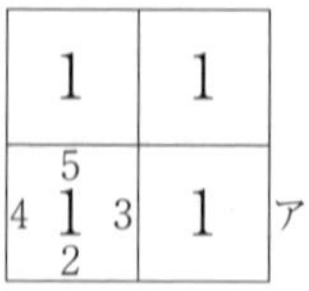

1	1	
1（上5，左4，右3，下2）	1	ア

図⑦

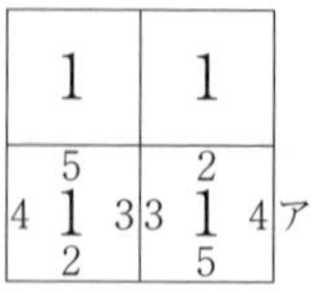

1	1	
1（上5，左4，右3，下2）	1（上2，左3，右4，下5）	ア

図⑧

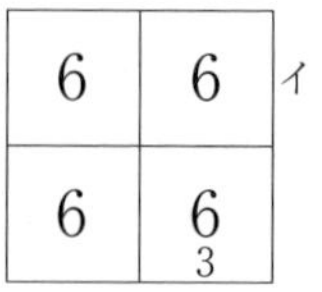

6	6	イ
6	6（下3）	

図⑨

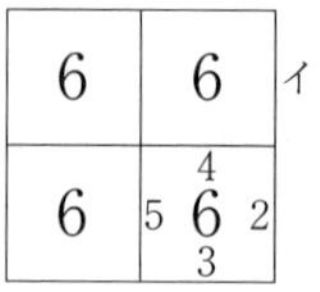

6	6	イ
6	6（上4，左5，右2，下3）	

図⑩

6	6（上3，左2，右5，下4）	イ
6	6（上4，左5，右2，下3）	

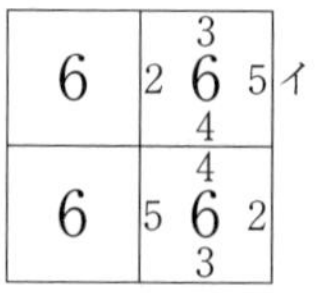

⑺　３つの数を小さい方から順にA，B，Cとして数直線上に表すと，右の図⑪のようになる。「３つの数から２つずつ取り出して，それぞれ大きい方から小さい方を引いた数」はア，イ，ウにあたる。これらを足すと18になり，ア＋イ＝ウであることから，ア＋イ＋ウ＝ウ＋ウ＝18となり，ウ＝18÷２＝９とわかる。また，Cは20未満の奇数(きすう)であり，Aは１以上の整数である。よって，考えられる(C，A)の組は(19，10)，(17，８)，(15，６)，(13，４)，(11，２)である。さらに，A，B，Cの和が31であることから，それぞれの場合でBの値を求めると，右の図⑫のようになる。これらのうち，$A<B<C$となるのは○をつけた場合だけなので，選んだ３つの数は小さい方から順に６，10，15とわかる。

図⑪

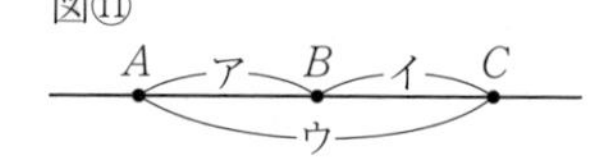

図⑫

C	19	17	15	13	11
A	10	8	6	4	2
B	2	6	10	14	18
			○		

2 仕事算

⑴　右の図のように表せるので，Aさんが，12－８＝４(日)でする仕事の量と，Bさんが，12－９＝３(日)でする仕事の量が等しいとわかる。よって，Bさんが１日でする仕事の量は，Aさんが，４÷３＝$\frac{4}{3}$(日)でする仕事の量と等しいから，Bさんが９日でする仕事の量は，Aさんが，$\frac{4}{3}$×９＝12(日)でする仕事の量と等しくなる。したがって，Aさんが１人でこの仕事をすると，12＋12＝24(日間)で終わる。

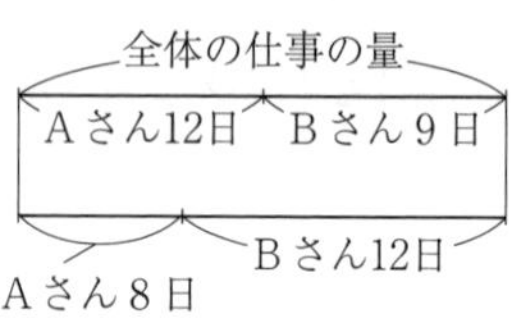

⑵　この仕事全体の量を１とすると，１日でする仕事の量は，Aさんが，１÷24＝$\frac{1}{24}$，Bさんが，

$\frac{1}{24}\times\frac{4}{3}=\frac{1}{18}$，Ｃさんが，$1\div36=\frac{1}{36}$となる。よって，３人で一緒にすると，１日に，$\frac{1}{24}+\frac{1}{18}+\frac{1}{36}=\frac{1}{8}$の仕事ができるので，$1\div\frac{1}{8}=8$（日間）で終わる。

(3)　Ａさんが休んだ６日間にＢさんとＣさんがした仕事の量は，$\left(\frac{1}{18}+\frac{1}{36}\right)\times6=\frac{1}{2}$だから，３人で一緒にした仕事の量は，$1-\frac{1}{2}=\frac{1}{2}$である。よって，３人で一緒にした日数は，$\frac{1}{2}\div\frac{1}{8}=4$（日間）だから，仕事が終わるまでにかかった日数は全部で，４＋６＝10（日間）と求められる。

3　流水算，速さと比

図１

A下り　A上り　B下り　B上り　A静水時　B静水時　毎分36m

(1)　（下りの速さ）＝（静水時での速さ）＋（流れの速さ），（上りの速さ）＝（静水時での速さ）－（流れの速さ）で，Ａの上りの速さとＢの下りの速さが同じだから，右の図１のように表せる。よって，静水時でのＡ，Ｂの速さの差は毎分，36×２＝72（m）とわかる。

(2)　右の図２で，Ａは出発してからイ町に到着するまでに，Ｂよりも1728m多く進む。このとき，Ａ，Ｂの上りの速さの差は静水時での速さの差と同じ毎分72mなので，Ａがア町からイ町まで上るのにかかった時間は，1728÷72＝24（分）であり，Ａがイ町からア町まで下るのにかかった時間は，40－24＝16（分）とわかる。よって，Ａがア町とイ町の間を往復するのにかかった時間の比は，24：16＝３：２なので，Ａの上りと下りの速さの比は，$\frac{1}{3}:\frac{1}{2}=2:3$である。また，図１より，Ａの上りと下りの速さの差は，毎分，36×２＝72（m）だから，比の，３－２＝１にあたる速さが毎分72mとなる。したがって，Ａの上りの速さは毎分，72×２＝144（m）だから，静水時でのＡの速さは毎分，144＋36＝180（m）と求められる。

図２

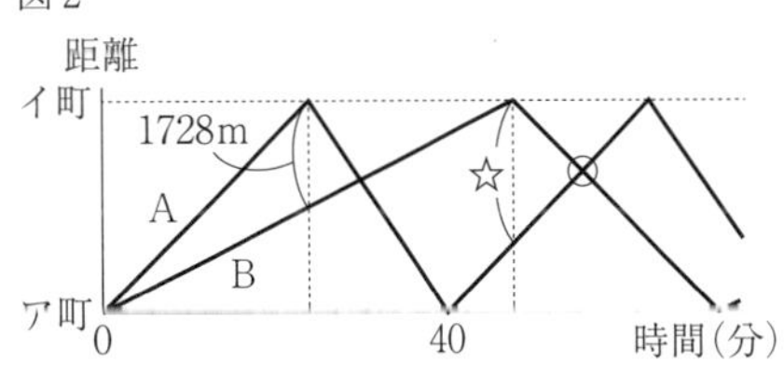

(3)　Ａ，Ｂが２度目にすれ違ったのは，図２の○をつけたところである。(2)より，ア町とイ町の間の距離は，144×24＝3456（m）である。また，Ｂの静水時の速さは毎分，180－72＝108（m）なので，Ｂの上りの速さは毎分，108－36＝72（m），下りの速さは毎分，108＋36＝144（m）である。よって，Ｂがイ町に到着するのは，出発してから，3456÷72＝48（分後）となる。このとき，Ａは再びア町を出発してから，48－40＝８（分）進んでいるので，ＡとＢの間の距離（☆の距離）は，3456－144×８＝3456－1152＝2304（m）離れている。したがって，Ａ，Ｂが２度目にすれ違ったのは，Ｂがイ町に到着してから，2304÷（144＋144）＝８（分後）となり，これはＡが再びア町を出発してから，８＋８＝16（分後）なので，この地点はア町から，144×16＝2304（m）上流の地点とわかる。

4　比の性質，水の深さと体積

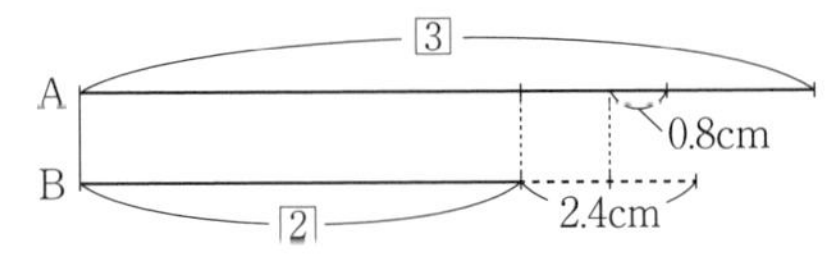

(1)　はじめのＡの深さを$\boxed{3}$，Ｂの深さを$\boxed{2}$とする。１回目に水をＢへ移したとき，Ａの深さは，$\boxed{3}\times\frac{1}{6}=\boxed{0.5}$減って，$\boxed{3}-\boxed{0.5}=\boxed{2.5}$になり，２回目にＢへ移したとき，Ａの深さは，$\boxed{2.5}\times\frac{1}{5}=\boxed{0.5}$減って，$\boxed{2.5}-\boxed{0.5}=\boxed{2}$になったので，１回目と２回目でＡからＢへ移した水の量は同じであり，２回目に移した後のＡの深さは，はじめのＢの深さと等しい。よって，右上の図のように表せるので，２回目の後，Ｂの深さははじ

めよりも2.4cm増えたとわかる。また，１回目と２回目でＢの増えた深さは同じだから，その増えた深さは，2.4÷２＝1.2(cm)となる。したがって，0.5にあたる水の深さは，1.2＋0.8＝２(cm)なので，1にあたる水の深さは，２÷0.5＝４(cm)となり，はじめのＡの深さは，４×３＝12(cm)，Ｂの深さは，４×２＝８(cm)と求められる。

(2)　(1)より，１回目でＡからＢへ移した水の量は，120×２＝240(cm^3)であり，このときＢの水の深さが1.2cm増えたので，Ｂの底面積は，240÷1.2＝200(cm^2)とわかる。よって，２回目の後にＡの水面より上に入っているＢの水の量は，200×2.4＝480(cm^3)となる。また，ＡとＢの底面積の比は，120：200＝３：５だから，480cm^3の水をＡとＢへ３：５の割合で分ければ，ＡとＢの深さが等しくなる。したがって，$480\times\frac{3}{3+5}$＝180(cm^3)の水をＡへ移せばよい。

5　植木算，調べ

(1)　10cmテープだけをつなぐとき，１枚のときが10cmで，２枚目以降は１枚つなぐごとに，10－２＝８(cm)ずつ長くなるから，できる長いテープの長さは，10に８の倍数を足した数，つまり，10を引くと８の倍数になる数である。問題文中に示された長さから10を引くと，それぞれ40，50，60，70，80，90，100となり，このうち８の倍数は40，80なので，長いテープの長さとして当てはまるのは，40＋10＝50(cm)と，80＋10＝90(cm)である。

(2)　テープの枚数が最も多くなるのは，10cmテープをなるべく多く使う場合である。(130－10)÷８＝15(枚)より，10cmテープだけを，１＋15＝16(枚)使うと，ちょうど130cmのテープをつくることができるから，最も多いときの枚数は16枚(…ア)とわかる。次に，テープの枚数が最も少なくなるのは，30cmテープをなるべく多く使う場合である。30cmテープは，１枚のときが30cmで，２枚目以降は１枚つなぐごとに，30－２＝28(cm)ずつ長くなるから，30cmテープを４枚つなぐと，30＋28×(４－１)＝114(cm)になる。よって，130－114＝16(cm)，16÷８＝２(枚)より，10cmテープをあと２枚つなぐとちょうど130cmになり，このときの枚数は，４＋２＝６(枚)である。よって，最も少ないときの枚数は６枚(…イ)とわかる。なお，30cmテープ３枚，20cmテープ２枚，10cmテープ１枚のときと，30cmテープ２枚，20cmテープ４枚のときも，使う枚数は６枚になる。

(3)　３種類のテープを１枚ずつ使うと，10＋(20－２)＋28＝10＋18＋28＝56(cm)になり，130cmまで残り，130－56＝74(cm)となる。よって，10cmテープをあと○枚，20cmテープをあと△枚，30cmテープをあと□枚使い，８×○＋18×△＋28×□＝74(cm)とする場合について調べればよい。このとき，□は２，１，０のいずれかとなる。□＝２のとき，８×○＋18×△＝74－28×２＝18となり，これに当てはまる(○，△)の組は(０，１)がある。□＝１のとき，８×○＋18×△＝74－28×１＝46となり，これに当てはまる(○，△)の組はない。□＝０のとき，８×○＋18×△＝74となり，これに当てはまる(○，△)の組は(７，１)がある。よって，(○，△，□)は(０，１，２)か(７，１，０)にすればよいから，(10cm，20cm，30cm)の枚数の組は，それぞれに１を足して，(１，２，３)か(８，２，１)となる。

社　会　＜第１回試験＞（理科と合わせて50分）＜満点：50点＞

解　答

Ⅰ　問１　(イ)　問２　(ウ)　問３　(ウ)　問４　(ア)　問５　(イ)　問６　(エ)　問７　(ウ)　問８　(イ)　問９　(ア)　問10　シルクロード　問11　(エ)　問12　(エ)　問13　(ア)　問14　(ウ)　問15　(イ)　問16　(1)　(ア)　(2)　(ウ)　問17　(ウ)　問18　(ア)　問19　(イ)　問20　(1)　(ウ)　(2)　(ウ)　問21　(1)　(ウ)　(2)　(ウ)

Ⅱ　問１　(ウ)　問２　公職選挙(法)　問３　(イ)　問４　(エ)　問５　(ア)　問６　(イ)　問７　十八

解　説

Ⅰ　文様を題材とした問題と，各地の自然や産業などについての問題

問１　(イ)は，聖徳太子が定めた冠位十二階の制（603年）の説明である。なお，(ア)は白村江の戦い（663年）で，中大兄皇子（のちの天智天皇）にあてはまる。(ウ)について，中大兄皇子は645年に蘇我氏を滅ぼして大化の改新とよばれる政治改革に取り組み，のちの律令の基礎となる政治方針を示した。(エ)について，天武天皇は歴史書の編集を命じ，８世紀初めに『古事記』と『日本書紀』が完成した。

問２　エジプトを流れるナイル川は世界最長の河川で，紀元前3000年ごろ，流域で古代文明がおこったことでも知られる。なお，(ア)は西アジア，(イ)は南アメリカ，(エ)は南アジアを流れる大河である。

問３　平安時代，菅原道真は天皇の信任も厚く朝廷内で活躍したが，10世紀初めの901年，藤原氏のたくらみにより筑紫（福岡県）の大宰府に左遷された。史料の和歌はそのときに道真が詠んだ和歌といわれ，日ごろ愛していた梅の木に，春になったら平安京（京都府）から東風に乗せてその香りを大宰府まで届けて欲しいという気持ちがこめられている。

問４　平安時代，藤原氏は自分の娘を天皇のきさきとし，生まれた子（孫）を天皇に即位させるなどして天皇家との関係を深め，天皇が幼少のときは摂政，成人後は関白となって，政治の実権を握った。これを摂関政治といい，11世紀前半の藤原道長・頼通父子のときにその全盛期をむかえた。下線部④は，天皇家を利用して発展した藤原氏を，木に蔓を巻き付けて成長してきれいな花をさかせる藤にたとえているといえる。

問５　(ア)　江戸幕府の第３代将軍は徳川家光。なお，光圀は水戸藩（茨城県）の第２代藩主で，のちに講談師によって「水戸黄門」と伝説化された。　(イ)　第５代将軍綱吉は1685年以降，生類憐みの令という極端な動物愛護令をたびたび出し，人びとを苦しめた。　(ウ)　徳川氏の一門である親藩のうち，紀伊藩（和歌山県），尾張藩（愛知県西部），水戸藩は「御三家」とよばれて特に重視された。吉宗は紀伊藩の藩主から第８代将軍の座についた。　(エ)　日米修好通商条約（1858年）の締結時の将軍は，第15代将軍慶喜ではなく，第13代将軍家定である。

問６　(ア)　金閣（鹿苑寺）は京都の北山にある。なお，金閣を建てたのは室町幕府の第３代将軍足利義満で，応仁の乱（1467～77年）の前の1398年のこと。応仁の乱のあとの1489年，第８代将軍義政により京都の東山に建てられたのは銀閣（慈照寺）である。　(イ)　室町時代に行われたのは日明貿易（勘合貿易）。また，中世の日本においては金は各地で採掘されており，輸入はほとんどしていない。　(ウ)　小説『金閣寺』の作者は三島由紀夫である。　(エ)　金閣の一層と二層には寝殿造，三層には禅宗様(唐様)の様式が取り入れられている。

問７　(ア)　『黒い雨』は，原爆の悲惨さを描いた井伏鱒二の小説。「黒い雨」とは，アジア太平洋戦争末期(1945年)の原爆投下後に降った黒くねばり気のある大粒の雨のことで，放射性降下物の一種である。　(イ)　『好色一代男』は浮世草子とよばれる小説で，江戸時代前半の元禄文化を代表する浮世草子作家の井原西鶴が著した。　(ウ)　田河水泡の漫画『のらくろ』は，野良の黒犬である主人公ののらくろが犬の軍隊に入って活躍するようすをユーモラスに描いた作品で，雑誌「少年倶楽部」に1931年から連載されて人気を集めたが，日中戦争(1937～45年)が激化するなかで内閣情報局から執筆を禁止され，1941年に連載が打ち切られた。　(エ)　『坊っちゃん』は夏目漱石の小説。漱石は明治時代・大正時代を代表する作家である。

問８　仏教を厚く信仰した聖武天皇は，仏教の力で国を安らかに治めようと願い，地方の国ごとに国分寺・国分尼寺を建てさせるとともに，都の平城京(奈良県)には総国分寺として東大寺を建て，大仏をつくらせた。(イ)は，聖武天皇が743年に出した「大仏造立の詔」の一部である。なお，(ア)は聖徳太子が定めた「十七条の憲法」の第１条。(ウ)は日露戦争中に与謝野晶子が戦場にいる弟の身を案じて詠んだ「君死にたまふことなかれ」という詩の最初の部分。(エ)は福沢諭吉の『学問のすゝめ』の最初の部分である。

問９　(ア)　琵琶法師について正しく説明している。　(イ)　『源氏物語』は平安時代中期に紫式部によって著された，貴族世界を描いた長編小説である。　(ウ)　琵琶は『平家物語』などの語りの伴奏や，雅楽の演奏のさいの合奏楽器の一つなどとして，幅広く用いられてきた。　(エ)　「耳なし芳一」は各地で語り伝えられてきた昔話の一つで，明治時代の日本で活動したラフカディオ＝ハーンの著書『怪談』にも収められている。

問10　シルクロード(絹の道)は古代から発達してきた交易路で，ユーラシア大陸の東西の地域を結んだ。中国から多くの絹(シルク)が中央アジアを経て西アジアやヨーロッパにもたらされたことから，その名がある。東大寺の正倉院には，遣唐使などによって中国からもたらされた多くの品々が保存されていた。それらのなかにはインドや西アジアに起源を持つと考えられるものも多いことから，正倉院は「シルクロードの終着駅」ともよばれている。

問11　(ア)　鉄剣が用いられるようになったのは，弥生時代からである。　(イ)　古墳から出土するのは埴輪。土偶は縄文時代につくられた土製の人形である。　(ウ)　鉄砲の伝来は16世紀半ばのできごとである。　(エ)　「名字帯刀」とは，江戸時代の武士に認められていた，名字を名乗り，刀を差すことができるという特権である。

問12　五か条の御誓文のなかにキリスト教に関する内容はないので，(エ)が誤っている。なお，同時期に発布された五榜の掲示のなかにはキリスト教を禁止する内容があったが，諸外国からの抗議を受け，1873年に撤廃されている。

問13　(ア)　能は室町時代前半，観阿弥・世阿弥父子によって大成された。『風姿花伝(花伝書)』は世阿弥がみずからの芸術観をまとめた書物で，文化論・芸術論として今日まで読み継がれている。
(イ)　能は観阿弥・世阿弥が民衆芸能である田楽や猿楽をもとに生み出したもので，特に武家社会で好まれた。　(ウ)　能は日本を代表する伝統芸能の一つとして，現在でもさかんに演じられている。
(エ)　出雲阿国は安土桃山時代に歌舞伎踊りを始め，人気を集めた女性である。

問14　17世紀前半，山田長政はシャム(現在のタイ)の首都アユタヤの日本人町の長を務め，国王からアユタヤの高官に任命されるなどしたとされる。なお，(ア)のジョン万次郎(中浜万次郎)は土佐(高知県)出身の漂流民で，アメリカ船に救助されてアメリカで教育を受けたのち帰国し，1853年にペリーが来航したときに通訳として幕府に登用されたことで知られる。(イ)の三浦按針(ウィリアム＝アダムズ)は，豊後(大分県)に漂着し，のちに徳川家康に外交顧問としてつかえた人物。(エ)の高山右近は高槻(大阪府)や明石(兵庫県)の城主であったキリシタン大名で，江戸時代に出された禁教令によってマニラ(フィリピン)に追放された。

問15　大阪万博(正式名称は「日本万国博覧会」)が開かれたのは1970年のことである。なお，(ア)は1950年，(ウ)は1953年，(エ)は1956年のできごと。

問16　(1)　ナショナルトラスト運動とは，貴重な自然や歴史的な街並みなどを守るため広く国民から資金を集め，その資金で土地を買い取ることで地域の保存を図ろうとする運動。1970年代に知床(北海道)で始められた森林再生活動は，日本の代表的なナショナルトラスト運動として知られる。

(2)　人数が最も多く，特に外国人観光客に多く利用されているＡは鉄道，道外観光客の利用が多いＢはレンタカー，人数が少ないＣは船であると考えられる。

問17　都道府県別の面積で新潟県は第５位，秋田県は第６位であるから，(ウ)が誤っている。

問18　日本の遠洋漁業は1960年代後半から70年代初めにかけては漁業種類別の水揚げ量が最も多かった。しかし，各国が沿岸から200海里以内を漁業専管水域と定めて外国船の操業を制限するようになったことや，第一次石油危機(1973年)の影響で燃料の石油の価格が大幅に上昇したことから水揚げ量が急落し，その後も減少が続いている。

問19　コンパクトシティとは，都市の中心部に行政機関や公共施設などを集中させる都市の形態。高齢者などがあまり移動せずに日常生活を送ることができるといった利点があり，少子高齢化や人口減少が進む先進国の都市で導入が進められている。富山市では市街地が分散し，人びとはおもに車で移動していたことから，LRT(次世代型路面電車)路線の「富山ライトレール」を開設して中心部への移動を容易にするなど，コンパクトシティ化をめざしている。したがって，(イ)が正しい。

問20　地図中の⑳は愛知県である。　(1)　(ア)　東海道新幹線は1964年，東京オリンピック開催に合わせて東京駅—新大阪駅間で開業した。太平洋ベルトとよばれる本州の太平洋側の各都市を結んでおり，愛知県では名古屋駅などに停車する。　(イ)，(エ)　「東名」は東京と名古屋を結ぶという意味。同様に，「名神」は名古屋と神戸(兵庫県)を結ぶという意味である。　(ウ)　「上信越」は上野(群馬県)，信濃(長野県)，越後(新潟県)およびこの３県にまたがる地域を指す。上信越自動車道は，群馬県藤岡市から長野市を経由して新潟県上越市に至る高速道路である。　(2)　愛知県がほかの都道府県を引き離して出荷額の第１位を占めるのは，自動車などの輸送用機械製品。第２位以下に自動車工業のさかんな県が入っていることからも判断できる。

問21　(1)　1997年に調印された京都議定書において日本は，2008年から2012年にかけての温室効果ガスの排出量を，1990年に比べて６％削減することが定められた。したがって，(ウ)が誤っている。

(2)　九州新幹線は2004年に新八代駅(熊本県)—鹿児島中央駅(鹿児島県)間で開業し，2011年には博多駅(福岡県)—新八代駅間が開業して全線開通した。したがって，(ウ)が正しい。なお，(ア)は佐賀県，(イ)と(エ)は長崎県にあてはまる。

Ⅱ　日本国憲法と政治のしくみについての問題

問１　(ア)　衆議院議員の定数は465名で，任期は４年である。一方，参議院議員の定数は245名(2020

年末時点。2022年から248人)で，任期は６年(ただし，３年ごとにその半数を改選)である。　(イ)　参議院議員選挙は，原則として各都道府県を選挙区とする選挙区選挙と，全国を１選挙区とする比例代表選挙で行われる。また，選挙区選挙の定員が４名以上の都道府県は13あり，他県は定員が２名となっている。　(ウ)　任期途中での解散は，衆議院にはあるが参議院にはない。　(エ)　日本の国会では，他院の議決に対する拒否権という制度は，両院ともに認められていない。なお，法律案の議決，予算の議決，内閣総理大臣の指名，条約の承認については，衆議院の優越が認められている。

問２　国会議員や地方議会議員の選挙などのルールは，すべて公職選挙法に定められている。1950年に制定された法律で，選挙権の年齢や選挙制度，議員定数などの変更は，この法律を改正することで実施される。

問３　(ア)　日本国憲法第21条では「結社の自由」が保障されており，新たな政党の結成は自由に行うことができる。　(イ)　政党助成金(政党交付金)は，一定の基準を満たした政党に国から交付されるもので，1994年に導入された。半分は所属する国会議員の数に応じて，残りの半分は直近の国政選挙における得票率に応じて配分される。　(ウ)　1955年から長く続いた，自由民主党が与党として政権を担当し，日本社会党が野党第１党の座を占めるという状況は「55年体制」とよばれたが，1993年，非自民８会派による細川内閣の成立により終わった。　(エ)　いずれの政党にも属さない無所属の国会議員も存在する。

問４　(ア)　日本国憲法で明記されている国民の義務は，子供に普通教育を受けさせる義務(第26条)，勤労の義務(第27条)，納税の義務(第30条)の三つである。「憲法を守る義務」については，第99条で天皇や国務大臣，国会議員，裁判官その他の公務員に憲法を尊重し擁護する義務があることが定められているが，国民にその義務があることは明記されていない。また，「家族を大切にする義務」も定められていない。　(イ)　日本国憲法は1946年11月３日に公布され，翌47年５月３日に施行された。サンフランシスコ平和条約は1951年に調印され，翌52年に発効した。　(ウ)　第９条は平和主義について具体的に規定した条文で，その１項で戦争と武力の行使を放棄することを，その２項で陸海空軍その他の戦力を保持しないことと，国の交戦権を認めないことを規定している。自衛隊は，1950年に創設された警察予備隊が保安隊を経て改組され，1954年に設立されたもので，その存在に関する憲法の規定はない。　(エ)　第24条は，男女の本質的平等や家庭生活における男女の平等を保障している。

問５　(ア)　内閣総理大臣は国会議員のなかから国会がこれを指名し，天皇が任命する。　(イ)　内閣不信任を決議できるのは，衆議院だけである。　(ウ)　「非常事態宣言」を出して憲法を停止する事態は，現在の日本では想定されていない。　(エ)　内閣総理大臣と最高裁判所長官を罷免(やめさせること)する規定は存在しない。

問６　(ア)　2020年度の一般会計は，前年度に続いて100兆円を超えた。　(イ)　会計年度は，４月１日から翌年の３月31日までである。　(ウ)　2020年度における歳入の内訳は，租税・印紙収入が61.9％，公債金が31.7％となっている。公債金とは，国債を発行して得る収入である。統計資料は『日本国勢図会』2020／21年版による(以下同じ)。　(エ)　2020年度の歳出の内訳は，社会保障関係費34.9％，国債費22.7％，地方交付税交付金15.2％の順。地方交付税交付金は，地方公共団体に対する補助金である。

問７　2015年に公職選挙法が改正され，選挙権の年齢がそれまでの満20歳以上から満18歳以上に引き下げられた。

理　科　＜第１回試験＞（社会と合わせて50分）＜満点：50点＞

解　答

1 **問１**　2：4：2　**問２**　(1)　イ，オ　(2)　ア，カ　**問３**　エ　**問４**　(a)　4：1：8：2　(b)　**予想どおりにならなかったもの**…う　**正しい組合せ**…オ　**2** **問１**　オ　**問２**　**食塩**…エ　**ミョウバン**…ウ　**問３**　ア，ウ，カ　**問４**　552　**問５**　177.9　**問６**　ア　**3** **問１**　**たて軸**…Y　**理由**…(例)　個体数が少ないから。　**問２**　①　い　②　(例)　おくれて起こる　**問３**　(a)　81個体　(b)　エ　**問４**　(a)　イ　(b)　ア
4 **問１**　A，ベテルギウス　**問２**　②　**問３**　(a)　エ　**方角**…北　(b)　オ　(c)　キ

解　説

1　電熱線の長さ・太さ・つなぎ方と発熱量の関係についての問題

問１　表２で，０分から10分までの水の温度変化を求めると，Ａは，28.0−20.0＝８(℃)，Ｂは，24.0−20.0＝４(℃)，Ｃは，36.0−20.0−16(℃)，Ｄは，28.0−20.0＝８(℃)となる。したがって，Ａ，Ｃ，Ｄを使ったときの０分から10分までの水の温度変化の比は，Ｂを使ったときを１とすると，$\frac{8}{4}:\frac{16}{4}:\frac{8}{4}$＝２：４：２とわかる。

問２　(1)　表１で，長さが同じ電熱線は，ＡとＣ，ＢとＤである。表２，表３のどちらでも，Ａより太いＣと，Ｂより太いＤの方が，０分からの水の温度変化は大きくなっている。　(2)　表１より，太さが同じ電熱線は，ＡとＢ，ＣとＤとわかる。表２，表３のどちらでも，Ａより長いＢと，Ｃより長いＤの方が，０分からの水の温度変化は小さくなっている。

問３　０分からの水の温度変化は，問１より，Ａを使って水40ｇを５分温めたときには，$8\times\frac{5}{10}$＝４(℃)，Ｂを使って水40ｇを10分温めたときには４℃となる。また，表３より，Ｃを使って水80ｇを５分温めたときには，$(28.0-20.0)\times\frac{5}{10}$＝４(℃)，Ｄを使って水80ｇを10分温めたときには，24.0−20.0＝４(℃)となる。よって，水の温度変化の大小関係は，Ａ＝Ｂ＝Ｃ＝Ｄである。

問４　(a)　10分間の水の温度変化は，①が，24.0−20.0＝４(℃)，②が，36.0−20.0＝16(℃)，④が，22.0−20.0＝２(℃)，⑤が，28.0−20.0＝８(℃)である。水の温度変化を16℃にするのに必要な時間は，①は，$10\times\frac{16}{4}$＝40(分)，④は，$10\times\frac{16}{2}$＝80(分)，⑤は，$10\times\frac{8}{4}$＝20(分)となるので，①，②，④，⑤の水の温度を同じ温度にするために必要な時間の比は，40：10：80：20＝４：１：８：２と求められる。　(b)　「あ」は，表４の①と表２のＢより正しい。「い」は，表４の②と表２のＣより正しい。「う」は，表４の③・④と表２のＤより正しくない。「え」は，表４の⑤・⑥と表２のＡより正しい。「お」は，表４の①と表３のＡより正しい。「か」は，表４の⑤・⑥と表３のＣより正しい。次に，「文」とその下の表のア～クについて，右の表のような組み合わせで実験結果を比べると，オが選べる。

ア	表４の①と表３のＣ
イ	表４の①と表２のＤ
ウ	表４の②と表３のＡ
エ	表４の②と表２のＢ
オ	表４の③・④と表３のＢ
カ	表４の③・④と表２のＤ
キ	表４の⑤・⑥と表３のＡ
ク	表４の⑤・⑥と表２のＣ

2 食塩とミョウバンの溶け方についての問題

問1　ミョウバンは，ナスのつけ物の色づけに使われる。ナスの色素ナスニンは酸性だと茶色っぽく変化してしまうが，ミョウバンを入れると紺色があざやかになる。

問2　食塩の結晶は，エのように立方体に近い形をしている。また，ミョウバンの結晶は，ウのように正八面体に近い形をしている。

問3　ア　20℃の水200gにミョウバンは，$5.9\times\frac{200}{100}=11.8$(g)までしか溶けないので，溶け残る。イ　40℃の水200gに食塩は，$26.7\times\frac{200}{100}=53.4$(g)まで溶けるので，溶け残りは出ない。　ウ　60℃の水50gにミョウバンは，$24.8\times\frac{50}{100}=12.4$(g)までしか溶けないので，溶け残る。　エ　60℃の水50gに食塩は，$27.0\times\frac{50}{100}=13.5$(g)まで溶けるので，溶け残りは出ない。　オ　80℃の水50gにミョウバンは，$71.0\times\frac{50}{100}=35.5$(g)まで溶けるので，溶け残りは出ない。　カ　80℃の水50gに食塩は，$27.5\times\frac{50}{100}=13.75$(g)までしか溶けないので，溶け残る。

問4　$100\times\frac{35.5}{5.9}=601.6\cdots$より，20℃のとき，ミョウバン35.5gを溶かすのに必要な水の量は602gとなる。したがって，加える水の量は，$602-50=552$(g)と求められる。

問5　80℃の水100gにミョウバンを溶けるだけ溶かし，水溶液の温度を40℃まで下げると，$71.0-11.7=59.3$(g)の結晶が出てくる。よって，80℃の水300gにミョウバンを溶けるだけ溶かし，水溶液の温度を40℃まで下げると，$59.3\times\frac{300}{100}=177.9$(g)の結晶が出てくる。

問6　60℃の水100gにミョウバンを溶けるだけ溶かし，水溶液の温度を20℃まで下げると，$24.8-5.9=18.9$(g)の結晶が出てくる。60℃の水にミョウバンを溶けるだけ溶かした水溶液100gの温度を20℃まで下げると約，$18.9\times\frac{100}{100+24.8}=15.1\cdots$(g)の結晶が出てくる。

3 捕食者と被食者の個体数の増減についての問題

問1　一般に，被食者の個体数は捕食者の個体数よりもずっと多いので，個体数の少ないたて軸Yがカナダオオヤマネコ(捕食者)と判断できる。

問2　被食者の個体数が増えていくと，それにつれて捕食者の個体数も増えていく。そして，捕食者の個体数が増えていくと，やがて被食者は捕食者に食べられる数が増えて個体数が減り始める。このとき，しばらくは捕食者の個体数は増え続ける。その後，被食者の個体数が減るとともに，えさが不足するため捕食者の個体数も減っていく。捕食者の個体数が減ると，被食者は食べられるものの数が減るので，しばらくすると個体数が増え始める。このように，捕食者の個体数の変化は，被食者の個体数の変化よりもおくれて起こるので，「い」がカナダオオヤマネコ，「あ」がカンジキウサギとなる。

問3　(a)　明子さんの最後の発言から，[2度目に捕まえたウサギの数]：[その捕まえたウサギの中にいる印をつけたウサギの数]＝[島に生息しているウサギの数]：[その中にいる最初に捕まえて印をつけたウサギの数]となる。よって，最初に捕まえて印をつけたウサギの個体数を□とすると，27：3＝729：□が成り立ち，$□=3\times\frac{729}{27}=81$(個体)と求められる。　(b)　生物につける印は，生物の行動に影響を与えず，なくなることのないものにする必要があるので，エがふさわしい。

問4　(a)　イのような実験を行った場合，星樹君の仮説が正しければカンジキウサギの個体数が増加し，正しくなければカンジキウサギの個体数の変動に影響が見られないと考えられる。　(b)

冬の間，区画Ⅰのカンジキウサギはふだん通りに生活させ，区画Ⅱのカンジキウサギには追加のえさを与(あた)える。その後，区画Ⅰと区画Ⅱの個体数の増減の周期にちがいが見られなければ，明子さんの仮説を否定できる。

4 さいたま市と南半球での星座の見え方のちがいについての問題

問１ 星座Ｘは冬の代表的な星座で，オリオン座である。赤色のベテルギウス（Ａ）と青白色のリゲル（Ｈ）という２つの１等星をふくみ，中央の三つ星（Ｄ，Ｅ，Ｆ）は春分・秋分の日の太陽の通り道とほぼ同じ道すじを通る。ベテルギウスは，こいぬ座のプロキオン，おおいぬ座のシリウスとともに冬の大三角をつくっている。

問２ 南の空では，星は年周運動により同じ時刻に観察すると１か月に，360÷12＝30（度）ずつ，日周運動により１時間に，360÷24＝15（度）ずつ，それぞれ西に位置がずれる。また，図中の点線は，180÷（13－１）＝15（度）ごとに引かれている。したがって，２月４日20時に真南の方角（⑦の点線上）に見えた星Ｅは，２か月前の12月４日20時には，30×２＝60（度）東，つまり，⑦の点線から，60÷15＝４（本）東の③の点線上にあり，その１時間前の12月４日19時には，さらに１本東の②の点線上にあったことがわかる。

問３ (a) 右の図のように，オーストラリアなど南半球にいる人が星座を見るときの姿勢は，北半球にいる人とは上下左右が逆になるため，南半球での星座の見え方は，北半球とは上下左右が逆になる。また，北半球で南の空に見える星座は，南半球では北の空に見える。 (b) 南半球で北の空を見ると，右手側が東，左手側が西になり，北の空に見える星は，右手側（東）から左上がりにのぼって，北の空を左向きに動き，左手側（西）に左下がりにしずむ。また，南半球で南の空を見ると，北半球で見る北の空の星の動きとは反対の時計回りに，星が動いて見える。 (c) (a)のエが西に向かって左下がりにしずんでいくので，キがふさわしい。

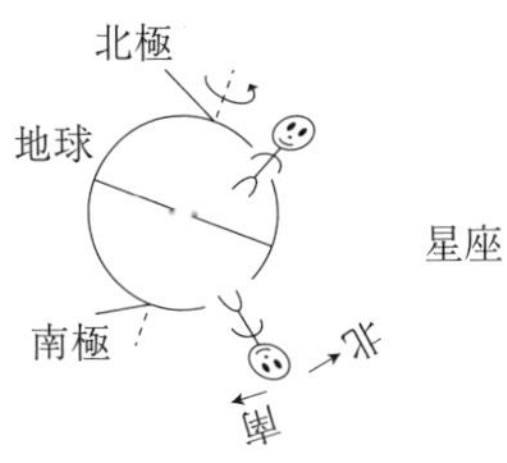

国語 ＜第１回試験＞（50分）＜満点：100点＞

解答

一 **問１** **a** ウ **b** エ **c** ア **d** ウ **問２** イ **問３** エ **問４** **ア** 境界 **イ** 差異 **ウ** 共通 **エ** 客観 **問５** **ア** Ｃ **イ** Ａ **ウ** Ａ **エ** Ｂ **問６** (1) Ａ (2) **Ⅱ** ア **Ⅴ** エ (3) ウ (4) Ｄ (5) ㋐ 共感 ㋑ 共鳴 (6) 多様 **問７** すがら **問８** イ **二** **問１** **a** ふたえ **b** あずき **c** むしょう **d** きけん **問２** イ **問３** エ **問４** **Ⅰ** エ **Ⅱ** ア **問５** ウ **問６** エ **問７** イ **問８** ウ，オ **問９** ア **問10** (1) **ア** 自問自答 **イ** 自己嫌悪 (2) 曇天 (3) （例） 朔の伴走をするなかで走る喜びを思い出した

解説

一 **出典は松村圭一郎(まつむらけいいちろう)の『はみだしの人類学　ともに生きる方法』による。**よりよく生きるための，自己と他者とのつながり方や生き方には，一つのやり方しかないわけではないことを説明している。

問１　**ａ**「首長」は，集団の指導者，代表として認められている者。アの「主観」は，個々人のものの見方。イの「手芸」は，手作業で行う縫い物，染色，細工物，編み物などのこと。ウの「部首」は，ごんべん(言)，おおがい(頁)など，漢字を字形で分けるときの要素。エの「品種改良」は，家畜や栽培植物で新品種をつくりだすこと。　**ｂ**「円盤」は，丸くて平たい形のもの。アの「日曜版」は，新聞などで日曜に発行する別刷り。イの「順番」は，順を追って事にあたること。ウの「裁判員」は，裁判員制度において，国民から選出され刑事裁判に参加する人。エの「地盤沈下」は，地表面の沈下。　**ｃ**「前提」は，ものごとを成立させるための条件。アの「提出」は，資料や証拠，論文などを差し出すこと。イの「一定」は，一つに定まって変わらないこと。ウの「体裁」は，外見，物の形。エの「校庭」は，学校の運動場や広場。　**ｄ**「眺望」は，広く遠くまで見晴らすこと。また，そのながめ。アの「用心棒」は，護衛のため身辺に置く従者。イの「防備」は，外敵や災害を防ぐための備え。ウの「望郷」は，故郷をなつかしむこと。エの「貿易」は，外国との商取引。

問２　前もって決まった始点と終点を結ぶ「直線」と，行き先が未定のフリーハンドの「曲線」に，私たちの生き方が重ねられていることに注意する。私たちの生き方は「曲線」であることが理想だが，そのような余裕はなく「直線」になってしまうという文脈なので，“そうはいっても”という意味の「とはいえ」が入る。

問３　最初から四つ目の段落で，「首飾りは時計回りに，腕輪は反時計回りに動く」と説明されているので，エが選べる。

問４　**ア**，**イ**　直前の段落で，「かつて」の文化人類学では，異文化間の「境界」線に沿って見つけた「差異」を確認するのが主流だったと述べられている。　**ウ**「いま」の文化人類学については，直後の段落で，異なる文化でも「共通性をもつ人間の営み」ととらえるようになったと述べられている。　**エ**「外からの目」だから，“多くの人がそうだと認めるような見方や考え方”という意味の「客観」がよい。

問５　傍線部③(Ａ)の「輪郭を強化するようなつながり」には，「自己と他者の差異を強調」することや，「共感のつながり」などの特徴がある。一方，傍線部④(Ｂ)の「輪郭が溶け出すようなつながり」には，「自己と他者の境界を越えて交わる」ことや「他者と交わるなかでお互いが変化する」こと，つまり「共鳴のつながり」などの特徴がある。また，Ａ，Ｂどちらも，「自己」「他者」が「日本」「ニューギニア」のような「集団」を指していることに注意する。　**ア**「会社」(自己)の内部の人間関係であり，ほかの会社(他者)にはふれられていないので，Ｃである。　**イ**「自分たち」(自己)と「敵」(他者)の差異を強調しているので，Ａとなる。　**ウ**「日本人」(自己)とほかの国の人々(他者)の差異を強調しているので，Ａである。　**エ**「外国人」「女性」「仏教徒」(他者)と「日本人」(自己)が境界を越えて交わり，お互いが変化しているので，Ｂとなる。

問６　⑴「直線」的な生き方の利点は「目標を効率的に達成」しやすいことで，「結果を重視する受験勉強」などにあてはまると述べられている。Ａ～Ｄさんの中では，「志望校に合格すること」を目標にし，「効率的に目標を達成することでしか満足は得られない」と言うＡさんがあてはまる。

⑵　Ⅱ「直線」的な生き方のデメリット(欠点)は，本文ではふたつあげられている。ひとつは「思考停止」である。到達目標以外考えず，「なぜ私たちはそうしようとしているのか」という「原点」を問わなくなるとある。もうひとつは，効率重視のために，途中で起きる「予想外の出来事」，

「周囲の変化や他者の姿」を楽しむ余裕がなく，自分の「変化」も拒むことである。イ，ウ，エは，この内容に合う。　Ｖ　「曲線」的な生き方のデメリットについては，「直線」的な生き方のメリット（利点）の逆を考えればよい。「直線」的な生き方は，「最短」の時間や「最小」の努力で目標に到達することを重視しているのに比べ，「曲線」的な生き方は，「予想外」のことを楽しむために，効率的に結果を出すことからは遠ざかってしまうのだから，ア，イ，ウはあてはまる。なお，目的を達成するまでの「途中で起きる」ことを重視しているのであって，「結果」を「軽視」しているわけではないので，エは合わない。　⑶　筆者は「直線」的な生き方を，「出発前からすでに決まった経路をたどるだけの旅」にたとえている。効率第一で，途中は余計なので，ウが合う。

⑷　SNSで「いいね！」をもらう「共感」のつながりを，筆者は「喜びや満足感を得られる大切なもの」と認めている。Ｄさんは，「そのような他者とのつながり方を否定してくれた筆者にとても共感しました」と言っており，筆者の主張を誤って解釈している。　⑸　㋐，㋑のようなつながり方はそれぞれ，傍線部③（共感のつながり）と傍線部④（共鳴のつながり）に対応する。　⑹　「さまざま」にあたる言葉なので，「多様」がよい。

問７　「道すがら」は，道の途中で。道を行きながら。

問８　ア　筆者は「不思議ですよね」「書きますよね」と読者に語りかけている。　ウ　「人生」を「旅」にたとえるなど，比喩が効果的に用いられている。　エ　「共感のつながり」と「共鳴のつながり」，「直線」的な生き方と「曲線」的な生き方など，さまざまな論点が対比的に整理されている。　オ　イギリスの人類学者の研究などが紹介されている。

二　出典はいとうみくの『朔と新』による。兄の朔の失明は自分のせいだと感じて陸上を辞めていた弟の新は，朔のブラインドマラソンの伴走者を引き受けたことで，心のつかえが消えていく。

問１　ａ　「二重瞼」の略で，目を開くと皮膚にひだができて二重になる瞼のこと。　ｂ　マメ科の一年草で，暗赤色の種子を砂糖とともに煮ると餡になる。「お汁粉」は，餡に水や餅などを加えた食べ物。　ｃ　「無性に」は，脈絡もなくそうなるようす，むやみにそうするようす。

ｄ　権利を使わないこと。

問２　「かぶり」は頭で，「かぶりを振る」は，頭を左右に振って否定の気持ちを表す表現。　ア「満足している」は，「かぶりを振った」とは合わない。また，新が一人を「満喫」したがっているようすもうかがえない。「満喫」は，十分に楽しむこと。　イ　「ほっとしている」が「安堵して」に対応し，「かぶりを振った」が「よくないことだと思っている」に対応するので，ふさわしい。　ウ　「絶好の機会だと考え」は，「かぶりを振った」とは合わない。また，「なんとなしに」とあることから，新は朔の「部屋を盗み見る」意図がなかったことがわかる。　エ　本文の最初に「いつもと変わらない」とあるように，兄弟の折り合いは悪くないので，あてはまらない。

問３　続く部分の「無理して母親ぶったこと言わなくていいから」や「加子の表情がこわばっている」などから，新が加子を馬鹿にして，加子が動揺していることがわかる。したがって，Ａには「泳ぐ」，Ｂには「鳴らした」が入る。「視線が泳ぐ」は，瞳が左右に揺れ動くことで，心の動揺などを表す。また，ここでの「鼻を鳴らす」は，"鼻でフンと馬鹿にする"という意味。

問４　Ⅰ　「あんたはないだろ，オレに関心」とあるので，「よそよそしい態度をとられている」とあるエが選べる。新は加子との関係が「気楽」だったわけではないので，イは合わない。　Ⅱ　加子は動揺しており，それに「気がついて，新は高揚した」のだから，「感情が高ぶり」とあるアがよい。加子を「滑稽」と思う余裕は見られないので，イは合わない。

問５　ここでの「無機質」は比喩で，冷ややかな感じを表す。　　ア「加子はなにも言わず，そのまま部屋を出ていった」とあるように，加子は新を叱ろうとはしていないので，「高圧的」は合わない。　　イ「あ，朔は見えないか」は，「失言」ではなく，加子を挑発するためにわざと言っているのだから，「自分の失言を笑いでごまかそうとする」はふさわしくない。　　ウ　加子は，新が自分を挑発するために朔の障がいを利用したことに対して「蔑むような」視線を向けたのだから，あてはまる。　　エ　朔の失明は自分のせいだと新は感じているので，合わない。

問６　ア　お汁粉が新の「好物」とは書かれていない。　　イ　加子がお汁粉をつくった理由を聞き，新は「驚い」ている。知らなかったのだから，記憶はよみがえらない。　　ウ　新が「驚いた」のは，加子が新のためにお汁粉をつくっていたからである。お汁粉に関する情報源が顧問かどうかは，重要事ではない。　　エ　新が「驚いた」のは，「中学時代によくお汁粉を作ってくれていたのは他ならぬ自分のためだったと知」ったからである。

問７　スタンドが「でかい」ことに感心している新と，「スタンドの広さ」にばかり驚いていた加子についての言葉だから，「新と母さん，案外似ているのかもしれない」とするのがふさわしい。

問８　ア　朔は，新が秘密を抱えているとは思っていない。　　イ　すぐに告白しており，新に軽蔑されるのを恐れているようすはない。　　エ「もう新とは走らない」と言っている。

問９　新は，「オレが朔なら～まわりに当たり散らして，壊して傷つけて～なにもできなかった」，「朔が思ったことはあたりまえのこと」と言っている。つまり，朔の本心「おまえに伴走を頼んだのは～新が苦しむことがわかっていたからだ」が，新の言う「あたりまえ」の思いなので，アがよい。

問10　⑴　**ア**　朔は「オレは，どのゴールを目指しているんだろう」，「ゴールが見えない」，「このまま気づかないふりをして，新を縛って，その先になにがあるんだろう」，「あるのは～後悔だ」と自分に問い，考えているので，「自問自答」がよい。　　**イ**　朔は「自分に幻滅したくない」と言っているので，「自己嫌悪」が合う。　　⑵　同じ一文の「光が差し込んでくる」とは対照的な情景であることに注意する。二人がスタートゲートに向かう場面に，“曇った空”を表す「曇天」があり，これが合う。　　⑶　すぐ前の「見えなくなってたものを，朔が見せてくれた」が，新の「オレ，走りたい。走るよ，逃げないで走る。で，強くなる」の一つ前の発言であることに注意する。これらをもとに，それまで「見えなくなってたもの」，朔が「見せてくれた」ものを整理し，「走りたい気持ちを朔が思い出させてくれた」「朔と走ることで走るのが好きだと再確認した」のような内容でまとめればよい。

2021年度　浦和明の星女子中学校

〔電　話〕 (048) 873－１１６０
〔所在地〕 〒336-0926　埼玉県さいたま市緑区東浦和６－４－19
〔交　通〕 JR武蔵野線－「東浦和駅」より徒歩８分

【算　数】〈第２回試験〉 (50分)〈満点：100点〉

注意　コンパス，定規，分度器，計算機は使用しないこと。

1　次の各問いに答えなさい。

(1)　$\left(2.5\times0.65-\frac{5}{4}\right)\div\frac{7}{4}+1\frac{1}{3}\div3\frac{1}{2}-\left(\frac{4}{21}+\frac{1}{14}\right)$ を計算しなさい。

(2)　自宅から海までの40kmの道のりを車で往復しました。行きは時速42kmで移動し，帰りは時速48kmで移動しました。往復の平均の速さは時速何kmになりますか。

(3)　Aさん，Bさん，Cさん，Dさんの４人が身長を測りました。４人の身長の平均は152.5cmでした。また，AさんとBさんの平均はCさんとDさんの平均より８cm高く，AさんはBさんより５cm高いことがわかりました。Aさんの身長を答えなさい。

(4)　星子さんは，ある本を３日間かけて読みました。１日目には全体の $\frac{1}{4}$ より５ページ多く，２日目には残りの $\frac{2}{5}$ より１ページ少なく，３日目に70ページ読んで読み終えました。この本は全部で何ページですか。

(5)　図１のような１辺の長さが16cmの正方形の厚紙から，黒く塗(ぬ)られた部分を切り取り，点線で折り曲げて，図２のような立方体を作りました。切り取った部分の面積の合計を答えなさい。

図１

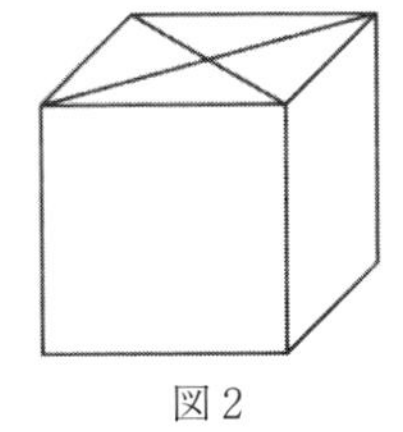

図２

(6)　右の太線で囲まれた図形は，半径３cmの円を２つ組み合わせたものです。一方の円は，もう一方の円の中心を通っています。円周率を3.14として，以下の問いに答えなさい。

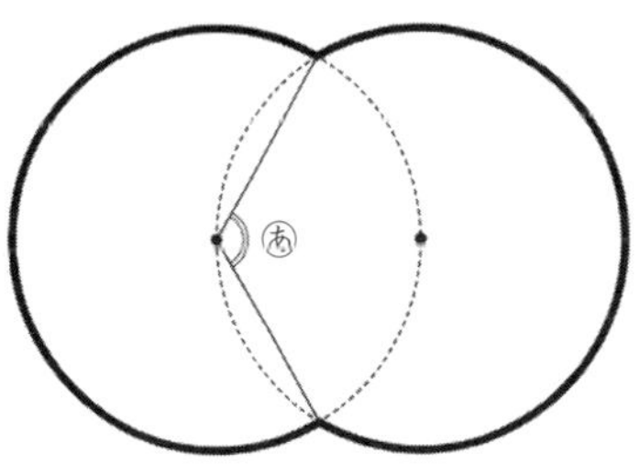

①　図形の中の直線は，２つの円が交わった各点と，片方の円の中心を結んだものです。角あの大きさを求めなさい。

②　１辺が３cmの正三角形の面積を3.89cm^{2}としたとき，太線で囲まれた図形の面積を求めなさい。

(7)　10％の食塩水240ｇと13％の食塩水200ｇと食塩を何ｇか混ぜ合わせたところ，22％の食塩水ができました。混ぜた食塩は何ｇですか。

2　＜*A*＞を，数*A*の約数のうち，奇数であるものの個数を表すものとします。例えば，12の約数１，２，３，４，６，12のうち，奇数であるものは１，３の２個なので，＜12＞＝2となります。

(1)　＜15＞＋＜60＞を求めなさい。

(2)　＜30＞＋＜*X*＞＝7となるとき，*X*に当てはまる数のうち，最も小さい数と２番目に小さい数を答えなさい。

3　図のように地点Ａ，Ｂ，Ｃがあり，ＡからＢまでは上り坂，ＢからＣまでは下り坂になっています。はじめ，明子さんはＡ地点，星子さんはＣ地点にいます。

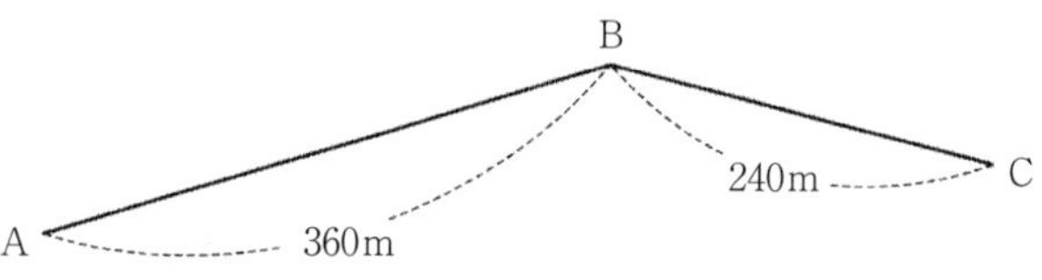

２人は同時に出発した後，明子さんはＡ地点からＣ地点までの道を，星子さんはＣ地点からＡ地点までの道を休むことなく２回往復します。明子さん，星子さんはともに，坂を上るときは分速120m，坂を下るときは分速180mで進みます。

(1)　２人が１度目にすれ違うのは，２人が出発してから何分何秒後ですか。

(2)　①　２人が１往復するのにかかる時間について，正しいものを次のア～ウから選び答えなさい。

ア　かかる時間は明子さんのほうが長い

イ　かかる時間は星子さんのほうが長い

ウ　かかる時間は２人とも同じである

②　２人が４度目にすれ違うのは，２人が出発してから何分何秒後ですか。

4　ある日の算数の授業のことです。先生が黒板に右のような２桁の数のかけ算の筆算を書きました。以下は先生と生徒の会話です。空欄の（ア）～（カ）に，当てはまる数字を入れ，文章を完成させなさい。

```
      [A][B]
    × [C][D]
    ────────
     1  1 [E]
  1 [F][F]
  ──────────
  1 [E][E][E]
```

先生　「この計算で，[A]～[F]には２から９までのうちのそれぞれ異なる数字が入ります。ただし，同じアルファベットのところには同じ数字が入りますよ。[A]～[F]に当てはまる数字を考えてみましょう。」

明子さん「はい。私は，[A][B]と[D]をかけて，『１　１[E]』となるところに注目しました。[A]には２以上の数字が入るので，[D]に（　ア　）以上の数字が入ってしまうと，[A][B]と[D]の積は必ず120以上になってしまいます。だから，[D]に入る数字を（　ア　）より小さくすれば，『１　１[E]』の形がつくれそうですね。」

太郎さん「そうですね。そして，[D]に（　ア　）より小さい数字をいろいろ入れてみると，[D]に入る数字に対して，[A]の数字がそれぞれ１つに決まるようですね。ただ，[D]に（　イ　）を入れると[A]も（　イ　）になってしまって，同じ数字になるのでだめですね。」

先生　「２人とも，よいところに気がつきましたね。では，[D]に入る可能性のある残った３つの数字について，それぞれ[A]以外の空欄にも数字を入れてみましょう。」

星子さん「まだすべての空欄を埋(う)められていませんが，D に入る可能性のある数字を入れてみて考えていくと，どこかで数字が同じになったり，うまく数字が当てはまらなかったりしたから，D は(ウ)だと思います。」

和人さん「私もそうなりました。そのとき A は(エ)ですね。そして C は(オ)となりませんか。」

先生　「２人ともその通りです。そんなふうに考えていけば残りのアルファベットに当てはまる数字もわかりますね。」

先生　「そろそろできましたか。では B に当てはまる数字を答えてください。」

生徒全員「B に当てはまる数字は(カ)です。」

先生　「素晴らしい。皆(みな)さん大正解です。」

5　明子さんの町内会では，年に一度のお祭りに向けて，町内会のオリジナルＴシャツを作ることになりました。Ｔシャツを作っている会社に作成を依頼(いらい)すると，その会社では１枚につき，定価550円の作成料でＴシャツを作ることができるといわれました。さらに，依頼するＴシャツの枚数が20枚を超(こ)えると，20枚を超えた分は定価の１割引，100枚を超えた分については定価の２割引の作成料になるといいます。

(1)　50枚のＴシャツを一度に注文するときの作成料の総額を求めなさい。

(2)　100枚のＴシャツを注文するとき，100枚を一度に注文するのと，二度に分けて50枚ずつ注文するのでは作成料の総額は何円違いますか。次の □ に当てはまる数を答えなさい。また，(多い・少ない)は当てはまる方を○で囲みなさい。

100枚を一度に注文するときの作成料の総額は，二度に分けて50枚ずつ注文するときの作成料の総額より □ 円(多い・少ない)。

(3)　何枚かのＴシャツを一度に注文したところ，１枚あたりの作成料が490円になりました。注文したＴシャツの枚数を答えなさい。

6　右の図１のように，９つのマス目に１から３の数字が入っています。これらの数字を，次の作業Ａ，Ｂを行って並べ替(か)えていきます。

	1列目	2列目	3列目
1行目	1	2	3
2行目	1	2	3
3行目	1	2	3

図１

(作業Ａ)

１行目，２行目の数字を横にずらします。

１行目の数字は，右に１列ずつずらします。

ただし，３列目にあった数字は１列目に移します。

２行目の数字は，右に２列ずつずらします。

ただし，２列目にあった数字は１列目に，３列目にあった数字は２列目に移します。

(作業Ｂ)

１列目，２列目の数字を縦にずらします。

１列目の数字は，下に１行ずつずらします。

ただし，３行目にあった数字は１行目に移します。

２列目の数字は，下に２行ずつずらします。

ただし，２行目にあった数字は１行目に，３行目にあった数字は２行目に移します。

例えば，図１の状態から１回目にＡ，２回目にＢと行ったときの，それぞれのマス目にある数字は，次の図２のようになります。

１回目（Ａ終了後）

１行目	3	1	2
２行目	2	3	1
３行目	1	2	3
	１列目	２列目	３列目

２回目（Ｂ終了後）

１行目	1	3	2
２行目	3	2	1
３行目	2	1	3
	１列目	２列目	３列目

図２

(1)　図１の状態から，１回目をＡで始めて，ＡとＢを交互に行って並べ替えていきます。

　①　３回目の作業と４回目の作業を終えた後の，それぞれのマス目にある数字を解答用紙に書き込みなさい。

　②　作業を続けて，初めて図１の数字の並び方と同じになるのは，何回目の作業を終えた後か答えなさい。

(2)　図１の状態から，１回目をＡで始めて，今度はＡとＢを２回ずつ交互にＡ，Ａ，Ｂ，Ｂ，Ａ，Ａ，Ｂ，Ｂ，…と行って並べ替えていきます。30回目の作業を終えた後の，マス目にある数字を解答用紙に書き込みなさい。

【社　会】〈第２回試験〉（理科と合わせて50分）〈満点：50点〉

Ⅰ　SDGs（エスディージーズ）について，次の文章を読み，あとの問いに答えなさい。

2015年９月に国際連合本部において，①国連持続可能な開発サミットが開催（かいさい）され，持続可能な開発目標(SDGs)が採択（さいたく）されました。

SDGsとは，多様性があり，持続可能な②国際社会の構築のために，「誰一人取り残さない」を基本理念に2030年までに解決すべき目標であり，17のゴールと169のターゲットからなります。

日本でも③地方創生（ちほうそうせい）SDGsを掲げ，④内閣府のホームページによると，『地方創生は，⑤少子高齢化に歯止めをかけ，地域の人口減少と地域経済の縮小を克服（こくふく）し，将来にわたって成長力を確保（かくほ）することをめざしています。地方が将来にわたって成長力を確保するには，人びとが安心して暮らせるような，持続可能な⑥まちづくりと地域活性化が重要です。特に，急速な人口減少が進む地域では，くらしの基盤（きばん）の維持（いじ）・再生を図ることが必要です。』としています。

2018年より，政府は毎年約30都市ずつSDGs未来都市を指定しており，指定された例として⑦埼玉県⑧さいたま市，⑨愛媛県松山市，⑩福岡県⑪大牟田市，⑫熊本県⑬熊本市をあげることができます。熊本市は自治体SDGsモデル事業をふくんでいます。

SDGs未来都市のなかでは地方創生SDGs推進による⑭新型コロナウイルスへの取り組み事例（じれい）もみられ，SDGsの活用により，地方創生，新型コロナウイルスなど様々な課題の解決を促進（そくしん）することが期待されています。

問１　下線部①について。1992年にリオデジャネイロで地球サミットがおこなわれ，持続可能な開発を実現するための行動原則や行動計画が確認されました。リオデジャネイロの位置として正しいものを，右の南アメリカの地図中(ア)～(エ)から一つ選び，記号で答えなさい。

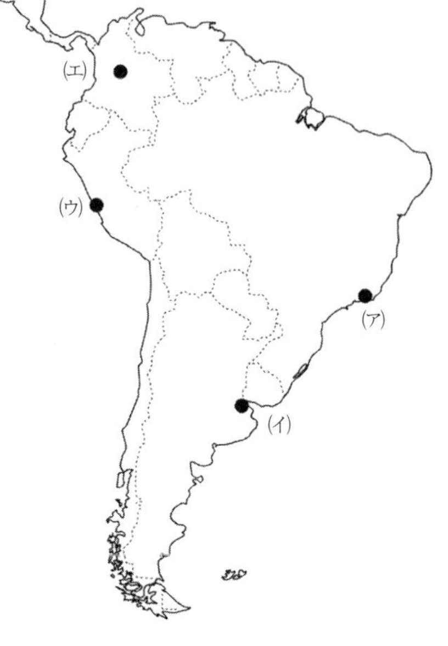

問２　下線部②について。日本と外国とのかかわりについて，次の問いに答えなさい。

(1)　日本とアジアとの関係の歴史について述べた説明文として正しいものを，次の(ア)～(エ)から一つ選び，記号で答えなさい。

(ア)　遣唐使は，宇多（うだ）天皇の時代に中止が決まった。

(イ)　日宋貿易で，日本はおもに銅や硫黄（いおう）や刀剣などを輸入した。

(ウ)　足利義満がはじめた日明貿易は，幕府主導のもと室町時代の終わりまで続いた。

(エ)　日本は，1941年に満州国をつくり，中国から独立させた。

(2)　日本とヨーロッパとの関係の歴史について述べた説明文として正しいものを，次の(ア)～(エ)から一つ選び，記号で答えなさい。

(ア)　1856年に，日本領の千島列島とロシア領の樺太とを交換する条約が結ばれた。

(イ)　日英同盟を口実（こうじつ）に第一次世界大戦に参戦した日本は，パリ講和会議に参加できなかった。

(ウ) 日本は，米英両国に宣戦布告すると，日独伊三国同盟を結んだ。

(エ) 太平洋戦争中，日本はオランダ領東インドに侵攻した。

問３　下線部③について。「ふるさと創生」を提唱した竹下登首相が導入を決定したときの消費税率は，何パーセント(％)でしたか。解答欄にあてはまる適切な数値を**漢数字**で答えなさい。

問４　下線部④について。日本の歴史上の政治のしくみについて述べた説明文として正しいものを，次の(ア)〜(エ)から一つ選び，記号で答えなさい。

(ア) 大宝律令にもとづいて，太政官や枢密院が設置された。

(イ) 鎌倉幕府には，御家人を統率する問注所が置かれた。

(ウ) 江戸時代の町奉行は，幕府の財政を担当し，代官を支配した。

(エ) 明治時代，内閣制度が発足し，内務省や逓信省などが設置された。

問５　下線部⑤について。厚生労働省の統計によると，日本全国において2019年に生まれた子どもの数は約86万5,000人で，全人口では2018年と比べると約51万人減少しました。

(1) 2020年度の小学校６年生が生まれた2008年〜2009年の日本全国の出生数の平均値として最も近いものを，次の(ア)〜(エ)から一つ選び，記号で答えなさい。

(ア) 約88万人　(イ) 約108万人

(ウ) 約128万人　(エ) 約148万人

(2) 人口が約51万人の県庁所在地都市として正しいものを，次の(ア)〜(エ)から一つ選び，記号で答えなさい。

(ア) 宮城県仙台市　(イ) 栃木県宇都宮市

(ウ) 高知県高知市　(エ) 福岡県北九州市

問６　下線部⑥について。日本の歴史に登場するまちについて述べた説明文として正しいものを，次の(ア)〜(エ)から一つ選び，記号で答えなさい。

(ア) 奥州藤原氏がつくった平泉に，円覚寺舎利殿がある。

(イ) 堺には，平清盛によって大輪田泊がつくられ，のちに「東洋のベニス」と宣教師にいわれた。

(ウ) 朝倉氏の本拠地である一乗谷は，織田信長によって滅ぼされた。

(エ) 日米和親条約で，函館と同時に開港した横浜は，神戸とともに明治の二大貿易港となった。

問７　下線部⑦について。2024年に新紙幣の一万円札に登場する渋沢栄一は埼玉県深谷市の出身です。現在の紙幣に登場する，福沢諭吉や樋口一葉や野口英世の存命期間におきたできごとを，古いものから年代順に正しく配列したものを，次の(ア)〜(カ)から一つ選び，記号で答えなさい。

(ア) 沖縄県の設置→大日本帝国憲法の発布→日清戦争

(イ) 日清戦争→大日本帝国憲法の発布→沖縄県の設置

(ウ) 大日本帝国憲法の発布→沖縄県の設置→日清戦争

(エ) 沖縄県の設置→日清戦争→大日本帝国憲法の発布

(オ) 天明のききん→日清戦争→沖縄県の設置

(カ) 日清戦争→沖縄県の設置→天明のききん

問８　下線部⑧について。さいたま市について，次の問いに答えなさい。

(1) さいたま市について述べた説明文として正しいものを，次の(ア)～(エ)から一つ選び，記号で答えなさい。

(ア) 日本で最初の流通貨幣といわれる和同開珎(わどうかいちん)で使用された銅が採掘された露天掘(ろてんぼり)跡がある。

(イ) もともと中山道の宿場町として栄えたところで，日本でもっとも人口密度が高い市である。

(ウ) 2001年に３つの市の合併(がっぺい)により誕生し，2005年に人形のまちとして知られる市が加わった。

(エ) もともと陸軍の飛行場だったところに航空公園がつくられた。茶の生産地としても知られている。

(2) 次は埼玉県の白地図である。さいたま市にあてはまるものを地図中(ア)～(エ)から一つ選び，記号で答えなさい。

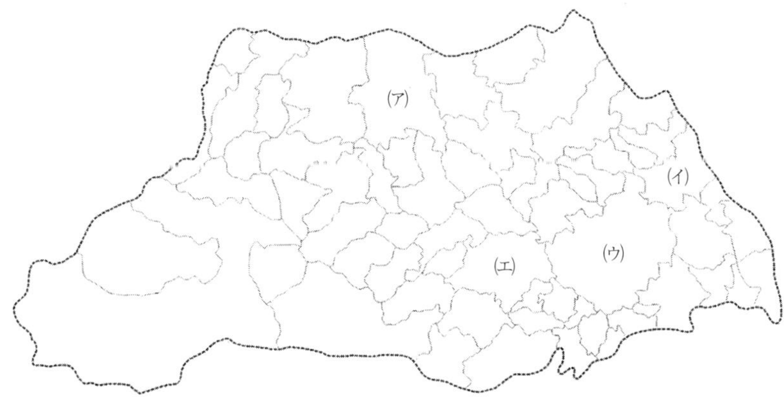

問９ 下線部⑨について。愛媛県について，次の問いに答えなさい。

(1) 愛媛県は明治時代以前には何と呼ばれていましたか。正しいものを，次の(ア)～(エ)から一つ選び，記号で答えなさい。

(ア) 阿波　(イ) 伊予　(ウ) 隠岐　(エ) 志摩

(2) 愛媛県にかかわりのある人物について述べた説明文として誤っているものを，次の(ア)～(エ)から一つ選び，記号で答えなさい。

(ア) 幕府の対外政策を批判した高野長英は，宇和島(うわじま)藩で蘭学を教えた。

(イ) 正岡子規(まさおかしき)や高浜虚子(たかはまきょし)は愛媛県出身の俳人である。

(ウ) 児島惟謙(いけん(これかた))は，大津事件に際し，司法権の独立を守った。

(エ) 一遍は，踊(おど)り念仏をすすめ，臨済宗をはじめた。

(3) 愛媛県の松山市と今治市のあいだを北緯34度線が通っています。北緯34度線が通る県の組合せとして正しいものを，次の(ア)～(エ)から一つ選び，記号で答えなさい。

(ア) 徳島県と和歌山県

(イ) 島根県と香川県

(ウ) 兵庫県と福岡県

(エ) 高知県と奈良県

(4) 次の地形図をみて，あとの問いに答えなさい。

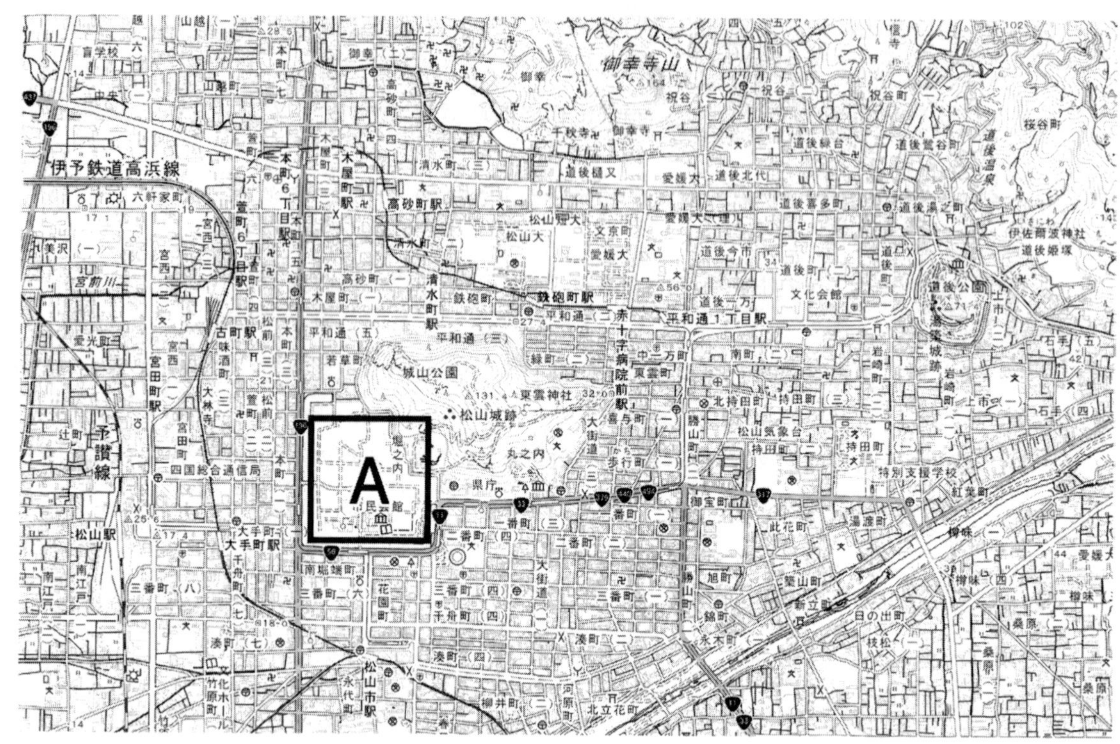

(国土地理院　平成28年発行　1：25,000　地形図「松山北部」を一部改変)

〈編集部注：編集上の都合により原図の85％に縮小してあります。〉

(i) 地形図について述べた説明文として正しいものを，次の(ア)～(エ)から一つ選び，記号で答えなさい。

(ア) 北東に道後(どうご)温泉がみられ，付近の山地には噴火口の地図記号が複数みられる。

(イ) 松山市役所と考えられる地図記号が二番町にみられる。

(ウ) 地形図中にみられる鉄道はすべてJR線である。

(エ) 明治時代の政策により，寺院は多いが神社はまったくみられない。

(ii) 地形図中**A**は，一辺が２cmの正方形の区画です。１cmの実際の長さと**A**の実際の面積の組合せとして正しいものを，次の(ア)～(エ)から一つ選び，記号で答えなさい。

	(ア)	(イ)	(ウ)	(エ)
1cm	500m	250m	500m	250m
面積	250,000m^2	62,500m^2	62,500m^2	250,000m^2

問10　下線部⑩について。福岡県の歴史について述べた説明文として正しいものを，次の(ア)～(エ)から一つ選び，記号で答えなさい。

(ア) 板付(いたづけ)遺跡は，旧石器文化の遺跡として知られている。

(イ) 桓武天皇に対して，磐井(いわい)が反乱をおこした。

(ウ) 唐や新羅との戦争に備え，大宰府を防備するため，水城(みずき)がつくられた。

(エ) 博多湾の因島で，「漢委奴国王(わのなのこくおう)」の金印が発見された。

問11　下線部⑪について。大牟田市は市立の小・中・特別支援学校がユネスコスクールに加盟し，持続可能な開発のための教育を推進しています。

(1) 大牟田市は明治以降，炭鉱と関連コンビナートの成長とともに経済発展をとげましたが，石炭から石油へのエネルギー政策の転換により，人口が減少するようになりました。次の表は世界における石炭の産出高と日本の石炭輸入先(輸入量)の上位５カ国をあらわしたものです。２つの表の空欄(**A**)に共通してあてはまる東南アジアの国名を答えなさい。

世界の石炭産出高(2017年)

国名	産出
中国	352,356
インド	67,540
(**A**)	46,100
オーストラリア	41,572
アメリカ合衆国	32,023

(単位は万ｔ)

日本の石炭輸入先(2019年)

国名	輸入量
オーストラリア	109,264
(**A**)	28,139
ロシア	20,178
アメリカ合衆国	13,256
カナダ	10,181

(単位は千ｔ)

(『日本国勢図会 2020/21』より作成)

(2) ユネスコについて述べた説明文として正しいものを，次の(ア)〜(エ)から一つ選び，記号で答えなさい。

(ア) 社会不安のもとになる劣悪(れつあく)な労働条件を規制し，国際平和に貢献する機関である。

(イ) 発展途上国の児童福祉のために，薬品・食糧(しょくりょう)・衣料などを提供する機関である。

(ウ) 教育・科学・文化を通じての国際交流により世界平和と安全に寄与(きよ)する機関である。

(エ) 世界の人びとの栄養と生活水準の向上，農林水産物の増産と分配の改善を図る機関である。

(3) 大牟田市には，太陽光発電など多くのエネルギーに関する施設が集まっていて，経済産業省資源エネルギー庁から次世代エネルギーパークの認定を受けています。次の表は日本の地熱，太陽光，風力発電量の推移をあらわしたものです。太陽光にあてはまるものを，表中(ア)〜(ウ)から一つ選び，記号で答えなさい。

発電電力量

	2000年	2010年	2018年
(ア)	3,348	2,632	2,113
(イ)	—	22	18,478
(ウ)	109	4,016	6,493

(単位は百万kWh。『日本国勢図会 2020/21』より作成)

問12 下線部⑫について。熊本県について，次の問いに答えなさい。

(1) 熊本県をはじめとする九州は1960年代から多くの半導体の工場が進出したことで，シリコンアイランドと呼ばれるようになりました。進出の理由について述べた次の説明の空欄にあてはまる文を[重量　単価]という２つの語句を用いて答えなさい。

> ICは(　　　　)ため，航空機での輸送に便利な空港の近くに工場がつくられた。

(2) 次の表は熊本県，沖縄県，宮崎県，鹿児島県における，米・野菜・肉用牛の農業産出額をあらわしたものです。熊本県にあてはまるものを次の(ア)～(エ)から一つ選び，記号で答えなさい。

	農業産出額	米	野菜	肉用牛
(ア)	3,524	180	696	747
(イ)	1,005	5	153	228
(ウ)	5,000	221	657	1,258
(エ)	3,423	380	1,247	420

(単位は億円。『データでみる県勢 2020』より作成)

(3) 熊本県にかかわりのあることがらについて述べた説明文として正しいものを，次の(ア)～(エ)から一つ選び，記号で答えなさい。

(ア) 江田船山(えたふなやま)古墳から出土した鉄剣は，日本で最初にひらがなが記されたものとして知られている。

(イ) キリシタン大名の小西行長は，関ヶ原の戦いで石田三成らの大名に勝利した。

(ウ) 熊本城は，西南戦争の激戦地となった。

(エ) 北里柴三郎(きたさと)は，結核菌やコレラ菌を発見した。

問13 下線部⑬について。熊本市は令和元年度自治体SDGsモデル事業都市に選定されています。熊本市のモデル事業名(一部変えてあります)として正しいものを，次の(ア)～(エ)から一つ選び，記号で答えなさい。

(ア) 女性が輝く「めがねのまち」～女性のエンパワーメントが地域をエンパワーメントする～

(イ) 「サンゴの村宣言」SDGsプロジェクト

(ウ) 「世界遺産の海」とともに生きるSDGs未来都市

(エ) 地震の経験と教訓をいかした地域(防災)力の向上事業

問14 下線部⑭について。自治体の新型コロナウイルスへの取り組み事例として，茨城県つくば市では市内で働いている研究者等の専門人材と連携(れんけい)し，児童生徒への継続的な「学び支援」をオンラインで実施しました。この取り組みはSDGsが掲げるゴールのうちどれと関連すると考えられますか。次の(ア)～(エ)から一つ選び，記号で答えなさい。

(ア)

(イ)

(ウ)

(エ)

Ⅱ　2020年におきたできごとについて，あとの問いに答えなさい。

1月

EU(ヨーロッパ連合)から，イギリスが離脱した。

問１　EUについて述べた説明文として正しいものを，次の(ア)～(エ)から一つ選び，記号で答えなさい。

(ア)　EC(ヨーロッパ共同体)から，発展して成立した組織である。

(イ)　共通通貨として，ルーブルが使用されている。

(ウ)　加盟国として，フランス・ドイツ・イタリア・トルコなどがあげられる。

(エ)　本部はスイスのジュネーヴに置かれている。

2月

イギリスの国際戦略研究所が年次報告書を発表した。それによると，2019年の世界の防衛費は前年より4.0％増加し，伸び率が過去10年で最大となった。

問２　2019年の防衛費がもっとも多かった国を，次の(ア)～(エ)から一つ選び，記号で答えなさい。

(ア)　アメリカ　　(イ)　カナダ　　(ウ)　中国　　(エ)　ロシア

3月

文化審議会が，世界最古の木造建築とされる［　③　］寺の金堂の天井を飾る天蓋など４件の美術工芸品を国宝に指定するよう，文部科学大臣に答申した。

問３　空欄［③］にあてはまる適切な語句を**漢字２字**で答えなさい。

4月

働き方改革関連法案にもとづいて，正規・非正規の雇用形態にかかわらない，労働者の公正な待遇を確保するためのルールが４月からはじまった。

問４　このルールは一般に何と呼ばれますか。正しいものを，次の(ア)～(エ)から一つ選び，記号で答えなさい。

(ア)　同一労働　同一休暇　　(イ)　同一労働　同一賃金

(ウ)　同一労働　同一年金　　(エ)　同一労働　同一保険

5月

アメリカ合衆国のトランプ大統領は対中政策を発表し，世界保健機関からの脱退と，香港への優遇措置の見直しを進めるとした。

問５　世界保健機関の略称として正しいものを，次の(ア)～(エ)から一つ選び，記号で答えなさい。

(ア)　NPT　　(イ)　TPP

(ウ)　WHO　　(エ)　WTO

6月

国際連合憲章の調印から75周年を記念した式典が，テレビ会議形式で開催された。

問６　国際連合について述べた説明文として正しいものを，次の(ア)～(エ)から一つ選び，記号で答えなさい。

(ア)　本部はオランダのアムステルダムに置かれている。

(イ)　安全保障理事会を構成する10か国の常任理事国は，拒否権を持つ。

(ウ)　1948年の総会で，世界人権宣言が採択された。

(エ)　国際連合は，加盟国に対し，軍事制裁を加えることができない。

7月

梅雨前線が停滞(ていたい)し，各地に深刻な被害をもたらした。一方，この月の台風の発生はゼロとなった。

問７　東北地方の太平洋側に冷害の被害をもたらす原因の一つで，初夏に吹く冷たく湿った東寄(よ)りの風を何といいますか。正しいものを，次の(ア)～(エ)から一つ選び，記号で答えなさい。

(ア)　からっ風　　(イ)　清川だし　　(ウ)　やませ　　(エ)　六甲おろし

8月

ローマ＝カトリック教会の教皇［　⑧　］は，広島・長崎への原爆投下から75年になるのを受け，核兵器から完全に解放された世界の構築に向けて，祈り，努力するよう求めた。

問８　空欄［⑧］にあてはまる適切な語句を，次の(ア)～(エ)から一人選び，記号で答えなさい。

(ア)　イグナチオ　　(イ)　ペテロ　　(ウ)　フランシスコ　　(エ)　ヨハネ＝パウロ２世

9月

［　⑨　］が召集(しょうしゅう)され，菅義偉(すがよしひで)氏が第99代内閣総理大臣に選ばれた。

問９　空欄［⑨］にあてはまる適切な語句を，次の(ア)～(エ)から一つ選び，記号で答えなさい。

(ア)　通常国会　　(イ)　特別国会　　(ウ)　臨時国会　　(エ)　緊急集会

11月

アメリカ合衆国大統領選挙がおこなわれ，共和党のトランプ氏と［　⑩　］党のバイデン氏が激しく争った。

問10　空欄［⑩］にあてはまる適切な語句を答えなさい。

【理　科】〈**第２回試験**〉（社会と合わせて50分）〈満点：50点〉

1　もののあたたまり方と冷え方を調べました。これに関する各問いに答えなさい。

問１　アルミニウム板の温度変化を調べるために，**【実験１】**を行いました。下の**a**，**b**に答えなさい。

【実験１】

たて15cm，横9.5cmのアルミニウム板(厚さ２mm)の●の位置に穴をあけ，温度計をとりつけた(**図１**)。**図１**のＡの位置に銅製のパイプ(銅管)を通し，チューブをとりつけた(**図２**)。そして チューブに２℃の冷水を流し，●の位置の温度がどのように変化するかを調べた。

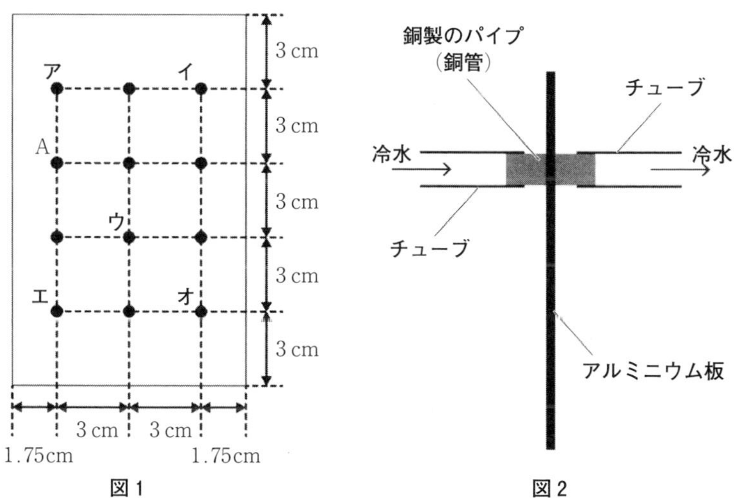

図１　　**図２**

a．チューブに２℃の冷水を流し続けたところ，温度が下がりはじめるまでにかかる時間が位置によって異なりました。**図１**の**ア**～**オ**の位置について，温度が下がりはじめる時間がはやい順に並べなさい。

（例）　**ア→イ→ウ→エ→オ**

b．２℃の冷水を流しはじめてから15分後に銅管からチューブをとり外し，銅管内の水をすべてぬきました。アルミニウム板を室温24℃の部屋にしばらくそのまま置いていたところ，すべての位置の温度が15℃になりました。その後，アルミニウム板のそれぞれの位置の温度はどのように変化していくと考えられますか。もっとも適当なものを選び，**ア**～**エ**で答えなさい。

ア．下がりはじめた順番と同じ順番で上がっていく。

イ．下がりはじめた順番と逆の順番で上がっていく。

ウ．Ａだけが他の位置よりおくれて上がっていく。

エ．すべての位置で同じように上がっていく。

問２　水の温度変化を調べるために，**【実験２】**を行いました。下の**a**～**c**に答えなさい。

【実験２】

たて15cm，横9.5cm，奥行き５cmの直方体のアクリル製の容器を用意し，容器の正面の●の位置をＡ１～Ｄ３とした(**図３**)。そしてそれぞれの位置に穴をあけ，温度計をとりつけた。そしてＡ１～Ｄ３のどこか１ヶ所は裏面にも穴をあけ，銅管を通し，チューブをとりつけた(**図４**)。この容器を23.7℃の水で満たし，チューブに２℃の冷水を流して，●の位置の水の温度がどのように変化するかを調べた(**グラフ１～グラフ７**)。ただし，銅管をとりつけた位置では銅管の温度がどのように変化するかを調べた。

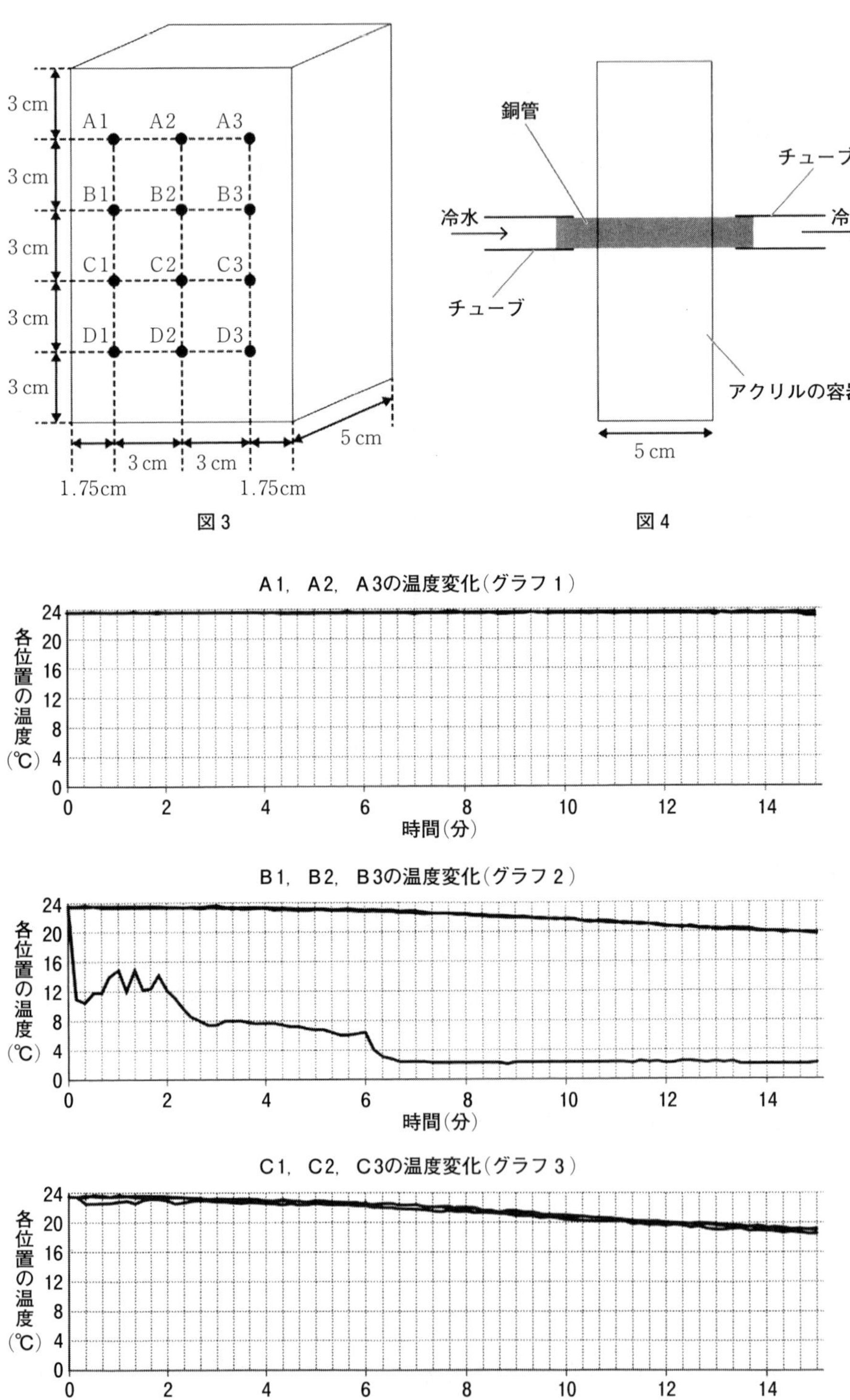

図３

図４

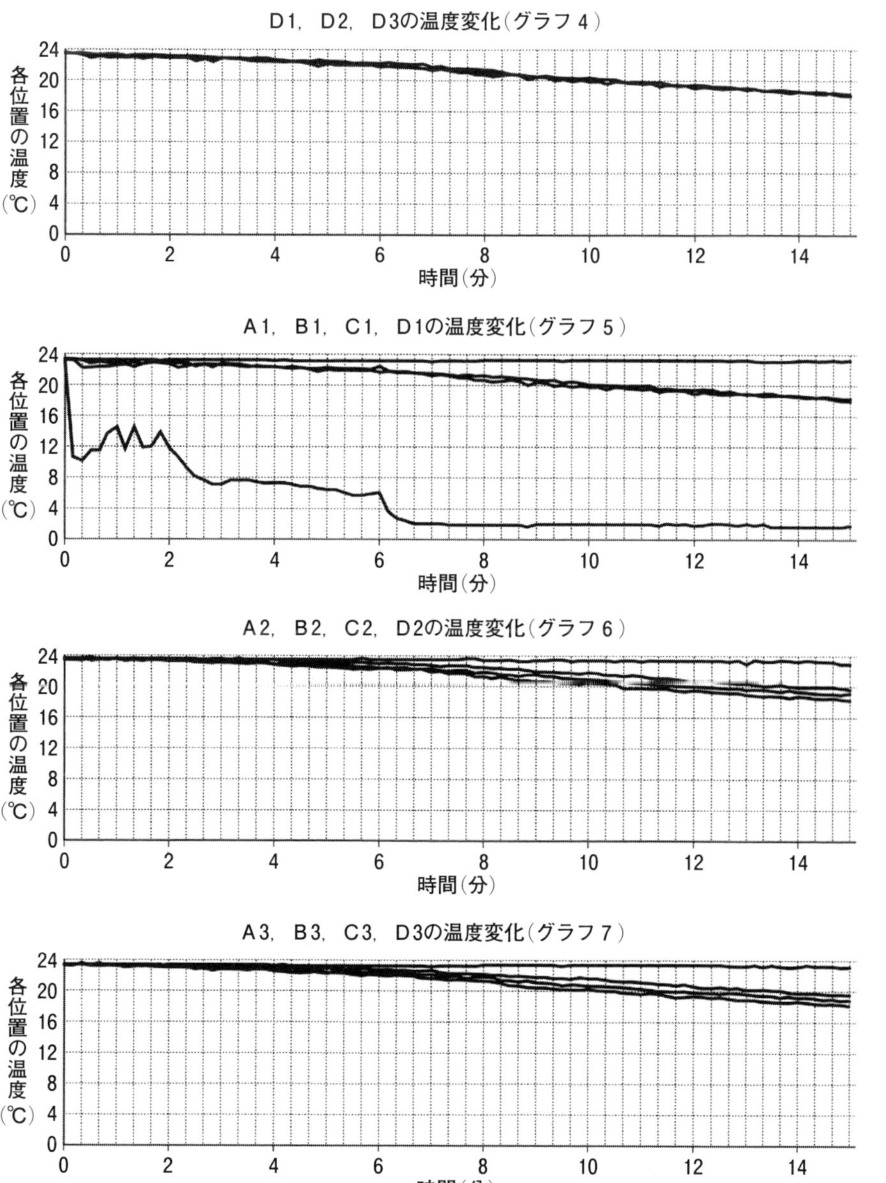

ａ．銅管をとりつけた位置はどこだと考えられますか。もっとも適当なものを選び，Ａ１～Ｄ３で答えなさい。

ｂ．２℃の冷水を流しはじめてからしばらくの間は，チューブに空気が残っていて，銅管内を流れる冷水の量が安定していませんでした。チューブ内の空気が完全にぬけて，銅管内の冷水の流れが安定したのはいつだと考えられますか。もっとも適当なものを選び，**ア**～**オ**で答えなさい。

ア．20秒後　**イ**．２分後　**ウ**．４分後　**エ**．６分後　**オ**．８分後

ｃ．２℃の冷水を流しはじめてから15分後に冷水を流すのをやめました。そしてチューブに40℃の温水を流し続けました。Ａ１～Ｄ３の温度は，どのように変化すると考えられますか。もっとも適当なものを選び，**ア**～**オ**で答えなさい。

ア．すべての位置の温度が同じになったあと，すべての位置の温度は同じように上がって

いく。

イ．すべての位置の温度が同じになったあと，銅管をとりつけた位置とそれよりも下の位置ではそれ以上温度が上がらず，銅管をとりつけた位置よりも上の位置では温度が上がっていく。

ウ．すべての位置の温度が同じになったあと，銅管をとりつけた位置よりも下の位置ではそれ以上温度が上がらず，銅管をとりつけた位置とそれよりも上の位置では温度が上がっていく。

エ．銅管をとりつけた位置と銅管をとりつけた位置よりも下の位置では温度が上がらず，銅管をとりつけた位置よりも上の位置では温度が上がっていく。

オ．銅管をとりつけた位置よりも下の位置では温度が上がらず，銅管をとりつけた位置とそれよりも上の位置では温度が上がっていく。

2 プラスチックは，石油などから作られ，パソコンやペットボトル，衣服の素材など，さまざまな生活用品の材料になります。プラスチックにはいろいろな種類があり，性質も異なります。しかし燃やせば二酸化炭素が出てくるといった同じ性質があります。これに関する各問いに答えなさい。

問1 プラスチックであるポリエチレンやポリプロピレンを燃やすには酸素が必要です。**表1**と**表2**は，ポリエチレンまたはポリプロピレンの重さと，それを完全に燃やすために必要な酸素の体積と出てくる二酸化炭素の体積をまとめたものです。下の**a**，**b**に答えなさい。

表1　ポリエチレンの重さと，完全に燃やすために必要な酸素の体積と出てくる二酸化炭素の体積

ポリエチレン(g)	0.14	0.42	0.70	0.98	1.26
酸素(cm^3)	336	1008	1680	2352	3024
二酸化炭素(cm^3)	224	672	1120	1568	2016

表2　ポリプロピレンの重さと，完全に燃やすために必要な酸素の体積と出てくる二酸化炭素の体積

ポリプロピレン(g)	0.21	0.63	1.05	1.47	1.89
酸素(cm^3)	504	1512	2520	3528	4536
二酸化炭素(cm^3)	336	1008	1680	2352	3024

a．ポリエチレン0.26gとポリプロピレン0.31gを完全に燃やしました。出てくる二酸化炭素の体積は合わせて何cm^3ですか。

b．同じ重さのポリエチレンとポリプロピレンをそれぞれ完全に燃やしました。次の**ア**～**カ**のうち，適当なものはどれですか。すべて選び，**ア**～**カ**で答えなさい。

ア．出てくる二酸化炭素の体積は，ポリエチレンのほうが大きい。

イ．出てくる二酸化炭素の体積は，ポリプロピレンのほうが大きい。

ウ．出てくる二酸化炭素の体積は，どちらも同じである。

エ．必要な酸素の体積は，ポリエチレンのほうが大きい。

オ．必要な酸素の体積は，ポリプロピレンのほうが大きい。

カ．必要な酸素の体積は，どちらも同じである。

問２　異なるプラスチックでできた立方体と板を４種類用意しました(**図１**)。これらの立方体と板は，それぞれポリエチレン，ポリプロピレン，ポリ塩化ビニル，ポリエチレンテレフタラートというプラスチックでできています。

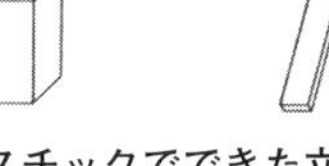

図１　プラスチックでできた立方体と板

これら４種類のプラスチックの性質のちがいを調べる実験を行いました。下の**a**，**b**に答えなさい。

【実験１】

①　それぞれの立方体の重さを量った。

②　それぞれの立方体の一辺の長さを測った。

③　それぞれの立方体を水に入れ，浮くかしずむかを調べた。

【実験１の結果】

【実験１】の①～③の結果は，**表３**のようになった。

表３　実験１の結果

	ポリエチレン	ポリプロピレン	ポリ塩化ビニル	ポリエチレンテレフタラート
①の結果(g)	3.97	3.87	5.51	5.94
②の結果(cm)	1.6	1.6	1.6	1.6
③の結果(浮くかしずむか)	浮く	浮く	しずむ	しずむ

【実験２】

①　それぞれの板の重さを量った。

②　それぞれの板のたてと横の長さ，厚さを測った。

③　それぞれの板を水に入れ，浮くかしずむかを調べた。

④　それぞれの板を半分に切り(**図２**)，水に入れ，浮くかしずむかを調べた。

図２　それぞれの板を半分に切る

【実験２の結果】

【実験２】の①～④の結果は，**表４**のようになった。

表４　実験２の結果

	ポリエチレン	ポリプロピレン	ポリ塩化ビニル	ポリエチレンテレフタラート
①の結果(g)	0.407	0.397	0.565	0.609
②の結果(cm)	7×0.6×0.1	7×0.6×0.1	7×0.6×0.1	7×0.6×0.1
③の結果(浮くかしずむか)	浮く	浮く	しずむ	しずむ
④の結果(浮くかしずむか)	浮く	浮く	しずむ	しずむ

a．１cm^3あたりの重さを密度といいます。密度の単位はg/cm^3で表されます。**【実験１】**で用いたポリエチレンテレフタラートの密度は何g/cm^3ですか。小数第３位を四捨五入し，小数第２位で答えなさい。

b．実験結果からわかることはどれですか。適当なものをすべて選び，**ア**～**キ**で答えなさい。

ア．重さが重くなるほど水に浮きやすくなる。

イ．重さが軽くなるほど水に浮きやすくなる。

ウ．体積が大きくなるほど水に浮きやすくなる。

エ．体積が小さくなるほど水に浮きやすくなる。

オ．密度が$1\,g/cm^3$よりも大きくなると水にしずむ。

カ．密度が$0.9g/cm^3$よりも大きくなると水にしずむ。

キ．種類によって水に浮くものとしずむものに分けることができる。

問３　私たちの生活にとってプラスチックは欠かせないものですが，その利用や廃棄(はいき)には注意しなければならない点もあります。そのためさまざまな研究が行われています。次の**ａ**，**ｂ**に答えなさい。

ａ．ペットボトルの容器は，厚みを薄(うす)くすることで軽量化されています。このことにはどのような利点がありますか。すべて選び，**ア～オ**で答えなさい。

ア．砕(くだ)けやすくなり，子どもが飲みこんでも消化できる。

イ．水に浮きやすくなり，回収しやすくなる。

ウ．材料となるプラスチックの量が減り，石油の使用量を減らすことができる。

エ．完全に燃やして廃棄する量が減り，二酸化炭素の排出量を減らすことができる。

オ．有害物質が出なくなり，オゾンホールの拡大を防ぐことができる。

ｂ．新しいプラスチックとして，植物由来のプラスチックが開発されています。これはバイオマスプラスチックとも呼ばれ，代表的なものにトウモロコシから作るポリ乳酸があります。ポリ乳酸で作るプラスチックは石油などから作るプラスチックよりも環境にやさしいとされています。ポリ乳酸で作るプラスチックが環境にやさしいとされるのはどうしてだと考えられますか。適当なものをすべて選び，**ア～オ**で答えなさい。

ア．ポリ乳酸の生産のためにトウモロコシをたくさん植える必要があるので，いろいろな動物にすみかを提供することができるから。

イ．ポリ乳酸の生産のためにトウモロコシをたくさん植える必要があるので，森林を伐採(ばっさい)し農地を拡大することができるから。

ウ．トウモロコシが育つ過程で二酸化炭素を吸収するので，ポリ乳酸の生産から廃棄までに放出する二酸化炭素はないものと考えることができるから。

エ．トウモロコシが育つ過程で酸素を放出するので，ポリ乳酸の生産から廃棄までに必要となる酸素はないものと考えることができるから。

オ．ポリ乳酸はトウモロコシ由来なので，土に埋めると微生物によって分解されるから。

３　心臓には，血液を受けとめるはたらきと血液を送り出すはたらきの２つのはたらきがあります。心臓はこの２つのはたらきによって，血液を循環(じゅんかん)させています。心臓のはたらきに関する各問いに答えなさい。

問１　魚類の心臓は①と②の２つの部屋に分かれています(**図１**)。①の部屋は，全身から流れてきた血液を受けとめる部屋で，②の部屋は，血液を送り出す部屋です。②の部屋は，どこに血液を送り出す部屋だと考えられますか。もっとも適当なものを選び，**ア～カ**で答えなさい。

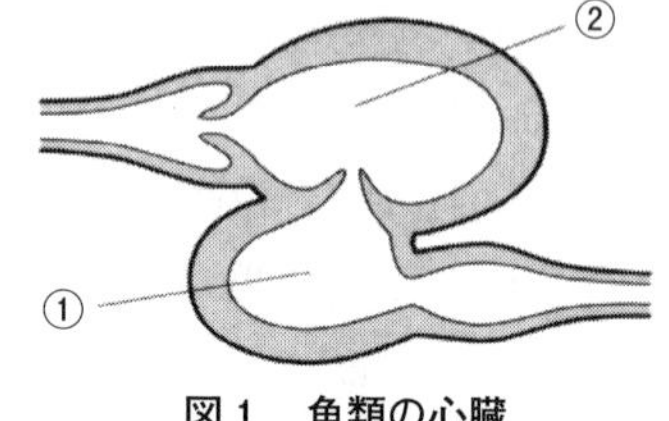

図１　魚類の心臓

ア．筋肉　　**イ**．肝臓(かん)

ウ．肺　　**エ**．小腸

オ．脳　　**カ**．えら

問２　両生類の心臓は③～⑤の３つの部屋に分かれています(**図２**)。③と⑤の部屋は，血液を受けとめる部屋で，④の部屋は，血液を送り出す部屋です。ただし，各部屋の出入り口にある弁は省略しています。次の**a**，**b**に答えなさい。

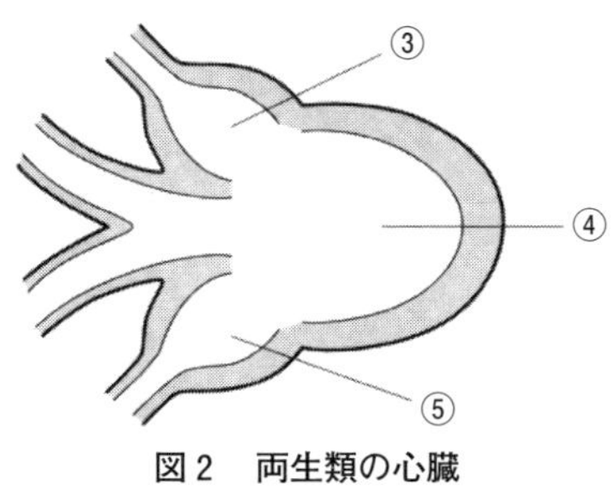

図２　両生類の心臓

a．**図２**について，弁の向きが正しいものはどれですか。もっとも適当なものを選び，**ア**～**エ**で答えなさい。

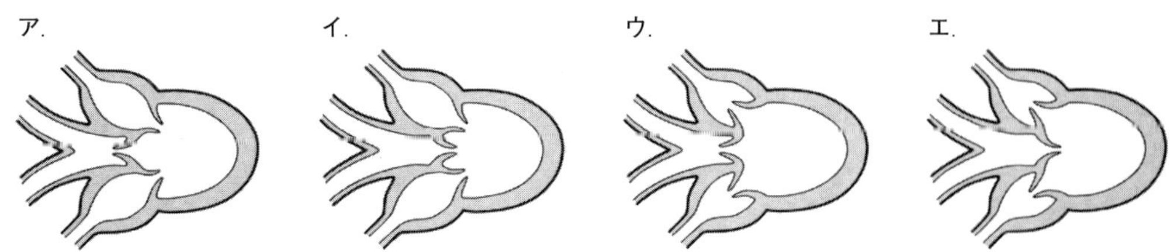

b．両生類の心臓のつくりを見ると，全身から戻ってきた血液と肺から戻ってきた血液が心臓でまざり合ってしまうことがわかります。このことは，血液のはたらきから考えると，効率が悪いように見えます。しかし，両生類は肺だけでなく皮ふでも呼吸していることを考えると，むしろ効率が良いと言えます。次の文の空らんに入る言葉の組合せとして，もっとも適当なものを選び，**ア**～**カ**で答えなさい。

文：心臓から送り出された血液は，肺に向かう血液と，全身に向かう血液に分かれる。肺に向かう血液は肺に行って心臓に戻ってくるのに対し，全身に向かう血液は(　**1**　)に行って心臓に戻ってくる。そのため，どちらの血液にも同じように(　**2**　)が豊富にふくまれるので，２つの血液が心臓でまざっても効率が悪いとは言えない。むしろ，肺に送り出す血液の量を減らしても，血液の循環は成り立つので，(　　**3**　　)という点で優れていることがわかる。

	1	2	3
ア	皮ふ	酸素	食事をしながらでも呼吸ができる
イ	皮ふ	栄養分	水中でも呼吸ができる
ウ	皮ふ	酸素	水中でも呼吸ができる
エ	小腸や大腸	栄養分	食事をしながらでも呼吸ができる
オ	小腸や大腸	酸素	食事をしながらでも呼吸ができる
カ	小腸や大腸	栄養分	水中でも呼吸ができる

問３　ヒトの心臓を通過する血液の流れは，２本あります。血液を受けとめるはたらきと血液を送り出すはたらきを考えると，ヒトの心臓には４つの部屋が必要であることがわかります(**図３**)。ヒトの心臓を通過する血液の流れとは，どのような流れですか。適当なものを２つ選び，**ア**～**ク**で答えなさい。

ア．肺→⑦→⑨→全身
イ．肺→⑥→⑧→全身
ウ．全身→⑦→⑨→肺
エ．全身→⑥→⑧→肺
オ．左半身→⑦→⑨→右半身
カ．左半身→⑥→⑧→右半身
キ．右半身→⑦→⑨→左半身
ク．右半身→⑥→⑧→左半身

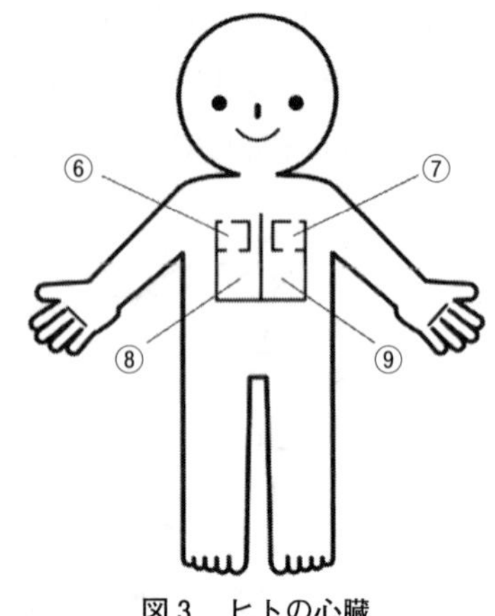

図３　ヒトの心臓

問４　**図４**は，**図３**の⑥～⑨の部屋の出入り口にある弁**A**～**D**を，頭側から見たものです。**図４**の状態(**A**と**B**の弁が開いていて，**C**と**D**の弁が閉じている)のとき，４つの部屋のうち，ふくらんでいく部屋はどの部屋とどの部屋ですか。２つ選び，⑥～⑨で答えなさい。

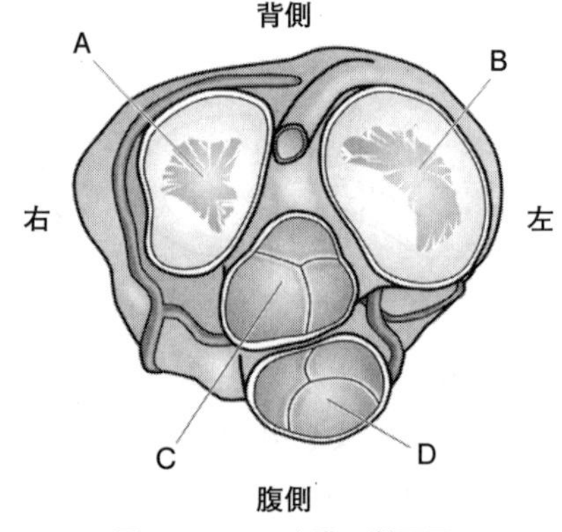

図４　ヒトの心臓の断面図

問５　心臓の弁は，弁を内側から押す力と弁を外側から押す力の差が，ある一定以上の大きさになったときに開きます。**図４**の**C**の弁の開閉は，「⑨の部屋にある血液が弁を押す力」と「⑨の部屋につながる血管にある血液が弁を押す力」の差で考えることができます。そのため，血液を送り出すはたらきは，⑨の部屋の大きさの変化と，⑨の部屋にある血液が**C**の弁を押す力の変化から，４つの過程に分けることができます(**図５**)。血液を送り出すはたらきに関する下の**a**，**b**に答えなさい。

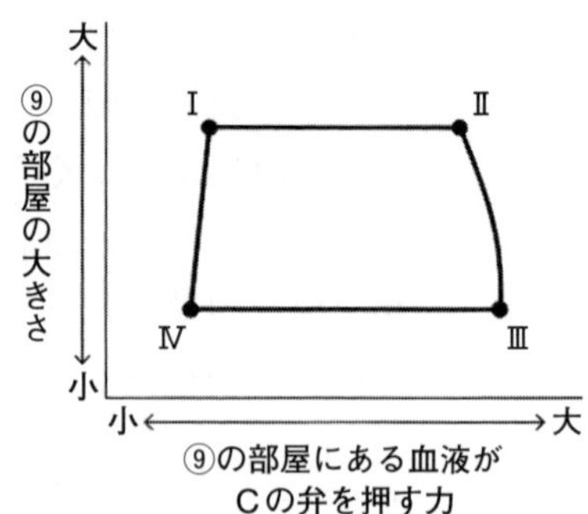

図５　⑨の部屋にある血液がCの弁を押す力と⑨の部屋の大きさとの関係

ⅠとⅡの間の過程：
　部屋の大きさはあまり変わらず，部屋にある血液が弁を押す力が変化する過程

ⅡとⅢの間の過程：
　部屋の大きさが変化し，部屋にある血液が弁を押す力はあまり変化しない過程

ⅢとⅣの間の過程：
　部屋の大きさはあまり変わらず，部屋にある血液が弁を押す力が変化する過程

ⅠとⅣの間の過程：
　部屋の大きさが変化し，部屋にある血液が弁を押す力はあまり変化しない過程

a．部屋の大きさは，部屋にある血液が弁を押す力の変化に遅れて変化します。⑨の部屋の大きさが大きくなるとき，どの弁が閉じていると考えられますか。**図４**からすべて選び，

A～Dで答えなさい。

b．図５について，⑨の部屋の筋肉が収縮していく過程はどこですか。収縮がはじまる点から収縮が終わる点までをすべて矢印で示しなさい。(例)　Ⅰ→Ⅱ→Ⅲ

4　図１は，大きながけの脇にある道路のスケッチです。表１は，このがけを作っている各層の特ちょうをまとめたものです。これに関する各問いに答えなさい。

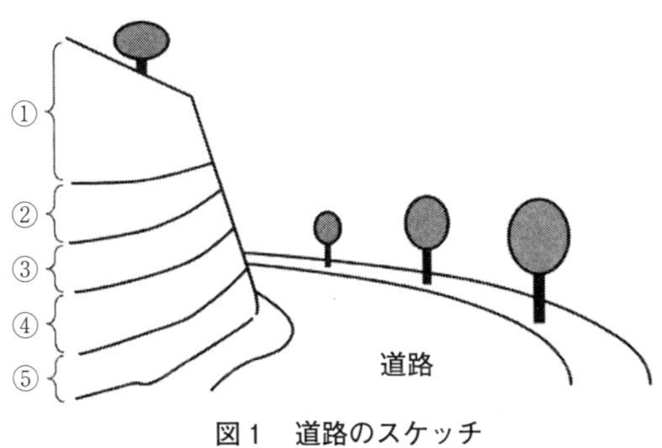

図１　道路のスケッチ

表１　各層の特ちょう

地層	特ちょう
①	黒い色で，柔らかく，多くの植物が生えている。
②	大きな砂と小石の層。下にいくほど，粒の大きさは大きくなっている。
③	細かい砂の層。
④	火山灰の層。小さな穴がたくさん開いている石も少し混ざっている。
⑤	灰色っぽい粘土の層。

問１　この地域における大地の変化を考えたとき，図１はどのように作られたと考えられますか。次のア～オから正しいものを４つ選び，古い順に並べなさい。

ア．海がしだいに深くなってきた。

イ．海がしだいに浅くなってきた。

ウ．地層が地下の大きな力で押し上げられて，山の一部になった。

エ．近くで火山の噴火(ふんか)が起こった。

オ．道路を作るために大地をけずった。

問２　地層を調べていたところ，化石が見つかりました。化石について誤って述べている文はどれですか。すべて選び，ア～オで答えなさい。

ア．氷漬(づ)けのマンモスゾウの化石が出てきたんだって。毛が残っていて皮ふにも弾力があったらしいよ。

イ．恐竜(きょうりゅう)の足あとの化石を見に行ってきたよ。私のくつの大きさより大きかったよ。

ウ．砂浜を走っていたら，足あとができたんだ。これも化石だよね。

エ．恐竜のうんちの化石が見つかったんだって。臭いはなかったようだよ。

オ．大昔に絶めつした生物の巣穴の化石が見つかったんだって。

問３　地層がたい積した時代を知る手がかりとなる化石を示準(しじゅん)化石といいます。示準化石によって決められた時代を地質時代といいます。地質時代は古い時代から古生代，中生代，新生代と分けられます。示準化石となりえる化石の条件はどのような生物の化石だと考えられますか。適当なものをすべて選び，ア～カで答えなさい。

ア．生きていた期間が長い。　　イ．生きていた期間が短い。

ウ．世界中に広く分布していた。　　エ．生きていた場所が限られている。

オ．化石の産出量が多い。　　カ．化石の産出量が少ない。

問４　地層③から生物**C**の化石が見つかりました。また，地層⑤の下を掘ったところ，さらに多くの地層が積み重なっていることがわかりました。その地層の１つ（地層⑥）に，生物**A**の化石が見つかりました。**図２**は，地質時代とその時代に生存していた生物を表したものです。次の**a**～**c**に答えなさい。

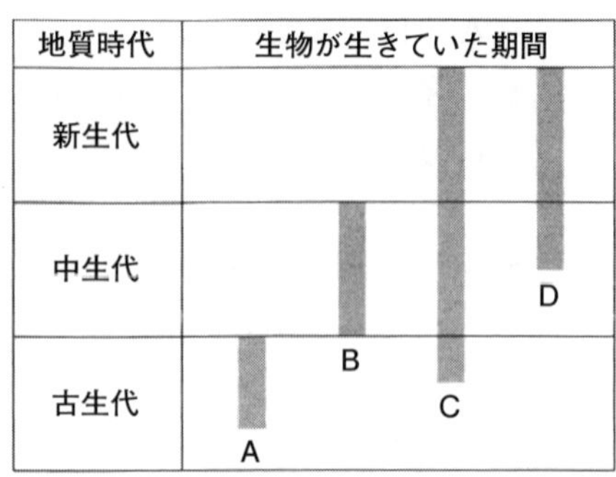

図２　地質時代と生物A～Dが生きていた期間

a．①～⑥の各層について，どのようなことが考えられますか。もっとも適当なものを選び，**ア**～**カ**で答えなさい。

ア．地層①がたい積した時代は，中生代である。
イ．地層②から生物**D**の化石が見つかる可能性がある。
ウ．地層③から生物**B**の化石が見つかる可能性はない。
エ．地層④がたい積した時代は，中生代である。
オ．地層⑤がたい積した時代には生物は生存していなかった。
カ．地層⑥から生物**C**の化石が見つかる可能性はない。

b．地球が誕生したのは，今から46億年前と考えられています。この46億年を365日で表したものを地球カレンダーといいます。地球カレンダーでいうと**図２**の生物**B**が生きていた期間は約何日間と計算できますか。古生代のはじまりを５億4100万年前，中生代のはじまりを２億5200万年前，新生代のはじまりを6600万年前とし，これらの時代は連続しています。日以下の値は四捨五入して整数で答えなさい。

c．地球温暖化の原因は，人類の活動によって大気中の二酸化炭素濃度が増加しているためと考えられています。現在の大気中の二酸化炭素濃度は約0.042％ですが，250年前の大気中の二酸化炭素濃度は約0.028％であったことがわかっています。この急激な二酸化炭素濃度の増加は，地球カレンダーでいうと，いつからのことだと考えられますか。何月何日何時何分何秒で答えなさい。ただし地球が誕生した時を１月１日０時０分０秒とし，秒以下の値は四捨五入して答えなさい。（例）　２月４日20時40分38秒

ていた。周りに合わせてうまくやりすごすための笑顔を作り、 Ⅱ 四字 がひきつってしまうこともあった。しかし今、手塚くんの笑顔を見たことで、自分の状況に限界を感じた。そのため、この状況から抜け出そうと Ⅲ 三字 のうちに体が動いたのである。

問6　傍線部⑤「保健室は不思議な場所だ」と言える理由として最も適切なものを次から選び、記号で答えなさい。

ア　保健室の先生自身が他の先生や生徒から笑われる変人なので、「ぼく」のように周りの人たちから受け入れられない変わった好みを持った人が集まってしまうから。

イ　保健室では教室で給食を食べられない理由を何も聞かれないどころか、「ぼく」の好きなものの話を聴(き)いてくれる先生もいて、気持ちを落ち着けることができるから。

ウ　先生たちが気分のすぐれない「ぼく」に対して優しく面倒を見てくれる温かい場所であると同時に、自分の好きなことをしていてもあれこれうるさく干渉(かんしょう)されないから。

エ　教室とは違って、先生と友達のように対等な立場で会話することができるため、先生やクラスの目立つ子に意見を合わせなければいけない窮屈(きゅうくつ)さがなく開放的であるから。

問7　傍線部⑥「葉の裏にコンパスの針で手紙を書き」とありますが、「ぼく」が「山根先生」に書いた手紙には、どのようなことが書かれていたと思われますか。適切なものを次から**二つ**選び、記号で答えなさい。

ア　先生がすすめてくれたカビの図鑑を読んでみたこと。

イ　猫のミクジが手紙を先生に書くように葉をくれたこと。

ウ　カビは人間にとって役立つものでもあるとわかったこと。

エ　「ぼく」のお気に入りの苔を先生に見てもらいたかったこと。

オ　よく知りもしないカビを悪く言って中し訳ないと思っていること。

問8　傍線部⑦「姫野先生は～うなりだった」とありますが、この時の姫野先生の気持ちを説明したものとして最も適切なものを次から選び、記号で答えなさい。

ア　「ぼく」の話を聞き、退職する山根先生と同じ雰囲気を感じたため、根本(こんぽん)から考えを変えるにはどうしたらよいかと悩んでいる。

イ　「ぼく」が生きやすくなるためには考え方を変えるべきだと感じ、なんとかして「ぼく」を説得できないかと真剣(けん)に考えている。

ウ　「ぼく」の話に一理はあるが、小学生の率直な考えに対して大人の社会における世渡りの仕方をどうしても教えてやりたいと感じている。

エ　「ぼく」の話す内容に理解を示すことはできるが、賛成することは難しく、自分の考えを「ぼく」の心に響(ひび)く形で伝えたいと思っている。

問9　傍線部⑧「ばつが悪そうに笑った」について、この時の「遠藤さん」の気持ちとして最も適切なものを次から選び、記号で答えなさい。

ア　情けなさ　　イ　気まずさ

ウ　物足りなさ　　エ　うっとうしさ

問10　冒頭の**X**部分(31ページ)から末尾の**Y**部分(25ページ)にいたる「ぼく」の変化をわかりやすく説明しなさい。ただし、猫のミクジが「ぼく」にくれた言葉の内容に触れること。

姫野先生に葉の手紙を託(たく)した次の日からぼくは、教室で給食を食べるようになった。イヤになったらいつでも保健室に行けばいいって、そう思ったら心が強くいられた。〈**中略6**〉

予鈴(よれい)が鳴る。ぼくは本を閉じて、ロッカーにしまうために席を立った。そこに岡崎くんが戻ってきた。

「うわ、フカビ、バイキンの本なんて読んでる！」

ぼくは無視してロッカーに向かう。腕に抱(かか)えている細菌の図鑑には、ドラマチックなことがたくさん書いてある。そんなに不気味がってるけど、岡崎くんのおなかにだって何億もいて、今この瞬間もすごい活躍(やく)してるよ。

ぼくがなんの反応もしないことが気に入らないらしく、岡崎くんが声を荒らげた。

「おい、フカビ。シカトすんなよ」

ぼくはフカビじゃない。だから返事をしない。

「おいっ！」

岡崎くんがぼくの腕をぐいっと引っ張った。

ぼくは低い声で平坦(たん)に言う。

「なに？」

目に力を入れて、正面から岡崎くんを見る。岡崎くんの、まっすぐ真ん中を。

うつむいて縮こまっていたときはずっと上にあった岡崎くんの目が、ぼくの目と同じ高さになる。岡崎くんは急にうろたえて顔をそらし、「なにも」とぼくから手を離した。

こうしてちゃんと向かい合って並んでみると、岡崎くんは、ぼくが思っていたほど大きくはなかった。

問１　太線部ａ「隅」・ｂ「唇」の読みをひらがなで答えなさい。

問２　傍線部①「ぼくの……」とありますが、「……」で「ぼく」が言おうとした言葉として最も適切な語を〈**中略２**〉**以前**の本文中から二字で抜き出し、答えなさい。

問３　傍線部②中の「フカビになった」ことの説明として最も適切なものを次から選び、記号で答えなさい。

ア　泣き出した「ぼく」を見て不安になった岡崎くんが機嫌を取ろうとして、「ふかみ」に「ぼく」の育てているカビを組み合わせて呼び名にした。

イ　遊びに加わろうとしない「ぼく」をつまらないやつだと広めるために、岡崎くんが自分の嫌いなカビと名字の「ふかみ」とを合わせて呼び名にした。

ウ　苔をカビと勘違いした岡崎くんが「ぼく」のことを変なものが好きなやつだとばかにして、名字の「ふかみ」に「かび」を結びつけて呼び名にした。

エ　転校したばかりの「ぼく」がクラスに早く溶け込めるように、学級委員として岡崎くんが「ふかみ」の語尾を親しみやすい「び」に変えて呼び名にした。

問４　傍線部③中の「□を打ったよう」とは、「大勢の人が静まりかえったさま」を表す慣用表現です。空欄に入る語を漢字一字で答えなさい。

問５　次は、傍線部④における「ぼく」について説明した文章です。空欄に入る適切な表現をそれぞれ指定の字数で答えなさい。ただし、Ⅰ・Ⅱは〈**中略２**〉～〈**中略４**〉の本文中からそれぞれ抜き出し、Ⅲは自分で考えて答えること。

「ぼく」は自分の素直な気持ちをいつわり、みんなと同じふるまいをして、その場が　Ⅰ　十一字　ことを心がけるようになっ

それから四日たって、姫野先生が白い封筒をくれた。山根先生からだった。

「もう退院したよ。実家の山形に帰るって」

姫野先生はぼくにそう言い残して、四年三組の教室から出ていった。

昼休み、わざわざぼくのところに届けに来てくれたのだ。

男子の大半は、校庭に出て遊んでいる。女子が数人、教室の隅にかたまっておしゃべりをしていた。

ぼくは自分の席について封筒をそうっと開いた。中には封筒と同じように白い横書きの便せんが入っていて、きちょうめんな細かい文字が並んでいた。

深見和也くんへ

葉っぱのお手紙を、どうもありがとう。本当に本当にうれしかったです。

カビの図鑑を見てくれたんだね。和也くんの言うとおり、カビはただの悪者じゃなくて、人間の味方になってくれる素晴らしい力を持っています。でも、カビは人間に感謝しろとは言わないし、逆に困らせてやるとか、迷惑をかけてごめんとも言いませんね。カビはただカビらしく生きているだけです。自然ってそこが一番偉大で、人間がどうやっても勝てないところだと僕は思います。

地球にとって、もっとも悪なのは人間だという考え方もあって、最高のエコロジーは人間が滅びることだっていう人もいる。そういう面も否定はできないけど、でも僕は、やっぱり人間も何か地球に役立っていることがあるように思います。地球が少しずつ変わって育っていく過程で、もしかしたらやがて本当にいなくなるかもしれない人間も、少なくとも今ここに存在している理由があるんじゃないかって。だって僕たち人間だって、自然の一部なんだから。

たとえば和也くんが苔の素晴らしさに感動したり、「カビは嫌なところだけじゃなくてすごいところもある」って知ることは、地球にとってとても意義のある進化のひとつだと思うのです。そういう気持ちがなんらかの形で地球を助けるような未来につながっているって、そんなふうに思えて仕方がありません。それがどんなことなのか、僕には解き明かせないけど。だからどうぞ、これからも、知らないことを知りたいとわくわくしたり、好きなことを好きだと思う正直な気持ちを大切にしてください。

突然学校をやめることになって、ごめんなさい。求められるとおり望まれるとおりの教師であろうとして、おかしいなと思うことを否定したりごまかし続けていたら、何かが少しずつずれていって、最後には元の自分がわからなくなってしまいました。

だけど和也くんにお手紙をもらって、こうして返事を書いているうち、思い出したことがあります。

僕は、子どもとこんなふうに話がしたくて、先生になったんだ。

どうもありがとう。少し休んで、僕がただ僕らしく生きられるような仕事を、これから見つけていきたいと思います。

元気でね。君のこと、決して忘れません。

山根正

ぼくはその手紙を三回繰り返して読み、苔のポケット図鑑に大事に挟んだ。お告げの葉っぱと一緒に。

Y

まだ昼休みは少し時間が残っている。ぼくはロッカーから、新しく図書室から借りてきた本を取り出して自分の席で広げた。

何も書いていない葉を落とします。「ぼく」はその葉に山根先生への手紙を書こうと思いつきます。〉

⑥葉の裏にコンパスの針で手紙を書き、次の日の給食の時間、姫野先生に相談した。山根先生に送りたいと言うと、姫野先生は「わかった。私が必ず届けるよ」と預かってくれた。

もっと伝えたいことがある気がしたけど、手のひらほどの葉には、小さい字で書いてもそれでいっぱいだった。

「タラヨウの葉で手紙を書くなんて、風流でいいね」

姫野先生が言った。

「ミクジっていう猫が教えてくれたんだ」

「猫？」

ぼくは苔の図鑑からミクジが最初にくれた葉を取り出し、姫野先生に見せた。

「ここに、マンナカって書いてあるでしょう」

姫野先生は何か言おうとした。でもすぐに口を閉じ、うなずいた。

「うん。書いてあるね」

「これね、ぼくへのお告げなんだって。だからずっと、真ん中に行くにはどうしたらいいんだろうって思ってたけど、やっぱり無理だった。ぼくは端っこがちょうどいいみたいだ。苔だってそうだもの。道路の縁とか、コンクリートの隙間とか、花壇の隅とかね。真ん中って、ぼくにはひどく疲れる」

⑦姫野先生は「うん」と顎を引いた。それは肯定の「うん」ではなくて、ちょっと立ち止まるような疑問のうなりだった。

「道路の縁を端っこって感じるのは、人間だけじゃないか？　苔は自分が地球の中心だって思って生きてるのかも」

すとん、と何かが心の奥に着地した。ミクジがベンチから降りるときみたいに。

そうだ。苔はいつも、真ん中にいるんだ。

自分のいるところが真ん中。自分が本当に思うことが真ん中。自分の中の真ん中。それがこの世界の、真ん中だ。

昼休みが終わりそうだった。教室に戻ろうと廊下を歩いていたら、別棟からピアノの音が聴こえてきた。

ぼくは音楽室に寄ってみた。そっとのぞくと、遠藤さんがひとりでピアノを弾いていた。ものすごくなめらかできれいな演奏だった。遠藤さんはイキイキと指を動かしている。

あんまり素晴らしい演奏だったので、弾き終わったときに思わず拍手をしてしまった。遠藤さんがびっくりして顔を上げる。そして⑧ばつが悪そうに笑った。

「すっごく上手なんだね。感動した」

ぼくが言うと遠藤さんは立ち上がり、スカートの裾をきゅっと引っ張った。

「大好きなの、ピアノ。でも、大勢の人の前で弾くのは、いやなの。私はピアノがただ好きなだけなんだけど……弾けるのに伴奏者を断るのって、わがままなのかな」

ぼくは思い切り首を横に振った。

だってぼくが今見た遠藤さんは、ピアノが好きっていう、その気持ちの真ん中で弾いてたから。もし遠藤さんがいやいや伴奏者を引き受けたら、「好き」は端っこにいっちゃうんだ、きっと。

い、そこで山根先生に出会いました。〉

「あ、苔の本？」

山根先生がぼくのところに来た。とてもやわらかで親和的な言い方だった。

「苔、好きなの？」

そう訊かれて、ぼくは食パンをもぐもぐさせながらうなずく。山根先生は「僕も大好きだ」と言い、何か思い出すように目を閉じた。

「雨あがりに苔が濡れてキラキラしているのなんて、幻想的でうっとりする」

感激のあまり、息が止まった。そう、本当にそうなんだ。山根先生はちゃんとその景色を見たことがあるんだ。ぼくに話を合わせようとしてるわけじゃない。

「本、見てもいい？」

「はい」

もちろん。ぼくは嬉しくて照れくさくて、にやにやしながらフライドポテトをつついた。

「ずいぶん読み込んであるね。苔も本も喜んでるよ」

山根先生はていねいな手つきでページをめくる。ぼくは答えた。

「前の学校で、それを見ながら友達と一緒に探したりしたから。……でもこっちでは、カビと間違われたりして」

悲しくなりました、と言おうとしてそこで止めた。先生に告げ口したとなるとまたややこしいことになる。山根先生は穏やかな笑みを浮かべ、予想外のことを言った。

「カビも、顕微鏡で拡大してみるとけっこうきれいだよ」

ぼくはフライドポテトを噛む口を止めた。

「そうなんですか」

「うん。人間や他の生き物を困らせることもあるけど、チーズをおいしくしたり、薬になって助けてくれたりもするんだ」

衝撃だった。ぼくはカビをよく知りもしないでただ嫌っていた。完全なる悪としか思わなかった。気持ち悪いって。でもそれじゃあ、ぼくだって岡崎くんと変わらないじゃないか。

山根先生はそっと本を戻し「ありがとう」と言った。やっぱりちょっとしんどそうだ。

「具合、悪いんですか」

ぼくが尋ねると山根先生は弱々しく答えた。

「ちょっとね、眠ったり食べたりすることがへたくそになっちゃったんだ」

ほほえんでいるけど、せつなそうだった。

「じゃあ、また本見せてね」

山根先生はぼくにそう言って、姫野先生にお辞儀をして出ていった。どうしてぼくが保健室で給食を食べているのか、山根先生も訊いてこなかった。⑤保健室は不思議な場所だ。牧村先生もお父さんも、ぼくに質問ばっかりしてきたのに。山根先生は給食食べないのかな。

ぼくは給食を食べ終わると、保健室を出て図書室に行った。昼休みの図書室は、司書さんがひとりと、上級生が数人、座って本を読んでいるだけだった。

カビの図鑑は、ぽつんと一冊あった。ぼくはそれを借りて苔のポケット図鑑と一緒におなかに隠し、教室に戻った。

絶対に絶対に絶対に、誰にも見つからないように。

〈中略５　翌週、山根先生が退職することが知らされました。放課後、「ぼく」はこのことをミクジに話そうと神社へ向かうと、ミクジは

岡崎くんは当たり前みたいに言った。

「じゃあ、遠藤さんにお願いします」

遠藤さんはびくっと肩を震わせ、青ざめた顔で小刻(こきざ)みに首を横に振った。いつも静かで、決して自己主張することのない遠藤さん。本当にやりたくないんだ。ピアノを習ってるからって、弾(ひ)けるからって、合唱コンクールの伴奏者をやりたいとは限らない。

「……できません」

かぼそい声で言われて、岡崎くんは眉(まゆ)をひそめた。

「遠藤さんも腱鞘炎なんですか？」

「そうじゃないけど……私…やりたくな……」

泣きそうになりながら声を絞(しぼ)り出す遠藤さんに、岡崎くんは凄(すご)んだ。

「じゃあ、うちのクラスだけ演奏なしですか？」

遠藤さんは黙ってうつむいた。

「みなさんは、どう思いますか」

教室は③□を打ったようにシンとしている。岡崎くんがきっぱりと言った。

「決を取ります。うちのクラスだけ、演奏なしがいいと思う人」

全員が固まった。手を挙げないどころか、ぴくりとも動かない。

「では、遠藤さんがやったらいいと思う人」

ふわああっと、波が押し寄せるみたいに手が上がる。真ん中。これが真ん中の意見。ぼくもここで手を挙げるべき？　そうだ、みんなと同じにしておけば安全だ。右手が机の上から十センチくらい浮いた。でも。

――違う。こんなの、違う。

ぼくは手を机に戻す。岡崎くんの視線を感じたけど、ぼくは下を向いて両手を握(にぎ)ったままじっとしていた。

教師席にいた牧村先生が、遠藤さんのそばに歩いていった。

「遠藤さん、このクラスは他にピアノ弾ける子いないのよ。せっかくだからがんばってみようよ、ね。いい思い出になるよ。先生も練習につきあうからさ」

遠藤さんは答えなかった。先生は遠藤さんの肩をポンと叩(たた)き、みんなに「はい、じゃあ次は、自由曲を決めようか」と言った。きっとあとから、先生がなんらかの形で遠藤さんを説得するんだろう。

ぼくはもやもやしたままそのあとの授業を過ごし、給食の時間がやってきた。

今日の献立(こんだて)は、コッペパン、白身魚のフライ、かぼちゃのポタージュ、インゲンのサラダ。フライとパンは減らせないから丸ごとひとつ。ポタージュとサラダは一口ずつ。いつにも増してみぞおち〔むなもと〕が重い。このパン、こっそり鞄(かばん)に入れて持って帰ろうかな……。パンを片手に眺(なが)めていたら、向かい合った席から岡崎くんが言った。

「フカビ、おまえも腱鞘炎？」

「……ううん」

「なあんだ、手が痛くて挙げられないのかなあって心配しちゃった」

意味がわかっているのかわかっていないのか、隣に座っていた手塚(てづか)くんがへらりと笑う。手塚くんのことは好きでも嫌いでもないけど、それを見てぞくっとした。ぼくもこんなふうに笑ってるときがある。心なんてどこにも入ってなくて、ただその場をやりすごすための笑顔。紙にペンでささっとてきとうに描いたみたいなうすっぺらい笑顔。

もう限界だった。④ここにいたら、ぼくはどうにかなってしまう。体が勝手に動いていた。ぼくはパンを持ったままふらふらと席を立ち、ドアに向かった。

〈中略４　廊下で姫野先生に声をかけられ、「ぼく」は保健室で昼食を食べました。翌日も「ぼく」は昼食の時間になると保健室へ向か

様子をうかがった。

そのとき、白くて大きい誰かがすごいスピードで走ってきた。一瞬、マントを翻すヒーローに見えたけど、それは白衣を着た養護の姫野さゆり先生だった。ぱーんと太っていて、髪の毛がちりちりで、腕も足もボリュームがある。先生は倒れている山根先生に軽く声をかけ、体の下にわしっと手を入れた。

ひょい。姫野先生は山根先生を軽々とお姫様だっこして、どすどすと歩き出した。迅速なその行為に、ぼくは目を見張った。

体育館が割れるかと思うくらい、生徒たちが大爆笑した。先生たちも笑っていた。でもぼくは笑えなかった。何がおかしいのか、さっぱりわからなかった。

山根先生は大丈夫だろうか。それに。かっこいい、かっこいいなあ、姫野先生。

姫野先生は体育館の a 隅に山根先生をそっと下ろした。ドアが開け放たれて風のよく通るそこは、日陰になっていて涼しそうだ。姫野先生は白衣を脱いでくるくると丸め、枕を作って山根先生の頭をそこに乗せた。

「捕獲されちゃったよ、ヤマネ」

岡崎くんが言った。その周囲にいたやつらがどっと笑う。ふと岡崎くんと目が合った。笑っていないのはぼくだけだったのだろう、キッとにらまれた。それでぼくは、b 唇の端っこをがんばって上げてみた。ほっぺたがぴくぴくと痛かった。

〈中略３　給食の時間に岡崎くんと向かい合わせになる「ぼく」は、他の生徒の悪口を言って周囲に同意を求めるなどする岡崎くんの態度に苦痛を感じるようになります。ある日、神社に立ち寄った「ぼく」は一匹の猫ミクジに出会い、学校での辛い出来事を話します。すると、ミクジは「マンナカ」と書かれた葉を落とし、「ぼく」はそれを宝のありかだと思いこみます。その翌朝のこと、学活の時間に音楽会の指揮者を決めることになりました。〉

見計らったように日下部くんが「岡崎くんがいいと思います」と言った。ぼくが転校してきた日、うちに来た男子のひとりだ。

「ええ？　まあ、いいかぁ」

岡崎くんは驚いたふりをしていたけど、この展開はほとんど台本通りだったのだろう。他に推薦がいるかを確認したけど、誰も手を挙げなかった。牧村先生が「決まりね」と拍手をし、クラス全員がそれに倣った。ぼくもだ。

はっとした。

この教室では、岡崎くんが真ん中だ。ぼくはそれに気づいてがっかりした。でも、そういうことなのかもしれない。真ん中にいる岡崎くんの後にくっついていれば、岡崎くんの言うことにちゃんと笑ったり同意したりしていれば、とりあえず丸くおさまるだろう。

宝って、そんなこと？

ピアノ伴奏者はなかなか決まらなかった。立候補も出なかったし、ピアノを習っている女子ふたりが推薦されたけどどちらも嫌がった。

「松坂さんと遠藤さんで、多数決を取ります」

岡崎くんは強引に進めようとする。松坂さんが「ちょっと待って！」と声を張りあげた。

「私、腱鞘炎でピアノ休んでるんです。だからできません」

岡崎くんは「そっか」とあっさり引き下がった。松坂さんは普段からハキハキとした明るい子だ。そのストレートで端的な言い方には、岡崎くんが引っかかる隙がなかったのだろう。直球。これも「真ん中」だ。ぼくはなるほどと小さくうなずく。

「あれ、なに？」
窓辺の棚に置いたふたつの瓶を指さして岡崎くんが言った。ぼくの胸はちょっとふくらんだ。岡崎くんがぼくの宝物に興味を持ってくれたと思ったのだ。
ジャムの空き瓶に入っているのは、前の学校の校庭から採らせてもらったエゾスナゴケ。サツキの植え込みの間に生えてたやつ。湿ると星形になるんだ。かわいいだろ。
もうひとつ、佃煮の空き瓶のほうは、前に住んでた家の庭のナミガタタチゴケっていうんだけど、波の形が優しくて気に入ってる。苔って、すごくおもしろいんだよ。土がなくても大丈夫なんだ、葉で空気中の養分を吸ってるから。コンクリートとか石垣とか、そこらじゅうに居場所を見つけて、他の植物のじゃまにならないようにけなげに生きてるんだよ。
好きなところで好きなように生えてるから、苔に申し訳なくてめったに採取することはないけど、このふたつだけはね、記念に一緒に来てもらったんだ。
「それね、①ぼくの……」
ぼくの説明を聞かず、岡崎くんは瓶を持ち上げてのぞき込んだ。
「うわー、なんだこれ。こいつ、カビなんか集めてんの」
他の三人も岡崎くんのところに寄っていき、大声で騒ぎ出した。
しゅるるると、体ごと心がしぼんだ。カビじゃない。それは苔だよ。すごく大事にしてるんだ。叫びたかったのに、喉に蓋がされているみたいに声が出なかった。
「おまえ、深見じゃなくてフカビだな」
岡崎くんの発案に、みんなが爆発音みたいに笑った。
ぼくも笑おうとした。笑ってしまえば、みんなにとってもぼくにとっても、なんでもないことになる。そう思った。なのに勝手に涙がにじんできて、それに気づいた岡崎くんがしらけた顔をした。
「それ……苔だよ」
ぼくが震える声でせいいっぱい主張すると、岡崎くんは瓶を乱暴に置いた。
「カビも苔も同じようなもんじゃん、気持ちわりぃ」
同じじゃない。岡崎くんは、苔のことを何もわかっていない。カビは植物じゃなくて菌じゃないか。あいつらは苔の大敵だ。ぼくはこの子たちがカビないように、細心の注意を払っている。害しかない悪党のカビと、控えめで清らかな苔を一緒にされて、ぼくは心の底から不本意だった。岡崎くんは他の三人に向かって「ゲームやろうぜ」と言い、四人は居間に戻っていった。ぼくは窓際に駆け寄った。よかった、無事だった。瓶を振られてぐちゃぐちゃになったりしていないのがせめてもの救いだ。もちろん、カビも生えていない。
岡崎くんたちは再びカードゲームに興じると、三十分ぐらいして帰っていった。②そしてその日からぼくは、フカビになった。

〈中略２　担任の牧村由紀先生は、クラスになじめない「ぼく」を心配して、学級委員の岡崎くんを隣の席にし、「ぼく」と仲良くするように頼みました。ある日の朝礼で事件が起こります。〉

突然、壁際でわっと声が上がった。山根先生が倒れたらしかった。山根先生は色白のひょろりとした男の先生で、四年二組の担任だ。牧村先生と同じぐらいの年だけど、あんなふうにはつらつとしていない。いつもどこかおどおどしていて、がりがりに痩せている。
床にぺたりと伏した山根先生の周りに、数人の先生が集まっている。生徒たちは壇上よりもそちらに集中していて、ぼくもかかとを上げては［　　　］から困っているのである。

問10　次は、本文を読んだ明子さんと星子さんの会話です。会話文を読み、後の各問いに答えなさい。

明子：この文章を読んで、私、お金に対する見方が変わったわ。

星子：へえ、どんなふうに？

明子：今までは、お金は多ければ多いほどいいって思ってたから、我慢（がまん）してお年玉とか使わないで貯金していたんだ。でも、お金そのものに【Ａ　二字】があるんじゃなくて、自分の欲しいものを買ったり、やりたいことをやったりできるから【Ａ】があるってことに改めて気づいたの。お金に自分が振り回されるんじゃなくて、【Ｂ　四字】に、つまり自分で決めた使いみちのためにコツコツお金をためるのは決して我慢じゃないのね。

星子：コツコツお金をためるっていえば、最近は、「クラウドファンディング」っていう仕組みもあって、インターネットでやりたいことを発表して、賛同してくれた人から広く資金を集められるらしいよ。経営が苦しくなった小さなお花屋さんから身近なアーティストの作品制作まで、私たちだって支援することができるのよ。知ってた？　この間一緒に観たあのアニメ映画も「クラウドファンディング」によって制作されているのよ。

明子：えー、あの映画が？　私も好きな映画やアーティストだったら応援してみたいかも……。一人一人の金額は小さくても、「　Ｘ　」で大きなことができるのね。

星子：好きなものを応援するためにお金を使うっていうのも、自分にとっての【Ｃ　二字】になるよね。それは広い意味で【Ｂ】なお金の使い方でもあるのよ。

明子：そうだね。お金を上手に使うためには、いろんなことを体験して【Ｄ　二字】を磨いていかないとね。そして、何が自分を【Ｃ】させてくれるのか見つけようよ。

(1)　空欄Ａ～Ｄに入る適切な語を「**もちろん、必ずいつも～**」で**始まる段落以降**の本文中からそれぞれ指定の字数で抜き出し、答えなさい。

(2)　空欄Ｘにはことわざが入ります。最も適切なものを**全てひらがな**で十二字で答えなさい。

二

次の文章は、青山美智子 著『猫のお告げは樹の下で』に収められている「マンナカ」という短編です。本文を読み、後の問いに答えなさい。本文中の〔　〕の表現は、直前の語の意味です。なお、設問の都合上、本文を変更している部分があります。

Ｘ

ぼくにとって最高に美しいものが誰かにとっては気味の悪いもので、だからぼくは何かを好きだって口にするのをやめた。触（さわ）られないように、汚されないように、心の中にしまっておくんだ。

でもそんなふうに決めたら何を話せばいいのかわからなくなって、ぼくはあっというまに「しゃべんない根暗（ねくら）なやつ」になった。実際のぼくがどうであれ、みんなにとってそれが「深見和也（ふかみかずや）」という転校生なんだから仕方ない。

〈中略１　小学四年生の「ぼく」は転校初日、クラスの誰からも声をかけられませんでした。思い切って岡崎（おかざき）くんたち四人の男子に声をかけ、彼らは「ぼく」の家に来ました。〉

じ価値を持っていると信じきってしまうということ。

エ　それ自体には価値のない数字が通帳に印字されると、とたんに莫大な価値を生んでいると錯覚してしまうということ。

問3　傍線部②「お金は普遍的な価値を持っているように見える」について、次の各問いに答えなさい。

(1)　筆者は、「お金は普遍的な価値を持っている」と考えていますか。考えているならば**A**を、考えていなければ**B**を答えなさい。

(2)　次の文は、(1)の解答の根拠をのべたものです。空欄に入る適切な表現を〈**中略1**〉**以前**の本文中から三十五字以内で抜き出し、始めと終わりの五字を答えなさい。（記号も一字と数えます。）

お金とは、[　　　]と筆者は捉えているから。

問4　傍線部③「豪語する」は「[　　]をたたく」と同じ意味の表現です。空欄に入る適切な語を漢字二字で答えなさい。

問5　次の文は、傍線部④「この認識」を説明したものです。空欄に入る適切な表現を本文中からそれぞれ指定の字数で抜き出し、答えなさい。

買おうとしている商品と、その商品と[A　二字]するお金の額とに[B　十字]という認識。

問6　本文中の空欄**X**・**Y**に入る言葉の組み合わせとして最も適切なものを次から選び、記号で答えなさい。

ア　**X**　もの　**Y**　ひと　　イ　**X**　目　**Y**　頭

ウ　**X**　個人　**Y**　集団　　エ　**X**　量　**Y**　質

問7　傍線部⑤「商品を買い被りすぎた」について、次の各問いに答えなさい。

(1)　傍線部中の「被(り)」の読みをひらがなで答えなさい。

(2)　傍線部は、「商品の価値を[　　]評価した」ということです。空欄に入る適切な語を漢字二字で答えなさい。

問8　傍線部⑥について、次の各問いに答えなさい。

(1)　「自分がどう感じているか、自分は何をしたいのか、という基本的なことが、今の情報化社会では見えにくくなっている」原因を、「～から。」に続く形で**傍線部⑥以降**の本文中から十二字で抜き出し、答えなさい。

(2)　傍線部の説明として最も適切なものを次から選び、記号で答えなさい。

ア　インターネットが普及した現代では、ほとんどの情報を家にいながら手軽に交換できるので、直接顔を合わせたコミュニケーションにはあった他者の存在感が失われている。

イ　インターネットの普及によって誰でも好きなだけ情報を発信できる現代においては、自分の発信することが世界にあふれる情報の中に埋もれてしまい、注目されづらくなっている。

ウ　多くの人が自分の生活の充実度を競って情報を発信する現代では、誰もがインターネット上での見映えをよくすることばかりにこだわってしまい、内容を吟味する意欲が失われている。

エ　インターネットを通して多くの人と簡単につながることができる現代では、他人の魅力的な見解や提案に触れる機会が増え、それを自分が生み出したものと思い込みやすくなっている。

問9　次の文は、傍線部⑦「少し違っている」の内容について説明したものです。空欄に入る適切な言葉を「**もちろん、必ずいつも～**」**で始まる段落以降**の本文中から十五字で抜き出し、答えなさい。

多くの人は時間やお金がないから困っていると考えるが、実際

世の中でよく耳にする言葉は、「お金がないからできない」というものだ。一見、お金がないことで困っているように見受けられるけれど、実際に詳しい話を聞いてみると、⑦少し違っている場合がほとんどだ。

多くの人は、「時間」や「お金」が不足しているから自分のやりたいことが実行できない、と言い訳をするのであるが、実は、本当にやりたいことがわからない人である場合が非常に多い。何がしたいのか？　どうしたいのか？　具体的に質問をしていくと、はっきりと答えられない、という場面になる。

一方で、本当にやりたい、どうしてもやりたいと考える人は、「時間」も「お金」もなんとかｂ工面してしまう。自分の好きなことをしている人は、まるで自由人のように傍から見えるけれど、時間とお金が潤沢にあるから、好きなことができるのではない。それは全然違う。かなり苦労して、時間やお金を生み出している。

そもそも発想が逆なのである。僕の周囲で、そういった例を確認してみたが、例外はなかった。

〈中略３〉

では、自分の欲求によって価値を見定めるには、どうすれば良いだろう？

言葉でいうのは簡単でも、具体的にどうして良いか途方に暮れる、という方も多いことと想像する。そうなってしまったこと自体が、価値観が他者依存している証拠でもある。どうやって修正すれば良いのか？

まず、どのようにすれば自分が満足するかを経験しなければならないだろう。価値を決めるものは、自分自身の満足度だからだ。満足とは、面白い、楽しい、気持ちが良い、などの感性によって生まれるものであり、感性が鈍っている人には、そもそも満足を感じることができない。

たとえば、人から褒めてもらえないと嬉しくない、という人間になってしまったら、満足するために他者の協力が必要になる。大勢でわいわいがやがやする時間だけが楽しい、と感じるようになってしまったら、大勢がいないところ、一人だけのときには楽しめない人間になる。こんな状況を、今は「孤独」などと称して恐れているようだ。

他者は関係がない、と思って良い。楽しさを感じるのは、あなたの感性である。これは非常に個人的なものであり、いわば、自分自身で作り出したイメージによって生まれる意識なのである。

自分が楽しめるもの、自分が面白いと思えそうなものを、どんどん試してみることをおすすめする。その経験を積み重ねるうちに、自分は何が好きかが、だんだんわかってくる。一つ楽しいことが見つかると、つぎつぎと関連したものに興味が湧き、もっと大きな楽しみができるはずである。

そういった体験が、自分にとって何が価値があるのか、を理解する元になる。「価値」を知る体験こそが、価値を生むのである。

（森　博嗣　著『お金の減らし方』より）

問１　太線部ａ「牛耳(る)」・ｂ「工面」の読みをひらがなで答えなさい。

問２　傍線部①「通帳の紙に印字されているだけなのに、その数字に価値がある、と思い込める」とはどういうことを言っているのですか。最も適切なものを次から選び、記号で答えなさい。

ア　同じ金額でも通帳に印字されると、他人にそのお金の価値を保証してもらえるように感じてしまうということ。

イ　お金がその場になくても通帳に印字すると紙幣や硬貨のイメージが自然と目の前に浮かんでしまうということ。

ウ　通帳に印字された数字そのものが預金額に相当するお金と同

か、という気持ちとの比較もあるだろう。だが、気持ちは定性的な（つまり数や量では測れない）ものであり、比較は難しいかもしれない。衝動的に買ってしまう、という人が案外多いことからも想像できる。

〈中略1〉

お金の使い方の話をしているのだが、そもそも、「価値」をどう見極めるのか、という点が、お金を使うためのキーポイントになることは、おそらく大勢の方に理解してもらえるはずだ。

この価値を見極める、価値を評価するのは、［X］ではない。［Y］だ。未来のことを想像し、自分がそれによって、どれくらい楽しい思いをするだろう、と考える。その楽しさの量が、すなわち価値となる。

商品であれば、それを手に入れて、どれくらい自分が楽しい体験ができるか。楽しく遊べるか。食べるものなら、自分がどれくらい美味しく、そして気持ちの良い食事ができるか。場所であれば、そこへ行って、自分が見るもの、知るもの、感じるものがどれくらい価値があるか、と想像する。その価値を、自分が働いて手に入れたお金と交換しても良いか、自分はその交換で得ができるのか、という判断をする。

ということは、ものを買う、つまりお金を減らすことは、自分が得をするための行為だ、ということになる。

その行為に及ぶときに頭の中で想像するのは、自分の気持ちである。他者がどう思うのかなんて、難しい問題ではない。たった一人、一番長くつき合ってきて、気心が知れている自分自身の少し未来を想像するだけで良い。それくらいのことは、人間の能力として、不可能ではないはずである。むしろ非常に単純だ。素直に考えれば良い。

もちろん、必ずいつも得をするとは限らない。交換に失敗することもあるだろう。⑤商品を買い被りすぎた場合がそうだ。観測ミスといえる。しかし、それよりも多いのは、自分の気持ちの予測が充分にできなかった場合である。未来に起こる事象を見誤った場合にも、同様の結果となる。これらはいずれも、観察不足が原因である。同じ失敗をしないように、何故見誤ったのかを検討し、その後の予測に活かすことが、損をしないために重要と思われる。

このように、自分の気持ちによってものの価値が決まるということに気づくことが、お金を無駄にしないうえで最も重要な点といえる。もう少し別の言い方をすれば、この「気持ち」というのは、「欲求」でもあるだろう。お金を使って手に入れる価値とは、結局は自分の欲求を満たすことだ、といえる。だから、まず自分の欲求をよく知ることが基本となる。

〈中略2〉

問題は、⑥自分がどう感じているか、自分は何をしたいのか、という基本的なことが、今の情報化社会では見えにくくなっている、という点である。これは僕が指摘しなくても、大勢の方が気づいていることだろう。

周囲とのコミュニケーションが必要以上に個人を拘束しているため、自分がしたいことではなく、みんながしたいことを自分もしたい、と思い込むようになっている。みんなで自分を見失っているような状況に近い。もちろん、そのままで一生を過ごせば、幸せかもしれない。だが、どこかで疲れてしまう可能性も高い。はたと気づいて、自分は本当にこれで良いのだろうか、と自問する人も少なくないはずである。そうなったときに、あるいは、そうなるまえに、少しは自分の頭を使って、自分の価値観を見直し、自分の人生の先行きを想像してみてはいかがだろうか、ということを書いているのだ。

さて、このように、自分本位で、自分の欲求に素直な価値を見出せば、お金というものが、今より少し違ったものに見えてくるかもしれない。

二〇二一年度 浦和明の星女子中学校

【国　語】〈第二回試験〉（五〇分）〈満点：一〇〇点〉

注意　字数制限のある場合は、句読点も一字と数えて答えること。

一　次の文章を読み、後の問いに答えなさい。なお、設問の都合上、本文を変更している部分があります。

電子マネーが登場する以前から、「お金」はとっくに電子化されていた。たとえば、通帳に書かれた数字が、もう電子であり、デジタルだ。①通帳の紙に印字されているだけなのに、その数字に価値がある、と思い込める社会が、つまり現代なのである。昔の人が聞いたら、苦笑して「まさか、そんなものを信じる時代になるはずがない」と首をふったことだろう。

しかし、現在のたとえば日本であれば、全国どこへ行こうが紙幣が使える。②お金は普遍的な価値を持っているように見える。落としたりしたら大変だし、皆さんが大事に大事にお金を扱っているのだ。

僕は経済学を大学で学んだ経験はないけれど、それでも、お金というものが社会で使われているのは、つまり国や政府が国民に信頼されている、あるいは法律が社会秩序の要となっている、ということだというくらいは理解できる。

社会なんて俺には関係ない、と③豪語する人もいるだろう。そんな反社会的な人間になったとしても、財布に日本銀行の発行する紙幣を入れて、大事に持ち歩いているはずだ。それがないと、弁当も買えない。電車にも乗れない。お金がなかったら、すべてを自給自足して生活していかなければならない。もう、そんな生活は、今ではほとんど不可能だと断言しても良いだろう。

お金が成立するのは、社会で大勢の人間が分業し、お互いの生産物を交換するような場が保証されているからだ。ただ人間が大勢集まっただけで、自然に発生したものではない。持ちものを交換するほどの知性があっても、なかなかお金のシステムまでは作れない。お金が成立するためには、社会を ａ 牛耳る絶対的な権力が必要なのだ（牛耳るというのは、やや不適切だろうか）。

ただし、ここで大事なことは、お金というのは、ものの「価値」を仮に数字にしたものであり、それを示す指標でしかない、という点である。お金がさきにあったわけではない。それ以前に、世の中にあるもの、つまり、物品や、あるいは作業の結果などに、それぞれの「価値」があった、という点を忘れてはいけない。その価値を認めなければ、交換することもなかったはずだ。

たとえば、美味しい芋が一つもらえるなら、庭の掃除を半日してやっても良い、という交換が成立する場合、芋一つと庭を掃除した結果に、同じだけの価値がある、という認識を、少なくとも交換をする両者が持たなければならないだろう。もし、この「価値」が等しいことが成り立たない場合は、芋をもう一つ増やさないと、同じ作業がしてもらえなかったりする。それでも、物や仕事にある一定の「価値」がある、という点は同じだ。

そんな当たり前の話は必要ない、と思われる方が多いかもしれない。しかし、ここが肝心なところである。たとえば、ある商品を買おうかどうしようか、と悩んでいるときに、何をどう比較するのか、という問題に、④この認識が必要になる。

五千円のバッグを買うかどうか迷う場合、普通は、そのときに財布に入っている金額と、五千円という商品の値段を比較する。この比較は、誰でもするはずである。あとは、そのバッグがどれくらい欲しい

2021年度

浦和明の星女子中学校　▶解説と解答

算　数　＜第２回試験＞（50分）＜満点：100点＞

解　答

[1] (1) $\frac{1}{3}$　(2) 時速44.8km　(3) 159cm　(4) 160ページ　(5) 64cm²　(6) ① 120度　② 45.46cm²　(7) 60g　[2] (1) 8　(2) **最も小さい数**…9，**2番目に小さい数**…18　[3] (1) 2分24秒後　(2) ① ウ　② 14分56秒後　[4] **ア** 6　**イ** 3　**ウ** 2　**エ** 5　**オ** 3　**カ** 9　[5] (1) 25850円　(2) 1100円少ない　(3) 132枚　[6] (1) ① 解説の図アを参照のこと。　② 7回目　(2) 解説の図ウを参照のこと。

解　説

[1] 四則計算，速さ，平均とのべ，和差算，相当算，展開図，面積，角度，濃度

(1) $\left(2.5\times0.65-\frac{5}{4}\right)\div\frac{7}{4}+1\frac{1}{3}\div3\frac{1}{2}-\left(\frac{4}{21}+\frac{1}{14}\right)=\left(\frac{5}{2}\times\frac{65}{100}-\frac{5}{4}\right)\div\frac{7}{4}+\frac{4}{3}\div\frac{7}{2}-\left(\frac{8}{42}+\frac{3}{42}\right)=\left(\frac{13}{8}-\frac{10}{8}\right)\div\frac{7}{4}+\frac{4}{3}\times\frac{2}{7}-\frac{11}{42}=\frac{3}{8}\times\frac{4}{7}+\frac{8}{21}-\frac{11}{42}=\frac{3}{14}+\frac{8}{21}-\frac{11}{42}=\frac{9}{42}+\frac{16}{42}-\frac{11}{42}=\frac{14}{42}=\frac{1}{3}$

(2) 往復の平均の速さは，(往復の道のり)÷(往復にかかった時間)で求める。往復の道のりは，40×２＝80(km)である。また，行きにかかった時間は，$40\div42=\frac{20}{21}$(時間)，帰りにかかった時間は，$40\div48=\frac{5}{6}$(時間)なので，往復にかかった時間は，$\frac{20}{21}+\frac{5}{6}=\frac{25}{14}$(時間)である。よって，往復の平均の速さは時速，$80\div\frac{25}{14}=44.8$(km)と求められる。

(3) (平均)＝(合計)÷(人数)より，(合計)＝(平均)×(人数)となるから，４人の合計は，152.5×４＝610(cm)とわかる。また，「ＡさんとＢさんの平均」は「ＣさんとＤさんの平均」より８cm高いので，「ＡさんとＢさんの合計」は「ＣさんとＤさんの合計」より，８×２＝16(cm)高い。よって，右の図アのように表すことができるから，ＡさんとＢさんの合計は，(610＋16)÷２＝313(cm)と求められる。さらに，ＡさんはＢさんより５cm高い。したがって，右の図イのように表すことができるので，Ａさんの身長は，(313＋５)÷２＝159(cm)とわかる。

図ア
Ａ＋Ｂ　16cm　610cm
Ｃ＋Ｄ

図イ
Ａ　313cm
Ｂ　５cm

(4) 全体のページ数を①，１日目に読んだ後の残りのページ数を$\boxed{1}$として図に表すと，右の図ウのようになる。図ウで，$\boxed{1}-\boxed{\frac{2}{5}}=\boxed{\frac{3}{5}}$にあたるページ数が，70－１＝69(ページ)だから，$\boxed{1}$にあたるページ数は，$69\div\frac{3}{5}=115$(ページ)とわかる。すると，①－($\frac{1}{4}$)＝($\frac{3}{4}$)にあたるページ数が，115＋５＝120(ページ)になるので，①にあたるページ数(全体のページ数)は，$120\div\frac{3}{4}=160$(ページ)と求められる。

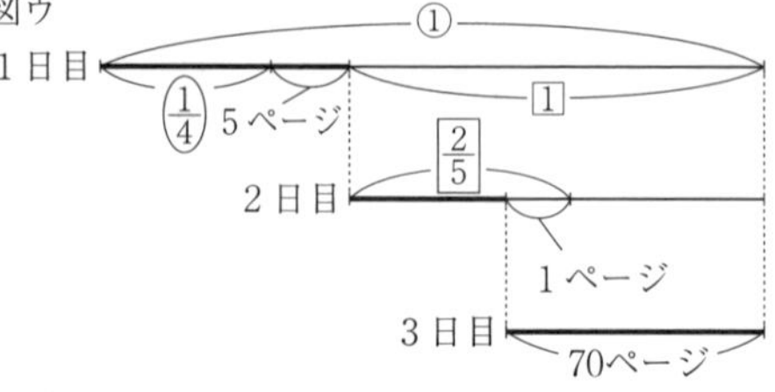

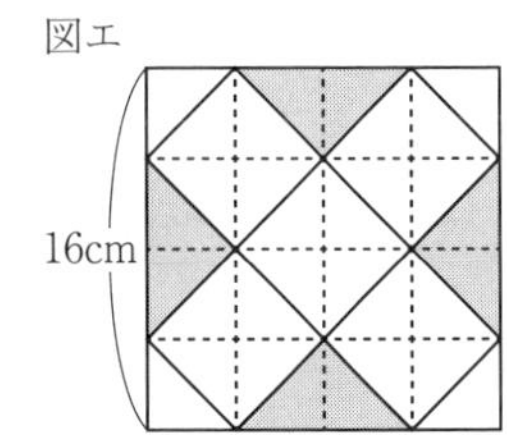

(5) 問題文中の図１の厚紙は，右の図エのように，直角をはさむ辺の長さが，16÷４＝４(cm)の合同な直角二等辺三角形に分けることができる。よって，切り取った部分は，底辺が，４×２＝８(cm)，高さが４cmの直角二等辺三角形だから，１か所あたりの面積は，８×４÷２＝16(cm²)となる。したがって，切り取った部分の面積の合計は，16×４＝64(cm²)である。

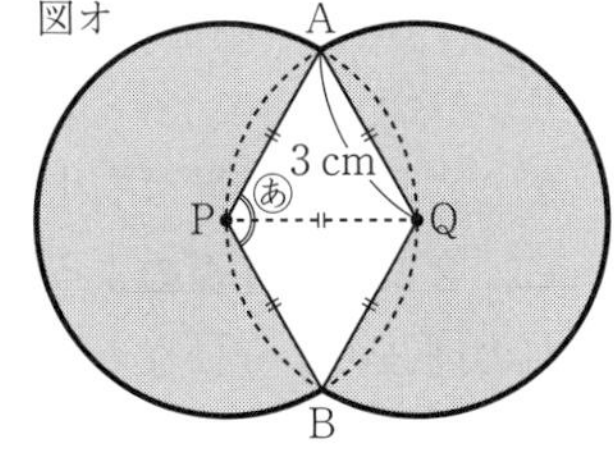

(6) ① 右の図オで，同じ印をつけた部分はどれも同じ大きさの円の半径だから，同じ長さである。よって，三角形APQと三角形BQPは正三角形なので，角㋐の大きさは，60×２＝120(度)とわかる。　② かげをつけた部分のおうぎ形PABの中心角は，360−120＝240(度)だから，その面積は，$3\times3\times3.14\times\frac{240}{360}=6\times3.14$(cm²)である(おうぎ形QBAも同様)。また，正三角形APQと正三角形BQPの面積はどちらも3.89cm²とされている。よって，太線で囲まれた図形の面積は，６×3.14×２＋3.89×２＝12×3.14＋7.78＝37.68＋7.78＝45.46(cm²)と求められる。

(7) 水の重さに注目する。10％の食塩水にふくまれている水の割合は，100−10＝90(％)なので，10％の食塩水240ｇにふくまれている水の重さは，240×0.9＝216(ｇ)とわかる。同様に考えると，13％の食塩水200ｇにふくまれている水の重さは，200×(１−0.13)−174(ｇ)となる。また，食塩を加えても，水の重さは変わらない。よって，すべてを混ぜたとき，ふくまれている水の重さは，216＋174＝390(ｇ)になる。このとき，できた食塩水の濃度が22％だから，できた食塩水の重さを□ｇとすると，□×(１−0.22)＝□×0.78＝390(ｇ)と表すことができる。したがって，□＝390÷0.78＝500(ｇ)なので，混ぜた食塩の重さは，500−(240＋200)＝60(ｇ)と求められる。

2 約束記号，素数の性質

(1) 15を素数の積で表すと「３×５」となり，その約数のうち奇数(きすう)であるものは{1，３，５，３×５}だから，〈15〉＝４となる。次に，60を素数の積で表すと「２×２×３×５」となり，その約数のうち奇数であるものは{1，３，５，３×５}なので，〈60〉＝４となる。よって，〈15〉＋〈60〉＝４＋４＝８と求められる。

(2) 30を素数の積で表すと「２×３×５」となるから，〈30〉は〈15〉や〈60〉と等しく４になる。よって，〈30〉＋〈X〉＝４＋〈X〉＝７より，〈X〉＝７−４＝３とわかる。つまり，Xは奇数の約数の個数が３個の整数である。また，たとえば，50を素数の積で表すと「２×５×５」となり，その約数のうち奇数であるものは{1，５，５×５}の３個となる。このように，素数の積で表したときに同じ奇数が２個あると，奇数の約数が３個になる。よって，Xに当てはまる数は，３×３＝９，３×３×２＝18，５×５＝25，…などである。したがって，Xのうちで最も小さい数は９，２番目に小さい数は18とわかる。

3 旅人算

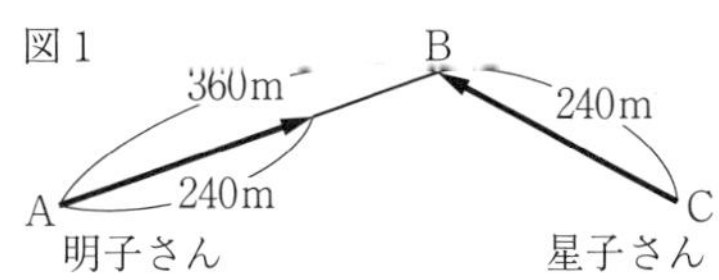

(1) 星子さんが１度目にＢ地点を通過するのは出発してから，240÷120＝２(分後)であり，このときまでに明子さんも240ｍ進んでいるので，出発してから２分後には右の図１のようになる。このときの２人の間の距離(きょり)は，360−240＝120(ｍ)

であり，この後，２人の間の距離は１分間に，120＋180＝300(m)の割合で縮まるので，図１の状態から２人がすれ違う(ちが)までの時間は，120÷300＝0.4(分)とわかる。よって，２人が１度目にすれ違うのは出発してから，２＋0.4＝2.4(分後)である。これは，60×0.4＝24(秒)より，２分24秒後となる。

(2) ① ２人が進む距離は上り，下りともに等しく，２人の上り，下りの速さもそれぞれ等しいので，２人が１往復するのにかかる時間は同じになる。つまり，ウが正しい。　② それぞれの区間の上りと下りにかかる時間は右上の図２のようになるから，２人の１往復のようすをグラフに表すと，右の図３のようになる。図３で，アの距離は，$120\times\left(6\frac{1}{3}-4\right)$＝280(m)だから，イの距離は，360－280＝80(m)とわかる。よって，かげをつけた部分の時間は，$80\div300=\frac{4}{15}$(分)なので，２人が２度目にすれ違うのは出発してから，$6\frac{1}{3}+\frac{4}{15}=6\frac{3}{5}$(分後)と求められる。したがって，４度目にすれ違うのは２往復目に入ってから$6\frac{3}{5}$分後なので，出発してから，$8\frac{1}{3}+6\frac{3}{5}=14\frac{14}{15}$(分後)である。これは，$60\times\frac{14}{15}$＝56(秒)より，14分56秒後となる。

図２

	上り	下り
AB間	360÷120＝３(分)	360÷180＝２(分)
BC間	240÷120＝２(分)	240÷180＝$1\frac{1}{3}$(分)

図３

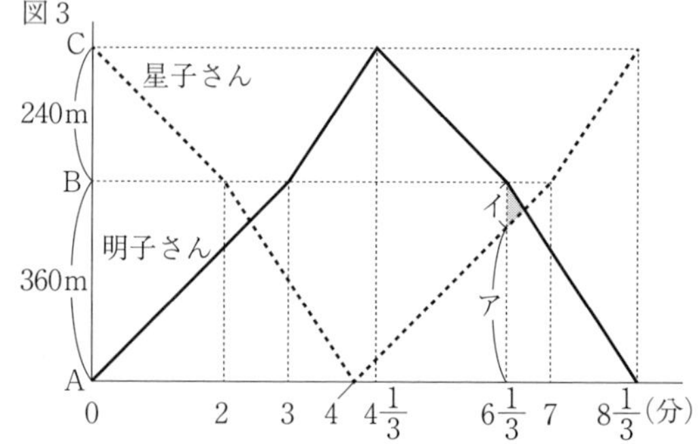

4 条件の整理

まず，下の図１で，明子さんのように，AB×D＝11Eに注目する。先生が「A～Fには２から９までのうちのそれぞれ異なる数字が入ります」と言っていることから，Aには２以上の数字が入る。そのため，Dに６以上の数字が入ると，AB×Dは必ず120以上になる(「11E」の形にならない)ので，ふさわしくない。よって，Dに入る数字は６(…ア)より小さい。次に，太郎さんが言うように，Dに６より小さい{5，4，3，2}を入れてみて，それぞれの場合について，AB×Dが「11E」の形になる可能性があるAを調べると，下の図２～図５のようになる。これらのうち，図４の場合は，AとDがともに３(…イ)になるから，当てはまらない。そこで，Dは{5，4，2}のいずれかとなる。Dが５の場合，Bは３と決まり，下の図６のようになる。すると，DとEがともに５になるので，当てはまらない。Dが４の場合，Bは８か９だから，下の図７，図８のようになる。図７では，AとEがともに２になり，図８では，「29×C」の値を「1FF」の形にすることはできないので，どちらも当てはまらない。したがって，Dが２の場合を調べると，下の図９のようになって当てはまる。よって，ウは２，エは５，オは３，カは９である。

図１	図２ (*D*＝5)	図３ (*D*＝4)	図４ (*D*＝3)	図５ (*D*＝2)	図６ (*D*＝5)	図７ (*D*＝4)	図８ (*D*＝4)	図９ (*D*＝2)
AB	2B	2B	3B	5B	23	28	29	59
×CD	×C5	×C4	×C3	×C2	×C5	×C4	×C4	×32
11E	11E	11E	11E	11E	115	112	116	118
1FF	1FF	1FF	1FF	1FF	1FF	1FF	1FF	177
1EEE	1EEE	1EEE	1EEE	1EEE	1EEE	1EEE	1EEE	1888

5 平均とのべ

(1) 21枚目から100枚目までは，定価の１割引なので，１枚あたり，550×(１－0.1)＝495(円)になり，101枚目からは，定価の２割引なので，１枚あたり，550×(１－0.2)＝440(円)になる。50枚注文するとき，１枚目から20枚目までの20枚については１枚あたり550円，21枚目から50枚目までの，50－20＝30(枚)については１枚あたり495円になるので，総額は，550×20＋495×30＝25850(円)である。

(2) 100枚を一度に注文するとき，１枚目から20枚目までの20枚については１枚あたり550円，21枚目から100枚目までの，100－20＝80(枚)については１枚あたり495円になるので，総額は，550×20＋495×80＝50600(円)になる。また，二度に分けて50枚ずつ注文するときの総額は，(1)より，25850×２＝51700(円)とわかる。よって，一度に注文するときの方が，51700－50600＝1100(円)少ない。

(3) １枚あたりの作成料が490円で，21枚目から100枚目までの単価(495円)よりも安くなっていることから，注文した枚数は100枚を超えていることがわかる。そこで，100枚を超えた分の枚数を□枚として図に表すと，右のようになる。この図で，かげをつけた部分と太線で囲んだ部分の面積はどちらも総額を表しており，これらの面積は等しいから，「アとイの長方形の面積の和」とウの長方形の面積は等しい。そして，アの長方形の面積は，(550－490)×20＝1200(円)，イの長方形の面積は，(495－490)×80＝400(円)である。よって，ウの長方形の面積は，1200＋400＝1600(円)となるので，□＝1600÷(490－440)＝32(枚)となり，注文した枚数は，100＋32＝132(枚)とわかる。

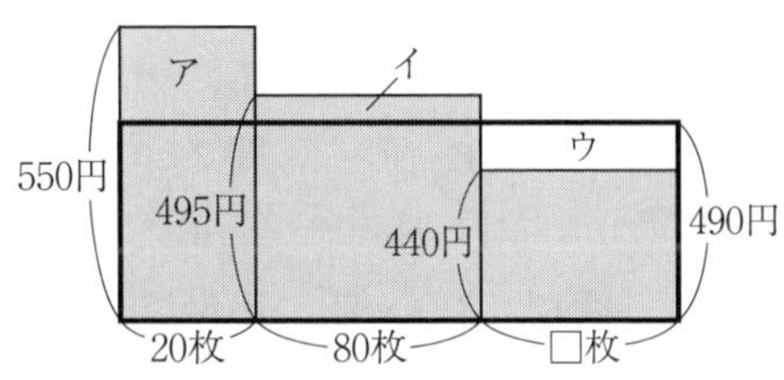

6 条件の整理

(1) ① 問題文中の例を参考にして調べると，下の図アのようになる。 ② 図アでは，３回目に１列目と２列目が最初の並び方(問題文中の図１)と入れ替わり，４回目は３回目と同じになっている。よって，４＋３＝７(回目)の作業を終えた後に，１列目と２列目が再び入れ替わり，初めて最初の並び方と同じになる。

図ア

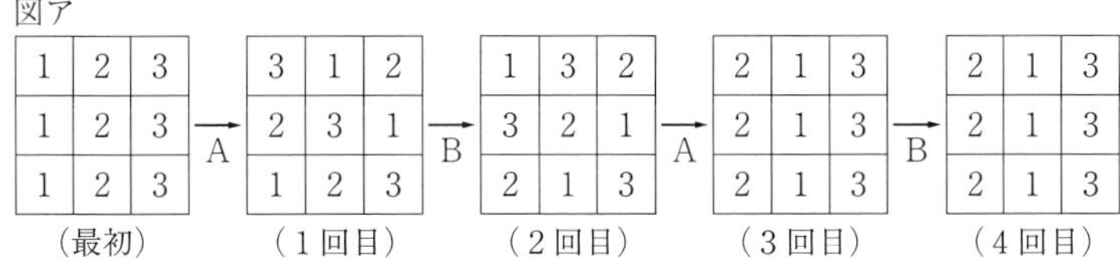

(2) 作業Ａを２回続けて行うとき，１行目は右に２列ずつずらすことになる。また，２行目は右に４列ずつずらすことになるが，これは右に１列ずつずらすのと同じことである。つまり，作業Ａを２回続ける作業は，作業Ａを１回行ったときの１行目と２行目を入れ替えたものになる。同様に，作業Ｂを２回続ける作業は，作業Ｂを１回行ったときの１列目と２列目を入れ替えたものになる。このことを参考にして調べると，下の図イのようになる。図イでは，６回目に１列目と２列目が最初の並び方と入れ替わり，８回目は６回目と同じになっているから，８＋６＝14(回目)の作業を終えた後に，１列目と２列目が再び入れ替わり，最初の並び方と同じになる。続けて，作業Ｂを２回続けた後(16回目の作業を終えた後)の並び方も最初と同じになり，16＋14＝30(回目)の作業を終え

た後の並び方も最初と同じ(下の図ウ)になる。

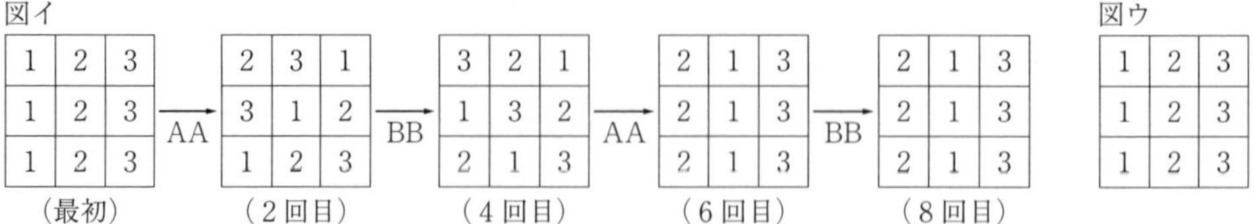

社　会　＜第２回試験＞（理科と合わせて50分）＜満点：50点＞

解　答

Ⅰ **問１** (ア)　**問２** (1) (ア)　(2) (エ)　**問３** 三(%)　**問４** (エ)　**問５** (1) (イ) (2) (イ)　**問６** (ウ)　**問７** (ア)　**問８** (1) (ウ)　(2) (ウ)　**問９** (1) (イ)　(2) (エ) (3) (ア)　(4) (i) (イ)　(ii) (エ)　**問10** (ウ)　**問11** (1) インドネシア　(2) (ウ)　(3) (イ)　**問12** (1) (例) 小型で重量が軽いわりに単価が高く，輸送費がかかっても採算がとれる (2) (エ)　(3) (ウ)　**問13** (エ)　**問14** (イ)　Ⅱ **問１** (ア)　**問２** (ア)　**問３** 法隆 **問４** (イ)　**問５** (ウ)　**問６** (ウ)　**問７** (ウ)　**問８** (ウ)　**問９** (ウ)　**問10** 民主(党)

解　説

Ⅰ SDGsを題材とした問題

問１　リオデジャネイロは，南アメリカ大陸最大の国であるブラジルの南東部に位置する都市なので，(ア)が選べる。なお，(イ)はアルゼンチンの首都ブエノスアイレス，(ウ)はペルーの首都リマ，(エ)はコロンビアの首都ボゴタの位置である。

問２　(1)　(ア)　宇多天皇の時代の894年，朝廷は数十年ぶりに遣唐使を派遣することを決定し，菅原道真を遣唐大使に任命したが，道真は航海が危険であることと唐(中国)の国内が乱れていることなどを理由に派遣の停止を進言し，認められた。　(イ)　宋(中国)との貿易(日宋貿易)の最大の輸入品は銅銭(宋銭)で，ほかに陶磁器や香料などが輸入された。銅，硫黄，刀剣は日本からの輸出品である。　(ウ)　明(中国)との貿易(日明貿易)は室町幕府によって始められたが，やがて守護大名の大内氏によって独占されるようになり，大内氏の滅亡とともに断絶した。　(エ)　1931年に満州事変を引き起こした日本軍は満州(現在の中国東北部)のほぼ全域を占領し，翌32年，満州国として独立させ，その実権をにぎった。なお，1941年にはアジア太平洋戦争が始まった(～1945年)。

(2)　(ア)　1854年に江戸幕府が結んだ日露和親条約により，千島列島については択捉島以南が日本領，ウルップ島以北がロシア領とされ，樺太は両国民雑居の地とされた。その後，明治政府が1875年にロシアと結んだ樺太・千島交換条約により，樺太がロシア領，千島列島全部が日本領とされた。

(イ)　第一次世界大戦(1914～18年)が始まると，日本は日英同盟を理由に連合国側に立って参戦し，ドイツの支配下にあった中国の山東半島や，太平洋のドイツ領南洋諸島を占領した。そして，1919年にフランスのパリで開かれた講和会議に戦勝国として参加した。　(ウ)　1939年９月にヨーロッパで第二次世界大戦が開戦し，翌40年９月，日独伊三国(軍事)同盟が結ばれた。そして，1941年12月に日本がアメリカ・イギリスに宣戦布告してアジア太平洋戦争に突入し，枢軸国とよばれた日本・ドイツ・イタリアの３国と，アメリカ・イギリス・ソ連などの連合国が戦った。　(エ) オランダ領東インドとは，現在のインドネシアとその周辺地域のこと。アジア太平洋戦争に突入すると，日本は半年余りの間にこの地域をふくむ東南アジアの多くの地域を占領した。

問３　消費税は1989年に導入された間接税で，当初の税率は３％であったが，その後５％，８％と引き上げられ，2019年10月から10％(軽減税率により，酒類と外食を除く飲食料品と定期購読の新聞代は８％のまま)となっている。

問４　(ア)　太政官は中央政府に置かれた国政の最高機関で，一般に，「だいじょうかん」と読む場合は律令制度の時代に置かれたものを表し，「だじょうかん」と読む場合は明治時代初期(1869～85年)のものを表す。律令制度のもとでは，中央に神祇官と太政官が置かれ，太政官の下に８つの省が置かれた(２官８省)。また，枢密院は明治政府が大日本帝国憲法の草案の審議のために設けた機関で，憲法発布後も天皇の最高諮問機関として大きな力を持った。　(イ)　鎌倉幕府では，中央に，財政や政務一般を担当する政所，御家人の統率や軍事・警察の仕事を担当する侍所，裁判を担当する問注所が置かれた。　(ウ)　江戸幕府には「三奉行」(寺社奉行・勘定奉行・町奉行)とよばれる役職が置かれた。寺社奉行は寺社・寺社領の管理や宗教統制など，勘定奉行は幕府の財政や天領(幕府の直轄地)の管理，代官の支配など，町奉行は町方の行政・司法・警察などを担当した。(エ)　1885年，それまでの太政官制に代わって内閣制度が発足し，内務省・外務省・大蔵省・逓信省などの官庁が設置された。

問５　**(1)**　出生数は2005年から2015年までは100万人台を維持していたので，(イ)が選べる。なお，出生数は1973年には約209万人であったが，2016年に初めて100万人を割り，その後も減少が続いている。　**(2)**　2019年の人口は，(ア)の宮城県仙台市が約106万人，(イ)の栃木県宇都宮市が約52万人，(ウ)の高知県高知市が約33万人，(エ)の福岡県北九州市が約96万人となっている。統計資料は『日本国勢図会』2020／21年版による(以下同じ)。

問６　(ア)　平安時代後半に奥州藤原氏が平泉(岩手県)につくったのは，金色堂で知られる中尊寺である。円覚寺(神奈川県)は鎌倉幕府の第８代執権北条時宗が建てた臨済宗の大本山で，その舎利殿は宋の建築様式(禅宗様)にならって建てられた。　(イ)　平清盛が修築して日宋貿易を行った大輪田泊は，現在の神戸港(兵庫県)の一部にあたる。なお，戦国時代に港町として繁栄した堺(大阪府)は，イエズス会の宣教師が本国にあてて書いた手紙の中で「東洋のベニス」と紹介されている。ベニス(ベネツィア)は国際的な貿易港があることで知られるイタリアの都市である。　(ウ)　一乗谷(福井市)は戦国大名であった朝倉義景の根拠地であったが，義景が織田信長によって攻め滅ぼされたさいに，町ごと焼失した。近年，「一乗谷朝倉氏遺跡」として発掘調査が進められている。(エ)　日米和親条約(1854年)により開港されたのは函館(箱館，北海道)と下田(静岡県)で，横浜(神奈川県)や神戸が開港されたのは日米修好通商条約(1858年)によってである。

問７　福沢諭吉は1834～1901年，樋口一葉は1872～96年，野口英世は1876～1928年に存命していた。大明のききんは1782～87年，沖縄県の設置は1879年，大日本帝国憲法の発布は1889年，日清戦争は1894～95年のできごとである。

問８　**(1)**　さいたま市は2001年に浦和・大宮・与野の３市が合併して誕生し，2005年には人形の産地として知られる岩槻市が加わった。なお，(ア)は秩父市，(イ)は蕨市，(エ)は所沢市について述べた説明文である。　**(2)**　さいたま市は埼玉県の南東部に位置する。なお，(ア)は熊谷市，(イ)は春日部市，(エ)は川越市である。

問９ (1) 愛媛県の旧国名は伊予で，これにちなんだ名を持つ柑橘類の「いよかん」などで知られる。なお，(ア)の「阿波」は徳島県，(ウ)の「隠岐」は島根県の隠岐諸島，(エ)の「志摩」は三重県東部の旧国名である。　(2) 一遍は時宗の開祖なので，(エ)が誤っている。なお，臨済宗は禅宗の一派で，栄西が日本に伝えた。　(3) 北緯34度の緯線を西からたどると，福岡県の北の沖合から山口，愛媛，徳島，和歌山，奈良，三重の各県を通過して太平洋上に出る。よって，(ア)が正しい。　(4) (i) (ア) 「道後温泉」の付近の山地には果樹園（○）や広葉樹林（Q）がみられるが，噴火口・噴気口（）はみられない。　(イ) この地形図は「松山北部」のものなので，「二番町」にある市役所（◎）は松山市役所と考えられる。　(ウ) 地形図中にみられる鉄道の路線のうち，「予讃線」（）はJR線（単線）であるが，（）などで表されているのは私鉄の伊予鉄道である。(エ) 「古町駅」付近などに神社（⛩）がみられる。　(ii) 「１：25,000」と記されていることから，この地形図の縮尺は２万5000分の１である。よって，この地形図上の１cmの実際の距離は，１(cm)×25000＝25000(cm)＝250(m)となり，Ａの１辺の実際の距離は，250×２＝500(m)，Ａの実際の面積は，500×500＝250000(m²)と求められる。

問10 (ア) 板付遺跡（福岡県）は縄文時代末期から弥生時代初期にかけての遺跡で，国内で最も早い時期の稲作の跡が見つかったことでも知られる。　(イ) 九州地方北部の豪族で筑紫の国造（ヤマト政権の地方官）であった磐井は，朝鮮半島に向かう朝廷軍を妨害しようとして527年に反乱を起こしたが，物部氏らによっておさえられた（磐井の乱）。桓武天皇は794年に平安京（京都府）に都を移した天皇である。　(ウ) 663年，白村江の戦いで日本軍が唐と新羅の連合軍に大敗すると，朝廷は唐や新羅の侵攻に備えて大宰府（福岡県）の北に水城を築かせた。　(エ) 「因島」ではなく「志賀島」が正しい。なお，因島は瀬戸内海にある島で，広島県に属する。

問11 (1) 近年，日本の石炭の輸入先でオーストラリアについで第２位となっているのはインドネシアである。インドネシアは石炭の産出高でも，中国，インドについで第３位になっている。(2) (ア)はILO（国際労働機関），(イ)はユニセフ（国連児童基金），(ウ)はユネスコ（国連教育科学文化機関），(エ)はFAO（国連食料農業機関）について述べた説明文である。　(3) 早くから発電が行われているが発電量はそれほど多くない(ア)は地熱発電，近年，急速に発電量を伸ばしてきた(イ)は太陽光発電，残る(ウ)は風力発電である。

問12 (1) IC（集積回路）は小型・軽量なわりに高価であることから，航空機やトラックなどで長距離輸送しても採算が合う。そのため，IC工場は空港や高速道路の周辺に立地していることが多い。九州地方は，広い土地やきれいな水と空気，労働力が得やすかったことなどから，1960年代以降，IC工場が進出するようになった。そのため，九州地方はIC産業の集中するアメリカ合衆国カリフォルニア州のシリコンバレーにちなんで，シリコンアイランドとよばれるようになった。　(2) 野菜の生産額が最も多い(エ)が熊本県と判断できる。なお，米の生産額が少ない(イ)は沖縄県，肉用牛の生産額が多い(ウ)は鹿児島県，残る(ア)は宮崎県である。　(3) (ア) 江田船山古墳（熊本県）から出土した鉄刀には「ワカタケル大王」の名をふくむ銘文が刻まれているが，文字はすべて漢字である。かな文字（カタカナ，ひらがな）が広く使われるようになったのは，国風文化が栄えた平安時代中期以降のことである。　(イ) 小西行長は関ケ原の戦いで西軍（豊臣方）について戦い，敗れた。そして，西軍を率いた石田三成らとともに処刑された。　(ウ) 西南戦争のさい，政府軍の熊本鎮台が置かれていた熊本城は激戦地となったが，反乱軍の攻撃をよくしのぎ，政府軍の勝利に大きく貢献した。　(エ)　結核菌やコレラ菌を発見したのはドイツの細菌学者コッホで，北里柴三郎はコッホに師事してペスト菌の発見や破傷風の血清療法の発見などをなしとげた。

問13　SDGs(持続可能な開発目標)は2015年の国連総会で採択された2030年までに進めるべき行動指針で，17分野にわたる目標と，それらを達成するための具体的な目安である169のターゲットからなっている。熊本市は内閣府が認定した「SDGsモデル事業都市」として，2016年に発生した熊本地震をもとに，「熊本地震の経験と教訓をいかした地域(防災)力の向上事業」というモデル事業に取り組んでいる。なお，(ア)は福井県鯖江市，(イ)は沖縄県恩納村，(ウ)は福岡県宗像市について述べた説明文である。

問14　「児童生徒」は未来の社会とその基盤を担う存在なので，(イ)の「産業と技術革新の基盤をつくろう」と関連する取り組みと考えられる。

Ⅱ　2020年のできごとを題材とした問題

問１　(ア)　第二次世界大戦後，ヨーロッパ諸国は再び戦争を起こさないようにしようと，国々の政治的・経済的な結びつきを深めて統合を目指した。そして，1993年にマーストリヒト条約が発効したことにより，それまでのEC(ヨーロッパ共同体)を基礎として発展させたEU(ヨーロッパ連合)が発足した。　(イ)　EUの共通通貨はユーロで，2020年の時点で19か国が使用している。なお，ルーブルはロシアの通貨である。　(ウ)　トルコは早くからEUへ加盟する意思を表明しているが，EU側との交渉は進展していない。　(エ)　EUの本部はECの時代から，ベルギーの首都ブリュッセルに置かれている。

問２　2019年の世界の防衛費(軍事費)は合計約204兆円で，アメリカ合衆国(約79兆円)が４割近くを占めて第１位，中国(約28兆円)が第２位となっている。

問３　７世紀初めに聖徳太子が建てた法隆寺(奈良県)は，現存する世界最古の木造建築物で，ユネスコの世界文化遺産に登録されている。

問４　「働き方改革」は安倍晋三内閣が打ち出していた基本政策の１つで，その一環として2020年４月に「同一労働同一賃金」とよばれる制度が始まった。正規・非正規の雇用形態にかかわらず，同じ労働に従事する労働者には同じ賃金を支給するというもので，雇用形態による賃金格差を解消していくことを目的としている。

問５　(ア)のNPTは核拡散防止条約(核不拡散条約)，(イ)のTPPは環太平洋パートナーシップ協定(環太平洋経済連携協定)，(ウ)のWHOは世界保健機関，(エ)のWTOは世界貿易機関の略称である。

問６　(ア)　国際連合の本部はアメリカのニューヨークに置かれている。　(イ)　安全保障理事会は，常任理事国５か国(アメリカ，ロシア，イギリス，フランス，中国)と，任期２年の非常任理事国10か国の計15か国で構成されている。決議にはすべての常任理事国をふくむ９か国以上の賛成が必要であるため，常任理事国のうち１か国でも反対すれば決議できないことになる。常任理事国が持つこのような権限は，拒否権とよばれる。　(ウ)　1948年，国際連合総会で「世界人権宣言」が採択された。人権の国際基準を定めたこの文書は，二度にわたる世界大戦への反省の上に立ってつくられたものである。　(エ)　侵略国に対する制裁として経済制裁しかできなかった国際連盟と異なり，国際連合では軍事制裁も認められている。

問７　東北地方の太平洋側では，初夏から盛夏にかけて，北東の風が沖合を流れる千島海流(親潮)

の上を通り，霧状の湿った冷たい風となって吹きつけることがある。この風を「やませ」といい，霧や雲が多く発生して日光をさえぎり，気温の上昇をさまたげるので，これが長く続くと稲の生育が遅れ，冷害の原因となる。なお，(ア)の「からっ風」は群馬県などで冬に吹く北西の季節風，(イ)の「清川だし」は山形県の庄内平野で夏に吹く南東の季節風，(エ)の「六甲おろし」は兵庫県で六甲山系から沿岸部へと吹き降ろす北寄りの風である。

問８　2019年，ローマ教皇フランシスコが来日し，東京，長崎，広島を訪れた。そして翌20年，原爆投下から75年になることを受け，核兵器廃絶を世界によびかけるメッセージを発信した。

問９　国会には，毎年１月中に召集され，予算の審議と議決をおもに行う会期150日の通常国会(常会，１回に限り延長可能)，内閣が必要と認めたとき，またはいずれかの議院の総議員の４分の１以上の要求があったときに召集される臨時国会(臨時会)，衆議院解散による総選挙後30日以内に召集される特別国会(特別会)，衆議院解散中，国に緊急の必要があるときに召集される参議院の緊急集会の４種類がある。2020年８月，安倍晋三首相が辞任する意向を表明し，これを受けて９月に自由民主党の総裁選挙が行われ，菅義偉が新しい総裁に選出された。その後，臨時国会が召集され，その冒頭で安倍内閣が総辞職し，続いて行われた内閣総理大臣の指名選挙を経て，菅が第99代内閣総理大臣となった。

問10　2020年のアメリカ合衆国大統領選挙は，現職で共和党候補のドナルド・トランプと，オバマ政権下で副大統領を務めていた民主党候補のジョー・バイデンとの間で争われた。11月に行われた投票の結果，バイデン候補が勝利し，2021年１月に大統領に就任した。

理　科　＜第２回試験＞（社会と合わせて50分）＜満点：50点＞

解　答

[1] **問１**　**a**　ア→ウ→エ→イ→オ　**b**　エ　**問２**　**a**　B1　**b**　オ　**c**　オ
[2] **問１**　**a**　912cm³　**b**　ウ，カ　**問２**　**a**　1.45g/cm³　**b**　オ，キ　**問３**　**a**　ウ，エ　**b**　ウ，オ　[3] **問１**　カ　**問２**　**a**　ア　**b**　ウ　**問３**　ア，エ　**問４**　⑧，⑨　**問５**　**a**　C，D　**b**　Ⅰ→Ⅱ→Ⅲ→Ⅳ　[4] **問１**　エ→イ→ウ→オ　**問２**　ウ　**問３**　イ，ウ，オ　**問４**　**a**　イ　**b**　15日間　**c**　12月31日23時59分58秒

解　説

[1] もののあたたまり方についての問題

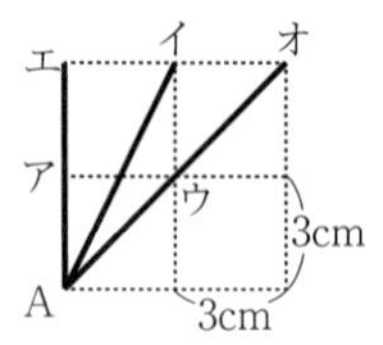

問１　**a**　アルミニウムのような金属は，あたためたところから順々に熱が伝わってあたたまる。冷えるときも，冷やしたところから順々に熱が奪われていって冷える。図１のＡとア～オの位置関係をまとめると右の図のようになり，Ａからの距離はア＜ウ＜エ＜イ＜オとなるので，温度が下がりはじめる時間がはやいものから順に並べると，ア→ウ→エ→イ→オとなる。　**b**　すべての位置が15℃になったアルミニウム板を24℃の室温に置いておくと，部屋の空気によってアルミニウム板のどの位置も同じようにあたためられて，すべての位置で同じように温度が上がっていくと考えられる。

問２　**a**　グラフ１～グラフ７を見ると，グラフ２とグラフ５に，急に温度が下がっているものが１つずつある。これは，グラフ２とグラフ５に共通しているB1に銅管をとりつけていて，その温度変化のグラフだと推測できる。　**b**　グラフ２，グラフ５のB1と考えられるグラフは，０～６分後までは２℃（銅管に流している冷水の温度）より高い温度だが，８分後以降はおよそ２℃になっているので，オが選べる。　**c**　水は４℃以上の場合，温度が高くなると膨張（ぼうちょう）して軽くなり，上に上がりやすくなる。そのため，チューブに40℃の温水を流し続けると，銅管をとりつけた位置とそれよりも上の位置では温度が上がっていくが，銅管をとりつけた位置よりも下の位置では温度が上がらない。

2　プラスチックの燃焼や密度（みつど）についての問題

問１　**a**　表１，表２より，ポリエチレンとポリプロピレンを１ｇずつ完全に燃やすと，それぞれ二酸化炭素が，224÷0.14＝1600（cm^3），336÷0.21＝1600（cm^3）出てくる。したがって，ポリエチレン0.26ｇとポリプロピレン0.31ｇを完全に燃やすと，二酸化炭素が，1600×0.26＋1600×0.31＝912（cm^3）出てくる。　**b**　ａで述べたように，ポリエチレンとポリプロピレンを１ｇずつ完全に燃やすと，どちらも二酸化炭素が1600cm^3出てくる。また，ポリエチレンとポリプロピレンを１ｇずつ完全に燃やすには，それぞれ酸素が，336÷0.14＝2400（cm^3），504÷0.21＝2400（cm^3）必要であり，これらの体積は等しい。

問２　**a**　表３より，実験１で用いたポリエチレンテレフタラートの立方体の重さは5.94ｇ，体積は，1.6×1.6×1.6＝4.096（cm^3）なので，5.94÷4.096＝1.450…より，密度は1.45ｇ/cm^3と求められる。　**b**　ア，イ　表３のプラスチックはいずれも重さが３ｇ以上で，浮（う）くものとしずむものがある。同様に，表４のプラスチックはいずれも重さが１ｇ未満で，浮くものとしずむものがある。よって，重さは浮きやすさに関係がないといえる。　ウ，エ　表３のプラスチックはいずれも体積が4.096cm^3で，浮くものとしずむものがある。同様に，表４のプラスチックはいずれも体積が，７×0.6×0.1＝0.42（cm^3）で，浮くものとしずむものがある。したがって，体積は浮きやすさに関係がない。　オ，カ　表３のプラスチックについて密度を求めると，ポリエチレンは，3.97÷4.096＝0.9…（ｇ/cm^3），ポリプロピレンは，3.87÷4.096＝0.9…（ｇ/cm^3）となり，これらは水に浮く。一方，ポリ塩化ビニルは，5.51÷4.096＝1.3…（ｇ/cm^3），ポリエチレンテレフタラートはａより1.45ｇ/cm^3となり，これらは水にしずむ。よって，オは正しく，カは誤っている。　キ　表３と表４で，重さや体積を変えても同じ種類のものは③の結果が変わらないので，正しい。プラスチックは種類によって密度が異なり，密度が１ｇ/cm^3より小さければ水に浮き，１ｇ/cm^3より大きければ水にしずむ。

問３　**a**　ア　ヒトはプラスチックを消化できないので，利点にはならない。　イ　問２で述べたように，プラスチックが水に浮くかしずむかは密度によって決まるので，利点にはならない。　ウ，エ　ペットボトルはポリエチレンテレフタラートでできている。ペットボトルを薄（うす）くして軽量化すれば，ポリエチレンテレフタラートの原料である石油の使用量や，完全に燃やして廃棄（はいき）するときの二酸化炭素の排出量を減らすことができる。　オ　ポリエチレンテレフタラートを完全に燃やすと，二酸化炭素と水が発生するが，有害物質は出ない。また，オゾンホール拡大の主な原因はフロンガスといわれている。　**b**　トウモロコシからポリ乳酸を作った場合，ポリ乳酸を燃やしてできる二酸化炭素は，もともと空気中にあった二酸化炭素を光合成のためにトウモロコシが吸収したものなので，ポリ乳酸を生産・廃棄しても空気中の二酸化炭素は増加しないと考えることができる(カーボンニュートラルという)。また，ポリ乳酸は，トウモロコシ由来のデンプンなどの糖を原料としていて，土に埋めると微生物によって二酸化炭素と水に分解される。

3 心臓のはたらきについての問題

問１ 魚類の心臓は１心房１心室で，全身→心房(①)→心室(②)→えら→全身の順に血液が流れる。

問２ **a** 心房(③，⑤)から心室(④)へ血液が流れ，心室から心臓の外へ血液が送り出される。血液がこの順に流れるときに弁が開き，逆向きに流れようとするときに弁が閉じるのは，弁の向きがアのようになっているときである。 **b** 1，2 全身に向かう血液は，酸素を取り入れる皮ふにも行く。そして，また心臓に戻ってくる。 3 両生類は，皮ふで取り入れた酸素をふくんだ血液を循環させることができるので，水中でも呼吸ができる。

問３ ヒトの心臓は２心房２心室で，血液は全身→大静脈→右心房(⑥)→右心室(⑧)→肺動脈→肺→肺静脈→左心房(⑦)→左心室(⑨)→大動脈→全身の順に流れる。

問４ 右の図のように，心臓の大動脈につながる出口と肺動脈につながる出口にある弁はとなり合うようにしてあるので，図４で接近しているＣ，Ｄは，一方が大動脈，もう一方が肺動脈との間の弁と判断できる。すると，Ａは右心房と右心室の間の弁，Ｂは左心房と左心室の間の弁となる。図４では，大動脈，肺動脈との間の弁が閉じていて，心房と心室の間の弁が開いているので，ふくらんでいく部屋は右心室と左心室とわかる。なお，Ｃは左心室と大動脈の間の弁，Ｄは右心室と肺動脈の間の弁である。

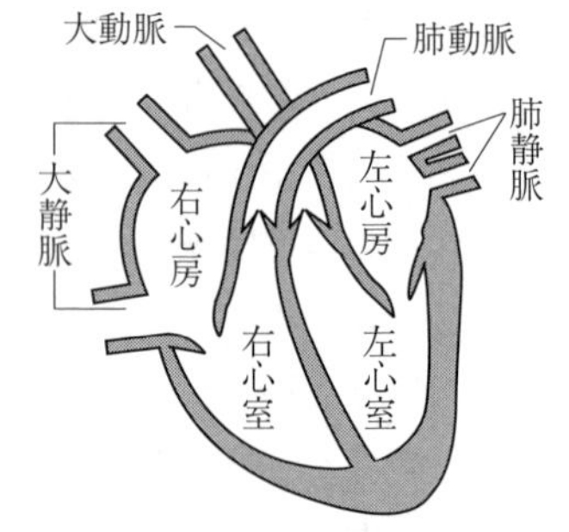

問５ **a** 問４で述べたように，右心室と左心室がふくらんでいく(部屋の大きさが大きくなる)とき，Ａ，Ｂは開き，Ｃ，Ｄは閉じる。 **b** 左心室の筋肉が収縮すると，左心室の部屋の大きさが小さくなったり，左心室にある血液に押されてＣの弁が開いたりする。図５で，Ⅰ→Ⅱは血液が弁を押す力がしだいに強くなるとき，Ⅱ→Ⅲは左心室の部屋の大きさがしだいに小さくなるとき，Ⅲ→Ⅳは血液が弁を押す力がしだいに弱くなるときを表しており，いずれのときも左心室の筋肉が収縮している。一方，Ⅳ→Ⅰは左心房から左心室に血液が入るときを表しており，このとき左心室の筋肉はゆるんでいる。

4 地層についての問題

問１ 河川の水によって海まで運ばれてきた土砂は，粒の大きいものほど速くしずむので，れき(小石)は河口近くにたい積し，粒が小さくなるにつれて砂はそれより遠い場所，粘土はさらに遠い場所にたい積する。また，海底で地層がつくられるとき，古いものの上に新しいものがたい積して地層ができるので，ふつう地表から深いところにある地層ほど古い。よって，表１の②，③，⑤のようすから，イは正しく，アは誤っている。さらに，④で火山灰や軽石(小さな穴がたくさん開いている石)が見られることから，エも正しい。したがって，大地の変化はエ→イ→ウ→オとなる。

問２ 化石は，生物の遺がいや生活のあとなどが地層中に固められて残っているものであり，たい積岩の地層の中にふくまれて発見されることが多い。一般に，氷漬けのマンモスも化石といわれる。また，砂浜を走ったときについた足あとは，固まっておらず，しばらくすると波などにより消えてしまうので，化石ではない。

問３　化石となった生物の繁栄(はんえい)した期間が短ければ，より正確な時代を特定でき，広い範囲(はんい)に生息した生物の化石であれば，離(はな)れた地域における地層の年代の比較(ひかく)が行いやすい。また，その生物の化石が多く見つかるものであることも，示準化石の条件として大切である。

問４　**a**　ア　生物Ｃは新生代にも生存していたので，生物Ｃの化石が見つかった地層③は新生代にできた可能性もある。その場合，地層③より上にある地層①は，新生代にできたことになる。イ　生物Ｄは生物Ｃよりも後の時代から生存しているので，生物Ｃの化石が見つかった地層③より上にある地層②から，生物Ｄの化石が見つかる可能性がある。　ウ　生物Ｂの生存期間は，生物Ｃの生存期間にふくまれている。そのため，生物Ｃの化石が見つかった地層③から，生物Ｂの化石が見つかる可能性がある。　エ　生物Ｃは古生代の終わりごろから新生代まで生存していたので，地層③ができた時代は古生代の終わりごろから新生代までの可能性がある。したがって，もし地層③が古生代の終わりごろにできたとすると，地層④は中生代にできたことにはならなくなる。オ　地層⑥で見つかった生物Ａの化石は，この地層が古生代にできたことを意味している。よって，地層⑥より上にある地層⑤がたい積したのは古生代以降なので，生物は生存していたと考えられる。カ　古生代の終わりごろは，生物Ａと生物Ｃがどちらも生存していたので，地層⑥が古生代後半にできたとすると，生物Ｃの化石が見つかる可能性がある。　**b**　図２より，生物Ｂの生存期間は中生代のはじまりから新生代のはじまりまでの，２億5200万年－6600万年＝１億8600年間とわかる。したがって，$365\times\frac{1.86\text{億}}{46\text{億}}=14.7\cdots$より，地球カレンダーでは約15日間となる。　**c**　$60\times60\times24\times365\times\frac{250}{46\text{億}}=1.7\cdots$より，250年は地球カレンダーでは約２秒になる。よって，急激な二酸化炭素濃度(のうど)の増加は，地球カレンダーの終わりの２秒前，つまり，12月31日23時59分58秒からといえる。

国語　<第２回試験>（50分）<満点：100点>

解答

□一 **問１**　**a**　ぎゅうじ(る)　**b**　くめん　**問２**　ウ　**問３**　⑴　Ｂ　⑵　ものの「価～でしかない　**問４**　大口　**問５**　**A**　交換　**B**　同じだけの価値がある　**問６**　イ　**問７**　⑴　かぶ(り)　⑵　過大　**問８**　⑴　価値観が他者依存している(から。)　⑵　エ　**問９**　本当にやりたいことがわからない　**問10**　⑴　**A**　価値　**B**　自分本位　**C**　満足　**D**　感性　⑵　**X**　ちりもつもればやまとなる　□二 **問１**　**a**　すみ　**b**　くちびる　**問２**　宝物　**問３**　ウ　**問４**　水　**問５**　Ⅰ　とりあえず丸くおさまる　Ⅱ　ほっぺた　Ⅲ　無意識　**問６**　イ　**問７**　ア，ウ　**問８**　エ　**問９**　イ　**問10**　(例)　宝物の苔を見下す岡崎くんに反論はしたが，岡崎くんからの圧力が苦痛で，ぼくは猫のミクジからもらった「マンナカ」というお告げの意味を，クラスの真ん中で力をふるう岡崎くんに従ってやり過ごすことだと考え始める。しかし，つくり笑いで同調する自分のみにくさにたえられず，保健室に通ううちに「マンナカ」の真の意味に気づく。カビはカビ，苔は苔として自分を地球の真ん中にして生きており，ぼくは自分が本当に思うことこそが真ん中なのだと分かって，自分の気持ちを尊重できるように変わった。

解 説

一 出典は森博嗣の『お金の減らし方』による。お金の価値について説明し，周囲に流されず，自分のしたいこと，自分の欲しいものにお金を使うためにはどうすればよいかを説明している。

問1 a “集団を支配して思うままに動かす”という意味の故事成語で，「牛耳を執る」ともいう。古代中国で盟約を結ぶさい，牛の耳を切って皆で血をすする儀式があり，リーダー格の人物が牛耳を切る役割を担った故事に由来する。 **b** あれこれ工夫して金品や時間を整えること。

問2 直前で，「通帳に書かれた数字」は電子化された「お金」だと述べられている。現代人は，その「通帳の紙に印字されている」数字をそれと同等の「お金」と「思い込」んでいるのだから，ウが選べる。

問3 ⑴，⑵ 「普遍的」は，直前の一文で「全国どこへ行こうが紙幣が使える」と述べられているような性質と推測できる。四つ後の段落で筆者は，「お金というのは，ものの『価値』を仮に数字にしたものであり，それを示す指標でしかない」と述べているので，お金の価値を限定的にとらえていることがわかる。なお，「普遍的」は，すべてのものごとにあてはまるようす。

問4 「豪語する」「大口をたたく」は，“えらそうなことを言う”という意味。

問5 商品を買うかどうか迷っているときに必要な「認識」について，筆者は直前の段落で「芋」と「庭の掃除」を例にあげながら説明している。 **A** 商品とお金の関係は，「庭の掃除」と「交換」する「芋」の関係にあたる。 **B** 「交換」の成立には，「芋」と「庭の掃除」（商品とお金）に「同じだけの価値がある」という認識が必要である。

問6 空欄X，Yをふくむ段落に「見極める」や「考える」とあることに注意する。Xに「目」，Yに「頭」を入れると，「見極める」という言葉を“目でよく見るという意味ではなく，頭でよく考えるという意味だ”と説明する流れになり，文意が通る。

問7 ⑴ 音読みは「ヒ」で，「被害」などの熟語がある。 ⑵ 「買い被る」は“実際以上に高く評価する”という意味なので，ものごとの程度が大きすぎるようすを表す「過大」を空欄に入れて，「過大評価」とするのがふさわしい。

問8 ⑴ 直後の段落の最初に，「周囲とのコミュニケーションが必要以上に個人を拘束しているため，自分がしたいことではなく，みんながしたいことを自分もしたい，と思い込む」とある。つまり，傍線部⑥のようになるのは，「周囲」に左右されるからである。筆者はこれを〈中略3〉の後の二つ目の段落で，「価値観が他者依存している」とまとめている。 ⑵ ⑴で見たように，傍線部⑥のようになるのは「他者」の価値観を自分のものと「思い込む」からなので，「思い込」むことにふれているエが選べる。

問9 空欄の直前に「実際は」とあることに注意する。傍線部⑦の直後の段落で，「本当にやりたいことがわからない」ことこそが，「実行できない」ことの理由だと述べられている。

問10 ⑴ **A，B** 明子さんの二回目の発言は，傍線部⑦の少し前の「自分本位で，自分の欲求に素直な価値」についてのものだといえるので，Aには「価値」，Bには「自分本位」がふさわしい。 **C，D** 本文の最後から五つ目の段落で，「自分が満足する」ことについて述べられているので，Cには「満足」があてはまる。また，「感性が鈍っている人」についても説明されているので，Dに「感性」を入れると，直後の「磨いていかないとね」という発言と合う。 ⑵ **X** 「一人一人の金額は小さくても」集まれば「大きなことができる」のだから，“小さなものごとでも積み重なれば大きくなる”という意味の「塵も積もれば山となる」がよい。

二 **出典は青山美智子の『猫のお告げは樹の下で』所収の「マンナカ」による。** 威圧的な岡崎くんに従うことに耐えきれず保健室に行き出した「ぼく」(深見和也)は，山根先生や姫野先生と話すことで，自分の本心を尊重できるようになる。

問１ a　音読みは「グウ」で，「一隅」などの熟語がある。　b　音読みは「シン」で，「読唇術」などの熟語がある。

問２ 少し前で，「ぼく」は瓶の中の苔は「ぼくの宝物」だと言っているので，「宝物」がぬき出せる。

問３ 岡崎くんは「カビも苔も同じようなもんじゃん」と言っているので，「苔をカビと勘違いした岡崎くん」とあるウが選べる。

問４ 「水を打ったよう」は，その場にいる多くの人々が静まり返るようす。

問５ Ⅰ「みんなと同じふるまい」をする目的が入る。学活の始まりの場面で「ぼく」は，みんなと同じように岡崎くんに同調していれば「とりあえず丸くおさまるだろう」と思っている。
Ⅱ　無理に笑うとひきつる部位が入る。体育館の場面に，「ぼくは，唇の端っこをがんばって上げてみた。ほっぺたがぴくぴくと痛かった」と，「ぼく」が無理に笑おうとしたようすが描かれているので，「ほっぺた」がぬき出せる。　Ⅲ「体が勝手に動いていた」のだから，“自分のしていることに気がつかないこと”を表す「無意識」を用いて，「無意識のうちに」とするのが合う。

問６ ア「ぼく」が保健室に行くようになったのは，傍線部④のできごとがあった日に「廊下で姫野先生に声をかけられ」たからであり，「ぼく」や姫野先生が「変人」だからではない。　イ　すぐ前の「どうしてぼくが保健室で給食を食べているのか，山根先生も訊いてこなかった」という描写や，「ぼく」と山根先生の会話のようすと合う。　ウ「ぼく」は保健室で給食を食べているだけであり，「自分の好きなことをしてい」るわけではない。　エ「ぼく」は，山根先生に対して丁寧語を用いており，「先生と友達のように対等な立場で会話」してはいない。

問７ 後のほうに山根先生の返信があり，その最初の部分に「カビの図鑑を見てくれたんだね。和也くんの言うとおり，カビはただの悪者じゃなくて，人間の味方になってくれる素晴らしい力を持っています」とあるので，アとウが選べる。

問８ 「ぼく」は自分について，苔と同じように真ん中ではなく「端っこ」が向いていると言っている。一方，姫野先生は，「苔は自分が地球の中心だって思って生きてるのかも」しれないと言っている。姫野先生は，「ぼく」とは異なる意見を「ぼく」にどう伝えようかと考えてうなっていたのだから，エが合う。なお，「うなる」は“長く引っぱった低い声を出す”という意味で，そうした声は意気ごみ・苦痛・怒り・感嘆などで思わず力が入ったときに出る。

問９ 「ばつが悪い」は，気まずいさま。類義語に「きまりが悪い」などがある。遠藤さんは，伴奏をやりたくないと言っていたのにピアノを弾いているところを見られたので，気まずかったのである。

問10 「マンナカ」というお告げの解釈が変化した点をおさえる。転校初日に「ぼく」は，宝物の苔をばかにする岡崎くんにせいいっぱい反論したが，同意を強要する岡崎くんの圧力が苦痛で，猫のミクジのお告げ「マンナカ」の言葉どおり，クラスの真ん中で力をふるう岡崎くんに従っていれば「丸くおさまる」と考え始める。しかし，遠藤さんが追いつめられる場面を見た「ぼく」は，その場しのぎのつくり笑いができなくなる。そして保健室に通う中で出会った先生たちとの対話を通し，お告げの「マンナカ」への誤解に気づく。人を助ける力も持っているカビを悪党と考えていた自分の偏見（へんけん），苔も自分も端っこの存在だという勘違い，カビはカビ，苔は苔として地球の真ん中で生きていて，「自分が本当に思うことが真ん中」だと理解できたことで，自分の心を尊重できるように変わったという内容でまとめる。

Memo

Memo

当社発行物の無断使用は固くお断りいたします。御使用の前はまずご相談ください。

当社発行物には500点余の首都圏中・高過去問をはじめ、６点の学校案内、そのほかいくつかの情報誌などがございます。その多くが年度版で、限られたスタッフが来るべき受験シーズン前に余裕を持って受験生へ届けられるよう、日夜作業にあたり出版を重ねております。

その中で、最近、多くの印刷物やネット上において当社発行物からの無断使用が見受けられ、一部で係争化しているところもございます。事例といたしましては、当社の新刊発行を待ち、それを流用して毎年ネット上に新改訂として掲載していたＡ社、当社過去問から三百箇所をはぎ合わせ「自社制作につき無断転載禁止」とし、集客材としてホームページに掲載していたＢ社、当社版誌面を無断スキャンし、記述式解答は一部殆ど丸取りして動画を制作していた家庭教師グループＣ社、当社発行物の表紙を差し替え、内容を複製し配布していた塾のＤ社などほか数社がございます。

当社発行物の全部もしくは一部を無断使用することは固くお断りいたします。

当社コンテンツの中にはリーズナブルな設定でご提供している事例もたくさんございますので、ご利用されたい方はまずは、お気軽にご相談くださいますようお願いします。同時に、当社発行物を無断で使用している媒体などにつきましての情報もお寄せいただければ幸いです（呈薄謝）。

株式会社 声の教育社

2025年度用

■編集人　声の教育社・編集部
■発行所　株式会社　声の教育社

〒162-0814　東京都新宿区新小川町8-15
☎03-5261-5061㈹　FAX03-5261-5062
https://www.koenokyoikusha.co.jp

※本書の内容についての一切の責任は当社にあります。内容・解説・解答・その他は当社ホームページよりお問い合わせ下さい。

よくある解答用紙のご質問

01

実物のサイズにできない

拡大率にしたがってコピーすると，「解答欄」が実物大になります。配点などを含むため，用紙は実物よりも大きくなることがあります。

02

A3用紙に収まらない

拡大率164％以上の解答用紙は実物のサイズ（「出題傾向＆対策」をご覧ください）が大きいために，Ａ３に収まらない場合があります。

03

拡大率が書かれていない

複数ページにわたる解答用紙は，いずれかのページに拡大率を記載しています。どこにも表記がない場合は，正確な拡大率が不明です。

04

１ページに２つある

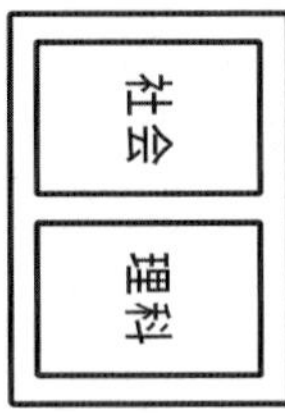

１ページに２つ解答用紙が掲載されている場合は，正確な拡大率が不明です。ほかの試験回の同じ教科をご参考になさってください。

浦和明の星女子中学校

【別冊】入試問題解答用紙編

解答用紙は本体からていねいに抜きとり、別冊としてご使用ください。

※　実際の解答欄の大きさで練習するには、指定の倍率で拡大コピーしてください。なお、ページの上下に小社作成の見出しや配点を記載しているため、コピー後の用紙サイズが実物の解答用紙と異なる場合があります。

●入試結果表

年　度	回	項　目	国　語	算　数	社　会	理　科	4科合計	合格者
2024	第１回	配点(満点)	100	100	50	50	300	最高点
		合格者平均点	73.6	77.7	39.3	28.4	219.0	284
		受験者平均点	67.8	69.7	36.7	24.5	198.7	最低点
		キミの得点						199
	第２回	配点(満点)	100	100	50	50	300	最高点
		合格者平均点	72.3	74.6	39.2	33.8	219.9	246
		受験者平均点	65.3	54.7	35.0	28.1	183.1	最低点
		キミの得点						210
2023	第１回	配点(満点)	100	100	50	50	300	最高点
		合格者平均点	76.8	77.6	38.8	33.1	226.3	283
		受験者平均点	70.3	65.8	36.6	29.5	202.2	最低点
		キミの得点						203
	第２回	配点(満点)	100	100	50	50	300	最高点
		合格者平均点	77.2	63.9	42.4	29.7	213.2	234
		受験者平均点	69.2	48.9	39.2	24.4	181.7	最低点
		キミの得点						203
2022	第１回	配点(満点)	100	100	50	50	300	最高点
		合格者平均点	73.8	71.1	35.8	27.7	208.4	265
		受験者平均点	68.1	58.8	34.3	24.3	185.5	最低点
		キミの得点						186
	第２回	配点(満点)	100	100	50	50	300	最高点
		合格者平均点	78.7	70.8	38.0	25.1	212.6	252
		受験者平均点	72.1	56.3	35.5	21.6	185.5	最低点
		キミの得点						203
2021	第１回	配点(満点)	100	100	50	50	300	最高点
		合格者平均点	74.3	75.3	42.1	32.7	224.4	278
		受験者平均点	68.8	61.4	39.6	28.2	198.0	最低点
		キミの得点						202
	第２回	配点(満点)	100	100	50	50	300	最高点
		合格者平均点	73.2	74.2	35.8	23.6	206.8	230
		受験者平均点	64.1	56.1	30.8	18.8	169.8	最低点
		キミの得点						197

※　表中のデータは学校公表のものです。ただし、４科合計は各教科の平均点を合計したものなので、目安としてご覧ください。

声の教育社

２０２４年度　浦和明の星女子中学校

算数解答用紙　第１回

番号		氏名		評点	／100

1	(1)			(2)	L				
	(3)	円		(4)	%				
	(5)	ア	イ	(6)	A	B	C	D	
		度	度						
	(7)	100円玉	50円玉	(8)	cm²				
		枚	枚						
2	(1)	分速　m		(2)	分速　m				
	(3)	9時　分							
3	(1)	cm³		(2)	cm³				
4	(1)	ア	イ	(2)	度，　度				
	(3)	度，　度		(4)	(2)の点でできる三角形：(3)の点でできる三角形				
					：				
5	(1)	枚							
	(2)	枚，　枚，　枚，　枚							

（注）この解答用紙は実物を縮小してあります。Ｂ５→Ｂ４（141%）に拡大コピーすると、ほぼ実物大の解答欄になります。

〔算　数〕100点(推定配点)

1～5　各５点×20＜1の(5)～(7)，4の(2)，(3)，5の(2)はそれぞれ完答＞

２０２４年度　浦和明の星女子中学校

社会解答用紙　第１回

番号		氏名		評点	／50

I

問1		問2		問3		問4		問5	
問6		問7		問8		問9		問10	
問11		問12		問13		問14		問15	
問16		問17		問18	（1）	（2）		問19	
問20		問21		問22		問23			

II

問1		問2		問3		問4		問5	
問6		問7		問8		問9		問10	

（注）この解答用紙は実物を縮小してあります。Ｂ５→Ｂ４（141%）に拡大コピーすると、ほぼ実物大の解答欄になります。

〔社　会〕50点(推定配点)

I　問１～問16　各１点×16　問17　２点　問18　各１点×２　問19～問23　各２点×５　II　各２点×10

２０２４年度　浦和明の星女子中学校

理科解答用紙　第１回

番号		氏名		評点	／50

1

問１	問２ 個まで	問３
問４（a）	（b）	

2

問１（a） g	（b） g	問２ L
問３	問４ Aの原子１個の重さ：炭素原子１個の重さ＝　：	

3

問１ cm³	問２（a）	（b）	（c）
問３（a）	（b） cm³		

4

問１	問２ 地点D	地点E	
問３		問４ 層	m

（注）この解答用紙は実物を縮小してあります。Ｂ５→Ｂ４（141%）に拡大コピーすると、ほぼ実物大の解答欄になります。

〔理　科〕50点(推定配点)

1　問１，問２　各２点×２　問３，問４　各３点×３<問４は各々完答>　2　問１　各２点×２　問２～問４　各３点×３　3，4　各２点×12<4の問３は完答>

２０２４年度　浦和明の星女子中学校

国語解答用紙　第一回

番号		氏名		評点	/100

一

問1 a　b

問2　問3　問4

問5　問6 B　C

問7 Ⅰ　Ⅱ　Ⅲ

問8 1　2　3　4　問9

問10 Ⅰ　Ⅱ　X　Y

二

問1 a　b

問2　問3　問4　問5

問6　問7　問8 Ⅰ　Ⅱ

問9 (1)　(2) B　C　(3) 10

（注）この解答用紙は実物を縮小してあります。Ｂ５→Ａ３（163％）に拡大コピーすると、ほぼ実物大の解答欄になります。

〔国　語〕100点(推定配点)

一　問１　各２点×２　問２　３点　問３　各２点×２　問４～問10　各３点×16　二　問１　各２点×２　問２～問８　各３点×８　問９　(1)，(2)　各３点×３　(3)　４点

２０２４年度　浦和明の星女子中学校

算数解答用紙　第２回

番号		氏名		評点	／100

1	(1)		(2)	番目	
	(3)	円	(4)	ア	イ
	(5)	cm	(6)	g	
	(7) ①	m	②	m^2	
2	(1)	日	(2)	日	
3	(1)	ア cm	イ cm	(2)	分後
4	(1)	(　　　,　　　)	個		
	(2)	個目	(3)	個目	
5	(1)	m	個		
	(2)	回	(3)	個	

（注）この解答用紙は実物を縮小してあります。Ｂ５→Ｂ４（141％）に拡大コピーすると、ほぼ実物大の解答欄になります。

〔算　数〕100点（推定配点）

1　各５点×８＜(4)は完答＞　2～5　各６点×10＜3の(1)，4の(1)，5の(1)は完答＞

２０２４年度　浦和明の星女子中学校

社会解答用紙　第２回

番号		氏名		評点	／50

Ⅰ

問1		問2		問3		問4	
問5		問6		問7		問8	
問9		問10		問11		問12	
問13		問14		問15			

Ⅱ

問1	（1）	（2）	（3）	問2		問3	
問4	（1）漢字５字			（2）			
問4	（3）	問5		問6			
問7	（1）	（2）	問8				

Ⅲ

問1		問2		問3		問4	
問5		問6		問7	（1）	（2）	
問8		問9	カタカナ４字				

（注）この解答用紙は実物を縮小してあります。Ｂ５→Ｂ４（141%）に拡大コピーすると、ほぼ実物大の解答欄になります。

〔社　会〕50点（推定配点）

Ⅰ　問１～問12　各１点×12　問13～問15　各２点×３　Ⅱ　問１～問３　各１点×５　問４～問６　各２点×５　問７，問８　各１点×３　Ⅲ　問１～問６　各１点×６　問７～問９　各２点×４

２０２４年度　浦和明の星女子中学校

理科解答用紙　第２回

番号		氏名	

評点	／50

1

問１ D	F	問２ と	
問３（a）	（b）あ	い	う

2

問１	問２ g	問３
問４（a） g	（b） g	

3

問１ □□□□□□□□□□ 行動			
問２（a）	（b）	問３	問４
問５			

4

問１	問２	問３	問４
問５			

（注）この解答用紙は実物を縮小してあります。Ｂ５→Ｂ４（141%）に拡大コピーすると、ほぼ実物大の解答欄になります。

〔理　科〕50点(推定配点)

1, 2　各３点×9<1の問１，問３の(ｂ)，2の問１は完答>　3　問１　３点　問２〜問５　各２点×5<問３，問５は完答>　4　各２点×5<問１は完答>

２０２４年度　浦和明の星女子中学校

国語解答用紙　第二回

番号　　氏名　　評点　／100

一

問1 a b　問2　問3
問4 A B　問5　問6
問7 i ii iii
問8　問9 I II
問10 (1) ア イ　(2) a b

二

問1 a b c d (う)
問2　問3　問4　問5　問6
問7 i ii
問8　問9
問10

（注）この解答用紙は実物を縮小してあります。Ｂ５→Ａ３（163％）に拡大コピーすると，ほぼ実物大の解答欄になります。

〔国　語〕100点(推定配点)

一　問１　各２点×２　問２～問10　各３点×16　二　問１　各２点×４　問２～問９　各３点×９　問10　13点

２０２３年度　浦和明の星女子中学校

算数解答用紙　第１回

番号		氏名		評点	／100

1	(1)		(2)	
	(3)	円	(4)	
	(5)	cm²	(6)	cm²
	(7)	① cm　② cm		
2	(1)	船Ａの速さ 分速 m　川の流れの速さ 分速 m	(2)	分間
3	(1)	本	(2)	ア　イ　ウ　エ
	(3)	本		
4	(1)	円（ 増える ／ 減る ）	(2)	あんパン 個　クリームパン 個
	(3)	あんパン１個の値段 円		目標金額 円
5	(1)		(2)	
	(3)	1,　,　,　,　,10		

（注）この解答用紙は実物を縮小してあります。Ｂ５→Ａ３（163%）に拡大コピーすると，ほぼ実物大の解答欄になります。

〔算　数〕100点（推定配点）

1，2　各５点×10＜1の(4)，2の(1)は完答＞　3　(1)　５点　(2)　ア・イ　５点　ウ・エ　５点　(3)　５点　4，5　各５点×６＜4の(2)，(3)は完答，5は各々完答＞

２０２３年度　浦和明の星女子中学校

社会解答用紙　第１回

番号		氏名	

評点	／50

Ⅰ

問1		問2		問3	（1）		
問3	（2）	（3）		問4		問5	
問6		問7		問8		問9	
問10		問11					

Ⅱ

問1		問2		問3		問4	
問5		問6		問7		問8	
問9		問10		問11		問12	漢字

Ⅲ

問1		問2		問3		問4	
問5		問6		問7		問8	
問9		問10					

（注）この解答用紙は実物を縮小してあります。Ｂ５→Ｂ４（141%）に拡大コピーすると、ほぼ実物大の解答欄になります。

〔社　会〕50点（推定配点）

Ⅰ　問１～問４　各１点×６　問５～問11　各２点×７　Ⅱ　問１～問４　各１点×４　問５～問12　各２点×８　Ⅲ　各１点×10

２０２３年度　浦和明の星女子中学校

理科解答用紙　第１回

番号		氏名		評点	／50

1

問１	問２	問３（ａ）	（ｂ）
	cm		

2

問１	問２（ａ）		（ｂ）
	＿＿＿から＿＿＿の間		
問３（ａ）	（ｂ）		
g	℃		

3

問１	問２	
	倍	
問３（ａ）	（ｂ）	（ｃ）
問４		

4

問１	問２	問３
		座
問４（ａ）	（ｂ）①	②
座		

（注）この解答用紙は実物を縮小してあります。Ｂ５→Ｂ４（141％）に拡大コピーすると、ほぼ実物大の解答欄になります。

〔理　科〕50点(推定配点)

1　各３点×４　2　問１，問２　各２点×３<問１は完答>　問３　各３点×２　3　問１～問３　各２点×５　問４　３点　4　問１　３点　問２～問４　各２点×５

二〇二三年度　浦和明の星女子中学校

国語解答用紙　第一回

番号　　氏名　　評点 /100

一

問1 a　b （じる）
問2 I 1　2　II
問3
問4　問5
問6 A　B
問7　問8
問9　問10　問11

二

問1 a 焦（がし）　b 羽織（って）　問2
問3　問4 I　II
問5　問6
問7　問8　問9 A　B
問10 ア　イ　ウ
問11　問12 I
問12 II　III

（注）この解答用紙は実物を縮小してあります。B5→A3（163%）に拡大コピーすると、ほぼ実物大の解答欄になります。

〔国　語〕100点(推定配点)

一　問1　各2点×2　問2～問9　各3点×11　問10，問11　各4点×2　二　問1　各2点×2　問2～問12　各3点×17

２０２３年度　浦和明の星女子中学校

算数解答用紙　第２回

番号		氏名	

評点	／100

1	(1)		(2)	分
	(3)	個	(4)	m
	(5)	① □□ × □	②	□□□ × □□
	(6)	m²		
	(7)	① 個	②	cm²
2	(1)	円	(2)	kg
3	(1)	分速 m	(2)	分速 m
	(3)	ア　イ		
4	(1)	秒	(2)	人
5	(1)	番から 番	(2)	人
	(3)	第 週目 番		第 週目 番
		第 週目 番		第 週目 番

〔算　数〕100点(推定配点)

1～5　各５点×20＜5の(3)は完答＞

（注）この解答用紙は実物を縮小してあります。Ｂ５→Ｂ４(141%)に拡大コピーすると、ほぼ実物大の解答欄になります。

２０２３年度　浦和明の星女子中学校

社会解答用紙　第２回

番号		氏名		評点	／50

Ｉ

問1		問2		問3		問4	
問5		問6		問7	海岸		
問8		問9		問10		問11	
問12		問13		問14	（1）	（2）	
問15		問16		問17		問18	
問19		問20		問21		問22	
問23		問24		問25		問26	

Ⅱ

問1		問2		問3			
問4	漢字四字			問5		問6	
問7		問8		問9			

（注）この解答用紙は実物を縮小してあります。Ｂ５→Ｂ４（141%）に拡大コピーすると、ほぼ実物大の解答欄になります。

〔社　会〕50点(推定配点)

Ｉ　問１～問21　各１点×22　問22～問26　各２点×５　Ⅱ　各２点×９

２０２３年度　浦和明の星女子中学校

理科解答用紙　第２回

番号		氏名		評点	／50

1

問１（a）	（b）	（c）　秒
問２ あ	い	う

2

問１（a）　g	（b）　g		
問２（a）	（b）　倍	設置する側　側	問３

3

問１	問２	問３	問４
問５ 果実	ニンジン		

4

問１　＿＿＿＿座の＿＿＿＿		問２
問３（a）	（b）	
問４　北緯＿＿＿＿度～南緯＿＿＿＿度		

（注）この解答用紙は実物を縮小してあります。Ｂ５→Ｂ４（141%）に拡大コピーすると、ほぼ実物大の解答欄になります。

〔理　科〕50点（推定配点）

1　問１　各３点×３　問２　あ・い　３点　う　３点　2，3　各２点×12<3の問３は完答>　4　問１～問３　各２点×４　問４　３点

二〇二三年度　浦和明の星女子中学校

国語解答用紙　第二回

番号		氏名		評点	/100

一

問1 a　b　問2
問3　問4　問5
問6 (1) i　ii　iii　(2)　〜
問7 1　2　3　4　問8　問9
問10　問11 a　b　c

二

問1 a　b　（き）
問2　問3　問4　問5 A　B
問6 I　II
問7　問8　問9　問10 (1)
問10 (2)

（注）この解答用紙は実物を縮小してあります。B５→A３（163%）に拡大コピーすると、ほぼ実物大の解答欄になります。

〔国　語〕100点(推定配点)

一　問1　各2点×2　問2〜問6　各3点×8　問7　各1点×4　問8〜問11　各3点×6　二　問1　各2点×2　問2〜問6　各3点×6<問5は完答>　問7〜問9　各4点×3　問10　(1)　4点　(2)　12点

2022年度　　浦和明の星女子中学校

算数解答用紙　第１回

番号		氏名		評点	／100

1	(1)		(2)	分間
	(3)	%	(4)	上 ・ ・ 下
	(5)	円		
	(6)	cm	(7)	① AIKE : KFHL　② cm²
2	(1)	m	(2)	分速　m
3	(1)	A : B	(2)	cm
	(3)	cm²		
4	(1)	秒後から　秒後	(2)	秒後から　秒後
	(3)	秒後		cm²
5	(1)	(ア)	(2)	(イ)　(ウ)
	(2)	(エ)	(3)	通り

（注）この解答用紙は実物を縮小してあります。Ｂ５→Ｂ４(141%)に拡大コピーすると、ほぼ実物大の解答欄になります。

〔算　数〕100点(推定配点)

1～4　各５点×16<4の(3)は完答>　5　(1)　５点<完答>　(2)　(イ)・(ウ)　５点　(エ)　５点<完答>　(3)　５点<完答>

２０２２年度　浦和明の星女子中学校

社会解答用紙　第１回

番号		氏名		評点	／50

I

問1	(1)	(2)	問2		問3	
問4	(1)	(2)				
問5	(1)	(2)	(3)	(4)		
問6		問7				

II

問1	漢字四字				問2		問3	(1)	(2)
問4		問5		問6		問7		問8	
問9	漢字二字		問10		問11		問12		
問13	(1)	(2)	(3)	(4)	(5)				
	(6)	(7)	(8)	(9)	(10)				

（注）この解答用紙は実物を縮小してあります。Ｂ５→Ｂ４（141％）に拡大コピーすると、ほぼ実物大の解答欄になります。

〔社　会〕50点(推定配点)

I　各２点×12　II　問１～問９　各１点×10　問10～問12　各２点×３　問13　各１点×10

２０２２年度　浦和明の星女子中学校

理科解答用紙　第１回

番号		氏名		評点	／50

1

問１(a) cm	(b) 倍	問２ cm
問３(a) ℃	(b) 回	

2

問１ B	E		
問２(a)	(b) ,	重さ g	
問３(a)実験	結果	(b)実験 ,	結果

3

問１(a) ,	(b)	問２
問３(a)		(b)

問４

チョウやハナバチなどの昆虫に、□□□□□□□□□□植物。

4

問１	問２	問３ 赤道上	南緯35度
問４ 東経　度	問５(a)	(b) 時　分	

（注）この解答用紙は実物を縮小してあります。Ｂ５→Ｂ４(141%)に拡大コピーすると、ほぼ実物大の解答欄になります。

〔理　科〕50点(推定配点)

1 各２点×５　2 問１，問２　各２点×４<問２は各々完答>　問３　各３点×２<各々完答>　3，4 各２点×13<3の問１の(a)は完答>

二〇二三年度　浦和明の星女子中学校

国語解答用紙　第一回

番号		氏名		評点	/100

一

問1　a　b

問2　Ⅰ　Ⅱ　Ⅲ

問3　X　Y　問4

問5　(1)　(2)　問6　(1)　(2)

問7

問8

二

問1　a　画（する）　b　障子　問2

問3　1　2　3　4

問4　問5　問6

問7　問8　問9　A　B

問10　ア　イ　ウ

三

問1　ア　イ　ウ　エ

問2　問3

問4

（注）この解答用紙は実物を縮小してあります。B5→A3（163%）に拡大コピーすると、ほぼ実物大の解答欄になります。

〔国　語〕100点(推定配点)

一　問1～問4　各2点×8　問5～問8　各3点×7　二　問1～問3　各2点×7　問4～問10　各3点×9<問9は完答>　三　問1～問3　各3点×6　問4　4点

２０２２年度　浦和明の星女子中学校

算数解答用紙　第２回

番号		氏名		評点	／100

1	(1)		(2)	台
	(3)	人	(4)	
	(5)	cm²	(6)	正方形の1辺の長さ　cm／長方形の縦の長さ　cm
	(7)	cm²		
2	(1)	cm	(2)	cm
3	(1)	kg	(2)	もとの車　km／新しい車　km
4	(1)	回	(2)	回
	(3)	B　点／D　点／E　点		
5	(1)	分速　m	(2)	分後
	(3)	分後	(4)	回

（注）この解答用紙は実物を縮小してあります。Ｂ５→Ｂ４(141%)に拡大コピーすると、ほぼ実物大の解答欄になります。

〔算　数〕100点(推定配点)

1　各６点×7＜(6)は完答＞　2，3　各５点×4＜3の(2)は完答＞　4　各６点×3＜(3)は完答＞　5　各５点×4

２０２２年度　浦和明の星女子中学校

社会解答用紙　第２回

番号		氏名		評点	／50

I

問1	(1)	(2)	問2		問3		問4	
問5		問6	(1)	(2)	問7		問8	
問9		問10		問11	問12		問13	
問14	漢字一字	問15		問16	問17		問18	
問19		問20		問21	問22		問23	

II

問1		問2		問3		問4		問5	漢字二字
問6		問7		問8		問9		問10	

（注）この解答用紙は実物を縮小してあります。Ｂ５→Ｂ４（141%）に拡大コピーすると、ほぼ実物大の解答欄になります。

〔社　会〕50点(推定配点)

I　問１～問18　各１点×20　問19～問23　各２点×５　II　各２点×10

２０２２年度　浦和明の星女子中学校

理科解答用紙　第２回

番号		氏名	

評点	／50

1

問１	問２	問３（a）	（b）

2

問１	問２	問３
g		
問４（a）	（b）	（c）
g	g	g

3

問１	問２	問３	問４
,			
問５（a）	（b）１	２	３

4

問１			
問２（a）	（b）１	２	３
問３（a）	（b）	（c）	
cm^2	cm^2		

（注）この解答用紙は実物を縮小してあります。Ｂ５→Ｂ４（141%）に拡大コピーすると、ほぼ実物大の解答欄になります。

〔理　科〕50点(推定配点)

1～3　各２点×16<2の問２，3の問１，問４，問５の（b）は完答>　4　各３点×6<問２は各々完答>

二〇二三年度　浦和明の星女子中学校

国語解答用紙　第二回

番号		氏名		評点	/100

一

問1　a　b　一（　）斉　c　拒（めない）

問2　問3　問4

問5　（　）～（　）の状態

問6　問7

問8　(1)　(2)　(3) X　Y　Z

二

問1　a　椅（　）子　b　c　（お）小（　）遣（い）

問2　問3　問4　問5

問6　問7　問8

問9　問10　問11

問12　(1)　(2)

（注）この解答用紙は実物を縮小してあります。B５→A３(163%)に拡大コピーすると、ほぼ実物大の解答欄になります。

〔国　語〕100点(推定配点)

一　問1　各2点×3　問2～問8　各3点×13　二　問1　各2点×3　問2～問11　各3点×11　問12 (1)　5点　(2)　11点

2021年度　浦和明の星女子中学校

算数解答用紙　第1回

番号		氏名		評点	／100

<table>
<tr><td rowspan="4">1</td><td>(1)</td><td colspan="2"></td><td>(2)</td><td colspan="2">g</td></tr>
<tr><td>(3)</td><td colspan="2">個</td><td>(4)</td><td colspan="2">m</td></tr>
<tr><td>(5)</td><td colspan="2">cm²</td><td>(6)</td><td>ア</td><td>イ</td></tr>
<tr><td>(7)</td><td colspan="2">,　　,</td><td colspan="3"></td></tr>
<tr><td rowspan="2">2</td><td>(1)</td><td colspan="2">日間</td><td>(2)</td><td colspan="2">日間</td></tr>
<tr><td>(3)</td><td colspan="2">日間</td><td colspan="3"></td></tr>
<tr><td rowspan="2">3</td><td>(1)</td><td colspan="2">毎分　m</td><td>(2)</td><td colspan="2">毎分　m</td></tr>
<tr><td>(3)</td><td colspan="2">m</td><td colspan="3"></td></tr>
<tr><td>4</td><td>(1)</td><td>A　cm</td><td>B　cm</td><td>(2)</td><td colspan="2">cm³</td></tr>
<tr><td rowspan="2">5</td><td>(1)</td><td colspan="2"></td><td>(2)</td><td>ア</td><td>イ</td></tr>
<tr><td>(3)</td><td>(10cm, 20cm, 30cm)
(　,　,　)</td><td>(10cm, 20cm, 30cm)
(　,　,　)</td><td colspan="2">(10cm, 20cm, 30cm)
(　,　,　)</td><td>(10cm, 20cm, 30cm)
(　,　,　)</td></tr>
</table>

（注）この解答用紙は実物を縮小してあります。Ｂ５→Ｂ４（141%）に拡大コピーすると、ほぼ実物大の解答欄になります。

〔算　数〕100点(推定配点)

1～5　各５点×20<1の(7)，4の(1)，5の(3)は完答>

２０２１年度　浦和明の星女子中学校

社会解答用紙　第１回

番号		氏名		評点	／50

I

問1		問2		問3		問4		問5	
問6		問7		問8		問9			
問10	カタカナ6字								
問11		問12		問13		問14		問15	
問16	（1）	（2）		問17		問18		問19	
問20	（1）	（2）		問21	（1）	（2）			

II

問1		問2	漢字４字	法	問3	
問4		問5		問6		問7	漢数字

（注）この解答用紙は実物を縮小してあります。Ｂ５→Ｂ４（141%）に拡大コピーすると、ほぼ実物大の解答欄になります。

〔社　会〕50点（推定配点）

I　問１〜問１２　各１点×12　問１３〜問２１　各２点×12　II　各２点×7

２０２１年度　浦和明の星女子中学校

理科解答用紙　第１回

番号		氏名		評点	／50

1

問１ A：C：D＝　：　：			
問２ (1)	(2)	問３	
問４（a）①：②：④：⑤＝　：　：　：		(b) 予想どおりにならなかったもの	正しい組合せ

2

問１	問２ 食塩	ミョウバン	問３
問４	問５	問６	

3

問１ たて軸	理由		
問２ ① グラフ	② 理由		
問３（a）　個体	（b）	問４（a）	（b）

4

問１	星の名前	問２	
問３（a）	方角	（b）	（c）

（注）この解答用紙は実物を縮小してあります。Ｂ５→Ｂ４（141%）に拡大コピーすると、ほぼ実物大の解答欄になります。

〔理　科〕50点（推定配点）

1～4　各２点×25＜1の問２は各々完答，2の問２，問３，3の問１，問２，4の問１は完答＞

二〇二二年度　浦和明の星女子中学校

国語解答用紙　第一回

番号　　氏名　　評点　/100

一

問1　a　b　c　d

問2　問3

問4　ア　イ　ウ　エ

問5　ア　イ　ウ　エ

問6　(1)　(2) Ⅱ　Ⅴ　(3)　(4)　(5) あ　い　(6)

問7　問8

二

問1　a 二重　b 小豆　c 無性　d 棄権

問2　問3　問4 Ⅰ　Ⅱ

問5　問6　問7

問8　問9

問10　(1) ア　イ　(2)　(3)

（注）この解答用紙は実物を縮小してあります。Ｂ５→Ａ３（163％）に拡大コピーすると、ほぼ実物大の解答欄になります。

〔国　語〕100点(推定配点)

一　問1～問6　各2点×22　問7，問8　各3点×2　二　問1　各2点×4　問2～問9　各3点×9<問8は完答>　問10　(1)，(2)　各3点×3　(3)　6点

2021年度　　浦和明の星女子中学校

算数解答用紙　第2回

番号		氏名		評点	／100

1	(1)		(2)	時速　km
	(3)	cm	(4)	ページ
	(5)	cm²	(6)	① 度　② cm²
	(7)	g		
2	(1)		(2)	最も小さい数 / 2番目に小さい数
3	(1)	分　秒後	(2)	① / ② 分　秒後
4	ア	イ	ウ	エ　オ　カ
5	(1) 円	(2) 円（多い・少ない）	(3) 枚	
6	(1)	① 3回目 / ① 4回目 / ② 回目	(2)	

（注）この解答用紙は実物を縮小してあります。B５→B４(141%)に拡大コピーすると、ほぼ実物大の解答欄になります。

〔算　数〕100点(推定配点)

1 各５点×7＜(6)は完答＞ 2 (1) 6点 (2) 各３点×2 3 (1) 6点 (2) 各３点×2 4 7点＜完答＞ 5 各６点×3 6 (1) 各３点×3 (2) 7点

２０２１年度　浦和明の星女子中学校

社会解答用紙　第２回

番号		氏名		評点	／50

Ⅰ

問1		問2	(1)	(2)	問3	漢数字 %
問4		問5	(1)	(2)	問6	
問7		問8	(1)	(2)	問9	(1)
問9	(2)	(3)	(4)(ⅰ)	(ⅱ)		
問10		問11	(1)	(2)	(3)	
問12	(1)					
	(2)	(3)	問13		問14	

Ⅱ

問1		問2		問3	漢字２字	問4	
問5		問6		問7		問8	
問9		問10	党				

〔社　会〕50点(推定配点)

Ⅰ 問１～問９　各１点×16　問10　２点　問11　(1)　２点　(2)，(3)　各１点×２　問12　(1)　２点　(2)，(3)　各１点×２　問13，問14　各２点×２　Ⅱ　各２点×10

２０２１年度　浦和明の星女子中学校

理科解答用紙　第２回

番号		氏名		評点	／50

1

問１　a　→　→　→　→		b
問２　a	b	c

2

問１　a　cm³	b	問２　a　g/cm³	b
問３　a	b		

3

問１	問２　a	b	問３
問４	問５　a	b	

4

問１　→　→　→		問２	問３
問４　a	b　日間	c　＿月＿日＿時＿分＿秒	

〔理　科〕50点(推定配点)

1　各２点×５＜問１のａは完答＞　2　各２点×６＜問１のｂ，問２のｂは完答，問３は各々完答＞　3　各２点×７＜問３，問４は完答，問５は各々完答＞　4　問１～問３　各２点×３＜各々完答＞　問４　ａ　２点　ｂ，ｃ　各３点×２

二〇二二年度　浦和明の星女子中学校

国語解答用紙　第二回

番号		氏名		評点	/100

一

問1	a 牛耳（る）　b 工面
問2	
問3	(1)　(2) 〜
問4	
問5	A　B
問6	
問7	(1)（り）　(2)
問8	(1) から。　(2)
問9	
問10	(1) A　B　C　D　(2) X

二

問1	a 隅　b 唇
問2	
問3	
問4	
問5	Ⅰ　Ⅱ　Ⅲ
問6	
問7	
問8	
問9	
問10	

（注）この解答用紙は実物を縮小してあります。B5→A3（163%）に拡大コピーすると、ほぼ実物大の解答欄になります。

〔国　語〕100点(推定配点)

一　問1　各2点×2　問2〜問6　各3点×7　問7　各2点×2　問8〜問10　各3点×8　二　問1　各2点×2　問2〜問9　各3点×11　問10　10点